Je sais cuisiner

OUVRAGES DE GINETTE MATHIOT AUX ÉDITIONS ALBIN MICHEL

Je sais cuisiner
VERSION LUXE
2 000 RECETTES
(TRADUIT EN AMÉRICAIN, ESPAGNOL, RUSSE, YOUGOSLAVE, JAPONAIS)

Je sais faire la pâtisserie
Gâteaux, Entremets, Confiserie
800 RECETTES

Je sais faire les conserves
Conserves, Plats cuisinés, Charcuterie
600 RECETTES
(TRADUIT EN ESPAGNOL)

Je sais cuisiner en vacances
Camping, Caravaning, Yachting
(EN COLLABORATION AVEC SACHA NELIDOW)
Épuisé

Cuisine étrangère et exotique
Je sais cuisiner autour du monde
PRÈS DE 600 RECETTES
(TRADUIT EN SUÉDOIS)
Épuisé

À Table avec Édouard de Pomiane

365 plats du jour et l'art d'accommoder leurs restes
Épuisé

La cuisine à l'école et à la maison
Épuisé

Pain, cuisine et gourmandises
(EN COLLABORATION AVEC LIONEL POILÂNE)
Épuisé

GINETTE MATHIOT

Je sais CUISINER

**NOUVELLE ÉDITION
REVUE ET CORRIGÉE**

avec le concours de
CLAUDE MONTEIL

Plus de 2 000 Recettes

ALBIN MICHEL

Précédentes éditions :
© Éditions Albin Michel S.A., 1932, 1959, 1965, 1984 et 1990
Nouvelle édition : © Éditions Albin Michel S.A., 2002
22, rue Huyghens, 75014 Paris

www.albin-michel.fr

Tous droits réservés. La loi du 11 mars 1957 interdit les copies ou reproductions destinées à une utilisation collective. Toute représentation ou reproduction intégrale ou partielle faite par quelque procédé que ce soit – photographie, photocopie, microfilm, bande magnétique, disque ou autre –, sans le consentement de l'auteur et de l'éditeur, est illicite et constitue une contrefaçon sanctionnée par les articles 425 et suivants du code pénal.

ISBN 2-226-13372-0

Sommaire

Consulter la table alphabétique à la fin du volume

	Pages
AVANT-PROPOS	9
L'hygiène alimentaire	13
Nécessité de l'alimentation	13
Composition d'un menu	16
Quand composer un menu	21
Menus	25
Le savoir-vivre à table	31
La table	32
Le couvert	32
Repas de famille	36

	Pages
Les vins	38
La cuisine	43
Organisation de la cuisine	43
La batterie de cuisine	49
L'art culinaire	53
Les principes culinaires	54
Les économies	60
Les achats	61
Les principaux termes culinaires	69

LES RECETTES

Les sauces	74
Préparations utiles à la fabrication des sauces	79
Les roux blancs	83
Les roux blonds	88
Les roux bruns	91
Les sauces émulsionnées	96
Les coulis	102
Les condiments	104
Les plantes aromatiques	104
Les épices	106
Les condiments acides	109
Les hors-d'œuvre	110
Légumes crus	111
Beurre	117
Canapés	119
Quenelles	121

Grenouilles	124
Escargots	125
Préparations additionnelles	128
Marinades	128
Hachis et farces	129
Duxelles	131
Court-bouillon	131
Le lait	133
Laitages	134
Fromages	136
Les potages et les soupes	143
Potages variés à base de bouillon	145
Bouillies au gras	146
Potages aux herbes	147
Potages aux légumes	149

	Pages
Les œufs	167
Les poissons	189
Poissons d'eau douce	193
Poissons de mer	210
Mollusques	238
Crustacés	244
Utilisation des restes de poisson	252
Les viandes	255
Sauces pour viande	257
Le bœuf	258
Le cheval	277
Le veau	278
Le mouton et l'agneau	308
Le porc	321
La charcuterie de ménage	337
Les volailles	343
Le canard	345
Le caneton	351
Le chapon	352
La dinde	352
L'oie	354
Le pigeon	357
La pintade	359
Le poulet	360
La poule	369
Utilisation des restes de volailles	371
Le lapin	372
Le gibier	379
Le sanglier	380
Le chevreuil, le cerf, le daim	383
Le lapin de garenne	385
Le lièvre	386
La perdrix et le perdreau	388
La bécasse et la bécassine	391
Les cailles	393
Le faisan et le coq de bruyère	394

	Pages
La sarcelle	396
La grive	397
Le vanneau et le pluvier	398
Les petits oiseaux	399
Les légumes frais	401
Les salades	456
Les légumes secs	462
Le riz	465
Les pâtes	473
Le sucre	482
Les fruits	484
Les entremets	517
Les crèmes	517
Les flans	531
Les soufflés	533
Les puddings	536
Les fritures sucrées	542
Entremets variés	548
Les glaces	551
Les sorbets	557
Préparations additionnelles	559
La pâtisserie	562
Les gâteaux secs	563
La pâte à choux	573
La pâte brisée	576
La pâte feuilletée	580
La pâte levée	588
La pâte à blancs d'œufs battus	594
Les bonbons	602
Les caramels	603
Les pâtes de fruits	605
Les boissons	607
Les boissons de fruits sauvages	611

Sommaire

Pages

Les boissons alcoolisées.... 613
Les boissons chaudes 616

Les conserves 623
   Conservation des viandes ... 623
   Conservation des légumes .. 624
   Conservation des aromates.. 629
   Conservation des fruits frais. 630
   Conservation des fruits par la cuisson 633

Les confitures............... 636
   Fabrication des confitures... 637
   Les confitures.............. 637
   Les marmelades 640
   Les gelées................. 642
   Fruits insolites en confiture . 644

Les recettes régionales 645
   Alsace..................... 645
   Anjou...................... 648
   Auvergne 649
   Béarn 649
   Berry...................... 650
   Bordelais 650
   Bourgogne................. 651
   Bretagne 653
   Cévennes.................. 656
   Charente 656
   Dauphiné 657
   Franche-Comté............. 658
   Languedoc................. 660
   Limousin 661
   Lorraine 662
   Morvan.................... 663
   Normandie................. 664
   Pays basque............... 666
   Périgord 666
   Picardie 667
   Poitou..................... 668
   Provence 669
   Savoie..................... 674
   Vendée.................... 675

Pages

Les recettes étrangères....... 676
   Afrique du Nord 676
   Allemagne 677
   Autriche 679
   Belgique................... 679
   Espagne................... 683
   États-Unis 684
   Grèce..................... 685
   Hollande................... 686
   Hongrie.................... 687
   Irlande 688
   Italie 688
   Pologne 693
   Portugal 694
   République Tchèque 695
   Roumanie.................. 695
   Royaume-Uni............... 696
   Russie..................... 701
   Suède 703
   Suisse..................... 703

L'alimentation diététique...... 705
   Les potages et les soupes .. 706
   Les laitages................ 707
   Les sauces 707
   Les œufs 708
   Les poissons............... 709
   Les viandes................ 709
   Les légumes 710
   Les pâtes et le riz 711
   Les entremets et les desserts 711

Le régime végétarien 713

Conseils pratiques pour un pique-nique 717

Conseils culinaires 722

Les conserves appertisées.... 728

Les surgelés 730

Table alphabétique des recettes 733

AVANT-PROPOS

Ceux qui savent manger sont comparativement de dix ans plus jeunes que ceux à qui cette science est étrangère.

BRILLAT-SAVARIN

Ami lecteur, amie lectrice,

Vous avez envie de faire de la cuisine qui ne soit pas trop compliquée et qui soit réussie. N'est-elle pas destinée à plaire à ceux qui vous entourent ? Et vous avez choisi ce livre qui a, derrière lui, une sérieuse et longue réputation.

Il n'y a pas si longtemps, on pensait que la cuisine était l'apanage des femmes. Or, aujourd'hui les hommes interviennent à tout moment dans la vie quotidienne. Et eux aussi, soit par nécessité, soit par goût, n'hésitent pas à étudier ou à comparer des recettes pour réaliser correctement un plat. Je sais cuisiner *pourra rendre de grands services à celle ou à celui qui veut pratiquer l'art culinaire. En effet, un bon livre de cuisine se doit de ne donner que des précisions utiles. Il évite les recettes quelconques ou trop compliquées pour la vie actuelle. C'est pourquoi je me suis attachée à présenter un ouvrage logique dont le fond s'appuie sur des données scientifiques et générales. Conçu de façon pratique, il doit vous rendre de réels services à une époque où le souci d'économiser temps et argent règne sur tous les esprits.*

Enfin, pour suivre le cours du temps, j'ai pensé à ceux qui souhaitent élaborer des plats adaptés aux goûts et aux attentes actuels, mais également des plats dérivés de la cuisine traditionnelle. Claude Monteil, chef de cuisine, a bien voulu apporter son expérience, en glissant entre les recettes classiques de Je sais cuisiner, *ses recettes personnelles, adaptées à la vie actuelle. Elles sont assez simples à réussir et contenteront largement ceux qui sont gourmets. Ses recettes sont précédées d'une petite toque 🎩.*

Dans l'élaboration des recettes et des menus, ma préoccupation constante a été de respecter les règles de l'hygiène alimentaire. Vous trouverez, en outre, une sélection des plats régionaux les

Avant-propos

plus connus et un choix de quelques recettes étrangères, souvenirs de séjours de vacances.

Toutes les explications sont données dans les termes les plus simples, et les proportions sont toujours indiquées pour SIX PERSONNES. Bien entendu, les temps indiqués pour les préparations varieront avec l'habileté de la personne qui exécute le plat. Mais par comparaison, elle saura qu'un plat sera plus vite fait qu'un autre. Les temps de cuisson sont donnés avec précision, à partir du moment de l'ébullition ou de la mise au four (préchauffé), le n° du thermostat étant précisé. Tout cela permet de suivre les recettes sans crainte d'insuccès.

C'est grâce à une correspondance échangée avec de nombreux utilisateurs de cet ouvrage, depuis la parution du premier exemplaire, que j'essaie régulièrement de compléter et de parfaire chaque nouvelle édition: il était normal de tenir compte des suggestions et j'ai voulu, dans la mesure du possible, répondre aux questions qui présentaient un intérêt général. On m'a parfois signalé qu'il manquait dans ce livre certaines recettes qu'on aurait souhaité essayer. À vrai dire, ce manuel, qui est un simple livre de cuisine familiale, ne s'est jamais proposé d'être une encyclopédie. Je donnerai bien volontiers des précisions supplémentaires à ceux ou celles qui en désireraient, car je souhaite que Je sais cuisiner *reste leur conseiller préféré.*

Ginette Mathiot

Avertissement de l'éditeur

La réglementation en matière d'hygiène et de consommation a considérablement évolué depuis la première édition de Je sais cuisiner. *Monsieur Michel Maincent, professeur technique et responsable de production à l'École Hôtelière de Paris Jean Drouant, a bien voulu relire cet ouvrage et y apporter les corrections nécessaires au respect de la réglementation en vigueur. Nous l'en remercions.*

Étant donné l'évolution constante de l'électroménager (utilisation du congélateur et du micro-ondes, entre autres), de l'industrie alimentaire (amélioration des transports) et des produits (produits surgelés ou lyophilisés, produits frais de plus en plus disponibles toute l'année et offrant toutes les garanties de qualité), nous nous devions d'apporter certaines modifications afin d'adapter ce best seller *à notre époque. Par exemple, les temps de cuisson des poissons ont été revus à la baisse, et les quantités de farine ont été allégées. Toutes ces adaptations ont été mises au point par Camille Le Foll, que nous remercions également.*

Quelques recettes ne seront peut-être pas connues du grand public, mais nous avons tenu à conserver intact ce « témoignage » d'une cuisine d'un autre temps.

L'hygiène alimentaire

Nécessité de l'alimentation

Pourquoi se nourrit-on ? Chacun le sait à peu près. « Il faut manger pour vivre. »
Mais comment se nourrir ? Voilà ce que la plupart des gens ignorent et ne veulent pas apprendre, malgré les innombrables renseignements et conseils donnés dans tous les magazines.
À l'époque actuelle, où l'esprit scientifique s'affirme de plus en plus, l'alimentation reste livrée, souvent, aux habitudes et aux préjugés, dépend du hasard ou du caprice. Or, savoir s'alimenter est une science qu'on ne méprise pas sans inconvénient pour la santé et pour le budget familial.

Les aliments répondent à deux besoins essentiels de notre organisme :

– **Besoins énergétiques** (énergie apportée par les glucides, les lipides et les protides).
– **Besoins structuraux et fonctionnels**, matériaux constructeurs, réparateurs et de fonctionnement (protéines, vitamines, sels minéraux, fibres, eau).

Ils constituent, en effet, les **combustibles** qui sont la source de toute

énergie, en même temps que les **matériaux** qui permettent l'édification, l'entretien et le remplacement des tissus organiques.
Partant de là, on peut les classer en deux groupes :

Les aliments calorifiques

Ils fournissent l'énergie et dégagent, par leur combustion en présence d'oxygène du sang, une quantité de calories[1] utilisables soit sous forme de chaleur, soit sous forme d'énergie physique, physiologique ou intellectuelle. Ce sont les aliments appelés vulgairement **nourrissants**.

Les sucres ou glucides. On en distingue deux sortes :
– les sucres rapides (produits très sucrés, sucre, confiture, confiseries, boissons sucrées, etc.),
– les sucres lents (aliments riches en amidon appelés féculents, pâtes, riz, légumes secs, pommes de terre, etc.).
Ils doivent apporter un peu plus de la moitié de la ration énergétique journalière (environ 55 %) selon un rapport de 1/5 pour les sucres rapides et 4/5 pour les sucres lents.

Les corps gras ou lipides. On en distingue deux sortes :
– les corps gras d'origine animale (graisses visibles et cachées ; charcuteries, beurre, pâtisseries, viennoiseries, etc.),
– les corps gras d'origine végétale (huiles de cuisson et d'assaisonnement, margarines végétales, etc.).
Ils ne devraient pas dépasser le tiers de la ration énergétique (environ 33 %). Un rapport équilibré entre les lipides animaux et les lipides végétaux doit être respecté.
Remarque. – Les lipides sont des nutriments très énergétiques (1 g de lipide = 38 Kj). Certains ont des rôles structuraux et fonctionnels importants (les acides gras polyinsaturés, par exemple).

Les protides. On en distingue deux sortes :
– d'origine animale (viandes, abats, poissons, œufs, etc.),

1. Voir tableau p. 23.

– d'origine végétale (céréales, légumes secs, etc.).

Ce sont les composés fondamentaux de la matière vivante.

Ils doivent apporter environ 12 % de la ration quotidienne énergétique. Un apport équilibré doit également exister entre les protéines d'origine animale et les protéines d'origine végétale.

Les protéines ne sont pas dégradées pour libérer de l'énergie, mais pour couvrir des besoins structuraux et fonctionnels.

Les besoins non énergétiques

Il s'agit des besoins en vitamines, en éléments minéraux, et en eau.

Les vitamines. Elles doivent être fournies par une alimentation variée et équilibrée. Elles sont classées selon leur solubilité.
– Les vitamines hydrosolubles C, B (B1 à B12).
– Les vitamines liposolubles A, D, E, K.

Les vitamines sont des substances irremplaçables, elles interviennent entre autres dans les diverses réactions énergétiques, dans le métabolisme des glucides, des lipides, des protides, dans l'assimilation du phosphore et du calcium (D). Selon leur nature et leur origine, elles ont un rôle d'antioxydant, dans la vision nocturne (A), dans la fabrication d'anticorps (C), etc.

Les vitamines sont des substances fragiles, elles peuvent être inactivées (oxydées) par l'air, la lumière et la cuisson prolongée.

Les éléments minéraux. Le corps humain renferme une grande quantité d'éléments minéraux (environ 4 % du poids du corps). Certains sont présents en quantité relativement importante exprimée en grammes : les macro-éléments (sodium, potassium, soufre, phosphore, calcium, magnésium) ; d'autres en quantité infinitésimale exprimée en milligrammes : les micro-éléments (fer, zinc, iode, cuivre, fluor, cobalt, etc.).

Le corps perd régulièrement une partie de ses éléments minéraux (transpiration, urine). Il est obligatoire de compenser les pertes par une alimentation variée et équilibrée.

L'eau. Elle constitue 60 à 70 % du poids du corps. L'organisme perd environ 2,5 litres d'eau par jour qui doit être compensée par les aliments (1 litre) et la boisson (1,5 litre : eau de source et eau minérale).

Les fibres (cellulose et pectine). D'origine végétale, les fibres sont indispensables au bon transit intestinal et empêchent la constipation. Si tous les fruits et tous les légumes contiennent des fibres, certains en sont beaucoup plus riches (légumes secs, pain complet, fruits séchés). Il ne faut pas abuser des aliments riches en fibres car ils peuvent irriter la paroi intestinale.

Composition d'un menu

« Les animaux se repaissent, l'homme mange, l'homme d'esprit seul sait manger. »
Il ne s'agit pas pour vivre d'absorber des aliments quelconques en vue d'apaiser sa faim. Il s'agit de faire avec intelligence une sélection parmi certaines denrées et de choisir celles qui conviennent le mieux à l'organisme. Il faut en déterminer la quantité et la qualité. Une erreur répétée peut devenir rapidement préjudiciable à la santé.

Point de vue hygiénique

Pour les gens en bonne santé et qui désirent se nourrir sainement, il importe d'observer quelques règles :

– Équilibrer convenablement l'alimentation (variété des composants).
– Limiter la fatigue de la digestion (restreindre les aliments gras, les aliments sucrés et l'alcool).
– Adapter les apports énergétiques à son âge et à son activité physique.

La nature nous a pourvus de guides incertains, capricieux : le goût et l'instinct, très insuffisants pour nous aider dans un choix difficile. La science nous permet d'y ajouter maintenant la connaissance de la composition des aliments et des lois de la nutrition.
Un menu peut se raisonner. En l'élaborant, on doit tenir compte, non seulement de l'état de santé des convives – ce qui est le plus important – mais aussi de leur âge, de leurs besoins et de leurs goûts. (On assimile mieux ce qui plaît.) Une alimentation mal comprise se fait payer, quelquefois à longue échéance. Un abus peut entraîner soit une fatigue excessive de l'appareil digestif, soit une surcharge pondérale ou une prise de poids exagérée (obésité). Une déficience alimentaire peut se solder par une dégradation des tissus ou une erreur quelconque, par une véritable maladie. Chez les enfants surtout, les fautes alimentaires sont graves et ont toujours une sérieuse répercussion sur leur organisme en formation. C'est avec des menus équilibrés et variés que l'on conserve la santé.

Point de vue économique

Mais la vie est trop chère (ce sont les aliments riches en composés azotés [protéines] les plus chers puisque l'organisme ne peut en faire des réserves) pour se livrer quotidiennement à certaines folies alimentaires, dussent-elles être « hygiéniques ». Il y a lieu, dans la composition d'un menu, de tenir compte avec intelligence du prix absolu et relatif de chaque denrée. Pour rester dans cet ordre d'idées, on s'attachera :

À employer des aliments nutritifs à un prix raisonnable. On paie souvent la rareté, l'aspect ou l'arôme, la marque et la présentation commerciale. D'ailleurs, un aliment relativement bon marché (exemple : tranche, dans le bœuf) sera aussi nourrissant qu'un aliment cher (aloyau) et aussi savoureux, s'il est préparé habilement et dressé élégamment. On doit savoir qu'un aliment cher est celui qui fournit peu d'énergie (Kj) aux 100 grammes et non celui dont le prix absolu est élevé.

18 Je sais cuisiner

À composer des menus de saison. La facilité actuelle de trouver en France, en tout temps, certains fruits ou légumes (pêches, haricots verts, tomates, etc.) peut être une tentation. On pourra y céder parfois. Mais on devra savoir que ces denrées coûtent en général cher, et qu'elles n'ont pas le parfum qui fait leur charme en pleine saison.

À présenter en premier un plat léger pour apaiser la faim. Proposer en entrée des crudités, des salades composées ou des hors-d'œuvre riches en vitamines, en éléments minéraux et en fibres.

À fournir à chaque convive la quantité nécessaire et suffisante à son organisme. Une excellente méthode, lorsqu'on connaît l'appétit normal de chacun d'eux, est de peser ou de mesurer avec rigueur les denrées nécessaires à la confection de chaque plat : la suralimentation peut être nuisible.

À titre indicatif voici des quantités moyennes qu'il est bon d'observer. Les poids indiqués sont nets et établis à partir d'aliments crus.

Enfants de 5 à 7 ans (par repas) :

Viande (bœuf-foie)		50 g
Légumes verts et pommes de terre		150 g
Pâtes ou riz		25 g
Fromage cuit ou frais		30 g
	ou	1 yaourt
Fruits		150 g
	ou	1 banane
Poisson		100 g
Salade crue		50 g
Œufs		1/2

Le menu se composera de :
- Crudités
- Viande ou poisson ou œufs
- Légumes verts et féculents
- Fromage
- Fruits
- Pain 20 à 80 g

Compter 10 g de matière grasse pour la préparation.
Boisson : eau potable de source ou minérale.

L'hygiène alimentaire

Adolescents de 15 à 20 ans (par repas et selon l'activité physique) :

Viande	100 à 120 g	Le menu se composera de :
Légumes verts	250 à 350 g	Crudités ou potage
Pommes de terre	300 à 400 g	Viande ou poisson
Crudités	50 g	ou œufs
Pâtes ou riz	80 g à + si le pain n'est pas l'aliment de base	Légumes verts (crudités s'il n'y a pas de potage aux légumes, ou pâtes
Fromage	30 à 50 g	ou riz s'il y a des crudités)
Fruits	150 g	ou pâtes ou riz
Œufs	2	Fromage
		Fruits
		Pain 100 à 120 g

Compter 20 g de matière grasse pour cuisson.

Boisson : eau potable de source ou minérale.

Adultes, activité physique moyenne (par repas) :

Viande	100 à 150 g	Le menu se composera de :
	150 g avec os	Crudités ou potage
Légumes verts	200 à 300 g	Viande ou poisson
Pommes de terre	250 g	ou œufs
Pommes de terre frites	150 g	Légumes ou pâtes
Poisson	150 g	ou riz
Crudités	100 g	Fromage
Pâtes ou riz	70 g	Fruits
Œufs	1 à 2	Pain 80 à 100 g
Fruits	100 à 150 g	

Compter 20 g de matière grasse pour cuisson.

Ces indications sont uniquement valables pour le déjeuner. L'activité des adultes baissant de plus en plus, le repas du soir doit être allégé de manière à équilibrer le repas du midi qui est le plus souvent pris en restauration collective.

Exemple : Crudités ou potage avec légumes selon la saison
　　　　　Produits laitiers
　　　　　Pain
　　　　　Fruits crus ou cuits (selon le premier plat).

Il est très important de tenir compte de l'âge, de l'activité physique et intellectuelle, et de l'état de santé des convives.

L'alimentation des enfants, des collégiens et des lycéens est une des préoccupations primordiales des sociétés de restauration, et nécessite la plus grande vigilance des familles afin de compenser ou de rectifier l'équilibre alimentaire lors du repas du soir.

À utiliser rationnellement tous les produits. Utiliser le plus rapidement possible les « restes » du repas précédent ; les réserver à couvert dans un réfrigérateur bien réglé à + 3 °C maximum, égouttés de la sauce s'il y a lieu. Ils peuvent être utilisés le lendemain, présentés sous un autre aspect (salades composées, quiche, coquilles ou gratins, feuilletés divers, crêpes fourrées, etc.).

Remarque importante. – Ne **jamais** recongeler un aliment cru qui a été dégelé.

Le point de vue hygiénique et économique ainsi observé, il convient encore de ne pas négliger le point de vue gastronomique.

Point de vue gastronomique

« Le régime idéal, a dit Atwater, est une combinaison d'aliments qui, tout en imposant le moindre travail à l'organisme, lui fournit une quantité de matériaux exactement suffisante pour subvenir à ses besoins. »

Mais Atwater était américain, et si ses congénères acceptent de se nourrir avec le contenu d'une assiette distribuée automatiquement et évaluée de façon précise en énergie, le Français reste toujours gourmand et gourmet, il ne refusera pas de se soumettre à certaines règles hygiéniques, à condition que la cuisine reste savoureuse. On s'efforcera donc, pour satisfaire ce... penchant, d'établir entre les différents plats une certaine harmonie afin de ne pas choquer le goût : préparer une sensation gustative culminante (le plat principal) et la laisser dominante à la fin du repas, mais estompée pourtant par le dessert, assez agréable pour ne rien faire regretter.

Les potages et les hors-d'œuvre. Ce sont des préparations importantes dans l'élaboration des menus. Ils permettent (et le plus souvent à faible prix) d'ouvrir l'appétit, de contribuer à l'équilibre du repas et de donner une excellente impression de ce qui suivra.

Le plat principal (poisson ou viande et garniture). La tendance actuelle, et principalement en restauration, est au poisson. Il bénéficie d'une image conciliant la qualité sanitaire et la valeur nutritionnelle (pauvreté en graisses, apport en phosphore). Le ou les légumes doivent être en parfaite harmonie avec le produit (saveur, couleur, présentation, culture culinaire). Ils doivent mettre en valeur le mets principal et la sauce sans dominer ni masquer.

Les salades. Aliments auxiliaires et sapides riches en fibres et vitamines, elles facilitent la digestion grâce à leurs condiments.

Le ou les fromages (ou tout autre produit laitier). Riches en calcium ils sont le complément alimentaire d'un repas équilibré. Si l'entrée (potage ou hors-d'œuvre) comporte du fromage, celui-ci n'est pas nécessaire en fin de repas. Ils représentent en outre l'élément digestif mais aussi gastronomique.

Le dessert, ou mieux, les desserts. Ils doivent compléter et clore le repas sur une dernière bonne impression. Ils représentent une source importante de glucides. Les entremets et les desserts à base de fruits crus ou cuits représentent un apport non négligeable en vitamines, en éléments minéraux et en fibres.

Quand composer un menu

Il y a lieu d'envisager plusieurs cas où l'on se trouve en face de nombreux mets à choisir pour composer un menu : suivant les circonstances et le lieu, l'élaboration n'est pas la même.

– **En famille,** une cuisine simple sans monotonie sera le fond sur lequel se détacheront les autres cuisines.

– **Entre amis,** c'est l'occasion de faire une cuisine simple, très soignée, dont chaque plat sera un triomphe gastronomique.

– **Une grande réception,** ce peut être un prétexte pour oublier les principes d'économie, mais non les préceptes de l'hygiène. On peut composer un repas délicieux et abondant sans commettre de lourdes fautes.

– **Au restaurant,** dans l'élaboration du menu, faire confiance aux spécialités recommandées par la maison, qui tient à garder des clients fidèles et satisfaits.

De toute façon, choisir soigneusement les vins pour les mettre en accord avec les plats. Le manque d'harmonie entre le bouquet d'un vin et la saveur d'un mets peut gâter l'un et l'autre.

CLASSIFICATION GÉNÉRALE DES ALIMENTS

ALIMENTS PRODUCTEURS DE FORCE ET DE CHALEUR		ALIMENTS RÉPARATEURS	ALIMENTS RAFRAÎCHISSANTS, STRUCTURANTS ET FONCTIONNELS
Glucides	Lipides	Protides	Eau, Cellulose, Vitamines, Sels minéraux
Farines	Beurre	Lait	Fruits frais
Pain	Graisses animales	Fromages	Légumes verts
Pâtes	Huiles végétales	—	Salades
Céréales (riz, blé, maïs)		Œufs	
Légumes secs[1]		—	
—		Poissons	
Fruits séchés		—	
Miel		Viande	
Chocolat			
Sucre			

1. Les légumes secs sont une source importante de protéines d'origine végétale.

APPORT ÉNERGÉTIQUE POUR 100 G D'ALIMENTS [1]

TRÈS ÉNERGÉTIQUES	Kj	Kcal
Huile d'arachide	3 800	895
Saindoux	3 750	850
Beurre	3 100	760
Margarine	3 100	752
Lard frais	2 800	670
Noisettes sèches	1 600	656
Noix sèches	2 200	631
Rillettes	2 500	601
Saucisson	2 300	559
Chocolat	2 300	500
Pâté, foie gras	1 900	454
Biscuits secs	1 700	410
Sucre, betterave	1 600	399
Gruyère	1 620	376
Livarot	1 500	357
Pain d'épice	1 500	354
Macaronis-pâtes	1 500	354
Pois cassés crus	1 400	351
Farine de blé	1 400	350
Riz	1 400	340
Haricots secs	1 400	337
Fromage de chèvre	1 400	336
Poulet cuit	1 400	336
Roquefort	1 300	320
Camembert à 45 %	1 325	312
Miel	1 275	304

ÉNERGÉTIQUES	Kj	Kcal
Avocat	900	215
Pruneaux	1 200	292
Raisin de Smyrne	1 200	281
Thon à l'huile	1 200	280
Figues sèches	1 100	275
Abricots secs	1 100	272
Brie	1 100	271
Langue de mouton	1 100	264
Pain blanc	1 000	259
Côtelette d'agneau	1 000	256
Crème fraîche	1 000	255
Pain bis	1 000	241
Sardine à l'huile	900	226
Thon frais	900	225
Hareng fumé	900	224
Saumon conservé	800	197
Saumon frais	800	187
Filet de porc maigre	700	172
1 œuf	300	76
Foie de veau	600	149
Maquereau	600	148
Poulet cuit	610	147
Canard cuit	800	135
Olives en saumure	510	123

PEU ÉNERGÉTIQUES	Kj	Kcal
Ris de veau	510	124
Cheval cru	450	110
Pigeon cuit	900	108
Sardine fraîche	440	107
Morue salée	440	107
Banane	400	97
Crevette cuite	400	96
Pomme de terre	370	89
Raisin frais	340	81
Topinambour	330	80
Salsifis	320	77
Cerise	320	77
Lait	280	67
Artichaut (partie comestible)	270	64

TRÈS PEU ÉNERGÉTIQUES	Kj	Kcal
Céleri-rave	75	18
Concombre	42	10
Navet	75	18
Poire	250	61
Pomme	250	61
Pois mange-tout	230	57
Abricot	210	52
Ananas	210	51
Carotte	180	43
Fraise	170	40
Orange	170	40
Chou	140	34
Champignons	130	31
Épinards	100	25
Tomate mûre	90	22
Asperge	90	21
Laitue	80	19

Remarque importante. C'est à partir du 1er janvier 1978 que l'application du système international d'unité est devenue obligatoire pour les sciences médicales. L'unité habituelle d'énergie thermique considérée par les nutritionnistes était avant la kilocalorie (Kcal). Désormais, la valeur calorifique des aliments est établie en kilojoules (Kj). 1 Kcal = 4,184 Kj.

Il suffit, pour obtenir l'équivalence, de multiplier les quantités exprimées en Kcal par 4,184. Exemple : 4 Kcal de glucides = 17 Kj ; 9 Kcal de lipides = 38 Kj ; 4 Kcal de protéines = 17 Kj.

N.B. Les nombres indiquent la quantité de calories fournie par 100 g d'aliments. Les apports sont sensiblement variables selon l'origine des produits (race, âge, état d'engraissement), l'origine anatomique des morceaux, le degré de préparation ou d'élaboration, et l'époque de l'année (saison). Les aliments fournissent plus ou moins d'énergie grâce à leur teneur variable en lipides et en glucides. Lorsque ces deux éléments ne suffisent plus, les protéines peuvent être dégradées pour libérer de l'énergie.

1. D'après *Tables de composition des aliments*, par L. Randoin, Le Gallic, Causeret, Éditeur J. Lanore. Voir aussi, *Table des calories*, par le Dr Dorosz. Éditions Maloine.

Menus

DIX MENUS DE PRINTEMPS [1]

Gnocchis
aux pommes de terre
Escalopes de dinde
Laitues à l'étuvée
Yaourts aux fruits

Turban de merlu
Pommes de terre duchesse
Salade de saison
Fromage blanc à la crème

Asperges
à la mayonnaise mousseline
Gigot rôti
Purée de pommes de terre
Crème au citron

Salade de champignons de Paris
Poulet Marengo
et pâtes
Balancés au chocolat

Saint-Jacques sautées
sur salade de mâche
Biftecks
Riz à la créole
Salade d'oranges

Radis roses
Effilochée de raie
aux aromates
Pommes vapeur
Tartes au citron

Cassolettes d'escargots
au chablis
Pain de macaronis
Salade mélangée
Fromage

Artichauts à la vinaigrette
Filets de limandes
aux pâtes
Soufflé glacé au chocolat

Carottes râpées
Lapin en gibelotte
aux pommes de terre
Compote de cerises

Salade de concombre
Épaule d'agneau farcie
Pommes dauphine
Crème brûlée

1. On trouvera les recettes des plats indiqués ici dans *Je sais cuisiner*.

MENUS D'ÉTÉ[1]

Tomates à l'antiboise
Ris et rognon de veau
aux 3 moutardes
Pommes nouvelles
Salade de fruits à la menthe

Radis roses
Paupiettes
Haricots verts à l'anglaise
Tartes aux prunes

Melon au jambon de Parme
Rougets grillés
Gâteau de courgettes
et de tomates
Sorbet aux framboises

Tomates à la vinaigrette
Pigeons aux petits pois
Pêches Melba

Salade de champignons
de Paris
Courgettes farcies
Compote de rhubarbe

Tomates farcies aux crevettes
Magrets de canard aux pruneaux
Gratin aux fruits rouges

Feuilleté aux pointes d'asperges
Bifteck
Pommes de terre frites
Tartes aux fraises

Melon au naturel
Tournedos
Laitues au jus
Glace aux fraises

Pain de chou-fleur
Rougets grillés
Beignets aux fruits

Salade mélangée
Onglet de bœuf à l'échalote
Gratin dauphinois
Framboises

---

1. On trouvera les recettes des plats indiqués ici dans *Je sais cuisiner*.

MENUS D'AUTOMNE[1]

Tomates en salade
Aiguillettes de bœuf
au gingembre
Pommes sautées
Compote de mirabelles

Cassolettes de cèpes
Faisan à la brabançonne
Charlotte au café

Croûtes de champignons
Porc braisé aux choux
Compote de poires

Salade de langoustines
Bœuf à la mode
Tarte Tatin

Melon au jambon de Parme
Fricassée de poulet
Haricots blancs
à la provençale
Beignets aux pommes

Salade de champignons crus
Terrine de poulet
Macédoine de légumes
en salade
Compote de quetsches

Salade de chou rouge
Canette rôtie aux figues fraîches
Poires en délice

Potage à la Faubonne
Salade tiède de faisan
Pommes vapeur
Crêpes fourrées à la confiture

Salade mélangée
Lapin aux pruneaux
Purée de pommes de terre
Crème exotique

Feuilletés d'escargots
aux pleurotes
Civet de lapin
et pâtes
Salade de fruits au gingembre

---

1. On trouvera les recettes des plats indiqués ici dans *Je sais cuisiner*.

MENUS D'HIVER[1]

Céleri rémoulade
Civet de chevreuil
aux marrons
Beignets aux pommes

Salade d'encornets
Épaule d'agneau à la provençale
Carottes à la Vichy
Pommes châtelaine

Salade mélangée
Filets de limandes-soles
aux pâtes
Abricots secs en compote

Potage florentine
Côtelettes de cabillaud
Pommes vapeur
Salade d'oranges

Moules marinières
Chou farci
Œufs à la neige

Œufs cocotte
Effilochée de raie
aux aromates
Diplomate

Salade de chou rouge
Haddock en ramequins
Riz à la créole
Pommes crues

Potage au riz
Morue à la crème
Pommes de terre
à l'anglaise
Pruneaux au vin

Carottes râpées
aux bananes
Filet mignon de porc
au curry et à la noix de coco
Croûtes portugaises

Crème légère
aux moules et aux coques
Ragoût aux pommes de terre
Sorbet au citron vert

---

1. On trouvera les recettes des plats indiqués ici dans *Je sais cuisiner*.

HUIT MENUS MAIGRES

Printemps

Radis au beurre
Cabillaud sauté
Pommes de terre nouvelles
Kugelhopf

Saint-Jacques sautées
sur salade de mâche
Pommes de terre à l'anglaise
Fromage blanc à la crème
Fruits

Été

Salade mélangée
Œufs durs béchamel
Petits pois
Pudding Maïzena
aux pêches

Croûtes de champignons
Rougets grillés
Haricots verts à l'anglaise
Crème bavaroise aux fruits

Automne

Olives vertes
Merlans à la meunière
Lentilles en salade
Sorbet au cassis

Potage au cresson
Gnocchis ramequins
Haricots secs à la bretonne
Crème au caramel

Hiver

Moules marinières
Céleri au jus
Salade mâche et betterave
Gruyère
Tarte aux pruneaux

Feuillantines
aux anchois
Pommes au riz

MENUS DE RÉVEILLON

Repas froid

Consommé froid
Huîtres
Mulet sur macédoine
avec mayonnaise
Aspic de foie gras
Bûche de Noël
Fruits
Petits fours

Repas chaud

Bouchées à la reine
Dinde farcie aux marrons
Laitues à l'étuvée
Fromage
Bûche de Noël
Petits fours

Le savoir-vivre à table

L'ordonnance générale d'un repas a une réelle importance : il faut que les invités puissent dire du dîner qu'il était bon et bien servi ; que chacun emporte l'impression d'avoir été l'objet d'attentions particulières.

C'est sur ceux qui reçoivent que repose toute l'organisation matérielle. C'est de la maîtresse de maison aussi que dépendent l'animation, l'entrain, la civilité qui régneront à table. La tâche est immense et délicate, car selon le mot de Brillat-Savarin : « Convier quelqu'un à sa table », c'est, en effet, « se charger de son bonheur pendant tout le temps qu'il est sous votre toit ».

La perfection d'une réception dépend de plusieurs facteurs :
- menu bien composé,
- élégance de la table,
- éclairage harmonieux (parfois candélabres avec bougies),
- places des convives,
- service méthodique.

Un accueil chaleureux doit être réservé aux invités. Dès l'arrivée des hôtes, il faut être prêt à les recevoir, se porter à leur rencontre pour les introduire dans la salle de séjour ou le salon. D'un mot aimable la présentation des invités se fait facilement.

La table

Quelles que soient les circonstances, il faut savoir rendre sa table accueillante et gaie. C'est au cours des repas que la vie de famille se resserre et se symbolise.

Quelle triste chose que de s'asseoir autour d'un couvert jeté à la diable sur un coin de table ! Quel repos, au contraire, quelle détente dans la fatigue du jour, que de trouver en rentrant au foyer un couvert disposé avec harmonie ! Ce n'est guère long, guère difficile, et ce que l'on fait avec amour semble si simple. La petite peine prise est largement payée par la joie et la bonne humeur des convives.

Il est raisonnable de placer sur la table destinée au repas un molleton (laine ou coton) : il isole les instruments chauds du bois, qui peut en être terni. Il amortit les chocs, dangereux pour la vaisselle et désagréables à l'oreille. On le recouvre d'une nappe. On utilise, de plus en plus, pour ne pas laisser la table nue (et réduire le blanchissage), des « sets » individuels qui créent, à moindres frais, une ambiance décorative et chaleureuse.

Le couvert

Chaque convive doit disposer d'une place suffisante pour se sentir agréablement entouré sans être gêné. On compte au minimum 60 à 70 cm par personne.

Les assiettes. Elles sont placées symétriquement autour de la table.

Les couverts. Les couverts sont toujours placés les dents vers le haut pour les fourchettes, la partie creuse de la cuillère également vers le haut, sauf dans le cas de couverts gravés (monogramme, armoiries). La fourchette à gauche de l'assiette, la cuillère à droite à côté du couteau appuyé du bout sur le porte-couteau. L'introduction, en France, des mœurs anglo-saxonnes, permet de supprimer cet accessoire, les convives prenant de plus en plus l'habitude de reposer leurs couverts sur l'assiette et non à côté.
Les couverts de rechange, préparés sur une desserte, sont présentés sur l'assiette propre. Pour le dessert, les assiettes contiennent le couvert à entremets et le couvert à fruits.
On prévoit des assiettes à fromage avec couteau et fourchette.

Les verres. Le service de verres se compose de trois pièces :
– verre à eau,
– verre à vin rouge,
– verre à vin blanc.
Les verres se posent devant l'assiette ; leur ordre varie selon la fantaisie. En règle générale, trois verres sont disposés sur la table : au centre, le verre à eau, puis, légèrement décalés sur la droite, le verre à vin rouge, et le verre à vin blanc. Ordre logique puisque l'on sert généralement le vin blanc en premier, puis on retire le verre à vin blanc lors du service du vin rouge. La flûte à champagne est disposée à gauche du verre à eau si le champagne est servi à la fin du repas, ou à droite du verre à vin blanc s'il est servi en début de repas.

Les salières. Suivant les dimensions de la table, on place une salière à chaque bout, ou deux au milieu, avec une petite cuillère, à moins que chaque convive ait devant lui un saleron, ou une petite saupoudreuse.

Les serviettes. Selon le service du potage, la serviette se place sur l'assiette ou à côté. Les pliages trop compliqués sont à rejeter. Un arrangement simple et joli est de beaucoup préférable.

Le pain. Le petit pain prend place dans un pli de la serviette. Le pain ne doit jamais être offert autrement que dans une corbeille en métal ou en vannerie. Il peut être également disposé dans une petite assiette placée à la gauche du convive.

Le menu. Devant chaque convive est placée une petite carte plus ou moins ornée portant le nom de l'invité et le menu (facultatif).

Les boissons. L'eau se met dans des carafes assorties aux verres, à moins qu'on ne fixe son choix sur de l'eau minérale de table. Le vin ordinaire est versé dans des carafes plus petites. Le vin d'origine reste dans sa bouteille sauf les vins vieux qui peuvent être décantés.

La garniture de la table. Si la nappe est simple, un chemin de table en orne le centre. La décoration de la table peut donner lieu à toutes les fantaisies, pourvu qu'elles demeurent discrètes et de bon goût.

La décoration florale. Toujours jolie et à la mode, une telle décoration doit cependant éviter l'emploi de fleurs massives ou odorantes et les gerbes trop hautes qui gênent la vue des convives. Une simple guirlande de fleurs et de feuillage léger, posée à même la nappe, rectiligne ou onduleuse, forme un ornement gracieux, facile à exécuter et d'un prix demeurant modique.
Un surtout fleuri avec bouts de table nécessite plus de fleurs et doit rester très bas. Les fleurs seront piquées dans la mousse, ce qui facilite la mise en bouquet et conserve la fraîcheur. Une belle corbeille de fruits peut remplacer les fleurs.

Le protocole. Les invités passent à table lorsqu'ils sont réunis. S'il s'agit d'un dîner de douze couverts ou plus, on peut mettre à chaque place un petit carton portant le nom du convive. Le dos du menu sert quelquefois à cet usage.
Le maître et la maîtresse de maison se trouvent placés au milieu de la table, et face à face. À droite de chacun d'eux seront respectivement l'invitée et l'invité auxquels sont dus le plus d'égards (rang social, âge). La disposition des autres convives doit se faire toujours avec tact ; alternez autant qu'il est possible un homme et une femme.

Placez ensemble des invités qui ne sont pas complètement inconnus l'un à l'autre : de ce fait, la conversation ne languira pas.

On ne s'assoit pas avant la maîtresse de maison ; on se lève en même temps qu'elle, mais celle-ci, tout en évitant de faire traîner exagérément la fin du repas, ne donnera jamais le signal de quitter la table avant de s'assurer que chacun ait fini.

Le personnel. Les conditions de vie, aujourd'hui, sont telles que l'on a de plus en plus tendance à se passer d'aide et à faire, ensemble, dans la simplicité, le service de table. Au cours d'un dîner important, une « serveuse » (tenue sombre, petit tablier blanc) assurera la présentation des plats et procédera à l'enlèvement des assiettes et des couverts. En cas de grande réception, ce sera le maître d'hôtel qui présidera, si l'on veut, à l'organisation du buffet (lunch, cocktail, etc.).

Si on dispose d'une aide. Voilà le secret pour être bien servi :
Savoir donner des ordres simples.
Être juste et bienveillant.
Critiquer s'il y a lieu, mais éviter de le faire en public pour ne pas froisser inutilement.
Ne pas exiger un travail excessif.
Respecter les horaires et la réglementation du travail.
Reconnaître par un mot aimable une tâche bien faite.
Songer au bien-être et à la santé de ceux qui sont sous vos ordres.

L'ordre de service. Les plats sont apportés successivement, respectant l'ordre du menu combiné à l'avance :
– potage ou hors-d'œuvre chauds ou froids selon la saison et les circonstances,
– entrées,
– plat principal (poisson ou viande avec garniture d'accompagnement),
– légumes,
– salade,
– fromages,
– desserts (entremets ou pâtisserie), fruits (si le dessert n'en contient pas).

Le plat, posé sur une serviette, est présenté à gauche, d'abord aux dames, par rang de place, bien qu'une habitude moderne plus rapide consiste maintenant à servir d'abord les personnalités de marque, puis, à tour de rôle, les invités suivants, sans s'occuper de la qualité. Lorsque le plat a été présenté à tous les convives, il est remporté à la cuisine et tenu au chaud, attendant d'être représenté. Le service du pain, de l'eau et du vin est fait par celui ou celle qui reçoit. Les boissons se servent à droite du convive s'il y a une personne responsable. Entre chaque plat, il faut changer de couvert, un par un. Celui qui reçoit prend à droite du convive l'assiette sur laquelle sont posés fourchette et couteau, et passe, à gauche, l'assiette propre qui porte les couverts propres. Avant l'entremets, à l'aide d'une pelle et d'une petite brosse spéciale, d'un ramasse-miettes automatique moderne, ou d'une simple serviette, il faut enlever les miettes de la nappe. Après les huîtres ou les fruits on peut présenter les bols rince-doigts contenant de l'eau tiède et une rondelle de citron, chaque bol étant posé sur son assiette. Le café se sert soit à table, soit hors de table dans un cercle amical. Sur un plateau, les tasses, les petites cuillères et le sucre en morceaux seront disposés. On servira le café très chaud. Pour les amateurs, il y aura quelques liqueurs et des verres spéciaux disposés aussi sur un plateau.

Repas de famille

Un repas de famille, toujours plus simple, n'exige pas autant d'apprêt.

La table. Le couvert est moins compliqué tout en restant accueillant et soigné.
Le souci de réduire le plus possible blanchissage et repassage conduit à utiliser comme nappe du tissu plastifié, facile à entretenir (éponge mouillée) et de teinte agréable. La nappe facile à laver et à repasser, et séchant très rapidement, peut être conseillée utilement.
Le couvert est disposé de la même manière que dans un repas de cérémonie, mais les verres à vin sont supprimés. On peut admettre le

verre à vin à côté du verre à eau. La serviette se place à gauche de l'assiette ; elle doit être rigoureusement individuelle et, à la fin du repas, elle est glissée dans un rond marqué, ou mieux dans une pochette qui la protège plus efficacement.

Il est bon d'avoir sur la table la plus simple une planche spéciale pour couper le pain sans l'appuyer contre soi et sans abîmer la nappe, une corbeille pour offrir les morceaux de pain et un couteau approprié.

La salière et la ménagère (huile et vinaigre) se trouvent toujours sur la table pour permettre de modifier l'assaisonnement si celui-ci est imparfait.

Le plat se trouve au milieu de la table, sur un dessous de plat, et chacun se sert sans aucun cérémonial. Il sera bon de préparer à l'avance tout ce qui peut l'être sans nuire à la qualité des mets. Un repas pendant lequel on se dérange à plusieurs reprises est un repas désorganisé. Sur une table mobile, on placera les couverts et les assiettes propres, s'il est besoin d'en changer, tout en essayant d'en limiter l'usage. S'il est possible d'avoir sur la table un réchaud électrique ou un chauffe-plats, on aura à sa disposition le moyen idéal de tenir, à portée de la main, les plats chauds. Il existe même des tables roulantes et chauffantes.

Le rangement. Le repas fini, chacun repart à ses occupations, content et bien nourri, cependant que tout le rangement reste à faire, charge assumée par un membre de la famille – ou plusieurs pour réduire le temps passé.

– À la salle à manger, il faut débarrasser la table, aérer, secouer la nappe, la plier et la ranger dans un endroit spécial, tiroir de buffet ou armoire, mais toujours à l'abri de la poussière, ainsi que les serviettes, et passer l'aspirateur, la salle à manger étant aussi, très souvent, la pièce où se tient la famille.

– À la cuisine, les restes débarrassés des récipients de cuisson sont placés dans des boîtes hermétiques et réservés immédiatement dans le réfrigérateur, ils seront utilisés dans le plus bref délai (le soir même de préférence).

Le rangement de la vaisselle facilite le lavage immédiat qui permet, au contraire, une attente possible : un lavage régulier de la vaisselle après chaque repas n'est pas toujours nécessaire dans un ménage surtout si l'on dispose d'un lave-vaisselle : les assiettes débarrassées des débris y sont rangées ainsi que les couverts, etc. Sinon, on groupe tout sur le rayon d'un placard. Les casseroles sont remplies d'eau, afin d'en faciliter le nettoyage. Ainsi, la cuisine reste propre et la vaisselle sale n'est pas exposée à la vue de chacun. On procède alors à un seul lavage quotidien.

L'installation d'une cuisine « type américain » facilite bien les tâches car, dans le même local on dispose, d'une part de la cuisine, d'autre part de la salle à manger.

Les vins

Le choix

« L'ordre des boissons est des plus tempérées aux plus fumeuses et aux plus parfumées » (Brillat-Savarin). Le choix des vins accompagnant un repas doit être fait très judicieusement : un plat de saveur assez douce demande un vin léger, jeune, pouvant être servi frais. Les plats épicés et les plats en sauce demandent des vins plus corsés avec des arômes plus puissants. Il y a lieu, en outre, d'observer, pour chaque catégorie de vins, une température spéciale, mettant en valeur le bouquet de chacun.

Température

Les vins blancs et rosés. Ils se servent très frais. $6°$ à $12°$, s'ils sont secs.

Le champagne. Il se sert frappé, après un court séjour dans un réfrigérateur, le placer dans un seau à champagne avec des glaçons.

Les vins rouges. Les appartements ont souvent une température de 22 °C. On ne chambre plus le vin : on le sert frais.

Les vins de **Bourgogne** se servent frais : 15 à 16 °C.
Les vins de **Bordeaux** se servent à une température un peu plus élevée (18 °C) pour être parfaitement dégustés.

Ordre de service

Les vins ordinaires peuvent être versés dans des carafes. Certains vins vieux doivent être décantés. Les vins de marque sont servis dans la bouteille d'origine : si le dépôt est assez abondant, la bouteille sera placée, couchée, dans un panier spécial.
Les très vieilles bouteilles ne s'essuient pas.
Éviter de servir du vin avec le potage et les préparations assaisonnées avec de la sauce vinaigrette (salades, salades composées, asperges vinaigrette, etc.).
Certains entremets (au chocolat) et certains fruits (les oranges surtout) supportent mal un accompagnement de vin.

Hors-d'œuvre. Vin blanc ou vin rosé, à condition qu'il soit sec ou demi-sec. Il faut, en tout cas, qu'il soit léger :
Chablis,   Pouilly,
Sylvaner,   Arbois,
Muscadet,   Rosé des Riceys,
Montlouis,   Côtes-de-Provence.
Sancerre,

Huîtres et crustacés. Vin blanc sec :
Muscadet,
Bourgognes blancs,
Traminer.

Entrée de poissons. Vin blanc sec ou demi-sec.
Les **bordeaux blancs** : les vins moelleux conviennent mieux avec des poissons accompagnés d'une sauce réduite riche en crème et en beurre :
Barsac,
Graves,

Château-Suduiraut,
Château-d'Yquem,
Château-Filhot.

Les **bourgognes blancs** sont parfaits :
Meursault,
Montrachet.

Les **vins d'Alsace** :
Riesling,
Traminer.

Il vaut mieux servir un vin rouge ou rosé avec les poissons préparés au vin rouge (ex. : anguille en meurette).

Entrées. Celles-ci sont si variées qu'il est difficile d'indiquer avec beaucoup de précision les crus à servir. S'il s'agit de plats composés de pâte (brisée ou feuilletée) et d'abats tels que croustades, vol-au-vent, bouchées avec cervelle, ris de veau, quenelles, etc., le vin devra être blanc ou rosé, sec ou demi-sec. (Voir crus indiqués pour les entrées de poisson.) S'il s'agit d'une entrée à base de volailles, on peut l'accompagner d'un vin rouge à condition qu'il soit léger, souple, velouté.

Bordeaux rouges :
Château-Lafite,
Château-Margaux,
Saint-Émilion,
Saint-Estèphe,
Saint-Julien.

Rôtis et gibiers. Le vin rouge servi avec le rôti doit avoir de la qualité et il doit être plus corsé pour les viandes rouges que pour les viandes blanches.

Bordeaux rouges : Pomerol. Et les crus indiqués pour les entrées.

Bourgognes rouges :
Gevrey-Chambertin,
Clos-Vougeot,
La Tache,
Vosne-Romanée,
Nuits-Saint-Georges,
Corton,
Beaune,
Pommard.

Foie gras. On conseille, en général, les vins blancs légèrement liquoreux ou les vins originaux des régions productrices :
Sauternes,
Monbazillac,
Montrachet,
Jurançon,
Gewurztraminer.

Fromages. En général, on sert du vin rouge. Mais il faut, aussi, le choisir par rapport au fromage lui-même. Ainsi, le gruyère, le brie exigent un vin moins corsé que le roquefort, par exemple.
Le fromage de chèvre supporte bien le vin blanc sec (Sancerre par exemple).

Entremets et desserts. On a coutume, maintenant, de servir le champagne au moment des desserts. Dans ce cas, il faut le choisir demi-sec, en songeant cependant que le champagne ne sera vraiment apprécié que servi seul, soit tout au long du repas (dans ce cas sec ou brut), soit indépendamment du repas. (Servir alors suivant les goûts des convives et offrir du demi-sec et du brut.) Il est fréquent de terminer le repas avec le même vin et d'éviter les mélanges.

Les **bordeaux blancs :**
Sauternes,
Barsac,
Loupiac.

Il faut citer aussi certains crus appréciés :
Monbazillac,
Vouvray,
Saumur,
Vin de paille du Jura.

Des **vins cuits** :
Xérès,
Banyuls,
Malaga,
Muscat.

Il faut savoir que les vins dits de grands crus sont d'un prix élevé.

De plus en plus on a tendance à servir une seule sorte de vin pendant tout le repas ; dans ce cas, il doit être léger, jeune et servi frais.

Pour des repas simples, il y a des vins excellents et plus facilement accessibles :

Vin blanc : Mâcon, Chablis, Zwicker.
Vin rosé : Rosé d'Anjou, Tavel, Bourgueil.
Vin rouge : Bourgueil, Fleurie, Juliénas et certains vins d'Algérie.

On a pris l'habitude de servir le bordeaux rouge assez frais et non « chambré ».

Remarque importante. – Il nous a été reproché de ne pas avoir cité, dans ces pages, certains crus de qualité. Cette liste très réduite, par nécessité, ne représente pas une sélection définitive, mais quelques suggestions.

La cuisine

Le travail de la cuisine est considéré à juste titre comme long et minutieux. Il n'y a pas encore bien longtemps, la femme était chargée exclusivement des travaux ménagers et de la cuisine. La mutation de la société a fait que le couple se partage les diverses tâches et nombreux sont les hommes qui font la cuisine. Peut-être est-ce pour cela que le local a été normalisé, afin d'économiser temps et fatigue...

Dans une cuisine bien conçue, pensée et réfléchie, on travaille méthodiquement, rationnellement, en limitant les pertes de temps et la fatigue.

Organisation de la cuisine

L'aménagement

Le local. Il est généralement impossible de remédier aux inconvénients du local, et le temps n'est plus où l'on choisissait son appartement. Mais on peut toujours aménager une cuisine, même défectueuse. Elle doit permettre d'assurer une progression rationnelle du travail.

Les murs. Seront recouverts de peintures claires et lavables et de carrelage à hauteur d'homme (1,8 m).

Le sol. S'il est planchéié, le faire vitrifier ou faire la dépense d'un revêtement en dalles de plastique. Souvent on a recours aux dalles de céramique. Les joints sont parfaitement nets et étanches.

Les rayons et les étagères ouvertes seront réduits au minimum. L'idéal serait de tout enfermer. En tout cas, les surfaces seront lisses, les angles arrondis. Bannir les moulures, recouvrir toutes les planches de matière plastique de couleur claire.
Rejeter les bandes brodées, les exhibitions d'innombrables boîtes à épices dont l'esthétique est discutable et l'entretien absorbant.

L'éclairage

Naturel. Difficile à modifier. Cependant des vitres transparentes peuvent en certains cas être substituées au verre cathédrale plus opaque. Percer une imposte, vitrer une porte pleine peut augmenter notablement la quantité de lumière sans donner lieu à de gros travaux.

Artificiel. Pas d'économies de lumière, telle doit être la règle. L'éclairage électrique est le seul propre et pratique. On doit prévoir des points de lumière au centre et au-dessus des différents plans de travail. Les placards peuvent même être équipés d'un éclairage intérieur.
De bons diffuseurs rendent l'éclairage plus sain et plus agréable. L'éclairage fluorescent est, dans certains cas, très intéressant.

L'ameublement

Les meubles doivent être agencés de façon rationnelle, de manière à effectuer une progression logique et continue de travail, en évitant les retours (gain de temps, limite la fatigue, améliore le confort). Les matériaux doivent être faciles à entretenir : éviter le bois ciré, le cuivre, le bronze qui demandent beaucoup d'entretien. Préférer les matériaux modernes, faciles à laver et à désinfecter, les matériaux modulables et évolutifs.

On a de plus en plus tendance à utiliser les « blocs normalisés ». Des éléments divers, conçus pour utiliser dans les conditions les plus rationnelles un volume restreint, tels que groupe-évier avec poubelle, groupe-rangement avec étagère, armoire à matériel, armoire à provisions, placard à balais peuvent être disposés au mieux dans un petit local.

Les appareils de cuisson. La cuisinière, les fours et plaques encastrables et l'enceinte à micro-ondes doivent être choisis en fonction de leurs performances et de la sécurité. Dans le cas d'une petite famille, choisir des appareils polyvalents (four à air pulsé et micro-ondes, plaque de cuisson biénergie).

TEMPÉRATURES DE CUISSON
(pour quelques aliments)

Th. 1 à 2 : 105 à 130 °C	Meringues,
Th. 2 à 3 : 130 à 150 °C	Crèmes au bain-marie – Macarons,
Th. 3 à 4 : 150 à 165 °C	Pain d'épice – Pâté en terrine,
Th. 4 à 5 : 165 à 180 °C	Quatre-quarts – Sablés – Palets de dames,
Th. 5 à 6 : 185 à 205 °C	Cake – Savoie,
Th. 6 à 7 : 205 à 225 °C	Sablés – Flan – Pâté en croûte,
Th. 7 à 8 : 228 à 244 °C	Tarte aux fruits – Pâte à choux – Volailles – Rôti de veau,
Th. 8 à 9 : 248 à 265 °C	Rosbif – Pâte feuilletée,
Th. 9 à 10 : 270 à 287 °C	Gigot de mouton,
Th. 10 : 290 à 310 °C	Gratins.

Remarque importante. – Pour toute cuisson au four le chiffre du thermostat se trouve indiqué à chaque recette.

Le four à micro-ondes : voir p. 58 à « Cuire au micro-ondes ».

Le réfrigérateur. S'il est équipé d'un « freezer », ce compartiment permet de réserver durant quelques jours les produits surgelés, mais en aucun cas, il ne permet la congélation individuelle.

Le congélateur. Il trouve sa place dans la cuisine ou à la cave. Il faut s'organiser en sorte que l'on puisse trouver tout sous la main, sans faire des pas inutiles, et sans fatigue. Il est le plus souvent associé au réfrigérateur. Le choisir avec un groupe autonome permettant de le dissocier du réfrigérateur. Effectuer une rotation logique des produits et contrôler fréquemment les dates limites d'utilisation optimale (DLUOC).

Le coffre à légumes. On l'utilise pour conserver les bulbes et les pommes de terre. Il comporte des tiroirs métalliques aérés. On tâchera de le loger sous une étagère fixe.

Le vide-ordures. Il se trouve soit à côté de l'évier, soit hors de la cuisine (palier de l'escalier).

L'emplacement des meubles. Il devra être étudié de façon à éviter toute perte de temps, tout surcroît de fatigue. On y parvient en groupant les meubles qui servent à une même opération :

– La préparation du repas
Table, siège.
Batterie de cuisine.
Placard aux provisions.
Évier.

– La cuisson des aliments
Cuisinière.
Allume-feu si nécessaire.
Four à micro-ondes.

– La remise en ordre
Évier. Égouttoir ou lave-vaisselle.
Poubelle à couvercle.
Placard à vaisselle.
Placard aux produits d'entretien.

L'appareillage

Il faut citer en premier lieu : une **pendule**, très visible, accrochée au mur. Les compte-minutes, munis d'une sonnerie, permettent à ceux qui sont surchargés de besogne d'être avertis que le temps prévu pour telle préparation ménagère ou culinaire est écoulé. La mise au point se fait comme celle d'un réveil.

Pour les petites pesées, **la balance avec curseur** et plateau-cuvette conique ou le **pèse-régime** sont très utiles parce que petits et très maniables.

Les appareils électroménagers. Nombreux, ils doivent être choisis avec discernement. Des appareils simples manuels sont souvent plus efficaces et plus faciles à entretenir. Dans le cas d'utilisation occasionnelle, préférer les appareils polyvalents (robots multiusages). Une place spéciale doit être faite au réfrigérateur, au congélateur, à la friteuse électrique et à l'autocuiseur.

Le réfrigérateur est indispensable : il permet de conserver en parfait état et pendant plusieurs jours provisions et préparations culinaires. Quelques conseils sont à suivre :
– Faciliter la circulation de l'air froid. Donc ne pas tapisser les clayettes de plastique. Ne pas trop remplir chaque rayon.
– Procéder, chaque semaine, au dégivrage s'il n'est pas automatique et, en même temps, laver soigneusement l'intérieur de l'armoire.
– Disposer les denrées de façon rationnelle en tenant compte du fait que le froid le plus intense est en haut (viande, poisson), le froid le moins vif en bas (fruits et légumes).
– Envelopper les aliments dans du film alimentaire ou du papier aluminium ou les placer dans des boîtes spéciales munies d'un couvercle.
Certains réfrigérateurs 4 étoiles possèdent, en outre, un compartiment de conservation des produits surgelés, une fabrique de glaçons et un système automatique de distribution de boissons fraîches. De nouveaux appareils permettent également, après programmation, de

gérer les réserves et de passer automatiquement, si besoin est, les commandes.

Le congélateur, devenu nécessaire à bien des ménages, a pour but de donner du grand froid (– 30 ºC à – 40 ºC) par les clayettes et les parois. On peut, après certains traitements, conserver légumes, fruits, volailles, etc.

La friteuse électrique, dont le thermostat évite la surchauffe du bain d'huile (2,5 litres), est équipée de filtre efficace qui supprime les odeurs désagréables.

L'autocuiseur doit être utilisé et entrenu en respectant certaines règles :
– Ne pas remplir la marmite à plus des deux tiers de la hauteur,
– Bien serrer le couvercle ; la vapeur ne doit pas fuir sous ce couvercle,
– Le joint de caoutchouc doit durer au moins une année. Il ne doit pas être gras. Donc le laver à l'eau savonneuse chaude après emploi,
– Nettoyer le canal de la soupape et la valve de la soupape de sécurité.

TEMPS APPROXIMATIFS DE CUISSON AVEC L'AUTOCUISEUR
(pour quelques aliments)

Potage aux légumes	5 à 15 min	Ragoût de veau	20 min
Pot-au-feu	60 min	Rôti de porc	30 min
Potage avec viande	30 à 50 min	Haricots secs	45 min
Poissons (par kg)	8 à 15 min	Artichauts	10 min
Thon (par kg)	30 min	Pommes de terre	10 min
Rôti de bœuf (par kg)	10 min	Salsifis	25 min
Bœuf braisé	60 min	Lentilles	15 min
Gras-double	40 min	Chou	10 min
Blanquette de veau	20 min	Riz	6 min

Lorsque l'on vit à la campagne ou que l'on a la chance de posséder un jardin, le **barbecue** est un appareil qui permet de cuisiner en plein air de façon amusante et agréable. Les magasins d'articles ménagers vendent des barbecues. Sur cet instrument très facile à manier on peut faire toutes sortes de brochettes de rognons, de foie, de grillades de viandes ou de poissons, etc.

Les torchons. Ils exigent une surveillance spéciale, car ils doivent être très propres afin de ne pas contaminer la vaisselle qui vient d'être lavée : il faut donc les changer souvent. Le lave-vaisselle, à conseiller aux familles nombreuses, supprime l'essuyage. Les torchons en papier peuvent rendre de grands services, notamment dans les préparations culinaires, nettoyage du poisson, légumes à égoutter, etc.

La batterie de cuisine

La tentation est grande d'avoir sous la main un outillage ménager moderne. Dans ce domaine, les améliorations sont constantes. Et l'on change ou l'on remplace tout ce qui peut l'être avec profit. Il ne nous appartient pas de préconiser un matériel déterminé. En effet, la batterie de cuisine, extrêmement variée quant aux matériaux qui la composent, peut et doit être différente suivant les plats à préparer et le mode de cuisson. On ne peut se limiter à un seul produit.
Pour faire de la confiserie, un poêlon en cuivre est indispensable ; pour cuire au mieux un ragoût, la fonte convient parfaitement ; mais pour chauffer de l'eau on peut se contenter d'une casserole en acier inoxydable. À l'heure actuelle, la batterie en acier inoxydable à fond épais, à queues et poignées stables et isolantes offre le maximum d'avantages :
– facilité d'entretien,
– durabilité,
– prix accessible.
Pourtant il ne faut pas non plus tomber dans le défaut contraire et se munir de pièces trop différentes. Cela aurait le double inconvénient de donner un aspect trop disparate à la batterie de cuisine et d'en compliquer singulièrement l'entretien. En effet, un produit spécial est nécessaire à chaque matière et, au moment du nettoyage et du rangement, il y a une perte de temps notable.

La batterie de cuisine idéale se composerait de récipients solides, peu ou pas altérables, ayant un revêtement intérieur qui ne puisse s'abîmer à l'usage, d'une conductibilité parfaite et d'un nettoyage facile. (La conductibilité étant la propriété conductrice d'un corps, la conduction est le mode par lequel la chaleur se propage quand il y a échauffement progressif de tous les corps entre la source de chaleur et le point considéré.)

Il faut envisager aussi le point de vue économique ; c'est malheureusement celui qui guide le plus souvent l'achat d'une casserole bon marché. Mais on peut, en agissant de la sorte, s'exposer à de nombreux inconvénients : peu de solidité, mauvaise qualité du métal, manque d'épaisseur, forme peu pratique. D'où, en réalité, une dépense réelle beaucoup plus grande. Il semble, à l'heure actuelle, que la batterie de cuisine en **aluminium**, à condition que ce métal soit épais et bien rodé, les queues et les poignées étant isolantes, offre le maximum d'avantages : entretien facile, bonne cuisine, prix raisonnable.

Enfin, tous les récipients de **porcelaine à feu** de verre **Corning**, type **Vision**, n'ont contre eux que d'être à la merci d'un accident : fendus ou cassés, ils sont inutilisables, mais ils répondent parfaitement à toutes les conditions que l'on peut exiger d'ustensiles de cuisine.

Quelle que soit la matière dont se trouvera faite la batterie de cuisine, elle doit se composer de quelques éléments indispensables : à ceux-là, on pourra ajouter, suivant les moyens, les besoins et la place dont on dispose, une infinité de petites choses pratiques, bon marché, dont on ne saura plus se passer. Pour cuire ou décongeler dans un four micro-ondes, les matériaux recommandés sont la vitrocéramique et la verrerie culinaire. On peut utiliser la faïence ou la porcelaine à condition qu'elles ne soient pas ébréchées. Enfin, dans le bas de gamme on peut avoir recours aux petits bacs ou aux sacs en plastique. Le film étirable doit toujours être employé pour couvrir les denrées cuisinées.

La cuisine

Ustensiles pour la cuisine

Balance automatique ou électronique 2 kg
2 mesures, 1 litre et 1/4 de litre
Pendule et compte-minutes
Marmite (hauteur 24 cm et diamètre 24 cm)
1 fait-tout en acier inoxydable (diamètre 28 cm)
1 série de casseroles (5) avec couvercles ou 2 couvercles universels
2 cocottes en fonte ou en verre
2 poêles à frire antiadhésives (diamètre 24 et 28 cm)
1 friteuse électrique
2 plats ovales à rôtir
2 plats à gratin
1 entonnoir
1 ensemble de couteaux de cuisine (d'office, filets de sole, éminceur, fusil, économe, etc.)
1 marmite à double fond pour cuisson à la vapeur
2 terrines de tailles différentes
1 gril mobile
1 mixeur
1 moulin à légumes
1 mouli-julienne
1 mouli-persil
2 passoires, trous différents
1 hachoir mécanique
1 couperet
1 pilon
2 spatules en exaglass
1 louche
1 écumoire
1 chinois
1 râpe
1 planche à découper de préférence en polypropylène
4 dessous de plat.

Ustensiles pour la pâtisserie

1 planche pour travailler la pâte
1 rouleau pour étendre la pâte
1 coupe-pâte pour détacher la pâte
1 fouet manuel ou électrique
1 mixeur
1 batteur mélangeur ou un robot ménager
1 poche à douilles pour décorer
1 pinceau pour dorer les gâteaux
1 spatule
1 cuillère en bois
1 grille pour refroidir les gâteaux

Moules à volonté : de 25 cm de diamètre ou de 20 cm de long :
　à cake,
　à baba,
　à tarte,
　à charlotte,
　à génoise,
　à manqué,
　à grosses côtes,
　une plaque pour 12 madeleines,
　tourtières,
　moules à tartelettes ronds et ovales.
Découpoirs ou emporte-pièces de formes variées
1 plaque de tôle aux dimensions du four

Ustensiles pour la confiserie

1 bassine à confiture
1 écumoire
1 poêlon en cuivre
1 mortier
1 pilon
1 découpoir à bonbons

L'art culinaire

La vie de chacun serait certainement simplifiée si la « pilule quotidienne », dont les savants ont tant parlé, finissait par être réalisée. Mais l'existence perdrait aussitôt un de ses principaux attraits.
Quoi de plus agréable qu'un repas bien ordonné, qu'un plat bien présenté, au fumet relevé, dont l'odeur fait venir l'eau à la bouche ?

Heureusement, il est encore nécessaire de transformer les aliments par la cuisson pour manger agréablement. Certes, c'est une occasion de donner libre cours à sa fantaisie, la cuisine est un art ; mais c'est aussi l'obligation de se soumettre à certaines lois qui régissent la préparation de chaque plat. Car la cuisine est une science, il ne faut pas l'oublier.

Pour diverses raisons, on soumet les aliments à la cuisson. Un aliment n'est digestible et souvent n'est mangeable que s'il est soumis à certaines actions qui le transforment :
– **Action mécanique et chimique :** les différents taillages, hachages, et la mastication broient et dilacèrent les cellules en libérant leurs

composants ; l'acidité du milieu, les sucs digestifs et la présence de la chaleur préparent les aliments à la digestion et à l'absorption (prédigestion).

– **Action thermique :** la cuisson, principalement la cuisson prolongée, ramollit la cellulose des végétaux, les tissus conjonctifs et les aponévroses des viandes (principalement de 2e et de 3e catégorie). Les aliments très cuits deviennent plus digestes (légumes secs). La cuisson dans un liquide favorise les échanges entre l'aliment en cuisson et le liquide ou entre le liquide et l'aliment. Certaines protéines solubles passent dans le liquide de cuisson (fabrication des bouillons, des fonds et des fumets).

La cuisson assure une garantie sanitaire aux aliments en détruisant les micro-organismes indésirables (microbes pathogènes).

Enfin les procédés de cuisson diffèrent avec chaque aliment, et on peut cuire le même légume ou la même viande de toutes sortes de façons. Il faut varier avec intelligence et même avec génie : la cuisine touche à l'art. Il faut développer, dans chaque mets, sa saveur particulière, ne pas la masquer par un assaisonnement trop violent de goût et d'arôme, mais au contraire combiner ces « adjuvants » de la cuisine pour faire de leurs saveurs secondaires un arrière-plan, une demi-teinte bien adaptée à la couleur vive du premier plan, un décor capable de faire ressortir le point essentiel.

Les principes culinaires

Le procédé de cuisson le plus simple, ne demandant que **peu d'aptitude et de connaissance**, est : pocher.

Cuire à l'eau

Le but reste toujours le même.
– L'aliment solide est cuit (ex. : les pâtes),
– Les principes sapides passent du liquide, dans lequel il cuit, dans l'aliment lui-même (court-bouillon : eau salée pour cuisson de légumes ou eau avec aromates et épices pour cuisson du poisson),

– Les principes sapides passent de l'aliment dans le liquide qui le baigne (bouillon).

Mais il y a deux façons de procéder : en plongeant un aliment dans **l'eau bouillante**, on provoque une coagulation rapide de l'albumine, constituant une enveloppe à peu près imperméable qui empêche la diffusion des principes sapides dans le liquide. On cuira donc ainsi la viande à laquelle on veut conserver le maximum de goût (gigot à l'anglaise), les légumes verts, les fruits.

Remarque. – Il faut garder une certaine réserve quant à ces principes. Au cours d'une cuisson prolongée, les substances solubles passent tout de même dans le liquide (protéines hydrolysées).

Au contraire, un aliment plongé dans de **l'eau froide** dont on élève peu à peu la température laisse diffuser progressivement ses sucs dans le liquide qui gagne en goût et en valeur nutritive ce que perd l'aliment pendant la cuisson. On prépare ainsi les bouillons de viande et de légumes. Telles sont les conséquences de la cuisson à l'eau.

Si l'on veut garder à un aliment toute sa saveur particulière et l'empêcher d'être en contact avec tout le liquide auquel il cédera nécessairement des principes, s'il n'en retire lui-même, on le cuira à la vapeur (riz, pommes de terre), le plaçant au-dessus d'eau en ébullition.

Cuire à la vapeur

Cela nécessite un appareil spécial, composé de deux marmites superposées. Le fond du récipient supérieur, dans lequel on met les aliments à cuire, est percé de trous. Le récipient inférieur contient l'eau, qui en bouillant dégage de la vapeur. (Couscoussier.) À défaut de marmite spéciale, on peut placer une passoire au-dessus d'une casserole d'eau bouillante.

Il existe aussi des sortes de petits plateaux perforés, aux bords découpés et mobiles qui peuvent être introduits dans des casseroles de tailles différentes en s'adaptant au diamètre. Mais comme le progrès ne s'arrête jamais, on peut utiliser des marmites sous pression, ultraperformantes, dans le fond desquelles on met l'eau. Les aliments à cuire sont placés dans un panier situé à la partie supérieure. Le temps de cuisson est **très** réduit et les aliments gardent toute leur saveur.

Frire

Les graisses pour friture le plus souvent employées sont des mélanges d'huiles végétales et de graisses animales. Elles permettent d'atteindre des températures élevées et répétées sans se décomposer. L'huile d'arachide donne des fritures de bonne qualité. Les huiles de tournesol, de maïs et de pépins de raisins étant plus fragiles à la chaleur, elles seront employées pour le rissolage. On doit les conserver à une température douce, la chaleur les rancit.

Quel que soit le corps gras employé pour cuire les aliments, il faut le porter à une température élevée (180 °C), capable de cuire rapidement la couche extérieure. De toute façon, ne jamais laisser fumer de l'huile : elle brunit, prend un goût désagréable et produit de l'acroléine, résultat de la décomposition du corps gras, à odeur âcre et irritante, et cancérigène. Dans la friture très chaude, plonger les aliments à cuire par petites quantités ; soumis à la chaleur, ils se transforment rapidement en une préparation dorée et croustillante. Mais cela ne peut se faire qu'avec des aliments contenant de l'amidon (panure, pâte à frire, farine). Celui-ci se caramélise et devient croquant. Afin de pouvoir cuire tous les aliments de cette façon, même ceux qui ne contiennent pas d'amidon, on les enrobe dans de la farine, ou dans une pâte contenant de la farine. Par la chaleur de la graisse, cette couche extérieure caramélise, et l'intérieur cuit dans son eau (beignets de fruits, légumes).

Pour ce faire, la friture doit être bien chaude, les aliments secs (sans eau ni vapeur d'eau) doivent être proportionnés à la quantité de graisse. (Une grosse pièce refroidirait brusquement la graisse et ne serait pas saisie.)

Rôtir

Le rôtissage consiste à cuire un aliment dans un four avec très peu de matière grasse. La température de cuisson est fonction de la nature de la viande et du point de cuisson souhaité. Les viandes rouges sont saisies à 220-250 °C pour former une « croûte » superficielle, puis la température est diminuée à 200-210 °C pour terminer la cuisson. Les viandes blanches et les volailles sont rôties à une température plus faible (200 °C) de manière à obtenir simultanément la coloration de la pièce et sa cuisson.

Griller. On fait cuire sur le gril des viandes, des poissons, des crustacés. Le procédé reste toujours le même : exposer à la chaleur directe d'un foyer l'aliment cru légèrement badigeonné d'huile et attendre qu'il soit cuit. La viande saisie par la chaleur (le gril doit être chauffé avant de commencer l'opération) subira, à sa surface, plusieurs transformations :
Coagulation des protéines qui empêche le jus de suinter.
Caramélisation des glucides produite par le glycogène au contact de la graisse qui s'enflamme.
Si la grillade se fait au feu de bois, la fumée de celui-ci la parfume et lui donne une odeur spéciale très appréciée.
Ces deux réactions (dites de Maillard) permettent de garder les pièces grillées plus moelleuses.
Remarque. – Pour retourner les pièces de viande rouge sur le gril, utiliser une pince ou une spatule. Éviter de les piquer avec une fourchette.

Rôtir à la broche. Si le gril est employé pour les petites pièces, toutes en surface, la broche, elle, est réservée aux grosses pièces. La pièce cuite à la broche doit être retournée constamment (des broches pratiques tournent d'elles-mêmes grâce à un véritable mouvement d'horlogerie) pour ne pas laisser longtemps la même surface exposée aux rayons calorifiques lumineux du foyer. Il faut arroser le rôti très souvent, pendant la cuisson, avec la graisse qui s'écoule de la viande.

Rôtir au four. D'excellents rôtis peuvent être réalisés grâce à la rôtissoire tournebroche électrique qui s'adapte à la plupart des cuisinières à gaz et cuisinières électriques disposant d'un four à plafond rayonnant.
La cuisson au four ou à la chaleur obscure est le procédé employé pour obtenir les rôtis. Le principe est toujours le même : exposer la pièce à une chaleur forte, brusque, de manière à saisir, coaguler et caraméliser l'albumine externe. Cette croûte imperméable retiendra

à l'intérieur le jus qui doit laisser à la viande sa saveur et son moelleux. Une chaleur plus douce, succédant à cette première phase, permet d'achever la cuisson des couches profondes ; un arrosage fréquent évite la dessiccation exagérée de la surface. Il faut éviter de saler un rôti avant la formation de la croûte coagulée, afin de ne pas faire exsuder le liquide intérieur et déterminer ainsi des points bouillis plus que rôtis.

Pour la température du four, voir p. 45.

Rôtir en cocotte (appelé également « poêler »). Il s'agit de rôtir la pièce de viande dans une cocotte contenant un peu de matière grasse (1/3 de beurre et 2/3 d'huile), à couvert sur un lit de carottes et d'oignons émincés (garniture aromatique). Cette technique de cuisson s'applique principalement aux grosses pièces de viandes blanches de boucherie (veau) et aux grosses volailles (poulardes, chapons, dindes) qui risqueraient de sécher si elles étaient rôties dans un four. Durant la cuisson à couvert, la garniture aromatique dégage de la vapeur qui limite les risques de dessèchement de la pièce de viande. Faire dorer le rôti sur toutes ses faces, saler légèrement et continuer la cuisson en retournant le morceau de viande toutes les 15 min environ.

Cuire au micro-ondes. Les ondes électromagnétiques produites par le magnéton sont absorbées par les aliments riches en eau et provoquent une agitation des molécules et un échauffement, voire une cuisson pour les aliments de faible épaisseur. Les ondes sont réfléchies par les matériaux brillants ; c'est la raison pour laquelle on ne doit pas utiliser de matériel métallique (acier inoxydable) ni de papier aluminium. Cet appareil est principalement utilisé pour décongeler ou remettre en température les plats cuisinés.

Braiser

C'est l'ancienne « estouffade » dont s'enorgueillit la vieille cuisine française et qui permet de préparer légumes et viandes.

C'est un procédé de cuisson très lent, exigeant une chaleur répartie

régulièrement. (Un bon bœuf braisé se fait avec chaleur en dessous et chaleur au-dessus.)
Le récipient (cocotte ou braisière) est hermétiquement clos. On doit assaisonner le plat au début et calculer le temps exact de cuisson. La vapeur se trouve condensée sur le couvercle, retombe goutte à goutte sur la pièce à cuire et se charge, à la longue, d'essences odorantes qui donnent au jus une saveur particulière. L'aliment (grosses pièces de viande comme l'aiguillette de bœuf) est lardé et souvent mis en marinade la veille de la cuisson. Il est rissolé et braisé lentement à couvert dans une sauce peu liée et corsée additionnée d'une garniture aromatique.

Cuire en ragoût

Le ragoût est un mode de cuisson qui offre les mêmes avantages et les mêmes inconvénients que le braisé. La viande et les légumes cuisent ensemble dans une sauce liée à la farine, le tout étant dans une cocotte bien couverte. La surveillance est facile. Les divers aliments cuits avec d'excellents assaisonnements (épices, vins, bouillon) s'imprègnent de divers arômes et sont très savoureux. La cuisson doit être lente et régulière.
Les ragoûts peuvent être réalisés à blanc ou à brun. Dans le premier cas, les morceaux de viande ou de volaille sont simplement raidis et la sauce est réalisée avec du fond blanc, elle peut être crémée (fricassée de volaille). Dans le cas d'un ragoût à brun, les morceaux de viande ou de volaille sont rissolés avec une belle coloration, ils sont mouillés au vin rouge et avec du fond brun (navarin, coq au vin).

Cuire à la poêle ou sauter

Il s'agit, dans ce cas, de mener rapidement la cuisson. L'aliment, de petite taille, est placé dans la matière grasse chauffée d'abord dans la poêle (sautoir et sauteuse peuvent aussi être utilisés). Cuire et faire dorer la première face ; lorsque le morceau est à moitié cuit, le retourner pour terminer la cuisson de l'autre côté. (Biftecks, escalopes, poisson meunière, etc.) Très important : éliminer la matière grasse avant de déglacer la poêle.

Les économies

On est souvent obligé, malheureusement, de modifier, par raison d'économie, des recettes que des générations de gourmets et de cordons bleus avaient élaborées, étudiées, polies. Cela est compréhensible et louable. Ce qui l'est moins, c'est que, la plupart du temps, on élimine, on retranche, on ajoute, on change sans réflexion. On fait d'un bon plat quelque chose de médiocre, faute de savoir. Toute personne désirant faire de la cuisine devrait connaître exactement le rôle de chaque ingrédient dans le mets qu'elle confectionne afin d'agir au mieux et de savoir comment un plat ainsi transformé sera modifié aux points de vue du goût, de la valeur alimentaire, de la présentation.

Il y a d'abord les **ingrédients chers** qui n'apportent que parfum ou gaieté dans un aliment:
- **les épices,**
- **les raisins,**
- **les fruits confits,**
- **les champignons,**
- **les vins et les alcools.**

Les diminuer, les supprimer, change le goût, le joli aspect, mais ne modifie guère la valeur nutritive du plat.

D'autres substances, **chères aussi**, sont nourrissantes aussi bien que de bon goût: **les œufs, le beurre, le fromage, la crème.** Les jaunes d'œufs ont pour but d'augmenter le lié, l'onctuosité d'un aliment.

Les blancs, surtout battus en neige, permettent de l'alléger, de le souffler.

On voit immédiatement le résultat de leur suppression. Ne les diminuer qu'avec prudence.

Pour remplacer la liaison obtenue grâce aux jaunes d'œufs, par un produit moins coûteux, on peut employer la farine, ou mieux encore un amidon pur, fécule ou Maïzena.

La liaison, pour une sauce ou une crème, sera faite avec discrétion et assez cuite, à l'inverse de la liaison à l'œuf qui doit être effectuée au dernier moment et sans bouillir (risque de coagulation). Cependant, il ne faut pas oublier que l'œuf est précieux **par les éléments qu'il apporte**.

Le beurre et la crème, en apportant le corps gras indispensable, ajoute aux plats de la cohésion, de la liaison.

On peut en diminuer la quantité, au détriment du goût et de la valeur alimentaire du produit. Parfois on lui substitue une graisse de prix moindre (graisse animale ou végétale). D'autres aliments, tels que **le sucre, le chocolat**, sont, malgré les apparences, des **aliments avantageux**, et les diminuer dans une préparation n'est qu'une économie apparente ; les calories ainsi supprimées étaient fournies à un prix tel qu'il est difficile de trouver mieux.

Les achats

L'achat, la conservation et l'utilisation des provisions constituent une des prérogatives essentielles, entre toutes, du bon consommateur. Confier ce soin à un tiers est généralement peu avantageux, soit dans le choix, soit dans la dépense. D'ailleurs, une connaissance due à l'habitude et à l'expérience permettra de guider sûrement la personne qui exerce une surveillance étroite dans son foyer. Elle seule peut prévoir les achats, contrôler le contenu des placards et réapprovisionner au fur et à mesure. Elle seule peut établir la quantité nécessaire et suffisante au ménage. Les avantages des achats bien faits et bien utilisés sont nombreux et incontestables.

Économie d'argent tout d'abord. Les provisions faites à bon escient par une personne consciente et avertie, ménagère de son bien, sont presque toujours de moindre prix que ce qui est acheté par quelqu'un au hasard et en hâte chez n'importe quel fournisseur. De plus, si elles sont faites en gros, on évite les majorations du prix de détail, majorations énormes si on achète par très petites quantités.

Enfin, les achats faits aux meilleures saisons le sont aussi aux meilleurs prix, les oscillations des cours ne sont plus à craindre, d'où encore une économie certaine.

Économie de temps qui n'est pas à négliger non plus. Tout est à coup sûr sous la main, pas de surprises désagréables, de courses inopinées aux moments les moins favorables, d'allées et venues chez les commerçants mal approvisionnés. Avantage hygiénique bien souvent aussi. L'achat en gros peut se faire chez le producteur. Il livrera alors un produit qui risque d'être moins falsifié, plus frais, plus propre que ne le ferait le commerçant au détail.

Ici interviendra la connaissance de la valeur des produits et de leur étiquetage. La date limite de consommation, imprimée sur l'emballage, donne une grande sécurité.

Parfois les inscriptions, malgré la loi, sont encore tendancieuses.

Achats journaliers (pain, abats, poisson frais, viande). Ces derniers produits sont à acheter le jour même car ils ne se conservent que vingt-quatre heures (quarante-huit heures et même plus dans un réfrigérateur, sauf le pain).

Le réfrigérateur permet une conservation prolongée à condition de placer ces denrées dans la zone la plus froide.

Achats hebdomadaires. – D'autres denrées, sans pouvoir se garder longtemps, sont de conservation moins précaire. C'est en général une fois par semaine que l'on s'en approvisionne : **les œufs, le fromage, les légumes et les fruits**, à condition que ces produits soient de première fraîcheur au moment de l'achat. Il est intéressant, si l'on veut trouver des différences de prix sensibles avec ceux du fournisseur au détail, d'acheter par certaines quantités. Si on ne peut les employer immédiatement pour la consommation familiale, on peut les transformer en conserves. Ainsi, les achats hebdomadaires, tout en étant directement utiles aux repas quotidiens, permettent de faire des provisions à des prix intéressants (aliments congelés.)

Il est bien entendu que le moment où l'on achète doit toujours être judicieusement fixé ; des fruits, des légumes se conservent mieux s'ils sont utilisés au moment de leur parfaite maturité. Le prix en est d'ailleurs plus avantageux, car les primeurs ou les légumes tardifs ont, contre eux, leur rareté, qui les fait vendre plus cher.

L'industrie agro-alimentaire met au point, au fil des ans, des procédés nouveaux concernant à la fois la présentation et la conservation. Comme par exemple les aliments frais (crudités diverses) présentés

sous vide. Entreposés dans de bonnes conditions de température, ils ont une durée de vie comestible qui est précisée sur l'emballage (0 °C à + 3 °C).

Les produits volumineux, lourds ou de conservation longue (eau minérale, produits appertisés, pâtes, riz, etc.) peuvent être livrés directement par le supermarché ou commandés sur Internet et livrés à une heure convenue. Quelle que soit la façon de faire les achats (marché, détaillants, supermarchés, vente par correspondance, Internet), il est nécessaire d'évaluer avec précision la nature, le poids, la présentation commerciale des produits (frais, pasteurisés surgelés, appertisés, déshydratés, sous vide réfrigérés), de déterminer les qualités souhaitées (extra, 1er choix), la provenance (pays d'origine), les signes de la qualité officiels (produits labellisés, I.G.P., A.O.C., produits issus de l'agriculture biologique), vérifier l'agrément des services vétérinaires (estampille sanitaire), le nom et la raison sociale du fabricant, l'appellation, le poids, le nombre de pièces, la catégorie, le calibre, et, plus principalement pour les produits semi-élaborés, la température de conservation, la date limite de consommation (D.L.C.) ou la date limite d'utilisation optimale (D.L.U.O.) pour les produits surgelés mentionnée comme suit : « à consommer de préférence avant le ».

GUIDE PRATIQUE
POUR L'USAGE DES MESURES ET DES POIDS

N.B. – Dans nos recettes, les proportions sont établies pour six personnes.

	CUILLÈRE RASE		CUILLÈRE DÉBORDANTE	
	Café	Soupe	Café	Soupe
Eau	5 g	18 g		
Sirop	6 g	20 g		
Sucre en poudre	4 g	15 g	9 g	30 g
Farine	3 g	10 g	9 g	25 g
Riz	.....	20 g	.....	.....
Semoule	4 g	12 g	8,5 g	25 g
Tapioca	.....	16 g	.....	.....
Gruyère râpé	.....	10 g	.....	.....
Café moulu	2,5 g	15 g	.....	.....
Sel	5 g	16 g	7,5 g	30 g
Miel	.....	30 g	.....	50 g

Navet rond moyen	150 g
Tomate moyenne	100 g
Carotte moyenne	150/180 g
Pomme de terre moyenne	100 g
Oignon moyen	100 g
Ail (gousse)	5/7 g

1 grand verre d'eau	250 g
1 verre ordinaire	10 cl
8 cuillerées à soupe d'eau	10 cl
1 verre à vin fin	10 ou 15 cl
1 verre à madère	6 cl
1 verre à liqueur	2,5 cl
1 grand bol	50 cl
1 assiette creuse	25 cl ou 250 g

PRODUCTIONS ALIMENTAIRES SELON LA SAISON [1]

(Les denrées inscrites **en gras** sont les plus rares, partant les plus coûteuses: cependant, grâce à la rapidité et à la fréquence des transports aériens, on trouve certains fruits et certains légumes tout au long de l'année.)

VIANDES ET POISSONS	FROMAGES	LÉGUMES	FRUITS
			JANVIER
Agneau	Brie	Cardons	Bananes
Bœuf	Camembert	Carottes	Clémentines
Dinde	Cantal	Céleris	Dattes
Escargots	Chèvres	Choux	Marrons
Huîtres	Livarot	Choux Bruxelles	Noix
Lapin	Maroilles	Crosnes	Oranges
Mouton	Munster	Endives	**Poires**
Sanglier	Parmesan	Poireaux	**Pommes granny**
		Potirons	**Pommes reinettes**
			FÉVRIER
Agneau	Brie	Barbe-de-capucin	Ananas
Chevreuil	Camembert	Brocolis	Citrons
Escargots	Bleu de Gex	Céleris	Dattes
Grenouilles	Livarot	Choux	Oranges
Huîtres	Parmesan	Crosnes	**Poires**
Limande		Mâche	**Pommes reinettes**
Merlan		Mesclun	**Pommes canada**
Morue		Pissenlits	
Sanglier		Salsifis	
Saumon		Topinambours	
			MARS
Agneau	Bondon	**Asperges**	Ananas
Brème	Brie	Carottes	Bananes
Carpe	Camembert	Céleris	Kiwis
Chevreau	Coulommiers	Choux Bruxelles	Oranges
Éperlan	Gorgonzola	**Choux-fleurs**	Poires
Escargots	Suisse	**Épinards**	Pommes clochard
Huîtres		Mâche	
Merlan		Navets	
Morue		Romaine	
Perche		Salsifis	
Veau			

1. Ce tableau suggère des productions saisonnières, mais on sait que l'on trouve aussi, tout, en toute saison.

VIANDES ET POISSONS	FROMAGES	LÉGUMES	FRUITS

_____ AVRIL

Agneau	Brie	Asperges	Ananas
Alose	Coulommiers	Choux-fleurs	Bananes
Caneton	Gournay	Concombres	Fraises d'Espagne
Chevreau	Neufchâtel	Laitue	Oranges
Maquereau	Roquefort	Morilles	Kiwis
Merlan		Oseille	
Pigeon		Petits pois	
Poulet de grain		Pommes de terre nouvelles	
Saumon		Radis	
		Romaine	

_____ MAI

Alose	Chèvres	Artichauts	**Amandes**
Cabillaud	Coulommiers	Asperges	Bananes
Chevreau	Gournay	Carottes	**Cerises**
Dorade	Neufchâtel	**Concombres**	**Fraises**
Grenouilles	Roquefort	Cresson	Kiwis
Lapereau		Épinards	Melons
Lingue		**Fèves**	
Maquereau		**Haricots verts**	
Pigeon		Laitue	
Poulet		Navets	
		Oseille	
		Pois	
		Radis	
		Romaine	

_____ JUIN

Agneau	Bel paese	Asperges	**Abricots**
Canard	Bondon	**Aubergines**	Cerises
Chevreau	Coulommiers	Carottes	Fraises
Congre	Gorgonzola	Concombres	**Framboises**
Dindonneau	Gournay	Courgettes	**Groseilles**
Maquereau	Hollande	Fèves	Melons
Merlan	Parmesan	Laitue	**Pêches**
Pigeon	Pont-l'Évêque	Navets	
Poulet		Pois	
Raie		Pommes de terre	
Truite		Romaine	
		Tomates	

L'art culinaire 67

VIANDES ET POISSONS	FROMAGES	LÉGUMES	FRUITS

_____ **JUILLET**

VIANDES ET POISSONS	FROMAGES	LÉGUMES	FRUITS
Bœuf	Hollande	Artichauts	Abricots
Congre	Gournay	Batavia	Amandes
Écrevisses	Gruyère	Carottes	Bananes
Langouste	Pont-l'Évêque	Choux-fleurs	**Brugnons**
Mouton	Port-Salut	Concombres	Cerises
Pigeon	Reblochon	Courgettes	Fraises
St-Pierre		Haricots	Framboises
Sole		Laitue	Groseilles
Turbot		Navets	Melons
Veau		Pâtissons	**Nectarines**
		Pois	Pêches
		Poivrons	Prunes
		Romaine	
		Tomates	

_____ **AOÛT**

VIANDES ET POISSONS	FROMAGES	LÉGUMES	FRUITS
Carpe	Bel Paese	Aubergines	Abricots
Dindonneau	Gournay	Carottes	Cerises
Écrevisses	Gruyère	Courgettes	**Figues**
Homard	Hollande	Haricots	Melons
Langouste	Neufchâtel	Navets	Mirabelles
Poulet	Pont-l'Évêque	Pâtissons	**Noisettes**
Truite	Port-Salut	Pois	Pêches
	Reblochon	Poivrons	Pommes
		Tomates	**Raisins**
			Reines-Claudes

_____ **SEPTEMBRE**

VIANDES ET POISSONS	FROMAGES	LÉGUMES	FRUITS
Alouettes	Bleu de Gex	Aubergines	Ananas
Huîtres	Gorgonzola	Choux-fleurs	Bananes
Lapin	Gruyère	Haricots beurre	Figues
Lièvre	Livarot	Haricots écossés	**Framboises**
Maquereau	Mont-d'or	Laitue	Melons
Moules	Port-Salut	Romaine	**Mirabelles**
Perdreau	Saint-Marcellin	Tomates	Mûres
Perdrix		**Truffes**	**Noix**
Thon blanc			Pêches de vigne
Volaille			**Poires williams**
			Pommes
			Quetsches
			Reines-Claudes

VIANDES ET POISSONS	FROMAGES	LÉGUMES	FRUITS

_____ **OCTOBRE**

VIANDES ET POISSONS	FROMAGES	LÉGUMES	FRUITS
Bœuf	Brie	Aubergines	Coings
Chevreuil	Camembert	Brocolis	Figues
Faisan	Chester	Carottes	Kiwis
Lièvre	Livarot	Céleris	Noix
Merlan	Pont-l'Évêque	Flageolets	Pommes
Mouton		Mesclun	Quetsches
Perdrix		Navets	Raisin
Porc		Tomates	
Roussette			
Sanglier			
Sole			
Veau			

_____ **NOVEMBRE**

VIANDES ET POISSONS	FROMAGES	LÉGUMES	FRUITS
Bœuf	Brie	Brocolis	Dattes
Huîtres	Camembert	Chicorée	Kiwis
Lapin	Cantal	Choux Bruxelles	Marrons
Lièvre	Chester	Endives	**Nèfles**
Moules	Livarot	Haricots	**Oranges**
Mouton	Maroilles	Lentilles	Poires
Oie	Parmesan	Mesclun	Pommes
Perdrix		Romaine	**Raisin**
Porc		Salsifis	
Sardines		Topinambours	
Thon rouge			

_____ **DÉCEMBRE**

VIANDES ET POISSONS	FROMAGES	LÉGUMES	FRUITS
Bar	Brie	Barbe-de-capucin	Bananes
Bœuf	Camembert	Brocolis	Clémentines
Dinde	Cantal	Choux Bruxelles	Dattes
Dorade	Livarot	Choux Milan	Kakis
Églefin	Maroilles	Endives	Marrons
Lapin	Munster	Légumes secs	Noisettes
Lièvre	Parmesan	Marrons	Noix
Lotte	Pont-l'Évêque	Mesclun	**Poires passe-crassane**
Mouton		Salsifis	Pommes
Oie			
Porc			
Raie			

Les principaux termes culinaires

Abaisse. Morceau de pâte sur lequel on a passé le rouleau pour lui donner l'épaisseur voulue et qui fait le fond de beaucoup de pâtisseries.

Abattis. Pattes, ailerons, cou, tête, foie et gésier d'une volaille.

Aiguillettes. Tranches de chair minces et longues que l'on détache de la poitrine d'une volaille.

Appareil. Préparation composée de plusieurs éléments, bien mélangés et destinés à figurer dans un plat quelconque.

Aromates. Substances végétales d'une odeur pénétrante employées en cuisine : cannelle, cédrat, laurier, thym, vanille, écorce d'orange et de citron, muscade, poivre, etc.

Bain-marie. Bain d'eau bouillante dans lequel on place un récipient contenant une préparation délicate à cuire ou à réchauffer.

Bardes. Minces tranches de lard gras ou maigre, destinées à recouvrir une pièce ou à foncer un récipient de cuisson (protège du dessèchement durant la cuisson).

Blanchir. – Mélanger des jaunes d'œuf et du sucre à l'aide d'un fouet ou d'une spatule.
– Blanchir des viandes et des pommes de terre : les placer dans l'eau froide, porter à ébullition, écumer soigneusement et rafraîchir éventuellement. Permet de purifier, d'éliminer le sang et l'excédent de sel.
– Blanchir des légumes verts : les plonger dans de l'eau bouillante fortement salée, rafraîchir immédiatement et égoutter (phase préliminaire à la mise en conserve). Permet également de fixer la couleur.

Bouillon. Liquide de cuisson obtenu en faisant cuire de la viande de bœuf, de veau, ou de volaille pendant 2 à 3 h. Dégraisser avant emploi. On peut, plus rapidement, dissoudre un cube d'extrait de viande dans de l'eau chaude ou utiliser des bouillons ou des fonds de sauce déshydratés.

Bouquet garni. Petit paquet ficelé composé de persil, de thym et de laurier. S'ajoute aux sauces et aux bouillons.

Braiser. Cuire doucement dans un récipient fermé avec un fond ou une sauce peu liée comme liquide.

Brider. Passer une ficelle à l'aide de l'aiguille à brider pour attacher les membres d'une volaille et les maintenir pendant la cuisson.

Canapé. Tranche de pain frite dans du beurre que l'on recouvre de garnitures ou de farces diverses.

Chapelure. Pain séché au four, pulvérisé et tamisé.

Chemiser. – Garnir un moule beurré de papier blanc.
– Appliquer des feuilles de laitue à l'intérieur d'un saladier (chemiser un saladier).
– Appliquer des biscuits à l'intérieur d'un moule ou d'un cercle à entremets (chemiser un moule à charlotte).
– Enduire un moule de gelée pour la réalisation d'aspics (œufs en gelée).

Ciseler. – Couper en lamelles très fines (chou, oignon).
– Inciser en biais une pièce qui ne doit pas se déchirer pendant la cuisson (poisson).

Concasser. Hacher grossièrement.

Croûtons. Pain coupé en dés, en carrés ou en triangles et frit dans du beurre ou de l'huile.

Darne. Tranche de poisson pour 1 personne.

Décanter. Transvaser doucement un liquide qui a déposé, de manière à laisser le dépôt au fond du vase.

Décoction. Faire bouillir dans un liquide une substance dont on veut extraire les principes solubles.

Dégorger. Laisser tremper une viande dans de l'eau fraîche pour la débarrasser du sang ou des impuretés qu'elle contient.

Délayer. Mélanger une substance compacte avec un liquide.

Dessécher. Soumettre une préparation à la chaleur pour lui faire évaporer l'humidité qu'elle contient.

Dorer. Enduire à l'aide d'un pinceau le dessus d'une pâtisserie avec un mélange d'eau et de jaune d'œuf.

Dresser. Disposer avec goût sur un plat les aliments qui doivent être présentés à table.

Duxelles. Hachis de champignons, d'échalotes et de persil employé dans les farces.

Échauder. Arroser d'eau bouillante la substance que l'on veut éplucher facilement (petit oignon). Voir monder.

Émincer. Couper de la viande ou des légumes en tranches très minces.

Étamine. Étoffe légère servant à tamiser les sauces et les gelées.

Étouffée. Cuisson dans un récipient avec un couvercle hermétique pour empêcher l'évaporation.

Farcir. Remplir avec de la farce l'intérieur d'une pièce de viande ou d'un légume.

Flamber. Passer dans une flamme claire une volaille plumée pour en enlever le duvet.

Foncer. Garnir le fond d'un récipient de cuisson avec du lard et des légumes ou le fond d'un moule avec de la pâte.

Fontaine. Tas de farine au centre duquel on creuse un trou.

Fraiser. Écraser de la pâte avec la paume de la main pour la rendre lisse.

Frémir. Se dit d'un liquide au moment où commence l'ébullition.

Gelée. Fond, fumet, bouillons divers (pot-au-feu), jus de fruits dont la consistance est modifiée par l'adjonction de gelée.

Glacer. – Étaler sur le mets à servir un jus ou une gelée, ou un sirop de sucre épais.
– Saupoudrer de sucre glace une pâtisserie et caraméliser à feu nu ou à la chaleur du four (pithiviers).

Gratiner. Passer au four chaud un plat saupoudré de chapelure ou de fromage râpé jusqu'à ce qu'il ait, en surface, une couleur dorée.

Infusion. Verser de l'eau bouillante sur une substance végétale dont on veut extraire les principes actifs.

Julienne. Légumes : carottes, navets, céleris, blancs de poireau coupés en fins filaments.

Larder. Traverser la viande à intervalles égaux à l'aide d'une aiguille spéciale pour y introduire, dans le sens des fibres, des lanières de lard gras.

Liaison. Opération culinaire qui sert, en y ajoutant des éléments divers, à augmenter l'onctuosité d'une sauce ou d'un potage.

Macédoine. Mélange de légumes ou de fruits taillés en dés.

Macérer. Laisser des substances en contact prolongé avec un liquide (alcool, liqueur).

Manier. Presser du beurre et le travailler en tous sens pour le mélanger avec de la farine.

Mariner. Mettre de la viande crue à macérer dans un mélange aromatique pour l'attendrir ou lui donner une saveur spéciale.

Masquer. Recouvrir un mets d'une substance quelconque.

Mijoter. Cuire lentement à petit feu.

Mirepoix. Préparation composée de légumes taillés en dés et rissolés, et d'aromates servant à corser les jus et les sauces.

Monder. Enlever la peau des tomates ou de certains fruits (pêches, prunes) en les plongeant durant quelques secondes dans de l'eau bouillante.

Mouiller. Ajouter à une sauce un liquide (eau, lait ou bouillon).

L'art culinaire 73

Napper. Recouvrir un mets : volaille, viande, poisson, d'une sauce consistante.

Paner. Enrober un aliment de mie de pain rassis ou de chapelure.

Parer. Enlever à un comestible ce qui lui est inutile ou le dépare.

Piquer. Introduire des petits bâtonnets de lard gras à la surface d'une viande blanche (médaillons de veau, ris de veau, suprêmes de volaille) à l'aide d'une aiguille dite à piquer pour éviter le dessèchement superficiel.

Pocher. Cuire dans un liquide (fond, fumet, eau, lait, sirop, etc.).

Réduire. Faire bouillir une sauce ou un jus afin de l'épaissir par évaporation et d'en diminuer le volume.

Revenir. Passer dans un corps gras très chaud de la viande ou des légumes pour raffermir et colorer la surface.

Rissoler. Faire revenir avec coloration un aliment dans un peu de matière grasse. Rissoler des pommes de terre : les blanchir, puis les sauter au beurre dans un sautoir ou dans une sauteuse, terminer la cuisson au four.

Sangler. Entourer un moule de glace pour le faire saisir par le froid.

Sauter. Cuire un aliment sur un feu vif dans une poêle, une sauteuse, un sautoir avec très peu de matière grasse (pommes, champignons sautés).

Toilette. Membrane graisseuse enveloppant le péritoine de l'animal (veau) employée en cuisine pour entourer les rôtis (crépine ou coiffe).

Tourner. Action d'arrondir un légume en l'épluchant.

Vanner. Vanner une sauce, c'est l'agiter à l'aide d'une spatule pour éviter la formation d'une peau à la surface en attendant le refroidissement.

Zeste. Écorce de l'orange et du citron employée en pâtisserie et confiserie à cause de ses principes odorants. Ne pas utiliser un zeste traité au diphényle.

Les

N.B. – Dans nos recettes, les proportions sont établies pour six personnes.

sauces

Les sauces sont des préparations généralement liquides qui, servies en accompagnement de certains mets, en modifient profondément l'aspect et le goût.

Les sauces se présentent nappant ou entourant le plat qu'elles accompagnent, ou bien à part, dans une saucière. Elles sont innombrables, mais peuvent se grouper en un petit nombre de catégories selon leur mode de préparation.

Hygiène. Les sauces sont des préparations presque toujours lourdes à digérer, parce que très épicées, généralement grasses et souvent relevées de condiments indigestes. Cependant, certaines sauces, par d'adroites modifications, peuvent prendre place dans la cuisine diététique et en varier la monotonie.

Gastronomie. La multiplicité des sauces permet de varier à l'infini la saveur et la présentation des plats.
Selon les ressources dont elle dispose et les convives qu'elle doit recevoir, la cuisinière modifiera judicieusement les recettes et même en créera de nouvelles.

Remarque. – Pour certains roux blonds ou bruns, lorsqu'on ne dispose pas de bouillon de bœuf ou de veau, on peut le remplacer par un cube de bouillon concentré dissous dans de l'eau chaude.

Toutes les proportions sont calculées pour donner environ 50 cl de sauce, quantité largement suffisante pour 6 personnes.

Les jus

De rôti. Le jus d'un rôti est essentiellement formé de graisse. Comme on l'en arrose sans cesse, cette graisse glisse sur la pièce à rôtir et entraîne peu à peu des particules sapides, des albumines, des gouttelettes de sang. Ce mélange constitue finalement le jus du rôti.

De braisé. Le jus spontané qui se forme dans un braisé est constitué par le liquide savoureux exsudant des aliments en cuisson, sous l'influence de la chaleur et de la dissolution, par les vapeurs condensées, des substances sapides de la pièce.

Plus le jus est savoureux, moins la pièce conserve de goût propre. Mais si la cuisson est suffisamment prolongée, l'aliment macère, s'imbibe du jus dont il est baigné et en prend la saveur.

Les légumes, comme les viandes, produisent des jus exquis.

Les sauces liées

Lorsque la sauce manque de consistance, de velouté, il est nécessaire de la lier par l'adjonction d'une substance qui l'épaissira.

Certains ingrédients donnent simplement du corps aux sauces (farine, fécule, mie de pain, crème de riz) ; d'autres, en outre, lui apportent un principe sapide qui en relève le goût (crème, œuf, beurre, sang). Tous ajoutent à la préparation un élément nutritif.

Liaisons à l'amidon. Liaison basée sur la formation d'un empois, c'est-à-dire d'une sorte de bouillie veloutée obtenue par le gonflement des grains d'amidon au contact d'un liquide chaud. Délayer l'amidon à froid (farine, fécule, Maïzena) dans une petite quantité de liquide, verser dans le liquide bouillant sans cesser de remuer.

Laisser bouillir quelques instants. C'est fort simple et cependant minutieux.

Liaisons à l'albumine. En chauffant doucement un corps albuminoïde battu avec un liquide, on obtient une coagulation lente et imparfaite, qui donne corps et velouté à la préparation. Mais une élévation trop considérable de température achève la coagulation. L'albumine en grumeaux se sépare alors du liquide, la sauce est tournée.
Pour les liaisons à l'albumine, on emploie le sang ou le jaune d'œuf (le blanc coagule en fragments trop volumineux). Ajouter avec précaution à la substance albuminoïde le liquide assez chaud, en agitant vivement avec un fouet. Puis porter la préparation sur un feu doux et, sans cesser de tourner, attendre l'épaississement ; arrêter l'opération à temps pour éviter la coagulation totale.
L'ébullition est néfaste.

Liaisons avec un corps gras (beurre-crème) ou des jaunes d'œufs. Les produits introduits avec précaution dans le liquide y forment une émulsion, c'est-à-dire se séparent en une infinité de gouttelettes en suspension dans le liquide. Cela donne à la sauce saveur et consistance.
Battre fortement le corps gras au contact du liquide chaud, mais non bouillant. L'ébullition détruit l'émulsion et altère le goût fin et délicat de la préparation.

Les roux

Un roux est une sauce faite essentiellement avec une farine torréfiée dans un corps gras, et transformée ensuite en empois par l'adjonction d'un liquide chaud. Selon le degré de torréfaction atteint, la sauce prendra une couleur et une saveur plus ou moins prononcées. Les roux sont blancs, blonds ou bruns. Les liquides dont on les mouille varient beaucoup : eau, lait, bouillon, vin, eaux ou jus de cuisson des mets à accompagner. Mais le principe demeure le même. Mettre dans une casserole le corps gras ; le faire fondre sans le laisser dorer (s'il s'agit d'un roux blanc). Ajouter la farine. Délayer et cuire en tournant avec une cuillère en bois jusqu'à ce que le mélange devienne mousseux. Verser le liquide bouillant, mais progressivement, en tournant vite et régulièrement, tout en maintenant un feu assez vif.

Pour faire un roux brun, il faut permettre à la farine d'atteindre un point de torréfaction suffisant (pour que la sauce ait une couleur blonde, rousse ou brune) avant de verser le liquide choisi et bouillant. Cependant, ne jamais pousser trop loin la torréfaction, car la sauce acquerrait une couleur brunâtre et un goût âcre et amer.

Les sauces émulsionnées

Les sauces émulsionnées sont des préparations instables, fragiles, dans lesquelles une substance fortement agitée au contact d'un liquide s'y divise en fines gouttelettes en suspension, de manière à constituer un corps d'apparence homogène.

La substance à émulsionner est généralement un corps gras : jaune d'œuf, crème, beurre, huile. Le liquide varie de l'huile à l'eau, en passant par le vinaigre. La plus courante de ces sauces est la vinaigrette (à froid ou à chaud). La plus classique de ces sauces est la délicate mayonnaise. Ses variantes, les sauces béarnaise et hollandaise, sont également d'usage courant, et chacun sait, ou croit savoir, préparer une vinaigrette.

Pour obtenir une sauce émulsionnée : battre régulièrement le corps gras en ajoutant lentement le liquide ; opérer soit à froid, soit à chaud, mais maintenir sa préparation à une température égale, la dislocation de l'émulsion est souvent due à une mauvaise répartition de la chaleur. La confection d'une sauce émulsionnée est toujours minutieuse.

Les coulis, réductions, fumets

Pour donner aux aliments et aux sauces un peu fades couleur, goût et originalité, on leur ajoute fréquemment des préparations confectionnées à l'avance, ou tout à fait à part.

La variété en est grande ; elles sont constituées généralement par une concentration des principes sapides d'une substance alimentaire.

Préparations utiles à la fabrication des sauces

1. Essence béarnaise
Préparation : 20 min – Cuisson : 2 h

	1 litre de vinaigre
	30 cl de vin blanc sec
	500 g d'oignons
	375 g d'échalotes
	1 grosse poignée d'estragon
	Poivre

Mettre le tout dans une casserole et laisser réduire à petit feu pendant 2 h. Passer le tout au tamis. Mettre en petites bouteilles et boucher convenablement pour éviter l'évaporation.

2. Vert d'épinards
Préparation : 5 min – Cuisson : 1 min

	125 g d'épinards
	125 g d'estragon
	100 g de cerfeuil

Blanchir les herbes 1 min à l'eau bouillante. Rafraîchir, passer au tamis ou au mixeur et se servir de cette purée pour colorer les sauces.

3. Mirepoix
Préparation : 15 min – Cuisson : 5 min

	100 g de carottes
	5 g d'échalote
	50 g d'oignon
	100 g de jambon
	50 g de beurre
	Thym, laurier, persil plat

Faire revenir les légumes et le jambon coupés en dés dans le beurre, y ajouter thym, laurier et persil, et verser cette préparation dans la sauce dont on veut relever le goût.

4. Glace de poissons
Préparation : 20 min – Cuisson : 2 h

	1 litre d'eau
	50 cl de vin blanc
	1 kg de merlans et de grondins
	60 g de navet
	60 g de carotte
	50 g d'oignon
	1 bouquet garni, persil
	Sel, poivre

Faire cuire doucement le tout pendant 2 h. Passer et recueillir l'eau de cuisson qui servira à parfumer des sauces pour poisson.

5. Glace de viande
Préparation : 30 min – Cuisson : 3 h

Procéder comme pour le pot-au-feu. Ne pas dégraisser. Passer la réduction, la mettre dans une terrine en grès et laisser refroidir. (Ne pas saler, car la glace de viande est utilisée pour corser des mets déjà assaisonnés.)
Remarque. – On peut remplacer la glace de viande par du fond de veau ou de volaille déshydraté que l'on trouve dans le commerce.

2,5 litres d'eau
1 kg d'os
1 couenne de lard
1 kg de jambon
60 g de navet
60 g de carotte
50 g d'oignon
Persil plat
1 bouquet garni
Poivre

6. Gelée de viande
Préparation : 25 min – Cuisson : 4 h

Mettre tous les ingrédients dans l'eau froide. Quand l'ébullition commence, écumer et laisser frémir à feu régulier. Refroidir. Dégraisser.
Remarque. – Il existe dans le commerce des sachets de gelée déshydratée faciles et rapides à utiliser. (Économie de temps.)

2,5 litres d'eau
1 kg de jarret de veau
500 g de gîte de bœuf
150 g de couenne de lard dégraissée
1 abattis de volaille
2 oignons
1 carotte
1 bouquet garni
Sel, poivre

7. Clarification de la gelée

Le jus étant froid, on peut se rendre compte de la consistance de la gelée. Si elle est peu prise, la faire tiédir, ajouter 3 ou 4 feuilles de gélatine mouillées dans l'eau froide.
Pour clarifier, prendre 2 blancs d'œufs. Les battre légèrement. Mettre le jus destiné à faire la gelée dans une casserole, incorporer les blancs et battre doucement tout le liquide, sans arrêt, pour faire mousser les blancs, tout en chauffant très progressivement jusqu'au début de l'ébullition. Passer le liquide clarifié sur une mousseline mouillée. On peut, à ce moment, ajouter 10 cl de madère.
Laisser prendre au froid ou au réfrigérateur.

8. Fumet de champignons

Préparation : 10 min – Cuisson : 10 min

60 g de beurre
1 citron (jus)
250 g de champignons

Hacher les champignons bien lavés (mais non épluchés), les faire cuire dans le beurre fondu avec le jus de citron, casserole couverte. Se servir du jus produit par la cuisson pour parfumer les sauces.

9. Fumet de poisson

Préparation : 10 min – Cuisson : 20 à 25 min

50 g de beurre
50 g d'oignon
500 à 600 g de parures d'arêtes de soles, merlans ou barbues
20 cl de vin blanc sec
Eau
4 queues de persil
1/2 citron (jus)
Sel

Mettre dans une grande casserole le beurre. Y faire suer les oignons épluchés et émincés, ainsi que les parures de poisson. Recouvrir avec le vin blanc et la quantité d'eau nécessaire. Ajouter 1/2 jus de citron et les queues de persil. Saler. Cuire à couvert pendant 20 à 25 min. Passer ce fumet avant de l'utiliser pour une sauce ou un potage.

Remarque. – Le fumet de poisson peut aussi se préparer avec du vin rouge (20 cl).

10. Jus de rôti

1. Le jus de rôti est obtenu en diluant avec un liquide chaud (bouillon, eau) le sang caramélisé dans le fond du plat où ont été cuites les viandes. Le jus doit être passé, dégraissé s'il y a lieu et assaisonné.
2. Le jus, s'il est trop clair, peut être très légèrement réduit à feu vif.
3. Au jus fini, ajouter à volonté un condiment qui en modifie le goût : madère, porto, xérès ou purée de tomates.

11. Sauce sans corps gras « pauvre homme »

Préparation : 5 min – Cuisson : 5 min

3 échalotes
50 cl de bouillon au choix
1 c. à s. de vinaigre
1 bouquet garni
Sel, poivre

Se sert avec des viandes très grasses (porc) ou viandes riches (gibier). Hacher 3 échalotes et du persil. Mettre dans une casserole avec le bouillon et 1 c. à s. de vinaigre (ou jus de citron). Saler, poivrer. Faire bouillir 5 min.

12. Maître d'hôtel
Préparation : 5 min

Malaxer du beurre frais avec du persil haché, du poivre, du sel et le jus du citron et verser sur le mets chaud. Le beurre fondra aussitôt.

12 g de beurre par personne
1 citron (jus)
Persil plat
Sel, poivre

13. Beurre ravigote
Préparation : 15 min

Blanchir 3 min du cerfeuil, de l'estragon, de la ciboule et du cresson. Hacher les fines herbes. Les malaxer avec le beurre, passer au tamis.

12 g de beurre par personne
Fines herbes variées

14. Beurre noir
Préparation : 5 min

Faire fondre du beurre dans une poêle et l'y laisser brunir. Verser sur le plat. Mettre alors le vinaigre dans la poêle, hors du feu. Remuer un instant et le verser par-dessus le beurre. Le beurre noir est déconseillé du point de vue de l'hygiène alimentaire.

60 g de beurre
1 c. à s. de vinaigre

15. Beurre blanc (chaud)
Préparation : 15 min – Cuisson : 20 min

Dans une petite casserole, faire suer les échalotes, épluchées et hachées, avec quelques feuilles d'estragon. Déglacer avec le vin blanc et le vinaigre.
Faire réduire à petit feu pendant 10 min environ. Ajouter la crème et porter à ébullition. Incorporer, par petits morceaux, le beurre légèrement amolli, en battant avec le fouet. Passer au mixeur. Ajouter un peu de vinaigre pour rendre la sauce plus souple. Saler, poivrer.
On peut mettre, au dernier moment, un peu d'estragon haché.

100 g d'échalotes
10 cl de vin blanc
5 cl de vinaigre
20 g d'estragon
5 cl de crème fraîche
250 g de beurre
Sel, poivre

16. Sauce Colbert
Préparation : 10 min – Cuisson : 10 min

20 cl de gelée de viande
70 g de beurre
1 citron (jus)
Persil plat

Faire chauffer la gelée de viande (6) et ajouter hors du feu le beurre par petits morceaux, en tournant. Compléter l'assaisonnement avec le jus du citron et du persil haché.

17. Sauce Bercy (pour viandes)
Préparation : 10 min – Cuisson : 25 min

3 échalotes grises
20 cl de vin blanc
50 g de beurre
50 g de glace de viande
50 g de moelle de bœuf
Persil haché
Sel, poivre

Hacher finement les échalotes. Mouiller avec le vin blanc. Mettre le tout dans une petite casserole avec le poivre. Faire réduire à feu doux, de moitié. Ajouter la glace de viande (5) puis ajouter en fouettant le beurre par petits morceaux, à feu doux. Assaisonner (sel, poivre si nécessaire). Mettre si l'on veut des petits dés de moelle de bœuf et du persil haché.

Les roux blancs

18. Sauce blanche
Préparation : 10 min – Cuisson : 20 min

30 g de beurre
40 g de farine
50 cl d'eau
Sel, poivre

1er procédé : mettre la moitié du beurre dans une casserole, le faire fondre ; ajouter la farine ; délayer et laisser cuire 2 à 3 min. Arroser avec l'eau chaude, progressivement, en tournant pour éviter les grumeaux. Laisser mijoter 10 min et incorporer le reste du beurre en petits morceaux. Ne plus laisser cuire pour conserver à la sauce le goût de beurre. Saler, poivrer.

Remarque. – Il est difficile de fixer la quantité de liquide : la farine, suivant sa qualité, absorbe plus ou moins d'eau.

Préparation : 5 min – Cuisson : 20 min

2ᵉ procédé : délayer la farine avec 10 cl d'eau froide. Faire bouillir le reste de l'eau et, au moment de l'ébullition, y verser la préparation, tout en tournant. Saler, poivrer. Laisser réduire jusqu'à consistance voulue. Mettre au moment de servir le beurre cru par petits morceaux.

Remarque. – Cette façon de procéder est plus simple, la sauce est plus digeste et son goût plus fin.

40 g de farine
50 g de beurre
60 cl d'eau
Sel, poivre

19. Sauce à la crème
Préparation : 10 min – Cuisson : 20 min

Ajouter à la sauce blanche (18) 90 g de crème puis le jaune d'œuf en fouettant. Ne plus faire bouillir. La crème rendra la sauce plus liquide.

50 cl de sauce blanche
1 jaune d'œuf
90 g de crème fraîche

20. Sauce à la crème normande
Préparation : 10 min – Cuisson : 20 min

Préparer une sauce blanche épaisse (18). Au moment de servir, ajouter, sans laisser bouillir, la glace de poissons (4), le fumet de champignons (8), le jaune d'œuf et la crème. Servir aussitôt.

30 cl de sauce blanche
10 cl de glace de poisson
10 cl de fumet de champignons
1 jaune d'œuf
90 g de crème fraîche

21. Sauce béchamel
Préparation : 10 min – Cuisson : 20 min

Préparer une sauce blanche, mais remplacer l'eau par du lait.

22. Sauce bâtarde
Préparation : 15 min – Cuisson : 20 min

Ajouter à la sauce blanche (18) le beurre, les jaunes d'œufs battus, et faire épaissir au bain-marie. Ajouter le jus du citron au moment de servir.

50 cl de sauce blanche
1 citron (jus)
40 g de beurre
2 jaunes d'œufs

23. Sauce mornay

Préparation : 10 min – Cuisson : 20 min

Sauce blanche (18) dans laquelle on incorpore du gruyère râpé.
Le fromage épaissit la sauce.

30 cl de sauce blanche
100 g de gruyère ou de parmesan

24. Sauce poulette

Préparation : 10 min – Cuisson : 20 min

Faire cuire dans la sauce blanche (18) les petits oignons. Au moment de servir, retirer les oignons, ajouter le jus du citron, le vin blanc sec et lier avec le beurre et le jaune d'œuf.

30 cl de sauce blanche
100 g de petits oignons
1 citron (jus)
10 cl de vin blanc sec
50 g de beurre
1 jaune d'œuf

25. Sauce suprême

Préparation : 25 min – Cuisson : 30 min

Ajouter à la sauce blanche (18) mouillée avec du bouillon de poulet les champignons lavés, mais non épluchés, et coupés en morceaux. Laisser mijoter 30 min. Terminer par une liaison à la crème.

30 cl de sauce blanche au bouillon de poulet
125 g de champignons
10 cl de crème fraîche

26. Sauce anglaise

Préparation : 5 min – Cuisson : 20 min

Ajouter à la sauce blanche (18) mouillée avec du bouillon de poulet 1 bonne c. à s. de madère, du fumet de champignons (8) et un peu de purée de tomates pour colorer en rose.

50 cl de sauce blanche
1 c. à s. de madère
5 cl de fumet de champignons
1 c. à c. de purée de tomates

27. Sauce Nantua

Préparation : 1 h – Cuisson : 25 min

Ajouter à la sauce béchamel (21) 10 cl de crème fraîche et chauffer à feu doux. Ajouter de nouveau 10 cl de crème, 60 g de beurre et 10 queues d'écrevisses décortiquées.

30 cl de sauce béchamel
20 cl de crème fraîche
10 écrevisses
60 g de beurre

28. Sauce Soubise
Préparation : 10 min – Cuisson : 35 min

Peler les oignons, les couper grossièrement et les laisser cuire 10 min à l'eau bouillante. Les mettre ensuite dans une casserole avec 30 g de beurre, le vin, le bouillon et du jus de viande. Laisser mijoter encore 20 min. Passer la réduction au tamis. Ajouter à la sauce blanche (18), préparée à l'avance, en y adjoignant la crème. Assaisonner et ne plus laisser cuire.

350 g d'oignons
10 cl de crème fraîche
10 cl de vin blanc
10 cl de bouillon au choix
Jus de viande
Sauce blanche
30 g de beurre
Sel, poivre

29. Sauce au raifort
Préparation : 10 min – Cuisson : 25 min

Mettre le vin blanc et 1 bonne c. à s. de raifort râpé dans la sauce béchamel (21). Laisser cuire 5 min.

50 cl de sauce béchamel
5 cl de vin blanc
1 c. à s. de raifort râpé

30. Sauce printanière ou Chivry
Préparation : 20 min – Cuisson : 22 min

Faire blanchir des feuilles : estragon, cerfeuil, ciboule et persil. Égoutter, hacher, pétrir avec le beurre. Ajouter à cette préparation une sauce blanche (18) dans laquelle on n'aura pas mis de beurre.

50 cl de sauce blanche
Fines herbes
125 g de beurre

31. Sauce aux anchois
Préparation : 15 min – Cuisson : 20 min

Incorporer à la sauce blanche (18) le beurre d'anchois (111). On peut y ajouter quelques filets d'anchois émincés très finement.

50 cl de sauce blanche
60 g de beurre d'anchois

32. Sauce aux crevettes
Préparation : 1 h – Cuisson : 20 min

Faire un beurre de crevette, selon la formule 112. L'ajouter au dernier moment à une sauce blanche (18) qui a été mouillée avec un court-bouillon ou un fumet de poisson.

50 cl de sauce blanche au bouillon ou fumet de poisson
100 g de beurre de crevette

33. Sauce aux moules
Préparation : 30 min – Cuisson : 20 min

1 jaune d'œuf
1 litre de moules
50 cl de sauce blanche au bouillon

Faire cuire des moules au naturel. Recueillir l'eau de cuisson. Sortir les moules de leur coquille. Ajouter à la sauce blanche (18) mouillée avec un court-bouillon ou un fumet de poisson l'eau des moules filtrée et les moules elles-mêmes. Lier avec le jaune d'œuf.

34. Sauce Joinville
Préparation : 30 min – Cuisson : 30 min

50 cl de sauce hollandaise
3 c. à s. de sauce blanche
50 g de beurre de crevette
100 g de queues de crevettes décortiquées
10 g de truffe taillée en julienne

Ajouter à la sauce hollandaise (82) la sauce blanche (18), le beurre de crevette (110) qui colorera en rose pâle, les queues de crevettes et, si l'on en a, la julienne de truffe.

35. Sauce aux câpres
Préparation : 10 min – Cuisson : 20 min

125 g de câpres
50 cl de béchamel

Ajouter à la sauce béchamel (21) des câpres que l'on a fait égoutter au préalable. Ne plus faire bouillir ensuite.

36. Sauce ravigote
Préparation : 20 min – Cuisson : 10 min

50 cl de sauce blanche au bouillon
5 cl de vinaigre
5 cl de vin blanc
5 g d'échalote
40 g de beurre
Cerfeuil
Estragon
Ciboulette

Faire réduire de moitié, à feu doux, le vinaigre et le vin blanc dans une petite casserole avec l'échalote finement hachée. Incorporer cette réduction (ramenée à 5 cl) à la sauce blanche (18) qui sera mouillée, de préférence, avec du bouillon. Laisser mijoter 6 min. Passer au chinois. Puis ajouter, au moment de servir, les fines herbes hachées (le goût de la ciboulette doit dominer) et le beurre. La sauce ne doit plus cuire.

Les roux blonds
(base de nombreuses sauces)

37. Roux blond
Préparation : 10 min – Cuisson : 20 min

50 g de beurre
60 g de farine
50 cl de bouillon ou d'eau chaude
Sel, poivre

Faire fondre le beurre ; lorsqu'il est chaud, sur le point de fumer, ajouter la farine et tourner jusqu'au moment où elle atteint une couleur blonde. Mouiller progressivement avec le liquide chaud, sans cesser de tourner, saler, poivrer.

38. Sauce tomate
Préparation : 10 min – Cuisson : 40 min

750 g de tomates
1 carotte
1 oignon
60 g de beurre
Persil
Thym
Laurier
30 g de farine
1 verre de bouillon
Sel, poivre

Couper les tomates en quartiers, les faire cuire 5 min sans eau. Passer au tamis. Préparer un roux blond avec 30 g de beurre et 30 g de farine, que l'on mouille avec la purée de tomates. Allonger de bouillon, ajouter la carotte en dés, l'oignon, du persil, du thym, du laurier, du poivre et du sel. Laisser mijoter 30 min. Au dernier moment, ajouter 30 g de beurre.

39. Coulis de tomate (froid ou tiède)
Sauce sans farine
Préparation : 30 min – Cuisson : 45 min

2 kg de tomates
30 g d'oignon
20 g d'échalote
10 g d'ail
15 cl d'huile d'olive
1 c. à s. de concentré de tomate
Thym, persil
Sel, poivre

Enlever les pédoncules des tomates lavées. Plonger celles-ci dans l'eau bouillante pendant 1 min. Enlever la peau de chaque tomate que l'on coupe en deux.
Éplucher oignon, ail, échalote. Les hacher finement. Dans une casserole, mettre très peu d'huile : y faire suer ce

hachis. Ajouter alors les tomates coupées, le concentré de tomate, le thym et le persil. Couvrir et faire mijoter pendant 15 min. Laisser refroidir. Passer au mixeur. Incorporer le reste d'huile. Saler. Poivrer.

À utiliser froid ou tiède.

40. Sauce financière
Préparation : 25 min – Cuisson : 25 min

Ajouter au roux blond (37) le madère ou le jus de citron. Mettre dans la sauce les ris de veau coupés en morceaux, préparés selon la formule 687, les champignons et les quenelles. Laisser mijoter 6 min. Assaisonner.

Pour garnir des bouchées à la reine.

50 cl de sauce blonde au bouillon de volaille
200 g de ris de veau
125 g de quenelles de volaille
100 g de champignons
1 citron (jus) ou 10 cl de madère
Sel, poivre

41. Sauce au curry (chaude)
Préparation : 20 min – Cuisson : 20 min

Éplucher oignon, pomme, banane, céleri, ananas. Hacher finement chaque ingrédient en prenant soin de ne pas les mélanger.

Dans une casserole moyenne avec un peu d'huile, faire suer doucement les denrées fraîches, dans l'ordre où elles figurent ci-contre. Hors du feu, saupoudrer de farine et de curry[1]. Mouiller avec le vin blanc et la crème, en mélangeant. Porter à ébullition pendant 5 min. Compléter l'assaisonnement avec 1 pointe de couteau de Cayenne, du sel et du poivre. Terminer en ajoutant la poudre de noix de coco. Bien mélanger.

Pour accompagner volaille, porc, poisson, etc.

20 g d'oignon
1 pomme golden ou reinette
100 g d'ananas frais
1 petite branche de céleri
1 petite banane
125 g de poudre de noix de coco
10 cl de vin blanc sec
15 g de farine
3 c. à s. de curry
350 g de crème fraîche
1 c. à s. d'huile
Piment de Cayenne
Sel, poivre

---

1. User du curry avec modération et suivant goûts.

42. Sauce Richelieu
Préparation : 15 min – Cuisson : 25 min

Ajouter au roux blond (37) des truffes et des champignons hachés. Laisser mijoter 5 min. Ajouter du beurre au moment de servir.

50 cl de roux blond au bouillon de volaille
125 g de champignons
Truffes à volonté
Beurre

43. Sauce bordelaise
Préparation : 15 min – Cuisson : 30 min

Hacher finement l'échalote. Faire chauffer la moitié du beurre, y mettre l'échalote hachée, la faire blondir. Ajouter le poivre moulu, le laurier, le thym et le vin de Bordeaux, faire réduire ce mélange de moitié. L'incorporer au roux blond (37). Faire cuire doucement pendant 25 min, puis passer au chinois. Incorporer à la sauce le reste du beurre en mélangeant avec soin, et si l'on veut, de la moelle de bœuf coupée en cubes (pochée à l'eau salée auparavant).

30 g d'échalote
20 cl de bordeaux rouge
Laurier
Thym
40 g de beurre
50 cl de roux blond
Sel, poivre
Moelle de bœuf

44. Sauce marinière
Préparation : 10 min – Cuisson : 20 min

Faire un roux blond (37), mouillé avec le court-bouillon de poisson et le vin blanc. Saler. Poivrer.

10 cl de court-bouillon de poisson
50 g de beurre
50 g de farine
20 cl de vin blanc
Sel, poivre

45. Sauce pour velouté
Préparation : 10 min – Cuisson : 20 min

Faire un roux blond (37), mouillé avec du bouillon. Laisser réduire pour lui donner plus de consistance et d'arôme. (On peut remplacer le bouillon par un jus concentré, ce qui évite de faire cuire la sauce aussi longtemps. En ce cas, réduire à 50 cl la quantité de bouillon.)

75 cl de bouillon au choix
50 g de beurre
60 g de farine

46. Velouté ivoire
Préparation : 10 min – Cuisson : 20 min

50 cl de sauce pour velouté que l'on fait fortement réduire	
200 g de crème fraîche	

Travailler vivement la sauce pour velouté (45) au fouet en ajoutant petit à petit la crème fraîche. Servir aussitôt.

47. Chaud-froid
Préparation : 15 min – Cuisson : 40 min

50 cl de velouté ivoire	
1 verre de gelée de viande	
4 jaunes d'œufs	
10 cl de crème épaisse	

Verser doucement dans le velouté ivoire (46) un verre de gelée (6). Laisser réduire la sauce à feu doux, pendant 20 min. Passer au chinois ou au tamis. Ajouter alors la liaison de crème et de jaunes d'œufs sans cesser de remuer. Cette sauce se solidifie en refroidissant ; elle sert à napper des pièces de viande blanche et des volailles.

Pour du gibier, faire un velouté brun et procéder comme ci-dessus en supprimant la crème.

Les roux bruns

48. Roux brun
Préparation : 5 min – Cuisson : 25 min

50 g de beurre	
60 g de farine	
1 bouquet garni	
60 g d'oignon	
60 g de lard	
50 cl de bouillon au choix	
Sel, poivre	

Faire dorer dans le beurre l'oignon coupé en quartiers, le lard coupé en dés. Les retirer. Lorsque le corps gras fume, y verser en pluie la farine ; la faire brunir en tournant avec une cuillère en bois. À ce moment, mouiller progressivement avec le bouillon chaud sans cesser de tourner. Remettre oignon, lard et le bouquet garni. Saler, poivrer. Laisser cuire pendant 20 min à feu doux.

49. Sauce brune
Préparation : 10 min – Cuisson : 20 min

Faire dorer dans le beurre qui sert à faire le roux l'oignon coupé en quartiers et le lard maigre salé, coupé en dés. Faire le roux brun. Mouiller avec le bouillon. Poivrer. Saler. Ajouter le bouquet garni. Laisser cuire doucement pendant 20 min.

30 cl d'eau ou de bouillon au choix
50 g de beurre
60 g de farine
1 bouquet garni
60 g d'oignon
60 g de lard
Sel, poivre

50. Sauce piquante
Préparation : 10 min – Cuisson : 25 min

Mettre dans une petite casserole le vinaigre et l'échalote finement hachée. Faire réduire à feu doux pour garder 3 c. à s. de liquide. L'incorporer à la sauce brune (49), laisser cuire doucement pendant 5 min et ajouter les cornichons coupés en rondelles ou hachés finement.

50 cl de sauce brune
15 cl de vinaigre
10 g d'échalote hachée
75 g de cornichons

51. Sauce madère
Préparation : 5 min – Cuisson : 20 min

Faire réduire la sauce brune (49) à feu doux pendant 20 min. Ajouter le madère au moment de servir.

50 cl de sauce brune
2 c. à s. de très bon madère

52. Sauce aux champignons
Préparation : 15 min – Cuisson : 20 min

Faire une sauce madère (51). 20 min avant de servir, ajouter les petits champignons entiers, épluchés. Assaisonner. 5 min avant de servir, mettre 1 c. à s. de madère.

Remarque. – On peut remplacer les champignons par des olives dénoyautées. Ce sera une sauce aux olives.

50 cl de sauce madère
150 g de petits champignons
1 c. à s. de madère
Sel, poivre

53. Sauce Chateaubriand

Préparation : 15 min – Cuisson : 25 min

50 cl de roux brun
25 g d'échalote
60 g de champignons
Persil plat
Estragon
50 g de beurre
10 cl de vin blanc

Hacher finement l'échalote. Laver et éplucher 60 g de champignons. Les hacher finement. Faire fondre les échalotes dans 30 g de beurre. Réduire à feu doux 10 min. Ajouter les champignons, le vin blanc et continuer la réduction pendant encore 10 min. Bien passer le tout, l'incorporer au roux brun (48) chaud ainsi que le reste du beurre, l'estragon et le persil hachés.

54. Sauce Périgueux

Préparation : 10 min – Cuisson : 20 min

50 cl de sauce madère
25 g de truffe
Essence de truffe

Faire une sauce madère (51). Y ajouter la truffe coupée en dés et un peu d'essence de truffe. Ne plus faire bouillir ensuite.

55. Sauce portugaise

Cuisson : 2 min

50 cl de sauce brune
2 c. à s. de purée de tomates
20 cl de madère

Faire une sauce brune (49) parfumée avec le madère et la purée de tomates. Laisser bouillir un instant.

56. Sauce poivrade

Préparation : 15 min – Cuisson : 40 min

50 cl de sauce brune mouillée avec 10 cl de vin blanc sec et 20 cl de bouillon au choix
10 cl de vinaigre
1 oignon
1 échalote
1 carotte
Laurier
Thym
Poivre

Mettre dans une casserole le vinaigre, une pincée de poivre, le laurier, le thym, la carotte, l'échalote et l'oignon. Faire réduire de moitié à petit feu. Passer au tamis. Ajouter cette réduction à la sauce brune (49) et laisser mijoter pendant 15 min. Passer au chinois et poivrer.

57. Sauce Robert
Préparation : 10 min – Cuisson : 25 min

Faire dorer dans le beurre l'oignon haché finement. Ajouter la farine. Laisser prendre couleur et mouiller avec le bouillon et le vin blanc sec. Saler. Poivrer. Laisser mijoter 20 min. Ajouter, avant de servir, un filet de vinaigre, la moutarde et la purée de tomates.

50 cl de bouillon au choix
50 g de beurre
60 g d'oignon
60 g de farine
5 cl de vin blanc
1 c. à s. de moutarde
Vinaigre
1 c. à s. de purée de tomates
Sel, poivre

58. Sauce charcutière
Préparation : 5 min – Cuisson : 25 min

Ajouter à la sauce Robert (57) les cornichons coupés en filets.

50 cl de sauce Robert
75 g de cornichons

59. Sauce genevoise
Préparation : 15 min – Cuisson : 20 min

Faire une sauce brune (49), mouillée avec l'eau de cuisson du poisson et assaisonnée avec du persil, de l'échalote, des champignons hachés, du sel et du poivre. Ajouter le vin rouge. Laisser cuire doucement 20 min. Passer au chinois. Ajouter, au moment de servir, le beurre et, si l'on veut, le beurre d'anchois (111).

50 cl de sauce brune
1 verre de vin rouge
125 g de champignons
Persil plat
50 g de beurre
1 échalote
1 noix de beurre d'anchois
Sel, poivre

60. Sauce matelote
Préparation : 10 min – Cuisson : 30 min

Mettre dans une casserole le vin rouge, 2 verres d'eau, le bouquet garni, le sel, le poivre, l'ail et l'échalote. Faire cuire pendant 20 min à petit feu. Passer le liquide et s'en servir pour mouiller le roux brun fait avec la farine et 40 g de beurre. Au moment de servir, ajouter un filet de cognac et 40 g de beurre frais.

10 cl de vin rouge
40 g de farine
5 cl de cognac
80 g de beurre
Ail et échalote
1 bouquet garni
Sel, poivre

61. Sauce au sang (pour civet)
Préparation : 10 min – Cuisson : 30 min

Faire un roux brun (48) avec du lard, des oignons ; mouiller avec le bouillon et le vin rouge. Saler, poivrer, ajouter le bouquet garni. Au moment de servir, verser dans la préparation, hors du feu, le sang de l'animal dans lequel a été pilé le foie (cuit préalablement environ 10 min).

Foie du gibier
Sang du gibier
50 g de beurre
60 g de farine
75 g de lard
50 g d'oignon
30 cl de vin rouge
10 cl de bouillon au choix
1 bouquet garni
Sel, poivre

62. Sauce chasseur
Préparation : 10 min – Cuisson : 1 h 30

Faire réduire la marinade aux 2/3 de son volume. Préparer un roux brun, mouillé avec la marinade (quantité suivant le goût plus ou moins prononcé que l'on veut donner). Ajouter pour finir le jus ou le fumet du rôti et la gelée de groseille.

1 litre de la marinade ayant servi pour la viande ou le gibier
Jus de cuisson du rôti
50 g de farine
60 g de beurre
2 c. à s. de gelée de groseille

Les sauces émulsionnées

63. Sauce vinaigrette
Préparation : 5 min

Mélanger le tout après avoir fait fondre le sel dans le vinaigre.

1 c. à s. de vinaigre
3 c. à s. d'huile
Fines herbes hachées
Sel, poivre

64. Sauce au yaourt
Préparation : 5 min

Délayer dans un bol la moutarde avec le vinaigre. Saler. Poivrer. Incorporer le yaourt. Mélanger avec soin pour assaisonner.

4 c. à s. de yaourt 0 %
2 c. à s. de vinaigre
Un peu de moutarde douce
Sel, poivre

65. Sauce moutarde
Préparation : 10 min

Mettre dans un bol, au bain-marie, la moutarde. Ajouter, en tournant, à la chaleur, le beurre. Quand tout est mélangé, mettre la Maïzena et 10 cl d'eau chaude pour éclaircir la sauce. Saler. Poivrer.

25 g de moutarde
100 g de beurre
5 g de Maïzena
10 cl d'eau
Sel, poivre

66. Sauce rémoulade
Préparation : 10 min

Mettre la moutarde dans un bol. Y incorporer en tournant l'huile. Assaisonner avec le sel, le poivre et l'échalote hachée.

2 c. à s. de moutarde
1 échalote finement hachée
20 cl d'huile
Sel, poivre

Les sauces 97

67. Sauce au roquefort
Préparation : 10 min

60 g de roquefort
1 citron (jus)
Basilic
Sauge (2 feuilles)

Écraser le roquefort à la fourchette. Le délayer avec le jus du citron. Battre au fouet pour obtenir une émulsion et incorporer, suivant le goût, du basilic et (ou) de la sauge hachés.
Pour accompagner une salade mélangée.

68. Sauce vinaigrette pour viandes (froides)
Préparation : 20 min – Cuisson : 5 min

1 cube de bouillon de bœuf
20 cl d'huile de noix
50 cl d'huile d'arachide
Vinaigre
2 échalotes
1 jaune d'œuf
1 c. à c. de fines herbes hachées
1 c. à c. de moutarde
1 pointe de couteau de quatre-épices

Délayer le cube dans 10 cl d'eau chaude. Faire réduire à feu doux pour obtenir une crème. Verser dans un grand bol. Ajouter le jaune d'œuf, les échalotes et les fines herbes hachées, du vinaigre selon le goût, la moutarde et le quatre-épices. Mélanger les deux huiles et les incorporer au tout, en battant au fouet. Passer au mixeur et servir en saucière. Ne pas mettre au réfrigérateur. *Ne pas saler, le bouillon cube l'est suffisamment.*

69. Sauce anglaise (pour accompagner viande froide ou hamburger)
Préparation : 5 min

2 petites boîtes de coulis de tomate
1 c. à s. de vinaigre
2 petits oignons
1 pincée de paprika
1 pincée de noix muscade râpée
2 c. à c. de sucre en poudre

Éplucher les oignons, les hacher finement, les piler, les incorporer au coulis de tomate et ajouter, avec les épices et le sucre en poudre, le vinaigre. Vérifier l'assaisonnement avant de servir (froid).

70. Sauce gribiche
Préparation : 10 min

Faire durcir les œufs. Les écaler. Séparer le jaune du blanc. Hacher finement le blanc. Piler, à part, les jaunes, en faire une pâte lisse en ajoutant la moutarde, l'huile par petites quantités, puis le vinaigre. Terminer en mettant les cornichons hachés menu, les blancs d'œufs et les fines herbes hachées.

3 œufs
25 cl d'huile
1 c. à c. de moutarde
30 g de cornichons
2 c. à s. de vinaigre
Fines herbes
Sel, poivre

71. Sauce ciboulette (froide)
Préparation : 10 min

Faire une mayonnaise bien ferme avec les jaunes d'œufs, la moutarde, l'huile et le vinaigre. Incorporer le Noilly et la ciboulette hachée, puis la crème, 1 h avant de servir. Saler, poivrer. Servir en saucière.

Pour homard ou langouste froids, concombre, salades de légumes

3 jaunes d'œufs
1 c. à c. de moutarde
25 cl d'huile
1 c. à s. de vinaigre
Ciboulette
1 c. à s. de crème fraîche
1 à 2 c. à s. de Noilly Prat
Sel, poivre

72. Sauce mayonnaise
• **À froid – Préparation : 10 min**

Tourner en crème le jaune d'œuf avec une cuillère en bois ou un batteur mécanique. Ajouter l'huile, par petites quantités. N'en verser à nouveau que lorsque l'émulsion est complète dans le récipient. Lorsque la mayonnaise est entièrement montée, mettre du sel, du poivre et le vinaigre.

1 jaune d'œuf
225 g d'huile à une température supérieure à 15 °C (L'huile figée est inutilisable.)
2 cl de vinaigre
Sel, poivre

Remarque. – L'œuf et l'huile doivent être à la même température. On obtient environ 25 cl de sauce.

• **À chaud – Préparation : 8 min**

Mettre dans une petite casserole le jaune d'œuf, 1 c. à s. de vinaigre, du poivre et du sel. Faire prendre consistance au bain-marie en tournant avec un fouet. Ajouter l'huile, comme pour le premier procédé. La température du bain-marie ne doit pas atteindre 100 °C (ébullition).

73. Mayonnaise mousseline (pour asperges)

Préparation : 12 min

1 œuf
225 g d'huile
2 cl de vinaigre
Sel, poivre

Faire une mayonnaise ordinaire (72). Battre le blanc d'œuf, très ferme, ajouter à la sauce. On obtient un mélange plus onctueux et plus léger.

74. Mayonnaise aux anchois

Préparation : 15 min

6 anchois
1 échalote
25 cl de mayonnaise

Faire une mayonnaise (72) en mettant, avant le jaune d'œuf, avant de commencer, les anchois, coupés en dés, et l'échalote finement hachée.

75. Sauce norvégienne

Préparation : 20 min

250 g d'huile
100 g de noix décortiquées
8 anchois en filets
1 gousse d'ail
2 c. à s. de moutarde
2 c. à s. de vinaigre
Poivre

Piler les anchois. Ajouter les noix décortiquées, l'ail et la moutarde. Travailler le mélange en ajoutant l'huile puis le vinaigre. Procéder comme pour une mayonnaise. Poivrer.

76. Mayonnaise au vert (froide)

Préparation : 15 min – Cuisson : 5 min

50 cl de mayonnaise
20 g de ciboulette
20 g de persil plat
20 g de basilic
300 g d'épinards
100 g d'oseille
20 g de cerfeuil
Sel, poivre

Équeuter oseille, épinards, persil, cerfeuil. Bien laver. Faire bouillir 2 litres d'eau dans une grande casserole. Y plonger cette verdure et faire bouillir pendant 1 min. Égoutter et presser dans une passoire. Arroser d'eau froide. Passer au mixeur puis à travers un tamis pour obtenir une purée très lisse.

Préparer la mayonnaise (72). Incorporer en mélangeant avec soin 2 à 3 c. à s. de la purée verte (suivant la couleur désirée). Ajouter 2 ou 3 pincées de fines herbes hachées et crues et du basilic. Si la sauce est trop épaisse, on peut la détendre avec un peu de bouillon de cuisson froid.

77. Sauce Vincent
Préparation : 15 min – Cuisson : 5 min

Procéder comme pour la mayonnaise au vert (76). Ajouter en plus 60 g de crème fraîche et une pincée d'estragon finement haché.

78. Sauce rouge
Préparation : 10 min

Faire une mayonnaise (72). Ajouter 3 c. à s. de corail de crustacés pilé.

79. Sauce tartare
Préparation : 20 min

Incorporer à la mayonnaise (72) l'oignon et les fines herbes hachées finement, avec la moutarde. Ajouter les câpres, le piment de Cayenne, et vérifier l'assaisonnement qui doit être très relevé.

- 25 cl de mayonnaise
- 2 c. à c. de moutarde
- 1 petit oignon
- Ciboulette
- Cerfeuil
- Estragon
- Persil plat
- Câpres
- Piment de Cayenne

80. Sauce enragée
Préparation : 20 min – Cuisson : 10 min

Recueillir les jaunes, les piler dans un mortier ou une terrine avec l'huile. Au fur et à mesure, incorporer les petits piments. Mettre le vinaigre et assaisonner de safran, de sel et de poivre. On obtient ainsi une purée que l'on fait chauffer en tournant constamment pour servir en saucière.

- 6 œufs durs
- 10 cl d'huile d'olive
- Safran
- Sel, poivre
- 3 c. à s. de vinaigre
- 6 petits piments oiseau

81. Aïoli
Préparation : 20 min

Éplucher la pomme de terre encore chaude. Écraser les gousses d'ail dans un mortier, ajouter la pomme de terre, la réduire ainsi en purée. Incorporer les jaunes d'œufs, le sel et le poivre. Ajouter goutte à goutte l'huile d'olive en tournant avec un pilon, terminer avec le jus du 1/2 citron.

- 2 jaunes d'œufs
- 25 cl d'huile d'olive
- 1/2 citron (jus)
- 4 à 6 gousses d'ail
- 1 pomme de terre (cuite à l'eau dans sa peau)
- Sel, poivre

Remarque. – On peut remplacer la pomme de terre par un morceau de mie de pain rassis mouillé avec du lait (exprimer le lait lorsque le pain est ramolli).

82. Sauce hollandaise
Préparation : 10 min – Cuisson : 10 min

3 jaunes d'œufs	
180 g de beurre	
1 c. à s. d'eau froide	
1/2 citron (jus)	
Sel, poivre	

Dans une casserole au bain-marie, mettre les jaunes d'œufs, l'eau froide et du sel. Tourner rapidement pour faire un bon mélange. Ajouter le beurre en petits morceaux (le bain-marie chaud est hors du feu). Quand tout le beurre est incorporé, remettre le bain-marie sur le feu et faire épaissir la sauce, opération délicate. Verser le jus du 1/2 citron tiède. Saler et poivrer. Servir aussitôt.

83. Sauce mousseline
Préparation : 15 min – Cuisson : 25 min

2 jaunes d'œufs	
150 g de beurre	
10 g de Maïzena	
60 g de crème fraîche	
Sel	
1 c. à c. d'eau	

Procéder selon la formule 82, mais ajouter, avant de mettre le beurre, la Maïzena. Mettre, à la fin, la crème fraîche fouettée à l'avance. Tenir la sauce chaude au bain-marie. Battre la sauce au fouet avant de servir.

84. Sauce béarnaise
Préparation : 15 min – Cuisson : 1 h

10 cl de vinaigre	
2 échalotes	
3 jaunes d'œufs	
1/2 gousse d'ail	
1 branche d'estragon	
150 g de beurre	

Faire réduire pendant 20 à 30 min, à feu très doux, le vinaigre avec les échalotes, l'ail, et un peu d'estragon hachés. Passer la réduction au tamis. Mettre les jaunes d'œufs dans une casserole, au bain-marie, avec la réduction. Tourner constamment en ajoutant par petits morceaux le beurre. Finir avec le reste d'estragon haché.

On peut remplacer la réduction par 1 c. à s. d'essence béarnaise.

85. Sauce crapaudine
Préparation : 10 min – Cuisson : 1 h

	10 cl de vinaigre
	2 échalotes
	1/2 gousse d'ail
	1 branche d'estragon
	150 g de glace de viande
	1 citron (jus)

Faire réduire de moitié les échalotes, l'ail et l'estragon dans le vinaigre, passer au tamis. Ajouter 150 g de glace de viande (5) en tournant au fouet et le jus du citron.

86. Sauce à la diable
Préparation : 15 min – Cuisson : 20 min

	10 cl de vin blanc
	10 cl de vinaigre
	20 cl de bouillon au choix
	2 échalotes
	40 g de farine
	60 g de beurre
	Cerfeuil
	Estragon

Mettre dans une petite casserole le vin blanc, le vinaigre et les échalotes hachées. Faire réduire de moitié. Incorporer le bouillon. Cuire 8 à 10 min. Ajouter alors, en battant avec un fouet, le beurre manié avec la farine, jusqu'à épaississement. Terminer, juste avant de servir, en mettant les fines herbes hachées. On peut y mettre une pointe de piment de Cayenne.

Les coulis

87. Coulis aux asperges (froid)
Préparation : 15 min – Cuisson : 25 min

	1 kg d'asperges
	250 g de crème fraîche
	1 c. à c. de crème fraîche
	4 jaunes d'œufs
	Noix muscade râpée
	Ciboule
	Sel, poivre

Éplucher les asperges. Couper les pointes[1]. Cuire les queues d'asperges à grande eau bouillante salée pendant 20 min. Égoutter. Rafraîchir. Puis passer au mixeur et au tamis pour obtenir une crème lisse.

Faire bouillir les 250 g de crème fraîche. Y ajouter la purée d'asperges. Battre rapidement les jaunes avec la cuillerée de crème, ajouter ce mélange à la sauce, maintenue à feu doux – ou au bain-marie. Retirer de la source de chaleur et continuer à battre avec le fouet. Assaisonner avec de la noix muscade râpée, un peu de ciboule hachée, du sel et du poivre.

---

1. Les têtes d'asperges, cuites à part, peuvent agrémenter une salade ou décorer un plat.

88. Coulis aux poivrons (chaud)

Préparation : 20 min – Cuisson : 20 min

2 poivrons rouges
2 poivrons verts
30 g d'oignon
250 g de beurre
10 cl d'eau
10 cl d'huile d'olive
Xérès
Sel, poivre

Éplucher les poivrons. Les couper chacun en deux dans la longueur. Enlever les grains puis ciseler en lanières.

Dans une petite casserole, avec un peu de beurre, faire suer l'oignon épluché et haché. Ajouter les poivrons. Lorsque le tout est cuit, ajouter l'eau et cuire environ 15 min.

Passer au mixeur ; ajouter le beurre amolli en battant au fouet, puis l'huile d'olive. Saler, poivrer et relever avec un peu de xérès (suivant goûts).

Pour accompagner viandes ou poissons.

89. Coulis aux Saint-Jacques (froid)

Préparation : 20 min – Cuisson : 30 min

50 cl de bisque de homard
Les parures (membranes et barbes) de 9 coquilles Saint-Jacques
3 échalotes
10 cl de vin blanc sec
3 jaunes d'œufs
10 cl de crème fraîche
1 petite branche d'estragon
1 c. à s. de Noilly Prat
Sel, poivre

Dans une casserole moyenne, faire bouillir la bisque de homard[1] avec les parures de Saint-Jacques bien lavées[2], le Noilly, le vin, quelques feuilles d'estragon et les échalotes hachées, pendant 15 min. Passer au mixeur, puis au tamis. Dans un bol, mélanger au fouet les jaunes d'œufs et la crème. Y incorporer progressivement 2 à 3 c. à s. de la préparation chaude. Remettre dans la casserole à feu doux. Saler. Poivrer. Vanner pendant 5 à 10 min. Verser la sauce à travers un tamis dans un récipient entouré de glaçons. Attendre le refroidissement complet pour servir, soit en saucière, soit pour napper un poisson.

---

1. La bisque de homard se vend en boîte. Elle doit être dédoublée avec de l'eau, avant l'emploi.
2. Utiliser la chair des coquilles pour faire une entrée.

Les condiments

Les condiments sont des substances que l'on ajoute aux préparations pour leur donner du goût. Quelques-uns sont des aliments à part entière et, s'ils modifient dans une recette sa saveur, ils en augmentent parfois la valeur alimentaire. Ils sont des auxiliaires indispensables à l'art culinaire, tant pour stimuler l'appétit que pour décorer les plats. L'immense variété de ces condiments est la palette, pour ainsi dire, de celui qui aime faire la cuisine. On en distingue trois sortes :
– Les condiments fournis par le règne végétal : les bulbes et les herbes de nos jardins.
– Les condiments excitants, parfois toxiques : les épices.
– Les condiments acides.

Les plantes aromatiques

Les bulbes. Il s'agit de l'ail, de l'échalote et de l'oignon. On trouve ces trois condiments, hachés, surgelés ou lyophilisés, dans le commerce.

- **L'ail blanc** se présente en « tête ». Épluchée, on en extrait des gousses, recouvertes d'une fine pellicule : ne pas la retirer et écraser chaque gousse avec une lame de couteau sur laquelle on donne un fort coup de poing. **L'ail rose** est moins fort en goût.
- **L'échalote** est l'intermédiaire entre l'ail et l'oignon. Le goût est dépourvu d'âpreté et bien supporté par les estomacs fragiles. Base de très nombreuses sauces.
- **L'oignon.** On en fait grand usage en cuisine. Pour éviter de pleurer en l'épluchant, faire l'opération sous un jet d'eau froide ou prendre la précaution de le placer, auparavant, quelque temps au réfrigérateur. Son goût âcre s'adoucit à la cuisson. Merveilleux condiment, il est aussi la base de plats excellents.

Les herbes aromatiques. Elles sont la richesse de la cuisine actuelle. Certaines font partie des goûts traditionnels. D'autres permettent de découvrir des saveurs insolites. On peut faire des innovations, mais les herbes aromatiques doivent être utilisées avec intelligence et mesure. Certaines plantes sont strictement régionales : il faut déterminer son choix en fonction de la production.
- **Absinthe.** Faiblement aromatique, on lui préfère souvent l'armoise. Accompagne très bien le mouton. (Il n'est pas question de l'alcool portant ce nom.)
- **Aneth.** Ombellifère très parfumée, qui peut aromatiser, sans excès, n'importe quel plat. Très bon avec les poissons.
- **Basilic.** Arôme très délicat qui se détériore facilement. Ne pas le passer au mixeur pour le hacher. Très bon avec les salades et les légumes d'été. Le basilic est la base du « pistou ».
- **Cerfeuil.** Herbe fraîche au goût légèrement anisé. Si on veut lui garder toute sa saveur, utiliser les feuilles enlevées de la tige : on les appelle des « pluches ». Convient aux potages, à certaines sauces et aux salades composées.
- **Ciboule. Ciboulette.** Famille des liliacées, se présente en petites tiges rondes et creuses au goût se rapprochant de celui de l'oignon, mais en moins âcre.
- **Citronnelle.** Herbe aromatique utilisée dans la cuisine asiatique dont le parfum évoque celui du citron. Nom courant donné aussi à

certaines plantes comme la mélisse ou la verveine qui agrémentent salades, sauces ou farces.

- **Estragon.** Plante très odoriférante qu'on trouve toute l'année. S'emploie en feuilles ou haché. Fait toujours partie des «fines herbes».
- **Fenouil.** Ombellifère dont les feuilles très fines peuvent remplacer l'aneth. Se vend en petits bâtons pour relever le poisson grillé et flambé. Les graines de fenouil sont utilisées dans la cuisine méridionale.
- **Fines herbes.** Mélange haché finement d'herbes aromatiques très courantes : cerfeuil, persil, estragon, ciboulette et thym frais.
- **Laurier-sauce.** D'un goût âcre, doit être employé avec mesure. Est nécessaire à la cuisson du bouillon, court-bouillon, ragoût.
- **Marjolaine** ou **origan.** Labiée d'origine méditerranéenne que l'on utilise (comme la sarriette) dans tous les plats cuisinés et les crudités.
- **Menthe.** Labiée utilisée de plus en plus (peut-être trop !) dans tous les plats salés et sucrés.
- **Persil.** Peut servir à la décoration d'un plat (persil frisé), ou comme condiment (le persil plat aux feuilles lisses est plus parfumé).
- **Romarin.** Arbrisseau méditerranéen qui relève habilement viandes et légumes. Utilisé frais ou séché, mais avec modération car l'odeur est âcre.
- **Sarriette.** Utilisée fraîche pour agrémenter potages, salades et certains légumes.
- **Sauge.** Labiée à odeur très prenante (plutôt camphrée) qui se marie mal avec les autres herbes aromatiques. Il faut lui laisser la primauté.
- **Thym** et **serpolet.** Labiées dont on dit qu'elles sont «le secret de la gastronomie française». On en trouve toute l'année. Un emploi continuel banalise la cuisine.

Les épices

Les épices sont de plus en plus utilisées en cuisine. Les voyages dans le monde entier ont excité la curiosité et le goût des gastronomes amateurs. Dès les voyages des conquérants des mers, les produits les plus rares et les plus savoureux ont été introduits dans l'art culinaire.

Aujourd'hui on sait user des épices pour faire « chanter » la saveur d'une recette. Il faut connaître les épices les plus appréciées pour les utiliser à bon escient.

- **Anis vert.** Ombellifère originaire d'Asie Mineure. Emploi courant sous forme de graines en pâtisserie et en confiserie. En cuisine, relève certains coquillages et les moules.
- **Badiane** ou **anis étoilé.** Employée en cuisine chinoise et dans la fabrication d'alcools et de liqueurs.
- **Cannelle.** Cette épice se présente en petits tuyaux (écorce de l'arbre) et en poudre. Depuis la plus haute antiquité, elle est employée pour relever gibier, canard, porc et de nombreux entremets, desserts et pâtisseries.
- **Cardamome.** Épice connue en Europe depuis vingt siècles. Se présente en petites capsules ou en poudre. Goût poivré et amer utilisé en charcuterie et en pâtisserie. Entre dans la composition du curry.
- **Carvi.** Les graines sont noirâtres et en forme de croissant de lune. Emploi en charcuterie, dans la choucroute. Peut relever, selon fantaisie, tous les plats.
- **Cayenne.** Variété de piment (*pili-pili*) qui se présente en poudre rougeâtre. Saveur brûlante nécessaire à certaines recettes de crustacés, soupes de poissons, etc.
- **Céleri.** Est employé en cuisine sous forme de tubercule, de tige, de feuilles, et aussi en sel de céleri (dans le jus de tomate). Aromatise de façon très courante le bouillon, le pot-au-feu, les purées.
- **Chili.** Piment d'origine mexicaine à saveur très brûlante.
- **Coriandre.** Ombellifère dont on emploie soit les feuilles (potages), soit les graines (marinades, poissons, légumes).
- **Cumin.** Ne pas confondre avec le carvi. Très employé en cuisine arabe. Chaleureux comme saveur.
- **Curry** ou **cari.** C'est le poivre indien. Mélange de 12 à 15 épices. Se présente sous forme de poudre jaune très aromatique. Est utilisé dans de nombreuses recettes qui en prennent le nom : curry d'agneau, de poulet, etc.
- **Genièvre.** Fruit d'un petit conifère. Sous forme de petites boules noirâtres, utilisé dans la choucroute, les marinades, certains gibiers. Se vend aussi en poudre.

- **Gingembre.** Épice très ancienne déjà connue de Pline. Se présente sous forme de rhizome, mais se vend en bulbe, en poudre, confit au sirop. Arôme fort, goût brûlant. La cuisine moderne l'utilise beaucoup pour relever les viandes blanches et même le poisson.
- **Girofle.** Huit siècles avant notre ère, on utilisait déjà la girofle. On l'emploie sous forme de feuilles ou de tiges, mais surtout en **clous** ou en poudre. Épice très appréciée en clous que l'on pique dans l'oignon ou l'échalote. (Pot-au-feu, court-bouillon, gibier, etc.).
- **Harissa.** Assaisonnement très fort préparé à l'aide de piments secs trempés et pilés dans l'huile avec ail, coriandre, carvi et sel. Accompagne les viandes grillées (barbecue) ou corse les sauces « fortes ».
- **Muscade.** On râpe la noix de muscade pour relever quantités de plats : épinards, purées, omelettes, soufflés, viandes hachées. Ne pas abuser de la muscade râpée qui contient une huile essentielle ayant le pouvoir d'un stupéfiant. C'est le type de l'épice toxique.
- **Paprika.** Poudre de couleur rouge obtenue en pilant de petits piments de Hongrie. Il y a du paprika fort, doux, demi-doux. Pour corser crustacés, sauces, œufs, risotto, poissons, poulet, etc.
- **Piment.** Plusieurs variétés distinguées par leur force gustative : doux, fort, très fort, ce dernier étant très irritant pour les voies digestives. Le piment est utilisé surtout dans les pays chauds. (Recettes exotiques.)
- **Poivre.** En cuisine, on a un grand choix de ce produit : poivre rose, vert, gris, blanc, et noir. Suivant l'emploi de l'un ou de l'autre, la cuisine est variée. Le poivre blanc se présente en grains mûrs et décortiqués. Le poivre noir est le fruit séché avant d'être mûr. Éviter la poudre. Utiliser uniquement le moulin à poivre.
- **Quatre-épices.** Mélange d'épices en poudre qui peuvent être : du poivre, de la muscade, de la girofle, du gingembre. Très employé en charcuterie et dans les plats mijotés (ragoûts, civets).
- **Safran.** Provient de la poudre obtenue des stigmates d'une variété de crocus. **Coûte très cher.** Agrémente, de tradition, certains plats (paella, bouillabaisse). Améliore le riz et les viandes blanches.
- **Soja.** Sauce obtenue en faisant torréfier puis fermenter les grains de soja. Cuisine japonaise, chinoise et vietnamienne.
- **Tabasco.** Préparation (en bouteille) très piquante. Quelques gouttes

suffisent pour épicer un plat un peu fade (avocats farcis, cocktails de crevettes, etc.).

Les condiments acides

À condition de ne pas en mettre dans toutes les sauces, les condiments acides réveillent certains plats, un peu fades. L'acidité trop employée dans les préparations culinaires est mauvaise et dangereuse pour les voies digestives.

– **Câpres.** La câpre est le bouton floral du câprier. Les câpres sont conservées soit dans le vinaigre, soit dans le sel : c'est ce dernier mode de conservation qui les dénature le moins. Elles peuvent relever, suivant l'imagination, sauces, poissons, viandes (lapin, veau, etc.).

– **Citron.** De multiples emplois en cuisine, comme assaisonnement et en pâtisserie : zeste râpé, jus. Très riche en vitamine C.

– **Cornichons.** Variété de concombre, de petite taille. Chair dure et surface couverte d'aspérités. On les achète crus à la saison pour les confire dans le vinaigre. (Présentation commerciale habituelle.) Les cornichons accompagnent charcuteries, viandes, et sont la base de nombreuses sauces.

– **Moutarde.** Condiment préparé avec de la farine de moutarde, des aromates, du vinaigre ou du vin. Il existe une très grande variété de moutardes : au gingembre, à la coriandre et au vinaigre de xérès, de framboise, d'estragon, etc.

– **Vinaigre.** Produit de l'acidification du vin, sous l'action d'un microbe aérobie. La cuisine peut être agrémentée par du vinaigre, à condition qu'il soit bien choisi. On en use en cuisine traditionnelle et en cuisine moderne : court-bouillon, sauces, cuisine à l'aigre-doux. Vinaigre de vin, de cidre, de framboises, de xérès, etc.

Les
hors-d'œuvre

N.B. – Dans nos recettes, les proportions sont établies pour six personnes.

Les hors-d'œuvre sont des plats que l'on sert au début du repas, à l'origine pour stimuler l'appétit. Quelques-uns remplissent uniquement ce rôle, s'ils sont bien assaisonnés et très peu nourrissants, salades de tomates, de céleri, de concombre, de raifort, artichauts, radis, melon. Mais le plus souvent, les hors-d'œuvre ont une valeur alimentaire appréciable. Dans ce cas, ils doivent être mangés en petites quantités, ou bien on doit en tenir compte pour la suite du repas. Tels sont : les viandes salées et fumées ; les poissons conservés à l'huile, les poissons marinés. Les hors-d'œuvre s'accompagnent à l'occasion de beurre servi en coquilles, à part.

Hors-d'œuvre chauds

Croquettes de poisson, de volaille, de viande. Rissoles ou œufs accommodés de multiples façons. Gnocchis. Coquilles. Bouchées. Tartelettes aux épinards, au jambon. Croque-monsieur. Délicieuses au fromage. Croûtes aux champignons. Croquettes de volaille. Œufs frits.

Hors-d'œuvre froids

Charcuterie : Jambon cru, cuit, fumé. Saucisson. Mortadelle. Pâté de foie. Rillettes.

Poissons : Sardines, thon. Saumon, maquereau, harengs marinés. Filets de harengs. Anchois.

Crustacés, mollusques : Salade de crevettes, de moules. Moules, escargots, vigneaux. Huîtres, palourdes, praires, bigorneaux. Crevettes, écrevisses, crabes.

Légumes crus

90. Artichauts « poivrade » à la vinaigrette
Laver 6 jeunes artichauts, bien tendres. Servir, après avoir coupé les pointes des feuilles et les queues, avec une vinaigrette (63).

91. Avocat
Fruit de l'avocatier, arbre cultivé en Floride, Californie, Israël, riche en hydrates de carbone et matières grasses. Se consomme cru, en salades diverses.

92. Cocktail à l'avocat
Préparation : 10 min

Éplucher 1 ou 2 avocats suivant la taille. Retirer le noyau. Couper la pulpe en petits cubes, les mettre dans des verres dans lesquels on a mis 1 c. à s. de glace pilée. Arroser avec du jus de tomate et de citron. Saler et ajouter 3 gouttes de Tabasco.

93. Avocats farcis

• **Formule a – Préparation : 10 min**

Ouvrir les avocats en deux. Retirer les noyaux. Préparer une farce avec le céleri coupé en lamelles et les noix coupées en tranches. Assaisonner avec la sauce tomate, du vinaigre et du sel. Remplir les cavités des moitiés d'avocats. Tenir au frais pendant 1 h avant de servir.

3 avocats
1 grande branche de céleri
20 cerneaux de noix sèches
2 c. à c. de sauce tomate
Vinaigre
Sel

• **Formule b – Préparation : 20 min**

Couper les avocats par moitié. Retirer les noyaux. Retirer la pulpe, la saupoudrer avec un peu de sel fin et quelques gouttes de citron.

Mélanger dans une terrine le céleri coupé en lamelles, les queues de crevettes coupées en trois ou quatre, du paprika et terminer avec la pulpe d'avocat coupée en cubes. Arroser de sauce tomate.

Remplir les écorces avec cette salade. Tenir au frais jusqu'au moment de servir.

On peut remplacer les crevettes par du crabe, de la langouste ou des écrevisses.

3 avocats
1 branche de céleri
6 grosses crevettes décortiquées
Sauce tomate
Paprika en poudre
1/2 citron
Sel, poivre

94. Radis roses

Les choisir fermes, à tige droite, car ayant poussé vite ils sont généralement tendres. Couper une partie des feuilles vertes, enlever, à l'extrémité, la racine. Les laver à l'eau froide.

95. Radis noirs

Éplucher. Couper en rondelles très minces, saupoudrer de sel pour faire dégorger. Égoutter. Servir sur un ravier.

96. Betteraves

La betterave se vend cuite sinon faire cuire des racines de betterave rouge dans de l'eau salée pendant 3 h. Laisser refroidir. Éplucher et couper en rondelles. Assaisonner. Ajouter oignons en tranches, girofle, laurier, vinaigrette (63). Laisser mariner trois jours.

97. Tomates en salade

Laver les tomates. Les couper en fines tranches. Assaisonner au moment de servir, avec une vinaigrette bien relevée (63).
On peut aussi peler les tomates. Cette opération est facilitée en les plongeant 1 min dans l'eau bouillante.

98. Concombre

Éplucher, couper en tranches fines, saler pour faire dégorger 3 h avant de servir. Égoutter. Passer à l'eau fraîche si le concombre est trop salé. Assaisonner avec une vinaigrette ou avec de la crème fraîche pour servir.

99. Salade de chou rouge

Couper le chou rouge en fines lanières. Le mettre dans un plat creux, recouvert de gros sel. Laisser mariner pendant 4 h. Égoutter. Assaisonner avec une vinaigrette (63).

100. Champignons crus aux bananes

Préparation : 15 min

150 g de champignons
2 bananes
1 citron (jus)
2 c. à s. de crème fraîche
Sel, poivre

Couper le bout terreux des champignons. Les laver avec soin. Les couper en fines lamelles. Éplucher les bananes. Les couper en rondelles fines. Assaisonner avec une sauce faite avec crème fraîche, jus de citron, sel et poivre.

101. Salade de champignons crus à la crème
Préparation : 15 min

250 g de champignons
100 g de crème fraîche
2 citrons (jus)
Persil plat
Sel, poivre

Couper et jeter le bout terreux des champignons. Laver ceux-ci avec soin. Les couper en fines lamelles. Arroser avec le jus d'1 citron pour empêcher le noircissement. Délayer la crème avec le 2e jus de citron. Saler, poivrer. Dans une terrine, mêler délicatement les tranches de champignons (sans les briser) à la sauce crème. Disposer sur un plat. Saupoudrer et décorer de persil haché.

Remarque. – Cette préparation est à faire 30 min, au plus, avant de servir.

102. Carottes râpées aux bananes
Préparation : 15 min

200 g de carottes
2 bananes
1 citron (jus)
Persil plat
2 c. à s. de crème fraîche
Sel, poivre

Prendre des carottes nouvelles, les laver, les essuyer, les râper. Les disposer sur un plat. Éplucher les bananes. Les couper en fines rondelles, les disposer sur les carottes râpées.

Napper avec la sauce faite avec la crème et le jus du citron, du sel et du poivre. Saupoudrer de persil haché.

103. Champignons à la grecque
Préparation : 10 min – Cuisson : 8 min

500 g de champignons
10 cl de vin blanc sec
5 cl d'huile
1 citron (jus)
1 c. à s. de concentré de tomate
10 g de graines de coriandre
1 bouquet garni
Sel, poivre

Choisir de préférence des petits champignons de couche. Les nettoyer, les laver et les égoutter. Faire chauffer l'huile. Y jeter les champignons. Ajouter le jus du citron, le vin blanc, la coriandre, le concentré de tomate, le bouquet garni. Saler. Poivrer. Cuire à feu très vif, sans couvrir, pendant 7 à 8 min. Laisser baigner dans le jus de cuisson. Servir très froid.

104. Poivrons à l'huile

Préparation : 10 min – Cuisson : 10 min

4 poivrons rouges et verts	
10 cl d'huile d'olive	
1 c. à s. de vinaigre	
Sel, poivre	

Avec de l'huile de tournesol, graisser une tôle. Y disposer les poivrons lavés et séchés. Saler. Poivrer. Mettre au four très chaud pendant 8 à 10 min.

Laisser refroidir. Couper en filets et disposer sur un plat. Arroser avec une vinaigrette, faite avec l'huile d'olive et le vinaigre.

105. Macédoine

Mélange de plusieurs légumes ou viandes disposés de façon décorative et assaisonnés avec une vinaigrette (63), une mayonnaise (72) ou une sauce ravigote (36).

1. Placer dans le fond d'un plat, en pyramide, des pommes de terre cuites à l'eau et coupées en dés. Disposer autour, en couronne, de la salade de betterave (96) et garnir chaque rondelle de betterave d'un peu de viande hachée. Assaisonner avec une sauce composée de fines herbes hachées, moutarde, huile, vinaigre, poivre et sel.
2. Couper des tomates en tranches fines, les disposer dans le fond d'un plat. Recouvrir avec des œufs durs coupés en rondelles et mettre enfin une couche de crevettes épluchées. Napper de mayonnaise.
3. Couper en petits dés des légumes variés cuits à l'eau : carottes, haricots, pommes de terre. Les dresser en pyramide sur un plat et mettre autour des œufs durs coupés en deux, avec une mayonnaise.
4. Couper en fines lanières du chou, du céleri et des oignons nouveaux. Râper une ou deux carottes et ajouter la pulpe d'un avocat coupé en cubes. Assaisonner avec vinaigrette ou mayonnaise.

106. Melon au jambon de Parme et au vin de noix

(1 h à l'avance)
Préparation : 15 min

3 melons d'1 kg pièce	
250 g de jambon de Parme coupé très finement	
20 cl de vin de noix	

Laver l'écorce des melons. Les couper en quartiers de taille normale (enlever les pépins). Les poser dans un plat creux. Arroser avec le vin de noix et laisser macérer, à couvert, pendant 1 h.

Disposer les quartiers de melon sur un plat rond. Placer les tranches de jambon dessus en faisant des vagues tout en laissant les pointes des quartiers de melon bien dégagées pour faciliter le service.

107. Salade mélangée

Il est amusant de mélanger, dans chaque assiette ou dans le même saladier, 2 ou 3 sortes de salades, de façon à déguster, en même temps, des feuilles tendres d'une part et craquantes d'autre part.

L'industrie agricole invente même des formes et des coloris différents.

Il faut présenter l'assortiment avec imagination. Par exemple :

Mâche – Mesclun – Romaine
 ou
Laitue – Cresson – Trévise
 ou
Endives (coupées en fines tranches) – mâche – batavia, etc.

On peut également introduire du concombre, des tomates (en tranches), de la betterave, de l'œuf dur, etc.

Le choix étant fait, compter 100 g par personne.

Éplucher les salades, les laver avec soin et les essorer dans un torchon propre.

L'assaisonnement peut être varié à l'infini : vinaigrette (63) – vinaigrette au yaourt (64) – sauce roquefort (67) – sauce rémoulade (66) – jus de citron avec crème fraîche.

Compléter l'assaisonnement avec des fines herbes hachées (une seule variété, ou plusieurs mélangées telles que cerfeuil, estragon, ciboulette) et échalote hachée.

À signaler que si l'on varie l'huile (olive, arachide, noix, tournesol) ou le vinaigre, on fait apparaître des saveurs nouvelles.

Remarque. – Il est facile de se procurer des salades présentées sous plastique alimentaire soudé (sous vide) prêtes à être utilisées sans aucune manipulation. La durée de conservation est limitée.

Beurre

Le beurre est un corps gras qui a la propriété d'être très digeste, s'il est consommé cru.
Pour profiter de tous ses avantages, il doit être mis à fondre doucement sur les aliments au moment de servir.

Types de beurre

Beurre cru. Il est obtenu à partir de crème crue n'ayant subi aucun traitement d'arrêt bactérien.

Beurre extra-fin. Il est élaboré à partir de crème fraîche pasteurisée ou non, mais n'ayant subi ni congélation ni surgélation.

Les autres beurres. Dits « fins » ou « de cuisine », ils sont fabriqués à partir de crèmes congelées et/ou pasteurisées.

Beurre « allégé ». Il est confectionné avec de la crème pasteurisée et du petit-lait émulsionnés avec de la gélatine ou d'autres épaississants d'origine végétale. Tous ces beurres peuvent être salés ou non.

108. Beurre en vermicelle
1. Mettre dans un presse-purée la quantité de beurre que l'on veut servir et passer, à l'aide du pilon, au-dessus du ravier.
2. À l'aide d'un pilon de bois, mouillé, passer le beurre au travers d'une passoire à trous moyens.

109. Beurre en coquilles
On emploie pour cela un couteau spécial : frise-beurre ou « coquilleur », que l'on passe, une fois qu'il a été trempé dans de l'eau tiède, à la surface du beurre très ferme.
Plus simplement, avec une lame de couteau ordinaire, gratter la surface du beurre très affermi dans la glace ou l'eau froide et façonner avec les doigts une coquille en forme de liseron.

Les beurres sont légion. Leur variété due à l'assaisonnement, à la décoration, aux multiples combinaisons, dépend de l'ingéniosité, de l'imagination et du goût de la cuisinière.

110. Beurre de crevette

1. Piler des crevettes épluchées. Mélanger le tout avec un poids égal de beurre fin.
2. Piler le beurre avec des crevettes entières. Faire fondre le tout au bain-marie. Passer à travers une étamine mouillée et laisser refroidir dans un récipient placé sur la glace.

111. Beurre de sardine, d'anchois

Enlever les arêtes et la peau des sardines ou des anchois. Faire une pâte avec les chairs, du persil et du cerfeuil hachés, 1 c. à c. de moutarde fine. Mélanger intimement avec le même poids de beurre.

112. Beurre corail

Piler le beurre avec les œufs de homard ou de langouste cuits au court-bouillon.

113. Beurre aux fines herbes

Préparation : 5 min – Cuisson : 5 min

Faire cuire 2 min à l'eau bouillante salée toutes les herbes et les épinards. Pendant ce temps, cuire 2 min à l'eau bouillante l'échalote hachée. Bien égoutter l'ensemble pour en retirer l'eau. Broyer le tout au pilon dans une terrine, et incorporer le beurre. On doit obtenir une pâte lisse.

20 g de ciboulette
10 g de cerfeuil
10 g d'estragon
10 g de persil plat
6 feuilles d'épinards
20 g d'échalote
100 g de beurre

114. Beurre aux fromages

Enlever la croûte du morceau de brie et du morceau de camembert. Mélanger avec le beurre et le pétrir au couteau jusqu'au moment où la pâte est très homogène.

80 g de beurre
90 g de brie
90 g de camembert

115. Beurre au roquefort

	200 g de roquefort
	140 g de beurre
	1 c. à s. d'armagnac

Pétrir avec soin le beurre et le roquefort à l'aide d'une cuillère. Incorporer l'armagnac. Le mélange doit être homogène. Peut servir pour canapés et sandwiches.

Canapés

On appelle canapés de minces tartines de pain de mie grillé au beurre, que l'on recouvre de « beurres » ou de préparations variées. Dimensions : 6 × 3 cm, 1 cm d'épaisseur. On peut également leur donner la forme triangulaire : 5 × 5 × 2 cm.

Exemple :
  Canapés au beurre d'anchois
  —   —   de sardine
  —   —   de hareng
  —   au caviar
  —   à l'anchois.

116. Canapés à l'anchois

Recouvrir les canapés, moitié avec du blanc d'œuf dur haché, moitié avec du jaune pilé, mettre au milieu la moitié d'un filet d'anchois.

117. Canapés au foie de morue fumé

Recouvrir chaque canapé d'un peu de beurre, tartiner ensuite de foie fumé et mettre quelques gouttes de jus de citron.
On peut aussi travailler ce foie fumé avec le tiers de son poids de beurre. Assaisonner en sel, poivre et jus de citron. En tartiner ensuite chaque canapé.

118. Canapés de hareng

	1/2 rollmops par canapé
	Fromage blanc ou fromage frais demi-sel
	Œuf dur et tomate

Tartiner chaque canapé de fromage blanc. Disposer au milieu le demi-hareng garni avec de petits quartiers d'œuf dur et de tomate.

119. Canapés aux radis

Mettre au milieu des canapés un peu de mayonnaise. Recouvrir en formant une couronne avec des rondelles de radis roses. Finir la décoration avec des cornichons coupés en tranches.

120. Canapés à l'estragon ou Vieville

Recouvrir les canapés de beurre d'estragon, mettre dessus une tranche de jambon. Garnir de feuilles d'estragon.

121. Canapés No-no-Nanette

Recouvrir les canapés d'un beurre d'anchois (111). Mettre au milieu une rondelle d'œuf dur, entourer d'un rang de crevettes décortiquées et placées à cheval les unes sur les autres. Napper la rondelle d'œuf d'un peu de mayonnaise. Mettre un peu de fines herbes hachées au centre.

122. Canapés à la sardine

Faire griller des tranches de pain de mie. Faire revenir à la poêle des tranches de tomates épépinées ; lorsque toute l'eau est évaporée, les retirer. Beurrer les canapés. Placer à chaque extrémité de la tomate et au milieu du beurre de sardine (111).

123. Canapés à la crevette

Ouvrir des petits pains briochés dans la longueur, les creuser. Garnir d'une couche de mayonnaise, mettre au milieu une petite feuille de laitue et à chaque extrémité une crevette (bouquet) décortiquée.

124. Canapés norvégiens

Sur des tranches de pain bis beurrées, placer au centre un morceau de langue de bœuf fumée, entouré de céleri rémoulade.

Quenelles

- **De viande** : veau, volailles, foies ;
- **De poisson** : brochet, dessertes de tous poissons (généralement à chair grasse) ;
- **De pain, de farine, de pommes de terre** (quand on n'a pas de reste ou une quantité insuffisante).

125. Pâte à quenelles
Préparation : 40 min – Cuisson : 10 min

250 g de chair de veau
125 g de pâte à choux
125 g de beurre
1 œuf entier
2 jaunes
Farine
Noix muscade râpée
Sel, poivre

Avec 15 cl d'eau, 30 g de beurre et 75 g de farine, faire une pâte à choux (1488). La faire refroidir étalée sur un plat beurré. Assaisonner le veau haché au mixeur, l'incorporer à la pâte à choux bien pilée, ainsi que le beurre. Dans cette pâte homogène, ajouter l'œuf, les jaunes et travailler pour avoir une pâte lisse.

Mouler de petits cylindres gros et longs comme le doigt. Rouler dans la farine. Pocher 10 min dans l'eau salée frémissante. Retirer, égoutter.

126. Quenelles de foie (volaille, veau)

Même préparation, mais il faut remplacer la viande par 300 g de foie.

127. Quenelles de poisson
Préparation : 30 min – Cuisson : 10 min

500 g de chair de poisson
250 g de beurre fin
200 g de mie de pain trempée dans du lait
4 œufs entiers
Sel, poivre

Piler la chair du poisson soigneusement épluchée, ajouter le beurre, la mie de pain trempée bien égouttée. Travailler le mélange pour obtenir une pâte ferme et lisse ; ajouter un à un les œufs. Saler, poivrer. Laisser reposer quelques heures. Rouler et pocher les quenelles selon la formule 125.

128. Quenelles de brochet
Préparation : 40 min – Cuisson : 5 min

200 g de chair de brochet
200 g de mie de pain trempée dans du lait
200 g de beurre
4 œufs
Noix muscade râpée
Sel, poivre

Bien égoutter la mie de pain. Piler finement la chair de brochet. Dans une terrine ou un mortier, malaxer la mie de pain et y incorporer successivement le beurre, la chair de brochet et les œufs entiers. Assaisonner en sel, poivre, et muscade râpée. Le mélange doit être absolument homogène. Laisser reposer quelques heures au froid.

Former des quenelles oblongues ayant au moins 10 cm de long. Pocher à l'eau frémissante de 3 à 5 min. Servir avec une sauce (132).

129. Quenelles de mie de pain
Préparation : 30 min – Cuisson : 10 min

500 g de mie de pain rassie
4 œufs
Lait
Fines herbes
Sel, poivre

Préparer les quenelles avec la mie de pain trempée dans du lait, les œufs et les fines herbes hachées. Mouler et pocher selon la formule (125).

130. Quenelles de farine
Préparation : 10 min – Cuisson : 15 min

250 g de farine
5 œufs
50 g de beurre
2 c. à s. de lait
Sel, poivre

Faire une pâte avec les ingrédients ci-contre. Former en boulettes et pocher selon la formule (125).

131. Quenelles de pommes de terre
Préparation : 15 min – Cuisson : 45 min

350 g de pommes de terre bintje
5 œufs
75 g de crème fraîche
Sel, poivre

Faire cuire les pommes de terre à la vapeur, les passer au tamis, ajouter les jaunes, les blancs battus en neige, la crème et assaisonner. Former des boulettes et pocher selon la formule (125).

Toutes ces quenelles sont améliorées si l'on peut leur ajouter un reste, même minime, de poisson, de veau ou de volaille.

Les quenelles servent :
- De garniture pour vol-au-vent, bouchées à la reine, blanquette, ragoût, matelote.
- De plat d'entrée.

132. Quenelles à la Nantua
Préparation : 2 h – Cuisson : 1 h 15

Préparer les quenelles de poisson (128).
Faire bouillir les parures de poisson avec le vin blanc, 10 cl d'eau, l'oignon, le bouquet garni, sel et poivre, pendant 1 h.
Passer la réduction. Préparer un roux blond (37) avec la farine et le beurre et mouiller avec la réduction filtrée. Laisser mijoter. Lier avec la crème double et ajouter les queues d'écrevisses coupées en petits morceaux. Mettre les quenelles dans la sauce et laisser frémir 15 min. Servir chaud.

500 g de quenelles de brochet ou tout autre poisson à chair grasse	
Sauce :	
50 g de farine	
40 g de beurre	
60 g de crème	
5 queues d'écrevisses décortiquées	
Réduction :	
Les parures du brochet	
20 cl de vin blanc sec	
15 g d'oignon	
1 bouquet garni	
Sel, poivre	

133. Quenelles en sauce
Elles peuvent se servir avec une sauce suprême (25), un velouté ivoire (46), une sauce Périgueux (54), etc., mouillées avec le jus de la viande ou du poisson dont la chair compose les quenelles.

134. Quenelles aux truffes
Les quenelles façonnées en bâtonnets un peu aplatis sont garnies de petits morceaux de truffes découpés régulièrement. Pour les pocher sans les abîmer, on les glisse dans un plat creux rempli de bouillon chaud, et on place au four chaud, 20 min.

135. Quenelles frites
Préparation : 30 min – Cuisson : 5 min

Préparer les quenelles, les rouler et les pocher (125). Les tremper dans un œuf battu, les paner de chapelure fine et les faire frire dans de l'huile chaude. Les servir entourées de persil plat frit (1919).

136. Fricadelles

Dans le Nord, on appelle ainsi de très petites quenelles en forme de boulettes rondes qu'on ajoute aux potages.

Grenouilles

L'époque de l'année où la chair des grenouilles atteint son maximum de succulence est de mai à juillet.
On consomme l'arrière-train de la grenouille. On les vend dans le commerce, en général, toutes préparées, c'est-à-dire dépouillées et enfilées par douze sur une brochette. On compte une brochette par personne.

137. Grenouilles sautées
Préparation : 8 min – Cuisson : 10 min

Saupoudrer les cuisses de grenouilles avec la farine. Faire chauffer le beurre et y faire sauter les cuisses qui doivent rissoler. Saler, poivrer et saupoudrer d'échalote hachée finement, ou d'ail haché finement.

6 brochettes de grenouilles
50 g de farine
100 g de beurre
Échalote ou ail
Sel, poivre

138. Grenouilles frites
Préparation : 20 min – Cuisson : 8 min

Faire mariner pendant 30 min dans la marinade (146). Préparer une pâte à frire (1400). Passer les cuisses de grenouilles dans cette préparation et faire dorer dans la friture bien chaude.

139. Grenouilles en sauce
Préparation : 10 min – Cuisson : 15 min

Faire sauter les cuisses de grenouilles au beurre pendant 5 min. Les mettre ensuite dans une sauce poulette (24) et laisser mijoter pendant 10 min.

140. Grenouilles à la crème
Préparation : 10 min – Cuisson : 20 min

Faire cuire doucement l'oignon émincé dans le beurre. Ajouter la farine et, sans laisser roussir, mouiller avec le vin. Mettre alors les cuisses de grenouilles, assaisonner. Laisser mijoter 15 min. Lier la sauce avec la crème, ajouter un peu de persil finement haché et un filet de jus de citron.

1 douzaine de cuisses par personne
10 g de farine
50 g de beurre
1 oignon
10 cl de bourgogne blanc
5 cl de crème fraîche
Citron, persil plat
Sel, poivre

141. Cuisses de grenouilles en cassolettes
Recette demandant de la patience
Préparation : 1 h – Cuisson : 15 min

Faire cuire pois gourmands et petits pois 5 min à l'eau bouillante salée. Réserver.
Éplucher et hacher finement l'échalote. Dans une sauteuse, au beurre chaud, saisir les cuisses de grenouilles. Ajouter l'échalote, faire dorer. Déglacer avec le vin blanc, faire réduire à feu moyen. Lorsque les cuisses sont cuites (ce qui est rapide), les sortir de la cuisson, les désosser et remettre les chairs dans la sauce. Ajouter la crème, le vert (76), les pois et les fines herbes. Saler et poivrer.
Donner un bouillon pour bien réchauffer et tenir en cassolettes.

24 cuisses de grenouilles
20 g d'échalote
50 g de beurre
20 cl de vin blanc
300 g de crème fraîche
8 c. à s. de mayonnaise au vert
Fines herbes hachées
100 g de pois gourmands
100 g de petits pois en grains
Sel, poivre

Escargots

142. Escargots
Th. 6 à 7

Faire jeûner les escargots pendant une semaine.
Les laver ensuite soigneusement. Les blanchir pendant 5 min dans de l'eau salée. Sortir chaque escargot de sa coquille. Enlever la partie

noire de la queue. Laver à grande eau, puis faire cuire 2 h dans un court-bouillon au vin blanc, bien assaisonné. Laisser refroidir dans ce court-bouillon. Laver chaque coquille avec soin, les faire égoutter sur une serviette. Préparer la farce.

Introduire un peu de farce dans la coquille; y remettre l'escargot. Boucher avec le même beurre.

Placer les escargots dans un plat spécial et faire bien chauffer pendant 8 min au four.

On trouve très facilement dans le commerce des escargots en conserve, ainsi que des coquilles si l'on veut les présenter avec farce.

143. Farce pour escargots
Préparation : 15 min

Hacher finement ail, échalote, persil, malaxer le tout avec le beurre en assaisonnant en sel et poivre.

60 g de beurre
6 g d'échalote
Ail
10 g de persil plat
Sel, poivre

144. Cassolettes d'escargots au chablis
Préparation : 15 min – Cuisson : 25 min

Hacher finement échalote et ail. Mettre dans une casserole avec le chablis et faire réduire à feu doux pendant 15 min. Ajouter la crème fraîche et laisser réduire à feu doux. Incorporer les escargots égouttés, saler, poivrer et réchauffer très rapidement avant de remplir les cassolettes. Saupoudrer de parmesan et passer au gril pendant 5 min.

90 escargots
20 g d'échalote
8 g d'ail
20 cl de chablis
250 g de crème fraîche
100 g de parmesan râpé
Sel, poivre

Remarque. – On peut varier le plat en ajoutant 100 g de champignons (préparés et coupés en bâtonnets) en début de cuisson, au mélange ail-échalote.

145. Feuilletés d'escargots aux pleurotes

Préparation : 30 min – Cuisson : 30 à 40 min

Pâte feuilletée surgelée (1 paquet)
78 escargots
400 g de pleurotes
50 g de beurre + 250 g
10 g d'ail
10 g d'échalote
25 g de persil plat
10 cl de crème fraîche
Ricard
Fines herbes
1 œuf
Sel, poivre

Étendre la pâte sur une épaisseur de 5 mm. Couper 6 losanges de 6 cm de côté et 6 plus petits qui serviront de couvercles. Dorer la pâte à l'œuf, poser les morceaux sur la plaque à four (th. 6). Surveiller la cuisson et retirer quand la pâte est montée et dorée. Laver et éplucher les pleurotes. Les saisir dans 50 g de beurre bien chaud. Retirer la matière grasse et réserver les champignons. Dans une terrine, travailler les 250 g de beurre en pommade. Y incorporer ail, persil et échalote hachés finement. Ajouter un filet de Ricard en battant énergiquement. Faire bouillir la crème, l'incorporer, toujours en battant, au beurre d'escargot. Dans une casserole, réchauffer avec une noix de beurre les escargots égouttés et les pleurotes. Assaisonner. Placer sur chaque grand losange 10 à 12 escargots nappés de sauce. Recouvrir avec les petits losanges et servir bien chaud.

Préparations additionnelles

Ce sont les marinades, les hachis et les farces qui sont employés en cuisine pour préparer les viandes ou en relever le goût. La duxelles est une préparation réservée aux légumes et destinée à corser une farce ou une sauce.

Marinades

Étymologiquement, mariner un mets serait le faire tremper dans l'eau salée (mer); heureusement on assaisonne autrement une marinade.

146. Marinade instantanée pour petites pièces

Laisser macérer 2 h les morceaux de viande en les retournant souvent.

Pour 10 cl de vin blanc :
Thym
Persil plat
1 c. à s. d'huile
1 citron (jus)
Poivre

147. Marinade cuite, au vin blanc ou rouge

Faire cuire quelques minutes. Laisser refroidir avant de mettre la viande. La conserver dans un endroit frais.

Pour 75 cl de vin :	
5 cl de vinaigre	
40 g de carotte	
50 g d'oignon émincé	
Poivre	
Clous de girofle	
Thym, laurier	
1 gousse d'ail	

148. Marinade crue

Recouvrir le morceau de viande dont on veut modifier le goût par des rondelles de carotte et d'oignon, échalote, ail, clous de girofle, poivre, sel, laurier, thym. Arroser avec le vin blanc, le vinaigre et l'huile. Retourner la viande tous les jours. Elle peut mariner, en hiver surtout, 3 ou 4 jours.

1 litre de vin blanc	
100 g de carotte	
100 g d'oignon	
10 g d'échalote	
6 g d'ail	
20 cl de vinaigre	
2 c. à s. d'huile	
Clous de girofle	
Laurier, thym	
Sel, poivre	

149. Marinade douce

Cette préparation permet d'assaisonner, pendant la cuisson, les viandes jeunes n'ayant pas beaucoup de goût par elles-mêmes : veau, chevreau. Faire un hachis avec le lard, l'oignon, l'échalote, l'ail, le persil, le cerfeuil. Mélanger ce hachis avec huile, vinaigre, sel et poivre.

100 g de lard fumé	
30 g d'oignon	
10 g d'échalote	
3 g d'ail	
1 c. à s. d'huile	
5 cl de vinaigre	
Persil plat, cerfeuil	
Sel, poivre	

Hachis et farces

Pour garnir des pièces de viande, pour leur donner un goût plus prononcé ou même pour préparer des plats spéciaux, on peut faire des farces ou des hachis.

Éléments des farces et des hachis

Restes de viande.
Chair à saucisse.
Mie de pain trempée dans du lait.
Oignon, échalote et ail hachés et cuits au beurre, persil haché, œufs.
Champignons, truffes, cognac si l'on veut.

150. Farce pour volailles : pigeon, poulet, oie

Hacher ensemble : le foie, le cœur, l'estomac. Ajouter de la mie de pain trempée dans du lait chaud et égouttée, des champignons cuits au beurre blanc, du persil, sel, poivre. Si l'on veut augmenter la quantité de farce, mettre un peu de chair à saucisse finement écrasée. Remplir l'intérieur de la volaille.

151. Farce pour dinde

Hacher ensemble au mixeur.

125 g de veau
Le foie de la volaille
60 g de pelures de truffes
125 g de lard frais
500 g de marrons au naturel
Sel, poivre

152. Farce pour faisan

Préparation : 10 min – Cuisson : 20 min

Hacher ensemble au mixeur.

250 g de veau
100 g de porc frais
500 g de marrons au naturel
2 c. à s. de madère
Sel, poivre

153. Farce pour viande

Préparation : 10 min – Cuisson : 20 min

Hacher ensemble.
Pour l'utilisation des restes de viande (boulettes, pâtés, etc.), consulter la fin de chacun des chapitres traitant des viandes.

100 g de lard frais
100 g de viande de porc
Persil plat haché
1 c. à s. de cognac
Sel, poivre

154. Farce pour poisson

Faire cuire le poisson 5 min au court-bouillon. Le parer en enlevant les arêtes et la tête et piler la chair avec la sauce blanche épaisse (18). Assaisonner et ajouter les œufs durs et les pelures de truffe finement hachées.

50 cl de sauce blanche épaisse	
500 g de poisson (de préférence merlan ou colin)	
2 œufs durs	
Pelures de truffes ou champignons cuits au beurre	
Sel, poivre	

Duxelles

155. Duxelles
Farce maigre pour les légumes (tomates, aubergines, artichauts, champignons).

Faire chauffer les corps gras. Y faire blondir les légumes (oignon, échalote et champignons hachés fins). Laisser cuire avec du sel, du poivre et de la noix muscade râpée jusqu'à épaississement ; on peut compléter, afin de donner plus de liant, avec un peu de sauce brune (49) ou 1 c. à s. de chapelure et de la pulpe de tomate. Relever l'assaisonnement selon les goûts, avec ail haché finement et persil plat haché.

30 g de beurre	
1 c. à s. d'huile	
60 g d'oignon	
6 g d'échalote	
125 g de champignons	
Noix muscade râpée	
Sel, poivre	

Court-bouillon

Liquide que l'on a particulièrement bien assaisonné et fait réduire pendant 1 h pour lui donner encore plus d'arôme, et dans lequel on fait cuire les poissons. Ils doivent y baigner complètement. Il faut prévoir le volume d'eau par rapport à la quantité de poisson.

156. Court-bouillon au sel
Pour maquereau, dorade, mulet.

1 litre d'eau	
15 g de sel	

157. Court-bouillon au vinaigre

Pour colin, brochet, carpe.

- 3 litres d'eau
- 20 cl de vinaigre
- 50 g de carotte en rondelles
- 50 g d'oignon
- 1 clou de girofle
- 1 branche de persil plat
- Sel, poivre

158. Court-bouillon au vin blanc

Pour saumon, truite.

- 2 litres d'eau
- 1 litre de vin blanc sec
- 50 g de carotte
- 50 g d'oignon
- Thym
- Laurier
- Persil plat
- Sel, poivre

159. Court-bouillon au vin rouge

Pour brochet, carpe, truite.

- 2 litres d'eau
- 1 litre de vin rouge
- 50 g de carotte
- 50 g d'oignon
- Thym
- Laurier
- Persil plat
- Sel, poivre

160. Court-bouillon au lait

Pour turbot, barbue, sole.

- 3 litres d'eau
- 50 cl de lait
- Citron en rondelles
- Sel, poivre

Le lait

N.B. – Dans nos recettes, les proportions sont établies pour six personnes.

Hygiène. Le lait est un aliment complet, apportant à l'organisme tout ce qui est nécessaire à son entretien :
- une matière azotée : la caséine ;
- un corps gras : la crème ;
- un sucre : le lactose ;
- des substances minérales : sel, calcium, fer (en très faible quantité) ;
- de l'eau ;
- des vitamines du groupe A et des groupes B1, B2 et B12 à condition que le lait ne soit pas stérilisé.

Le lait, de par la variété des éléments qui le composent, est un aliment très complet. Sa consommation régulière, notamment par les jeunes enfants, assure un apport conséquent en calcium, substance indispensable à une croissance harmonieuse ainsi qu'à un bon développement physique et intellectuel.

Point de vue économique. Le lait est un aliment très avantageux sur le plan économique, en regard de sa grande valeur nutritive. Il peut en outre être consommé sous des formes extrêmement variées. Dans beaucoup de potages, on peut ajouter du lait : les purées en sont améliorées.

Les plats de laitage, salés ou sucrés, plaisent souvent à ceux qui n'aiment pas le lait pur.

D'innombrables entremets, principalement les crèmes, ont le lait pour base.

Enfin le lait se marie agréablement avec bien des substances qui en modifient le goût. Chocolat, café, thé au lait constituent des boissons exquises, mais dont il ne faut pas abuser. Caramel, eau de fleur d'oranger, vanille sont au contraire des adjuvants inoffensifs.

Achat. Le lait que l'on trouve le plus couramment est **pasteurisé** selon différents procédés ayant pour objectif de neutraliser la faune microbienne pathogène qu'il contient. Il est conditionné dans des bouteilles en verre ou en plastique ou dans des bricks cartonnées.

On peut avoir recours également :
– au **lait stérilisé U.H.T.**, donnant toutes garanties sur le plan microbien (conservation : 2 à 3 jours dans l'emballage ouvert) mais au détriment de la saveur qui est moins bien préservée que dans le lait frais pasteurisé ;
– au **lait concentré**, sucré ou non. La boîte ouverte doit être conservée refermée au froid pendant 2 à 3 jours au plus ;
– au **lait en poudre** entier ou écrémé, d'un usage très simple parce qu'il se dissout instantanément.

On peut à l'occasion se procurer à la campagne ou chez certains crémiers du **lait cru**, juste refroidi après la traite et conditionné sur place. Il se conserve un temps très bref, à peine 48 h, et les règles les plus élémentaires d'hygiène s'imposent. Ce lait se contamine très rapidement et il est donc prudent de le faire bouillir. Cette opération ne consiste pas simplement dans le fait de voir monter le lait dans la casserole, car alors il n'a pas atteint 100 ºC. Il convient de le laisser cuire un moment pour atteindre cette température. Les vitamines ne sont pas détruites. Seule la vitamine C est atteinte. Après l'ébullition, refroidir rapidement le lait en trempant le récipient dans l'eau froide, par exemple, puis en le maintenant au froid.

Laitages

161. Caillebotte

On appelle caillebotte le lait caillé sous l'influence d'une plante qui varie selon les régions :
– dans le midi de la France, on emploie une branche de figuier fendue en croix et agitée dans le lait bouilli et encore chaud ;
– dans l'Ouest, on emploie les fleurs de chardon sauvage dont quelques grammes mis dans une mousseline sont agités dans le lait cru et chauffé progressivement ;
– dans le Centre, on se sert de préférence des têtes fleuries de la plante appelée vulgairement « caille-lait » *(Galium verum)*.

162. Yaourt

(Utiliser un appareil spécial)
Préparation : 4 à 5 h

| 1,5 litre de lait |
| Ferment lactique |

Faire réduire le lait entier, à feu doux, pour en obtenir finalement 1 litre. Laisser refroidir un peu. Ajouter dans le lait tiède le ferment lactique. Verser dans les petits pots et laisser reposer une demi-journée.

163. Kéfir

Le procédé est le même. Le ferment seul est différent.

164. Lait de poule

Préparation : 5 min

| 50 cl de lait |
| 60 g de sucre en poudre |
| 2 jaunes d'œufs |
| 1 cl à 10 cl d'eau de fleur d'oranger |

1. Battre les jaunes d'œufs dans le lait sucré, préalablement bouilli. Faire chauffer, sans laisser bouillir. Ajouter suivant le goût l'eau de fleur d'oranger.
2. Procéder de la même façon, mais remplacer le lait par de l'eau chaude.

165. Confiture de lait

Cuisson : 2 h

| 2 litres de lait |
| 100 g de sucre en poudre |

Faire réduire des 2/3, à très petit feu, le lait sucré, en remuant souvent pour éviter la formation de la peau. Le lait épaissit et prend une teinte saumonée. Servir glacé, comme entremets.

166. Crème Chantilly

Préparation : 10 min

| 250 g de crème fraîche épaisse allongée avec 10 cl de lait ou 33 cl de crème fleurette |
| Sucre en poudre |
| Extrait de vanille liquide |

Battre la crème bien froide jusqu'à ce que le mélange devienne mousseux, ferme et léger. Sucrer et vaniller à volonté. Veiller à ne pas laisser la préparation trop se réchauffer, la crème pouvant se transformer en beurre.

167. Crème Pompadour
Préparation : 10 min

Préparer une crème fouettée et la sucrer selon le goût. En colorer chaque tiers avec le café, le colorant rouge et le bleu de méthylène. Disposer de manière décorative dans une coupe.

300 g de crème fouettée
Sucre en poudre
1 c. à s. d'extrait de café
Quelques gouttes de colorant rouge
Quelques gouttes de colorant bleu ou de bleu de méthylène

Fromages

Les fromages, fabriqués à partir de la caséine du lait, sont des aliments très azotés. Selon leur mode de préparation, ils contiennent aussi une quantité plus ou moins grande de crème. De ce fait, ce sont des aliments nourrissants (voir tableaux p. 23 et 24).

Les fromages sont comme les fruits : ils ne se dégustent que lorsqu'ils sont mûrs. Cette maturation constitue l'affinage. Celui-ci varie d'un fromage à l'autre et pour un type de fromage d'une saison à l'autre. Il faut savoir acheter un fromage « à point » et le manger « à point ».

Achat. Les fromages portent à la vente des indications que le consommateur doit savoir interpréter : il vaut mieux se fier à ce que porte l'étiquette qu'à l'aspect parfois trompeur. Si l'étiquette porte 50 % e.s. et 40 % m.g., cela signifie que 500 g d'extrait sec, y compris la matière grasse, resteraient sur 1 kg de fromage si on en retirait toute l'humidité. Et les 40 % de matière grasse de ces 500 g représentent par conséquent de façon assurée 200 g de matière grasse pour 1 fromage de 1 kg.

Types de fromages

Fromages frais. Ce sont les fromages non fermentés : brousse, saint-florentin.

Fromages fermentés. On distingue :
- les fromages à pâte molle : brie, coulommiers, livarot, munster, etc. ;
- les fromages à pâte pressée non cuite : reblochon, saint-nectaire, cantal, mimolette ;
- les fromages à pâte pressée cuite : gruyère, emmenthal, parmesan ;
- les fromages à pâtes persillées : bleus, roquefort, fourme ;
- les fromages de chèvre : sainte-maure, picodon, crottin de Chavignol.

À la fin d'un repas déjà copieux, le fromage doit être consommé avec modération. Au contraire, il complétera utilement un repas un peu court. Par sa valeur alimentaire et malgré son prix, le fromage reste un aliment intéressant, moins cher que la viande qu'il remplace avec avantage. Comme condiment, les fromages entrent dans la composition de nombreux plats qu'ils rendent savoureux et plus nourrissants.

168. Fromage à la crème
(4 ou 5 h à l'avance)
Préparation : 10 min

1 litre de lait
125 g de crème fraîche
150 g de sucre en poudre
Présure

1. Faire tiédir le lait à feu doux. Mettre en remuant un morceau de présure gros comme un pois (quelques gouttes si elle est liquide) ou mieux encore un peu de lait caillé de la veille. Laisser prendre le lait, en le conservant pendant plusieurs heures à une température de 25 °C environ. Le mettre dans une mousseline ou un panier d'osier spécial pour le laisser égoutter. Bien mélanger la crème fraîche au fromage avant de servir. Sucrer à volonté.

2. Remplacer la crème par un peu de lait et 1 jaune d'œuf. Faire une pâte bien lisse.

169. Fromage à la crème surfin
(6 h à l'avance)
Préparation : 15 min

3 blancs d'œufs
500 g de fromage blanc en faisselle
50 cl de crème fraîche épaisse

Égoutter le fromage blanc dans une passoire, le mélanger avec la crème fraîche et travailler pendant 10 min.

Battre en neige les blancs d'œufs, les mélanger à la préparation, que l'on verse dans une passoire garnie d'une mousseline propre. Laisser égoutter 6 h. Démouler et servir frais, avec quelques cuillerées de crème fleurette.

170. Boulettes de fromage blanc
Préparation : 10 min – Cuisson : 5 min

350 g de fromage blanc
3 œufs
100 g de farine ou de chapelure
80 g de sucre en poudre
1 c. à c. de bicarbonate

Mélanger le tout ensemble. Travailler pour obtenir une pâte bien lisse. Faire tomber dans la graisse chaude les boulettes roulées d'abord dans la farine ou la chapelure. Les boulettes sont cuites quand une lame de couteau piquée dedans en ressort nette. Saupoudrer de sucre. Servir très chaud.

171. Délicieuses de fromage
Préparation : 10 min – Cuisson : 3 min

4 blancs d'œufs
200 g de gruyère râpé
Chapelure
Persil plat
Poivre
Friture

Monter les blancs en neige très ferme. Mélanger rapidement avec le gruyère râpé. Poivrer. Former sans serrer des boulettes de la grosseur d'un œuf. Rouler dans la chapelure. Jeter dans la friture chaude. Faire dorer. Servir entouré de persil frit (1919).

172. Beignets au fromage
Préparation : 15 min – Cuisson : 6 min

30 cl d'eau
200 g de farine
250 g de gruyère râpé
2 œufs
50 g de beurre
Sel, poivre
Friture

Mettre l'eau sur le feu avec le beurre. Faire bouillir. Jeter alors la farine, tourner, faire une pâte lisse ; compléter avec le gruyère râpé. Laisser refroidir. Ajouter les œufs entiers. Assaisonner. Faire cuire dans la friture, cuillerée par cuillerée (comme les beignets soufflés).

173. Croque-monsieur économique
Préparation : 15 min – Cuisson : 5 min

| 250 g de pain rassis |
| 60 g de gruyère râpé |
| 125 g de beurre |

Couper dans le pain rassis des tranches assez minces et régulières. Les tartiner légèrement de beurre. Saupoudrer de gruyère râpé. Recouvrir chaque tranche d'une autre tranche de pain préparée de la même façon. Bien appuyer pour faire tenir ensemble les deux tranches. Faire dorer dans le beurre chaud de chaque côté pendant 4 min.

174. Croque-monsieur au jambon
Préparation : 15 min – Cuisson : 8 min

| 250 g de pain de mie |
| 60 g de gruyère râpé |
| 85 g de jambon |
| 100 g de beurre |

Couper dans le pain de mie, rassis de préférence et débarrassé de sa croûte, des tranches régulières et assez minces. Les tartiner de beurre ; saupoudrer de gruyère et mettre un morceau de jambon sur les tranches préparées de cette façon. Recouvrir avec une autre tranche beurrée et saupoudrée de gruyère. Ficeler. Faire dorer dans le beurre chaud, 4 min de chaque côté. Pour servir, enlever le fil.

175. Croquettes au fromage
Préparation : 25 min – Cuisson : 5 min

| 90 g de farine |
| 80 g de beurre |
| 50 cl de lait |
| 150 g de gruyère |
| 2 jaunes d'œufs |
| Chapelure |
| Friture |

Faire une sauce béchamel très épaisse avec le beurre, la farine et le lait (21). Ajouter le gruyère et les jaunes d'œufs. Rouler en croquettes, de la taille du pouce, passer dans la chapelure et faire dorer dans la friture.

176. Pains au fromage
Préparation : 30 min – Cuisson : 5 min

200 g de pain rassis
150 g de gruyère
4 œufs
50 cl de sauce blanche
Friture

Faire une sauce blanche (18), mettre le gruyère et 3 œufs. Recouvrir d'un seul côté les tranches de pain de cette sauce (refroidie). Les passer dans l'œuf battu et faire dorer dans la friture.

177. Entrée comtoise
Th. 8
Préparation : 20 min – Cuisson : 25 min

6 croissants rassis
100 g de comté râpé
50 cl de sauce blanche
50 g de beurre

Couper les croissants dans l'épaisseur, en deux parties égales. Creuser chaque moitié et y mettre la sauce blanche bien assaisonnée (18) et mêlée au comté. Parsemer de beurre et faire dorer 25 min à four chaud.

178. Pain perdu au gruyère
Th. 7
Préparation : 20 min – Cuisson : 25 min

200 g de pain rassis
50 cl de lait
3 œufs
100 g de gruyère râpé
50 g de beurre
Sel

Faire bouillir le lait, battre les œufs entiers et les mélanger au lait chaud. Saler.
Couper le pain rassis en tranches minces. Beurrer chaque tranche, puis les tremper dans le lait tiède. Placer les tranches de pain dans un plat à four beurré. Saupoudrer largement de gruyère râpé. Faire gratiner à four chaud 25 min.

179. Gnocchis au fromage
Th. 9
Préparation : 20 min – Cuisson : 20 min

300 g de pâte à choux
125 g de gruyère râpé
60 g de beurre
Sel, poivre

Préparer une pâte à choux (1488). Façonner la pâte en rouleau de la grosseur d'un doigt. Couper en petits morceaux de 1,5 cm de longueur. Tenir en ébullition de l'eau salée. Y plonger les gnocchis et laisser cuire à petit frémissement pendant 10 min. Égoutter. Disposer ces gnocchis dans un plat à four. Saupoudrer de gruyère râpé. Assaisonner. Arroser avec le beurre fondu. Passer à four très chaud, 10 min.

180. Pain bourguignon

Préparation : 15 min – Cuisson : 1 h 45

25 cl de lait
100 g de beurre
70 g de farine
6 œufs
125 g de gruyère râpé
Sel, poivre

Faire avec le beurre, dont on réserve une noix, la farine et le lait, une sauce béchamel (21). Ajouter les œufs l'un après l'autre, puis le gruyère. Assaisonner. Beurrer un moule à savarin, y verser la préparation et faire cuire au bain-marie 1 h 45. Démouler et servir avec sauce tomate ou sauce aux champignons.

181. Bouchées gratinées

Th. 6
Préparation : 10 min – Cuisson : 25 min

25 cl de lait
2 œufs
75 g de jambon blanc
75 g de gruyère râpé
25 g de beurre
Noix muscade
Sel, poivre

Battre les œufs comme pour une omelette. Ajouter le jambon coupé en dés, puis le lait bouillant, petit à petit, sans cesser de remuer le mélange. Assaisonner avec un peu de sel, poivre, une pointe de noix muscade. Beurrer des moules à ramequins, verser la préparation, saupoudrer chaque bouchée de gruyère râpé et faire prendre 25 min à feu doux.

182. Soufflé au fromage

Th. 5 puis 7
Préparation : 25 min – Cuisson : 45 min

100 g de beurre
100 g de farine
50 cl de lait
125 g de gruyère râpé
5 œufs
Sel, poivre

Faire une sauce béchamel très épaisse (21) avec le beurre, la farine et le lait. Ajouter le gruyère râpé. Laisser refroidir. Mettre ensuite les jaunes, les blancs battus ; vérifier l'assaisonnement et faire cuire à four doux (th. 5) pendant 30 min puis th. 7 pendant 15 min dans un plat beurré.

183. Tarte au fromage

Th. 7
Préparation : 20 min – Cuisson : 30 min

200 g de pâte brisée
25 cl de lait
125 g de crème fraîche
125 g de gruyère râpé
3 œufs
Sel, poivre

Faire une pâte brisée (1499). En foncer une tourtière beurrée. Battre ensemble les œufs entiers ;

ajouter le lait, la crème, le gruyère râpé. Assaisonner avec sel et poivre. Verser cette crème sur la pâte. Faire cuire à four chaud pendant 30 min.

184. Tarte au fromage blanc et aux raisins

(Entremets) – Th. 7
Préparation : 30 min – Cuisson : 45 min

Pâte brisée ou sablée
50 g de chapelure
100 g de raisins secs (Corinthe, Smyrne)
1/2 citron
50 g de beurre
500 g de fromage blanc
4 œufs
100 g de crème fraîche
125 g de sucre en poudre
30 g de farine

Préparer une pâte sablée (1454) ou brisée (1499). L'étaler sur la planche puis la disposer dans un moule à tarte ayant des bords assez hauts. Saupoudrer la chapelure et les raisins bien nettoyés sur la pâte. Travailler en crème le beurre avec le sucre. Y incorporer 3 jaunes d'œufs, la farine, le zeste et le jus d'un demi-citron, le fromage blanc et la crème fraîche et terminer en mélangeant soigneusement avec les 4 blancs battus en neige ferme. Verser cet appareil sur la pâte. Dorer avec le dernier jaune d'œuf. Cuire à four moyen pendant 45 min. Se consomme froid.

185. Crottins de Chavignol chauds

Th. 5-7
Préparation : 10 min – Cuisson : 7 à 10 min

6 tranches de pain de mie
3 crottins de Chavignol
6 feuilles de salade au choix

Faire dorer au four chaud les tranches de pain, sur les deux faces.
Préparer la salade (lavée et essorée). Poser une feuille sur chaque assiette.
Couper en deux par le milieu (horizontal) chaque fromage. Les poser sur une plaque et mettre au four sous le gril. Le fromage chauffe et commence à se ramollir. Placer chaque morceau de chèvre sur chaque tranche de pain et disposer sur les feuilles de salade. Servir aussitôt.

Les potages et les soupes

N.B. – Dans nos recettes, les proportions sont établies pour six personnes.

Les potages et les soupes se présentent au début du repas. Sous de multiples aspects : bouillon, purée, crème, consommé, velouté lié ou liquide avec garnitures, ils sont le terrain sur lequel la cuisinière pourra varier le plus facilement les assaisonnements, les associations de légumes ou de viandes pour en faire un mets de fête ou au contraire une entrée familiale.

Les potages et les soupes doivent toujours être servis très chauds, condition essentielle pour permettre aux convives de les apprécier à leur juste valeur.

Les consommés sont parfois servis froids.

QUANTITÉS MOYENNES POUR UNE PERSONNE

Potage	30 à 40 cl
Avec légumes frais	125 g
Avec légumes frais et pâtes	{ 50 g de légumes { 10 g de pâtes
Avec légumes secs	40 g
Sel, par litre	7 g

Une liaison à l'œuf, ou à la farine ou fécule, augmente la consistance du potage et entraîne la réduction des quantités de légumes ou de pâtes.

186. Bouillon gras (pot-au-feu)
Préparation : 25 min – Cuisson : 3 h 30

Mettre dans une marmite la viande avec les os et le sel. Recouvrir avec l'eau froide. Faire bouillir et laisser cuire pendant 15 min. Écumer. À ce moment, mettre les légumes épluchés et lavés. Faire bouillir, puis laisser mijoter à petit feu pendant 3 h. Au moment de servir, dégraisser le bouillon et le verser dans la soupière où se trouvent des tranches de pain grillé au four.

800 g de bœuf
200 g de carottes
125 g de navets
100 g de poireaux
60 g de panais
1 branche de céleri
3 litres d'eau
30 g de sel

187. Consommé
Préparation : 25 min – Cuisson : 4 h

Dans une marmite, mettre dans l'eau froide le bœuf et les abattis.
Porter doucement à ébullition. Écumer. Ajouter les légumes, saler et laisser cuire 3 h 30 à petit feu. Dégraisser le bouillon froid. Le clarifier selon la formule 7. Servir chaud ou froid.

1 kg de bœuf (bas morceaux)
6 abattis de volaille
Légumes pour pot-au-feu (186)
4 litres d'eau
Sel

188. Potage velours
Préparation : 15 min – Cuisson : 15 min

2 litres de bouillon gras
100 g de tapioca
50 g de beurre
1 jaune d'œuf

Faire bouillir le bouillon (186). Verser en pluie le tapioca. Laisser cuire 10 min à petit feu en tournant pour empêcher les grumeaux. Faire, dans une tasse, une liaison avec le jaune d'œuf, le beurre, un peu de soupe chaude. Verser dans la soupière en tournant.

189. Potage mayençais
Préparation : 25 min – Cuisson : 25 min

2 litres de bouillon gras avec viande et légumes
1 kg de pommes de terre
100 g de saucisson cuit
3 œufs durs
10 cl de crème fraîche

Retirer les légumes du pot-au-feu (186), les remplacer par les pommes de terre épluchées. Les faire cuire et les écraser dans le bouillon. Placer dans la soupière le saucisson et les œufs durs coupés en tranches. Verser le potage par-dessus. Passer les légumes ; les réduire en purée en ajoutant la crème. Servir avec le bœuf bouilli.

Potages variés à base de bouillon

190. Potage au vermicelle
Cuisson : 6 min

2 litres de bouillon gras
100 g de vermicelle

Faire cuire le vermicelle pendant 6 min dans le liquide bouillant (186).

191. Potage aux petites pâtes
Cuisson : 8 min

2 litres de bouillon gras
100 g de petites pâtes

Faire cuire 8 min les pâtes dans le liquide en ébullition (186). Écumer avant de servir.

192. Potage à l'aurore
Préparation : 10 min – Cuisson : 15 min

Piler finement les œufs durs et en saupoudrer les croûtons versés dans la soupière. Porter le bouillon (186) à ébullition et y ajouter le madère. Verser sur les croûtons dans la soupière.

- 2 litres de bouillon gras
- 20 cl de madère
- 3 œufs durs
- Croûtons de pain

193. Potage aux macaronis
Cuisson : 20 min

Faire cuire les macaronis à part, 8 min. Les ajouter au bouillon (186) et laisser mijoter encore 8 min. Verser dans la soupière sur le gruyère râpé.

- 180 g de macaronis
- 2 litres de bouillon gras
- 60 g de gruyère râpé

Bouillies au gras

194. Potage à la farine
Préparation : 5 min – Cuisson : 20 min

Délayer dans une tasse avec du bouillon froid (186) la farine. Verser dans le reste du liquide bouillant, en tournant pour éviter les grumeaux. Laisser cuire 20 min. Assaisonner. Au moment de servir, faire une liaison à l'œuf.

- 2 litres de bouillon gras
- 25 g de farine ou de crème d'orge, de riz, d'avoine ou de blé
- 1 jaune d'œuf
- Sel, poivre

195. Potage à la farine grillée
Préparation : 10 min – Cuisson : 20 min

Faire roussir à la poêle 2 c. à c. de farine par personne. Procéder selon la formule 194.

- 2 litres de bouillon gras
- 175 g de farine
- Sel, poivre

196. Potage à la minute
Préparation : 2 min – Cuisson : 15 min

Délayer la farine avec un peu d'eau froide, verser dans un bouillon en ébullition (186), saler et laisser cuire 15 min. Terminer en mettant le beurre froid ou la crème.

- 2 litres de bouillon gras
- 30 g de beurre ou crème fraîche
- 100 g de farine
- Sel

Potages aux herbes

197. Potage au cresson ou potage santé
Préparation : 20 min – Cuisson : 30 min

1,75 litre d'eau
1 botte de cresson
30 g de beurre
75 g de riz
1 jaune d'œuf
Sel, poivre

Laver le cresson. Réserver quelques feuilles pour terminer le potage. Hacher le reste. Mettre dans une casserole le beurre, faire chauffer. Y jeter le cresson, le faire « fondre » à feu doux. Mouiller avec l'eau bouillante. Laisser cuire 10 min. Ajouter le riz lavé. Saler, poivrer. Continuer la cuisson encore 20 min. Au moment de servir, faire une liaison avec le jaune d'œuf et ajouter les feuilles réservées et hachées.

198. Potage à l'oseille
Préparation : 20 min – Cuisson : 30 min

2 litres d'eau
250 g d'oseille
500 g de pommes de terre
30 g de beurre
1 jaune d'œuf
Sel, poivre

Laver, hacher l'oseille. La faire fondre dans le beurre. Arroser avec l'eau froide. Ajouter les pommes de terre épluchées et coupées en morceaux. Assaisonner et laisser cuire à petit feu 30 min. Au moment de servir, passer au mixeur et verser le potage sur un jaune d'œuf battu.

199. Potage au persil ou Choisy
Préparation : 20 min – Cuisson : 30 min

1,75 litre d'eau
100 g de persil plat
1 botte de cresson
30 g de beurre
500 g de pommes de terre
Sel

Bien laver cresson et persil.
Mettre dans l'eau bouillante salée le persil, le cresson épluché et les pommes de terre épluchées et coupées en morceaux. Laisser cuire 30 min à petit feu. Passer au mixeur au moment de servir et verser dans la soupière sur le beurre.
Réserver un peu de persil que l'on hachera finement au moment de servir et que l'on mettra dans la soupière.

200. Potage au cerfeuil

Procéder selon la formule 199, en remplaçant le persil et le cresson par du cerfeuil.

201. Potage aux fanes de radis

Procéder selon la formule 199. Remplacer le cresson et le persil par des fanes de radis. Ajouter 60 g de vermicelle au moment de l'ébullition, 8 min avant de servir.

202. Soupe au pistou
Préparation : 25 min – Cuisson : 40 min

1,75 litre d'eau
150 g de carottes
150 g de navets
60 g d'oignon
100 g de tomate
1 gousse d'ail
1 belle branche de basilic frais ou 1 c. à c. de basilic en poudre
5 cl d'huile d'olive
Sel, poivre

Éplucher carottes, navets, oignon. Les laver et les couper en petites lanières. Faire chauffer la moitié de l'huile dans la casserole et y jeter les légumes. Les faire étuver à feu doux pendant 10 min. Ajouter alors l'eau. Saler, poivrer et faire cuire à douce ébullition pendant 10 min.

D'autre part, couper la tomate lavée en quartiers, les faire revenir dans le reste d'huile avec l'ail. Les verser dans le bouillon de légumes. Prolonger la cuisson pendant 20 min.

10 min avant de servir, mettre le basilic haché finement. Servir bien chaud, avec du gruyère râpé si l'on veut.

203. Potage aux fines herbes
Préparation : 20 min – Cuisson : 50 min

2 litres d'eau
125 g d'oseille
250 g de laitue
60 g de ciboule
60 g de beurre
60 g de tapioca
Sel, poivre

Hacher finement la verdure ; la faire fondre dans 30 g de beurre. Lorsqu'elle est étuvée, arroser avec l'eau et laisser cuire doucement pendant 30 min avec sel et poivre. 20 min avant de servir, verser le tapioca en pluie. Servir dans la soupière avec le reste de beurre.

204. Potage à la liégeoise
Préparation : 20 min – Cuisson : 45 min

2 litres d'eau
2 poireaux
1 branche de céleri
125 g d'oseille
500 g de pommes de terre
200 g de tomates
80 g de beurre
Laurier, cerfeuil
Sel, poivre

Nettoyer et laver les légumes verts, les hacher, les faire revenir dans le beurre chaud. Ajouter l'eau chaude, le laurier, le cerfeuil ; saler et poivrer. Mettre les pommes de terre épluchées au moment de l'ébullition. Faire cuire pendant 30 min. Retirer le laurier, passer le potage et ajouter les tomates en purée.

Potages aux légumes

205. Potage aux asperges
Préparation : 25 min – Cuisson : 45 min

1,5 litre d'eau
500 g d'asperges
90 g de beurre
20 cl de crème ou 2 jaunes d'œufs
Sel

Gratter et couper en dés les queues des asperges. Réserver les pointes. Les faire blanchir pendant 2 min dans l'eau bouillante salée. Égoutter en conservant l'eau de cuisson.

Dans une casserole, faire fondre 60 g de beurre et y joindre les morceaux d'asperges. Laisser étuver pendant 10 min. Arroser avec l'eau de cuisson réservée et laisser cuire doucement pendant 30 min. Passer au mixeur. 10 min avant de servir, ajouter les pointes d'asperges. Dans la soupière, préparer une liaison avec la crème ou les jaunes d'œufs et 30 g de beurre frais.

206. Potage aux carottes ou Purée Crécy
Préparation : 20 min – Cuisson : 1 h

2 litres d'eau
500 g de carottes bien rouges
125 g de navets
500 g de pommes de terre

Couper les légumes, sauf les oignons, en petits morceaux. Les mettre dans l'eau froide et faire cuire doucement pendant 40 min. Saler, poivrer. Passer le tout au mixeur. Ajouter au potage les oignons hachés que l'on a fait cuire au beurre pendant 30 min. Laisser mijoter 20 min et verser dans la soupière sur des croûtons de pain frits dans le beurre.

150 g d'oignons
10 g de beurre
Croûtons de pain
Sel, poivre

207. Potage bonne femme
Préparation : 20 min – Cuisson : 30 min

Éplucher les légumes, les laver, les couper en petits morceaux et les faire revenir dans 50 g de beurre chaud. Ajouter ensuite l'eau bouillante et les aromates. Faire cuire 30 min.
Servir le potage en laissant les morceaux de légumes entiers. Mettre beurre ou crème, à volonté, au moment de servir.

1,5 litre d'eau
250 g de carottes
250 g de poireaux
80 g de beurre
500 g de pommes de terre
Laurier
Girofle
Sel, poivre

208. Potage au céleri ou Crème Maria
Préparation : 15 min – Cuisson : 35 min

1,5 litre de bouillon au choix
1 céleri-rave
60 g de crème de riz
1 jaune d'œuf

Faire cuire dans le bouillon le céleri coupé en tranches, pendant 30 min. Passer au mixeur et porter à ébullition. Ajouter à ce moment la crème de riz délayée à froid et laisser cuire 5 min. Au moment de servir, faire une liaison à l'œuf dans la soupière.

209. Potage aux champignons
Préparation : 30 min – Cuisson : 1 h

1,5 litre d'eau
250 g de champignons
60 g de crème de riz
50 g de beurre
Sel, poivre

Ôtez le bout terreux des champignons, bien les laver et en couper 185 g en fines lamelles. Les faire cuire à l'eau froide pendant 40 min. Passer au mixeur. Remettre sur le feu, porter à ébullition ; ajouter d'une part le reste des champignons hachés étuvés au beurre et d'autre part la crème de riz délayée dans un peu d'eau froide. Saler, poivrer. Cuire encore 10 min. Servir bien chaud.

210. Potage au chou-fleur ou Crème Dubarry
Préparation : 30 min – Cuisson : 30 min

1,5 litre d'eau
1 chou-fleur moyen
30 g de Maïzena
30 g de beurre
2 jaunes d'œufs
Sel

Faire cuire 20 min à l'eau bouillante salée le chou-fleur coupé en bouquets. En réserver quelques-uns très petits que l'on mettra dans la soupière au moment de servir. Passer le reste au mixeur et mélanger la purée avec la Maïzena. Allonger avec l'eau de cuisson. Laisser mijoter 10 min. Au moment de servir, préparer la liaison aux jaunes d'œufs dans la soupière, ajouter le beurre et les bouquets de chou-fleur.

211. Potage au chou rouge
Préparation : 10 min – Cuisson : 40 min

2,25 litres d'eau
1 chou rouge
500 g de pommes de terre
60 g d'oignon
Sel

Ciseler grossièrement un chou rouge. Le faire blanchir dans de l'eau bouillante pendant 10 min. Le mettre dans une casserole, recouvert de l'eau nécessaire chauffée à l'avance, avec les pommes de terre et les oignons. Saler. Laisser mijoter 30 min. Passer au mixeur et ajouter si l'on veut 10 cl de vin de Bordeaux rouge.

212. Potage aux choux de Bruxelles ou Potage belge
Préparation : 20 min – Cuisson : 1 h

1,5 litre d'eau ou de bouillon
500 g de choux de Bruxelles
Croûtons de pain
30 g de farine
50 g de beurre
Sel, poivre

Faire cuire 25 min à l'eau bouillante salée les choux de Bruxelles. Les égoutter. Bien faire chauffer le beurre dans la casserole. Faire sauter les choux de Bruxelles puis les saupoudrer de farine. Verser alors l'eau chaude ou le bouillon. Saler, poivrer. Cuire 30 min. Passer au mixeur. Servir dans la soupière sur des croûtons de pain frits.

213. Soupe aux choux
Préparation : 20 min – Cuisson : 2 h 30

Mettre dans l'eau froide les 2 morceaux de lard et le jarret. Porter à ébullition, écumer et laisser cuire doucement pendant 1 h. Ajouter les légumes épluchés et le chou coupé en deux. Saler, poivrer. Laisser cuire encore 1 h. Ôter les viandes et la moitié des légumes et passer le reste au mixeur. Verser la soupe obtenue sur de fines tranches de pain.

4 litres d'eau
250 g de lard fumé
250 g de lard maigre
500 g de jarret de porc
1 chou moyen
200 g de pommes de terre
200 g de navets
200 g de carottes
50 g d'oignon
Sel, poivre

214. Soupe aux épinards ou Potage florentine
Préparation : 30 min – Cuisson : 45 min

Faire avec le beurre et la farine un roux. Délayer avec l'eau. Faire bouillir 5 min et ajouter les épinards lavés et ciselés, du sel et du poivre. Faire mijoter 30 min et verser sur des croûtons frits au beurre.

2 litres d'eau
500 g d'épinards
40 g de farine
30 g de beurre
Croûtons de pain
Sel, poivre

215. Crème de fèves
Préparation : 20 min – Cuisson : 35 min

Faire cuire les fèves dans l'eau bouillante salée avec 2 branches de sarriette ou à défaut du thym frais. Égoutter les fèves mais garder le liquide de cuisson. Réserver parmi les grains ceux qui sont bien entiers. Réduire en purée le reste, la mettre dans le liquide de cuisson avec la moitié du lait. Délayer la fécule dans le reste de lait froid. Incorporer cette liaison au potage en ébullition. Laisser cuire encore 5 min. Servir le potage bien lié dans lequel on a remis les fèves entières et le beurre.

1,5 litre d'eau
750 g de fèves écossées
30 g de beurre
Sarriette ou thym frais
50 cl de lait
10 g de fécule
Sel

216. Potage aux haricots verts ou Crème mimosa

Préparation : 45 min – Cuisson : 30 min

Faire cuire les haricots dans l'eau salée. Les couper ensuite en fines lanières. Ajouter l'eau de cuisson au bouillon chaud que l'on épaissit avec la crème de riz délayée à froid. Cuire pendant 5 min. Passer à travers une passoire à gros trous les 3 jaunes d'œufs durcis qui tomberont en petites boules dans la soupière. Y ajouter les haricots et verser le bouillon après avoir mis le beurre, et vérifier l'assaisonnement.

1 litre de bouillon
75 cl d'eau
250 g de haricots verts
3 œufs
30 g de crème de riz
30 g de beurre
Sel, poivre

217. Crème de haricots verts

Préparation : 1 h – Cuisson : 30 min

Faire une sauce béchamel (21). Faire blanchir dans de l'eau bouillante les haricots épluchés. Les laisser 10 min. En réserver une bonne poignée pour la garniture du potage et faire cuire le reste dans la béchamel, à petit feu, pendant 20 min. Assaisonner. Passer la préparation au mixeur, allonger avec le bouillon. Verser dans la soupière en faisant une liaison avec la crème et 30 g de beurre, puis ajouter les haricots réservés et coupés en losange.

50 cl de sauce béchamel
1,5 litre de bouillon au choix
400 g de haricots verts
10 cl de crème fraîche
30 g de beurre
Sel, poivre

218. Potage Julienne
Préparation : 45 min – Cuisson : 1 h

Couper les légumes en lanières (carottes, navets, poireaux, céleri, chou, pommes de terre); les recouvrir avec l'eau froide et laisser cuire pendant 40 min. Saler, poivrer. Ajouter les petits pois, du cerfeuil et de la laitue hachés finement. Laisser cuire encore 20 min et servir aussitôt dans la soupière avec le beurre cru.

2 litres d'eau
150 g de carottes
150 g de navets
2 poireaux
100 g de céleri
100 g de chou ciselé
100 de petits pois écossés
1 laitue
Cerfeuil
200 g de pommes de terre
30 g de beurre
Sel, poivre

219. Potage aux navets ou Crème flamande
Préparation : 20 min – Cuisson : 40 min

Mettre dans l'eau froide les légumes coupés en morceaux et le pain. Saler, poivrer. Laisser cuire à petit feu pendant 40 min. Passer au mixeur. Au moment de servir, faire une liaison avec la crème et mettre la poignée de persil haché finement.

1,75 litre d'eau
1 poignée de persil plat
500 g de navets
500 g de pommes de terre
200 g de pain rassis
10 cl de crème fraîche
Sel, poivre

220. Potage aux marrons
Préparation : 35 min – Cuisson : 45 min

Fendre les marrons, les tremper 5 min dans l'eau bouillante pour enlever les deux peaux. Les faire cuire dans le bouillon 30 min. Saler, poivrer. Passer au mixeur. Mettre le beurre, laisser cuire encore 10 min et servir sur des croûtons frits dans le beurre.

2 litres de bouillon au choix
500 g de marrons
60 g de beurre
Croûtons de pain
Sel, poivre

221. Soupe à l'oignon ou Potage parisien

Préparation : 10 min – Cuisson : 20 min

1,5 litre de bouillon au choix
250 g d'oignons
60 g de beurre
80 g de farine
Sel, poivre

Éplucher et émincer les oignons ; les faire revenir dans le beurre chaud jusqu'à ce qu'ils aient pris une belle couleur dorée. Saupoudrer avec la farine, la laisser brunir, arroser avec le bouillon chaud et laisser cuire 10 min. Saler, poivrer. On peut passer la soupe pour enlever les tranches d'oignons et la verser dans la soupière sur des tranches de pain ou mettre dans le bouillon, une fois passé, 50 g de vermicelle.

222. Soupe gratinée
Th. 10

Préparer une soupe à l'oignon (221). La verser dans une soupière allant au four ; saupoudrer de gruyère râpé et faire gratiner 10 min au four vif.

223. Purée d'oignons ou Potage Soubise

Préparation : 20 min – Cuisson : 35 min

1 litre de bouillon au choix
500 g d'oignons
50 g de farine
50 cl de lait
50 g de beurre
1 jaune d'œuf
Sel, poivre

Couper les oignons en tranches et les faire cuire 5 min à l'eau bouillante. Faire fondre 30 g de beurre dans une casserole, y jeter les oignons égouttés et laisser blondir. Saupoudrer de farine, arroser de lait chaud, saler, poivrer et laisser mijoter 20 min. Passer au mixeur, ajouter le bouillon, laisser cuire encore 10 min. Au moment de servir, verser le potage sur une liaison à l'œuf et 20 g de beurre.

224. Potage parmentière

Préparation : 10 min – Cuisson : 45 min

1 kg de pommes de terre
50 g de beurre
100 g d'oignon
Persil plat
1 litre de lait
1 litre d'eau
Sel, poivre

Faire cuire les pommes de terre avec leur peau, les éplucher, les réduire en purée. Faire fondre le beurre et y faire dorer les oignons et le persil hachés. Couvrir, laisser mijoter 15 min. Ajouter la purée de pommes de terre, l'eau chaude et assez de lait pour donner au potage une consistance crémeuse. Saler, poivrer. Cuire encore 10 min avant de servir.

225. Potage au potiron ou Crème d'or
Préparation : 15 min – Cuisson : 30 min

Couper le potiron en dés et le faire cuire à l'eau froide jusqu'au moment où il s'écrase facilement. Le passer au mixeur et ajouter le lait, du sel et du poivre. Cuire encore 5 min. Verser dans la soupière sur le beurre et des croûtons de pain frits.

1,5 kg de potiron
1 litre de lait
1,5 litre d'eau
30 g de beurre
Croûtons de pain
Sel, poivre

226. Potage Aurore
Préparation : 15 min – Cuisson : 45 min

Couper en tranches minces le potiron et les tomates, les faire revenir dans le beurre. Mouiller avec l'eau bouillante, saler, poivrer. Laisser cuire 40 min avec les pommes de terre épluchées. Passer au mixeur. Cuire encore 5 min puis faire, dans la soupière, une liaison avec le jaune d'œuf et la crème.

2 litres d'eau
500 g de potiron
250 g de tomates
60 g de beurre
250 g de pommes de terre
50 g de crème fraîche
1 œuf
Sel, poivre

227. Soupe aux poireaux
Préparation : 20 min – Cuisson : 45 min

Couper en dés les poireaux et les pommes de terre. Recouvrir avec l'eau. Saler, poivrer. Laisser cuire doucement 45 min. Au moment de servir, passer au mixeur, ajouter le lait chaud et verser dans la soupière sur le beurre.
– Procéder comme ci-dessus, mais remplacer les pommes de terre par 100 g de riz lavé avant la cuisson.

1,25 litre d'eau
200 g de poireaux
500 g de pommes de terre
30 g de beurre
50 cl de lait
Sel, poivre

228. Soupe économique
Préparation : 20 min – Cuisson : 10 min

Faire chauffer le bouillon et râper, au-dessus de la casserole, les pommes de terre crues. Faire cuire 10 min. Servir avec le beurre cru. Saler. Poivrer.

500 g de pommes de terre
1,5 litre de bouillon au choix
30 g de beurre
Sel, poivre

229. Potage aux tomates ou portugais
Préparation : 10 min – Cuisson : 30 min

Faire cuire les pommes de terre et les tomates coupées en morceaux dans le bouillon. Au bout de 30 min de cuisson, servir sur des croûtons avec une poignée de cerfeuil haché finement.

1,5 litre de bouillon au choix
250 g de pommes de terre
500 g de tomates
Cerfeuil
Croûtons de pain

230. Potage aux tomates ou italien
Préparation : 10 min – Cuisson : 40 min

Faire fondre le beurre et y mettre à dorer les oignons émincés et les tomates coupées en morceaux. Arroser avec le bouillon chaud, saler, poivrer. Ajouter le riz lavé au préalable et laisser cuire 30 min. Verser dans la soupière sur le gruyère râpé.

2 litres de bouillon au choix
500 g de tomates
150 g d'oignons
50 g de beurre
100 g de riz
60 g de gruyère râpé
Sel, poivre

231. Soupe à l'ail
Préparation : 35 min – Cuisson : 50 min

Faire chauffer dans une casserole 2 c. à s. d'huile et y jeter les tomates coupées, l'ail et l'oignon, avec thym et persil, une pincée de safran, sel et poivre. Laisser mijoter 30 min puis passer au tamis ou au mixeur. Allonger la purée obtenue avec l'eau chaude et réchauffer à feu doux pendant 20 min. Servir dans une soupière avec une liaison à l'œuf sur des croûtons de pain frits à l'huile d'olive.

1,75 cl d'eau
500 g de tomates
15 g d'ail
100 g d'oignon
6 c. à s. d'huile d'olive
1 jaune d'œuf
Thym
Persil plat
Safran
Croûtons de pain
Sel, poivre

232. Potage champenois
Préparation : 25 min – Cuisson : 50 min

Ciseler les poireaux ; les faire fondre dans le beurre chaud ; ajouter les pommes de terre coupées en dés ; arroser avec l'eau, du sel et du poivre et laisser cuire 30 min. Mettre les macaronis, laisser cuire encore 15 min, puis servir dans la soupière sur les tranches de pain saupoudrées de fromage râpé et gratinées au four.

3 litres d'eau
125 g de poireaux
750 g de pommes de terre
125 g de pain
30 g de beurre
30 g de macaronis
50 g de gruyère râpé
Sel, poivre

233. Potage aux pois cassés
(Trempage la veille)
Préparation : 10 min – Cuisson : 2 h 15

Faire tremper les pois dans 1 litre d'eau pendant 1 h. Le lendemain, les faire cuire doucement pendant 2 h avec 1 c. à s. d'oseille hachée dans 2 litres d'eau. Saler. Cuire encore 15 min et servir avec du beurre et des croûtons.

2 litres d'eau
300 g de pois cassés
30 g de beurre
30 g d'oseille
Croûtons de pain
Sel

234. Potage aux petits pois ou Crème Clamart
Préparation : 30 min – Cuisson : 30 min

Faire cuire pendant 30 min les petits pois dans le bouillon. Les passer au tamis et servir avec la crème et des croûtons frits. Saler, poivrer.

1,5 litre de bouillon au choix
750 g de petits pois frais écossés
125 g de crème fraîche
Croûtons de pain
Sel, poivre

235. Potage Saint-Germain
Préparation : 30 min – Cuisson : 40 min

Faire cuire dans 1,5 litre d'eau salée les petits pois, poireaux et laitue ciselés, pendant 40 min. Écraser et servir dans la soupière avec le beurre et une liaison à la crème.

500 g de petits pois écossés
60 g de poireau
1 laitue
60 g de crème fraîche
30 g de beurre
1 jaune d'œuf
Sel

236. Potage à la Faubonne
Préparation : 25 min – Cuisson : 2 h 30

Faire tremper les pois dans l'eau pendant 1 h. Les faire cuire pendant 2 h. Blanchir 5 min dans de l'eau bouillante les petits oignons. Ajouter tous les légumes dans la casserole des pois et laisser cuire pendant encore 30 min. Saler, poivrer. Passer le potage au tamis fin. Le servir sur des petits croûtons frits au beurre.

1,75 cl d'eau
125 g d'oseille
60 g de poireau
100 g de céleri
60 g de petits oignons
350 g de pois cassés
Croûtons de pain
Sel, poivre

237. Potage Combes
Préparation : 10 min – Cuisson : 2 h 20

Faire tremper les pois cassés pendant 1 h. Les faire cuire à l'eau froide à petit feu avec l'oignon. Passer au mixeur et saler. Remettre sur le feu et, au moment de l'ébullition, ajouter le riz rincé à l'eau. Laisser cuire 20 min. Au moment de servir, mettre dans la soupière beurre ou crème.

2 litres d'eau
250 g de pois cassés
1 oignon
4 c. à s. de riz
50 g de beurre
Sel

238. Potage aux haricots rouges ou Potage Condé
Préparation : 10 min – Cuisson : 2 h 30

Faire tremper les haricots dans 1 litre d'eau pendant 1 h. Faire dorer dans du beurre les oignons émincés, les ajouter aux haricots trempés et recouvrir avec l'eau. Laisser cuire 2 h 30. Saler à mi-cuisson. Passer les légumes et verser dans la soupière sur des croûtons. Servir à part le gruyère râpé.

2,5 litres d'eau
800 g de haricots rouges
150 g d'oignons
60 g de gruyère râpé
30 g de beurre
Croûtons de pain
Sel

239. Potage aux haricots rouges et à l'oseille
Procéder selon la formule 238.

Quand les haricots sont écrasés, ajouter 200 g d'oseille hachée et cuite à part au beurre.

240. Potage russe
Préparation : 15 min – Cuisson : 1 h 45

Faire tremper les haricots puis les faire cuire en ajoutant les pommes de terre épluchées et coupées en quartiers. Laisser cuire 1 h 30. Passer au mixeur, saler et ajouter oseille, cerfeuil et laitue hachés finement. Laisser cuire encore 15 min. Mettre dans la soupière 50 g de beurre frais et, si l'on veut, des croûtons frits au beurre.

1,5 litre d'eau
350 g de haricots blancs
250 g de pommes de terre
50 g de beurre
125 g d'oseille
Cerfeuil
Laitue
Sel

241. Coulis aux lentilles
Préparation : 10 min – Cuisson : 1 h

Faire cuire les lentilles pendant 1 h avec les légumes. Remuer fréquemment. Saler, poivrer. Passer au mixeur. Ajouter du bouillon si le coulis est trop épais. S'il est un peu trop liquide, le laisser réduire 10 min.

2,5 litres d'eau
500 g de lentilles
50 g d'oignon
250 g de carottes
Sel, poivre

242. Potage simple au riz
Préparation : 5 min – Cuisson : 25 min

Laver le riz, le mettre dans une casserole avec le beurre. Arroser avec l'eau bouillante salée. Laisser cuire pendant 25 min. Faire, dans la soupière, une liaison avec la crème et les jaunes d'œufs. Verser le potage en tournant.

125 g de riz
1,5 litre d'eau
2 jaunes d'œufs
100 g de crème fraîche
30 g de beurre
Sel

243. Potage au riz
Préparation : 25 min – Cuisson : 55 min

Mettre les légumes épluchés dans une casserole et couvrir d'eau. Laisser bouillir à petit feu pendant 30 min. Saler, poivrer. Passer les légumes au mixeur avec l'eau de cuisson. Verser le riz rincé dans cette purée et faire cuire à petit feu 25 min. Servir avec le beurre frais.

2 litres d'eau
60 g de riz
100 g d'oignon
100 g de carotte
100 g de navet
100 g d'oseille hachée
30 g de beurre
Sel, poivre

244. Potage à la brésilienne

Préparation : 30 min – Cuisson : 40 min

Préparer tous les légumes (sauf les tomates), les éplucher, les laver et les couper en julienne. Faire chauffer le beurre dans une casserole, y mettre les légumes, le sel et le poivre, et faire cuire à l'étuvée pendant 30 min. Ajouter les tomates pelées, épépinées et coupées en petits cubes. Mouiller avec le consommé (187), laisser cuire 10 min puis lier le potage avec 3 c. à s. de purée de haricots secs. Mettre dans la soupière le riz cuit à la créole (1163) et y verser le potage.

100 g de carotte
100 g de navet
200 g de tomates
60 g d'oignon
50 g de beurre
100 g de poireau
40 g de céleri
60 g de riz
3 c. à s. de haricots secs (noirs si possible)
1,5 litre de consommé
Sel, poivre

245. Consommé impérial

Préparation : 10 min – Cuisson : 10 min

Préparer un consommé (187). Faire cuire pendant 5 à 8 min le tapioca jeté en pluie dans le consommé en ébullition.
Mettre dans la soupière les petits pois cuits et des feuilles de cerfeuil. Verser le bouillon sur cette garniture et servir bien chaud.

1,5 litre de consommé
80 g de tapioca
4 c. à s. de petits pois
Cerfeuil

246. Petite marmite

Préparation : 25 min – Cuisson : 40 min

Éplucher et laver tous les légumes. Tourner carottes et navets avec un appareil spécial pour obtenir de petites boules. Couper le blanc de poireau en petits dés, les feuilles de chou en fines lanières. Mettre le beurre dans une casserole et y faire étuver tous les petits légumes pendant 30 min. Saler, poivrer. Mouiller ensuite avec le consommé (187) et laisser cuire encore 5 min. Mettre dans chaque petite marmite quelques petits dés de chair de bœuf et de volaille. Et recouvrir de potage. Répartir également les légumes. Servir à part les tranches de pain.

1,5 litre de consommé
100 g de carotte
100 g de navet
100 g de poireau
100 g de chou
60 g de beurre
100 g de chair de volaille
100 g de chair de bœuf
18 à 20 petites tranches de pain grillé
Sel, poivre

247. Potage ox-tail ou queues de bœuf

Préparation : 40 min – Cuisson : 3 h 10

1,5 litre de bouillon gras
3 queues de bœuf
30 g de purée de tomates
6 cl de madère
125 g de quenelles de veau
Sel, poivre

Faire un bouillon avec les ingrédients donnés pour la formule 186 en ajoutant les queues de bœuf coupées en tronçons. Saler, poivrer et laisser cuire 3 h. Filtrer le bouillon. Le réchauffer et ajouter le madère, la purée de tomates et les quenelles de veau (125) coupées en petits dés. Laisser mijoter 10 min.

248. Potage à la bisque d'écrevisses

Préparation : 1 h – Cuisson : 25 min

1,5 l de consommé
18 écrevisses
75 g de riz
50 g de beurre
100 g de crème fraîche
10 cl de vin blanc
5 cl de cognac
30 g de carotte
30 g d'oignon
Persil
Thym
Laurier
Sel, poivre

Châtrer les écrevisses. Faire fondre le beurre dans une sauteuse, y faire rissoler la carotte et l'oignon coupés finement, le persil, le thym et le laurier. Mettre les écrevisses. Cuire à feu vif. Ajouter le cognac flambé, le vin blanc, assaisonner. Couvrir et laisser cuire 12 min environ. Cuire le riz bien lavé à l'eau ou, mieux, au bouillon. Éplucher les écrevisses. Réserver les queues. Piler ensuite le mélange de légumes cuits au beurre, les carapaces d'écrevisses, le riz. Ajouter l'eau de cuisson. Ajouter cette purée au consommé (187) bien chaud. Servir avec les queues d'écrevisses coupées en dés et la crème.

249. Potage à la bisque de homard

Préparation : 1 h 30 min – Cuisson : 55 min

1,5 litre de bouillon au choix
1 homard
2 jaunes d'œufs
90 g de beurre
50 g de crème de riz
10 cl de crème fraîche

Faire cuire le homard (voir p. 244). Recueillir la chair de la queue et des pinces. Piler au mortier la tête et la carapace au-dessus d'un tamis. Mélanger cette pâte à la moitié de la chair hachée finement. Faire fondre 60 g de beurre dans une casserole, ajouter

Les potages et les soupes **163**

la crème de riz, laisser cuire en tournant. Arroser avec le bouillon et laisser épaissir. Ajouter la crème tiède et la pâte de homard. Faire une liaison avec les jaunes d'œufs et le beurre restant. Ajouter, au moment de servir, la chair de homard coupée en petits dés.

250. Velouté de poisson
Préparation : 30 min – Cuisson : 35 min

1 kg de poisson blanc (dont 1 sole)
10 cl de vin blanc sec
2,5 litres d'eau
100 g d'oignon
Fenouil
2 clous de girofle
Sel, poivre
2 jaunes d'œufs
Pour la garniture :
100 g de quenelles de poisson
3 queues d'écrevisses cuites et les filets de la sole indiquée plus haut

Préparer les poissons. Les vider, les nettoyer. Lever les filets de la sole, les réserver et utiliser l'arête pour préparer le bouillon. Couper les autres poissons en tronçons. Les mettre dans une casserole avec vin blanc, eau, assaisonnement et oignons émincés. Porter doucement à ébullition et faire mijoter ensuite pendant 25 à 30 min. Passer le tout au chinois pour ne recueillir qu'un bouillon dans lequel on fait pocher les filets de sole pendant 3 min. Égoutter. Cuire les quenelles (125). Préparer la garniture : couper en julienne les filets de sole, tailler les queues d'écrevisses décortiquées en petites lamelles. Couper les quenelles en petits dés. Chauffer le potage, faire avec les 2 jaunes d'œufs une liaison. Mettre au dernier moment, dans le velouté, tous les éléments de garniture. Servir aussitôt.

Remarque. – Utiliser la chair du poisson pour faire le lendemain des rissoles ou un pain de poisson.

251. Potage à la dieppoise
Préparation : 30 min – Cuisson : 30 min

1 litre de moules
1,5 litre de bouillon de poisson
50 g de beurre
125 g de champignons
125 g de blancs de poireaux
100 g de crevettes
1 œuf
5 cl de crème fraîche
Sel, poivre

Cuire les moules (505).
Préparer un bouillon de poisson pas trop salé (250). Éplucher les poireaux et bien laver les champignons, hacher séparément. Faire fondre le beurre dans une casserole. Y faire fondre le blanc de poireaux et les champignons. Mouiller avec le bouillon de poisson. Cuire à feu régulier pendant 20 min. Passer pour recueillir seulement

252. Crème marine
Préparation : 45 min – Cuisson : 20 min

1 litre de moules
12 huîtres
125 g de champignons
2 jaunes d'œufs
1 citron (jus)
Thym
Laurier
Poivre

Nettoyer les moules et les préparer suivant la formule 505. Lorsqu'elles sont cuites, les enlever de leur coquille et réserver l'eau de cuisson. Écailler les huîtres, recueillir leur eau et les y faire cuire 3 min (ébullition) avec le jus du citron et du poivre. Réserver l'eau de cuisson. Il faut 1,5 litre de liquide. Allonger l'eau de cuisson des moules et des huîtres avec de l'eau. Ajouter les champignons épluchés et coupés en minces filets, du thym, du laurier, et cuire 15 min. Faire dans la soupière une liaison avec les jaunes d'œufs et ajouter les moules et les huîtres.

253. Crème légère aux moules et aux coques
Préparation : 30 min – Cuisson : 20 min

1 boîte 1/2 de bisque de homard
125 g de crème épaisse
125 g de crème fouettée
1 kg de moules
1 kg de coques
1 pincée de pistils de safran

Préparer la bisque de homard en ajoutant l'eau nécessaire (voir mode d'emploi sur la boîte). Porter à ébullition, ajouter la crème épaisse et laisser mijoter pendant 10 min. Pendant ce temps, laver moules et coques. Les faire ouvrir à chaud (505) dans une sauteuse. Égoutter. Garder le jus et le passer au chinois. Enlever les mollusques de leur coquille et réserver au chaud. Ajouter au potage la crème fouettée, le jus filtré et le safran.

Dans les assiettes creuses, bien chaudes, répartir les moules et les coques et recouvrir de potage.

254. Potage du pêcheur
Préparation : 25 min – Cuisson : 1 h

1,5 litre d'eau
60 g de poireau
50 g d'oignon et d'ail
125 g de tomates
10 étrilles ou 2 tourteaux
80 g de crème fraîche
40 g de crème de riz
Huile
Thym
Laurier
Sel

Faire revenir à l'huile chaude les légumes hachés finement. Ajouter ensuite les tomates en morceaux, les aromates et l'eau chaude. Au bout de 20 min, plonger les crabes et laisser bouillir 30 min. Assaisonner. Passer le mélange et verser dans le jus de cuisson bouillant la crème de riz délayée dans de l'eau froide. Décortiquez les crabes et couper la chair en dés. Au bout de 10 min, ajouter la chair et la crème. Servir aussitôt.

255. Nage des pêcheurs
Préparation : 25 min – Cuisson : 1 h

2 litres de fumet de poisson
50 g de beurre
30 g d'oignon
100 g de carotte
100 g de poireau
20 g de gingembre
10 cl de vin blanc sec
3 oranges (jus)
1 bouquet garni
1 kg de moules
1 kg de coques

Préparer le fumet de poisson (9). Laver moules et coques. Les faire ouvrir à chaud, dans une grande casserole. Réserver le jus des coquillages et le passer à l'étamine ou au chinois. Décoquiller les mollusques. On les réchauffera au dernier moment.

Couper en julienne le gingembre pelé, les légumes épluchés et lavés. Mettre le beurre dans une grande casserole. Y faire suer les légumes. Déglacer avec le vin blanc. Ajouter le jus des oranges, le fumet de poisson, le jus des coquillages et le bouquet garni. Couvrir et laisser bouillir à petit feu pendant 30 à 40 min.

Au moment de servir bien chaud dans des assiettes creuses, ajouter les moules et les coques pour les réchauffer.

Remarque. – Pour corser le bouillon, et si l'on a quelques carcasses de langoustines, les mettre à cuire avec les légumes. Retirer au moment de servir.

256. Soupe de poissons
Préparation : 25 min – Cuisson : 40 min

Faire cuire dans 1 litre d'eau les têtes des poissons utilisés pour le plat de résistance (merlans, dorades, rougets) avec l'oignon et l'ail. Faire avec le beurre et la farine un roux blanc ; arroser avec l'eau de cuisson du poisson et ajouter encore 50 cl de lait. Saler, poivrer et laisser cuire 20 min. Servir, avec une liaison à la crème sur des tranches de pain grillé frotté à l'ail.
On peut, si l'on veut, faire pocher 2 min dans l'eau bouillante 12 huîtres et les ajouter au potage, au moment de servir. Dans ce cas, supprimer le pain.

Têtes de poissons
50 cl de lait
1 litre d'eau
20 cl de crème fraîche
30 g de beurre
40 g de farine
60 g d'oignon
6 g d'ail
Tranches de pain
Sel, poivre

257. Panade
Préparation : 5 min – Cuisson : 1 h 15

Mettre dans l'eau froide des morceaux de pain rassis, les laisser cuire 1 h à petit feu. Écraser complètement le pain pour donner au potage une consistance très lisse. Ajouter du lait ou de la crème à volonté, saler. Il est impossible de déterminer exactement le poids du pain et la quantité de liquide, celle-ci variant selon le pain et son degré de sécheresse.

250 g environ de pain rassis
2 litres d'eau environ
20 g de sel

258. Potage à la Monaco
Préparation : 15 min – Cuisson : 10 min

Faire griller au beurre 18 petits carrés de pain blanc de 3 cm × 3 cm. Les saupoudrer de sucre des deux côtés, les placer dans la soupière et verser dessus 1 litre de lait sucré bouillant. Délayer les jaunes d'œufs pour faire une liaison et l'ajouter au moment de servir.

6 tranches de pain de mie
1 litre de lait
100 g de sucre en poudre
2 jaunes d'œufs
Beurre

259. Soupe au lait

Faire griller au beurre des tranches de pain. Les placer dans la soupière et verser dessus le lait bouillant salé. Servir chaud.

1,5 litre de lait
18 tranches minces de pain
100 g de beurre
Sel

Les œufs

N.B. – Dans nos recettes, les proportions sont établies pour six personnes.

A liment précieux par sa grande digestibilité (s'il n'est pas associé à trop de matière grasse) et la richesse des substances qui le constituent (vitamines A, B, D et E, fer et soufre), l'œuf est un aliment qu'il est impératif de consommer parfaitement frais. Si la date du jour de ponte n'est pas inscrite directement sur la coquille, on peut se fier aux indications mentionnées sur l'emballage. La mention « extra-frais » (en blanc sur une bande rouge) garantit que les œufs n'ont subi aucun traitement de conservation et qu'ils ont moins de 11 jours. Ils se conservent alors 3 semaines dans la partie la moins froide du réfrigérateur. Au-delà de ces onze jours, l'œuf passe en classe A puis B et enfin C. Les œufs sont en outre calibrés : leur poids figurant sur l'emballage peut s'échelonner de 45 g à 70 g et plus. Le calibre le plus courant correspond à 60 g environ.

Il est préférable de sortir les œufs du réfrigérateur 2 à 3 h avant l'emploi.

260. Œufs à la coque
Cuisson : 2 à 3 min

1. Plonger doucement les œufs dans l'eau bouillante. Laisser cuire 2 min, 3 au maximum, et retirer rapidement.
2. Plonger doucement les œufs dans l'eau bouillante salée, couvrir, retirer du feu. Au bout de 4 à 5 min, les œufs sont cuits.
3. Mettre les œufs dans l'eau froide, placer sur le feu. Au moment où l'eau bout, les œufs sont cuits. Il faut, dans ce cas, un volume d'eau qui soit proportionné exactement au nombre d'œufs.

Les œufs à la coque se servent sous une enveloppe de flanelle, avec du sel fin et du beurre.

261. Œufs mollets
Cuisson : 5 min

Plonger doucement les œufs dans l'eau bouillante salée. Laisser bouillir 5 min. Plonger dans l'eau froide. Écaler. Servir avec des légumes ou une sauce.

262. Œufs durs
Cuisson : 10 min

Procéder comme pour les œufs à la coque, laisser l'ébullition se prolonger 10 min. Saler fortement l'eau pour empêcher les coquilles d'éclater. Si l'on veut obtenir des œufs durs dont le jaune reste bien au centre du blanc, les mettre dans l'eau bouillante et les retourner constamment pendant quelques minutes. Pour écaler facilement les œufs durs, les arroser d'eau froide après cuisson. On en garnit salade, macédoine et poissons froids.

263. Œufs durs ou mollets en sauce

Les œufs durs, coupés en deux dans le sens de la longueur, et les œufs mollets entiers se servent nappés de différentes sauces.

Servir chaud avec :

sauce blanche (18),
- **béchamel** (21),
- **mornay** (23),
- **tomate** (38),
- **Robert** (57).

264. Œufs durs mayonnaise

Les œufs durs, écalés, sont coupés en deux ou en rondelles lorsqu'ils sont refroidis, puis nappés de mayonnaise (72) et décorés de feuilles de salade, de câpres, de rondelles de tomates.

En garniture :

Salades (froid).

Poissons froids (froid).

Macédoines (froid).

Épinards ou salade cuite (chaud).

265. Œufs durs épinards

Les œufs durcis sont coupés chauds en deux dans le sens de la longueur et disposés sur des épinards cuits.

266. Œufs durs en salade

Les œufs durs coupés en dés lorsqu'ils sont écalés et refroidis s'assaisonnent avec une vinaigrette (63) ou une sauce ravigote (36). Ils peuvent s'accompagner :
- de câpres, de cornichons, etc. ;
- de tomates coupées en tranches ;
- de concombres dégorgés ;
- de restes de bœuf bouilli ;
- de filets de harengs ;
- de filets d'anchois, etc.

267. Œufs mimosa (plat froid)
Préparation : 30 min – Cuisson : 10 min

6 œufs
Sel, poivre
Mayonnaise

Faire durcir les œufs. Les écaler et les couper en deux, dans le sens de la longueur. Enlever soigneusement les jaunes. En incorporer 4 (écrasés) à la mayonnaise. Dresser les blancs sur un plat, les remplir de mayonnaise (72) et les couvrir avec les jaunes restants passés dans une passoire à gros trous. Garnir de persil haché.

268. Œufs farcis au maigre (plat chaud)
Th. 8
Préparation : 20 min – Cuisson : 20 min

6 œufs
25 g de mie de pain
5 cl de lait
Fines herbes
15 g de beurre
Sel, poivre

Faire durcir les œufs, les écaler et les couper en deux dans le sens de la longueur ; retirer les jaunes sans abîmer les blancs.

Faire étuver les fines herbes au beurre pendant 10 min, les hacher, les mélanger avec les jaunes, la mie de pain trempée dans le lait, du sel et du poivre. Piler le tout ensemble.

Remplir les blancs de cette farce qu'on arrondit en dôme. Disposer dans un plat.

Napper d'une sauce blanche (18) ou d'une béchamel (21), passer au four chaud pendant 10 min.

On peut opérer de même avec une farce parfumée aux truffes, aux crevettes, aux champignons.

269. Œufs farcis aux anchois
Th. 10
Préparation : 35 min – Cuisson : 15 min

6 œufs
6 filets d'anchois
30 g de beurre
1 citron (jus)
5 c. à s. de crème fraîche
Persil plat
Sel, poivre

Faire durcir les œufs, les écaler, les couper dans le sens de la longueur. Retirer les jaunes et les piler avec les filets d'anchois, du persil haché, du sel et du poivre. Quand la pâte est homogène, la mouiller avec très peu de jus de citron et garnir les blancs. Ranger les œufs dans un plat à four beurré, napper avec la crème et faire gratiner à four vif.

270. Œufs à la royale
Préparation : 15 min – Cuisson : 20 min

Faire durcir les œufs. Écaler les œufs et les couper en deux dans le sens de la longueur. Enlever les jaunes. Confectionner une sauce béchamel (21) avec la farine, le beurre, le lait, du sel, du poivre et de la noix muscade. Disposer en couronne les demi-blancs sur un plat et garnir le centre avec les jaunes passés au tamis. Les napper de béchamel. Verser le coulis de tomate chaud sur les blancs et servir bien chaud.

6 œufs
100 g de coulis de tomate
25 g de farine
50 g de beurre
20 cl de lait
Noix muscade râpée
Sel, poivre

271. Œufs bruxellois
Th. 9
Préparation : 40 min – Cuisson : 35 min

Faire cuire les choux à l'eau bouillante salée. Les égoutter, les tamiser finement. Ajouter la moitié du gruyère, en garnir un plat à four beurré. Hacher grossièrement les œufs durs écalés. Préparer une béchamel (21) épaisse avec le reste du beurre, la farine, le lait. Assaisonner, ajouter un peu de noix muscade râpée. Mélanger les œufs et la béchamel, verser sur les choux. Saupoudrer avec le gruyère et faire gratiner 10 min à four vif.

3 œufs
500 g de choux de Bruxelles
50 g de beurre
30 g de farine
100 g de gruyère râpé
50 cl de lait
Noix muscade râpée
Sel, poivre

272. Œufs à la tripe
Préparation : 15 min – Cuisson : 30 min

Préparer un roux blond (37) avec le beurre, les oignons et la farine. Mouiller avec le bouillon. Faire durcir les œufs, les écaler et les couper en rondelles épaisses. Les ajouter à la préparation, assaisonner ; laisser mijoter 20 min.

6 œufs
30 g de beurre
2 oignons moyens
20 g de farine
25 cl de bouillon au choix
Sel, poivre

273. Œufs à l'italienne

Th. 9
Préparation : 15 min – Cuisson : 30 min

6 œufs
100 g de sauce tomate
150 g de pâtes (rubans, petits macaronis)
30 g de beurre
50 g de gruyère râpé
Chapelure
Sel, poivre

Faire durcir les œufs, les écaler. Les couper en tranches épaisses. Faire cuire 12 min les pâtes à l'eau bouillante salée, les égoutter, les disposer en couronne dans un plat à four beurré. Garnir le centre avec les œufs. Napper le tout avec la sauce tomate (38), saupoudrer de fromage râpé et de chapelure. Assaisonner, faire dorer à four vif 10 min.

274. Œufs Cendrillon (plat froid)

Préparation : 25 min – Cuisson : 10 min

6 œufs
125 g de purée de foie gras
125 g de jambon maigre
25 g de beurre
75 g de crème fraîche
Sel, poivre

Faire durcir les œufs. Les écaler. Laisser refroidir. Retirer les jaunes. Hacher finement le jambon, le piler avec le foie gras, la crème, le beurre. Saler et poivrer. Garnir les blancs d'œufs avec cette farce. Disposer les œufs sur un plat, passer au-dessus les jaunes dans une passoire à gros trous.

Remarque. – On peut décorer les œufs avec de la gelée hachée.

275. Œufs aux truffes

Th. 9
Préparation : 20 min – Cuisson : 15 min

6 œufs
200 g de crème double
1 verre à liqueur de cognac
80 g de truffes
50 g de beurre
Noix muscade râpée
Sel, poivre

Faire durcir les œufs. Les écaler. Les couper en deux dans le sens de la longueur. Retirer les jaunes et les passer au tamis. Faire mijoter 10 min la crème avec le cognac, les épices et les truffes écrasées ; ajouter les jaunes à cette préparation, hors du feu. Travailler cette pâte quelques minutes. Remplir les blancs d'œufs de cette farce et les dresser sur un plat beurré, en garnissant avec le reste de la farce. Arroser de beurre fondu. Gratiner 5 min au four.

276. Œufs Chimay

Th. 9
Préparation : 25 min – Cuisson : 25 min

6 œufs
150 g de duxelles
50 cl de sauce mornay
Persil plat
50 g de gruyère râpé
Beurre
Sel, poivre

Faire durcir les œufs. Les écaler. Les partager en deux dans le sens de la longueur, retirer les jaunes. Piler en ajoutant la duxelles (155), 1 c. à s. de sauce mornay (23), du persil. Assaisonner. Farcir les blancs de cette pâte, les dresser sur un plat à four beurré, napper du reste de la sauce. Saupoudrer de fromage râpé et dorer à four vif.

277. Œufs à l'aurore

Th. 8
Préparation : 15 min – Cuisson : 25 min

6 œufs
Pour la béchamel :
20 g de farine
25 cl de lait
50 g de beurre
30 g de gruyère
Sel, poivre

Préparer une béchamel au fromage (21). Faire durcir les œufs. Les écaler. Hacher les blancs et les mélanger à la sauce béchamel. Assaisonner. Disposer par couches alternées dans des moules à ramequins beurrés, la sauce et les jaunes finement tamisés. Finir par une couche de jaunes. Passer au four vif pendant 15 min.

278. Œufs à la napolitaine

Th. 9
Préparation : 10 min – Cuisson : 35 min

6 œufs
150 g de riz
75 g de gruyère râpé
Fines herbes
Beurre
Sel, poivre

Faire durcir les œufs. Les écaler. Les couper en deux dans le sens de la longueur. Faire cuire le riz 20 min à l'eau bouillante salée. Mélanger le riz avec la moitié du gruyère râpé, en garnir un plat à four beurré. Disposer dessus les œufs coupés, saupoudrer avec le reste du fromage, décorer avec les fines herbes. Placer dessus de petits morceaux de beurre et faire dorer 5 min à four vif. Ne pas prolonger la cuisson qui abîmerait les blancs.

279. Œufs basquaise
Th. 9
Préparation : 25 min – Cuisson : 35 min

6 œufs
125 g de champignons
125 g de crevettes bouquet
75 g de beurre
25 g de farine
Fines herbes
1 citron (jus)
Sel, poivre

Faire durcir les œufs. Décortiquer les crevettes et réserver les parures. Ôter le bout terreux des champignons, les laver et les couper. Les faire cuire pendant 10 min dans un peu d'eau avec le jus du citron et la moitié du beurre. Ôter les champignons et mettre à la place les parures de crevettes. Laisser bouillir 10 min et filtrer. Avec ce jus, le beurre et la farine, préparer une sauce blanche (18) assez fluide. Pendant sa cuisson, écaler les œufs durs, les couper en deux dans le sens de la longueur, préparer une farce en pilant ensemble les crevettes, les jaunes, les champignons, les fines herbes, du sel et du poivre. En garnir chaque blanc. Ranger dans un plat creux et verser la sauce blanche sur le tout. Passer au four chaud 5 min.

280. Œufs Guitte (plat froid)
Th. 6
Préparation : 5 min – Cuisson : 15 min

6 œufs
30 g de beurre
Fines herbes
25 cl de mayonnaise
Sel, poivre

Beurrer 6 petits moules à ramequins.
Dans chacun, casser soigneusement un œuf très frais. Assaisonner.
Placer les 6 moules dans un récipient plein d'eau chaude et mettre le tout à four chaud, environ 15 min.
Quand les œufs sont durcis, laisser refroidir, démouler sur un plat ovale, déposer sur chaque œuf 1 c. à c. de mayonnaise ferme (72). Entourer le plat d'un cordon de cette même sauce, garnir le tout de fines herbes hachées.

281. Œufs à la tsarine

Th. 8
Préparation : 20 min – Cuisson : 40 min

6 œufs
3 belles tomates
1 oignon
60 g de champignons
50 g de beurre
50 cl de sauce béchamel ou hollandaise
1 bouquet garni
Sel, poivre

Faire durcir les œufs, les écaler, les garder dans l'eau chaude. Faire fondre les tomates à feu doux dans 20 g de beurre, pendant 20 min, avec sel, poivre, oignon, bouquet garni. Passer le tout au mixeur. Faire blanchir 5 min les champignons à l'eau salée. Égoutter, hacher, mélanger à la purée de tomates. Ajouter le reste de beurre. Couper les œufs en deux dans le sens de la longueur. Retirer les jaunes, mélanger à la sauce. Assaisonner et farcir de cette pâte les blancs d'œufs. Dans un plat à four, dresser les œufs et glisser dessous la sauce hollandaise (82) ou béchamel (21) : dans ce cas, gratiner 10 min au four, en posant le plat sur une grille.

282. Œufs à la turque

Préparation : 25 min – Cuisson : 15 min

6 œufs
2 gros oignons
50 g de beurre
15 g de farine
10 cl de vin blanc
10 cl de fond de veau
1 bouquet garni
Sel, poivre

Faire durcir les œufs et les écaler. Séparer les jaunes des blancs. Faire fondre les oignons dans le beurre avec sel, poivre, bouquet garni. Ajouter la farine en pluie, mouiller avec le vin blanc et le fond de veau. Assaisonner. Couper les blancs en filets minces dans cette préparation, ajouter les jaunes entiers. Servir sans laisser bouillir.

283. Œufs pochés

Pour 6 œufs :
3 litres d'eau
6 œufs
3 c. à s. de vinaigre

Utiliser des œufs très frais. Préparer une casserole contenant une quantité d'eau correspondant au nombre d'œufs à cuire.
Faire bouillir l'eau avec le vinaigre. À ce moment, casser la coquille de l'œuf en le laissant glisser dans l'eau, juste à son niveau.
Ramener, si nécessaire, le blanc sur le jaune. Continuer avec les autres œufs. Laisser frémir à feu doux et compter 3 min 30 pour pocher les œufs.

Retirer avec une louche à trous ou une écumoire du liquide de cuisson. Les égoutter sur un torchon propre, puis les disposer sur un plat et napper avec une sauce à volonté.

Remarque. – On peut maintenir au chaud les œufs pochés, en attendant le moment de les servir, à condition de les mettre dans une terrine contenant de l'eau chaude salée à 5 g par litre.

284. Œufs pochés en sauce

Œufs pochés à la **sauce blanche** (18).
– **béchamel** (21).
– **Robert** (57).
– **tomate** (38).
– **piquante** (50).
– au **beurre noir** (14)

285. Œufs pochés à la mornay

Th. 8
Préparation : 25 min – Cuisson : 30 min

Placer les œufs pochés (283) dans un plat à four beurré, garni d'une couche de sauce mornay (23). Napper avec le reste de la sauce. Faire cuire 10 min à feu vif.

6 œufs	
50 cl de lait	
60 g de gruyère	
40 g de beurre	
25 g de farine	

286. Tartines strasbourgeoises

Préparation : 15 min – Cuisson : 5 min

Faire frire les tranches de pain quelques minutes dans le beurre, des deux côtés. En garnir un plat. Disposer sur chacun une belle tranche de foie gras, y placer un œuf poché (283). Napper de sauce Périgueux (54). Servir immédiatement, décoré de truffes.

6 œufs	
6 tranches de pain de mie	
1 petite terrine de foie gras	
125 g de beurre	
50 cl de sauce Périgueux	
Truffes à volonté	

287. Œufs au nid

Préparation : 1 h – Cuisson : 45 min

Faire cuire les artichauts de 30 à 45 min à l'eau bouillante salée. Retirer les feuilles, le foin, et

6 œufs	
6 artichauts	
50 cl de sauce bordelaise	
Sel	

disposer les fonds dans un plat. Sur chacun, placer un œuf poché (283) et glisser dessous une sauce bordelaise (43).

288. Œufs pochés aux pointes d'asperges
Préparation : 15 min – Cuisson : 20 min

- 6 œufs
- 18 asperges
- 60 g de crème fraîche
- 20 g de beurre
- Sel, poivre

Pocher les œufs et les maintenir au chaud (283). Cuire les pointes d'asperges pendant 10 min dans l'eau bouillante salée. Égoutter. Mettre dans une casserole la crème, le beurre et les pointes d'asperges. Laisser mijoter pendant 10 min. Assaisonner. Égoutter les œufs, les mettre sur le plat et napper avec la préparation.

289. Œufs pochés aux champignons
Préparation : 15 min – Cuisson : 20 min

- 6 œufs
- 60 g de champignons
- 60 g de crème fraîche
- 30 g de beurre
- Sel, poivre

Procéder selon la formule 288 en remplaçant les asperges par des champignons sautés au beurre et à la crème.

290. Œufs en matelote
Préparation : 15 min – Cuisson : 45 min

- 6 œufs
- 50 cl d'eau
- 50 cl de vin rouge
- 60 g de beurre
- 15 g de farine
- 6 croûtons de pain
- 1 gros oignon
- 1 gousse d'ail
- 1 bouquet garni
- Sel, poivre

Faire bouillir 20 min le bouquet garni et l'oignon dans le vin et l'eau. Les retirer et pocher les œufs dans le liquide bouillant (283). Enlever les œufs, les maintenir au chaud. Filtrer le liquide. Faire un roux avec 50 g de beurre et la farine. Saler, poivrer. Verser le liquide bouillant et faire épaissir. Dresser les œufs sur un plat et les servir nappés de sauce sur des croûtons de pain frits au beurre et frottés d'ail.

291. Œufs duchesse
Préparation : 10 min – Cuisson : 15 min

6 œufs
250 g de riz
Restes de volaille
50 g de beurre
150 g de pointes d'asperges
Noix muscade râpée
Sel, poivre

Garnir un plat avec du riz cuit au gras (1165). Dresser, au centre, un hachis de volaille réchauffé au beurre et assaisonné, entourer de pointes d'asperges cuites à l'eau bouillante 15 min, égouttées et passées au beurre chaud. Entourer avec les œufs pochés (283).

292. Œufs vert-pré
Th. 10
Préparation : 35 à 40 min – Cuisson : 40 min

6 œufs
6 pommes de terre Bintje régulières
125 g d'épinards
10 cl de crème fraîche
20 cl de lait
15 g de farine
50 g de gruyère râpé
75 g de beurre
Noix muscade râpée
Sel, poivre

Cuire les pommes de terre entières et non épluchées à four chaud. Les retourner souvent. Préparer une béchamel (21) avec 20 g de beurre, la farine et le lait. Ajouter sel, poivre, muscade, et finalement la moitié du fromage râpé. Laisser bouillir 5 min. Laver, égoutter, essuyer les épinards, les hacher grossièrement et les faire fondre dans 20 g de beurre, à feu vif, sans cesser de remuer. Pocher les œufs (283) et les glisser dans l'eau tiède pour les conserver chauds. Vider les pommes de terre cuites, par un petit orifice, sans abîmer la peau. Travailler la chair des pommes de terre jusqu'à consistance de purée. Ajouter 20 g de beurre. Saler, poivrer. Garnir les peaux de pommes de terre d'un peu de purée, y poser 1 œuf sur chacune. Entourer ces œufs de purée d'épinards. Napper de béchamel. Saupoudrer du reste du fromage, mettre sur chacune un petit morceau de beurre et faire gratiner à four rouge pendant quelques minutes.

293. Œufs en gelée

(3 h à l'avance)
Préparation : 20 min

Foncer avec de la gelée presque tiède le fond de 6 petits moules ronds ; lorsque la gelée est froide, garnir les fonds avec une feuille d'estragon, une rondelle de truffe. Déposer délicatement 1 œuf poché (283) par moule et achever de les remplir avec la gelée. Mettre au réfrigérateur pendant 3 h. Pour démouler, passer une lame de couteau contre le moule. Renverser sur un plat, garnir de gelée froide finement hachée, de crevettes et de fines herbes ciselées.

6 œufs
Gelée de viande confectionnée avec un sachet et 50 cl d'eau
Estragon
1 petite truffe
Fines herbes
125 g de crevettes roses

294. Œufs pochés gratinés

Th. 9
Préparation : 30 min – Cuisson : 25 min

Foncer 6 moules à tartelettes avec la pâte étalée au rouleau. Piquer les fonds et faire cuire 20 min à four moyen. Démouler. Disposer dans chaque fond une demi-tranche de jambon. Y mettre 1 œuf poché (283). Napper d'1 c. à c. de crème épaisse. Saler, poivrer. Saupoudrer avec le gruyère râpé et passer à four chaud 5 min.

6 œufs
1 pâte brisée prête à l'emploi (400 g environ)
3 tranches de jambon
60 g de crème épaisse
30 g de gruyère râpé
Sel, poivre

295. Œufs miroir

Préparation : 2 min – Cuisson : 3 min

Faire fondre le beurre dans un petit plat rond. Y casser doucement et rapidement 2 œufs. Laisser cuire 2 à 3 min à feu doux, passer quelques instants au four, en prenant la précaution de faire couler 2 à 3 gouttes de beurre fondu sur le jaune. Saler le blanc seulement.

2 œufs par personne
10 g de beurre pour 2 œufs
Sel

296. Œufs au fromage
Préparation : 4 min – Cuisson : 3 min

2 œufs par personne
15 g de beurre
20 g de gruyère râpé
Persil plat
Sel, poivre

Se font sur plats individuels.
Faire fondre le beurre, le gruyère râpé et le persil haché dans un petit plat rond. Y casser doucement 2 œufs. Laisser cuire 2 à 3 min à feu doux. Assaisonner.

297. Œufs à la crème
Th. 4 à 5
Préparation : 3 min – Cuisson : 5 min

6 œufs
125 g de crème fraîche
Sel, poivre

Verser la crème dans un plat à œufs. Porter à ébullition sur feu très doux. Au premier bouillon, y casser les œufs, laisser cuire un instant, passer au four doux jusqu'à ce que le blanc soit coagulé, saler, poivrer.

298. Œufs au jambon et au bacon
Préparation : 4 min – Cuisson : 5 min

6 œufs
6 tranches de jambon ou de bacon
30 g de beurre
Poivre

Faire revenir le jambon ou le bacon dans le beurre ; casser 1 œuf sur chaque tranche. Laisser prendre le blanc à feu vif et servir sans saler, la viande l'étant toujours. Poivrer.

299. Œufs à la chanoinesse
Th. 9
Préparation : 45 min – Cuisson : 20 min

6 œufs
2 oignons moyens
500 g de marrons
30 g de gruyère râpé
60 g de beurre
Sel, poivre

Tapisser un plat à four d'oignons pelés, émincés, fondus 15 min au beurre. Garnir le tout de purée de marrons (1063). Casser les œufs au milieu de la garniture, saupoudrer de gruyère râpé et faire gratiner à four vif. Saler, poivrer.

300. Œufs à l'ardennaise

Th. 7
Préparation : 10 min – Cuisson : 10 min

Séparer les blancs des jaunes. Réserver ceux-ci sans les casser. Battre les blancs en neige ferme, verser dans un plat à four très beurré. Napper de crème et poser dessus les jaunes. Saler, poivrer. Passer 10 min à four moyen.

6 œufs
150 g de crème fraîche
30 g de beurre
Sel, poivre

301. Œufs à la Rossini

Th. 7
Préparation : 10 min – Cuisson : 6 min

Séparer les blancs des jaunes d'œufs sans briser ceux-ci. Battre les blancs en neige ferme. En garnir un plat à four beurré. Saupoudrer de la moitié du parmesan, glisser sur les blancs les jaunes entiers. Saupoudrer avec le reste du fromage. Disséminer à la surface des petits morceaux de beurre. Passer 6 min à four modéré. Napper de crème, assaisonner et servir.

6 œufs
60 g de beurre
75 g de parmesan râpé
10 cl de crème fraîche
Sel, poivre

302. Œufs à la Meyerbeer

Th. 8
Préparation : 10 min – Cuisson : 10 min

Sauter pendant 4 min les rognons au beurre, après les avoir fendus en deux dans la longueur.
Beurrer largement un plat à four, y disposer les rognons, casser dessus les 6 œufs. Assaisonner. Passer 5 min à four vif et servir.

6 œufs
3 rognons de mouton
75 g de beurre
Sel, poivre

303. Œufs Pontaillac

Cuisson : 12 min

Placer le beurre dans un plat à œufs. Y faire revenir les saucisses pendant 7 à 8 min. Les ranger ensuite sur le pourtour du plat, casser doucement les œufs au centre. Laisser cuire 3 ou 4 min. Assaisonner. Napper le tout de coulis de tomate chaud (39) auquel on a ajouté des fines herbes. Servir dans le plat de cuisson.

6 œufs
6 saucisses chipolatas
50 g de beurre
50 cl de coulis de tomate
Fines herbes
Sel, poivre

304. Œufs en caisse
Th. 6 ou 7
Préparation : 10 min – Cuisson : 10 min

6 œufs
60 g de beurre
30 g de parmesan râpé
Chapelure
Fines herbes
Sel, poivre

Prendre 6 ramequins. Mettre 10 g de beurre dans chacun, des fines herbes hachées, du sel et du poivre. Chauffer au four, casser 1 œuf par ramequin. Saupoudrer de parmesan et de chapelure. Faire cuire 10 min à four chaud pour gratiner.

305. Œufs cocotte
Th. 7
Préparation : 5 min – Cuisson : 8 min

6 œufs
125 g de crème fraîche
Sel, poivre

Verser 1 c. à s. de crème dans chaque cocotte de porcelaine. Faire fondre 2 min au bain-marie bouillant. Casser 1 œuf dans chaque cocotte. Recouvrir d'1 c. à s. de crème, assaisonner. Passer 6 min à four très vif et au bain-marie.

306. Œufs en tomate
Th. 5
Préparation : 10 min – Cuisson : 25 min

6 œufs
6 belles tomates rondes
1/2 gousse d'ail
2 c. à s. d'huile d'olive
Fines herbes
Sel, poivre

Pratiquer un large trou à la place de la queue de chaque tomate, les vider de leurs graines sans les peler. Casser dans chacune un œuf. Assaisonner. Mettre au four dans un plat huilé, avec l'ail finement coupé et les herbes hachées. Laisser cuire 25 min à four moyen.

307. Œufs brouillés
Préparation : 5 min – Cuisson : 12 min

6 œufs
60 g de beurre
5 cl de lait
Sel, poivre

Battre les œufs, le lait, du sel et du poivre comme pour une omelette sans faire mousser, en y ajoutant petit à petit le beurre divisé en morceaux, sauf une noix réservée pour la cuisson. Placer ce beurre dans une casserole de faïence, laisser fondre, verser le mélange et cuire à feu doux, sans cesser de remuer pendant 12 min. La préparation doit être crémeuse.

On peut ajouter aux œufs brouillés :
- Fromage.
- Pointes d'asperges, champignons, truffes étuvés pendant 10 min dans du beurre.
- Croûtons frits au beurre.
- Crevettes épluchées.

308. Couronne d'œufs brouillés

Préparation : 15 min – Cuisson : 1 h

6 œufs
180 g de riz
50 cl de sauce tomate
50 cl de lait
50 g de beurre
Sel, poivre

Faire cuire le riz à l'indienne (1162). Faire une sauce tomate (38) et préparer les œufs brouillés selon la formule 307. Dans un plat rond, disposer le riz en couronne. Placer les œufs brouillés au milieu et mettre autour de la couronne la sauce tomate. Servir aussitôt.

309. Œufs new-yorkais

Préparation : 5 min – Cuisson : 12 min

6 œufs
50 g de coulis de tomate
50 g de jambon cuit
10 cl de crème fleurette
50 g de beurre
Sel, poivre

Faire fondre le beurre dans une casserole. Y casser les œufs sans cesser de tourner. Ajouter le coulis de tomate (39), le jambon coupé en dés, puis, en tournant toujours, verser la crème goutte à goutte jusqu'à ce que le mélange prenne une consistance crémeuse. Assaisonner. Servir dans des ramequins.

310. Œufs belges

Préparation : 25 min – Cuisson : 5 min

3 œufs
6 tranches de pain de mie de 1 cm d'épaisseur
60 g de gruyère râpé
150 g de jambon maigre
3 c. à s. d'huile
Sel, poivre

Casser les œufs, jaunes et blancs séparés. Mélanger le gruyère avec les jaunes. Étendre cette pâte sur le pain, y poser une tranche de jambon de même taille et recouvrir de blanc d'œuf battu en neige ferme. Faire frire à l'huile 5 min du côté non garni. Ne pas retourner. Assaisonner. Servir très chaud.

311. Œufs frits
Cuisson : 30 s pour 1 œuf

Cuire les œufs l'un après l'autre. Casser l'œuf dans une louche et le glisser doucement dans la friture très chaude. Ramener le blanc sur le jaune, retourner, et retirer avec l'écumoire.
Servir avec une garniture de persil frit (1919), et des croûtons.

312. Œufs frits en sauce
Les œufs frits disposés dans un plat sur des croûtons sont nappés d'une sauce : beurre noir (14), tomate (38), chasseur (62).

313. Œufs frits au céleri
Faire frire les œufs selon la formule 311. Les disposer sur une purée de céleri-rave (961).
On peut remplacer le céleri par une purée de pommes de terre (1093) ou par des épinards (1026).

314. Œufs à l'orientale
Préparation : 15 min – Cuisson : 25 min

Dresser en couronne du riz cuit à l'indienne (1162). Faire sauter à l'huile un hachis de tomates, aubergine, ail, oignons, paprika, piments doux, persil. Saler, poivrer. Verser ce mélange au centre de la couronne de riz et garnir avec les œufs frits (311).

6 œufs
250 g de riz
3 c. à s. d'huile d'olive
2 gros oignons
2 gousses d'ail
1 aubergine
3 tomates
2 piments doux
Persil plat
Paprika
Sel, poivre

315. Œufs au paprika
Préparation : 45 min – Cuisson : 30 min

Couper en dés tous les légumes, les saler et laisser dégorger 20 min. Égoutter, faire frire à l'huile pendant 10 min environ. Assaisonner. Préparer un riz à l'indienne (1162). En garnir un plat creux. Verser dessus la macédoine de légumes. Dresser sur le tout les œufs frits (311) et masquer la préparation d'une sauce à la crème (19) à laquelle on mélange, quand l'ébullition commence, le paprika.

6 œufs
2 tomates
1 aubergine
1 oignon
2 poivrons rouges
1 courgette
150 g de riz
35 cl de sauce à la crème
3 c. à s. d'huile d'olive
10 g de paprika rose
Sel, poivre

316. Turban d'œufs
Th. 5
Préparation : 10 min – Cuisson : 45 min

Faire bouillir le lait salé et poivré. Battre les œufs entiers en omelette. Verser dessus, peu à peu, le lait chaud. Verser dans un moule à savarin beurré et faire cuire 45 min au bain-marie et au four. Démouler et verser une sauce tomate (38) dans le creux de la couronne. Servir chaud.

6 œufs
1 litre de lait
50 cl de sauce tomate
Beurre
Sel, poivre

317. Croquettes d'œufs
Préparation : 25 min – Cuisson : 35 min

Faire durcir 7 œufs (262). Préparer une sauce blanche (18) très épaisse avec beurre, farine et lait. Y ajouter 2 jaunes d'œufs, assaisonner, laisser refroidir. Battre les 2 blancs en neige. Mélanger à la sauce les œufs durs coupés en dés. Former des croquettes de l'épaisseur du pouce, les rouler dans le blanc d'œuf battu en neige, puis dans la chapelure. Faire frire à l'huile très chaude.

9 œufs
25 cl de lait
3 c. à s. de farine
50 g de beurre
Huile
Chapelure
Sel, poivre

318. Gnocchis ramequins
Th. 5
Préparation : 30 min – Cuisson : 35 min

6 jaunes d'œufs
3 blancs
100 g de parmesan râpé
80 g de crème fraîche
Beurre
180 g de pâte brisée
Sel, poivre

Préparer une pâte brisée (1499), en garnir de petits moules à tartelettes beurrés. Battre les blancs en neige ferme. Y ajouter les jaunes, le parmesan, la crème. Assaisonner. Remplir de ce mélange les moules garnis. Mettre à four doux pendant 35 min.

319. Omelette au naturel
Préparation : 5 min – Cuisson : 5 min

6 œufs
30 g de beurre
Sel, poivre

Chauffer la poêle. Y faire fondre le beurre : ce beurre doit être très chaud et atteindre la couleur noisette. À ce moment, verser le mélange des 6 œufs que l'on commence à battre avec sel et poivre au moment où l'on fait fondre le beurre.

Les œufs battus doivent être « saisis », le tour de la nappe former des petits ballons. Ramener le bord de l'omelette vers le centre à l'aide d'une fourchette tenue dans la main droite tandis que la main gauche agite la poêle.

Replier la partie qui se trouve du côté de la poignée vers le bord extérieur de la poêle. Faire glisser, d'un coup sec, sur le plat chaud.
Une bonne omelette doit être légèrement baveuse.

320. Omelette aux fines herbes
Hacher les fines herbes, les ajouter au mélange non cuit ; procéder ensuite selon la formule 319.

321. Omelette au fromage
Procéder selon la formule 319.
Quelques instants avant de plier l'omelette, ajouter 75 g de fromage râpé.

322. Omelette aux champignons ou aux truffes
Les faire cuire dans du beurre, en parer l'omelette avant de la plier.

323. Omelette aux pointes d'asperges
Faire cuire les asperges 25 min à l'eau bouillante salée. En détacher les pointes, égoutter. Ajouter à l'omelette avant de la plier. Il est plus économique d'employer toute la partie tendre de l'asperge coupée en dés.

324. Omelette
aux anchois, aux crevettes, aux filets de harengs, aux moules, aux laitances, aux quenelles.
Cuits d'avance, ajouter à l'omelette avant de plier.

325. Omelette
aux rognons, aux croûtons, aux pommes de terre.
Faire revenir dans du beurre chaud ces préparations faites suivant les recettes habituelles ; en farcir l'omelette avant de la plier.

326. Omelette
au riz, aux macaronis, aux nouilles.
Faire cuire les pâtes, le riz à l'indienne (1162), égoutter, en garnir l'omelette avant de la plier.

327. Omelette
au lard, au jambon, à l'oignon.
Couper en dés, faire revenir dans la poêle avec du beurre, verser dessus le mélange battu, et procéder selon la formule 319.

328. Omelette
à la tomate, à l'oseille, aux épinards.
Faire fondre 2 ou 3 min au beurre tiède, en fourrer l'omelette, juste avant de la plier.

329. Omelettes en arc-en-ciel
Préparer de petites omelettes de 2 œufs avec différents ingrédients et diversement colorées (au vert d'épinard, à la tomate, etc.), les

dresser en cercle sur un plat de façon qu'elles se chevauchent légèrement.

On peut faire une omelette blanche en n'utilisant que des blancs d'œufs, jaune en n'utilisant que les jaunes. Remplir le centre du cercle d'une sauce tomate (38).

330. Omelette allemande
Préparation : 8 min – Cuisson : 10 min

Délayer à froid la farine dans le lait. Ajouter les jaunes, puis les blancs battus en neige ferme, puis le fromage ou les fines herbes. Assaisonner. Procéder selon la formule 319, mais la faire dorer des deux côtés comme une crêpe et servir sans plier.

6 œufs
35 cl de lait
75 g de farine
60 g de fromage ou de fines herbes
25 g de beurre
Sel, poivre

331. Crique à l'ancienne
Préparation : 10 min – Cuisson : 15 min

Râper les pommes de terre crues. Préparer les œufs comme pour une omelette ordinaire, y ajouter le lait et les pommes de terre râpées. Assaisonner. Mettre le beurre à fondre dans la poêle, y verser le mélange, laisser cuire 10 min à feu modéré, en couvrant. Retourner comme une crêpe, laisser dorer 5 min en couvrant.

6 œufs
4 pommes de terre Bintje moyennes
30 g de beurre
5 cl de lait
Sel, poivre

332. Omelette angevine
Th. 7
Préparation : 10 min – Cuisson : 10 min

Faire revenir les lardons à la poêle, avec des cubes de pommes de terre crues. Faire cuire à part le blanc de poireau à feu doux, dans le beurre. Battre les œufs et ajouter tous les ingrédients. Cuire comme d'habitude et sans plier, passer 5 min à four vif pour raffermir le dessus. Retourner sur un plat et servir.

6 œufs
30 g de beurre
5 g de lardons
1 grosse pomme de terre
1 blanc de poireau ciselé
60 g de gruyère
20 g de saindoux
Persil plat haché
Poivre

Les poissons

N.B. – Dans nos recettes, les proportions sont établies pour six personnes.

Le poisson devrait occuper une place de choix dans l'alimentation familiale. Consommé frais, c'est un aliment riche en protéines et en minéraux et toujours plus maigre que la viande.

Sans doute le choix est vaste et déconcerte-t-il les cuisiniers débutants qui ne savent pas, bien souvent, comment l'accommoder. On s'imagine également que le poisson coûte cher. C'est devenu, hélas, une réalité pour la plupart d'entre eux mais certaines espèces telles que le maquereau ou le merlan sont tout à fait abordables. La préparation (étêtage, vidage, écaillage) comme la perspective d'avoir à imposer cette tâche aux convives plaident également en leur défaveur. On peut pallier cet inconvénient en choisissant des filets chez le poissonnier ou en ayant recours aux surgelés.

Dans les grandes villes, l'approvisionnement abondant et régulier est le gage d'une fraîcheur irréprochable et ne pas proposer du poisson plus souvent serait assurément se priver d'un mets aussi sain que savoureux.

Préparation du poisson

Fraîcheur du poisson. Facilement reconnaissable : œil vif, clair, nageoires entières, ventre intact, brillant, ouïes rouges.
Le poisson douteux a l'œil crevé, les nageoires en mauvais état, le ventre affaissé et taché ; la chair n'a plus aucune raideur et garde l'empreinte des doigts.

Écailler. Tenir le poisson par la queue et racler avec un couteau plat ou un écailleur (couteau spécial) de la queue à la tête.

Dépouiller. Pour une sole, une anguille. Faire une incision au-dessus de la queue pour couper la peau. Avec un torchon, prendre la peau et tirer fortement de haut en bas.

Vider. Introduire l'index dans l'ouïe et extraire à la fois l'intérieur et les ouïes. On fend le bas du ventre des gros poissons pour en retirer avec la main tout l'intérieur.

Laver. À l'eau fraîche, sans laisser séjourner.

Ébarber. Couper les nageoires avec de vieux ciseaux.

Ciseler. Faire sur le dos du poisson des incisions de biais, de 2 mm de profondeur à égale distance.

Lever les filets.
– **Poissons plats :** couper autour du poisson les nageoires. Faire une incision au milieu, de la queue à la tête, pour détacher la chair de l'arête centrale. Glisser la lame d'un couteau spécial entre le filet et l'arête. Procéder de cette façon pour enlever les 4 filets.
– **Poissons épais :** faire une incision au milieu du poisson, de la tête à la queue ; couper la tête et séparer aussitôt les 4 filets.

Procédés de cuisson

Cuisson à l'eau ou court-bouillon. Court-bouillon au sel (156) ; au vinaigre (157) ; au vin blanc (158) ; au vin rouge (159) ; au lait (160).
Remarque. – Il existe dans le commerce des sachets de court-bouillon déshydraté dont l'emploi est rapide.
Le poisson vidé et préparé est plongé dans le court-bouillon tiède. Porter à ébullition, puis ne pas laisser bouillir, mais frissonner [1].
(Utiliser de préférence une poissonnière avec grille mobile.)

Temps de cuisson. Il est compté à partir du moment où le frémissement se produit. Pour les gros poissons, 10 min par 500 g ; pour les poissons plats, 8 min par 500 g ; pour les petits poissons (200 g), 12 min au total.
Le poisson, qui doit être servi froid, refroidira dans le court-bouillon.
Remarque. – Du poisson cuit au court-bouillon ne doit dégager aucune odeur dans la cuisine, s'il est frais.

Cuisson à la vapeur. Voir p. 55.

Cuisson en friture. Essuyer le poisson, le rouler dans la farine pour en sécher complètement la surface et l'introduire dans l'huile fumante.
– **petits poissons :** on ne les vide pas. Introduire les poissons séchés et farinés dans l'huile chaude (température maximale) et les y laisser 5 min ;
– **gros poissons :** les vider, les ciseler. Introduire les poissons séchés et farinés dans l'huile chaude et la porter à température maximale. 10 min de cuisson.
Remarque. – Les gros poissons peuvent être cuits en deux temps :
– 6 min. Les retirer. Faire chauffer de nouveau la graisse ;
– Les remettre dans la friture et les laisser dorer. Saler et servir sur un plat avec du persil et des rondelles de citron.

---

1. La chair éclate quand l'eau est bouillante.

Grillade du poisson. Pour les poissons plats. Chauffer le gril. Préparer le poisson, l'essuyer, le badigeonner d'huile et l'exposer à la chaleur du gril. Le retourner quand le premier côté est grillé, 15 min par 500 g. Saler et servir avec du beurre fondu, avec un beurre maître d'hôtel (12) ou une sauce béarnaise (84).

Poisson rôti. Procéder comme pour un rôti de viande, en l'arrosant avec la graisse de cuisson, 15 min par 500 g. Th. 7 à 8. Saler et servir avec un beurre maître d'hôtel (12).

Poisson sauté. En meunière (pour des poissons de 125 à 200 g). Tremper le poisson préparé et bien essuyé dans du lait, puis le rouler dans de la farine. Faire bien chauffer, dans une poêle, une quantité de beurre permettant de cuire le poisson **sans qu'il y baigne** toutefois. Le poisson, saisi sur une face, doit dorer. Retourner, saler la face dorée et laisser cuire l'autre face. Saler à nouveau, poivrer.

Sauces pour poissons

Chaudes

Aux anchois (31) ; Béarnaise (84) ; Beurre blanc (15) ; Beurre maître d'hôtel (12) ; Beurre noir (14) ; Beurre ravigote (13) ; Câpres (35) ; Coulis aux Saint-Jacques (89) ; Aux crevettes (32) ; Genevoise (59) ; Hollandaise (82) ; Joinville (34) ; Mayonnaise chaude (72) ; Matelote (60) ; Mornay (23) ; Aux moules (33) ; Mousseline (83) ; Nantua (27) ; Tomate (38).

Froides

Beurre ravigote (13) ; Aïoli (81) ; À la diable (86) ; Gribiche (70) ; Mayonnaises variées (72-76) ; Moutarde (65) ; Ravigote (36) ; Rémoulade (66) ; Vinaigrette (63).

Présentation du poisson

Gros poissons cuits à l'eau, au court-bouillon. Sur un plat très long, ou sur une planche tendue d'une serviette blanche. Le poisson est dépouillé de sa peau, séparé en portions coupées en biais dans les filets. Garnir avec persil, anchois, câpres, rondelles de tomates, œufs durs, citron à volonté. Servir avec une sauce en saucière.

Poissons en gelée. Sur un grand plat, le poisson dépouillé de sa peau est nappé de gelée, garniture de gelée hachée, et estragon.

Poissons grillés ou rôtis. Sur un plat garni de citron en rondelles ou en quartiers, sauce en saucière.

Friture. Sur un plat recouvert d'une serviette chaude, garni de citron en rondelles ou en quartiers.

Poissons en sauce meunière. Sur un plat, nappé avec la sauce de cuisson, garni de citron en rondelles ou en quartiers.

Poissons d'eau douce

333. Alose au court-bouillon (voir formule 156)
Servir chaud avec une sauce hollandaise (82), ou aux crevettes (32).

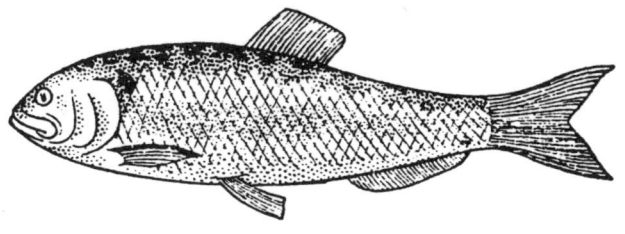

Alose

334. Alose grillée (voir p. 192)
Avec oseille au jus (1072).

335. Alose farcie
Préparer une farce de poisson (154). Farcir l'alose. Recoudre les chairs, puis envelopper le poisson dans une mousseline. Faire cuire au court-bouillon et servir avec une sauce marinière (44).

336. Alose à la portugaise
Th. 6
Préparation : 20 min – Cuisson : 40 min

1 kg d'alose
750 g de tomates
125 g d'oignons
125 g de champignons
Persil plat
10 cl de vin blanc
80 g de beurre
Sel, poivre

Faire, dans le fond du plat, un lit avec la moitié des tomates coupées en quartiers. Saupoudrer d'une partie des oignons hachés, de persil. Y mettre le poisson. Recouvrir avec le reste des tomates coupées et des oignons hachés, les champignons coupés, le vin blanc, le beurre. Assaisonner. Mettre sur le feu et faire cuire 10 min. Puis mettre au four pendant 30 min.

337. Alose à la Chartreuse
Préparation : 45 min – Cuisson : 1 h

1 kg d'alose
250 g de carottes
1 laitue
500 g de tomates pelées et épépinées
250 g d'oseille
200 g d'oignons
4 à 5 fines tranches de jambon cru
10 cl de vin blanc
10 cl d'eau
Laurier
Sel, poivre

Hacher les légumes et en garnir le fond d'une cocotte. Mouiller avec l'eau, saler et poivrer. Couvrir et laisser mijoter à petit feu pendant 30 min. Les légumes doivent presque être en purée. Disposer dessus l'alose préparée et vidée et la recouvrir avec les tranches de jambon et 1 feuille de laurier. Arroser avec le vin blanc et poursuivre la cuisson pendant 30 min. Ôter la feuille de laurier avant de servir.

338. Anguille au court-bouillon
Dépouiller, cuire au court-bouillon (156) et servir avec sauce à volonté.

339. Anguille rôtie (voir page 192)
Se dépouille avant toute préparation. Servir avec sauce marinière (44), poulette (24) ou tartare (79).

340. Anguille grillée (voir page 192)
Dépouiller l'anguille, la griller et servir avec une oseille au jus (1138).

341. Anguille frite (voir page 191)
Dépouiller l'anguille, la faire frire et servir avec une sauce tomate (38).

342. Anguille à la matelote
Préparation : 40 min – Cuisson : 1 h 30

1 kg d'anguille
125 g de lard de poitrine
10 cl de vin rouge
10 cl de bouillon au choix
60 g d'oignon
125 g de champignons
60 g de beurre
6 croûtons frits
40 g de farine
1 bouquet garni
Sel, poivre

Faire revenir dans 30 g de beurre les oignons hachés et le lard coupé en dés. Les retirer une fois dorés. Faire avec la farine un roux brun (48) mouillé avec le bouillon et le vin rouge. Laisser mijoter 30 min avec les champignons, le bouquet garni, du sel et du poivre. Mettre alors l'anguille coupée en tronçons et dépouillée et faire cuire doucement 45 min. Disposer les croûtons frits dans le reste du beurre dans le fond du plat, les recouvrir des morceaux de poisson. Napper avec la sauce.

343. Aspic d'anguille
(12 h à l'avance)
Préparation : 20 min

300 g d'anguille
150 g de tomates
1 sachet de gelée instantanée
1 œuf dur
Estragon
Sel, poivre

Disposer dans le fond de chaque petite terrine un brin d'estragon et une rondelle de tomate. Placer ensuite un morceau d'anguille cuite au court-bouillon (338). Recouvrir avec une rondelle d'œuf. Verser la gelée diluée dans 50 cl d'eau chaude pour remplir chaque petit moule, puis assaisonner. Laisser prendre au frais pendant 12 h. Démouler pour servir.

344. 🐟 Anguille au vin blanc
Préparation : 20 min – Cuisson : 30 min

1 kg d'anguille
160 g de beurre
125 g de petits oignons
50 g de farine
50 cl de vin blanc
5 gousses d'ail
1 bouquet garni
Sel, poivre

Préparer l'anguille, la couper en tronçons. Faire dorer les petits oignons dans 60 g de beurre. Placer dans la casserole les morceaux d'anguille. Saler, poivrer. Arroser avec le vin blanc et compléter l'assaisonnement avec l'ail et un bouquet garni. Cuire pendant 30 min. Lier le jus de cuisson avec le beurre restant et la farine. Servir la sauce en saucière et le poisson sur un plat.

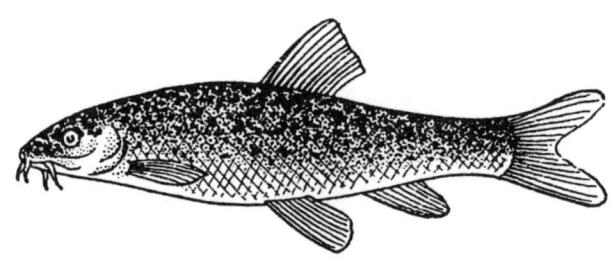

Barbeau ou barbillon

345. Barbeau au court-bouillon (156)
Servir avec sauce à volonté et une garniture jardinière.

346. Barbeau farci
Th. 5 à 6
Préparation : 20 min – Cuisson : 30 min

1 barbeau d'1 kg
100 g d'oignon
20 cl de vin blanc
30 g de beurre
Chapelure
Sel, poivre

Farcir le barbeau avec la farce (154), le faire cuire au four entre deux lits d'oignons hachés, arrosé avec le vin blanc, parsemé de beurre et saupoudré de chapelure. Saler et poivrer. Faire réduire le jus et le passer.

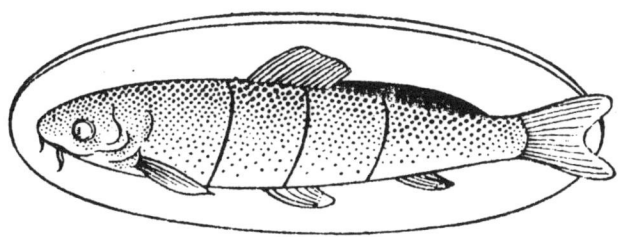

Découpage du barbeau

347. Brème au court-bouillon
Comme le barbeau (345). Avec un beurre maître d'hôtel (12).

348. Brème farcie
Comme le barbeau (346).

349. Brochet au court-bouillon (156)
Jeter les œufs et la laitance. Servir avec sauce hollandaise (82), béchamel (21) ou mayonnaise au vert (76).

350. Brochet rôti
Th. 7 à 8
Préparation : 10 min – Cuisson : 15 min

Vider le brochet, le couper en morceaux. Les enfiler dans une tige de fer et séparer les tranches par un morceau de lard. Faire rôtir (voir p. 192). Servir avec citron, câpres et olives noires.

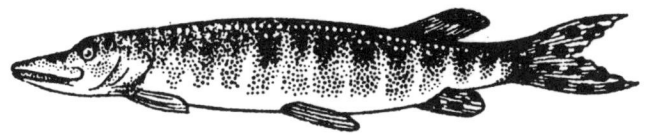

Brochet

351. Brochet rôti à l'orange

Th. 7 à 8
Préparation : 20 min – Cuisson : 30 min

1 brochet de 1,5 kg	
2 gousses d'ail	
20 g d'échalote	
Persil	
Ciboule	
Thym	
Laurier	
Clous de girofle	
20 cl de vin blanc	
10 cl d'huile	
2 oranges	
Sel, poivre	

Procéder 24 h à l'avance à la marinade. Disposer le poisson dans un plat creux et long dans le fond duquel on aura disposé un lit de fines herbes et d'échalotes piquées de clous de girofle. Arroser avec l'huile, du sel et du poivre. Retourner le poisson 2 à 3 fois en 24 h. Le lendemain, mettre le brochet, sans les herbes, sur un plat à four. Arroser avec le vin blanc et le jus d'1 orange. Cuire 30 min. Recueillir, quand la cuisson est terminée, le jus qui est dans le plat.

Servir le brochet sur un plat décoré avec des tranches d'orange et du persil, la sauce à part.

352. Brochet au bleu

Préparation : 15 min – Cuisson : 15 min par 500 g

- 1 brochet
- 1 litre de vinaigre

Préparer le poisson et le plonger pendant 5 min dans 1 litre de vinaigre bouillant. Puis le faire pocher dans un court-bouillon tiède au vin rouge (159) ou au vinaigre (157).
Servir chaud avec du beurre maître d'hôtel (12), ou bien servir froid. Servir (après avoir badigeonné le corps du poisson avec de l'huile pour le rendre brillant) avec une mayonnaise tartare (79).

353. Brochet à la crème

Th. 7
Préparation : 15 min – Cuisson : 30 min

- 1 brochet de 1 kg
- 165 g de beurre
- 180 g de crème fraîche
- Persil plat
- Chapelure
- Sel, poivre

Remplir le brochet, préparé et vidé, de 125 g de beurre frais travaillé avec du persil haché très fin. Le placer dans un plat allant au four avec des petits morceaux de beurre, du sel et du poivre.
Mettre à four chaud. Au bout de 10 min, arroser avec de la crème fraîche et répéter toutes les 5 min jusqu'à ce que la cuisson soit

terminée[1]. 5 min avant de sortir du four, saupoudrer avec de la chapelure et du persil haché.

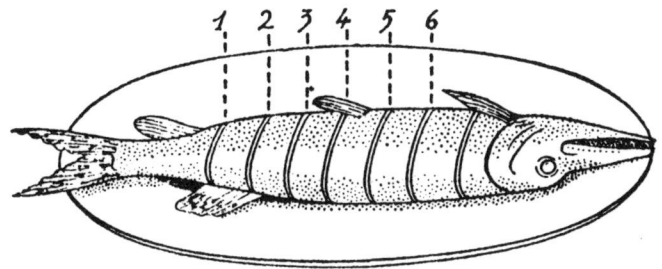

Découpage du brochet

354. Brochetons au vin blanc
Th. 5 à 6
Préparation : 30 min – Cuisson : 30 min

2 petits brochets	
90 g de beurre	
60 g d'oignon	
10 cl de vin blanc	
1 jaune d'œuf	
1 citron (jus)	
Thym, laurier	
Sel, poivre	

Beurrer un plat à gratin avec 30 g de beurre, y mettre les brochets écaillés et vidés. Recouvrir les poissons avec l'oignon coupé en rondelles ; assaisonner avec vin blanc, sel, poivre, thym, laurier. Faire cuire au four 15 à 20 min. Dresser les poissons sur un plat et les tenir chauds. Préparer la sauce : faire avec le jus de cuisson et le jaune d'œuf une liaison relevée avec le jus du citron. Ajouter 60 g de beurre frais. Napper les brochets avec cette sauce et servir aussitôt.

355. Carpe au court-bouillon (156)
Accompagnée d'une sauce chaude ou froide.

356. Carpe au bleu (voir brochet au bleu [352])
Si la carpe est vivante, l'assommer d'abord ou l'ébouillanter en plongeant la tête dans l'eau bouillante.

---

[1]. Le poisson est cuit lorsqu'une aiguille, piquée et laissée au centre du poisson 2 min, en ressort brûlante.

357. Carpe frite

Voir friture de poisson (p. 191) et servir avec une sauce anglaise (26), piquante (50) ou aux câpres (35).

358. Côtelettes de carpes

Nettoyer le poisson, enlever la peau. Lever les filets, les saupoudrer de sel et de poivre. Les rouler dans la farine et les faire dorer dans la poêle, au beurre. Servir avec une sauce madère (51), aux champignons (52) ou une sauce Périgueux (54).

359. Carpe en gelée
(à faire la veille)
Préparation : 20 min – Cuisson : 30 min

Préparer la carpe, la couper en morceaux. Mettre à part la tête, la queue, la laitance. Mettre dans un court-bouillon au vin blanc (158) et tiède, les morceaux de carpe. Retirer la peau, les disposer sur un plat creux pour reconstituer le poisson. Faire réduire le court-bouillon en y ajoutant tête, queue, et du basilic. Lorsque le court-bouillon est réduit de moitié, le filtrer, en napper la carpe sur le plat et maintenir au frais jusqu'au lendemain, pour laisser à la gelée le temps de prendre.

Remarque. – On peut, par mesure de précaution, ajouter 10 g de gélatine, fondue dans un peu d'eau, par demi-litre de court-bouillon. Clarifier (voir formules 4 et 7).

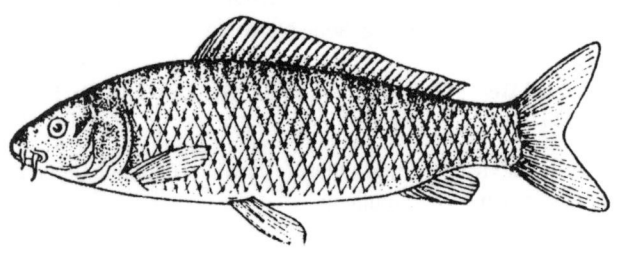

Carpe

360. Carpe farcie

Th. 5 à 6
Préparation : 45 min – Cuisson : 30 min

1 carpe de 1 kg
250 g de farce
25 cl d'huile
Thym
Laurier
Persil plat
Sel, poivre

Préparer une farce (154). Mettre la carpe lavée et écaillée à mariner pendant 45 min dans 25 cl d'huile avec thym, laurier, persil, sel et poivre. Étendre le poisson rempli de farce dans un plat à gratin. Arroser avec la marinade et cuire au four pendant 45 min.

361. Esturgeon au court-bouillon (156)

La chair de l'esturgeon cuite ressemble beaucoup à celle du veau. On peut l'accommoder de la même façon (avec les œufs d'esturgeon, on fait le caviar).

362. Esturgeon braisé

Préparation : 10 min – Cuisson : 40 min

1 kg d'esturgeon
1 carotte
60 g d'oignon
20 cl de vin blanc
80 g de beurre
Sel, poivre

Faire fondre le beurre. Y faire revenir l'oignon haché, ajouter le poisson ficelé comme un rôti, la carotte coupée en rondelles, mouiller avec le vin blanc, saler, poivrer. Faire cuire à couvert à feu doux pendant 30 à 40 min. Napper le poisson de sauce avant de servir avec une garniture de petits pois.

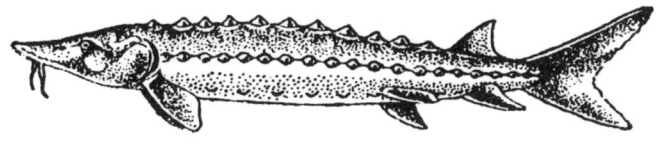

Esturgeon

363. Escalopes d'esturgeon (voir formule 400)
Servir avec une sauce genevoise (59).

364. Goujons frits
Vider. Essuyer. Fariner et faire frire (p. 191).

365. Lavaret à la crème
Préparation : 25 min – Cuisson : 10 min

800 g de lavaret
30 g de farine
30 g de beurre
5 cl de vin blanc sec
30 g d'échalote
100 g de champignons
150 g de crème fraîche
Persil plat
Sel, poivre

Lever les filets du lavaret. Les diviser en portions de 100 g. Les passer dans la farine. Saler, poivrer et faire dorer doucement dans le beurre, à la poêle. À ce moment, ajouter le vin blanc, saupoudrer avec les échalotes finement hachées ainsi que les champignons (lavés et hachés). Napper avec la crème et faire cuire ainsi pendant 10 min environ. Disposer les filets avec soin sur le plat de service. Donner un bouillon et napper les filets. Décorer si l'on veut avec du persil haché.

366. Lotte au court-bouillon (156)
La lotte de rivière a une chair très estimée. Elle s'accommode comme l'anguille.

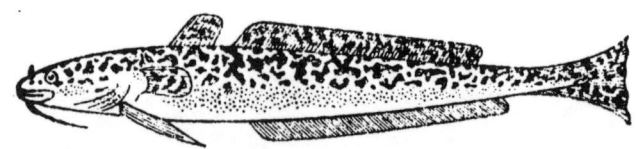

Lotte de rivière

367. Lotte en gratin
Th. 7
Préparation : 20 min – Cuisson : 20 min

1,25 kg de lotte de rivière
50 g de beurre
50 g d'oignon
10 cl d'eau
10 cl de vin blanc
Persil plat
Chapelure
Sel, poivre

Nettoyer le poisson. Le mettre dans un plat allant au four sur un lit d'oignons et de persil hachés. Inciser le poisson. Le recouvrir de beurre et du persil qui reste. Assaisonner et arroser avec eau et vin blanc, parsemer de chapelure. Faire cuire à four chaud en arrosant toutes les 5 min.

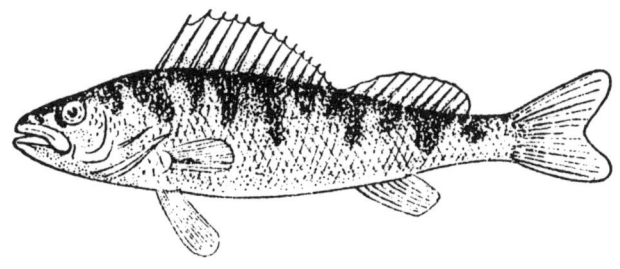

Perche

368. Perches en friture
Pour les petites perches, voir p. 191.

369. Perche à la meunière
Préparation : 15 min – Cuisson : 15 min

1 perche de 1,25 kg
100 g de beurre
40 g de farine
Lait
Persil plat
Sel, poivre

Préparer le poisson, le vider, l'écailler. Le saler, le poivrer, le passer dans du lait, puis le rouler dans la farine. Faire chauffer 60 g de beurre dans une poêle. Y mettre le poisson et faire dorer à feu vif. Dresser le poisson sur un plat et le saupoudrer de persil haché. Arroser avec 40 g de beurre chauffé (couleur noisette) joint au beurre ayant servi à la cuisson.

Remarque. – Les arêtes des perches produisent une piqûre venimeuse.

370. Sandre à la vinaigrette

Préparation : 1 h – Cuisson : 25 à 30 min

1 sandre de 1,2 kg
250 g de crevettes grises
250 g de tomates cerises
250 g de petits oignons grelots
100 g de brocolis
50 g d'échalotes
Huile
10 cl d'huile d'olive
5 cl de vinaigre de xérès
50 g de ciboule et de cerfeuil
Sel, poivre

Écailler le sandre, le passer à l'eau. Lever les filets en laissant la peau. Éplucher les petites tomates ou les remplacer par de petits dés coupés dans de grosses tomates mondées et épépinées. Éplucher les oignons et les cuire à l'eau bouillante salée pendant 10 à 15 min. Ajouter les brocolis (5 min). Dans un plat à four huilé, poser le sandre coupé en lamelles. Badigeonner d'huile, à l'aide d'un pinceau. Saler, poivrer et mettre sous le gril à four chaud pendant 6 à 10 min.

Pendant ce temps, mettre dans une casserole oignons, brocolis, crevettes cuites et décortiquées. Faire tiédir.

Le poisson étant cuit, le mettre sur le plat de service. Décorer avec la garniture tiède et la tomate (crue). Arroser avec une vinaigrette faite avec vinaigre tiédi et huile d'olive. Parsemer d'échalotes et de fines herbes hachées. Saler légèrement et donner un tour de moulin à poivre.

Saumon frais. Très gros poisson se servant rarement entier mais plutôt en darnes ou en tranches. La darne est plus importante que la tranche.

371. Saumon à l'eau salée

Les tranches ayant 2 cm d'épaisseur, les faire cuire doucement pendant 12 min. (Pour le poisson entier, voir p. 191.)

372. Saumon au court-bouillon (156)

Avec une sauce à volonté, hollandaise (82), aux moules (33), aux câpres (35), maître d'hôtel (12), mayonnaise (72), aux crevettes (32), béarnaise (84). Se sert chaud avec des pommes de terre à la vapeur ; froid, avec une garniture d'anchois et de persil. De toute façon, enlever la peau du poisson et le badigeonner d'huile pour le rendre brillant.

373. Galantine de saumon
(à faire la veille)
Préparation : 25 min – Cuisson : 35 min

500 g de saumon frais
6 filets d'anchois
100 g de champignons
50 g de cornichons
100 g de merlan cuit
100 g de mie de pain
Lait
Fines herbes
Sel, poivre

Ouvrir en deux le morceau de saumon cru pour en retirer l'arête. Placer la chair ainsi préparée sur un linge fin. Piquer sur chaque face des morceaux de filets d'anchois, des champignons lavés, épluchés mais crus, des cornichons. D'autre part, préparer une farce fine avec du merlan cuit, la mie de pain trempée dans du lait et des fines herbes (à volonté) hachées. Assaisonner avec soin. Refermer le saumon. Ficeler et envelopper dans le linge blanc pour que le tout soit très bien maintenu.

Faire cuire dans un court-bouillon au vin blanc (158) pendant 30 à 35 min (à frémissement). Laisser refroidir dans le court-bouillon. À servir le lendemain et froid.

374. Saumon grillé
Voir cuisson p. 191. Servir avec sauce hollandaise (82), béarnaise (84), ravigote (36) ou tartare (79).

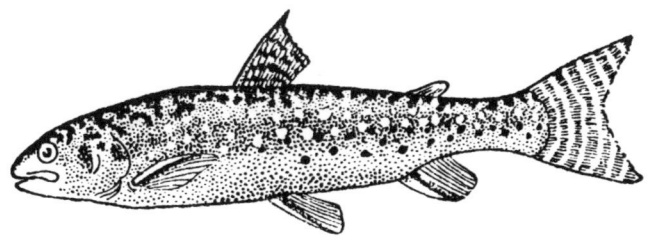

Saumon

375. Saumon mariné à l'aneth
(commencer la préparation 4 jours à l'avance)
Préparation : 1 h

1,2 kg de saumon frais
1 petite botte d'aneth
6 c. à s. de mayonnaise
500 g de pommes de terre
10 cl de vinaigrette
6 tranches de pain de mie
Pour la saumure :
400 g de sucre en poudre
300 g de gros sel
30 g de mignonnette (poivre concassé)

Choisir, de préférence, une belle truite saumonée ou un morceau (du poids indiqué) d'un gros saumon. Enlever la peau, l'arête dorsale s'il s'agit d'une truite.

Poser le poisson dans un plat à rebord et le recouvrir avec le mélange de sucre et de sel. Saupoudrer de mignonnette. Mettre le plat au réfrigérateur pendant 48 h.

La veille du jour où l'on doit servir le plat et après les 48 h du bain de saumure, retirer le poisson de celle-ci, laver, sécher. Poser le poisson sur le plat de service, parsemer les 3/4 de l'aneth haché et remettre au réfrigérateur pendant 24 h. Le lendemain, cuire les pommes de terre à la vapeur.

Peu de temps avant le repas, préparer une mayonnaise (72) corsée avec 3 c. à s. de moutarde danoise (sucrée) et le reste de l'aneth haché.

Servir au moment voulu avec des toasts grillés, la mayonnaise en saucière et les pommes de terre coupées en tranches et arrosées de vinaigrette.

376. Saumon en coquille
Th. 7 à 8
Préparation : 20 min – Cuisson : 30 min

500 g de saumon cuit ou en conserve
40 cl de sauce blanche
50 g de beurre
Chapelure

Ôter la peau et les arêtes éventuelles du saumon. Faire une sauce blanche (18). Mélanger à la chair de poisson et en garnir des coquilles. Saupoudrer de chapelure et arroser de beurre fondu. Passer 10 min à four chaud.

377. Pain de saumon
(à faire la veille)
Préparation : 30 min – Cuisson : 20 min

500 g de saumon cuit ou en boîte
200 g de pommes de terre
60 g de beurre
2 œufs
Mayonnaise
Fines herbes
Sel, poivre

Faire cuire les pommes de terre à la vapeur ou en robe des champs. Éplucher, passer au tamis et ajouter une poignée de fines herbes hachées (persil, cerfeuil, estragon, ciboule), le beurre et le saumon débarrassé de la peau et des arêtes. Saler, poivrer. Beurrer un moule à charlotte et y verser la préparation soigneusement malaxée. Laisser reposer 24 h au frais. Pour démouler, plonger le moule dans l'eau bouillante. Napper d'une mayonnaise (72) et garnir avec 2 œufs durs hachés.

378. Tanche
Se prépare comme la carpe (355 à 360), la perche (368 et 369).

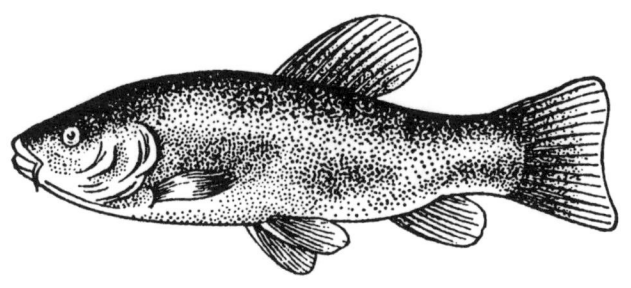

Tanche

379. Truite au court-bouillon (gros poisson)
Voir formule 156.

380. Truite au bleu (gros poisson)
Voir formule 352.

381. Truites à la meunière (petits poissons)
Voir poisson sauté page 192.

382. Truites aux amandes
Préparation : 20 min – Cuisson : 10 à 15 min

6 truites moyennes
60 g de farine
10 cl de lait
50 g de beurre
50 g d'huile
100 g d'amandes
1 citron
Sel, poivre

Vider les truites, les laver, les essuyer. Les passer dans le lait, puis dans la farine. Dans une grande poêle, faire chauffer l'huile et la moitié du beurre. Faire cuire les truites d'un côté et de l'autre de façon à bien dorer. Saler. Poivrer. Égoutter la matière grasse. Dans une petite casserole, faire chauffer le reste de beurre, y faire dorer les amandes mondées et séparées par le milieu (on peut aussi les effiler avant de les blondir).

Disposer les truites sur un plat, parsemer d'amandes et décorer avec des rondelles ou de petits quartiers de citron. Servir très chaud.

383. Truites gratinées à la crème
Th. 5 à 6 puis 10
Préparation : 40 min – Cuisson : 40 min

6 truites moyennes
60 g d'échalotes
1/2 citron
20 cl de vin blanc sec
30 g de gruyère râpé
60 g de crème fraîche
25 cl de sauce hollandaise
10 cl de fumet de poisson
Piment de Cayenne
Sel, poivre

Préparer les truites (vidées, lavées) et les placer sur un lit d'échalotes finement hachées dans un plat à gratin. Saler, poivrer, puis arroser avec le jus du 1/2 citron et le vin blanc sec. (On peut utiliser moitié vin blanc et moitié Noilly sec.) Cuire à four moyen pendant 20 min et couvert. Retirer les truites du plat de cuisson, les disposer sur le plat de service. Tenir au chaud.

Préparer la sauce : faire réduire la cuisson de moitié, y ajouter le fumet de poisson (9), la sauce hollandaise (82) et la crème. Mélanger avec soin à chaud, sans bouillir avec une pointe de Cayenne. En napper le poisson. Saupoudrer de gruyère et gratiner 3 min à four vif.

384. Truites à la suprême
Préparation : 30 min – Cuisson : 10 min

Fendre les truites sur le dos pour enlever l'arête centrale, les vider. Les tremper dans l'œuf battu avec l'huile, les rouler dans la chapelure et les faire dorer dans la friture. Les tenir au chaud. Faire tiédir un beurre d'anchois (111). Emplir l'incision pratiquée sur le dos et servir chaud.

| 6 petites truites |
| 4 c. à s. d'huile |
| 1 œuf |
| Chapelure |
| Huile pour friture |
| 25 g de beurre d'anchois par truite |

385. Truite saumonée en gelée
Préparation : 1 h – Cuisson : 1 h

Préparer la truite et la plonger dans un court-bouillon où l'on a mis le vin de Bourgogne (158). Laisser refroidir le poisson dans le court-bouillon avant de le retirer. Dans une casserole, mettre alors le poisson blanc, les arêtes, les champignons épluchés, le persil. Ajouter la cuisson du poisson. Cuire 45 min. Passer le liquide et le clarifier. Dresser la truite sur un plat spécial, enlever la peau et napper avec la gelée de cuisson. Servir avec une mayonnaise au vert (76).

| 1 truite de 1,5 kg |
| 1 litre de bourgogne blanc |
| 500 g d'arêtes de poisson |
| 300 g de poisson blanc, merlan ou filet de cabillaud |
| 70 g de champignons |
| Persil plat |

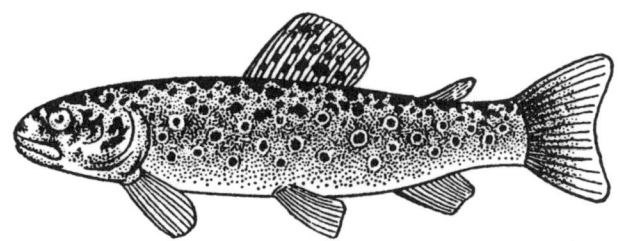

Truite

Poissons de mer

Anguille de mer ou congre (gris violet sur le dos). Prendre de préférence un gros congre. Le petit contient trop d'arêtes.

386. Anguille au court-bouillon
Voir formules 156 et 157.

387. Anguille rôtie
Voir page 192.

388. Anguille au vin blanc
Voir formule 344.

389. Anguille à la matelote
Voir formule 342.

390. Anguille à la portugaise
Voir formule 336.

391. Bar, court-bouillon aux algues (156)
Préparation : 10 min – Cuisson : 20 min

1,2 à 1,5 kg de bar (ou loup de mer)
3 litres d'eau
30 g de sel
3 cm de kombu (algue)

Mettre dans l'eau du court-bouillon le morceau de kombu. Cette algue donnera un goût iodé très apprécié. Mettre le poisson dans l'eau frémissante et compter 10 à 15 min par 500 g. Laisser refroidir dans le liquide. Servir froid avec une mayonnaise (72) ou chaud avec une hollandaise (82), ou une sauce mousseline (83).

On peut mettre dans cette dernière sauce 20 g d'algue nori en flocons, sans réhydratation.

Les poissons 211

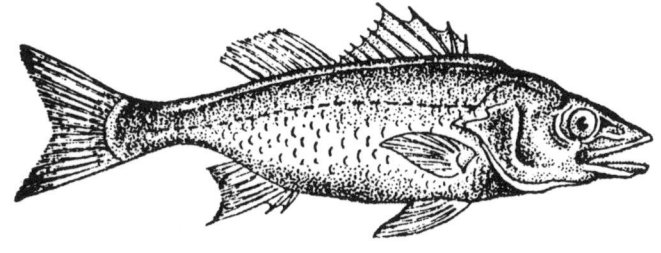

Bar

392. Bar à la meunière (petits poissons)
Voir formule 369.

393. Bar frit (petits poissons)
Voir page 191.

394. Barbue
Ressemble beaucoup au turbot. Se prépare comme le turbot (voir formules 495 à 498).

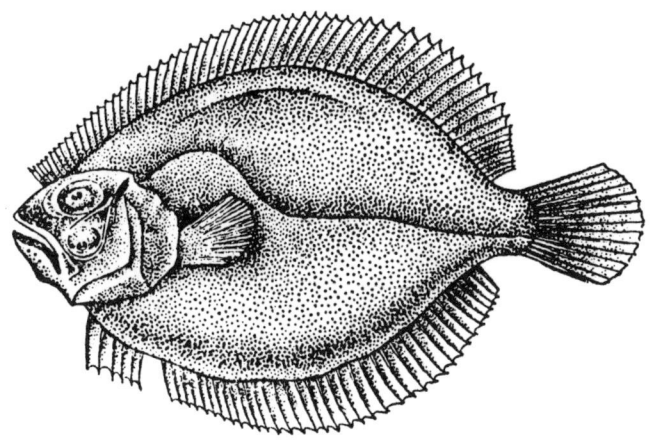

Barbue

Baudroie ou lotte de mer. Poisson à grosse tête dont la queue seule est comestible et sans arêtes. Détailler la queue en tranches et accommoder d'une des façons qui suivent.

395. Lotte au court-bouillon (156, 157, 158)
Sauce à volonté.

396. Lotte à la portugaise
Voir formule 336.

397. Lotte à la crème
Voir formule 344.
Remplacer le beurre dans la liaison de la sauce par 100 g de crème fraîche.

398. Lotte à l'américaine
Préparation : 10 min – Cuisson : 50 min

Couper la lotte, fariner les morceaux. Faire chauffer l'huile dans une sauteuse et y faire revenir le poisson. Flamber avec 5 cl de cognac. Égoutter. Mettre le liquide dans une casserole, ajouter le vin blanc, 10 cl de cognac, le concentré de tomate, les épices et le bouillon, l'oignon et l'ail hachés finement. Cuire 30 min. Remettre les morceaux de lotte pendant 15 min. Servir chaud.

750 g de lotte
Farine
10 cl d'huile d'olive
2 c. à s. de concentré de tomate
1 oignon
1 gousse d'ail
15 cl de cognac
5 cl de bouillon au choix
50 cl de vin blanc
1 clou de girofle
Noix muscade râpée
Sel, poivre

399. Cabillaud
Morue fraîche. Se prépare au court-bouillon (156). Avec sauce à volonté, hollandaise (82), blanche (18), aux câpres (35), etc.

Les poissons 213

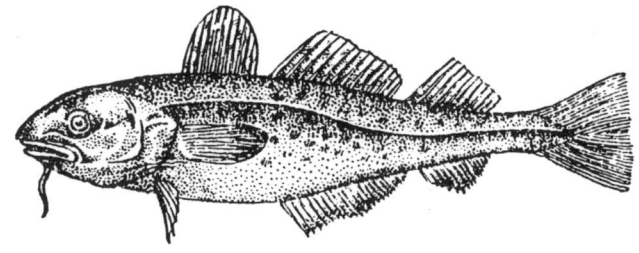

Cabillaud

400. Côtelettes de cabillaud
Préparation : 25 min – Cuisson : 10 min

Couper dans les filets du poisson 6 tranches de chair. Essuyer et passer dans l'œuf battu, puis dans la chapelure. Saler, poivrer. Faire brunir le beurre, y mettre les tranches de poisson et laisser dorer de chaque côté. Ajouter persil haché et citron.

6 tranches de cabillaud
90 g de beurre
1 œuf
1 citron (jus)
Persil plat
Chapelure
Sel, poivre

401. Sauté de cabillaud
Préparation : 10 min – Cuisson : 15 min

Faire fondre le beurre, y placer les tranches de poisson avec du persil haché, le bouquet garni, le jus du citron, du sel et du poivre. Laisser cuire doucement pendant 15 min. Quand le poisson est cuit, lier la sauce de cuisson avec la farine. Napper les tranches avec cette sauce bien assaisonnée. Servir avec du cerfeuil haché.

6 tranches de cabillaud
100 g de beurre
1 citron (jus)
10 g de farine
Persil plat
1 bouquet garni
Cerfeuil
Sel, poivre

402. Carrelets ou plies frits (petits poissons)
Voir page 191.

403. Carrelets à la meunière
Voir formule 369.

404. Carrelets au vin blanc (gros poisson)

Préparation : 25 min – Cuisson : 20 min

500 g de carrelet
30 g de beurre
60 g d'oignon
30 cl de vin blanc
2 jaunes d'œufs
20 g de farine
Persil plat
Sel, poivre

Vider le poisson, couper la tête et le détailler en morceaux. Faire fondre 30 g de beurre, y mettre l'oignon haché et, lorsqu'il commence à dorer, les morceaux de poisson. Saler, poivrer et arroser avec le vin blanc. Faire cuire à feu vif pendant 5 min, puis mettre à feu doux et cuire 15 min. Lier la sauce de cuisson avec la farine et les jaunes d'œufs. Servir, saupoudré de persil haché.

405. Colin[1] au court-bouillon (156-157)

Chaud, froid, avec sauce à volonté.

406. Colin à la bretonne

Th. 8
Préparation : 25 min – Cuisson : 30 min

1 kg de colin
10 cl de sauce mornay
125 g de gruyère râpé

Faire cuire le colin au court-bouillon (156), l'éplucher et mettre les filets dans un plat allant au four. Saupoudrer de fromage râpé. Recouvrir d'une sauce mornay (23) et faire gratiner au four pendant 10 min.

407. Colin ou merlu en tranches ou darnes grillées

Voir page 192.

Avec sauce chaude ou froide à volonté.

408. Colin ou merlu rôti

Voir page 192.

---

1. On doit dire plutôt merlu.

409. Colin ou merlu à la meunière
Voir formule 376.

410. Turban de colin ou de merlu
Th. 5 à 6
Préparation : 30 min – Cuisson : 1 h

500 g de colin
200 g de mie de pain
20 cl de lait
3 œufs
60 g de crème fraîche
Sel, poivre

Éplucher le poisson cuit au court-bouillon (156) et retirer les arêtes. L'écraser et le travailler avec la mie de pain délayée dans le lait. Ajouter les 3 jaunes et les 3 blancs battus en neige. Assaisonner. Mettre dans un moule beurré et faire cuire au bain-marie pendant 1 h. Démouler et servir avec une sauce aux crevettes (32) ou aux moules (33) en y ajoutant la crème.

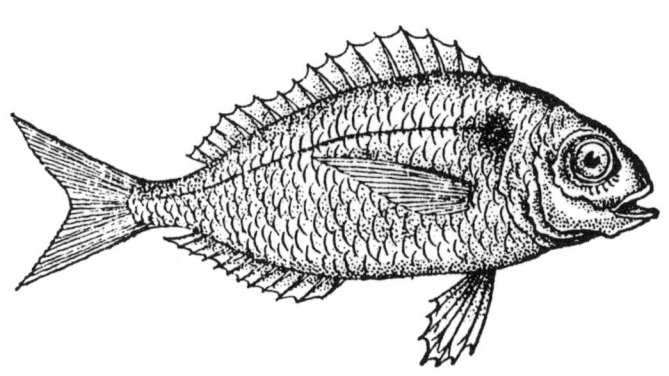

Dorade

411. Dorade en gratin
Voir lotte, formule 367.

412. Dorade aux herbes
Th. 5 à 6
Préparation : 20 min – Cuisson : 30 min

1,25 kg de dorade
60 g d'oignon
20 cl de vin blanc
350 g de tomates
Fenouil
Ciboule
Thym
Laurier
Persil plat
Huile
40 g de beurre
Noix muscade râpée
Sel, poivre

Vider, écailler, laver la dorade. L'entailler légèrement – 3 ou 4 incisions de chaque côté –, la placer dans un plat à gratin soigneusement huilé.
Éplucher et couper l'oignon en rondelles, en parsemer la dorade. Couper les tomates en quartiers, les disposer autour du poisson. Hacher finement toutes les herbes (le laurier et le thym seront retirés après cuisson) et en parsemer la dorade. Arroser de vin blanc. Mettre le beurre en petits morceaux. Parsemer de noix muscade râpée, saler et poivrer. Cuire à four moyen pendant 30 min.

413. Dorade aux algues
Th. 4 à 5
Préparation : 15 min – Cuisson : 1 h

2,5 kg de dorade
20 cl de vin blanc
5 cl d'huile
40 g de beurre
10 branches d'algue appelée dulse
2 citrons (jus)
Sel, poivre

Vider, écailler, laver la dorade. L'entailler légèrement en surface (3 ou 4 incisions de chaque côté). Huiler soigneusement un plat à gratin. Presser le jus des citrons et y tremper les branches de dulse pendant quelques minutes pour les réhydrater. Envelopper le poisson dans les feuilles de dulse et le poser dans le plat huilé. Saler. Poivrer. Arroser avec le vin blanc. Mettre le beurre en petits morceaux et cuire à four moyen pendant 30 à 35 min. Arroser de temps en temps avec le jus de citron. Les algues ayant une valeur nutritive très appréciable, elles seront consommées en même temps que le poisson qui leur emprunte leur goût iodé.

Remarque. – La cuisson peut se faire à la vapeur, la dorade étant enveloppée dans un film alimentaire : les saveurs seront encore mieux conservées.

Les poissons 217

414. Dorade à la Monaco
Préparation : 20 min – Cuisson : 30 min

1,25 kg de dorade
10 cl d'huile
1 gousse d'ail
Persil plat
400 g de tomates
10 cl de vin blanc
Sel, poivre

Faire chauffer l'huile en y mettant l'ail et le persil haché. Ajouter le poisson préparé et coupé en morceaux. Recouvrir avec les tomates ouvertes et épépinées et le vin blanc. Assaisonner fortement. Couvrir et laisser mijoter 30 min.

415. Dorade au court-bouillon (156)
Sauce à volonté, chaude ou froide.

416. Équilles en friture
Voir page 191.
Servir avec des quartiers de citron.

417. Églefin
Se prépare comme le cabillaud ou le colin, mais nécessite un temps de cuisson un peu plus long.

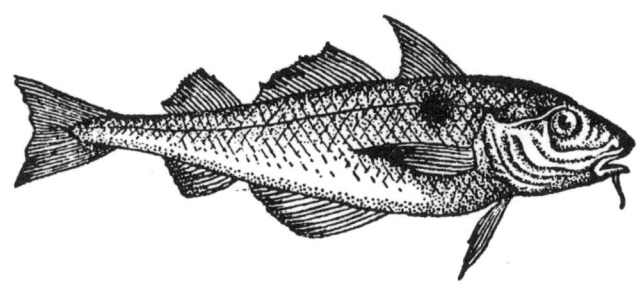

Églefin

418. Éperlans
Petits poissons se servant frits avec persil et citron.

Grondin. Doit être préparé avec soin, car les nageoires sont très grandes. Se sert sur le ventre.

419. Grondin au court-bouillon (156-157-158)
Avec sauces variées. (Voir p. 217.)

420. Grondin en gratin
Voir formule 367. (Voir p. 217.)

421. Grondin à l'orientale (froid)
Préparation : 25 min – Cuisson : 12 min

| 6 grondins |
| 1 c. à s. d'huile |
| 40 cl de vin blanc |
| 400 g de tomates |
| 1 gousse d'ail |
| Thym, laurier |
| Safran |
| Sel, poivre |

Préparer les grondins, les mettre dans une casserole avec l'huile dans le fond (les poissons doivent être à plat). Recouvrir avec le vin blanc, les tomates coupées en morceaux, du sel, du poivre, l'ail, du thym, du laurier et du safran. Porter à ébullition et laisser cuire 12 min à feu doux. Laisser refroidir dans le liquide de cuisson et servir avec. (Voir p. 217.)

422. Haddock (églefin fumé) grillé
Tremper les filets essuyés dans l'eau bouillante très doucement pendant 5 min. Les essuyer, les badigeonner d'huile ou de graisse et les faire griller 10 min sur chaque face. Servir avec une sauce à la crème (19) ou un beurre maître d'hôtel (12).

423. Haddock (églefin fumé) au court-bouillon
Au lait (160), au vinaigre (157).

424. Haddock en ramequins

Th. 4-5
Préparation : 30 min – Cuisson : 1 h 15

500 g de haddock en filets
1 kg de chou vert
60 g de beurre
125 g d'œufs de saumon
50 g de ciboule
150 g d'oignons
15 cl de beurre blanc
Poivre

Couper le haddock en fines lamelles. Couper en quatre le chou vert, le laver, le faire blanchir pendant 10 min à l'eau bouillante. Le rafraîchir, l'égoutter.
Éplucher les oignons, les hacher. Dans une cocotte, faire chauffer 40 g de beurre ; y faire fondre l'oignon haché, ajouter les quartiers de chou, poivrer et faire cuire à l'étouffée pendant 1 h. Beurrer l'intérieur de 6 ramequins. Chemiser ceux-ci avec les fines tranches de haddock. Exprimer l'eau du chou et en remplir les ramequins. Passer à four moyen, couverts de papier beurré (10 min) ou cuire à la vapeur le même temps, les ramequins étant enveloppés d'un film plastique alimentaire.
Découvrir les moules, les retourner sur assiette individuelle et napper avec le beurre blanc (15) dans lequel on a mis les œufs de saumon et la ciboule hachée.
Le beurre blanc a été préparé pendant la cuisson du chou et tenu au bain-marie jusqu'au moment de le servir pour accompagner les ramequins.

Hareng. En alimentation, les harengs s'utilisent sous trois aspects différents : **frais, salés, saurs.**

425. Harengs frais grillés

Faire, sur les deux côtés de chaque poisson, deux entailles pour faciliter la cuisson. Procéder suivant la formule 438 et servir avec une sauce de goût relevé.

426. Harengs frais frits

Essuyer les poissons vidés et écaillés. Couper les têtes. Fariner et frire à l'huile chaude. Servir avec citron et persil frit (1919), ou avec sauce moutarde (65).

427. Harengs frais farcis

Fendre les harengs dans toute la longueur. Enlever les arêtes centrales et remplacer par une couche de farce aux fines herbes bien assaisonnée. Les faire griller ou sauter à la poêle.

428. Harengs frais à la meunière

Voir formule 369.

429. Harengs salés

Laver les harengs, les laisser tremper dans du lait froid, pendant 3 h. Couper les têtes, enlever la peau et lever les filets. Les cuire au court-bouillon (156).

430. Filets de harengs marinés
(4 jours à l'avance)

– **Premier procédé :** prendre des harengs avec laitance et les préparer, selon la formule 405, en réservant la laitance. L'écraser finement et la mélanger avec du vinaigre et de l'huile. Disposer les filets dans un plat. Recouvrir avec des rondelles de carotte, des tranches de citron, et arroser avec la sauce.

– **Deuxième procédé :** faire cuire un verre de vinaigre (10 cl) avec un bouquet garni et du poivre. Laisser tiédir et mélanger, à cette sauce, la laitance finement écrasée. Arroser d'huile. Compléter l'assaisonnement avec du cerfeuil et du persil hachés. Recouvrir les filets de harengs disposés à plat, d'oignons coupés en rondelles et arroser avec cette sauce.

431. Harengs rollmops

Faire cuire du vinaigre (1/2 verre pour 2 filets) avec un bouquet garni et du poivre. Rouler les demi-poissons, privés de leur arête centrale, en les maintenant roulés à l'aide d'un bâtonnet en bois, piqué dans toute la profondeur de la roulade. Disposer dans une terrine et recouvrir avec la préparation en ajoutant oignons et carottes coupés en rondelles. Laisser mariner 2 à 3 jours (on peut mettre un cornichon à l'intérieur de chaque filet).

432. Harengs saurs
Choisir les harengs gonflés. Enlever la peau et les faire dessaler pendant 3 h dans du lait coupé d'eau. Les essuyer. Ils sont prêts pour toute préparation.

433. Harengs saurs grillés
Avec sauce moutarde (65).

434. Harengs saurs grillés à la diable
Badigeonner les filets avec de la moutarde, puis avec de l'huile. Saupoudrer avec de la chapelure et faire griller (438).

435. Salade de harengs saurs

| 125 g de harengs |
| 100 g de céleri branche |

Préparer les harengs (432).
Couper alors la chair des poissons en petits carrés. Couper le céleri branche, aussi jaune que possible, en filets minces. Mêler le tout et assaisonner avec une sauce ravigote (36).

436. Limande
Poisson plus courant que la sole, et moins fin. On peut lui enlever la peau ou simplement la gratter (voir sole, 478-488).

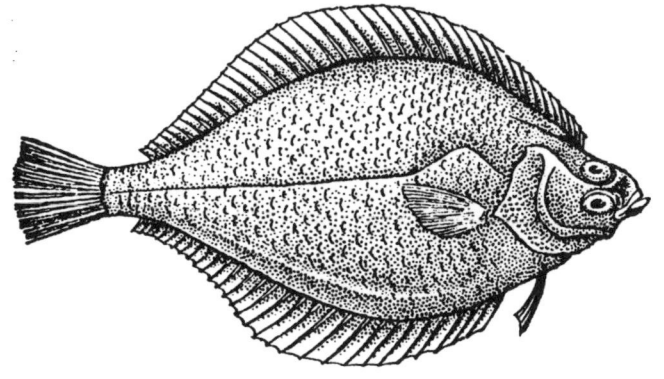

Limande

437. Maquereaux au court-bouillon (159)
Avec une sauce relevée.

438. Maquereaux grillés
Préparation : 15 min – Cuisson : 15 min

Fendre les poissons dans toute leur longueur et mettre, sur le gril chauffé, les moitiés badigeonnées d'huile. Servir avec un beurre maître d'hôtel (12) ou une sauce moutarde (65).

439. Maquereaux farcis
Th. 5 à 6
Préparation : 30 min – Cuisson : 25 min

Pour 1 maquereau :
10 g de mie de pain
20 g de crevettes décortiquées
20 g de champignons
10 g d'oignon
30 g de beurre
Persil plat
Chapelure
Sel, poivre

Faire tremper la mie de pain, la travailler avec crevettes, champignons, oignon, persil hachés. Assaisonner. Vider chaque maquereau par l'ouïe. Bien laver à l'eau courante. Essuyer. Remplir ensuite, par l'ouïe, chaque poisson avec la farce. Badigeonner avec du beurre ; saupoudrer de chapelure ; cuire à four moyen 25 min. Si les maquereaux sont grillés, supprimer la chapelure.

440. Maquereaux en papillotes
Préparation : 30 min – Cuisson : 25 min

Remplir le ventre du poisson d'une farce faite suivant la formule 154. Saler, poivrer. Envelopper chaque maquereau dans une feuille de papier aluminium. Faire cuire au four pendant 20 min. Dresser les poissons sur un plat, les arroser avec le beurre de cuisson.

441. Maquereaux aux groseilles

Préparation : 20 min – Cuisson : 15 à 20 min

Éplucher les groseilles vertes et les faire cuire 10 min dans de l'eau bouillante salée. Faire une farce avec le beurre, les groseilles et l'œuf dur, le tout finement haché. Farcir le milieu de chaque poisson fendu par le dos. Envelopper d'une mousseline. Faire cuire au court-bouillon au sel (156). Faire bouillir la crème pendant quelques minutes, ajouter les groseilles à maquereau, du sel et du poivre. Servir les poissons sur un plat, arrosés de cette sauce.

6 maquereaux
Par poisson :
60 g de groseilles à maquereau
1/2 œuf dur
15 g de beurre
Pour la sauce :
125 g de groseilles à maquereau
20 cl de crème épaisse
Sel, poivre

442. Maquereaux marinés
(12 h à l'avance)

Préparation : 15 min – Cuisson : 15 min

Vider, étêter les maquereaux, les mettre 5 min dans l'eau salée et vinaigrée. Puis les placer dans une terrine et les recouvrir avec la marinade bouillante (150). Ajouter l'huile. Placer sur le feu, faire bouillir. Retirer et couvrir hermétiquement. Servir froid avec des rondelles de citron.

Petits maquereaux
10 cl d'huile d'olive
Marinade
1 citron

443. Maquereaux au vin blanc

Th. 5 à 6
Préparation : 15 min – Cuisson : 30 min

Faire bouillir le vinaigre et le vin blanc avec l'huile, les herbes, la coriandre, carotte et oignon coupés en rondelles, sel, poivre, pendant 10 min. Placer les maquereaux bien préparés dans un plat à four huilé. Les recouvrir de marinade. Garnir chaque maquereau d'une tranche de citron. Couvrir avec un papier huilé. Porter à ébullition sur un feu vif, puis terminer la cuisson pendant 15 min à four chaud. Laisser refroidir dans un plat de porcelaine. Se conserve 2 à 3 jours.

6 maquereaux
10 cl de vinaigre
20 cl de vin blanc
1 c. à c. de coriandre
1 citron
5 cl d'huile
1 carotte
1 oignon
Thym
Persil plat
Laurier
Sel, poivre

444. Merlan au court-bouillon (156, 157)
Avec sauce à volonté.

445. Merlan frit
Voir page 191.

446. Merlan grillé
Voir page 192.

447. Merlan à la meunière
Voir formule 369.

448. Merlan au vin blanc
Voir formule 354.

449. Merlans à la Dugléré
Th. 7
Préparation : 20 min – Cuisson : 30 min

6 merlans
50 g d'oignon
20 g d'échalote
250 g de tomates
60 g de beurre
Persil plat
40 cl de vin blanc
1 citron (jus)
30 g de farine
2 c. à s. de crème fraîche
Sel, poivre

Préparer, vider les merlans. Éplucher et hacher oignon, échalote et persil. Concasser les tomates lavées et épépinées. Mettre dans un plat à four un peu de beurre. Garnir avec la préparation. Saler, poivrer. Disposer les merlans. Arroser avec le vin blanc. Faire partir la cuisson à feu vif. Puis couvrir avec un papier beurré et mettre à mijoter à four chaud pendant 15 min.

Retirer les merlans, les tenir au chaud. Réduire le jus de cuisson, le lier avec le beurre manié (50 g de beurre) avec la farine. Vérifier l'assaisonnement après avoir ajouté un filet de citron et la crème. Dresser les merlans sur le plat de service, napper avec la sauce (qui ressemble à une purée de légumes) et garnir avec un peu de persil.

450. Morue

La chair de la morue doit être épaisse et figurer des feuillets bien moirés. La morue vendue le plus souvent en filets qui sont présentés dans le commerce, en boîte, est en général d'excellente qualité.

Avant d'accommoder la morue, il faut la faire dessaler : mettre le poisson côté peau au-dessus (pour permettre au sel de tomber au fond) dans une passoire posée dans une bassine d'eau froide pendant 12 à 24 h en changeant l'eau 2 à 3 fois.

Cuisson. – Mettre les filets de morue dans une casserole. Couvrir largement d'eau froide. Faire chauffer à feu vif. Dès que l'eau frissonne, retirer du feu et laisser pocher 10 à 15 min. Égoutter les morceaux. Les accommoder. **La morue ne doit jamais bouillir.**

451. Morue au court-bouillon

En se soumettant aux indications précédentes (450). Servir avec un beurre maître d'hôtel (12) ou un beurre noir (14) ou une sauce béchamel (21).

452. Morue frite

Couper en tranches des filets de morue dessalée (450). Les essuyer, les passer dans du lait, les rouler dans la farine et faire frire à l'huile très chaude.

453. Morue grillée
Préparation : 10 min – Cuisson : 15 min

Couper en tranches des filets de morue dessalée et pochée (450). Les essuyer, les passer à l'œuf battu, puis dans la chapelure. Mettre un peu d'huile sur chaque tranche et faire griller 5 min sur le gril. Servir avec une sauce moutarde (65) ou tartare (79).

454. Fritos de morue
Préparation : 20 min – Cuisson : 20 min

Faire pocher la morue dessalée (450). Séparer le poisson en petits morceaux. Arroser avec le jus du citron. Poivrer.
Enrober chaque morceau de morue dans une pâte à frire assez épaisse (1400). Cuire chaque beignet dans la friture bien chaude et servir accompagné d'une sauce tomate (38).

300 g de morue
Pâte à crêpes
1 citron (jus)
Sauce tomate
Huile pour friture
Poivre

455. Morue à la crème
Préparation : 20 min – Cuisson : 20 min

Faire pocher la morue dessalée (450). Préparer une béchamel (21) complétée avec la crème fraîche. Effeuiller la morue dans cette sauce et laisser mijoter 5 min, sans bouillir.

500 g de morue
10 cl de crème fraîche
25 cl de sauce béchamel

456. Morue à la provençale
Préparation : 20 min – Cuisson : 20 min

Faire dessaler et pocher la morue (450). Faire cuire dans l'huile chaude l'oignon et l'ail hachés, les tomates coupées en morceaux. Ajouter les olives, le persil et le poivre. Mettre, pour finir, la morue effeuillée et laisser cuire doucement 10 min.

500 g de morue
500 g de tomates
100 g d'oignon
5 gousses d'ail
125 g d'olives noires
Persil plat
2 c. à s. d'huile d'olive
Poivre

457. Morue islandaise
Préparation : 25 min – Cuisson : 45 min

Faire dessaler la morue (450). La mettre dans une casserole avec les pommes de terre en quartiers. Parsemer d'oignon haché. Arroser avec le vin blanc et mettre le beurre. Poivrer. Faire cuire à petit feu pendant 45 min.

500 g de morue
600 g de pommes de terre
150 g de beurre
100 g d'oignon
30 cl de vin blanc
Poivre

458. Morue au lait

Th. 6
Préparation : 20 min – Cuisson : 45 min

Faire dessaler la morue (450). La mettre dans un plat à four, couvrir des pommes de terre coupées en rondelles et de l'oignon haché. Arroser avec le lait. Poivrer. Mettre à four moyen 45 min.

500 g de morue
600 g de pommes de terre
1 litre de lait
50 g d'oignon
Poivre

459. Morue à la Parmentier

Th. 7
Préparation : 20 min – Cuisson : 30 min

Faire une purée de pommes de terre (1093). La mettre en couronne dans un plat allant au four. Verser au milieu la morue préparée à la crème (455). Saupoudrer de gruyère râpé. Faire gratiner au four pendant 10 min.

500 g de morue
1 kg de pommes de terre
50 cl de lait
50 g de beurre
100 g de gruyère râpé

460. Morue aux nouilles

Préparation : 10 min – Cuisson : 30 min

Voir formule 459.
Remplacer la purée par des nouilles cuites à l'eau et sautées au beurre.

500 g de morue
250 g de nouilles
100 g de gruyère râpé
60 g de beurre

461. Morue à la florentine

Th. 7
Préparation : 20 min – Cuisson : 30 min

Faire pocher la morue bien dessalée (450). Puis faire blanchir les épinards à l'eau bouillante salée. Les égoutter. Les presser pour en extraire l'eau. Les hacher grossièrement. Les faire revenir dans le beurre chaud. Assaisonner avec sel, poivre et noix muscade.

Dresser les épinards dans un plat à gratin. Disposer par-dessus la morue effeuillée. Napper avec la béchamel (21). Parsemer de gruyère et gratiner à four chaud pendant 10 min.

500 g de morue
1 kg d'épinards
25 cl de sauce béchamel
60 g de beurre
30 g de gruyère râpé
Noix muscade râpée
Sel, poivre

462. Morue à la mayonnaise

Faire cuire la morue et laisser refroidir (450), garnir un plat avec la chair du poisson effeuillée, de la laitue, des câpres, des cornichons et de la mayonnaise (72).

463. Mulet au court-bouillon (gros poisson)

Chaud, froid avec sauce à volonté (156).

464. Mulets grillés (petits poissons)

Voir page 192.

465. Mulets frits (petits poissons)

Voir page 192.

466. Plie, carrelet

Voir formule 436.

467. Raie au court-bouillon (156, 157)

Les petites raies se cuisent entières; les grosses raies délitées en morceaux. Avant préparation, rincer la raie plusieurs fois à l'eau froide.
Servir avec un beurre maître d'hôtel (12).

468. Effilochée de raie aux aromates

(24 h à l'avance)

Préparation : 45 min – Cuisson : 15 min

1,4 kg de raie
700 g de tomates
10 cl d'huile d'olive
5 cl de vinaigre de xérès
50 g de cerfeuil
60 g de ciboulette
1 œuf
100 g d'échalotes
80 g d'ail
60 g de câpres
1 c. à s. de moutarde
Sel, poivre

Mettre la raie à cuire dans un court-bouillon (156) pendant 20 min, à petits frémissements. La maintenir au chaud (sans cuisson) en attendant la présentation. Pendant la cuisson, préparer les aromates.

– Peler les tomates, les couper en deux, enlever les pépins puis couper en dés.

- Éplucher les échalotes, les hacher très finement.
- Éplucher l'ail, blanchir les gousses plusieurs fois à l'eau bouillante. Couper en fines tranches.
- Hacher cerfeuil, ciboulette et autres fines herbes à volonté.

Préparer la mayonnaise, avec la moutarde, l'œuf entier, le vinaigre de xérès, l'huile d'olive, du sel et du poivre.

Égoutter la raie. Retirer la peau et disposer la chair de la raie en prenant soin de retirer les parties cartilagineuses : la chair se présente effilochée.

Mêler tous les aromates à la mayonnaise tiédie que l'on verse sur le poisson. Servir aussitôt. Accompagner, si l'on veut, de pommes de terre cuites à la vapeur, coupées en tranches et assaisonnées d'une vinaigrette au xérès.

469. Raie sautée

	1 kg de raie
	50 cl de marinade
	50 g de farine
	75 g de beurre
	1 citron
	Sel, poivre

Couper la raie en filets. Les faire macérer dans une marinade crue, à l'huile (148). Puis les passer dans la farine. Faire fondre du beurre dans un plat, y faire dorer les morceaux de poisson sur les deux faces (5 min de chaque côté), puis mettre au four et laisser cuire doucement pendant 15 min. Servir avec citron. Saler, poivrer.

470. Rascasse

Poisson utilisé presque uniquement pour les bouillabaisses et les soupes au poisson.

471. Rougets au court-bouillon (156, 157)

Sauce à volonté.

472. Rougets grillés

Après les avoir fait mariner dans une marinade crue (148). (Voir p. 192.)

473. Rougets frits

Voir page 191.

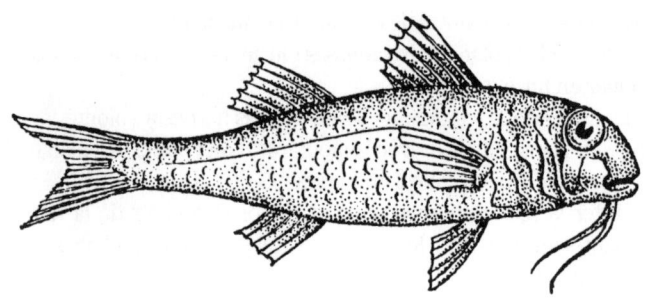

Rouget

474. Rougets aux tomates
Préparation : 20 min – Cuisson : 30 min

Faire cuire dans l'huile, l'oignon, l'ail et l'échalote hachés ainsi que les tomates coupées en morceaux. Ajouter le bouquet garni, du sel et du poivre et mouiller avec le vin blanc. Laisser mijoter pendant 15 min puis ajouter les poissons préparés.
Laisser cuire encore 15 min. Ajouter du persil haché. Servir les poissons coupés en morceaux dans la sauce.

1,25 kg de rougets
1 oignon
500 g de tomates
1 gousse d'ail
1 échalote
1 bouquet garni
Persil plat
20 cl de vin blanc sec
4 c. à s. d'huile d'olive
Sel, poivre

475. Sardines frites
Couper les têtes, vider les sardines, les rouler dans la farine et faire frire à la poêle dans du beurre chaud.

476. Sardines grillées
Vider les sardines ; les badigeonner d'huile et les faire griller 5 min au gril, de chaque côté. Servir avec un beurre manié de persil.

477. Sardines aux fines herbes
Th. 6
Préparation : 10 min – Cuisson : 20 min

Préparer les sardines, les vider, leur enlever la tête, les disposer sur un plat à four. Parsemer de chapelure, de fines herbes lavées et hachées finement, de sel, de poivre, et arroser avec l'huile d'olive. Cuire à four chaud.

18 sardines
5 cl d'huile d'olive
60 g de fines herbes (persil plat, ciboulette, estragon)
40 g de chapelure blanche
Sel, poivre

478. Sole. Préparation d'une sole entière
Vider, ébarber. Gratter la peau du ventre. Enlever la peau du dos (grise) en faisant une incision à la queue. Soulever avec la pointe du couteau cette peau, la prendre avec un torchon et tirer à soi ; en maintenant le bout de la queue, la peau s'enlève jusqu'à la tête.

479. Sole au court-bouillon (158, 160)
Avec un beurre maître d'hôtel (12), une hollandaise (82), etc.

480. Sole à la meunière
Voir formule 369.

481. Sole frite
À l'huile chaude, passer les poissons préparés dans le lait, puis dans la farine.
Au beurre, passer dans la farine, servir avec du citron.

482. Sole à la normande
Préparation : 1 h 30 – Cuisson : 35 min

Préparer les soles (478). Faire cuire les moules (505), les champignons (964), mais sans les réduire en purée, les langoustines (532). Garder le jus de cuisson des moules et des champignons. Mettre les soles dans un plat allant au four. Recouvrir avec le vin blanc et la même quantité des divers jus de cuisson. Mettre 50 g de beurre

3 soles moyennes
1 litre de moules
200 g de champignons
6 huîtres
6 langoustines
20 cl de vin blanc
100 g de beurre
20 g de farine
2 jaunes d'œufs

en morceaux et faire cuire pendant 15 min à feu doux, dès que la préparation a été portée à ébullition sur le feu. Dresser les soles sur un plat maintenu au chaud et passer le jus de cuisson. Faire une sauce blanche (18) avec la farine, 30 g de beurre et 50 cl de liquide. Faire une liaison avec les jaunes d'œufs et le reste du beurre. Garnir le plat avec huîtres, moules et champignons. Napper avec la sauce et disposer les langoustines.

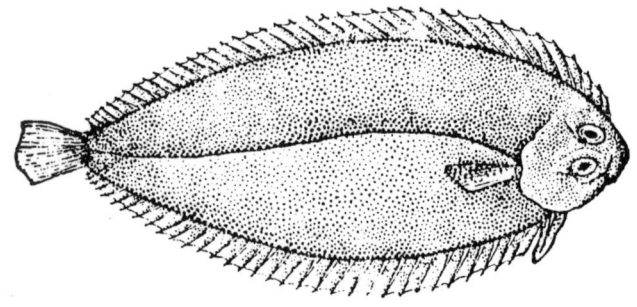

Sole

483. Sole à la basquaise
Th. 6 à 7
Préparation : 30 min – Cuisson : 20 min

Préparer les soles ébarbées, vidées, dépouillées (478). Les fendre pour enlever l'arête centrale et les faire cuire au four avec le vin blanc pendant 10 min. Remplacer l'arête par une farce faite avec les herbes, l'échalote et les champignons hachés et mêlés avec le beurre. Remettre dans le plat, arroser avec le bouillon, assaisonner et mettre à four doux pendant 10 min. Servir avec le jus de citron.

3 soles moyennes
10 cl de vin blanc
80 g de beurre
Ciboule
Persil
1 échalote
100 g de champignons
1 citron (jus)
20 cl de bouillon au choix
Sel, poivre

484. Préparation des filets de sole
Préparer la sole selon la formule 478, puis lever les filets. Pour cela, faire une incision sur le poisson en suivant l'arête centrale. Glisser la pointe du couteau entre les arêtes et le filet, soulever.

485. Filets de sole à la tomate
Préparation : 12 min – Cuisson : 35 min

3 soles moyennes
30 cl de vin blanc
20 cl d'eau
15 g d'échalote
200 g de tomates fraîches
Persil plat
1 citron (jus)
50 g de beurre
Sel, poivre

Préparer d'abord un fumet de poisson (9) qui permettra d'améliorer la cuisson des filets. Pour cela, mettre dans une casserole 20 cl de vin blanc et l'eau, avec les têtes et les arêtes de sole divisées en morceaux, du sel, du poivre, le jus de citron et 1 branche de persil. Faire cuire pendant 20 min. Passer pour recueillir ce liquide. Disposer alors dans un plat beurré les filets de sole. Mouiller avec 10 cl de fumet de poisson et 10 cl de vin blanc. Hacher finement les échalotes épluchées et du persil lavé. Laver les tomates, les épépiner et les couper grossièrement. Parsemer sur les filets de sole (saupoudrés de sel et de poivre) le hachis et la tomate. Faire cuire à feu régulier mais pas trop vif les filets (12 à 15 min). Les retirer et les mettre sur le plat de service. Réduire la cuisson et lier avec le reste du beurre. Vérifier l'assaisonnement et napper les filets avec la sauce.

486. Filets de sole à la Orly
Préparation : 45 min – Cuisson : 7 min

3 soles moyennes
1 carotte
1 oignon
1 citron
2 c. à s. d'huile d'olive
1 œuf
Chapelure
50 cl de sauce tomate
1 kg de petits pois non écossés
Sel, poivre

Lever les filets de sole (484). Mettre à mariner pendant 30 min dans 2 c. à s. d'huile d'olive, la carotte, l'oignon coupé en rondelles, des tranches de citron, du sel et du poivre. Rouler ensuite les filets et les maintenir avec un bâtonnet piqué au centre (ou ficeler avec une ficelle fine).
Passer chaque roulade dans l'œuf battu, puis dans la chapelure et faire cuire dans la friture chaude, 5 min pour la première fois. La deuxième fois, le temps suffisant pour les dorer. Retirer les bâtonnets, dresser en couronne sur un plat rond, verser au milieu des petits pois (1073) et les recouvrir de sauce tomate (38).

487. Fricassée de soles aux asperges
Préparation : 1 h – Cuisson : 35 min

1,5 kg de soles
300 g d'asperges
500 g de coques
6 cl de vin blanc sec
150 g de crème fraîche
60 g de beurre
50 g d'échalote
40 g de cerfeuil
Sel, poivre

Éplucher les asperges, les laver. Les cuire 15 min à l'eau bouillante salée. Égoutter. Rafraîchir. Couper en tronçons de 3 cm et mettre en attente. Faire lever, si possible, les filets des soles dépouillées. Couper ces filets en morceaux de 4 à 5 cm de longueur. Cuire rapidement, à sec, les coques nettoyées et bien lavées. Réserver l'eau des coques. Retirer les mollusques et les réserver. Hacher finement l'échalote épluchée. Dans une sauteuse, mettre 40 g de beurre, y faire sauter les morceaux de soles, saupoudrer d'échalote hachée. Saler, poivrer. Mouiller avec le vin blanc, le jus des coques. Incorporer les coques et les tronçons d'asperges. Égoutter pour recueillir tout le liquide de cuisson, ajouter la crème, passer 2 min au mixeur, puis à chaleur douce dans une petite casserole, introduire le beurre restant par petits morceaux. Mettre sur le plat l'ensemble sole-asperges-coques qui a été maintenu au chaud. Napper avec la sauce montée au beurre et décorer avec des pluches de cerfeuil bien lavé.

488. Timbale de filets de sole
Préparation : 1 h 30 – Cuisson : 45 min

4 soles moyennes
20 cl de vin blanc
60 g de beurre
50 g de farine
185 g de champignons
125 g de crevettes
125 g de moules décortiquées
Sel, poivre

Après avoir levé les filets de soles (484), les pocher 3 min dans un court-bouillon (158 ou 160). Faire cuire les arêtes et les têtes pendant 30 min avec le vin blanc sec et autant d'eau. Passer et faire un roux blond (37), mouillé avec la réduction. Ajouter les champignons cuits au beurre, les crevettes décortiquées et les moules préparées selon la formule 505. Mettre les filets en dernier lieu et tenir au chaud avant de servir.

Thon. Très gros poisson mesurant jusqu'à 3 m de longueur. Se débite en tranches ou en darnes.

489. Thon au court-bouillon (156, 157, 158)
Chaud ou froid, sauce à volonté.

490. Thon à la Chartreuse
Voir alose, formule 337.

491. Thon grillé
Préparation : 10 min – Cuisson : 20 min

Faire mariner dans une marinade à l'huile (151). Disposer les tranches sur le gril bien chaud, mais à feu moyen, faire cuire 10 min de chaque côté.

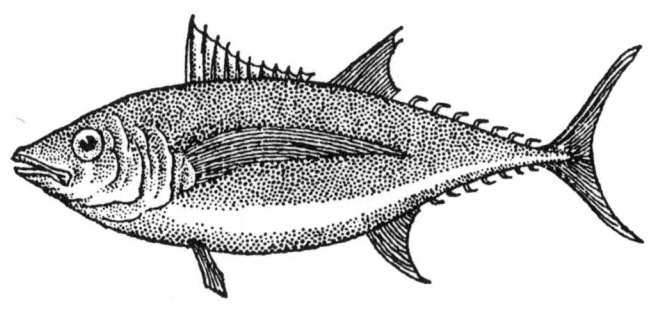

Thon

492. Thon à la casserole
Préparation : 10 min – Cuisson : 1 h

Faire mariner pendant 2 h le morceau de thon dans une marinade crue à l'huile (148). Envelopper ensuite d'une barde de lard. Faire revenir dans une casserole, en même temps que les lardons. Arroser avec la marinade. Assaisonner avec sel, poivre, ail, échalote, chapelure et quelques morceaux de beurre. Couvrir et laisser mijoter pendant 1 h.

600 g de thon
20 cl d'huile
100 g de lardons
30 g de beurre
1 gousse d'ail
1 échalote
Barde de lard
Chapelure
Sel, poivre

493. Thon aux olives
Préparation : 25 min

Travailler ensemble le thon et le beurre. Lorsque la pâte est lisse, incorporer une sauce mayonnaise (72) bien relevée. Dresser sur un plat en dôme ou en pain. Garnir avec les olives.

400 g de thon au naturel
100 g de beurre
125 g d'olives dénoyautées
Mayonnaise

494. Escalopes de thon
Préparation : 10 min – Cuisson : 10 min

Couper le poisson frais en tranches de 1 cm d'épaisseur. Les tremper dans l'œuf battu avec le lait, puis dans la farine, et les jeter dans une friture très chaude, les laisser dorer 5 à 6 min. Égoutter. Assaisonner. Servir très chaud, avec garniture de persil frit (1919), croûtons frits et rondelles de citron.

750 g de thon
1 œuf
5 cl de lait
75 g de farine
Persil plat
1 citron
8 à 10 croûtons
Sel, poivre

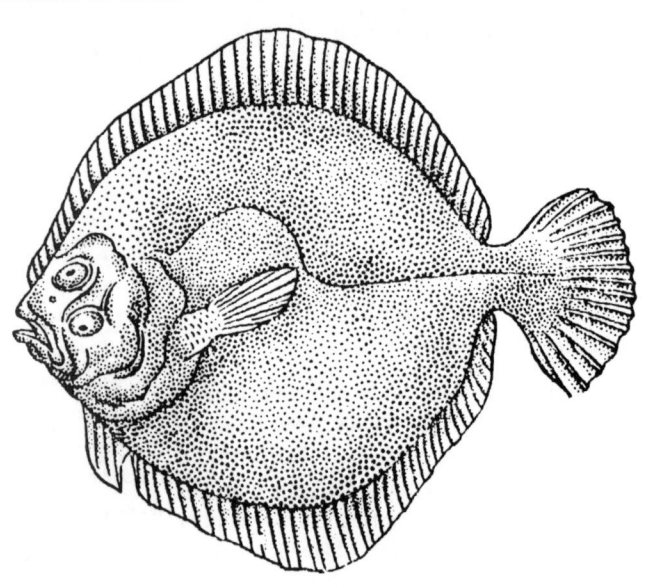

Turbot

495. Turbot au court-bouillon (160)

Faire une incision le long de l'arête centrale. Ôter la peau quand le poisson est cuit. Servir avec une hollandaise (82) ou une mayonnaise (72).

496. Turbot grillé
Voir page 192.
Servir avec une sauce béarnaise (84).

497. Turbot en gratin
Th. 6 à 7
Préparation : 20 min – Cuisson : 25 min

1 kg de turbot
Beurre
125 g de champignons

Placer le turbot sur le côté sombre dans un plat bien beurré. Procéder selon la formule 367. Ajouter des champignons hachés. Faire cuire à feu vif, 5 min, puis mettre à four doux pendant 20 min.

498. Turbot en coquilles
Th. 8
Préparation : 20 min – Cuisson : 20 min

300 g de chair de turbot
50 cl de sauce à la crème
60 g de gruyère râpé

Travailler la chair cuite au court-bouillon (495) du turbot avec une sauce à la crème (19). Garnir des coquilles de ce mélange. Parsemer de gruyère et passer au four pendant 10 min.

499. Vive au court-bouillon (156, 157, 158)
Sauce à volonté.

500. Vive grillée
Voir page 192.
Servir avec une sauce béarnaise (84), moutarde (65) ou tartare (79).

501. Vive frite
Voir page 191.
Servir avec un beurre maître d'hôtel (12).

Mollusques

Ce sont des animaux dont le corps mou est le plus souvent protégé par une coquille calcaire. Peu nourrissants, ils ont une saveur très subtile.

N.B. – Dans nos recettes, les proportions sont établies pour six personnes.

502. Salade d'encornets
(1 jour à l'avance)
Préparation : 30 min – Cuisson : 30 min

1 kg d'encornets
100 g d'oignon
50 g de farine
40 g de beurre
Thym
Laurier
10 g d'ail
15 g d'échalote
30 g de persil plat
100 g de champignons
Mayonnaise
Laitue
Sel, poivre

Préparer avec la farine, le beurre, le thym, le laurier, du sel et du poivre, une sauce blanche (18) dans laquelle on mettra à cuire les encornets préparés.

Confectionner la mayonnaise (72).

Éplucher ail, échalote, persil, champignons. Égoutter les encornets et les laisser refroidir. À l'aide d'un hachoir, préparer un hachis avec les encornets, les champignons, l'ail, l'échalote et le persil. Recueillir dans un saladier, ajouter la mayonnaise et rectifier l'assaisonnement.

Sur des feuilles de laitue bien lavées et essorées, répartir la salade. On peut enrichir la garniture de rondelles d'œufs durs et de tomates.

503. Clovisses
Se mangent crues.

504. Coques
Au naturel ou bien avec du vinaigre.

505. Moules au naturel

Préparation : 20 min – Cuisson : 6 min

Prendre des moules bien fermées. Les gratter. Laver à plusieurs eaux et égoutter. Mettre les moules dans une casserole avec persil, carotte, oignon hachés, du thym, du laurier, du poivre et un morceau de beurre. Quand les moules commencent à s'ouvrir, les faire sauter de temps en temps. Servir aussitôt.

3 kg ou 3 litres de moules
50 g de carotte
30 g d'oignon
30 g de beurre
Persil plat
Thym, laurier
Beurre
Poivre

506. Moules marinières

Préparation : 20 min – Cuisson : 9 min

Faire ouvrir les moules (505). Enlever la 1/2 coquille vide. Reprendre l'eau de cuisson. Y ajouter le vin blanc, le beurre, le persil, l'échalote et l'oignon hachés. Faire sauter 3 min. Servir chaud.

3 kg ou 3 litres de moules
50 g de beurre
Persil plat
20 cl de vin blanc
1 échalote
60 g d'oignon

507. Moules à la poulette

Préparation : 20 min – Cuisson : 20 min

Procéder comme pour les moules marinières (506). Recueillir l'eau de cuisson et en mouiller un roux blond (37). Au moment de servir, faire une liaison avec les jaunes d'œufs. Ajouter le jus de citron. Verser la sauce sur les moules et saupoudrer de persil haché.

2 kg ou 2 litres de moules
25 cl de roux blond
2 jaunes d'œufs
Persil plat
1 citron (jus)

508. Moules à la béchamel et au gratin

Th. 7
Préparation : 20 min – Cuisson : 20 min

Faire ouvrir les moules (505). Préparer une sauce béchamel (21). Sortir les moules de leur coquille, les laisser mijoter pendant 5 min dans la sauce,

3 kg ou 3 litres de moules
60 g de beurre
30 g de farine
50 cl de lait
Chapelure
Poivre

puis verser dans un plat, saupoudrer de chapelure, mettre 30 g de beurre en petits morceaux et faire gratiner au four pendant 10 min.

509. Coquilles de moules gratinées
Th. 7
Préparation : 30 min – Cuisson : 14 min

2 kg ou 2 litres de moules
60 g de beurre
60 g de chapelure
15 g de ciboule
15 g de persil plat
6 coquilles Saint-Jacques vides
Sel, poivre

Faire cuire les moules selon la formule 505. Les sortir de leur coquille. Malaxer la chapelure, le beurre et les herbes hachées. Assaisonner. Mettre dans le fond de chaque coquille une couche de préparation, puis une couche de moules, et finir par une couche de la préparation. Passer au four chaud pendant 8 min.

510. Moules à la mayonnaise

Faire cuire les moules, au naturel (505). Les sortir de leur coquille et les laisser refroidir. Mêler les moules à une mayonnaise (72) et servir froid.

511. Huîtres

Les huîtres peuvent s'accommoder comme les autres mollusques, bien que l'habitude, en France, soit de les déguster crues avec un filet de citron ou du vinaigre aux échalotes hachées.

512. Huîtres frites
Préparation : 10 min – Cuisson : 5 min

5 douzaines d'huîtres
100 g de beurre
1 œuf
Chapelure
Sauce tomate
Sel, poivre

Ouvrir les huîtres, les sortir de leur coquille. Les assaisonner (sel et poivre), les passer dans l'œuf battu, puis dans la chapelure et les faire dorer au beurre chaud. Dresser sur un plat et napper de sauce tomate (38).

513. Huîtres sur croûtons

Procéder de la même façon (512), puis placer 6 huîtres sautées par croûton. Arroser avec le beurre de cuisson et servir chaud.

514. Huîtres en gratin
Th. 5 à 6
Préparation : 10 min – Cuisson : 15 min

5 douzaines d'huîtres
125 g de beurre
90 g de crème fraîche
Chapelure

Faire fondre le beurre dans un plat à gratin, y mettre 4 c. à s. de chapelure et la laisser s'imbiber de beurre. Disposer sur ce lit les huîtres sorties de leur coquille et égouttées. Arroser avec la crème et 2 c. à s. de leur eau, couvrir de chapelure et faire gratiner à four doux pendant 15 min.

515. Coquilles d'huîtres farcies
Th. 8
Préparation : 15 min – Cuisson : 15 min

18 huîtres portugaises
1/2 citron (jus)
1 œuf
100 g de champignons
Mie de pain
30 g de beurre
1/2 verre de lait
Chapelure
Sel, poivre

Ouvrir les huîtres, les mettre sur une assiette et les arroser avec du jus de citron. Laver les coquilles et y remettre les huîtres (2 par coquille). Faire durcir l'œuf et cuire au beurre les champignons hachés. Faire tremper un peu de mie de pain dans le lait chaud, puis mélanger le jaune écrasé, les champignons, la mie de pain. Assaisonner. Recouvrir les huîtres de cette farce. Mettre un peu de chapelure et un peu de beurre et faire gratiner 10 min à four très chaud.

516. Huîtres aux champignons
Th. 7 à 8
Préparation : 25 min – Cuisson : 25 min

3 douzaines d'huîtres
150 g de champignons
50 g de beurre
Mie de pain rassis
20 cl de béchamel
Sel, poivre

Ouvrir les huîtres, les pocher dans un court-bouillon (158). Égoutter et couper les plus grosses en deux. D'autre part, équeuter et laver les champignons (sans les piler). Les faire sauter dans 30 g de beurre, puis les émincer. Saler, poivrer.

Mélanger huîtres et champignons, incorporer une béchamel (21) assez épaisse. Disposer cette préparation dans les coquilles d'huîtres (lavées et séchées) ou d'autres coquilles. Saupoudrer de mie de pain. Arroser avec le reste du beurre fondu et faire gratiner au four pendant 5 à 6 min.

517. Saint-Jacques en gratin
Th. 7
Préparation : 50 min – Cuisson : 15 min

9 coquilles Saint-Jacques (pour 6 personnes)	
100 g de beurre	
20 cl de bouillon au choix	
10 cl de vin blanc	
1 jaune d'œuf	
125 g de champignons	
Persil plat	
1 échalote	
Chapelure	
Sel	

Retirer l'animal de chaque coquille, enlever la poche noire et laver la chair à l'eau froide. Faire pocher 1 min dans 20 cl d'eau bouillante salée. Égoutter et bien sécher dans un linge. Faire revenir dans 30 g de beurre l'échalote, le persil et les champignons hachés. Faire un roux blond avec 30 g de farine et 40 g de beurre. Mouiller avec le vin blanc et du bouillon. Faire bouillir 2 min. Lier le tout avec le jaune d'œuf, ajouter les mollusques. Remplir les 6 coquilles avec cette préparation. Saupoudrer de chapelure et mettre 5 g de beurre sur chaque coquille. Faire dorer au four chaud pendant 10 min.

518. Saint-Jacques sautées sur salade de mâche
Préparation : 30 à 40 min – Cuisson : 8 à 10 min

12 coquilles Saint-Jacques	
500 g de mâche	
80 g d'échalotes	
5 cl d'huile d'olive	
2 c. à s. de xérès	
1 c. à s. de vinaigre balsamique	
5 cl de vinaigrette	
Sel, poivre	

Trier, laver, égoutter, essorer la mâche. Sortir les Saint-Jacques des coquilles. Laver et séparer le corail de chaque noix.
Assaisonner la mâche avec la vinaigrette (63) et répartir la salade sur chacune des 6 assiettes. Éplucher les échalotes et hacher finement. Découper en deux les noix, laisser le corail entier.
Faire chauffer l'huile dans une sauteuse. Y faire dorer les moitiés de noix et le corail. La cuisson est rapide. Retirer de la source de chaleur

519. Poêlée de Saint-Jacques sur fondue d'endives

(débuter la préparation 2 h à l'avance)
Préparation : 45 min – Cuisson : 8 à 10 min

12 grosses coquilles Saint-Jacques
1 oignon
500 g d'endives
3 citrons
150 g de mâche
50 g de crème fraîche
20 g de beurre
50 g de ciboulette
2 branches d'estragon
Vinaigrette
Piment de Cayenne
Tabasco
5 cl de cognac
Sel

Sortir les Saint-Jacques de leur coquille. Séparer le corail de chaque noix. Laver. Égoutter, essuyer. Couper les noix en lamelles pas trop minces. Les mettre dans une terrine et recouvrir avec l'oignon épluché, haché et passé au mixeur avec le jus d'1 citron 1/2. Faire mariner au frais pendant 2 h. Égoutter.

Battre la crème au fouet, ajouter 1/2 jus de citron, les herbes hachées, 1 pincée de piment de Cayenne, quelques gouttes de Tabasco et un peu de sel. Placer les Saint-Jacques égouttées dans cette sauce.

Essuyer les endives, les émincer. Les arroser avec 1/2 jus de citron et la vinaigrette (63). Disposer les endives sur le plat de service et mettre autour des bouquets de mâche épluchés, lavés et essorés. Poser les lamelles de Saint-Jacques égouttées sur les endives.

Cuire chaque corail à la poêle, dans le beurre chaud. Déglacer avec le cognac. Parsemer d'estragon haché et poser tiède sur les Saint-Jacques.

520. Saint-Jacques sautées

Préparation : 10 min – Cuisson : 4 min

24 coquilles Saint-Jacques
60 g de beurre
1 gousse d'ail
Persil plat
Sel, poivre

Ouvrir les coquilles, enlever la poche noire et laver à l'eau froide les noix et les coraux. Bien sécher dans un linge. Faire chauffer le beurre dans une sauteuse et y mettre l'ail et le persil hachés finement. Ajouter les Saint-Jacques et les faire revenir 2 min de chaque côté. Assaisonner de sel et de poivre et servir aussitôt.

521. Saint-Jacques sauce mornay
Th. 7 à 8
Préparation : 10 min – Cuisson : 25 min

Faire pocher 3 min à l'eau bouillante les mollusques retirés des coquilles et lavés ; les couper en dés et les recouvrir d'une sauce mornay (23). Passer 5 min au four.

522. Oursins

Animaux marins que l'on mange crus ou cuits.
Faire cuire les oursins bien lavés dans l'eau bouillante salée pendant 5 min. La partie savoureuse est constituée par les ovaires.
À consommer en hiver et au printemps.

523. Ormeaux

Détacher les mollusques de leur coquille, bien laver et brosser. Taper avec une planche pour les attendrir, puis les faire cuire pendant 25 min à feu doux dans du beurre avec des petits légumes.

Crustacés

Les crustacés sont des animaux aquatiques très appréciés. La carapace qui recouvre leur corps rougit plus ou moins à la cuisson. Leur chair est nourrissante et d'un goût fin et délicat. Elle doit néanmoins être consommée très fraîche.

Procédés de cuisson. On plonge le ou les crustacés (langoustines, crevettes, écrevisses) vivants dans un court-bouillon en ébullition (156 ou 157).

Temps de cuisson.
Homard : 8 min pour 400 g et 10 min pour 1 kg
Langouste : *idem*
Langoustines et écrevisses : 8 à 10 min
Crabes ou tourteaux : 30 min pour 1 kg
Crevettes : 3 min

À part les crevettes qui doivent être égouttées aussitôt après cuisson, les autres crustacés sont laissés à refroidir dans le court-bouillon. Une fois sortis, pratiquer dans les carapaces au niveau de la tête (langouste, homard) ou sous l'abdomen (crabe) une petite incision et laisser le court-bouillon ayant pénétré à l'intérieur s'égoutter.

Homard et langouste. Retourner le crustacé sur le dos, fendre la paroi abdominale sur toute sa longueur et sortir la queue. Enlever le boyau qui se trouve au milieu et couper la chair en tronçons. Décortiquer pinces et pattes.

Crabes et tourteaux. Retirer la chair et le corail contenus dans la carapace. Décortiquer les pinces et les pattes.

Langoustines, crevettes, écrevisses. Séparer la tête de la queue et ouvrir la carapace pour dégager celle-ci. Le cas échéant, on peut récupérer la chair située dans les pinces.

524. Homard au court-bouillon (156 ou 157)
Avec sauce chaude, beurre maître d'hôtel (12) ou hollandaise (82).
Froid avec sauce mayonnaise (72) ou sauce verte (76).

525. Homard Thermidor
Th. 6 à 7
Préparation : 1 h – Cuisson : 30 min

500 g de homard (chair)
125 g de beurre
200 g de crème fraîche
10 cl de madère
10 cl de fine champagne
Piment de Cayenne
Sel

Faire cuire le homard au court-bouillon. Retirer la chair, la couper en dés et les faire revenir au beurre dans une sauteuse pendant 5 min. Verser par-dessus la crème fraîche, mouiller avec le madère et la fine champagne. Ajouter du sel et du piment de Cayenne. Mettre dans une terrine et tenir au four pendant 5 min avant de servir.

526. Homard à l'américaine
Préparation : 25 min – Cuisson : 20 min

Maintenir le homard vivant sur une table, couper les pinces et la queue en 6 tronçons. Retirer du coffre la matière crémeuse qui servira à lier la sauce. Chauffer l'huile, y faire revenir les morceaux de homard jusqu'à ce qu'ils rougissent. Ajouter ensuite l'échalote hachée et la gousse d'ail, le cognac flambé, le vin blanc, les tomates épluchées concassées, du sel et du piment de Cayenne. Arroser avec la fine champagne et faire flamber. Faire mijoter à feu moyen pendant 20 min. Placer le homard dans une terrine. Faire réduire la sauce et y ajouter le corail, qui a été travaillé avec le beurre, ainsi que cerfeuil, persil et estragon hachés.

1 kg de homard
3 c. à s. d'huile
60 g de beurre
300 g de tomates
20 g d'échalote
1 gousse d'ail
20 cl de vin blanc
5 cl de cognac
5 cl de fine champagne
Estragon
Cerfeuil
Persil plat
Piment de Cayenne

527. Homard Cotentin
Préparation : 30 min – Cuisson : 45 min

Maintenir le homard vivant sur une table et couper les pinces au ras du coffre et la queue. La sortir de la carapace et la couper en plusieurs tronçons. Retirer du coffre la matière crémeuse. Faire avec le beurre et la farine un roux blond (37). Ajouter le cognac, le vin blanc et la sauce tomate (38). Ajouter la moitié de la truffe hachée finement et la matière crémeuse récupérée. Assaisonner de sel et de piment de Cayenne. Laisser mijoter 30 min.

Sortir les huîtres de leur coquille et décortiquer les crevettes. Les mettre dans la sauce avec les tronçons de homard, les champignons et le reste de truffe coupés en lamelles. Laisser cuire encore 15 min et servir aussitôt.

1,2 kg de homard
40 g de beurre
50 g de farine
10 cl de cognac
10 cl de vin blanc
50 cl de sauce tomate
1 truffe
200 g de crevettes
12 huîtres
125 g de champignons
Sel
Piment de Cayenne

528. Salade de homard

Cuire le homard au court-bouillon (539). Enlever la carapace et couper la chair en tranches minces. Les disposer sur des feuilles de laitue assaisonnées de vinaigrette (63) et servir avec de la mayonnaise (72).

529. Langouste

La langouste s'accommode comme le homard. Elle diffère du homard par la première paire de pattes dépourvue de pinces.

530. Soufflé de langouste
Th. 5 à 6
Préparation : 1 h – Cuisson : 20 min

Faire cuire la langouste au court-bouillon (524). La décortiquer, hacher, puis piler toute la chair. Préparer avec 30 g de beurre et la farine une sauce béchamel (21) mouillée avec le lait et le vin blanc. Incorporer la chair de langouste, le reste de beurre, les jaunes et les blancs battus très ferme. Assaisonner (cognac, piment, sel). Verser la préparation dans un moule et faire cuire à four chaud.

500 g de langouste
80 g de beurre
30 g de farine
4 blancs d'œufs
3 jaunes d'œufs
Piment de Cayenne
5 cl de lait
5 cl de vin blanc
2 cl de cognac
Sel

531. Cocktail de langouste
Préparation : 25 min

Répartir dans 6 grands verres la chair de la langouste (cuite comme dans la recette précédente). Faire une mayonnaise (72) bien assaisonnée. Ajouter à volonté du cognac et de la sauce anglaise (26). (La sauce qui recouvre la langouste doit être bien relevée.) Remplir les verres avec cette préparation. Tenir au froid avant de servir.

350 g de chair de langouste
Mayonnaise bien assaisonnée
10 cl de cognac
Épices au choix
Sauce anglaise

532. Langoustines

Se font cuire comme le homard ou la langouste. Servir les langoustines au naturel avec une sauce vinaigrette (63), mayonnaise (72) ou avec du beurre.

533. Salade de langoustines
Préparation : 30 à 40 min – Cuisson : 10 min

50 petites langoustines	
5 cl d'huile d'olive	
Vinaigrette	
300 g de frisée	
200 g de mâche	
100 g de pourpier	
60 g de haricots verts	
200 g d'asperges	
25 g de champignons	
50 g de ciboulette	
Sel, poivre	

Éplucher, laver, égoutter, essorer les salades. Éplucher haricots, asperges et les faire cuire à la vapeur ou à l'eau bouillante salée. Décortiquer les queues de langoustines et réserver les pinces[1].

Passer rapidement les champignons à l'eau courante, après avoir enlevé les bouts terreux. Essuyer avec du papier absorbant et les couper en bâtonnets.

Assaisonner les salades avec de la vinaigrette (63). Bien mélanger et disposer sur le plat. Dans une poêle, chauffer l'huile d'olive. Y faire sauter les queues de langoustines, puis ajouter les tronçons d'asperges, les haricots coupés en julienne et les champignons. La cuisson se fait à feu vif. Mouiller avec un peu de vinaigrette, saler, donner un tour de moulin à poivre et saupoudrer de ciboulette hachée. Disposer le contenu de la poêle sur le fond de salade et servir aussitôt.

534. Crevettes

Se font cuire vivantes à l'eau salée bouillante. (Peu d'eau et beaucoup de sel.)

Crevettes grises : 2 min.
Crevettes roses : 3 min.

---

1. Les pinces pourront servir à une autre préparation.

535. Salade de crevettes

Couper le saumon fumé en fines lamelles, le mélanger aux queues de crevettes et assaisonner de vinaigrette (63) ou de mayonnaise (72). Préparer cette salade 2 h avant de servir.

200 g de crevettes décortiquées
60 g de saumon fumé

536. Cocktail de crevettes
Préparation : 20 min

Préparer la mayonnaise (72), l'assaisonner avec le jus de citron (à volonté), le cognac, le concentré de tomate. Ajouter sel, poivre et curry. Laver les feuilles de laitue. Les ciseler grossièrement et en mettre dans le fond de 6 coupes individuelles. Mélanger les crevettes à la sauce et garnir chaque coupe avec cette préparation.

200 g de crevettes décortiquées
15 cl de mayonnaise
1 citron (jus)
1 c. à s. de concentré de tomate
1 c. à s. de cognac
6 feuilles de laitue
Curry
Sel, poivre

537. Rissoles aux crevettes
Préparation : 20 min – Cuisson : 10 min

Décortiquer les crevettes, garder les carapaces pour les faire cuire : 10 min dans 35 cl d'eau. Passer et garder ce liquide pour faire avec le beurre et la farine une sauce blanche épaisse (18). Y ajouter la moutarde et les crevettes. D'autre part, faire une pâte brisée (1499). L'étaler au rouleau sur 3 mm d'épaisseur. La couper en rondelles de 7 cm de diamètre. Placer au milieu une petite cuillerée de l'appareil. Replier, en forme de chaussons. Souder les bords. Faire frire dans l'huile bien chaude. Égoutter et servir très chaud.

150 g de crevettes grises cuites
40 g de farine
30 g de beurre
1 c. à c. de moutarde
Pâte brisée faite avec 150 g de farine
Huile pour friture

538. Croquettes de crevettes

Préparation : 30 min + le temps nécessaire pour éplucher les crevettes – Cuisson : 40 min

500 g de crevettes grises
75 cl de lait
100 g de beurre
100 g de farine
Noix muscade
Sel, poivre

Faire cuire les crevettes (534), les éplucher. Faire bouillir le lait, y mettre les épluchures, porter à ébullition pendant 5 min, puis laisser cuire doucement pendant 15 min. Filtrer. Piler ensuite soigneusement les débris et recueillir encore tout le liquide.

Faire avec le beurre et la farine une sauce blanche (18) mouillée avec le lait à la crevette ; ajouter la quintessence recueillie en pilant les débris. Incorporer les crevettes, assaisonner ; laisser dessécher 5 min sur le feu, puis faire refroidir. La préparation doit être très épaisse.

Former des croquettes avec cette préparation et les faire frire à l'huile ou dorer au beurre.

539. Crabes et araignées de mer

Voir procédés et temps de cuisson p. 244-245.

540. Coquilles de crabes à l'indienne

Th. 8
Préparation : 30 min – Cuisson : 30 à 40 min

6 crabes
100 g de purée de tomates
Piment de Cayenne
Curry
75 g de beurre

Faire cuire les crabes au court-bouillon (539). Enlever les chairs et les hacher finement. Y ajouter le foie pilé (la matière crémeuse contenue dans la carapace), 1 c. à s. de purée de tomates par crabe, du piment de Cayenne et du curry, à volonté. Remplir chaque carapace avec cette préparation. Mettre un morceau de beurre et faire cuire 10 min à four très chaud.

541. Tourteaux à la roscovite

	2 tourteaux
	3 œufs durs
	25 cl de mayonnaise
	2 tomates
	Persil plat
	Fines herbes

Après avoir fait cuire les crabes au court-bouillon (524), les vider, recueillir les chairs des pattes et des pinces. Conserver et nettoyer une des carapaces. Préparer une salade avec les chairs coupées en dés, le corail, les 3/4 des œufs en rondelles, les fines herbes hachées, la mayonnaise (72). Dresser en pyramide dans la carapace. Décorer de persil haché, du reste d'œufs durs, et de tomates en tranches.

542. Écrevisses

Préparation. Pour « châtrer » (enlever le tube intestinal de chaque écrevisse), détacher d'un coup sec la nageoire du milieu de la queue, le tube noir vient en entier. Plonger au fur et à mesure les écrevisses vivantes dans un court-bouillon bien assaisonné : sel, poivre, laurier, thym, persil.

Temps de cuisson. 10 min.

Présentation. Servir sur un plat, dressées en buisson garni de persil.

543. Écrevisses à la Nantua

Préparation : 1 h 30 – Cuisson : 1 h 10

	40 écrevisses
	60 g de beurre
	20 cl de crème fraîche
	4 jaunes d'œufs
	185 g de champignons

Faire cuire les écrevisses selon la formule 542. Garder le court-bouillon. Les décortiquer. Réserver toutes les carapaces, les piler soigneusement et les faire cuire à feu doux pendant 1 h dans 1 litre de court-bouillon réservé. Passer la réduction au tamis. Faire cuire doucement, dans 30 g de beurre, les queues d'écrevisses pendant 10 min, ajouter le coulis (qui doit être réduit de moitié), incorporer enfin la crème, les champignons cuits dans 30 g de beurre pendant 10 min. Avant de servir, lier avec les jaunes d'œufs.

Utilisation des restes de poisson

544. Coquilles Debelleyme
Th. 7
Préparation : 30 min – Cuisson : 40 min

Pour 6 coquilles :
300 g de restes de poisson
100 g de champignons
80 g de mie de pain
60 g d'oignon
50 g de beurre
20 cl de lait
10 cl de vin blanc
Chapelure
Sel, poivre

Faire étuver pendant 10 min dans 30 g de beurre l'oignon haché finement. Faire tremper la mie de pain dans le lait tiède. Ajouter à l'oignon cuit les champignons coupés en morceaux et les laisser cuire 8 min. Ajouter la mie de pain trempée et pressée, le vin blanc, du sel et du poivre. Laisser mijoter 10 min. Recouvrir le poisson, placé dans chaque coquille, de cette préparation. Saupoudrer de chapelure, mettre un petit morceau de beurre et passer au four chaud pendant 10 min.

545. Coquilles à la mornay
Th. 7
Préparation : 15 min – Cuisson : 30 min

Pour 6 coquilles :
400 g de restes de crustacés
50 cl de sauce mornay

Répartir les restes de crustacés décortiqués dans 6 coquilles. Recouvrir de sauce mornay (23). Passer 10 min au four.

546. Rissoles
Th. 6
Préparation : 1 h – Cuisson : 40 min

	300 g de pâte feuilletée ou brisée prête à l'emploi
	250 g de restes de poisson
	20 cl de sauce blanche
	100 g de champignons
	Beurre
	1 œuf
	Sel, poivre

Étaler la pâte et la couper en cercles à l'emporte-pièce avec un verre ordinaire. Éplucher le poisson, le mêler en petits morceaux à la sauce blanche (18), assaisonner. Ajouter les champignons hachés et cuits 5 min au beurre. Disposer sur la moitié de chaque rond de pâte 1 c. à c. de poisson. Rabattre l'autre moitié ; souder les bords avec un peu d'eau. Dorer à l'œuf et faire cuire au four pendant 20 min.
Remarque. – On peut faire frire les rissoles dans la friture très chaude.

547. Beignets de poisson
Préparation : 10 min – Cuisson : 5 min

Faire une pâte à frire (1400). Y mettre les morceaux de poisson (épluché). Prendre, pour chaque beignet, un morceau de poisson enrobé de pâte. Faire dorer dans la friture chaude.

548. Subrics de poisson
Préparation : 15 min – Cuisson : 35 min

	250 g de restes de poisson
	125 g de champignons
	50 g de beurre
	25 cl de sauce blanche
	Chapelure
	1 œuf
	1 citron
	Persil plat
	Huile pour friture
	Sel, poivre

Éplucher le poisson, le couper en petits morceaux, le mélanger aux champignons épluchés, hachés et cuits 10 min au beurre. Mélanger le tout à la sauce blanche (18) épaisse et laisser refroidir. Former des boulettes oblongues, les passer dans l'œuf battu, dans la chapelure, puis faire dorer dans la friture bouillante. Servir avec citron et persil frit (1919).

549. Aspic de poisson
Mettre dans le fond d'une petite terrine (contenance pour 1 personne) une rondelle de tomate, recouvrir d'un peu de macédoine de légumes et finir par un morceau de poisson. Verser dessus une gelée. Laisser refroidir, démouler et servir frais.

550. Soufflé de poisson

Th. 6
Préparation : 20 min – Cuisson : 65 min

200 g de restes de poisson cuit
Pour la béchamel :
50 g de beurre
70 g de farine
30 cl de lait
4 œufs

Éplucher le poisson. Le mêler à la sauce béchamel très épaisse (21), confectionnée avec les proportions indiquées ci-contre. Ajouter les jaunes d'œufs et les blancs battus bien ferme. Mettre dans un plat allant au four et faire cuire 45 min à four doux pour commencer. Puis augmenter à th. 6. Servir avec une sauce au choix.
Remarque. – On peut faire cuire au bain-marie, 45 min.

551. Timbale Parmentier

Th. 7
Préparation : 1 h – Cuisson : 35 min

500 g de pommes de terre
400 g de restes de poisson
50 cl de sauce blanche
125 g de champignons
3 œufs
100 g de beurre
Sel, poivre

Faire cuire les pommes de terre, les écraser finement, les mélanger avec les œufs, du sel et du poivre. Dresser en couronne dans un plat allant au four, parsemer de 40 g de beurre et faire dorer à four chaud, 20 min. Éplucher le poisson. Faire cuire les champignons hachés dans 30 g de beurre. Faire une sauce blanche (18) et mêler le tout en ajoutant le reste du beurre. Faire chauffer doucement pendant 10 min et verser dans le milieu de la couronne. Servir aussitôt.

552. Boulettes de poisson

Préparation : 20 min – Cuisson : 20 min

400 g de pommes de terre
400 g de restes de poisson cuit
3 œufs
50 g de farine
Huile pour friture
Sel, poivre

Cuire les pommes de terre à l'eau salée ; les réduire en purée, écraser le poisson. Le mêler à la purée en ajoutant les œufs entiers ; assaisonner. Former, avec le mélange, des boulettes qu'on passe dans la farine. Faire frire dans l'huile bouillante. Égoutter sur du papier absorbant et accompagner d'une sauce tomate (38) en saucière.

Les viandes

Les viandes occupent en général une place importante dans les menus. Mais, comme il a déjà été dit au début de cet ouvrage, elles ne doivent pas être consommées en trop grandes quantités et à chaque repas.

Généralités

On fait ordinairement une distinction entre les viandes rouges (bœuf, mouton, cheval) et les viandes blanches (veau, poulet, porc, lapin) qui n'a aucune incidence sur leur digestibilité : seuls le morceau concerné – plus ou moins gras – et le mode de cuisson mis en œuvre sont importants. Une viande simplement grillée, rôtie ou pochée est plus facile à digérer ; une viande en sauce ayant cuit longtemps dans un corps gras le sera moins et ne doit pas être proposée aux très jeunes enfants.

La viande congelée, bien préparée, est souvent aussi savoureuse que la viande fraîche. Avant de lui faire subir une préparation quelconque, il faut la décongeler lentement. La placer, pour cela, quelques heures avant, voire la veille s'il s'agit d'un morceau très important, dans le bas du réfrigérateur.

Il faut compter une moyenne de 120 g de viande sans os par convive et de 160 g avec os.

Il faut savoir enfin que l'on constate une perte de poids de 35 % environ pour les cuissons lentes et de 20 % pour les cuissons rapides.

Préparation

Parer de la viande, c'est enlever les parties trop grasses ou inutiles (tendrons, peau). Selon le mode de cuisson, il faut faire subir à la viande des apprêts différents. Pour une **grillade**, huiler le gril et la pièce de viande. Pour un **rôti**, barder la pièce de viande, c'est-à-dire l'entourer d'une mince couche de lard gras et la ficeler. Pour un **braisé**, larder, c'est-à-dire introduire à l'aide d'une aiguille à larder des petits morceaux de lard gras ou de lard fumé.

Procédés de cuisson (voir p. 54 et suivantes)

– Cuisson à l'eau ;
– Rôtissage :
　rôti,
　grillade,
　four ;
– Cuisson à l'étouffée :
　braisé,
　ragoût.

Présentation

La viande froide. Sur un plat long, coupée en tranches fines et proposée avec des cornichons, de la moutarde, de la mayonnaise et une salade.

La viande chaude.
– viande grillée : disposer la viande sur un plat décoré éventuellement avec des feuilles de salade ou du cresson. On accompagne souvent les grillades de frites ou de pommes sautées ;
– viande rôtie : dresser la viande découpée sur un plat de service avec une ou plusieurs garnitures de légumes et la sauce ou le jus de rôti dans une saucière à part ;
– viande braisée : disposer la viande dans un plat creux accompagnée de sa garniture ou servie dans un autre plat, à part ;
– viande en sauce : servir la viande dans un plat creux, nappée d'une partie de la sauce et proposer le reste dans une saucière, à part.

Sauces pour viande

Pour les viandes blanches

Sauces chaudes

Bâtarde (22); Béarnaise (84); Béchamel (21); Bordelaise (43); Câpres (35); Chivry (30); Chaud-froid blond (37); Curry (41); Financière (40); Hollandaise (82); Poulette (24); Richelieu (42); Soubise (28); Suprême (25); Tomate (38); Velouté (45); Velouté ivoire (46).

Sauces froides

Mayonnaise (72); Mayonnaise au vert (76); Sauce tartare (79); Rémoulade (66).

Pour les viandes rouges

Sauces chaudes

Béarnaise (84); Champignons (52); Chasseur (62); Chateaubriand (53); Pauvre homme (11); Périgueux (54); Poivrade (56); Crapaudine (85); Madère (51); Moutarde (65); Portugaise (55); Raifort (29); Robert (57); Tomate (38).

Sauces froides

Mayonnaise (72); Sauce ravigote (36); Sauce norvégienne (75); Sauce à la diable (86).

N.B. – Toutes les recettes concernant la préparation des viandes sont données avec le beurre comme corps gras. Le beurre peut être remplacé par d'autres corps gras, surtout pour les braisés et ragoûts : huiles neutres ou d'olive, graisse d'oie ou de canard.

Le bœuf

La viande de bœuf peut présenter des caractères différents suivant ses morceaux : une carcasse comporte un quartier supérieur (dos de l'animal) qui fournit les morceaux les plus nobles et les plus tendres, destinés à une cuisson rapide ; le quartier inférieur (flanc) fournit une chair plus ferme pour les pièces à braiser ou à bouillir. La viande doit toujours être bien rouge, brillante et ferme. Sa graisse blanche ou légèrement jaune peut être présente à la surface ou plus ou moins renfermée dans les muscles : on dit alors qu'elle est « persillée » ou « marbrée ». Il faut toujours s'assurer de la bonne provenance d'une viande et, par là, de sa qualité, comme choisir le morceau le mieux adapté à la préparation que l'on veut lui faire subir.

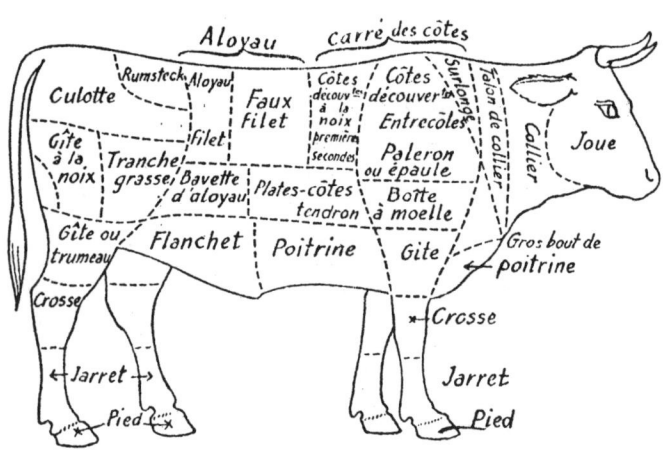

Les viandes

MODE DE CUISSON	MORCEAUX		TEMPS DE CUISSON
Bouillis	Gîte à la noix Tende de tranche Gîte de derrière	1re catégorie	3 h 30 pour 1 kg
	Plat de côtes Macreuse Collet	2e catégorie	
	Grosse poitrine Bavette Surlonge Joues Queues	3e catégorie	
Grillades	Filet Rumsteck Faux-filet Entrecôte	1re catégorie	10 à 25 min suivant épaisseur
Biftecks	Morceaux indiqués ci-dessus Tranche Bavette Jumeau Hampe Onglet	2e catégorie.	5 min
Rôtis	Aloyau Filet Faux-filet Rumsteck	1re catégorie.	15 min pour 500 g
Braisés	Gîte à la noix Tende de tranche Jumeau Paleron Bavette		3 à 4 h pour 1 kg
Ragoûts	Poitrine Gîte à la noix Macreuse Bavette		3 h pour 1 kg

N.B. – Dans nos recettes, les proportions sont établies pour six personnes.

Cuisson à l'eau

553. Bœuf bouilli ou Pot-au-feu
Préparation : 25 min – Cuisson : 3 h 30

La cuisson du pot-au-feu doit se faire selon la formule 186. Mais pour conserver à la viande tout son goût et sa saveur, on doit la mettre à cuire dans l'eau bouillante (voir p. 54-55). L'albumine se trouve coagulée et empêche les sucs de se mêler au liquide de cuisson. Le bœuf ainsi préparé se sert entouré des légumes avec du gros sel, de la moutarde et des cornichons.

Rôtissage

Au gril
Préparation : 1 min – Cuisson : 4 à 5 min

554. Biftecks
Prendre des tranches de viande de 2 cm d'épaisseur. Les badigeonner d'huile. Faire chauffer le gril, y mettre les biftecks et faire dorer 2 min sur une face, puis 2 min sur l'autre. Saler, poivrer et servir avec un beurre maître d'hôtel (12).

555. Entrecôte
La tranche étant plus épaisse, la cuisson dure plus longtemps. Faire rissoler de chaque côté et prolonger encore la cuisson pendant 5 min. Servir avec sauces : maître d'hôtel (12), à la bordelaise (43), béarnaise (84).

À la poêle

556. Biftecks
Cuisson : 4 min

- 6 biftecks de 100 g
- 20 g de beurre
- Sel, poivre

Faire fondre le beurre dans la poêle. Y placer les biftecks et les faire dorer pendant 2 min de chaque côté. La viande ne doit pas avoir plus de 1,5 cm d'épaisseur. Elle est plus vite cuite qu'au gril. Éliminer le beurre cuit, saler et poivrer avant de servir.

557. Biftecks à l'alsacienne
Préparation : 5 min – Cuisson : 6 min

Faire dorer dans le beurre chaud l'oignon coupé en rondelles. Y mettre ensuite les biftecks. Les faire cuire selon la formule 556. Casser un œuf sur chaque bifteck ; saler, poivrer. Laisser cuire encore 3 min et servir aussitôt.

6 biftecks
30 g de beurre
6 œufs
60 g d'oignon
Sel, poivre

558. Biftecks à l'allemande
Préparation : 25 min – Cuisson : 10 min

Hacher la viande ; faire fondre l'oignon haché dans 30 g de beurre chaud. Ramollir le pain dans le lait. Mélanger le tout avec l'œuf entier. Saler, poivrer. Former 6 galettes égales. Les cuire à la poêle dans le reste du beurre chaud, 5 min de chaque côté. Garnir de persil haché.

400 g de bœuf
60 g d'oignon
60 g de mie de pain
40 g de beurre
1 œuf
Lait
Persil plat
Sel, poivre

559. Biftecks à la provençale
Préparation : 25 min – Cuisson : 5 min

Hacher les champignons, puis la viande. Piler l'ail. Mélanger le tout avec l'œuf entier. Saler, poivrer. Chauffer l'huile dans une poêle. Y mettre les biftecks reconstitués et passés dans la farine. Dorer de chaque côté.

400 g de bœuf
100 g de champignons
3 gousses d'ail
1 œuf
Farine
3 c. à s. d'huile d'olive
Sel, poivre

560. Onglet de bœuf à l'échalote
(pour la sauce, 3 jours à l'avance)
Préparation : 30 min – Cuisson : 15 min

Éplucher les échalotes, les hacher très fin. Dans une petite casserole, faire bouillir le vin rouge avec le bouquet garni et le concentré de tomate, jusqu'à réduction de moitié. Verser bouillant sur les échalotes, disposées dans un

900 g d'onglet de bœuf
200 g d'échalotes
105 g de beurre
10 cl de bouillon de veau
15 cl de vin rouge
20 g de concentré de tomate
1 bouquet garni
Sel, poivre

bol. Laisser refroidir et mettre au réfrigérateur (à couvert) pendant 2 à 3 jours.

Le jour de la préparation, battre l'onglet pour l'attendrir. Dans 30 g de beurre, à la poêle, faire cuire l'onglet sur les deux faces. Pendant le même temps, remettre la préparation à l'échalote à chauffer. Retirer le bouquet garni. Ajouter en fouettant 75 g de beurre divisé en morceaux. Quand la sauce est montée, poser l'onglet sur le plat (on le cuit à point, saignant ou bleu) et napper avec cette sauce bien assaisonnée (sel et un tour de moulin à poivre).

Remarque. – On peut accompagner avec du gratin dauphinois ou des pommes de terre cuites à la vapeur.

561. Fondue bourguignonne
Préparation : 1 h

600 à 800 g de rumsteck
1 litre d'huile
1 gousse d'ail
Cornichons
Oignons au vinaigre

Préparer d'abord les sauces qui seront versées dans des ramequins individuels : mayonnaise (72) relevée au cognac ou au whisky, sauce piquante (50), raifort (29), tomate (38). Couper la viande en cubes de 2 cm et les répartir sur chaque assiette. Chauffer l'huile avec l'ail. La verser dans un poêlon posé sur le réchaud de table (feu moyen). Chaque convive pique un cube de viande au bout de sa fourchette, le plonge dans l'huile chaude, puis dans la sauce de son choix. Déguster avec oignons et cornichons.

562. Tournedos
Préparation : 10 min – Cuisson : 10 min

6 tournedos
6 toasts
90 g de beurre
Sel, poivre

Le tournedos est un bifteck épais de 1,5 cm et coupé dans le filet. Dorer dans la moitié du beurre les toasts taillés dans du pain rassis.
Cuire les tournedos dans le reste du beurre, selon goût. Saler, poivrer. Placer chaque tournedos sur un toast. Servir avec sauce béarnaise (84) ou madère (51) ou encore avec 250 g de champignons sautés pendant 5 min dans le beurre de cuisson et parfumés avec 3 c. à s. de madère.

563. Tournedos Rossini
Préparation : 15 min – Cuisson : 15 min

Préparer les tournedos selon la formule 562. Couper le foie gras en tranches et les faire poêler à cru. Les mettre sur les tournedos et placer sur chacun d'eux une rondelle de truffe.

- 6 tournedos
- 6 toasts
- 90 g de beurre
- 6 tranches de foie gras
- 1 truffe
- Sel, poivre

564. Filets mignons
Préparation : 10 min – Cuisson : 10 min

Couper dans un filet des tranches ayant 2 cm d'épaisseur. Les cuire sur le gril ou à la poêle 5 min de chaque côté. Servir avec un beurre maître d'hôtel.

565. Filets mignons châtelaine
Préparation : 25 min – Cuisson : 1 h 30

Faire blanchir pendant 10 min les laitues lavées et épluchées.
Mettre dans le fond d'une cocotte le lard coupé en morceaux, la carotte et l'oignon coupés en rondelles, y placer les laitues. Mouiller avec le jus de veau, le bouillon, ajouter le bouquet garni et laisser cuire pendant 40 min. Quelques minutes avant de servir, faire dorer les filets à la poêle, dans 30 g de beurre. Saler, poivrer. Les disposer sur un plat, intercaler les laitues. Déglacer la poêle avec 1/2 verre d'eau. Laisser réduire et ajouter le reste du beurre par petits morceaux, hors du feu. Napper avec cette sauce.

- 6 tranches de filet
- 6 laitues
- 60 g de lard
- 80 g de beurre
- 60 g de carotte
- 30 g d'oignon
- 50 cl de bouillon de bœuf
- 10 cl de jus de veau
- 1 bouquet garni
- Sel, poivre

566. Aiguillettes de bœuf au gingembre

Préparation : 30 min – Cuisson : 15 min

- 800 g de filet de bœuf
- 80 g de beurre
- 5 cl de vin rouge
- 1 c. à s. de vinaigre de xérès
- 1 c. à s. de sauce soja
- 10 cl de bouillon de veau (cube)
- 50 g de gingembre frais
- 4 épis de maïs au vinaigre
- 200 g de pousses de soja
- Sel, poivre

Nettoyer et laver les pousses de soja. Les cuire 3 min à l'eau bouillante salée. Égoutter. Éplucher le gingembre et le couper en julienne. Cuire le bœuf, bien roulé et ficelé, à la poêle dans 40 g de beurre. Retirer la viande, tenir au chaud. Déglacer la poêle avec le vinaigre, le vin rouge, le bouillon et la sauce soja. Faire bouillir rapidement. Ajouter le gingembre et les pousses de soja. Mélanger. Chauffer doucement en ajoutant le reste du beurre en petits morceaux. Mettre enfin les épis de maïs coupés en quatre.

Réchauffer le tout et disposer sur le plat. Garnir avec la viande coupée en tranches minces. Napper avec la sauce garniture bien chaude. Servir aussitôt.

Remarque. – On peut accompagner de riz à l'indienne (1162) ou de pousses de soja (150 g par personne).

Au four

567. Rôti

Th. 8

Prendre des morceaux indiqués p. 259 et compter 100 à 125 g de viande par personne adulte.

Placer le morceau bardé de lard sur une grille dans le plat à rôtir. Mettre à four chaud (voir p. 56-57) et compter 12 min de cuisson par livre de viande. Quand la viande est bien dorée, saupoudrer de sel. Déficeler le rôti avant de servir. Déglacer le plat (10) et servir le jus dégraissé en saucière.

Servir un rôti de bœuf avec :

Sauce madère (51) ;

Sauce Soubise (28) ;

Sauce champignons (52).

Ou avec :
Purée de carottes ;
Purée d'oignons ;
Purée d'épinards ;
Purée de pommes de terre, etc.
Ou avec une garniture au choix.

À la casserole

568. Rôti à la casserole
Cuisson : 25 min

600 g de rôti

40 g de beurre

À défaut de four, on peut faire un rôti dans une cocotte, à condition de la laisser découverte pendant tout le temps de la cuisson.

Mettre dans la cocotte le beurre. Faire revenir la viande sur toutes ses faces. Laisser découvert et retourner la viande toutes les 5 min. Saler au dernier moment. Finir selon la formule 567.

Braisés

569. Bœuf à la mode
Préparation : 30 min – Cuisson : 4 h 10

900 g de bœuf (piqué de lardons)

Couennes de lard

150 g de bardes de lard

1 pied de veau

20 cl de vin blanc

20 cl de bouillon au choix

1 kg de carottes

60 g d'oignon

1 bouquet garni

Sel, poivre

Dans cette recette, il est important que la chaleur environne complètement la pièce de viande. Foncer la cocotte avec les bardes et les couennes de lard. Y mettre oignon et carottes coupés en rondelles. Placer la viande et le pied de veau. Arroser avec le bouillon chaud et le vin blanc. Saler, poivrer, mettre le bouquet garni. Puis couvrir hermétiquement. Démarrer la cuisson sur le feu. Dès qu'elle a commencé, mettre au four et compter 4 h. Pendant la dernière heure, arroser toutes les 10 min. Laisser la viande exposée à la chaleur du four, sans couvercle, pendant 25 min. La viande doit être dorée.

570. Bœuf à la casserole
Préparation : 30 min – Cuisson : 3 h 30

À défaut de braisière, faire cuire la viande dans une cocotte et sur le feu. Prendre les mêmes proportions que celles nécessaires à la recette 569. Faire d'abord revenir l'oignon dans 40 g de beurre. Puis faire dorer la viande à feu vif. Ajouter les couennes et le pied de veau. Mouiller avec le bouillon et le vin blanc. Assaisonner et mettre le bouquet garni. Faire mijoter pendant 1 h 30. Ajouter ensuite les carottes épluchées et coupées en rondelles. Laisser cuire à petit peu pendant 2 h.

571. Bœuf à la mode froid

Placer dans une terrine la viande cuite (569) entourée de carottes. Arroser avec le jus. Laisser refroidir et prendre en gelée. Démouler le lendemain.

572. Bœuf en chevreuil
(à préparer la veille)
Préparation : 10 min – Cuisson : 3 h

900 g de bœuf
Lardons, lard gras
50 g de beurre
Sel, poivre

Piquer de lardons le morceau de viande, le barder. Le mettre à mariner pendant 24 h dans une marinade (148). Faire revenir la viande dans le beurre, la faire cuire pendant 3 h, à petit feu, avec l'assaisonnement. Préparer avec la marinade une sauce chasseur (62). Ajouter le jus de cuisson. Servir la sauce en saucière pour accompagner la pièce de viande.

573. Bœuf en daube
(à préparer la veille)
Préparation : 20 min – Cuisson : 3 h 20

900 g de bœuf
60 g de beurre
20 cl de bouillon au choix
1 oignon
1 bouquet garni
Sel, poivre

Couper le bœuf en tranches de 3 cm. Les faire mariner dans une marinade (148 ou 149) pendant 12 h. Faire chauffer le beurre. Y mettre les morceaux de viande essuyés et faire revenir, puis les laisser cuire doucement pendant 15 min. Mettre alors la moitié de la marinade, le bouillon, les aromates, du sel et du poivre. Faire cuire à couvert doucement pendant 3 h.

574. Bœuf au riz
Préparation : 15 min – Cuisson : 3 h 30

Faire revenir le morceau de viande dans le beurre. Ajouter l'oignon haché. Assaisonner et mettre le bouquet garni. Arroser avec le bouillon. Laisser cuire doucement pendant 3 h. Ajouter le riz soigneusement lavé et laisser cuire encore à petit feu pendant 30 min.

900 g de bœuf (bas morceau)
50 g de beurre
100 g d'oignon
1 bouquet garni
75 cl de bouillon au choix
250 g de riz
Sel, poivre

575. Estouffade de bœuf
(à préparer 6 h à l'avance)
Th. 4 à 5
Préparation : 10 min – Cuisson : 5 h

Piquer et larder le morceau de bœuf. Le couper en tranches de 3 cm ; les disposer dans une terrine, intercaler avec les oignons coupés en tranches et arroser de vin rouge. Faire mariner pendant 6 h. Placer la viande avec les oignons dans une terrine à couvercle. Mouiller avec le vin et le bouillon. Mettre les aromates, du sel et du poivre. Fermer hermétiquement et cuire au four pendant 5 h. Se sert chaud ou froid comme le bœuf mode.

900 g de bœuf
100 g de lard
20 cl de bouillon au choix
50 cl de vin rouge
300 g d'oignons
1 grosse échalote
Persil plat
Cerfeuil
Thym
Laurier
Sel, poivre

576. Poulets sans tête
Préparation : 40 min – Cuisson : 1 h 35

Couper le morceau de bœuf en 6 tranches minces. Disposer sur chacune une petite tranche de lard fumé et une noix d'échalote et de persil hachés. Rouler chaque tranche en forme de tonnelet, ficeler. Faire fondre le beurre dans une cocotte, y mettre les poulets sans tête et les faire dorer. Mouiller avec le bouillon, saler, poivrer et laisser mijoter pendant 1 h 30. Dégraisser le jus de cuisson et le servir en saucière.

500 g de bœuf
250 g de lard fumé
60 g de beurre
1 échalote
Persil plat
20 cl de bouillon au choix
Sel, poivre

Ragoûts

577. Bœuf bourguignon
Préparation : 20 min – Cuisson : 2 h 40

Couper le bœuf en morceaux. Tailler le lard en dés. Faire fondre le beurre, y faire revenir l'oignon haché et les lardons. Les retirer et faire dorer la viande dans la même graisse. Saupoudrer avec la farine, laisser roussir et mouiller avec le bouillon chaud. Ajouter les lardons, l'oignon, le vin rouge, du sel, du poivre et le bouquet garni. Cuire 2 h 30 doucement. 30 min avant de servir, mettre les champignons épluchés, lavés et coupés en petits morceaux.

700 g de bœuf
100 g de lardons
50 g de beurre
60 g d'oignon
100 g de champignons
30 g de farine
30 cl de vin rouge
30 cl de bouillon au choix
1 bouquet garni
Sel, poivre

578. Carbonade aux herbes
Préparation : 15 min – Cuisson : 1 h 35 min

Prendre des basses côtes découvertes. Les rouler dans la farine. Faire fondre le beurre dans une cocotte, y mettre la viande à dorer. Ajouter persil, estragon, cerfeuil, oignon hachés, sel et poivre. Mouiller avec le bouillon chaud et laisser cuire doucement pendant 45 min. Mettre alors le vinaigre dans lequel a été émiettée la tranche de pain d'épice (donne une sauce très fine) et les cornichons coupés en rondelles. Laisser mijoter encore 45 min.

1 kg de basses côtes
60 g d'oignon
60 g de farine
20 cl de bouillon au choix
20 cl de vinaigre
40 g de beurre
80 g de pain d'épice
60 g de cornichons
Persil plat
Estragon, cerfeuil
Sel, poivre

Utilisation des restes de bœuf bouilli

579. Bœuf en sauce
Champignons (52), piquante (50), tomate (38).
Couper la viande en tranches, préparer la sauce et faire réchauffer la viande dans la sauce, sans la laisser bouillir. Si l'ébullition se produit, la viande durcit.

580. Bœuf à la persillade
Préparation : 20 min – Cuisson : 30 min

Bœuf bouilli
10 cl de vinaigre
20 g de farine
40 g de beurre
1 c. à c. de moutarde
Persil plat
20 cl de bouillon au choix
Sel, poivre

Faire mariner la viande, coupée en 12 tranches, dans le vinaigre avec poivre et sel. Faire fondre le beurre, y ajouter la farine, laisser dorer pour obtenir un roux blond (37). Mouiller avec le bouillon chaud et le vinaigre. Ajouter le persil haché et la moutarde. Verser la sauce sur les tranches de viande.

581. Bœuf miroton
Th. 7 à 8
Préparation : 10 min – Cuisson : 35 min

Bœuf bouilli
50 cl de sauce brune
40 g de concentré de tomate
8 cornichons

Préparer une sauce brune (49). Y ajouter le concentré de tomate et les rondelles de cornichon. Couper le bœuf en 12 tranches. Mettre dans un plat à gratin un peu de la sauce, y disposer les tranches de viande, napper avec le reste de la sauce et faire gratiner au four pendant 15 min.

582. Bœuf frit
Préparation : 10 min – Cuisson : 5 min

Bœuf bouilli
10 cl d'huile
10 cl de vinaigre
Pâte à frire
Huile pour friture
Sel, poivre

Couper le bœuf en 12 tranches. Les mettre à mariner dans l'huile et le vinaigre, saler et poivrer. Les tremper ensuite dans une pâte à frire (1400) et faire dorer dans la friture bouillante.

583. Bœuf grillé
Préparation : 5 min – Cuisson : 4 min

Bœuf bouilli
40 g de beurre

Couper le bœuf bouilli en 12 tranches. Faire fondre le beurre dans la poêle et faire griller comme des biftecks, 2 min de chaque côté.

584. Bœuf en salade

Couper le bœuf bouilli en petits dés. Assaisonner avec une sauce vinaigrette (63). Saupoudrer de persil et de ciboule hachés.

585. Bœuf en croquettes
Préparation : 45 min – Cuisson : 5 min

Faire étuver l'oignon haché dans le beurre. Faire tremper le pain dans le lait chaud. Hacher la viande et le lard fumé, mélanger avec oignon, pain, persil haché. Lier avec l'œuf entier, du sel et du poivre. Diviser cette préparation en boulettes. Les rouler dans la farine, puis les faire cuire dans la friture très chaude. Servir avec du persil frit (1919).

300 g de bœuf bouilli
100 g de mie de pain
100 g de lard fumé
60 g d'oignon
10 cl de lait
30 g de beurre
1 œuf
Persil plat
50 g de farine
Huile pour friture
Sel, poivre

586. Palets de bœuf sur purée de haricots

Préparer un hachis selon la formule 585. Diviser cette préparation en palets. Les faire dorer dans le beurre. Les disposer dans un plat, sur une purée de haricots blancs préparée selon la formule 1047. Arroser avec le reste du beurre bien chaud.

600 g de hachis
500 g de purée de haricots blancs
Beurre

587. Hachis Parmentier
Th. 6
Préparation : 1 h – Cuisson : 35 min

Préparer un hachis selon la formule 585. Préparer une purée de pommes de terre selon la formule 1093. Disposer dans un plat allant au four une couche de purée, une couche de hachis, une couche de purée. Saupoudrer à volonté de chapelure ou de gruyère râpé. Parsemer de beurre et faire dorer au four pendant 20 min.

500 g de hachis
1 kg de pommes de terre
60 g de gruyère râpé ou de chapelure
Beurre

588. Pain de bœuf

Th. 5 à 6
Préparation : 30 min – Cuisson : 60 min

250 g de bœuf bouilli
20 cl de lait
40 g de farine
40 g de beurre
3 œufs
Sel, poivre

Faire, avec le lait, le beurre et la farine, une sauce blanche (18). La mélanger avec la viande hachée. Ajouter les 3 jaunes d'œufs. Battre les blancs bien ferme, assaisonner. Mêler le tout et mettre la préparation dans un moule bien beurré. Faire prendre au four pendant 40 min.

589. Hachis rôti

Th. 7
Préparation : 15 min – Cuisson : 1 h

600 g de hachis
1 morceau de crépine de porc
75 g de lard gras
50 g de beurre

Préparer un hachis selon la formule 585. L'envelopper dans une crépine de porc en lui donnant la forme longue d'un rôti. Barder. Mettre au four vif (th. 8) dans un plat contenant 1 c. à s. d'eau et le beurre. Laisser dorer 10 min, retourner, puis baisser le feu. Laisser cuire 45 min environ. Servir comme un rôti, sur un lit de cresson avec la sauce en saucière.

590. Potted meat

Préparation : 20 min

250 g de bœuf bouilli
250 g de beurre
2 c. à s. de pâte d'anchois
Saindoux ou graisse d'oie
Noix muscade râpée
Sel, poivre

Hacher finement la viande de bœuf cuite, la travailler avec le beurre, ajouter la sauce aux anchois (31), de la noix muscade, du sel et du poivre. Mettre cette pâte bien lisse dans une terrine. Recouvrir d'une couche de graisse qui permet une conservation de 5 ou 6 jours.

591. Utilisation des restes de rôti

Couper la viande en tranches minces. Les disposer sur un plat garni avec du cresson et servir avec une des sauces suivantes, en saucière :
Sauce tartare (79),
Mayonnaise froide (72),
Variétés de mayonnaise (72 à 79).

On peut également servir les restes de rôti coupés en tranches minces et réchauffés dans une sauce (voir Utilisation des restes de bœuf bouilli, p. 268-271).

Les abats

Les abats ne doivent être cuisinés que s'ils sont d'une fraîcheur irréprochable et si l'on est sûr de leur origine. Leur vente est réglementée depuis 1996 en raison du risque de transmission à l'homme de l'encéphalopathie spongiforme bovine. La cervelle et les amourettes (moelle épinière) sont interdites à la vente depuis cette date.

592. Cœur
Préparation : Piquer le cœur de lardons, l'entourer d'une mince barde de lard, ficeler et accommoder comme le bœuf à la mode (569) ou le bœuf à la casserole (570).

593. Cœur de bœuf en matelote
Préparation : 20 min – Cuisson : 2 h 30

Faire dorer l'oignon haché dans 30 g de beurre. Y mettre les 2 cœurs, laisser dorer et saupoudrer de farine. Mélanger. Mouiller avec le vin rouge et le bouillon. Assaisonner de sel, de poivre et du bouquet garni. Laisser mijoter pendant 2 h. Passer le liquide de cuisson. Couper les cœurs en tranches fines. Les mettre dans la sauce et laisser mijoter encore 20 min. Ajouter le reste de beurre avant de servir avec les petits croûtons frits au beurre.

2 cœurs de bœuf
50 cl de bouillon au choix
10 cl de vin rouge
20 g de farine
60 g de beurre
1 oignon
1 bouquet garni
Croûtons de pain
Sel, poivre

594. Foie
Le foie de bœuf est connu sous l'appellation « foie de génisse ». Enlever le fiel et couper les petites peaux. Détailler le foie en tranches si la préparation (grillé ou sauté) l'exige. Au contraire, le laisser entier et le piquer de lardons si la cuisson est longue.

595. Foie grillé
Préparation : 5 min – Cuisson : 10 min

Couper le foie en tranches minces. Les badigeonner d'huile ; les poser sur le gril chaud et les faire griller 5 min sur chaque face. Servir avec un beurre maître d'hôtel (12), un beurre noir (14) ou une sauce ravigote (36).

596. Foie à la casserole
Préparation : 5 min – Cuisson : 50 min

Faire chauffer le beurre. Y mettre l'oignon à dorer. Le retirer. Faire revenir le morceau de foie piqué de lardons. Le retirer et verser la farine dans le corps gras. Mouiller avec le vin blanc. Assaisonner, mettre thym et laurier. Ajouter le morceau de foie et laisser cuire doucement pendant 40 min en arrosant le foie de temps en temps. Au moment de servir, passer le jus et en napper le morceau de foie.

500 g de foie
Lardons
80 g de beurre
30 g de farine
30 cl de vin blanc
50 g d'oignon
Thym, laurier
Sel, poivre

Gras-double

Le gras-double, qui est la panse du bœuf, se vend cru ou cuit.

597. Gras-double cru

Laver, brosser, gratter et laisser tremper environ 4 h. Le faire cuire bien recouvert d'eau froide salée. On peut ajouter à volonté carottes, oignons, vin blanc, poivre, clous de girofle. La cuisson doit être lente et durer au moins 5 h. On peut aussi acheter le gras-double cuit.

598. Gras-double en sauce

Tailler le gras-double cuit en lanières de 1 cm. Préparer une sauce à volonté :
Béchamel (21), poulette (24), piquante (50), tomate (38). Y mettre le gras-double et le laisser mijoter pendant 20 min.

599. Gras-double à la lyonnaise
Préparation : 20 min – Cuisson : 20 min

500 g de gras-double
150 g d'oignons
50 g de beurre
10 cl de vinaigre
Persil plat

Faire chauffer le beurre dans une poêle. Y faire dorer les oignons hachés finement. Mettre ensuite le gras-double taillé en lanières. Laisser cuire 15 min. Au moment de servir, mouiller avec le vinaigre et parsemer de persil haché.

600. Pieds paquets à la provençale
Préparation : 30 min – Cuisson : 2 h

500 g de gras-double cuit
125 g de lard maigre
100 g de barde de lard
20 cl de vin blanc sec
Bouillon au choix (quantité nécessaire)
15 cl de purée de tomates fraîches
60 g d'oignon
1 petit pied de veau
60 g d'ail
Fines herbes
Noix muscade râpée
1 clou de girofle
Sel, poivre blanc

Couper le gras-double en morceaux rectangulaires de 15 cm sur 10 cm environ. Couper le lard en bandes minces et en disposer une sur chaque morceau de gras-double ainsi qu'une gousse d'ail entière, une grosse noix de fines herbes hachées (persil, ciboule, etc.). Assaisonner avec poivre blanc et noix muscade râpée. Rouler chaque morceau pour en faire une paupiette. Ficeler serré. Disposer dans une cocotte la barde de lard, l'oignon épluché, piqué du clou de girofle ; y mettre les paquets et verser alors la purée de tomates, le vin blanc sec, sel, poivre et le pied de veau coupé en quatre. Verser sur le tout du bouillon jusqu'à la hauteur supérieure des paquets. Couvrir. Faire bouillir, puis laisser mijoter à feu doux et régulier pendant 2 h.
Servir les paquets déficelés, avec la sauce passée au tamis et accompagnés de pommes de terre à la vapeur.

601. Gras-double en salade
Assaisonner le gras-double cuit et coupé en lanières avec une sauce vinaigrette (63), ravigote (36) ou à la diable (86).

Les viandes 275

602. Tripes à la mode
Th. 4
Préparation : 35 min – Cuisson : 8 h à four doux

1 kg de gras-double cuit
100 g de mie de pain
200 g d'oignons
1 échalote
Ciboule
Persil plat
40 cl de vin blanc
70 g de beurre
Sel, poivre

Disposer dans une terrine une couche de gras-double, une couche de hachis fait avec oignons, échalote et fines herbes hachés, mie de pain émiettée, sel et poivre. Mettre des couches alternativement jusqu'à épuisement. Arroser de vin blanc. Mettre le beurre en petits morceaux. Couvrir et faire cuire au four pendant 6 à 8 h.

603. Langue de bœuf
Préparation : Faire tremper la langue à l'eau froide pendant 12 h en changeant l'eau 2 ou 3 fois. Retirer les parties grasses puis la plonger dans de l'eau bouillante. La laisser 20 min. La rincer à l'eau froide. Enlever alors la peau rugueuse et le cornet en incisant la peau à la base et en tirant vers la pointe. La laver puis l'éponger.

604. Langue bouillie
Préparer un court-bouillon, formule 157 ou 158. Introduire la langue dans le liquide froid et la laisser cuire pendant 3 h à petit feu. Couper la langue dans le sens de la longueur ou en tranches de 1 cm d'épaisseur, mais en biais, et servir avec une sauce à volonté : câpres (35), Soubise (28), piquante (50), tomate (38).
On peut servir aussi la langue sur une purée de légumes : marrons (1063), oseille (1072), lentilles (1159), champignons (966).

605. Langue à la casserole
Préparation : 40 min – Cuisson : 3 h

1 langue de bœuf
60 g de beurre
20 cl de vin blanc
60 g d'oignon
20 g de farine
Sel, poivre

Faire cuire la langue pendant 2 h dans un court-bouillon (157), l'égoutter, l'essuyer. Faire fondre le beurre dans la casserole ; y mettre l'oignon haché et la langue. Laisser dorer des deux côtés. Saupoudrer de farine et mouiller ensuite avec le vin blanc, saler, poivrer et faire mijoter doucement pendant 1 h.

606. Langue à l'italienne
Préparation : 1 h – Cuisson : 4 h

1 langue de bœuf	
20 cl de vin blanc	
20 cl de bouillon au choix	
60 g d'oignon	
60 g de carotte	
100 g de bardes de lard	
200 g de macaronis	
150 g de gruyère	
6 petites tomates farcies	
Sel, poivre	

Faire cuire la langue au court-bouillon (157) pendant 1 h 30. L'essuyer, puis mettre dans une cocotte lard, oignon et carotte en rondelles. Placer dessus la langue. Arroser avec le vin blanc et le bouillon. Saler, poivrer. Couvrir hermétiquement et faire cuire au four pendant 2 h 30.

D'autre part, faire cuire des macaronis selon la formule 1185. Y incorporer au moment de servir le gruyère râpé. Disposer sur le plat la langue coupée en tranches (en biais), les macaronis et les petites tomates farcies selon la formule 1127. Servir en saucière le jus passé et dégraissé.

607. Museau en salade
Couper le museau cuit en tranches minces. Préparer à volonté : vinaigrette (63), mayonnaise (72), ravigote (36), tartare (79).
Laisser macérer le museau dans l'assaisonnement pendant 6 h et servir en hors-d'œuvre.

Rognons

Le rognon de bœuf demande un soin spécial pour sa préparation, car il a une forte odeur ammoniacale.

608. Préparation des rognons
Fendre les rognons en deux : enlever la peau, retirer la graisse et les petites peaux. Essuyer avec un linge, couper en tranches et faire blanchir 5 min à l'eau bouillante.

609. Rognons sautés

500 g de rognons
20 g de farine
Bouillon au choix
100 g de beurre
25 g d'échalote
Sel

Faire chauffer le beurre et y faire dorer les tranches de rognons. Saler. Saupoudrer avec la farine et l'échalote hachée. Mouiller avec du bouillon pour obtenir une sauce bien liée. Laisser mijoter 30 min.

On peut aussi servir les rognons de bœuf avec une sauce bordelaise (43), poivrade (56) ou Robert (57).

610. Rognons aux champignons
Préparation : 25 min – Cuisson : 35 min

700 g de rognons
100 g de beurre
20 cl de madère
10 cl de purée de tomates
200 g de champignons
30 g de farine
Persil plat
6 croûtons de pain
Sel, poivre

Faire sauter et cuire pendant 10 min dans 50 g de beurre les champignons épluchés et coupés. Préparer les rognons selon la formule 608, les couper en tranches (de biais) de 1 cm d'épaisseur. Faire fondre le reste du beurre et faire sauter les tranches de rognons pendant 4 min, les retirer. Mettre dans la sauteuse le madère, la purée de tomates et la farine délayée à l'avance avec le jus de cuisson des champignons. Laisser épaissir, puis mettre les rognons. Laisser cuire 20 min. Ajouter les champignons. Assaisonner. Saupoudrer de persil haché. Servir avec des croûtons frits au beurre.

Le cheval

Toutes les préparations culinaires convenant au bœuf peuvent être appliquées à la viande de cheval. Cette dernière, plus tendre, ne nécessite pas de maturation et peut même être consommée crue sans danger, l'animal n'étant jamais atteint par la tuberculose ou le ténia. Sa consommation demeure cependant très faible.

La viande de cheval est d'une couleur plus sombre que celle de bœuf (elle s'oxyde plus facilement à l'air) et peu odorante.

Le veau

La viande de veau provient du petit de la vache généralement âgé de moins de 6 mois au moment de l'abattage. On distingue deux sortes d'animaux :
– Le veau « élevé sous la mère », nourri exclusivement avec le lait de sa mère, éventuellement celui d'autres vaches. Sa chair est tendre, à peine rosée et sa graisse blanche et ferme ne persille jamais la viande.
– Le veau élevé en « bandes », nourri avec du lait en poudre et des compléments alimentaires. La qualité de sa chair est moindre tout en restant satisfaisante si cet élevage est pratiqué dans un souci de qualité.

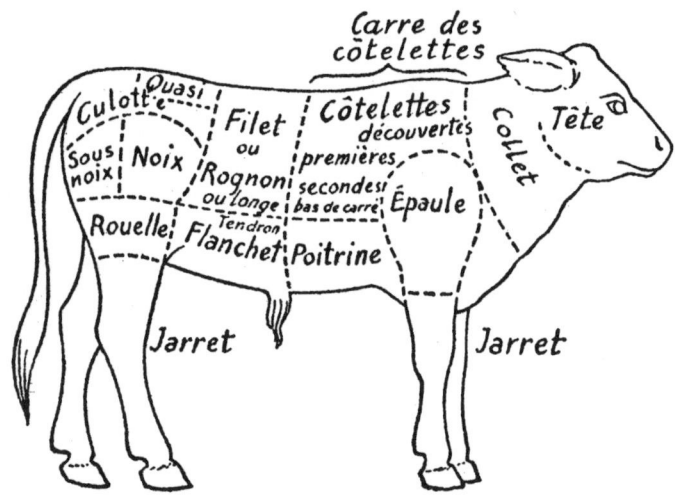

MODE DE CUISSON	MORCEAUX	TEMPS DE CUISSON
Bouillis	Épaule Bas de carré Poitrine Tendrons Collet Jarret	2 h pour 1 kg
Grillades — Escalopes et côtelettes	Noix pâtissière Noix Sous-noix Longe Quasi Rouelle Côtes	10 à 15 min suivant épaisseur
Rôtis	Noix-quasi Carré Rouelle Longe Rognon	30 min par 500 g
Braisés	Noix Carré Bas de carré Épaule	2 à 3 h pour 1 kg
Ragoûts	Carré découvert Collet Bas de carré Poitrine Haut de côtes	2 h pour 1 kg

N.B. – Dans nos recettes, les proportions sont établies pour six personnes.

Cuisson à l'eau

611. Blanquette
Préparation : 15 min – Cuisson : 2 h 30

Couper le veau en morceaux réguliers. Les mettre dans une casserole en les recouvrant d'eau froide. Ajouter vin blanc, carotte et oignon coupés en rondelles, bouquet garni. Assaisonner. Faire bouillir, écumer, puis, à partir de l'ébullition, laisser mijoter doucement pendant 1 h 30 à 2 h. Égoutter la viande ; passer le bouillon de cuisson et l'utiliser pour mouiller le roux blond (37) fait avec le beurre et la farine. Laisser mijoter 10 min. Au moment de servir, faire une liaison avec le jaune d'œuf.

500 g de tendrons de veau
500 g d'épaule
20 cl de vin blanc
60 g de carotte
1 oignon
1 bouquet garni
40 g de beurre
40 g de farine
1 jaune d'œuf
Sel, poivre

612. Blanquette aux champignons

Procéder selon la formule 611. Ajouter à la sauce les champignons crus coupés et épluchés et les petits oignons cuits doucement pendant 25 min dans le beurre.

1 kg de veau
125 g de champignons
100 g de petits oignons
40 g de beurre

613. Poitrine de veau ménagère
Préparation : 25 min – Cuisson : 2 h 30

Mettre dans une marmite la poitrine coupée en morceaux et le lard. Recouvrir avec l'eau et faire cuire doucement pendant 1 h 30. Ajouter les légumes épluchés et faire cuire encore 1 h. Dresser sur un plat la viande au milieu, les légumes en couronne. Garnir avec les morceaux de lard.

1 kg de poitrine de veau
250 g de lard salé
1 petit chou
200 g de carottes
200 g de navets
3,5 litres d'eau

Rôtissage

Au gril

614. Côtes de veau
Badigeonner les deux faces avec de l'huile, les mettre sur le gril chaud et faire dorer 5 min de chaque côté. Servir avec un beurre maître d'hôtel (12).

À la poêle

615. Escalopes nature
Préparation : 6 min – Cuisson : 10 min

6 escalopes de veau
40 g de beurre
1 citron (jus)
Persil plat
Sel

Faire chauffer le beurre dans la poêle. Y placer les escalopes à feu vif ; les laisser dorer 5 min de chaque côté. Les mettre sur un plat. Saler. Déglacer la poêle avec 1 c. à s. d'eau, faire chauffer, ajouter le jus de citron, saler le jus et verser sur la viande. Saupoudrer de persil haché.

616. Escalopes aux champignons
Servir les escalopes cuites selon la formule 615 avec des champignons en garniture, cuits selon la formule 966.

617. Escalopes Soubise
Servir les escalopes cuites selon la formule 615 avec une purée d'oignons (1069).

618. Escalopes panées
Préparation : 10 min – Cuisson : 10 min

6 escalopes de veau
2 œufs
Chapelure
60 g de beurre
Persil plat
Sel, poivre

Battre les œufs. Passer chaque escalope dans cette préparation, puis dans la chapelure. Faire chauffer le beurre et y placer les escalopes. Laisser cuire 5 min de chaque côté. Assaisonner. Servir avec du persil haché.

619. Escalopes à la viennoise
Préparation : 20 min – Cuisson : 20 min

6 escalopes de veau
1 œuf
30 g de farine
150 g de chapelure
1 citron
6 filets d'anchois
6 olives dénoyautées
Huile pour friture
Sel, poivre

Aplatir les escalopes pour qu'elles aient 7 mm environ d'épaisseur. Passer chaque escalope dans la farine, puis dans l'œuf battu en omelette. Assaisonner. Puis rouler dans la chapelure. Veiller à ce que la panure tienne bien à la viande. Faire chauffer l'huile. Au moment où elle fume, glisser les escalopes (2 par 2 s'il y a la place dans la bassine à friture). Cuire 3 à 4 min sur chaque face. Disposer sur un plat. Garnir chaque escalope d'une rondelle de citron. Mettre au centre un filet d'anchois roulé et au milieu une olive dénoyautée. Servir bien chaud.
(Il est bon de préparer les 6 garnitures à l'avance.)

620. Escalopes panées à la milanaise
Préparation : 15 min – Cuisson : 10 min

6 escalopes de veau
100 g de Comté
2 œufs
Chapelure
50 g de beurre
3 c. à s. d'huile
1 citron
Sel, poivre

Battre les œufs. Râper le gruyère et le mêler à la chapelure. Passer chaque escalope dans l'œuf battu, puis dans le mélange de gruyère et de chapelure. Faire chauffer le beurre et l'huile, y placer les escalopes. Laisser cuire 5 min de chaque côté. Assaisonner. Servir avec le jus de cuisson allongé d'un filet de citron.

621. Escalopes à l'italienne
Préparer des escalopes selon la formule 618. Servir avec une sauce tomate (38), en saucière.

622. Escalopes Zéphyr

6 escalopes de veau
30 cl de crème fraîche
Citron
30 g de beurre
Sel, poivre

Faire cuire les escalopes selon la formule 615. Quand elles sont cuites, les dresser sur un plat et les maintenir au chaud. Verser, dans la poêle qui contient le jus de cuisson, la crème. Faire bouillir doucement en tournant. Assaisonner. Verser sur les escalopes. Garnir le plat avec des rondelles de citron.

623. Escalopes gratinées
Préparation : 10 min – Cuisson : 30 min

6 escalopes de veau
70 g de beurre
40 g de farine
10 cl de lait
15 cl de crème fraîche
150 g de champignons
50 g de gruyère râpé

Battre les escalopes et les faire cuire dans 40 g de beurre (615). D'autre part, faire, avec le reste de beurre, la farine et le lait, une sauce blanche (18). Y mettre à cuire pendant 10 min les champignons épluchés et lavés. Ajouter alors la crème. Placer les escalopes dans un plat à four. Les recouvrir avec la sauce, parsemer de gruyère râpé et faire gratiner 10 min à four chaud.

624. Côtes de veau sautées

6 côtes de veau
60 g de beurre

Pour la cuisson des côtes, procéder exactement comme pour les escalopes (615). Si elles sont plus épaisses, prolonger la cuisson de 2 ou 3 min.

625. Côtes de veau à la purée
Faire cuire les côtes selon la formule 624. Servir sur purée de légumes : pommes de terre, champignons, épinards, oignons, oseille.

626. Côtes de veau en sauce
Faire cuire les côtes selon la formule 624 et servir avec une sauce tomate (38) ou madère (51), en saucière.

627. Côtes de veau à la vert-pré
Préparation : 5 min – Cuisson : 15 min

6 côtes de veau
100 g de beurre
1 bouquet de cerfeuil
Sel, poivre

Faire cuire, dans 40 g de beurre, les côtes de veau, 6 min de chaque côté. Couvrir. Manier le reste du beurre avec le cerfeuil haché et verser le tout sur chaque côte, dans la poêle. Saler, poivrer et servir aussitôt.

628. Côtes de veau aux truffes

Préparation : 5 min – Cuisson : 15 min

6 côtes de veau
Pelures de truffe
20 cl de madère
50 g de beurre
Sel

Faire dorer dans le beurre les côtes. Prolonger la cuisson (6 min sur chaque face). Saler. Retirer les côtes, les maintenir au chaud. Verser dans la poêle le madère et les pelures de truffe. Napper les côtes avec cette sauce qui a cuit 3 min.

629. Côtes de veau panées

Voir escalopes panées (618), à la milanaise (620), à l'italienne (621).

630. Côtes de veau en papillotes

Th. 6
Préparation : 45 min – Cuisson : 50 min

6 côtes de veau
100 g de champignons
50 g de lard gras
Bardes de lard
50 g de jambon
80 g de beurre
1/2 oignon
2 échalotes
Persil plat
2 citrons (jus)
Sel, poivre

Hacher finement l'oignon et les échalotes. Les faire étuver pendant 5 min dans 30 g de beurre. Ajouter ensuite les champignons hachés et prolonger la cuisson, en tournant, pendant 5 min. Hacher finement lard, jambon et persil. Mélanger le tout. Saler, poivrer. Faire dorer les côtes dans 50 g de beurre, 2 min de chaque côté. Placer sur chaque face 1 c. à c. de la préparation, entourer d'une petite barde de lard. Envelopper chaque côte dans des feuilles de papier aluminium. Placer dans un plat et mettre à cuire à four moyen pendant 30 min. Au moment de servir, arroser chaque côte avec du jus de citron.

Préparation des papillotes. Découper, dans du papier résistant ou d'aluminium plié en double, la papillote, en prenant soin de la tailler de façon à ce qu'elle déborde de 5 cm tout autour de la pièce de viande. Huiler soigneusement le papier. Placer la viande sur un côté. Rabattre et rouler les bords ensemble pour bien fermer la papillote.

Au four

631. Rôti de veau
Th. 7

Barder le morceau de veau, choisi d'après les indications données page 279, le ficeler et le placer sur une lèchefrite dans un plat allant au four. Mettre à four modérément chaud, et compter 30 min de cuisson par livre de viande. Quand la viande est dorée, saler et arroser avec le jus de cuisson. Un rôti de veau est cuit si le jus, qui s'échappe lorsque la viande est piquée avec une aiguille, est complètement incolore. Pour servir, déficeler le rôti, déglacer le plat (10), dégraisser le jus et le servir en saucière.

Servir un rôti de veau avec : sauce tomate (38), aux champignons (52), Périgueux (54), jardinière ou macédoine, purée de carottes, d'oignons, d'épinards, de pommes de terre.

632. Rôti de veau à la moutarde
(24 h à l'avance)
Th. 7
Préparation : 15 min – Cuisson : 45 min

1 kg de veau (noix)
60 g de moutarde
100 g de crème fraîche
Sel, poivre

Étaler avec soin la moutarde forte sur le rôti. Le mettre dans un plat et le napper avec la crème fraîche. Faire mariner pendant 24 h. Avant de faire cuire le rôti, en retirer la crème et la moutarde que l'on réserve. Cuire le rôti selon la formule 631 pendant 45 min. Maintenir le rôti au four, mais recueillir le jus de cuisson et délayer à feu doux avec la moutarde et la crème. Saler, poivrer. Servir la sauce en saucière.

633. Poitrine de veau farcie
Th. 7
Préparation : 30 min – Cuisson : 1 h 20

1 kg de poitrine de veau désossée
200 g de lard frais
200 g de viande de porc
Bardes de lard
5 cl de cognac
Persil plat
Sel, poivre

Faire une farce (153). Garnir la viande de cette préparation, la rouler, barder avec le lard, ficeler et faire cuire au four selon la formule 631.

À la casserole

634. Veau à la casserole
Th. 7
Cuisson : 50 min

700 g de veau
40 g de beurre
Bardes de lard
Sel

Mettre le beurre à chauffer dans la cocotte. Faire revenir le rôti, bardé et ficelé, sur toutes les faces. Cuire à découvert 45 min et retourner la viande toutes les 5 min. Saler lorsque la viande est bien dorée. Finir selon la formule 631.

Braisés

635. Fricandeau
Préparation : 40 min – Cuisson : 3 h 30

800 g de veau (noix)
150 g de lard frais
150 g de bardes de lard
Couennes
1 carotte
1 oignon
50 cl de bouillon au choix
1 c. à s. de cognac
1 bouquet garni
30 g de beurre
Sel, poivre

Couper le lard en minces bâtonnets et les piquer à intervalles réguliers dans la pièce de viande. La faire dorer dans le beurre chaud et la retirer. Mettre dans le fond de la cocotte les bardes et les couennes de lard. Placer la viande, entourée de carotte, oignon, bouquet garni. Mouiller avec 10 cl de bouillon chaud et le cognac ; assaisonner. Couvrir. Faire partir sur le feu et laisser mijoter doucement pendant 1 h. La sauce étant très réduite, mettre le reste du bouillon. Faire bouillir, couvrir et mettre au four pendant 2 h 30. Dégraisser le jus de cuisson, le passer et servir sur la viande.

Servir avec purée d'oseille, chicorée, épinards.

636. Veau à la bourgeoise
Préparation : 25 min – Cuisson : 2 h

Couper le lard en petits dés, les introduire dans le morceau de veau à l'aide d'un couteau. Faire fondre le beurre dans la cocotte et y mettre le morceau de viande à dorer. Ajouter les oignons entiers, le bouquet garni, du sel et du poivre. Mouiller avec le bouillon chaud et laisser cuire doucement pendant 1 h. Mettre alors les carottes coupées en rondelles. Prolonger la cuisson encore 1 h.

800 g de veau (noix)
125 g de lard fumé
1 kg de carottes
125 g d'oignons
50 cl de bouillon au choix
1 bouquet garni
40 g de beurre
Sel, poivre

637. Veau jardinière
Préparation : 45 min – Cuisson : 2 h 45

Faire dorer dans le beurre chaud les petits oignons et le lard coupé en dés. Faire revenir le morceau de veau, assaisonner, mouiller avec le bouillon chaud, couvrir et laisser cuire doucement en retournant de temps en temps, pendant 1 h 30. Mettre autour les légumes épluchés : carottes et pommes de terre, petits pois et laitue. Laisser cuire encore 1 h. Ajouter les haricots verts cuits aux 3/4 selon la formule 1039, 15 min avant de servir.
Servir sur un plat creux, avec légumes et sauce.

800 g de veau
100 g de lard
250 g de carottes nouvelles
350 g de pommes de terre nouvelles
350 g de pois écossés
250 g de haricots verts
10 petits oignons
1 laitue
40 g de beurre
10 cl de bouillon au choix
Sel, poivre

638. Veau à l'étouffée
Préparation : 5 min – Cuisson : 2 h

Faire revenir dans le beurre chaud le morceau de viande entouré de bardes de lard. Parsemer d'oignon haché. Assaisonner et mouiller avec le vin blanc et le bouillon. Couvrir et laisser mijoter très doucement pendant 2 h.

800 g de veau
Bardes de lard
40 g de beurre
1 oignon
2 cl de vin blanc sec
2 cl de bouillon au choix
Sel, poivre

639. Veau à la crème
Préparation : 10 min – Cuisson : 2 h

Faire revenir dans le beurre chaud le morceau de viande entouré de bardes de lard. Saupoudrer d'oignon haché et de farine. Mouiller avec le bouillon chaud et le vin blanc. Assaisonner et laisser cuire très doucement pendant 2 h. Passer le jus de cuisson. Faire une liaison avec les jaunes d'œufs et la crème. Tenir la sauce chaude au bain-marie pour dresser la viande. (Enlever lard et ficelles.)

800 g de veau
Bardes de lard
40 g de beurre
2 oignons
30 g de farine
10 cl de vin blanc
10 cl de bouillon au choix
2 jaunes d'œufs
10 cl de crème fraîche
Sel, poivre

640. Veau Franchard
Préparation : 10 min – Cuisson : 1 h 30

Barder la viande. Mettre le beurre dans la cocotte. Y faire revenir la viande avec le lard coupé en morceaux. Ajouter les oignons pelés et l'estragon lavé. Mouiller avec le bouillon. Assaisonner. Laisser mijoter 1 h à feu très doux. Ajouter les champignons entiers lavés. Laisser cuire encore 30 min. Au moment de servir, retirer l'estragon. Dresser dans un plat creux.

1 kg de veau
Bardes de lard
1 bouquet d'estragon
10 petits oignons
125 g de lard
125 g de champignons
40 g de beurre
10 cl de bouillon au choix
Sel, poivre

641. Carré de veau à la bûcheronne
Préparation : 20 min – Cuisson : 2 h 30

Parer, barder la viande. Mettre le beurre dans la cocotte et faire revenir le veau sur toutes ses faces. Retirer de la cocotte et y faire dorer alors les oignons en ajoutant le sucre. Remettre la viande. Mouiller le tout avec le vin rouge. Ajouter le bouquet garni, du sel et du poivre. Couvrir. Laisser mijoter 2 h. Ajouter les champignons entiers lavés. Cuire 30 min. Lier la sauce au jaune d'œuf, après avoir retiré le plat du feu.

1 kg de veau (carré)
Bardes de lard
12 à 15 petits oignons
125 g de champignons
50 cl de bordeaux rouge
15 g de sucre en poudre
1 jaune d'œuf
1 bouquet garni
50 g de beurre
Sel, poivre

642. Paupiettes de veau
Préparation : 35 min – Cuisson : 1 h 45

Faire une farce avec les champignons hachés, l'oignon haché juste revenu dans la moitié du beurre, le lard et le persil hachés, la mie de pain trempée dans 1 c. à s. de lait chaud. Assaisonner. Mettre sur chaque escalope 1 c. à c. de farce. Rouler et ficeler de façon à retenir la farce, avec un fil ou une ficelle fine. Faire fondre et chauffer le reste du beurre. Laisser dorer les paupiettes et arroser avec 10 cl de bouillon chaud. Couvrir, faire cuire doucement pendant 1 h 30. Déficeler pour servir. Passer le jus et déglacer le fond de la cocotte.

6 escalopes de veau minces et larges
100 g de champignons
60 g de lard
1 oignon
Persil plat
30 g de mie de pain
Lait
75 g de beurre
10 cl de bouillon au choix
Sel, poivre

643. Escalopes sandwiches
Préparation : 20 min – Cuisson : 45 min

Couper les escalopes en deux, dans le sens de la largeur. Placer entre les 2 moitiés une 1/2 tranche de jambon cru et une 1/2 tranche de lard. Ficeler. Faire dorer dans le beurre les escalopes sandwiches. Arroser avec le bouillon chaud et laisser cuire doucement pendant 45 min.

6 petites escalopes de veau épaisses
3 tranches minces de jambon cru
3 tranches minces de lard fumé
60 g de beurre
20 cl de bouillon au choix

644. Escalopes aux champignons hachés
Préparation : 30 min – Cuisson : 40 min

Préparer une farce avec les champignons lavés et hachés, la mie de pain et les fines herbes. Assaisonner. Faire dorer les escalopes dans 50 g de beurre. Mettre sur chacune 1 c. à s. de farce. Arroser avec le bouillon, couvrir et laisser mijoter pendant 30 min. Faire frire le pain dans le beurre. Placer une escalope sur chaque tranche. Arroser avec du jus de citron.

6 petites escalopes de veau épaisses
200 g de champignons
50 g de mie de pain
Estragon
Persil plat
110 g de beurre
20 cl de bouillon au choix
1 citron (jus)
6 tranches de pain
Sel, poivre

645. Grenadins de veau
Préparation : 20 min – Cuisson : 1 h

6 grenadins
1 échalote
125 g de champignons
5 cl de bouillon au choix
10 cl de crème fraîche
40 g de beurre
1 c. à s. de cognac
Sel, poivre

Le grenadin est un morceau de veau assez épais pour 1 personne, et bardé de lard comme un tournedos.

Les faire dorer dans le beurre. Arroser avec le cognac et flamber puis mouiller avec le bouillon. Assaisonner, couvrir et laisser cuire doucement pendant 30 min. Ajouter ensuite les champignons et l'échalote coupés en morceaux. Laisser cuire encore 30 min. Au moment de servir, ajouter au jus de cuisson, la crème fraîche et en napper les grenadins, placés sur le plat.

646. Noisettes de veau à la financière
Préparation : 30 min – Cuisson : 1 h 15

800 g de veau (noix)
120 g de lard frais
50 g de beurre
1 carotte
1 oignon
1 bouquet garni
40 cl de bouillon au choix
10 cl de madère
Couennes ou bardes de lard
Sel, poivre

Découper dans le morceau de viande des rondelles de 5 cm de diamètre et de 2 cm d'épaisseur (10 rondelles). Les piquer avec du lard. Les faire dorer dans le beurre chaud. Les retirer. Placer dans le fond de la casserole : carotte, oignon coupés en rondelles, couennes de lard, sel, poivre ; mouiller avec le bouillon chaud ; remettre la viande. Ajouter le bouquet garni et laisser cuire doucement pendant 1 h. Retirer les noisettes de veau. Passer le jus de cuisson, ajouter le madère et laisser réduire pour obtenir 20 cl de sauce. Placer les noisettes de veau sur un plat et les napper de sauce.

647. Veau en gelée

(à préparer la veille)
Th. 5
Préparation : 30 min – Cuisson : 3 h

500 g de veau (épaule)
500 g de filet de porc
1 pied de veau
2 échalotes
Persil plat
50 cl de vin blanc
Sel, poivre

Couper la viande en petites tranches. Mettre au fond de la terrine un peu d'échalote hachée. Disposer la viande ; remettre de l'échalote et du persil hachés, assaisonner et mettre une nouvelle couche de viande. Arroser avec le vin blanc. Placer ensuite le pied de veau désossé et coupé. Faire cuire, à couvert, au four, mais à feu doux, pendant 3 h. Enlever le pied et mettre sur la terrine une assiette chargée d'un poids de 500 g. Laisser prendre au frais. Servir le lendemain la viande démoulée, entourée de gelée hachée.

648. Rouelle de veau à la couenne

Th. 6
Préparation : 20 min – Cuisson : 2 h 30

500 g de rouelle de veau
Lardons
200 g de lard en tranches
200 g de bardes de lard
Persil plat
Ciboule
1 échalote
10 cl de bouillon au choix
10 cl de cognac
Sel, poivre

Couper la rouelle en tranches. Piquer de lardons, assaisonner. Mettre dans le fond de la terrine une couche de bardes, puis des tranches de rouelle et des tranches de lard par couches successives, terminer par une couche de bardes. Mouiller avec le bouillon et le cognac. Parsemer de persil, ciboule et échalote hachés. Faire cuire 2 h 30 à four moyen. Servir chaud.

649. Pain de veau

Th. 6
Préparation : 30 min – Cuisson : 1 h

350 g de veau cru (bas de carré)
150 g de porc (poitrine)
125 g de champignons
2 œufs
Noix muscade râpée
100 g de mie de pain
50 g de beurre
Sel

Hacher finement le veau et le porc. Incorporer la mie de pain travaillée avec les 2 œufs et les champignons hachés et cuits à l'avance dans un peu de beurre. Assaisonner avec du sel et un peu de noix muscade râpée. Façonner en pain dans un plat allant au four. Beurrer le dessus et faire cuire pendant 1 h à four moyen. Servir avec une sauce relevée : tomate (38), pauvre homme (11), etc.

650. Boulettes à la béchamel
Préparation : 30 min – Cuisson : 45 min

Faire tremper le pain rassis dans le lait. Le mélanger à la viande hachée en ajoutant 1 œuf, sel, poivre, échalotes hachées et cuites au beurre. Former des boulettes avec ce mélange. Faire cuire 25 min à l'eau bouillante salée mais frémissante. Les mettre dans un plat à four et verser par-dessus une sauce blanche (18) liée avec 2 jaunes d'œufs.

- 300 g de veau cru haché
- 200 g de porc haché
- 150 g de pain rassis
- 50 cl de lait
- 3 œufs
- 3 échalotes
- Beurre
- 50 cl de sauce blanche
- Sel, poivre

651. Petits paquets à la salade
Préparation : 30 min – Cuisson : 1 h 30

Hacher la viande de veau et de porc. Ajouter le riz bien lavé et l'œuf entier. Assaisonner. Éplucher la salade, l'ébouillanter. Étaler chaque feuille et y mettre 1 c. à s. de préparation. Rouler la feuille de salade. Faire chauffer le beurre dans une cocotte, y faire revenir les petits paquets, verser le bouillon et les laisser cuire à couvert pendant 1 h 30.

- 300 g de veau cru haché
- 200 g de porc cru haché
- 3 c. à s. de riz
- 1 œuf
- 1 scarole
- 50 g de beurre
- 50 cl de bouillon au choix
- Sel, poivre

Ragoûts

652. Ragoût de veau
Préparation : 10 min – Cuisson : 2 h

Faire chauffer le beurre dans une cocotte. Y mettre à dorer les oignons (petits de préférence), la viande coupée en morceaux. Lorsque le tout est bien doré, saupoudrer avec la farine. Laisser blondir. Mouiller avec le bouillon chaud. Assaisonner et mettre le bouquet garni. On peut

- 1 kg de veau
- 50 g de beurre
- 50 g de farine
- 40 cl de bouillon au choix
- 10 petits oignons
- 1 bouquet garni
- Sel, poivre

653. Veau Marengo
Préparation : 25 min – Cuisson : 2 h

Faire chauffer dans la cocotte l'huile et le beurre. Y faire dorer l'oignon entier et le veau coupé en morceaux. Lorsque la viande est légèrement dorée, parsemer de persil et d'échalote hachés. Saupoudrer de farine et laisser blondir. Mouiller avec le bouillon chaud et le vin blanc. Ajouter le bouquet garni et assaisonner. Laisser cuire doucement pendant 1 h 30. Ajouter le concentré de tomate et les champignons épluchés et coupés en morceaux. Terminer la cuisson à feu doux pendant 30 min. Retirer le bouquet garni et servir parsemé de persil haché.

1 kg de veau[1]
2 c. à s. d'huile
30 g de beurre
1 oignon
1 échalote
100 g de champignons
Persil plat
30 g de farine
25 g de concentré de tomate
10 cl de vin blanc
10 cl de bouillon au choix
1 bouquet garni
Sel, poivre

654. Veau en matelote
Préparation : 15 min – Cuisson : 2 h

Faire dorer dans le beurre bien chaud le veau coupé en morceaux et l'oignon. Les retirer. Faire un roux brun (48) avec la farine. Mouiller avec le bouillon chaud. Ajouter le vin rouge, le jus de citron, le bouquet garni. Assaisonner. Remettre la viande et laisser mijoter 2 h. Au moment de servir, ajouter le vinaigre.

1 kg de veau[1]
40 g de beurre
1 oignon
40 g de farine
20 cl de vin rouge
10 cl de bouillon au choix
1 citron (jus)
1 bouquet garni
20 cl de vinaigre
Sel, poivre

---

1. Voir tableau des morceaux p. 279.

Utilisation des restes de veau

655. Rôti froid mayonnaise
Couper le veau en tranches. Les disposer sur un plat garni avec du persil et des cornichons. Servir avec mayonnaise en saucière (72).

656. Rôti en sauce
Tomate (38), Richelieu (42), poulette (24), Soubise (28), etc.
Mettre les tranches de viande dans la sauce chaude, 10 min avant de servir. Ne pas laisser bouillir. Servir dans un plat creux.

657. Boulettes de veau
Préparation : 30 min – Cuisson : 25 min

300 g de restes de veau
3 œufs
30 g de beurre
40 g de farine
40 cl de bouillon au choix
Chapelure
Persil plat
Huile pour friture
Sel, poivre

Hacher finement les restes de veau. Faire avec le beurre et la farine une sauce blanche (18), mouillée avec le bouillon. Saler, poivrer. Incorporer la viande à la sauce ; ajouter 2 œufs entiers. Laisser un peu chauffer, mais sans bouillir, en tournant sans cesse. Laisser refroidir. Faire avec la pâte complètement refroidie des boulettes, passées d'abord dans l'œuf battu, puis roulées dans la chapelure. Faire dorer 5 min dans l'huile bouillante. Servir avec du persil frit (1919).

658. Boulettes sauce tomate
Préparation : 45 min – Cuisson : 45 min

Faire les boulettes selon la formule 650. Préparer une sauce tomate (38). Au moment de servir, verser la sauce chaude sur les boulettes chaudes.

659. Gratin de veau
Th. 7 à 8
Préparation : 40 min – Cuisson : 30 min

250 g de restes de veau
150 g de jambon
150 g de champignons
100 g de beurre
40 g de farine
40 cl de lait
Chapelure
Sel, poivre

Faire cuire les champignons hachés finement dans 30 g de beurre. Hacher le jambon et le veau. Faire une sauce blanche avec 30 g de beurre, la farine et le lait (18). Assaisonner. Mélanger le tout et verser dans un plat à four. Faire cuire à four chaud, après avoir saupoudré de chapelure et de petits morceaux de beurre, pendant 10 min.

660. Croquettes de veau
Th. 7
Préparation : 40 min – Cuisson : 15 min

300 g de restes de veau
125 g de jambon
100 g de mie de pain
2 œufs
60 g de beurre
10 cl de lait
Chapelure

Faire tremper la mie de pain dans le lait. L'ajouter au veau et au jambon finement hachés. Incorporer les 2 œufs. Faire avec cette pâte des croquettes allongées, de 4 cm de longueur. Les passer dans la chapelure, les mettre dans un plat, garnies avec un petit morceau de beurre. Mettre au four chaud pendant 15 min.

661. Hachis Parmentier
Voir formule 587.

662. Rissoles
Th. 7 à 8
Préparation : 1 h 15 – Cuisson : 25 min

Faire une pâte brisée (1499). Faire un hachis de veau selon la formule 153. Couper avec un emporte-pièce des ronds de pâte ayant environ 10 cm de diamètre. Les garnir à moitié avec 1 c. à s. de farce. Rabattre une moitié sur l'autre ; souder les bords de la rissole avec un peu d'eau. Dorer à l'œuf et faire cuire 25 min à four chaud.

663. Polpettes à l'italienne
Préparation : 1 h – Cuisson : 45 min

250 g de restes de veau
125 g de gruyère râpé
100 g de pain rassis
50 cl de lait
2 œufs
Persil plat
35 cl de sauce tomate
Farine
Huile pour friture
Sel, poivre

Faire tremper la mie de pain dans le lait chaud. La mélanger à la viande hachée et au gruyère. Ajouter le persil haché et les œufs. Assaisonner. Rouler cette préparation en croquettes. Les passer dans la farine et les faire dorer dans la friture bien chaude (5 min). D'autre part, préparer une sauce tomate (38). Mettre les croquettes dans la sauce, 5 min avant de servir.

664. Crêpes farcies
Th. 7 à 8
Préparation : 35 min – Cuisson : 8 min

12 petites crêpes
250 g de restes de veau
150 g de jambon
125 g de champignons
Fines herbes
50 g de mie de pain
50 g de beurre
10 cl de lait
Sel, poivre

Préparer les crêpes (1392). Hacher ensemble le veau, le jambon, les fines herbes, les champignons brossés et lavés, la mie de pain trempée dans le lait. Assaisonner. Mettre au milieu de chaque crêpe 1 c. à s. de cette farce. Les rouler et les placer l'une à côté de l'autre dans un plat allant au four. Parsemer de quelques morceaux de beurre et mettre à four chaud pendant 8 min. On peut napper les crêpes avec une sauce blanche (18) dans laquelle se trouve un peu de gruyère râpé. Faire alors prendre couleur au four pendant 10 min.

Les abats

665. Cervelle de veau
Préparation : Laver la cervelle puis ôter les vaisseaux sanguins et la membrane qui l'entourent. La faire dégorger dans de l'eau vinaigrée pendant 1 h puis la rincer. La précuire à l'eau bouillante ou au court-bouillon 15 min environ avant de l'utiliser.

666. Beignets de cervelle
Préparation : 25 min – Cuisson : 8 min

Préparer les cervelles selon la formule 665. Couper en dés. Mêler, avec les œufs entiers battus, le fromage râpé et la farine. Assaisonner. Faire chauffer le beurre dans une poêle et y déposer, cuillerée par cuillerée, cette préparation. Laisser dorer, égoutter et servir aussitôt avec des rondelles de citron.

2 petites cervelles de veau
100 g de gruyère râpé
2 œufs
1 citron
40 g de farine
60 g de beurre
Sel, poivre

667. Pain de cervelle
Préparation : 25 min – Cuisson : 1 h

Préparer les cervelles selon la formule 665. Les réduire en purée. Mêler à cette purée les œufs entiers, la crème, le persil haché finement. Assaisonner. Beurrer un moule ; le saupoudrer de chapelure. Le remplir avec la préparation. Faire cuire 1 h au bain-marie. Servir chaud dans le moule, accompagné d'une sauce tomate (38).

3 cervelles de veau
4 œufs
25 g de beurre
20 cl de crème fraîche
Persil plat
Chapelure
Sel, poivre

668. Cervelle à la Chivry
Préparation : 30 min – Cuisson : 1 h 05

Écraser la cervelle cuite 15 min au court-bouillon. Ajouter la béchamel faite avec beurre, farine et lait, par cuillerée, puis 3 œufs entiers et 3 jaunes. Assaisonner. Beurrer un moule. Y mettre la préparation et faire cuire, couvert, au bain-marie et au four pendant 45 min. Laisser tasser, avant de servir, pendant 10 min et servir avec une sauce Chivry (30).

500 g de cervelle de veau
3 œufs
35 g de beurre
30 g de farine
20 cl de lait
Sel, poivre

669. Cœur

Préparation : Fendre le cœur d'un côté pour enlever le sang caillé s'il en reste. On peut le piquer avec des lardons.

670. Cœur braisé

Préparation : 5 min – Cuisson : 35 min

Faire revenir dans le beurre chaud l'oignon haché et les cœurs. Ajouter la carotte coupée en languettes et mouiller avec le bouillon chaud. Assaisonner. Couvrir et laisser cuire doucement pendant 30 min.

2 cœurs de veau
50 g d'oignon
35 g de beurre
60 g de carotte
10 cl de bouillon au choix
Sel, poivre

671. Cœur farci

Préparation : 30 min – Cuisson : 1 h 30

Préparer les cœurs selon la formule 669. Introduire dans chacun d'eux la moitié de la farce préparée selon la formule 153. Ficeler. Faire chauffer le beurre dans une cocotte, y faire dorer le lard coupé en dés, puis les cœurs. Mouiller avec le bouillon et le madère ; mettre carotte et oignon et laisser cuire doucement pendant 1 h. On peut ajouter des haricots secs cuits à l'avance 30 min avant de servir.

2 cœurs de veau
125 g de farce
60 g de lard
10 cl de madère
40 cl de bouillon au choix
50 g d'oignon
50 g de carotte
50 g de beurre
1 bouquet garni

672. Cœur sauté

Préparation : 5 min – Cuisson : 15 min

Préparer les cœurs selon la formule 669. Les couper en tranches de 3 cm d'épaisseur. Faire fondre et chauffer le beurre dans la poêle. Y mettre les tranches de viande. Faire dorer. Saupoudrer avec la farine et le persil haché, saler, poivrer. Au bout de 10 min, arroser avec le cognac et faire flamber. Prolonger la cuisson pendant 5 min.

2 cœurs de veau
50 g de beurre
10 g de farine
Persil plat
5 cl de cognac
Sel, poivre

673. Cœur en sauce

Préparation : 15 min – Cuisson : 2 h

2 cœurs de veau	
125 g de lard	
100 g d'oignons	
20 cl de vin blanc	
10 cl de purée de tomates	
60 g de champignons	
2 c. à s. d'huile d'olive	
Sel, poivre	

Couper les cœurs selon la formule 669, en petits morceaux. Faire chauffer l'huile dans une cocotte. Y faire revenir le lard coupé en dés et les oignons. Mettre les morceaux de viande, laisser dorer quelques minutes ; mouiller avec le vin blanc et un peu d'eau. Assaisonner et laisser cuire doucement pendant 1 h 30. Ajouter alors la tomate en purée et les champignons épluchés et coupés en morceaux. Laisser cuire encore 10 min.

Foie

Préparation. Voir foie de bœuf (594). Le foie de **génisse** est moins fin que le foie de veau, mais, étant meilleur marché, le remplace avantageusement.

674. Foie grillé à la poêle

Voir formule 595.
Servir avec une sauce maître d'hôtel (12).

675. Brochettes de foie de veau

Préparation : 30 min – Cuisson : 8 à 10 min

400 g de foie de veau	
150 g de lard salé	
200 g de champignons	
50 g de chapelure	
80 g de beurre	
Sel, poivre	
6 brochettes	

Couper le lard en carrés de 3,5 cm, mais n'ayant pas tout à fait 1 cm d'épaisseur. Les mettre dans l'eau bouillante à cuire pendant 8 à 10 min. Égoutter. Couper le foie en carrés de 4 cm et ayant 2 cm d'épaisseur.

Laver les champignons et utiliser seulement les têtes. Faire chauffer 30 g de beurre, y jeter les champignons pour les saisir. Saler, égoutter, retirer de la poêle.

Sur des brochettes de métal, enfiler successivement un carré de foie, un carré de lard, un champignon. Passer chaque brochette dans la chapelure. Puis arroser avec le reste de beurre fondu et laisser reposer 10 min.

Sur le gril bien chaud, placer les brochettes, les tourner pour qu'elles soient parfaitement dorées. Saler et poivrer, si nécessaire. Servir avec une sauce tomate (38) ou avec du beurre frais persillé.

676. Foie de veau de Bourgogne
Préparation : 20 min – Cuisson : 1 h

Piquer le foie avec la moitié du lard coupé en dés. Faire revenir le reste au beurre chaud avec les oignons. Retirer et mettre le foie à dorer. Mouiller avec le vin de Bourgogne. Remettre le lard, les oignons et le bouquet garni. Assaisonner. Laisser cuire à petit feu 45 min, puis ajouter les champignons et cuire encore 15 min.

600 g de foie de veau
125 g de lard fumé
125 g de petits oignons
200 g de champignons
25 cl de bourgogne
100 g de beurre
1 bouquet garni
Sel, poivre

677. Foie de veau ou de génisse à la casserole
Voir formule 596.

678. Foie de veau Soubise
Préparation : 30 min – Cuisson : 1 h 30

Faire revenir dans 30 g de beurre chaud les lardons. Les retirer et mettre à la place le foie coupé en tranches ; le faire dorer à feu vif. Ôter le foie et essuyer le fond de la cocotte. Faire fondre le reste de beurre et mettre les oignons épluchés coupés en tranches fines. Laisser cuire à feu doux pendant 1 h avec les aromates. Saler. Lorsqu'ils ont la consistance d'une purée, les recouvrir avec les tranches de foie et laisser mijoter 20 min.

600 g de foie de veau
125 g de lardons fumés
750 g d'oignons
100 g de beurre
Thym
Laurier
Ail
Sel, poivre

679. Pain de foie de veau ou de génisse
Préparation : 30 min – Cuisson : 2 h

500 g de foie de veau
135 g de beurre
20 cl de crème fraîche
4 jaunes d'œufs
Chapelure
Sel, poivre

Passer le foie cru au mixeur pour obtenir une purée. Incorporer 125 g de beurre, crème fraîche et jaunes d'œufs. Assaisonner. Beurrer le moule, saupoudrer de chapelure ; remplir avec la préparation et cuire 2 h au bain-marie.

680. Gâteau de foie
Th. 6
Préparation : 30 min – Cuisson : 1 h 05

500 g de foie de veau
135 g de beurre
125 g de farine
35 cl de lait
2 œufs
Sel, poivre

Hacher finement le foie. Faire avec 125 g de beurre, la farine et le lait une sauce béchamel (21) très épaisse. Incorporer le foie, ajouter les 2 jaunes et les 2 blancs battus en neige. Assaisonner. Mettre dans un moule beurré et faire cuire 45 min au four. Servir avec une sauce tomate (38) ou aux champignons (52).

681. Fraise de veau
Préparation : Faire dégorger la fraise à l'eau froide pendant 2 à 3 h. La couper en morceaux et la faire cuire pendant 1 h 30 dans un court-bouillon (156).

682. Fraise de veau ravigote
Égoutter la fraise de veau et servir chaud, accompagnée d'une sauce ravigote (36).

683. Fraise de veau en blanquette
Préparer la fraise selon la formule 681, la faire cuire 1 h seulement, puis l'accommoder selon la formule 611.

Langue de veau

Préparation. Voir langue de bœuf (603).

684. Langue bouillie (604)

Servir avec une sauce aux câpres (35), piquante (50), Soubise (28), tomate (38).

La langue bouillie froide se réchauffe très bien dans l'une de ces sauces, ne pas laisser bouillir.

Ou avec des légumes : lentilles, oseille, champignons.

685. Langue jardinière
Préparation : 40 min – Cuisson : 3 h

Préparer une langue de veau selon la formule 605. Au bout de 2 h 30 de cuisson, mettre autour une garniture de légumes cuits ou une jardinière (1057) et laisser cuire encore 30 min.

686. Pieds de veau

Les pieds de veau servent principalement à faire les gelées, bouillons et jus.

On peut les utiliser comme les pieds de mouton (738).

687. Ris de veau

Faire dégorger le ris dans l'eau froide pendant 5 h. Placer ensuite dans de l'eau froide salée. Porter à ébullition progressivement et égoutter. Passer sous l'eau froide et éponger. Enlever la petite peau qui le recouvre et les cartilages. Envelopper le ris de veau dans un linge. Le recouvrir avec une planchette et y poser un poids de 2 kg. Laisser sous presse pendant 1 h. Le ris de veau peut alors être préparé.

688. Ris de veau à l'anglaise
Th. 7
Préparation : 20 min – Cuisson : 20 min

1 ris de veau
3 œufs
30 g de beurre
Chapelure
20 cl de jus de veau
Sel, poivre

Faire cuire le ris selon la formule 687. Laisser refroidir. Battre ensemble les œufs et le beurre fondu. Passer les ris dans ce mélange, puis dans la chapelure. Assaisonner. Mettre dans un plat, à four chaud, pendant 20 min. Servir avec du jus de veau et accompagné de petits pois.

689. Ris de veau aux truffes
Préparation : 20 min – Cuisson : 25 min

Faire cuire le ris de veau selon la formule 687. Servir avec une sauce mornay (23) dans laquelle sont coupées en tranches des truffes.

690. Ris de veau en sauce

Préparer et faire cuire le ris de veau selon la formule 687. Dresser dans un plat creux. Napper d'une sauce aux champignons (52), sauce tomate (38) ou sauce madère (51).

691. Ris de veau sauté
Préparation : 30 min – Cuisson : 10 min

1 ris de veau
60 g de beurre
Persil plat

Préparer le ris selon la formule 687. Le couper en tranches. Faire fondre le beurre, y placer les tranches et les laisser dorer. Faire cuire 5 min de chaque côté. Servir, parsemé de persil haché et arrosé du beurre fondu ou avec une sauce à volonté.

692. Croquettes de ris de veau
Préparation : 1 h – Cuisson : 25 min

Préparer le ris de veau selon la formule 706. Faire une sauce blanche (18) avec le beurre et 40 g de farine. Mouiller avec la crème. Ajouter 3 jaunes et l'œuf entier, le jus de citron et les champignons cuits à part 20 min dans l'eau bouillante salée. Assaisonner. Couper le ris de veau en petits dés lorsqu'il est refroidi, l'incorporer à la sauce. Laisser refroidir le tout. Faire des croquettes avec cette pâte, les rouler dans le blanc d'œuf, puis la farine et faire dorer à friture bien chaude.

1 ris de veau
40 g de beurre
100 g de farine
4 œufs
20 cl de crème fraîche
200 g de champignons
1 citron (jus)
Huile pour friture
Sel, poivre

693. Ris de veau braisés
Préparation : 45 min – Cuisson : 40 min

Préparer les ris selon la formule 706. Les piquer de fins lardons. Faire chauffer le beurre dans une cocotte et y faire dorer carotte et oignon coupés en rondelles. Mettre les couennes. Placer les ris de veau. Arroser avec le vin blanc. Assaisonner. Couvrir et laisser cuire doucement après ébullition pendant 30 min. Découvrir et faire dorer au four pendant 5 min. Passer le jus de cuisson, le mettre à épaissir ; on obtient une sauce demi-glace. Mettre les ris sur un plat, napper avec de la sauce et servir le reste en saucière.

1 ris de veau 1/2
60 g de lardons
2 couennes
60 g de carotte
60 g d'oignon
20 cl de vin blanc sec
50 g de beurre
Sel, poivre

694. Rognons

Les **rognons de veau** ne doivent pas être bouillis. Retirer la pellicule, les nerfs et les couper en tranches et de biais. Ils doivent être accommodés en cuisson rapide. Cuits, les morceaux de rognons doivent être blonds.

Les **rognons de génisse** ont une odeur assez forte dont on peut les débarrasser en les ébouillantant avant de les cuisiner.

695. Rognons sautés au vin blanc

Préparation : 20 min – Cuisson : 25 min

Préparer les rognons (694). Les couper en tranches. Hacher finement l'oignon. Faire fondre et chauffer 100 g de beurre, y faire dorer l'oignon, à feu très doux. Puis chauffer fortement, mettre les tranches de rognons et faire sauter 3 min de chaque côté. Saler, poivrer. Retirer et mettre dans la poêle le vin blanc et le bouillon. Laisser cuire à couvert pendant 15 min. Ajouter alors 100 g de beurre par petits morceaux, le persil haché et verser sur les rognons tenus au chaud.

6 rognons (500 g) de veau
200 g de beurre
20 cl de vin blanc
10 cl de bouillon au choix
Persil plat
60 g d'oignon
Sel, poivre

696. Rognons flambés à la crème

Préparation : 20 min – Cuisson : 20 min

Préparer les rognons (694). Couper en tranches et de biais. Faire chauffer le beurre dans une sauteuse ; y faire revenir les tranches de rognons à feu vif, saler, poivrer. Retourner les tranches et ajouter les champignons préparés, lavés et émincés. Verser l'armagnac, flamber. Déglacer le fond de la sauteuse, ajouter la crème. Donner un bouillon. Vérifier l'assaisonnement et servir bien chaud.

600 g de rognons de veau
50 g de beurre
150 g de champignons
2 c. à s. d'armagnac
2 c. à s. de crème fraîche
Sel, poivre

697. Rognons au madère
Préparation : 25 min – Cuisson : 25 min

600 g de rognons de veau
100 g de beurre
125 g de champignons
30 g de farine
1 oignon
10 cl de madère
20 cl de bouillon au choix
Fines herbes
1 citron (jus)
Sel, poivre

Nettoyer et parer les rognons (694). Les couper en tranches. Mettre le beurre dans la poêle et y faire sauter les tranches, 3 à 4 min au plus. Retirer, tenir au chaud. Ajouter la farine dans la poêle, laisser blondir, mouiller avec le bouillon. Ajouter les champignons nettoyés et coupés en quartiers, les fines herbes et l'oignon hachés. Assaisonner. Laisser cuire 15 min à feu doux. Remettre alors les rognons, ajouter le madère, le jus de citron, laisser chauffer 5 min sans bouillir. Servir dans un plat creux.

698. Ris et rognon de veau aux 3 moutardes
(1 h à l'avance)
Préparation : 40 min – Cuisson : 25 min

400 g de ris de veau
400 g de rognon de veau paré
80 g de beurre
30 g d'échalote
5 cl de vin blanc sec
5 cl de bouillon (cube)
10 cl de crème fraîche
1 c. à s. de moutarde de Dijon, de Meaux et à l'estragon
Sel, poivre

Préparer les rognons (694). Préparer le ris de veau (687). Éplucher l'échalote et hacher très fin. Couper le ris de veau en tranches d'au moins 1 cm. Mettre dans une poêle 20 g de beurre. Faire dorer les tranches sans les laisser durcir. Faire de même dans une autre poêle (20 g de beurre) avec les tranches de rognons. Saler, poivrer. Égoutter pour enlever la matière grasse. Réserver ris et rognons. Déglacer les poêles avec le vin blanc, le bouillon, la crème, ajouter l'échalote hachée. Faire un peu réduire. Incorporer les 3 c. à s. de moutarde, le beurre (40 g) en petits morceaux. Battre au fouet. Remettre les abats dans la sauce pour les réchauffer (sans bouillir). Disposer les tranches sur le plat chaud et napper avec la sauce.

699. Tête de veau

Se vend en général préparée à être cuite. Faire tremper à l'eau froide pendant 24 h. Désosser, ficeler. Faire cuire recouverte d'eau froide et laisser bouillir 10 min. Plonger aussitôt dans l'eau froide. Fréquemment les tripiers vendent la tête de veau déjà cuite. S'en assurer à l'achat.

700. Tête de veau bouillie

Cuisson : 3 h

1 tête de veau
20 cl de vinaigre
50 g de farine
2 litres d'eau
60 g d'oignon
60 g de carotte
1 bouquet garni
Sel, poivre

Faire cuire la tête de veau dans l'eau contenant le vinaigre, la farine délayée, du sel, du poivre, le bouquet garni, l'oignon et la carotte coupés en rondelles. Laisser cuire 3 h si elle est entière. Si elle est en morceaux, 1 h 30 de cuisson suffit.

701. Tête de veau à la vinaigrette

Servir la tête de veau chaude (cuite selon la formule 699) avec une sauce vinaigrette (63) ou une sauce ravigote (36).

702. Tête de veau en tortue

Préparation : 20 min – Cuisson : 3 h

1 tête de veau
50 g de beurre
50 g de farine
50 cl de bouillon au choix
10 cl de madère
Purée de tomates
Cornichons
Piment de Cayenne
Fines herbes

Faire cuire la tête selon la formule 700. La mettre ensuite dans une casserole.

Sauce tortue. Faire un roux blond (37) avec le beurre et la farine. Mouiller avec le bouillon ; laisser cuire 30 min. Ajouter le madère, la purée de tomates, une pointe de couteau de piment de Cayenne et à volonté des cornichons et des herbes : basilic, thym, romarin, sauge, marjolaine, en petite quantité. Mettre la viande dans la sauce. Laisser mijoter 20 min. Disposer la viande sur un plat et napper avec la sauce.

703. Beignets de tête de veau
Préparation : 25 min – Cuisson : 3 h 10

Faire cuire la tête de veau selon la formule 720. Préparer une pâte à frire selon la formule 1481. Couper la tête en morceaux de 4 à 5 cm de long, les enrober de pâte et les faire frire dans l'huile bouillante.

Le mouton et l'agneau

On désigne sous le terme de mouton un animal castré de plus d'un an, destiné à la boucherie. Sa viande doit être ferme, d'un rouge prononcé tirant sur le brun ; la graisse dure, bien blanche est presque nacrée. Il est préférable de consommer le mouton l'hiver jusqu'à la fin du printemps, l'odeur de suint en période de tonte, l'été, ayant tendance à parfumer la viande.

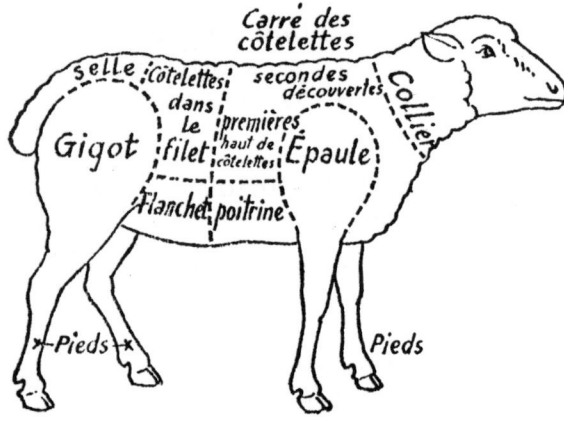

Par opposition, le terme d'agneau s'applique au petit de la brebis ayant moins de 300 jours. Selon son âge, on le qualifiera d'« agneau de lait » (moins de 2 mois), d'« agneau de boucherie » (moins de 4 mois) et enfin d'« agneau gris » (ayant brouté de l'herbe, moins d'un an). L'aspect, comme la saveur de la chair, est fonction de l'âge de l'animal et peut aller du rose pâle au rouge rosé.

Délaissé quelque peu par les consommateurs qui lui préfèrent la saveur moins prononcée de l'agneau, le mouton se prête volontiers aux plats mijotés, ragoûts ou braisés, où la viande a le temps de s'attendrir. Pour les rôtis et les grillades, on choisira de préférence un animal aussi jeune que possible.

MODE DE CUISSON	MORCEAUX	TEMPS DE CUISSON
Bouillis	Poitrine Collet Gigot	15 à 30 min par 500 g
Grillades	Côtelettes Côtes découvertes Filet	10 à 15 min
Rôtis	Gigot Filet Selle Épaule	15 min pour 500 g
Braisés	Gigot Épaule	2 à 3 h pour 1 kg
Ragoûts	Poitrine Haut de côtelettes Collet	2 à 3 h pour 1 kg

N.B. – Dans nos recettes, les proportions sont établies pour six personnes.

Cuisson à l'eau

704. Gigot à l'anglaise
Préparation : 25 min – Cuisson : 3 h

1,5 kg de gigot	
3 litres d'eau	
200 g de carottes	
100 g de navets	
125 g d'oignons	
1 bouquet garni	
Sel, poivre	

Faire bouillir l'eau avec les légumes pendant 2 h. Saler, poivrer. Plonger le gigot et le laisser cuire doucement à raison de 15 min par 500 g. Égoutter et servir entouré de légumes.

Préparer une sauce aux câpres (35) et la servir en saucière. Le gigot à l'anglaise peut se servir avec une purée de pommes de terre ou de haricots.

705. Poitrine de mouton ménagère
Préparation : 20 min – Cuisson : 2 h 45

1 kg de poitrine de mouton	
500 g de lard salé	
1 chou	
200 g de carottes	
200 g de navets	
2 litres d'eau	
2 œufs	
Chapelure	
60 g de beurre	
Sel	

Mettre dans une marmite la poitrine de mouton coupée en morceaux, le lard ; les recouvrir d'eau ; ajouter les légumes coupés, saler si nécessaire et faire cuire doucement pendant 2 h 30. Sortir la viande de mouton ; la laisser refroidir en l'aplatissant sous les poids. Passer chaque tranche de viande dans l'œuf battu, rouler dans la chapelure et faire dorer au beurre. Servir sur un plat entouré des légumes de cuisson, avec le lard.

Rôtissage

Au gril

706. Côtelettes d'agneau
Préparation : 5 min – Cuisson : 6 min

Badigeonner chaque côtelette avec un peu d'huile. Les placer sur le gril bien chaud ; et les faire cuire 2 à 3 min de chaque côté. Saler. Servir avec du persil haché et du jus de citron.

On peut servir avec : une sauce piquante (50), financière (40), aux champignons (52) ou tomate (38).

707. Brochettes de mouton

Préparation : 10 min – Cuisson : 20 min

6 brochettes

300 g de filets de mouton

150 g de lard salé

5 cl d'huile

Laurier

Sel, poivre

Couper le lard en carrés de 3,5 cm environ et d'à peine 1 cm d'épaisseur. Faire bouillir de l'eau et les faire cuire de 5 à 10 min. Couper la viande de mouton en carrés de mêmes dimensions mais de 2 cm d'épaisseur. Enfiler sur les brochettes en alternant mouton, lard, laurier. Répartir également viande et lard. Badigeonner d'huile. Placer sur le gril chaud, en retournant pendant 10 min. Saler, poivrer.

À la poêle

708. Côtelettes d'agneau
Bien chauffer la poêle avec un peu d'huile. Puis mettre du beurre et le faire chauffer. Placer les côtelettes dans le beurre et les faire dorer de chaque côté pendant 2 ou 4 min. Saler, poivrer.

709. Côtelettes d'agneau jardinière
Préparer selon la formule 708 et servir avec une macédoine de légumes (105).

710. Côtelettes d'agneau sur légumes (708)
Purée de pommes de terre (1093) ; Pommes de terre duchesse (1098) ; Purée de haricots blancs (1047) ; Tomates farcies (1127) ; Laitues à l'étuvée (1054).

711. Soubise
Préparer selon la formule 708. Servir avec une purée d'oignons (1069).

712. Côtelettes panées
Préparation : 5 min – Cuisson : 6 min

6 côtelettes d'agneau
2 œufs
1 cl d'huile
Chapelure
60 g de beurre
Sel, poivre

Tremper les côtelettes dans l'œuf battu avec l'huile ; les passer dans la chapelure. Faire fondre et chauffer le beurre dans la poêle. Y griller les côtelettes pendant 5 min. Saler, poivrer.

Au four

713. Gigot rôti
Th. 9

1 gigot de 2 kg
1 gousse d'ail

Parer le gigot. Enlever la couche de graisse si elle est trop épaisse. Raccourcir l'os. Introduire à la naissance du manche (dans la « souris ») une gousse d'ail. Mettre le gigot dans un plat à four et faire cuire à four chaud : viande très saignante : 10 min par livre. Viande rosée : 15 min par livre.

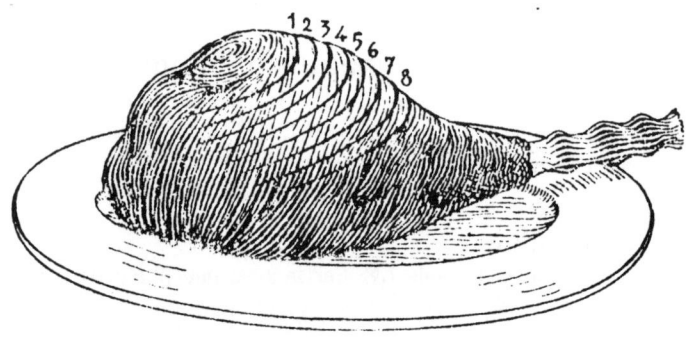

Découpage du gigot

714. Gigot chevreuil
(à préparer 3 à 6 jours à l'avance)
Th. 9
Préparation : 15 min – Cuisson : 40 à 60 min

1 gigot de 2 kg	
40 cl d'eau	
40 cl de vin rouge	
Thym, laurier	
100 g d'oignons	
100 g de crème fraîche	
Sel, poivre	

Faire mariner le gigot dans une marinade composée avec l'eau, le vin rouge, les oignons, le thym, le laurier, du sel et du poivre, pendant 3 jours en été et 6 jours en hiver. L'égoutter, le sécher et le mettre dans un plat à rôtir. Faire cuire selon la formule 713. Recueillir la marinade et préparer une sauce chasseur (62). Au moment de servir, y ajouter le jus de cuisson du gigot rôti et la crème fraîche.

715. Gigot fermière
Th. 9
Préparation : 15 min – Cuisson : 40 à 60 min

1 gigot de 2 kg	
2 citrons (jus)	
3 jaunes d'œuf	
50 g de beurre	

Faire rôtir un gigot selon la formule 713. Recueillir le jus de cuisson. Y mettre le beurre, les 3 jaunes d'œufs, le jus des citrons. Bien mélanger. Servir en saucière.

716. Épaule rôtie
Th. 8

Désosser l'épaule ou non. La cuire au four, comme un gigot. Voir formule 713.

717. Selle de mouton
Th. 9

Procéder comme pour le gigot à rôtir (713).

718. Filet

Le filet est la moitié de la selle. Cuire, ficelé, comme un gigot (713).

Braisés

719. Gigot braisé
Préparation : 15 min – Cuisson : 2 h 30

Chauffer le beurre et faire dorer le gigot. Placer dans le fond de la casserole les bardes et les couennes de lard. Ajouter les légumes coupés en morceaux ; mouiller avec le vin blanc et le bouillon, saler, poivrer. Couvrir hermétiquement. Compter 50 min de cuisson par livre de viande. Au moment de servir, passer le jus et le faire réduire à 50 cl.

1 gigot de 1,5 kg
125 g de bardes de lard
Couennes
150 g de carottes
60 g d'oignon
20 cl de vin blanc
20 cl de bouillon au choix
50 g de beurre
Sel, poivre

720. Épaule braisée
Cuisson : 1 h 30

Faire dorer l'épaule dans le beurre à la cocotte ; la retirer. Saupoudrer de farine, saler, poivrer et mouiller avec le bouillon. Y placer l'épaule et laisser mijoter doucement pendant 1 h 30.

1,2 kg d'épaule d'agneau
50 g de beurre
30 g de farine
50 cl de bouillon au choix
Sel, poivre

721. Épaule farcie
Préparation : 45 min – Cuisson : 1 h 30

Désosser l'épaule. Mettre à l'intérieur une farce préparée selon la formule 153. Refermer l'épaule, la ficeler bien serrée. Procéder ensuite comme ci-dessus (720). On peut mettre, au bout de 1 h 30 de cuisson, des pommes de terre ou des navets qui doivent cuire encore doucement pendant 1 h.

1,2 kg d'épaule d'agneau
250 g de farce
50 g de beurre
30 g de farine
40 cl de bouillon
Sel, poivre

722. Épaule à la provençale
Préparation : 35 min – Cuisson : 2 h 30 min

Prendre une épaule désossée ; y mettre une farce préparée selon la formule 153 ; rouler et ficeler. Faire revenir dans le beurre les lardons et l'oignon coupés. Y mettre l'épaule. Ajouter la carotte en rondelles, le bouquet garni. Assaisonner et mouiller avec le bouillon chaud. Mettre la purée de tomates. Laisser cuire en retournant de temps en temps pendant 2 h 30.

1,2 kg d'épaule d'agneau
250 g de farce
50 g de beurre
125 g de lardons
50 cl de bouillon au choix
1 carotte
1 oignon
60 g de purée de tomates
1 bouquet garni
Sel, poivre

723. Noisettes de mouton
Préparation : 10 min – Cuisson : 1 h

Couper dans le filet des ronds de la taille d'une grosse noix de côtelette. Les piquer avec du lard. Les faire dorer dans le beurre, mouiller avec le bouillon et laisser cuire doucement pendant 1 h. Servir sur une macédoine de légumes (105).

12 « noisettes »
40 g de beurre
10 cl de bouillon au choix
100 g de lard gras

724. Côtes de mouton à la Champvallon
Préparation : 25 min – Cuisson : 1 h

Éplucher et couper en tranches minces les pommes de terre. Les parsemer de hachis d'oignon, sel, poivre et persil. Faire fondre le beurre ; lorsqu'il est chaud, y mettre les côtelettes. Les faire dorer de chaque côté (6 min en tout). Mettre les côtelettes dans une casserole avec le beurre de cuisson. Placer autour les pommes de terre. Faire bouillir après avoir arrosé avec le vin blanc, le bouillon et la purée de tomates. Couvrir. Laisser cuire ensuite doucement pendant 1 h. Servir les côtes entourées des pommes de terre.

6 côtes de mouton
750 g de pommes de terre
1 oignon
Persil plat
50 g de beurre
10 cl de vin blanc
10 cl de bouillon au choix
80 g de purée de tomates
Sel, poivre

Ragoûts

725. Ragoût de mouton aux pommes de terre
Préparation : 25 min – Cuisson : 2 h

1 kg de mouton
60 g de beurre
30 g de farine
50 cl de bouillon au choix
150 g de carottes
100 g de navets
750 g de pommes de terre
125 g d'oignons
1 bouquet garni
Sel, poivre

Faire fondre le beurre. Lorsqu'il est chaud, faire revenir les oignons, le mouton coupé en morceaux et les légumes (carottes et navets seulement) coupés en quartiers. Lorsque tout est doré, saupoudrer de farine, faire un roux blond (37) et mouiller avec le bouillon chaud. Saler, poivrer, mettre le bouquet garni et laisser cuire doucement pendant 1 h. Ajouter alors les pommes de terre coupées en quartiers et prolonger la cuisson pendant 1 h. Enlever le bouquet garni pour servir.

726. Haricot de mouton
Préparation : 10 min – Cuisson : 2 h

1 kg de mouton
40 g de beurre
20 g de farine
50 cl de bouillon au choix
1 kg de haricots ou de fèves en grains
125 g d'oignons
1 bouquet garni
Sel, poivre

Faire tremper les haricots ou les fèves, à l'eau tiède, pendant 1 h. Les mettre à bouillir ensuite doucement pendant 30 min (en commençant la cuisson à l'eau froide). Faire revenir dans le beurre les oignons et le mouton coupés en morceaux. Saupoudrer de farine. Faire un roux brun (48) mouillé avec le bouillon. Mettre les haricots ou les fèves avec le bouquet garni, du sel et du poivre. Laisser cuire doucement pendant 1 h 30.

727. Navarin
Préparation : 25 min – Cuisson : 2 h 30

Procéder comme pour le ragoût de mouton aux pommes de terre (725). Remplacer les pommes de terre par les navets épluchés et coupés en morceaux. Laisser cuire doucement.

| 1 kg de mouton |
| 1,25 kg de navets |
| 150 g de carottes |
| 30 g de farine |
| 60 g de beurre |
| 50 cl de bouillon au choix |
| 100 g d'oignon |
| 1 bouquet garni |
| Sel, poivre |

728. Mouton aux salsifis
Préparation : 35 min – Cuisson : 2 h

Procéder selon la formule 727. Faire cuire les salsifis dans un blanc pour légumes (925) pendant 30 min ; les ajouter au ragoût et laisser cuire 1 h 30.

729. Mouton aux marrons
Préparation : 35 min – Cuisson : 2 h 30

Procéder selon la formule 727. On remplace les légumes par les marrons ; les préparer selon la formule 1061. Les ajouter au ragoût et laisser cuire 1 h 30.

730. Mouton au curry
Préparation : 25 min – Cuisson : 1 h 45

Faire revenir à feu vif, dans le beurre chauffé dans une cocotte, la viande de mouton détaillée en morceaux. Saler, poivrer et saupoudrer de curry. La viande doit en être bien imprégnée. Ajouter l'oignon haché finement, mettre la farine et lorsqu'elle a pris une teinte blonde, mouiller avec l'eau ou avec le lait de coco. Cuire à couvert à feu doux et régulier pendant 1 h 30. Faire cuire le riz à l'indienne (1162). Pendant ce temps et 10 min avant de servir, recueillir la sauce, la passer, incorporer à feu doux la crème

| 1,2 kg de mouton |
| 60 g de beurre |
| 150 g de riz |
| 20 cl d'eau (ou lait de coco) |
| 10 cl de crème fraîche |
| 1 oignon |
| 30 g de farine |
| 10 g de curry |
| 1 bouquet garni |
| Sel, poivre |

fraîche. Vérifier l'assaisonnement et napper la viande. Le riz est servi à part.

Remarque. – On peut ajouter aux morceaux de viande de la pomme reinette épluchée et sautée au beurre. Il faut compter 150 g de pommes.

Utilisation des restes de mouton

731. Rôti froid

Servir, coupé en tranches, avec une sauce tartare (79), mayonnaise (72), etc. Voir utilisation des restes de rôti de bœuf (591).

732. Rôti chaud

Avec une sauce piquante (50), tomate (38), pauvre homme (11). Couper la viande en tranches, préparer la sauce et faire réchauffer 10 min sans laisser bouillir.

733. Émincé de mouton
Préparation : 10 min – Cuisson : 20 min

Couper le mouton en tranches minces et les tenir au bain-marie pour les réchauffer. Préparer une sauce brune (49) avec le beurre et la farine, mouiller avec le bouillon chaud. Ajouter l'échalote hachée et les cornichons coupés en rondelles. Verser la sauce sur les tranches de viande.

500 g de restes de mouton
50 g de beurre
30 g de farine
30 cl de bouillon au choix
1 échalote
100 g de cornichons

734. Hachis

Le mouton peut s'accommoder en hachis, comme le bœuf (voir formules 587 à 590). Mais les utilisations sont moins fréquentes à cause du goût spécial du mouton.

Les viandes 319

Les abats

Comme pour le bœuf, la cervelle et les amourettes d'agneau ou de mouton sont interdites à la vente depuis 1996 en raison des risques de transmission à l'homme de l'E.S.B.

735. Langues de mouton
Préparation : Faire tremper les langues pendant 2 h à l'eau froide. Les mettre dans l'eau bouillante pendant 20 min. Enlever alors la peau rugueuse et le cornet.

736. Langues braisées
Préparation : 30 min – Cuisson : 2 h

4 langues de mouton
125 g de lard
100 g de carottes
125 g d'oignons
50 cl de bouillon au choix
Sel, poivre

Disposer dans le fond de la cocotte le lard coupé en dés, les carottes et les oignons coupés en rondelles. Placer les langues préparées selon la formule 735. Mouiller avec le bouillon ; saler et poivrer. Laisser cuire doucement, à partir de l'ébullition, pendant 2 h. Couper les langues en deux dans le sens de la longueur. Les mettre sur un plat, arrosées avec le jus de cuisson. On peut servir en saucière : une sauce aux câpres (35), piquante (50), tomate (38).

On peut servir aussi les langues avec : haricots rouges (1154), lentilles (1155), marrons (1061), oseille (1071) ou épinards (1026).

737. Pieds de mouton
Préparation : Faire tremper à l'eau froide pendant 12 h. Faire bouillir pendant 10 min à l'eau bouillante.
Enlever la laine située entre les deux sabots.
Les pieds de mouton sont en général préparés de la sorte chez le tripier.

738. Pieds bouillis
Préparation : 10 min – Cuisson : 3 h

12 pieds de mouton
30 cl d'eau
60 g de farine
20 cl de vinaigre
60 g d'oignon
Clou de girofle
Thym
Laurier
Sel, poivre

Délayer la farine avec un peu d'eau. Ajouter le reste, mettre le vinaigre, l'oignon et les aromates. Assaisonner. Porter à ébullition ; mettre les pieds et faire cuire doucement pendant 3 h. Servir avec une sauce poulette (24), poivrade (56) ou tomate (38).

739. Salade de pieds de mouton en rémoulade
Préparation : 40 min – Cuisson : 10 min ou 20 min

12 pieds de mouton
50 cl de mayonnaise
250 g de frisée
2 œufs
50 g de câpres
50 g de cornichons
50 g de persil plat
Vinaigrette

Laisser refroidir les pieds de mouton cuits selon la formule 737. De préférence, acheter les pieds déjà préparés et cuits par le boucher ou le tripier. Décortiquer les pieds, pour en retirer les os et émincer la chair en petites lanières. Pendant ce temps, faire durcir les œufs (10 min). Les écaler.

Hacher ensemble : cornichons, câpres, œufs durs et 25 g de persil. Éplucher et laver la frisée. L'essorer puis l'assaisonner avec de la vinaigrette. Disposer la salade, en couronne, sur des assiettes individuelles ou sur un plat rond. Mélanger le hachis de verdure à la mayonnaise (72). Poser les morceaux de mouton au centre de la couronne. Napper avec la sauce, parsemer avec le reste du persil haché. Servir frais.

740. Ris d'agneau
Voir ris de veau (687).

741. Rognons de mouton
Préparation : Fendre les rognons en deux, mais sans les partager complètement. Enlever la pellicule et la graisse.

742. Rognons grillés
Préparation : 15 min – Cuisson : 6 min

750 g de rognons
Huile
Sel, poivre

Badigeonner les rognons d'huile sur les deux faces. Les piquer avec une brochette, les uns à la suite des autres et de façon à les maintenir ouverts. Les exposer à feu très vif pendant 3 min de chaque côté. Saler, poivrer.
Servir avec un beurre maître d'hôtel (12).

743. Rognons panés

750 g de rognons
2 œufs
Chapelure
100 g de beurre
Sel, poivre

Préparer les rognons selon la formule 741. Les passer deux fois de suite dans l'œuf battu, puis dans la chapelure. Faire chauffer le beurre. Y mettre les rognons et les laisser cuire 4 min de chaque côté. Saler, poivrer.
Servir avec une sauce madère (51), tomate (38), etc.

Le porc

Le porc est la viande la plus consommée dans le monde. Savoureuse et économique, elle a la réputation d'être grasse. Cette notion est pourtant très variable d'un morceau à l'autre : le filet est particulièrement maigre alors que, dans le travers ou la poitrine, la graisse est abondante.
La plupart des porcs destinés à la boucherie sont abattus au bout de six mois et donnent une viande rosée, voire blanche, ferme, à grain serré. La graisse ne « persille » pas le muscle mais forme à la surface de la chair une couche épaisse et blanche que l'on appelle le lard.
La viande de porc étant très vulnérable aux parasites, il est conseillé de la faire cuire suffisamment.

322 Je sais cuisiner

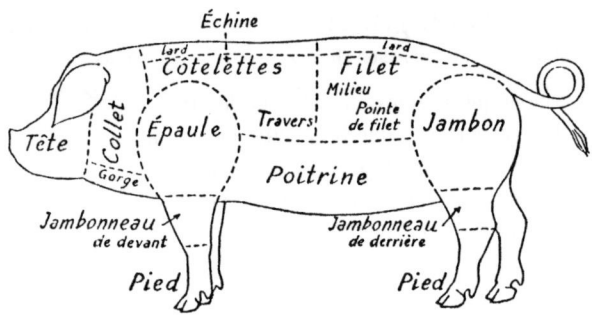

MODE DE CUISSON	MORCEAUX	TEMPS DE CUISSON
Bouillis	Jambon, jambonneau Poitrine (petit salé) Tête Pieds	2 h pour 1 kg
Grillades	Côtelettes Filet en tranches	10 à 12 min
Rôtis	Filet Échine ou longe Côtelettes Hure	30 min pour 500 g
Braisés	Oreilles Tête Pieds Échine Filet	2 à 3 h pour 1 kg

N.B. – Dans nos recettes, les proportions sont établies pour six personnes.

Cuisson à l'eau

Ce mode de cuisson convient peu à la viande de porc. On l'emploie rarement, sauf pour le jambon, le petit salé et la préparation de quelques abats.

744. Petit salé aux choux
Préparation : 10 min – Cuisson : 2 h 30

800 g de petit salé
2 litres d'eau
1 chou moyen
1 oignon
1 bouquet garni
Poivre en grains

Le petit salé est généralement un morceau de poitrine assez gras, conservé dans le sel. Placer la viande 24 h dans l'eau fraîche en changeant l'eau plusieurs fois, afin de la dessaler. Mettre les 2 litres d'eau dans une cocotte, y placer la viande, porter doucement à ébullition. Ajouter bouquet garni, oignon, poivre en grains, pas de sel. Éplucher, effeuiller, laver le chou, l'ajouter à la préparation en pleine ébullition. Laisser bouillir à petit feu encore 2 h. Égoutter, dresser les choux égouttés dans un plat creux, la viande posée dessus. On peut garnir le plat de pommes de terre bouillies et pelées.

Le bouillon de cuisson peut servir de base à une excellente soupe grasse.

Rôtissage

Au gril

745. Côtes de porc grillées
Ciseler le gras. Placer sur le gril, chauffé et légèrement huilé, à feu modéré, pendant 7 à 8 min de chaque côté. Saler, poivrer.

746. Côtes de porc panées
Ciseler le gras. Tremper chaque côtelette dans un œuf entier battu. Puis saupoudrer de chapelure fine. Faire griller à feu modéré 7 à 8 min de chaque côté. Saler, poivrer.

À la poêle

747. Côtes de porc poêlées
Mettre 10 g de beurre dans la poêle. Laisser chauffer et mettre la côtelette. Laisser dorer 7 à 8 min de chaque côté. Assaisonner. Couvrir. Laisser cuire 10 min à feu très doux.

748. Côtes de porc en sauce

Poêler la côtelette (747). Avant de couvrir, ajouter une sauce tomate (38), Robert (57), piquante (50), moutarde (65) et laisser mijoter 10 à 12 min à feu très doux.

749. Côtes de porc au chou rouge et aux reinettes
Préparation : 30 min – Cuisson : 1 h 45 à 2 h

6 côtes de porc (1,2 kg)
1,5 kg de chou rouge
300 g de pommes reinettes
80 g de beurre
150 g d'oignons
100 g de cassonade
10 cl de vinaigre de xérès
Bouillon de veau
Sel, poivre

Laver le chou rouge, éliminer les côtes trop dures et couper le chou en fines tranches. Éplucher les pommes, les couper en quartiers. Éplucher les oignons, les émincer.

Mettre 30 g de beurre dans une poêle et saisir rapidement les côtes de porc sur les deux faces. Les mettre en attente (elles ne doivent pas être cuites). Dans une cocotte ovale, pouvant être présentée sur la table, faire rissoler avec le reste de beurre[1] les oignons et les pommes. Ajouter le chou, la cassonade et le vinaigre. Saler, poivrer et cuire doucement à couvert pendant 45 min. À ce moment, écarter les légumes et y introduire les côtes en les faisant chevaucher. Recouvrir avec les légumes. Mouiller avec un peu de bouillon de veau. Mettre le couvercle et continuer la cuisson à l'étouffée pendant 45 min.

Servir dans la cocotte en prenant soin de mettre les côtes à la surface et de retirer une partie du liquide s'il y en a trop.

750. Carré de porc rôti
Th. 6
Cuisson : 45 min

750 g de filet ou d'échine de porc désossée
Sel, poivre

Parer et ficeler le rôti. Mettre au four dans un plat garni de sa grille. Laisser dorer à feu très vif. Saler, poivrer. Puis achever la cuisson à four moyen, en arrosant souvent. Le rôti se

---

1. On peut utiliser de la graisse d'oie.

fait également à la broche. Mêmes précautions. On compte environ 30 min de cuisson par 500 g.

751. Filet de porc rôti sur purée

| 750 g de filet de porc |
| 1 kg de purée |
| Sel, poivre |

Préparer un rôti suivant la formule 750. Emplir d'une purée (pommes de terre ou pommes) un plat creux, et dresser dessus la viande déficelée et découpée en tranches. Arroser avec le jus.

752. Filet de porc Soubise
Sur purée d'oignons (1069).

753. Filet de porc à la cévenole
Sur purée de marrons (1063).

754. Filet de porc à la flamande
Sur purée de pommes fruit, épaisse et non sucrée (1286).

755. Filet de porc bonne femme
Sur purée de lentilles (1159).

756. Filet de porc à la Soissons
Sur purée de haricots blancs (1047).

757. Filet de porc Parmentier
Sur purée de pommes de terre (1093).

758. Filet de porc aux pommes nouvelles

Th. 6
Préparation : 25 min – Cuisson : 45 min

750 g de filet de porc
1,5 kg de pommes de terre nouvelles
1/2 botte de cresson
Sel, poivre

Faire rôtir le filet (750). 25 min avant de servir, disposer dans le plat du rôti, autour de la viande en train de cuire, de petites pommes de terre nouvelles grattées, lavées et essuyées. Les retourner et arroser comme le rôti. Dresser le rôti sur un plat long, entouré de pommes de terre en couronne et de bouquets de cresson épluché.

759. Longe de porc à la provençale

Th. 6
Préparation : 30 min – Cuisson : 50 min

800 g d'échine de porc
2 gousses d'ail
6 petits cèpes ou gros champignons de couche
6 petites tomates rondes
125 g de champignons
150 g de chair à saucisse
1/2 verre d'huile
Fines herbes
Sel, poivre

Désosser, parer, ficeler le rôti. Inciser la viande du côté où elle est couverte de graisse et glisser dans les fentes ainsi pratiquées des petits morceaux d'ail et des rondelles de champignons soigneusement nettoyés. Le faire rôtir selon la formule 750.

Ajouter à la chair à saucisse ce qui reste de champignons, les queues des cèpes, les fines herbes. Hacher le tout. Assaisonner. Laver les tomates, enlever un petit couvercle du côté de la queue, évider et farcir chacune avec la préparation. Nettoyer et laver les cèpes. Les farcir également.

Mettre l'huile dans une sauteuse, y placer champignons et tomates, les faire revenir 5 min à feu vif. Couvrir. Laisser cuire 20 min à feu doux. Déficeler le rôti. Le dresser sur un plat long et l'entourer des tomates et des cèpes alternés, arrosés du jus de viande.

760. Filet mignon de porc au curry et à la noix de coco
(12 h à l'avance)
Préparation : 40 min – Cuisson : 30 min

800 g de filet de porc
5 cl d'huile d'olive
10 g de curry
100 g de pomme fruit
1 oignon
50 g de céleri branche
1 tranche d'ananas
50 g de noix de coco en poudre
1 c. à s. de farine
5 cl de vin blanc sec
10 cl de crème fraîche
Sel, poivre

Mettre le filet mignon de porc dans un plat long. Le recouvrir avec l'huile d'olive et la moitié du curry. Saler et poivrer légèrement. Couvrir avec un torchon et laisser mariner pendant 12 h. Le jour de la préparation : couper en petits dés la pomme épluchée, l'oignon épluché, le céleri et l'ananas. Faire de petits tas, bien séparés les uns des autres.

Poêler le filet de porc qui doit être bien doré en surface, mais non cuit. Laisser refroidir, et envelopper la viande dans un film alimentaire. Le faire cuire à la vapeur pendant 20 min.

Pendant ce temps, faire suer à la poêle et dans l'ordre suivant : l'oignon puis le céleri. À mi-cuisson, ajouter les dés d'ananas et de pomme. Saupoudrer avec la farine, en mélangeant bien. Ajouter le reste du curry et déglacer avec le vin blanc. Terminer en mettant la crème et porter le tout à ébullition (1 à 2 min). Passer cette cuisson au mixeur afin d'obtenir une sauce bien lisse.

Retirer le film qui recouvre la viande et détailler celle-ci en tranches, les disposer au fur et à mesure sur un plat chaud. Ajouter la poudre de noix de coco dans la sauce, mélanger et napper la viande.

Pour modifier un peu la sauce, on peut y ajouter une tomate crue coupée en dés.

Accompagner le filet de porc de riz à la créole (1163) ou à l'indienne (1162).

Braisés

761. Porc braisé au chou
Préparation : 20 min – Cuisson : 2 h

1 kg de rôti de porc
125 g de lard de poitrine
20 g de saindoux
1 petit chou
500 g de pommes de terre
Persil plat
Sel, poivre

Désosser s'il y a lieu et parer le rôti. Ficeler. Faire fondre le saindoux dans une cocotte, y laisser dorer le lard coupé en dés. Faire revenir le rôti dans cette graisse. Assaisonner. Couvrir et mettre à feu doux. Éplucher, effeuiller, laver le chou, le jeter dans l'eau bouillante salée, le laisser bouillir 15 min pour le blanchir. Retirer. Égoutter. Ajouter le chou et le persil lavé et haché au porc, dans la cocotte. Laisser cuire à l'étouffée pendant 45 min, sur un feu doux. Ajouter alors les pommes de terre pelées et lavées. Couvrir à nouveau, laisser encore 45 min sur un feu doux pour terminer la cuisson. Retirer la viande, déficeler. Dresser sur un plat creux, sur le chou. Entourer de pommes de terre en cordon. Arroser avec le jus.

762. Échinée bordelaise
Préparation : 10 min – Cuisson : 2 h 45

750 g d'échine de porc
50 g de beurre
25 cl de consommé
50 cl de vin blanc
1 bouquet garni
1 oignon piqué de 2 clous de girofle
Sel, poivre en grains

Placer le beurre dans une cocotte, y faire revenir le morceau de porc. Mouiller avec le consommé et le vin. Ajouter l'oignon piqué, le bouquet garni, assaisonner. Couvrir. Laisser cuire 2 h 30 à petit feu en retournant plusieurs fois la viande. Égoutter. Déficeler. Dresser sur un plat. Tenir au chaud. Faire réduire à grand feu la sauce pendant 12 à 15 min. Servir à part dans une saucière. Ce plat s'accompagne d'une purée de marrons (1063), ou, à défaut, de lentilles (1159).

Jambon

763. Cuisson du jambon

Cuisson : 1 h 30

1 jambon (1,5 à 2 kg)
Eau ou bouillon
50 cl de vin blanc
2 carottes
1 oignon
1 bouquet garni
Poivre en grains

Faire dessaler le jambon une nuit. Le placer dans un court-bouillon constitué par l'eau ou le consommé, le vin blanc, les carottes coupées en rondelles, l'oignon, le bouquet garni et le poivre en grains. Le jambon doit être largement recouvert. Laisser bouillir 1 h 30 à feu doux. Laisser refroidir dans le pot-au-feu. Égoutter. Servir en le découpant en tranches minces. Pour découper le jambon, on doit utiliser un couteau long, flexible et très bien affûté ; le découpage d'une tranche commence par la partie charnue et s'achève en arrivant en biais sur l'os.

764. Pot-au-feu de jambon

Préparer le jambon selon la formule 763. Servir le jambon chaud avec une garniture de choux, d'endives ou de laitues braisés.

765. Jambon persillé

Préparation : 30 min – Cuisson : 3 h

1,5 kg de jambon cru ou de jambonneau
200 g de jarret de veau
1 pied de veau
1,5 litre de vin blanc sec + 10 cl (bourgogne de préférence)
100 g de persil plat
Cerfeuil
Estragon
Thym
Laurier
3 échalotes
1 c. à s. de vinaigre
Poivre

Dessaler le jambon (le temps à prévoir varie selon le degré de saumure et le temps qu'y est resté le jambon). Faire bouillir à petit feu, et pendant 1 h, le jambon, de façon à commencer la cuisson. Égoutter et rafraîchir sous l'eau froide. Égoutter à nouveau.

Dans une marmite pouvant largement contenir le jambon, mettre le jarret et le pied de veau coupés en morceaux. Mouiller avec 1,5 litre de vin blanc, compléter avec de l'eau pour que la viande soit recouverte et ajouter les herbes dont 40 g de persil ainsi que les échalotes épluchées. Porter à ébullition, écumer et laisser cuire à petit feu pendant 2 h.

Retirer le jambon, l'égoutter, retirer la couenne et écraser la chair à la fourchette dans une terrine ou un saladier. Recueillir le liquide de cuisson, le passer, vérifier l'assaisonnement. Lorsque le liquide commence à prendre en gelée, y verser le vinaigre et les 10 cl de vin blanc. Verser le tout sur la viande parsemée de 60 g de persil haché. Laisser prendre au froid.

766. Jambon au madère
Cuisson : 1 h 40

Parer le jambon et le cuire (763) seulement 1 h. Foncer une cocotte avec les bardes de lard, l'oignon en rondelles et le bouquet. Y placer le jambon. L'arroser d'une mirepoix grasse (3). Couvrir. Laisser mijoter 30 min. Ajouter alors le madère, le bouillon et les champignons entiers, épluchés et lavés. Laisser cuire encore 10 min. Servir sur un plat, la sauce à part dans une saucière.

- 1 jambon
- 40 cl de bouillon au choix
- 50 cl de mirepoix grasse
- 5 cl de madère
- 125 g de champignons
- 100 g de bardes de gras
- 1 oignon
- 1 bouquet garni

767. Jambon Marie-Rose
Préparation : 5 min – Cuisson : 40 min

Faire un roux brun (48) avec la farine, 40 g de beurre, le bouillon, le vin blanc et l'échalote hachée. Ajouter la purée de tomates et le bouquet garni et laisser mijoter pendant 30 min. Mettre la crème et laisser cuire 5 min. Filtrer la sauce et ajouter le reste de beurre. Chauffer les tranches de jambon au bain-marie et les servir nappées de sauce.

- 6 tranches de jambon
- 20 cl de vin blanc
- 20 cl de bouillon au choix
- 40 g de farine
- 90 g de beurre
- 1 bouquet garni
- 1 échalote
- 10 cl de purée de tomates
- 15 cl de crème fraîche

768. Soufflé au jambon
Th. 6
Préparation : 20 min – Cuisson : 45 min

150 g de jambon
75 cl de béchamel
3 œufs
20 g de beurre
Gruyère râpé à volonté
Sel, poivre

Préparer une béchamel épaisse avec ou sans gruyère (21). Y incorporer 3 jaunes d'œufs, puis les blancs battus en neige ferme et enfin le jambon haché. Assaisonner. Verser la préparation dans un plat beurré. Mettre à four chaud. Laisser monter 25 à 30 min. Servir rapidement.

769. Roulés de la Chandeleur
Préparation : 20 min – Cuisson : 30 min

6 tranches de jambon
6 petites crêpes
125 g de gruyère râpé
25 cl de sauce tomate
Poivre

Préparer 6 crêpes (1392) de petite taille, placer sur chacune une tranche de jambon, parsemer de gruyère râpé, et rouler un peu serré. Ranger les rouleaux dans un plat creux, et les napper de la sauce tomate, à laquelle on a ajouté le reste de gruyère. Poivrer légèrement. Passer 10 min au four. Servir très chaud.

Jambon froid

770. Cornets de jambon
Les tranches de jambon sont roulées en cornets et remplies d'une macédoine de légumes (105) à la mayonnaise (72) très ferme. Disposer sur un plat ovale, et garnir de tranches de tomates, de rondelles d'œuf dur, de mayonnaise, de gelée hachée.

771. Jambonneau
Le jambonneau est la partie de la jambe du porc située entre le jambon et le pied. Il se fait cuire comme le jambon (763), mais 1 h seulement. On le laisse refroidir lentement dans son bouillon. Lorsqu'il est encore tiède, il est retiré, égoutté et abondamment saupoudré de chapelure jaune.

Les abats

772. Cervelle
Se prépare comme la cervelle de veau (665 à 668).

773. Foie
Se prépare comme le foie de veau (674 à 680).

774. Pâté de foie
Th. 5
Préparation : 30 min – Cuisson : 1 h 30

350 g de foie de porc
250 g de viande de porc
200 g de lard gras
1 c. à s. de cognac
3 bardes de lard
Noix muscade râpée
1 échalote
1 oignon
2 œufs
Thym
Laurier
Sel, poivre

Couper les viandes en petits morceaux de 1,5 à 2 cm. Faire chauffer le lard coupé en morceaux, y faire rissoler les morceaux de viande, parsemer avec le hachis d'oignon et d'échalote. Mouiller avec le cognac. Saler, poivrer. Ajouter la noix muscade. Incorporer les œufs entiers et, si l'on veut, 100 g de mie de pain trempée dans du lait. Tapisser une terrine avec les bardes de lard. Y verser la préparation. Recouvrir avec une barde de lard. Mettre le laurier et le thym sur le dessus. Couvrir avec le couvercle, le souder avec de la pâte molle (farine et eau). Cuire au bain-marie et à four moyen pendant 1 h 30. Lorsque le pâté est cuit, le découvrir et y poser au bout de 20 min une planchette sur laquelle on met un poids de 300 à 400 g.

775. Pain de foie de porc
Th. 5 à 6
Préparation : 15 min – Cuisson : 2 h

Hacher ensemble finement foie, panne, oignon, ail, échalote, champignons. Assaisonner. Graisser un moule à charlotte avec le saindoux. L'emplir de la préparation. Couvrir le tout du lard taillé en bardes minces. Disposer dessus des branches de persil, 1 brin de thym, 1 feuille de laurier. Couvrir. Faire cuire 2 h à four moyen. Démouler. Servir chaud.

500 g de foie de porc
300 g de panne (graisse des rognons ou graisse qui entoure le filet)
125 g de champignons
50 g de lard
25 g de saindoux
1 échalote
1 oignon
1 gousse d'ail
1 bouquet garni
Sel, poivre

776. Rognons
Se préparent comme les rognons de veau (694 à 698).

777. Pieds truffés
Préparation : 30 min – Cuisson : 15 à 20 min

Hacher le foie, le rôti et le lard avec les truffes. Assaisonner de sel et des épices. Ajouter à cette farce 1 œuf entier. Bien mélanger le tout. Déposer 1 c. à s. de cette préparation sur un morceau de crépine. Désosser un pied de porc. En mettre une moitié sur la cuillerée de farce. Recouvrir d'une autre cuillerée de farce. Envelopper le tout dans la crépine. Procéder de même pour les autres pieds. Poêler au beurre 15 à 20 min, en retournant une fois les pieds dans la poêle. Servir brûlant, entouré de persil et de rondelles de citron.

3 pieds de porc
200 g de rôti de porc
350 g de lard gras
125 g de foie de veau
6 morceaux de crépine de 12 à 15 cm de côté
1 œuf
50 g de beurre
Truffes à volonté
Cannelle, 1 clou de girofle, noix muscade râpée
Persil plat
1 citron
Sel, poivre

778. Queues de cochon bonne femme
Préparation : 10 min – Cuisson : 3 h

6 queues de porc
250 g de lentilles
2 oignons
2 carottes
50 cl d'eau
1 bouquet garni
Sel, poivre

Prendre des queues auxquelles on laisse leur couenne. Couper en tronçons. Mettre dans une cocotte avec l'eau, les lentilles, les légumes épluchés et lavés, le bouquet garni, du sel, du poivre. Laisser cuire pendant 3 h à feu très doux. Servir dans un plat creux, les queues disposées sur la purée.

779. Queues de cochon à la Villeroy
Préparation : 10 min – Cuisson : 1 h 45

6 queues de porc
30 g de beurre ou de saindoux
2 œufs
Chapelure
Huile pour friture
Persil plat
Sel, poivre

Nettoyer des queues auxquelles on laisse leur couenne. Couper en tronçons. Les cuire d'abord à l'eau bouillante salée pendant 1 h 30. Égoutter. Refroidir. Faire revenir à la poêle dans un peu de beurre. Couvrir et laisser cuire 15 min. Laisser refroidir. Paner à l'œuf et à la chapelure fine. Faire frire dans l'huile chaude, assaisonner et servir garni de persil frit (1919).

780. Boudin grillé
Cuisson : 15 min

500 g de boudin
Moutarde

Couper le boudin en autant de tronçons qu'il y a de convives. Piquer la peau avec une fourchette. Placer sur le gril et laisser cuire à feu modéré, 12 à 15 min, en retournant plusieurs fois. Servir chaud avec de la moutarde.

781. Boudin poêlé
Cuisson : 12 min

500 g de boudin	
40 g de beurre	
Moutarde	

Couper et piquer le boudin comme ci-dessus. Mettre à la poêle avec le beurre. Laisser revenir à feu modéré, 12 min environ. Servir chaud avec de la moutarde.

782. Andouilles et andouillettes grillées
Cuisson : 12 min

500 g d'andouilles	
Moutarde	

Diviser en tronçons. Piquer la peau avec une fourchette. Placer sur le gril. Laisser cuire 12 min à feu modéré. Servir avec de la moutarde.

783. Andouilles et andouillettes poêlées
Cuisson : 10 min

500 g d'andouilles	
20 g de beurre	
Moutarde	

Diviser en tronçons. Piquer la peau avec une fourchette. Mettre dans la poêle avec le beurre. Laisser cuire à feu vif 10 min. Servir avec de la moutarde.

Ces andouilles et andouillettes se servent sur purée de pommes de terre (1093), de pois cassés (1161) ou de marrons (1063).

784. Saucisses grillées
Cuisson : 10 min

Piquer les saucisses, les placer sur le gril, laisser cuire 10 min à feu modéré, en tournant souvent.

785. Saucisses poêlées

Cuisson : 8 min

| 500 g de saucisses |
| 20 g de beurre |

Piquer les saucisses, les placer dans une poêle avec le beurre. Laisser revenir à feu vif, 8 min. Servir sur une purée de pommes de terre (1093), de pois cassés (1161), de marrons (1063), ou sur un plat de chou braisé (990).

786. Saucisses au riz

Préparer un riz au gras (1165). Faire griller ou poêler les saucisses. Dresser le riz sur un plat creux et garnir de saucisses.

787. Saucisses au vin blanc

Préparation : 10 min – Cuisson : 30 min

| 6 saucisses |
| 60 g de beurre |
| 1 oignon |
| 10 cl de vin blanc |
| Sel, poivre |

Poêler les saucisses (785). Dresser sur un plat, maintenir au chaud. Dans la graisse de cuisson, faire dorer un oignon finement émincé. Mouiller avec le vin blanc. Assaisonner. Laisser cuire 30 min et verser sur les saucisses.

Utilisation des restes de porc

788. Rôti froid

Couper la viande en tranches et servir sur un plat garni de persil et de cornichons avec une mayonnaise (72).

789. Rôti en sauce

Faire réchauffer 10 min la viande coupée en tranches dans une des sauces suivantes : piquante (50), moutarde (65), tomate (38).

Tous les restes de viande peuvent être hachés avec, si besoin en est, un peu de lard gras, pour en faire des boulettes, des croquettes, des coquilles (voir formules 657 à 660).

La charcuterie de ménage

Il faut se trouver dans des conditions exceptionnelles (résidence secondaire proche d'une ferme productrice de porcs dont la viande est contrôlée par le service d'hygiène) pour se décider à préparer chez soi de la charcuterie. En effet, on trouve actuellement et partout en France les différentes pièces de charcuterie chez de bons artisans charcutiers.

Voici, toutefois, quelques recettes n'exigeant ni un matériel compliqué ni une installation spécialisée et qui relèvent plus de la cuisine que de la charcuterie. C'est un fait : on a, de plus en plus, tendance à mettre la viande de porc au congélateur pour la mettre en réserve en cas de besoin.

790. Andouilles

Laver à l'eau tiède tous les boyaux, les faire dégorger 12 h à l'eau froide additionnée de vinaigre. Hacher grossièrement toutes les viandes, les assaisonner avec l'échalote et l'oignon hachés, piment, poivre, sel. Emplir aux 2/3 seulement des boyaux épais avec cette préparation. Ficeler aux deux bouts. Suspendre à l'air libre, puis fumer pendant 48 h au moins en les suspendant à un bâton dans la cheminée (mais à fumée froide : moins de 30 °C). Pour cuire les andouilles, les envelopper d'un linge et pocher sans bouillir pendant 1 h 30 dans de l'eau salée. Laisser refroidir.

250 g de boyaux frisés de porc
250 g de boyaux frisés de veau
Vinaigre
200 g d'estomac blanc
200 g de poitrine de veau
200 g de poitrine grasse de porc
1 oignon
1 échalote
Piment
1 clou de girofle
Sel, poivre

791. Boudin de sang

Le sang du porc doit être utilisé encore tiède. Mettre un peu de vinaigre pour empêcher la coagulation (1 c. à s. pour 1 litre). Retourner les boyaux du porc en s'aidant d'un petit bâton arrondi à une extrémité : les laver dans plusieurs eaux et les frotter avec une brosse douce. Éplucher les oignons, les hacher finement et les faire cuire à petit feu pendant 1 h 30 dans le saindoux. À ce moment, ajouter la crème, la panne coupée en petits morceaux de 1/2 cm, le sang et l'assaisonnement : persil haché, épices, sel, poivre. Bien remuer et chauffer pendant 5 min. À l'aide d'un entonnoir spécial appelé boudinière, introduire la préparation dans les boyaux, sans toutefois trop les remplir. Plonger dans une marmite remplie d'eau bouillante le boudin ainsi préparé (en morceaux noués, chacun de 25 cm ou en un seul morceau). Laisser à petit frémissement pendant 20 min. Si le sang ne sort plus en piquant la peau, le boudin est cuit. Égoutter, essuyer et frotter si l'on veut avec de la couenne de lard pour rendre brillant.

2 litres de sang
Vinaigre
125 g d'oignons
125 g de saindoux
50 cl de crème fraîche
1 kg de panne
Persil plat
Boyaux de porc
Noix muscade râpée
1 clou de girofle écrasé
1 gousse d'ail
Cannelle
Sel, poivre

792. Boudin blanc

	750 g de porc
	500 g de mie de pain
	250 g de chair de volaille
	125 g d'oignons
	50 g de saindoux
	50 cl de lait
	50 cl de crème fraîche
	4 œufs
	150 g de panne fraîche
	Noix muscade râpée
	Boyaux de porc
	Sel, poivre

Faire cuire les oignons finement hachés dans le saindoux, à petit feu pendant 1 h 30. Faire tremper la mie de pain dans le lait, la laisser dessécher à chaleur douce pour obtenir une pâte épaisse. Hacher finement le porc, la chair de volaille et la panne ; incorporer à ce hachis la mie de pain, les oignons, la crème et les œufs entiers. Assaisonner avec sel, poivre, noix muscade. Introduire la préparation dans un boyau comme pour le boudin de sang. Faire cuire selon la formule 791. Égoutter et laisser refroidir, recouvert d'un linge épais et blanc, afin de conserver le boudin bien blanc.

793. Chair à saucisse

	1 kg de chair de porc
	1 kg de lard gras
	Sel, poivre

La chair de porc utilisée provient généralement du collier. Hacher finement la viande maigre avec le lard. Assaisonner avec sel et poivre. Pour la chair à saucisse très fine, on peut mettre des truffes ou des pelures de truffes hachées.

794. Crépinettes

Couper de la crépine ou toilette de porc en carrés de 12 cm de côté. Y placer de la chair à saucisse (793). L'envelopper dans la crépine. Aplatir légèrement et donner la forme ovale.

795. Fromage de tête
(à préparer la veille)
Préparation : 1 h – Cuisson : 4 h 30

	1 tête de porc
	250 g de couenne
	125 g de bardes de lard
	1 carotte
	1 oignon
	1 bouquet garni
	1 litre d'eau
	1 litre de vin blanc

Faire blanchir la tête de porc selon la formule 699. Désosser la tête, couper les oreilles (ne pas mettre la langue, préparée autrement) et couper la couenne en morceaux. Mettre le tout dans une grande bassine, avec l'eau, le vin blanc, les condiments. Laisser cuire pendant 4 h 30.

Garnir les parois d'un moule avec des bardes de lard. Y disposer en couches la viande ainsi cuite. Couvrir d'un couvercle et tasser aussitôt avec des poids. Laisser refroidir 24 h avant de servir.

796. Fromage d'Italie
Th. 6
Préparation : 45 min – Cuisson : 2 h 30

1 kg de foie de porc
1 kg de lard
3 œufs
Ail, échalote
1 bouquet garni
1 crépine de porc
Sel, poivre

Hacher ensemble le foie de porc et 500 g de lard. Incorporer les œufs et un assaisonnement varié suivant le goût, mais se composant à volonté de thym, laurier, ail, échalote, sel, poivre. Couvrir le fond d'un moule avec la crépine de porc. Y verser une partie du hachis, puis une couche de lardons. Renouveler l'opération et finir par une couche de lard. Faire cuire 2 h 30 au four. Servir froid.

797. Pâté de viandes
Th. 5 à 6
Préparation : 35 min – Cuisson : 1 h 30

250 g de porc
250 g de veau
250 g de bœuf
1 crépine de porc
200 g de mie de pain
Lait
2 œufs
Oignons
Persil plat
10 cl de vin blanc
Sel, poivre

Hacher finement les viandes, le persil et les oignons, les mélanger à la mie de pain trempée dans du lait et aux œufs entiers. Assaisonner. Rouler le mélange dans la crépine. Faire cuire 1 h 30 dans une lèchefrite à four chaud avec un peu de graisse et le vin blanc. Se conserve 48 h au réfrigérateur.

798. Pâté en gelée
(à préparer la veille)
Th. 5
Préparation : 30 min – Cuisson : 3 h

500 g de veau
500 g de porc
125 g d'échalotes
Persil plat
50 cl de vin blanc
1 pied de veau
Sel, poivre

Couper la viande en petites tranches. Mettre dans un plat à four un peu d'échalote et de persil hachés, puis la viande coupée en petites tranches ; remettre échalote et persil et ainsi de suite jusqu'à épuisement.

Finir par le pied de veau. Arroser avec le vin blanc, assaisonner et cuire 3 h à four doux. Enlever le pied de veau et mettre la viande sous presse pendant qu'elle refroidit. Se conserve 48 h au réfrigérateur.

799. Pieds à la Sainte-Menehould
Préparation : 1 h – Cuisson : 5 h

6 pieds de porc
2 gousses d'ail
1 bouquet garni
Chapelure
Huile
Sel, poivre

Préparer d'abord comme les pieds de mouton (737). Envelopper ensuite chaque pied dans un morceau de toile coupée en bandes, bien serrer. Mettre les pieds dans une marmite et les maintenir au fond, au moyen d'une baguette placée en travers. Recouvrir d'eau froide et assaisonner avec sel, poivre, ail, bouquet garni. Faire cuire 5 h. Lorsque les pieds égouttés sont encore tièdes, défaire les bandes de tissu. Passer les pieds dans l'huile, puis dans la chapelure et faire griller sur le gril ou frire dans la poêle.

800. Rillettes de porc
Préparation : 40 min – Cuisson : 5 h

1,5 kg de filet de porc
1,5 kg de lard gras frais
250 g de saindoux
1 bouquet garni
Sel, poivre

Couper le porc et le lard en petits morceaux de 3 cm. Les faire revenir et dorer dans 150 g de saindoux. Lorsqu'ils sont dorés, retirer la graisse liquide, réserver, et laisser cuire les petits morceaux de porc en les recouvrant d'eau salée. Ajouter le bouquet garni. Laisser mijoter à très petit feu pendant 5 h. Quand l'eau est évaporée, tourner le mélange de temps en temps pour qu'il devienne légèrement brun. Passer le tout au hachoir et incorporer la graisse réservée. Assaisonner. Mettre les rillettes en pots et recouvrir d'une couche de saindoux.

801. Saucisses de Lorraine
Préparation : 1 h

Hacher finement les viandes et le lard. Assaisonner avec le sel et le poivre, un peu d'ail. Ajouter le vin blanc sec. Bien mélanger le tout avec une pincée de nitrate de sodium[1]. Verser dans une cuve et bien tasser. Laisser reposer pendant 4 jours. Introduire dans des boyaux de 50 cm de long. Ficeler, piquer les bulles d'air. Suspendre les saucisses à un bâton dans une cheminée et faire sécher pendant 8 à 10 jours.

1,5 kg de viande de porc	
500 g de lard	
Les rognons	
La langue	
5 g de nitrate de sodium	
50 cl de vin blanc sec	
1 gousse d'ail	
80 g de sel	
8 g de poivre	

802. Saucisses de Toulouse

Dénerver la viande maigre. La couper en morceaux et la passer au hachoir avec le lard, en utilisant la grosse grille. (La chair n'est jamais très fine dans la saucisse de Toulouse.) Assaisonner et laisser reposer la préparation au frais jusqu'au lendemain, en recouvrant le récipient d'un torchon. Le lendemain, travailler à la cuillère en bois pour bien mêler l'appareil. Introduire dans du boyau (menu) de porc. Attacher tous les 10 cm.

1,5 kg de chair maigre de porc	
500 g de lard gras	
Boyaux de porc	
40 g de sel fin	
8 g de poivre	
10 g de sucre en poudre	

803. Gayettes
Voir formule 1816.

804. Saindoux

Prendre 1,25 kg de panne de porc. Couper en menus morceaux et faire chauffer à feu doux. Quand la graisse est fondue, la passer au travers d'une passoire fine et mettre en pot de grès.

1,25 kg de panne donne environ 1 kg de saindoux.

Le saindoux est de moins en moins utilisé en cuisine « allégée ».
Le saindoux est déconseillé par l'hygiène alimentaire (obésité, maladies cardio-vasculaires).

---

1. Nitrate de sodium : E 250. Additif alimentaire utilisé comme conservateur.

Les volailles

On donne le nom de volaille aux oiseaux de basse-cour, élevés pour la consommation de leur chair, auxquels on ajoute le lapin domestique. Leur viande est riche en protéines et plus ou moins maigre suivant l'animal. Le poulet et la dinde sont les plus consommés.

En achetant la volaille tuée mais non préparée, il faut estimer la proportion de déchets à un tiers. Une volaille vidée et plumée ne donnera que $1/5^e$ de déchets.

Préparation de la volaille

Plumer. Les volailles doivent être plumées dès qu'elles sont mortes et encore chaudes. Même si les plumes s'enlèvent difficilement, éviter de tremper la volaille dans l'eau chaude : les pores se dilatent et l'opération peut se faire plus facilement, mais la chair perd de sa finesse.

Vider. Couper la bague (anneau musculaire qui resserre le croupion). Faire une incision le long du cou et tirer par cette ouverture le commencement du tube digestif et le jabot. Appuyer sur le ventre et refouler les intestins vers le croupion. Ne pas oublier d'enlever au canard, de chaque côté du croupion, deux glandes qui peuvent donner un goût spécial désagréable. Retirer le foie, les poumons, le cœur et le gésier. Enlever le fiel du foie. Ouvrir le gésier, le vider de son contenu, enlever la peau qui tapisse l'intérieur, le laver et réserver.

Flamber. Passer la volaille au-dessus d'une flamme claire, en tenant la tête d'une main, les pattes de l'autre, jusqu'au moment où duvet et petites plumes ont disparu. Après le flambage, on retire avec la pointe d'un couteau tous les petits bouts de plume qui ont pu rester dans la peau.

Parer. Couper la tête et le cou, les ailerons, les pattes qui, avec le gésier et le cœur, constituent l'abattis utilisable d'autre part.

Brider ou trousser. C'est attacher les pattes et les ailes au corps de façon à lui conserver une forme régulière malgré la cuisson. Utiliser une aiguille à brider enfilée de ficelle fine. Piquer dans le pilon droit, sous l'os, traverser l'intérieur du corps, ressortir par l'autre pilon et faire un nœud. Piquer l'aiguille dans l'aile gauche. Traverser l'intérieur du corps, ressortir par l'aile droite en prenant ensuite la peau du cou qui est rabattue. Nouer assez serré.

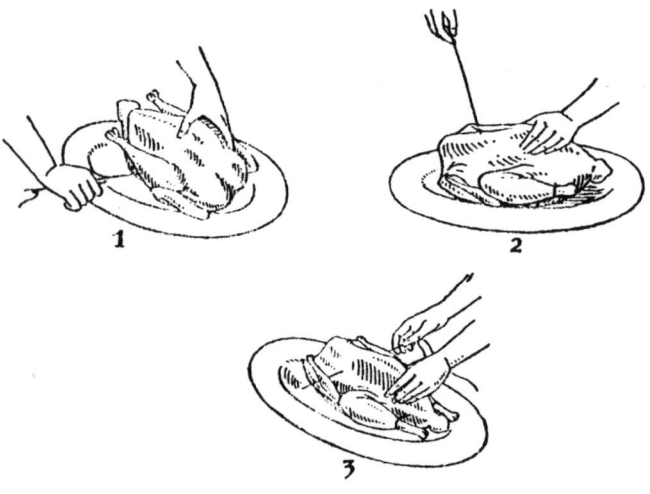

Bridage du poulet

Barder. Couvrir le ventre avec une barde de lard, ayant comme largeur la longueur de la volaille. Ficeler avec quelques tours de ficelle. On barde les volailles peu grasses ou trop jeunes.

Truffer. Faire sur la poitrine deux incisions de façon à entailler seulement la peau. Introduire dessous des rondelles de truffes.

Farcir. Préparer une farce selon une des formules données (150, 151, 152, 153). L'introduire dans la volaille par le cou avant de la brider.

Le canard

De par sa richesse en graisse, le canard possède une chair savoureuse, parfois difficile à digérer. Il est préférable de choisir une volaille jeune et tendre si l'on envisage de la rôtir simplement, un peu plus âgée pour confectionner des préparations braisées ou mijotées. Le caneton ou la canette sont des volatiles de moins de 2 mois ; le canard a de 4 mois à 1 an. Son poids moyen est de 1,5 kg.

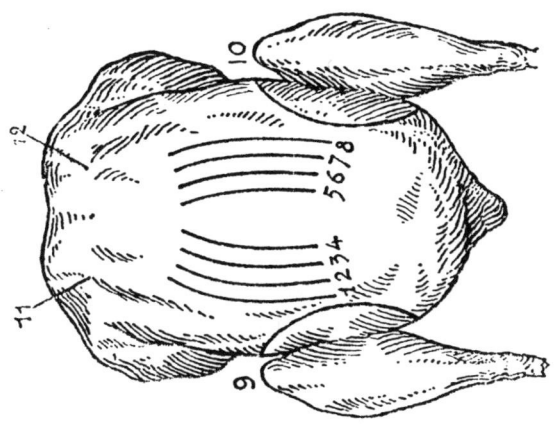

Découpage du canard et de l'oie

Découpage du canard

Les pattes. Piquer la fourchette dans la cuisse, appuyer et la soulever, glisser le couteau le long de la carcasse pour détacher la chair. Couper la jointure.

Les aiguillettes. Inciser la chair du ventre de chaque côté du bréchet et découper des tranches parallèles (5 de chaque côté).

Les ailes. Piquer la fourchette sous l'aile, chercher la jointure avec le contenu. Couper et appuyer avec la fourchette pour soulever cette partie.

N.B. – Dans nos recettes, les proportions sont établies pour six personnes.

Rôti

805. Canard rôti
Th. 7

Préparer un canard, le vider, le flamber, le brider. Badigeonner la peau avec du beurre fondu et faire cuire à four chaud ou à la broche à raison de 20 min par 500 g.

806. Canard à l'orange
Th. 7
Cuisson sauce : 40 min

1 canard
5 cl de curaçao
50 g de beurre
10 cl de bouillon de veau
2 oranges
Sel, poivre

Peler une orange. Couper la chair en morceaux et la mettre à l'intérieur du canard. Hacher finement le zeste et le mettre en réserve. Préparer et vider le canard. Réserver le foie. Faire rôtir le canard selon la formule 805. Pendant ce temps, faire blanchir le zeste 10 min à l'eau bouillante. Égoutter. Le piler avec le foie du canard. Mouiller avec le curaçao. Découper le canard, disposer les morceaux sur le plat de service décoré de quartiers d'orange et de la farce contenue dans la volaille. Récupérer le jus de cuisson et le filtrer. Porter à ébullition le bouillon de veau et verser dans la casserole le jus du canard, le zeste et le foie mouillés au curaçao, du sel et du poivre. Ajouter le beurre et verser en saucière.

… Les volailles

Braisé

807. Canard braisé

	1 canard
	40 g de beurre
	20 cl de bouillon au choix
	Citron (jus)
	Sel, poivre

Préparation : 10 min – Cuisson : 2 h

Préparer le canard, le brider. Faire fondre le beurre dans une cocotte, y mettre la volaille et la faire dorer sur toutes ses faces. Mouiller avec le bouillon. Assaisonner, couvrir hermétiquement et faire cuire au four ou à petit feu pendant 2 h. Passer le jus, ajouter le jus de citron. Servir la sauce en saucière.

808. Canard aux olives

	1 canard
	200 g d'olives
	Citron (jus)

Préparation : 25 min – Cuisson : 2 h

Braiser le canard selon la formule 807. Tourner les olives. 10 min avant de servir, mettre les olives et le jus de citron dans la sauce. Assaisonner. Laisser mijoter. Servir le canard nappé avec la sauce et les olives en cordon.

809. Canard aux navets

	1 canard
	750 g de navets
	60 g de beurre

Préparation : 30 min – Cuisson : 2 h

Braiser le canard selon la formule 807. Éplucher les navets et les tailler en petites boules ou en bouchons. Les faire cuire 10 min à l'eau bouillante salée, égoutter, puis les faire dorer dans le beurre. Laisser cuire à couvert pendant 1 h 30. Ajouter les navets dans la cocotte et garder 10 min au chaud avant de servir.

810. Canard à la rouennaise

	1 canard
	150 g de foie de canard
	180 g de lard
	30 g de beurre
	10 cl de bouillon au choix
	10 cl de vin rouge
	Persil plat
	Sel, poivre

Th. 7

Préparation : 45 min

Tuer le canard, sans le saigner. Hacher les foies, le lard, du persil. Assaisonner. Remplir le canard avec cette farce. Brider la volaille et la faire rôtir (805). Recueillir le jus de cuisson. Le verser dans une casserole avec le bouillon et le vin rouge. Laisser réduire 5 min à feu doux et ajouter le beurre. Servir la sauce en saucière.

Remarque. – Le véritable canard à la rouennaise est un plat difficile à réussir en cuisine familiale. Cette recette est très simplifiée.

811. Magrets de canard aux pruneaux

(48 h à l'avance pour les pruneaux)
Préparation : 30 min – Cuisson : 30 min

1 kg de magrets de canard
300 g de pommes de terre
400 g de champignons
50 g de beurre
200 g de pruneaux
10 cl de vin rouge
1 orange (jus)
1 échalote
50 g de sucre en poudre
Cannelle en poudre
Baies de genièvre
5 cl de cognac et de xérès
15 cl de fond de veau[1]
1 c. à s. de miel
50 g de graisse de canard
Sel

Faire bouillir le vin rouge avec le jus d'orange, le sucre, une pincée de cannelle en poudre. Réduire de moitié. Verser bouillant sur les pruneaux placés dans un grand bol. Couvrir. Laisser refroidir et mettre au réfrigérateur pendant 48 h.

Le jour où l'on veut servir le plat : dénoyauter les pruneaux. Les réchauffer doucement dans la marinade. Préparer les champignons, les laver rapidement, les essuyer et les faire sauter dans 30 g de beurre, sans coloration. Dans le même temps, cuire les pommes de terre dans leur peau, 20 min à l'eau bouillante. Égoutter. Éplucher. Tenir au chaud.

Dans une sauteuse, mettre le reste du beurre et saisir les magrets du côté de la graisse. Saler. Arroser la surface de la viande avec le jus de cuisson. Retourner les magrets, les faire dorer sur l'autre face pendant 30 s.

Réchauffer les champignons parsemés d'échalote hachée en les faisant sauter. Retirer les magrets (tenir au chaud) et déglacer la sauteuse avec le xérès et le cognac. Ajouter le fond de veau. Réduire d'un tiers tout en ajoutant le miel et une pincée de genièvre pilé. Réserver. Couper les pommes de terre en tranches, les faire sauter rapidement dans la graisse de canard.

Couper les magrets en tranches minces. Sur le plat de service, disposer une rangée de pruneaux tièdes. Les recouvrir de tranches de magret. Mettre une rangée de pommes de terre puis une rangée de champignons. Glisser au four chaud pendant 5 à 8 min. Napper avec la sauce bouillante et servir aussitôt.

---

1. Il existe dans le commerce du bouillon de veau que l'on prépare en ajoutant de l'eau, selon le mode d'emploi.

812. Canard en salmis

Préparation : 1 h – Cuisson : 45 min

1 canard de 1,5 kg
135 g de beurre
10 cl de sauce brune
100 g de champignons
30 g d'échalote
5 cl de cognac
6 tranches de pain de mie
Sel, poivre

Préparer le canard pour le rôtir et réserver le foie. Le faire rôtir, mais il doit rester saignant (805). Pendant la cuisson du canard, préparer la sauce en faisant cuire à feu doux dans 30 g de beurre l'échalote épluchée et finement hachée. Ajouter à cela la sauce brune (49) et faire cuire à feu doux pendant 15 min environ. Saler, poivrer. Faire dorer les tranches de pain de mie dans 60 g de beurre.

Découper le canard. Mettre dans une sauteuse les pattes, les filets détaillés en aiguillettes. Couvrir d'un papier beurré et maintenir au chaud mais à température douce.

Écraser dans un mortier la carcasse et les ailerons. On doit obtenir une purée fine. La verser dans la sauce.

Faire sauter les champignons lavés et coupés en morceaux dans le plat de cuisson du canard. Mouiller avec le cognac et verser cette préparation sur les morceaux de canard. Piler le foie, le mettre dans la sauce qui mijote, chauffer. Dès que l'ébullition commence, passer au chinois, ajouter à la sauce recueillie le reste du beurre (45 g) en petits morceaux. Chauffer sans attendre l'ébullition et napper les morceaux de canard disposés sur le plat de service. Garnir avec les croûtons. Servir chaud.

813. Terrine de canard aux pruneaux

Ingrédients :
- 700 à 800 g de canard
- 250 g de gorge de porc
- 200 g de poitrine de porc
- 1 foie de canard
- 100 g de poitrine de veau
- 2 œufs
- 10 cl de vin blanc sec
- 30 cl de vin rouge
- 200 g de pruneaux
- 50 g de sucre en poudre
- 50 g d'oignon
- 200 g de bardes de lard
- 50 g de beurre
- Baies de genièvre
- Thym
- Laurier
- Sel

On a intérêt à faire cette terrine 4 à 5 jours à l'avance. Les quantités indiquées sont assez importantes pour obtenir une préparation pouvant être servie 2 fois. (Tenir au réfrigérateur.)
Préparation : 45 min – Cuisson : 1 h 30

Faire bouillir le vin rouge avec le sucre. Le verser sur les pruneaux mis dans un bol. Les laisser gonfler pendant 12 h.

Désosser le canard, en couper la chair en gros morceaux ainsi que les viandes de porc et de veau. Couper le foie en deux.

Faire suer dans une casserole, avec le beurre, l'oignon épluché et haché. Déglacer avec le vin blanc, assaisonner avec une pincée de genièvre pilé, du thym et du laurier. Saler. Retirer du feu. Laisser refroidir. Se servir de ce jus pour arroser les viandes qui sont dans une terrine. Mettre au réfrigérateur pendant 24 h. Passer ces morceaux au hachoir. Ajouter les 2 œufs entiers et la moitié de la marinade passée au chinois. Mélanger avec soin.

Barder la terrine, en prenant soin de laisser dépasser la barde vers l'extérieur. Dénoyauter les pruneaux. Dans la terrine, disposer une couche de farce, une couche de pruneaux en alternant. Terminer par la farce. Rabattre la barde de lard pour recouvrir la préparation. Mettre en surface du thym et du laurier. Recouvrir de papier aluminium. Cuire au bain-marie et au four th. 5 pendant 30 min et à th. 2 pendant 1 h.

Laisser refroidir à température ambiante, puis tenir au réfrigérateur pendant 48 h.

Le caneton

Le caneton se prépare de la même façon que le canard. Étant plus tendre, 12 min de cuisson pour 500 g (caneton rôti) suffisent.

814. Caneton à l'estragon
Préparation : 25 min – Cuisson : 1 h 15

Préparer les canetons. Les faire revenir dans le beurre, mouiller avec le bouillon, ajouter une branche d'estragon, saler, poivrer, couvrir et laisser mijoter 1 h 15. Au moment de servir, passer le jus et ajouter de l'estragon haché.

2 canetons
Estragon
10 cl de bouillon au choix
50 g de beurre
Sel, poivre

815. Canette rôtie aux figues fraîches
Préparation : 30 min – Cuisson : 40 min

Cuire à four doux (th. 5-6) la canette, vidée et bridée, en arrosant de temps en temps pour que la viande ne soit pas sèche.
Pendant ce temps, faire une incision en croix sur le dessus de chaque figue. Enduire de beurre fondu (60 g) à l'aide d'un pinceau, saupoudrer de sucre, de cannelle et saisir à feu très vif (gril).
Retirer la canette (tenir au chaud) et déglacer le plat de cuisson avec l'alcool d'abricot, le porto, le fond de veau. Cuire à feu vif pour réduire de moitié. Incorporer le reste de beurre par petits morceaux en fouettant.
Poser la canette sur le plat de service, entourer avec les figues tenues au chaud et napper avec la sauce montée au beurre.
On peut ajouter à la sauce 1 c. à s. de poivre vert.

1,5 kg de canette ou caneton
5 cl de porto
300 g de figues fraîches
10 cl d'alcool d'abricot
10 cl de fond de veau [1]
100 g de beurre
50 g de sucre en poudre
1 pincée de cannelle en poudre

---

1. On fera le fond de veau avec une préparation du commerce en poudre ou en cube délayée et fondue dans de l'eau.

Le chapon

Le chapon est un jeune poulet châtré et engraissé. On lui fait subir les mêmes préparations que celles réservées au poulet. (Voir p. 360 et suiv.)

816. Coq au vin
Préparation : 25 min – Cuisson : 1 h

Prendre un coq d'un an, bien en chair. Le découper cru. Faire revenir les morceaux et l'oignon haché dans l'huile et 50 g de beurre. Saupoudrer avec la farine ; mouiller avec le cognac, flamber et verser le vin rouge, assaisonner et mettre les gousses d'ail finement hachées. Faire cuire 1 h. Laisser refroidir jusqu'au lendemain. Réchauffer à petit feu, au moment de servir, en ajoutant le lard fumé coupé en dés, les petits oignons dorés avec le reste de beurre et les champignons cuits à part. Servir avec une garniture de pommes paille (1111).

1 coq de 1,5 kg
3 c. à s. d'huile
90 g de beurre
30 g d'oignon
40 g de farine
5 cl de cognac
2 gousses d'ail
50 cl de bourgogne rouge
100 g de lard fumé
185 g de champignons
100 g de petits oignons
Sel, poivre

La dinde

Préférer la femelle, dépourvue d'ergots et de petite taille. La chair doit être blanche. Se découpe comme le poulet (voir p. 360).

817. Rôti de dinde
Cuisson : 1 h

Dans une cocotte, faire revenir au beurre chaud le rôti, sur toutes ses faces, saler, poivrer. Mouiller avec 10 cl de vin. Couvrir. Cuire à feu moyen. Ajouter le reste du vin lorsque le jus est réduit. Couper en tranches pour servir.

1 kg de filets enroulés
40 g de beurre
20 cl de vin blanc sec
Sel, poivre

818. Dinde rôtie

Th. 7
Préparation : 15 min – Cuisson : 2 h

1 dinde préparée de 3 kg
Bardes de lard

Barder la dinde. Mettre à four chaud en comptant 20 min de cuisson par livre. La pièce étant, en général, de bon poids, elle demande une longue cuisson (2 h). Il faut surveiller la cuisson qui doit être lente et douce. Au besoin, entourer la dinde d'un papier aluminium bien beurré qui ralentit la coloration du rôti. Déglacer le plat (10), servir le jus en saucière et la dinde déficelée sur un plat garni avec du cresson.

819. Dinde farcie aux marrons

Th. 7
Préparation : 45 min – Cuisson : 3 h

1 dinde de 3 kg
Foie de la dinde
100 g de veau
100 g de porc
100 g de lard frais
750 g de marrons
35 cl de bouillon au choix
10 g d'échalote
Beurre
Sel, poivre

Faire un hachis avec les viandes. Cuire les marrons (1061) épluchés au préalable, dans le bouillon. Les passer finement. Cuire au beurre tiède l'échalote finement hachée. Mélanger le tout et ajouter éventuellement à volonté des pelures de truffes. Saler, poivrer. Remplir l'intérieur de la dinde. Ficeler et faire rôtir selon la formule 818.

820. Dinde truffée

Th. 7
Préparation : 45 min – Cuisson : 2 h

1 dinde de 3 kg
100 g de veau
100 g de porc
1 belle truffe de 200 g
150 g de lard
Foie
Sel, poivre

Couper la moitié de la truffe en rondelles minces. Les glisser sous la peau de la volaille (voir p. 345). Préparer, avec le lard, le porc et le veau, le foie, la truffe et les pelures, une farce finement hachée. Assaisonner. Remplir l'intérieur de la dinde. Coudre l'ouverture, brider et faire cuire au four selon la formule 818.

Braisé

821. Dinde braisée
Préparation : 45 min – Cuisson : 2 h 30

1 dinde de 3 kg
100 g de carottes
2 oignons
100 g de beurre
50 cl de bouillon au choix
10 cl de cognac
Sel, poivre

Faire chauffer le beurre dans une daubière. Y mettre la dinde, préparée et ficelée, à dorer sur toutes ses faces. Ajouter carottes en rondelles et oignons hachés, mouiller avec le bouillon. Assaisonner. Laisser cuire doucement à couvert pendant 1 h. Mettre alors le cognac flambé. Prolonger la cuisson pendant 1 h 30.

L'oie

L'oie est savoureuse, mais elle est relativement grasse, ce qui la rend peu digeste. La chair de l'oie doit être rosée et la graisse jaune pâle. On l'achète entière (dans ce cas, elle pèse en moyenne 5 kg) ou coupée en morceaux, au détail.

822. Oie rôtie
Voir dinde rôtie (818). Ne pas barder de lard.

823. Oie aux marrons
Voir dinde farcie aux marrons (819).

824. Oie aux pommes

1 oie
1 kg de pommes reinettes

Introduire dans l'oie les pommes reinettes épluchées et coupées en quartiers. Recoudre et faire rôtir selon la formule 818. Cette compote imbibée des sucs et de la graisse de l'oie est exquise.

Foie gras

825. Foie gras au porto

	1 foie d'oie de 800 g
	12 g de sel
	1 pincée de paprika
	1 crépine de porc
	5 cl de cognac + 5 cl de porto
	Porto pour la cuisson
	Mirepoix

Enlever les traces, filaments noirs et la poche à fiel. Faire macérer le foie à couvert dans une terrine avec le sel, le paprika, le cognac et le porto pendant 15 h. L'envelopper dans une crépine de porc. Le poser dans une sauteuse dans le fond de laquelle on a fait étuver une mirepoix (3). Mouiller avec du porto jusqu'à hauteur du foie. Faire cuire très doucement sans atteindre l'ébullition pendant 15 min. Retirer du feu et laisser refroidir dans le liquide. Égoutter, enlever la crépine. Poser le foie dans un plat creux pour pouvoir le glacer avec une gelée (6) dans laquelle on aura mis du porto de cuisson. Mettre au réfrigérateur pendant 12 h.

826. Foie gras frais de canard

	500 g de foie gras de canard
	5 cl de porto
	1 c. à s. de jus de truffe
	Sel, poivre

(Cette préparation se fait en 3 temps et 1 semaine à l'avance. En outre, il vaut mieux faire un premier essai avec 500 g de foie avant de prévoir une préparation plus importante.)

Préparation : 30 min – Cuisson : 15 à 20 min

Laisser le foie gras à température ambiante pendant 2 h. Enlever la fine membrane qui le recouvre. L'ouvrir en deux par le milieu et retirer les nerfs et vaisseaux qui sont à l'intérieur.

Reconstituer le foie gras. Assaisonner avec sel et poivre. Arroser de jus de truffe et de porto. Envelopper le tout dans un film alimentaire et mettre au réfrigérateur pendant 12 h.

Le lendemain, sortir le foie de son emballage. Le laisser à température ambiante pendant 1 h puis le mettre dans une terrine ovale, en le tassant soigneusement avec les mains, de façon à éliminer l'air. Placer la terrine dans un bain-marie (80 °C environ) et cuire à four moyen, th. 4, pendant 20 min. Pour être sûr que la cuisson est à point, enfoncer un doigt, sur le côté du foie. Il faut y sentir une chaleur douce. Retirer la terrine du four, recueillir la graisse et la couler dans un récipient contenant de l'eau plus froide où elle figera. Pendant ce temps, mettre la terrine à refroidir. Recueillir la graisse figée, la faire fondre à chaud et verser à la surface de la terrine. Quand la graisse est prise, poser un papier aluminium, sur lequel on met une plaquette de bois qui sert de presse. Égoutter pour faire sortir le sang. Mettre au réfrigérateur pendant 24 h.

827. Aspic de foie gras

Faire une gelée (6). Rincer une terrine à l'eau froide, y verser une couche de gelée et laisser un peu durcir. Placer ensuite le foie préparé selon la formule 826. Remettre une couche de gelée et mettre au frais jusqu'au lendemain.

828. Foie gras poché au madère

Faire dégorger le foie paré dans l'eau salée (10 g par litre) pendant 6 h. Dans une terrine tapissée de couenne, carottes émincées et champignons, mettre le foie. Recouvrir avec du madère et un peu de bouillon. Porter à ébullition rapidement. Couvrir. Mettre à four doux (th. 1-2) pendant 45 min. Retirer le foie de la cuisson. Utiliser celle-ci pour compléter une sauce madère (51) dans laquelle on met le foie à feu doux pendant 10 à 12 min. Servir aussitôt.

829. Foie gras au torchon

(8 à 10 jours à l'avance)
Préparation : 30 min – Cuisson : 3 h

800 g de foie d'oie
Graisse d'oie
3 litres de bouillon de veau fait avec :
300 g de veau
150 g de bœuf
Os de veau et de volaille
100 g de poireaux
100 g de carottes
80 g de navets
1 bouquet garni
Sel, poivre

Enlever la fine membrane du foie, ainsi que les nerfs et les vaisseaux, qui sont à l'intérieur. Saler, poivrer et laisser reposer au frais pendant 24 h.
Le lendemain, préparer 2,5 à 3 litres de bouillon avec les viandes et légumes indiqués ci-contre. Saler, poivrer, mettre le bouquet garni (voir formule 186). Cuire au moins 2 h 30. Laisser refroidir. Passer au chinois.
Préparer le foie, rapprocher les deux parties de la pièce, tenir serré et envelopper dans un torchon (en lin de préférence) qui a été trempé dans le bouillon froid. Tordre le torchon à chaque extrémité. (Il faut être deux pour faire cette

opération de façon à bien maintenir le foie très serré.) Ficeler les deux extrémités, comme un saucisson, et entourer en 3 endroits différents le foie enveloppé, avec de la ficelle, sans serrer. Diviser le bouillon froid en 2 quantités égales. L'une doit servir à la cuisson du foie, l'autre au refroidissement. Placer le foie dans une casserole, recouvrir avec la moitié du bouillon et porter sur feu moyen jusqu'à frémissement. Laisser cuire à feu doux pendant 20 min environ. Sortir le rouleau de foie de la cuisson, à l'aide de deux écumoires, et le plonger délicatement dans le reste du bouillon froid ce qui arrêtera la cuisson en maintenant le foie dans un milieu humide. Lorsque le tout est froid, retirer le foie du bouillon. Déficeler. Sortir du torchon et poser dans une terrine rectangulaire. Recouvrir le foie, tassé avec la main, avec de la graisse d'oie fondue et tiède. Tenir la terrine au réfrigérateur pendant une dizaine de jours avant de déguster.

Remarque. – Le bouillon peut servir à faire un potage ou une blanquette de veau ou de volaille.

830. Mousse de foie gras
Préparation : 20 min

Piler le tout ensemble : foie, beurre et truffes. Ajouter la crème fouettée. Assaisonner. Se servir de cette mousse pour garnir des tartelettes en pâte brisée (1499) cuites à blanc ou des toasts grillés.

| 200 g de foie gras |
| 100 g de beurre |
| 200 g de crème fraîche |
| 70 g de truffes |
| Sel, poivre |

Le pigeon

Le jeune pigeon a le croupion blanc, le bec flexible, les pattes de couleur claire, le bréchet peu résistant, le cou et les pattes épais. La peau est rosée et la chair rouge.

Préparation du pigeon. Étouffer le pigeon. Plumer, flamber. Fendre le cou en longueur pour retirer le sac et l'œsophage. Enlever la peau qui recouvre la tête et retirer les yeux. Appuyer sur le ventre pour faire sortir par l'anus les entrailles. Remettre le cœur et le foie à l'intérieur. Couper le bout des ailes et des pattes. Brider.

Découpage du pigeon cuit. Couper en deux ou en quatre. En deux dans le sens de la longueur. En quatre dans le sens de la longueur et de la largeur.

Découpage du pigeon cru. Procéder de la même façon.

831. Pigeons rôtis
Th. 7
Préparation : 15 min – Cuisson : 30 min

3 pigeons
Bardes de lard
Sel

Préparer les pigeons. Les saler intérieurement. Les entourer d'une barde de lard et les faire cuire au four pendant 25 à 30 min.

832. Pigeons farcis
Th. 7
Préparation : 25 min – Cuisson : 30 min

3 pigeons
100 g de chair à saucisse
100 g de lard
Mie de pain
Oignon cuit à blanc

Préparer une farce avec les ingrédients ci-contre, selon la formule 150. Remplir l'intérieur des pigeons. Les ficeler et les faire rôtir (831).

On peut aussi préparer une farce avec les foies et les gésiers hachés, mélangés avec de la mie de pain trempée dans du lait. Lier avec 1 œuf. Remplir les pigeons. Les faire rôtir. Les servir coupés en deux. Garnir de farce placée autour et coupée en tranches.

833. Pigeons à la crapaudine
Préparation : 20 min – Cuisson : 45 min

3 pigeons
60 g de beurre
Chapelure
Sel, poivre

Fendre les pigeons par le dos en les laissant attachés du côté de l'estomac.

Laisser le foie, les poumons. Aplatir légèrement.

Faire cuire doucement dans du beurre pendant 10 min, de chaque côté, sans laisser dorer. Retirer de la cocotte. Faire revenir dans cette matière grasse tous les éléments de la sauce crapaudine (85) qui accompagnera les pigeons. Lorsque ceux-ci sont refroidis, les passer dans du beurre fondu, les rouler dans la chapelure et cuire au gril à feu régulier pendant 20 min.

La pintade

Volaille domestique à la chair légèrement plus sombre que le poulet et à la saveur très fine. On choisira, de préférence, un volatile jeune désigné sous le terme de « pintadeau » pour être rôti, et la pintade adulte, plus ferme et un peu sèche, pour les fricassées.

Choix de la pintade. On distingue les pintades fermières, élevées en plein air, de celles élevées en batterie. Le choix s'effectue comme pour un poulet.

Préparation de la pintade. La pintade s'accommode comme le poulet. Sa chair est peu grasse, il est bon d'entourer toujours la pintade d'une barde de lard.

834. Pintade aux choux
Préparation : 25 min – Cuisson : 1 h 15

1 pintade
1,5 kg de choux
200 g de lard
1 oignon
1 carotte
10 cl de bouillon au choix
Sel, poivre

Éplucher les choux et les préparer selon la formule 988. Préparer la pintade. Disposer, dans le fond d'une cocotte, le lard coupé en tranches, la carotte et l'oignon. Y mettre la pintade, les choux tout autour, assaisonner et laisser cuire à couvert pendant 15 min. Mouiller avec le bouillon et laisser cuire à petit feu pendant 1 h.

835. Poularde

La poularde est une jeune poule engraissée en cage et dans l'obscurité afin de l'empêcher de parvenir à la maturité sexuelle. Sa chair est très fine, onctueuse et très blanche. Voir poulet, formules 836 à 856.

Le poulet

Jeune volaille à chair tendre, blanche ou jaune suivant son alimentation (céréales ou maïs), abattue entre 2 et 4 mois environ. On distingue différentes qualités de volatiles suivant le type d'élevage et l'âge d'abattage :
– poulets 4/4 à croissance rapide, peu savoureux ;
– poulets « de grain » abattus à 60 jours environ ;
– poulets d'appellation ou labellisés, abattus à 4 mois et pouvant atteindre 2 kg : leur chair est ferme et goûteuse.
Se conformer par conséquent, pour ce qui est du choix, aux instructions figurant sur l'emballage ou délivrées par le marchand.

Découpage du poulet rôti
– **les pattes :** piquer la fourchette dans la cuisse. Appuyer pour la soulever, glisser le couteau le long de la carcasse pour détacher la chair. Couper à la jointure.
– **les ailes :** piquer la fourchette sous l'aile. Chercher avec le couteau la jointure, couper. Appuyer avec la fourchette pour enlever cette partie. Maintenir le poulet à l'aide du couteau.
– **la carcasse :** couper le poulet dans le milieu et dans le sens de la longueur.

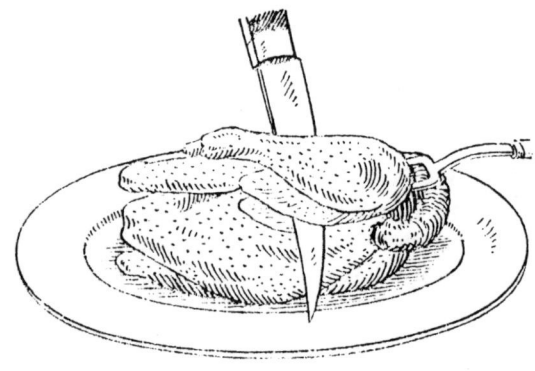

Découpage du poulet

Découpage du poulet cru. Procéder de la même façon. Découper la carcasse de la même façon.

Désosser un poulet. Faire sur le dos une incision profonde allant jusqu'aux os, et partant du croupion pour aboutir au cou. Agrandir cette incision en ayant soin de détacher de chaque côté les chairs de la carcasse. Couper la peau du cou vers la tête et asseoir la volaille sur le croupion. Introduire le tranchant du couteau dans les jointures qui réunissent les ailes à la carcasse. Renverser les chairs sous le ventre et dégarnir la carcasse. Rompre la jointure des cuisses. Couper les pattes au-dessus du jarret et le bout extrême des ailes.

Bouilli

836. Poulet au blanc
Préparation : 20 min – Cuisson : 1 h 15

Préparer un court-bouillon avec 1,5 litre d'eau, le vin blanc, l'oignon et le bouquet garni selon la formule 158. Le laisser refroidir puis y mettre le poulet (sans foie ni gésier). Saler, faire cuire doucement pendant 1 h. Passer l'eau de cuisson. Faire un roux blanc (18) avec le beurre et la farine. Mouiller avec le court-bouillon. Quand la sauce est un peu épaisse, la lier avec les jaunes d'œufs et le jus de citron. Servir le poulet entier sur un plat, napper de sauce. Accompagner de riz à la créole (1163).

1 poulet de 1,5 kg environ
10 cl de vin blanc
1 oignon
60 g de beurre
50 g de farine
2 jaunes d'œufs
1 citron (jus)
1 bouquet garni
Sel

837. Blanquette de poulet
Couper le poulet cru en morceaux. Procéder comme pour la blanquette de veau (611).

838. Waterzoï d'ailerons de volaille

Préparation : 40 min – Cuisson : 30 à 40 min

Choisir des ailerons de poulets ou de dindes. Les couper aux deux extrémités. Retirer les os et ramener la peau pour refermer les ailerons.

Avec les os, le sel et le poivre, préparer un fond de volaille (bouillon – 186) ou utiliser un fond de volaille que l'on trouve dans le commerce et qu'il faut délayer pour avoir 1 litre de liquide.

Faire bouillir, réduire de moitié (ne pas trop saler).

Éplucher les légumes, les couper en julienne et les faire étuver à feu doux dans 30 g de beurre. Il faut que la julienne soit encore croquante. Dans une casserole, faire rissoler dans le reste du beurre les ailerons. Assaisonner. À mi-coloration, mouiller avec le fond de volaille. Couvrir et laisser cuire environ 10 à 15 min. Dresser les ailerons dans un plat creux allant au chaud. Recouvrir joliment avec la julienne. Lier le bouillon de cuisson avec les 3 jaunes et la crème en battant, tout en tenant à feu doux. Mettre un peu de muscade râpée. Napper les ailerons avec cette sauce qui tient lieu de potage. Parsemer de pluches de cerfeuil. Servir bien chaud.

1,8 kg d'ailerons de volaille
1 litre de fond de volaille
60 g de beurre
20 cl de crème fraîche
100 g de carottes
100 g de poireaux
100 g de céleri-rave
3 jaunes d'œufs
Cerfeuil
Noix muscade râpée
Sel, poivre

839. Fricassée de poulet

Préparation : 25 min – Cuisson : 1 h

Découper le poulet en morceaux. Les faire cuire 20 min, à partir de l'ébullition, dans 1,5 litre d'eau avec bouquet garni, carotte et oignon coupés en rondelles. Égoutter et essuyer les morceaux. Faire fondre le beurre, y mettre les membres et la carcasse, les faire revenir mais sans les dorer. Recouvrir ensuite avec le vin blanc et 20 cl de bouillon de cuisson. Assaisonner. Faire bouillir 2 min et laisser mijoter ensuite pendant 35 min.

1 poulet
1 carotte
1 oignon
1 bouquet garni
60 g de beurre
20 cl de vin blanc
50 g de champignons
2 jaunes d'œufs
1 citron (jus)
Sel, poivre

Tenir les morceaux au chaud; passer la sauce, ajouter les champignons coupés et la faire réduire d'un tiers. Lier ensuite avec 2 jaunes d'œufs, ajouter le jus de citron et servir les morceaux de poulet recouverts de sauce et entourés d'une couronne de riz et de champignons.

840. Poulet sauce aux huîtres
Préparation : 20 min – Cuisson : 1 h 15

1 poulet
200 g de champignons
2 douzaines d'huîtres
20 g de beurre
Citron (jus)
Sel, poivre

Faire cuire le poulet au blanc selon la formule 836. Préparer la sauce comme il est indiqué ; ajouter les champignons lavés, coupés et cuits au beurre pendant 5 min. Ouvrir les huîtres, les mettre avec leur eau dans une petite casserole, chauffer jusqu'au premier bouillon. Assaisonner. À ce moment, incorporer les huîtres à la sauce, ainsi que 2 ou 3 c. à s. de leur eau. Ajouter pour finir le jus de citron. Servir le poulet entier, nappé de sauce.

Rôti

841. Poulet à la broche
Brider le poulet. Le badigeonner de beurre fondu, l'embrocher et compter 20 min de cuisson par livre. Le retourner toutes les 8 min et l'arroser chaque fois avec du beurre.

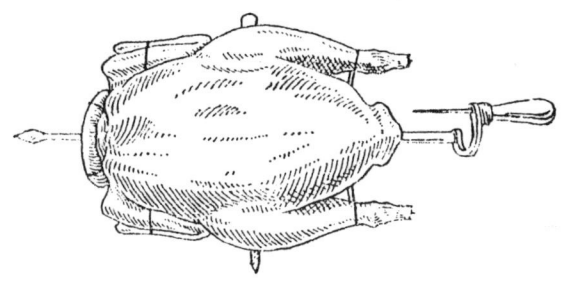

Embrochage du poulet

842. Poulet au four
Th. 7 à 8
Préparation : 15 min – Cuisson : 20 min par livre

Brider le poulet. Le parsemer de quelques petits morceaux de beurre ou le barder. Faire cuire à four chaud, 20 min par livre. Retourner de temps en temps et arroser. Déglacer le fond du plat, servir la sauce en saucière et le poulet déficelé sur un plat avec garniture de cresson, à chaque extrémité du plat.

843. Poulet à la casserole
Préparation : 5 min – Cuisson : 30 min par livre

Mettre dans une cocotte 40 g de beurre, faire dorer le poulet bridé. Saler. Couvrir et laisser cuire doucement à raison de 30 min par livre. Au moment de servir, découvrir, faire dorer à feu vif. Servir déficelé ; déglacer le fond de la cocotte et servir le jus en saucière.

844. Poulet chasseur
Préparation : 20 min – Cuisson : 1 h 15

1 poulet de 1,3 kg
50 g de beurre
250 g de champignons
100 g de petits oignons
Sel, poivre

Faire cuire le poulet selon la formule 843. Éplucher les oignons, laver soigneusement les petits champignons ; faire cuire à feu doux les oignons et les champignons 25 min au beurre tiède, puis les placer dans le plat de cuisson 15 min avant d'enlever le poulet. Assaisonner.

845. Poulet à la crème
Préparation : 25 min – Cuisson : 1 h 15

1 poulet de 1,3 kg
125 g de champignons
40 g de beurre
20 g de farine
50 cl de crème fraîche
Sel, poivre

Faire cuire le poulet à la casserole, selon la formule 843. Au bout de 55 min de cuisson, ajouter les champignons lavés et coupés. Saupoudrer de farine et laisser cuire 10 min, puis mouiller avec la crème. Assaisonner. Découper la volaille, mettre les morceaux en couronne sur un plat, et napper avec la sauce.

846. Poulet farci aux marrons
Th. 7
Préparation : 30 min – Cuisson : 1 h 15

1 poulet de 1 kg	
375 g de marrons épluchés	
50 g de beurre	
20 cl de lait	
10 cl de jus de viande	
Bardes de lard	
Sel, poivre	

Remplir l'intérieur de la volaille avec la farce suivante : les marrons étant pelés (voir formule 1061), les faire cuire avec de l'eau salée et 25 g de beurre. Les écraser une fois cuits, mais en réserver une dizaine bien entiers. Mouiller avec le lait, le jus de viande. Mettre encore 25 g de beurre, incorporer les marrons entiers. Assaisonner. Farcir, brider et barder le poulet. Faire cuire au four selon la formule 842.

Sauté et braisé

847. Poulet en cocotte
Préparation : 10 min – Cuisson : 1 h

1 poulet	
125 g de champignons	
125 g de lard de poitrine	
60 g d'oignon	
40 g de beurre	
10 cl de vin blanc	
Sel, poivre	

Faire dorer, dans le beurre chaud, le lard coupé en dés et l'oignon haché. Les retirer. Faire dorer le poulet préparé et bridé ; remettre le lard et l'oignon, mouiller avec le vin blanc. Assaisonner. Couvrir hermétiquement et faire cuire à feu doux et de préférence au four pendant 1 h. Mettre les champignons lavés et coupés 20 min avant de servir.

848. Poulet à l'estragon
Préparation : 45 min – Cuisson : 40 min

1 poulet de 1 kg	
250 g de porc	
125 g de veau	
60 g d'oignon	
250 g de lard fumé	
2 cl de cognac	
60 g de beurre	
35 g d'estragon	
Sel, poivre	

Faire une farce avec le foie du poulet, la viande de porc et de veau et 125 g de lard fumé. Incorporer le cognac et de l'estragon haché. Assaisonner. Remplir l'intérieur du poulet avec cette préparation. Le brider. Faire revenir dans le beurre le reste de lard fumé et l'oignon haché.

Les retirer. Faire dorer le poulet, remettre lard et oignon. Assaisonner. Ajouter 1 branche d'estragon ; mouiller avec un peu d'eau ; faire cuire couvert à feu doux 40 min. Au moment de servir, mettre de l'estragon haché dans le jus de cuisson. Dresser le poulet sur un plat et servir la sauce en saucière.

849. Poulet au paprika
Préparation : 10 min – Cuisson : 1 h 10

1 poulet de 1 kg
50 g de beurre
Paprika
30 cl de crème fraîche
20 cl de bouillon au choix

Découper le poulet cru (p. 360). Le faire revenir dans une cocotte avec du beurre. Mouiller avec un peu de bouillon. Couvrir et laisser cuire doucement au four pendant 1 h. Délayer, au moment de servir, le jus de cuisson avec la crème et mettre 2 pointes de couteau de paprika. Servir le poulet en pyramide, napper avec la sauce.

850. Poulet aux bananes
Préparation : 15 min – Cuisson : 1 h

1 poulet de 1 kg
30 g de beurre
1 c. à s. d'huile d'arachide
5 cl de rhum
10 cl de vin blanc sec
4 bananes
Gingembre en poudre
Coriandre en grains
Sel, poivre

Découper le poulet cru (p. 360). Le faire revenir dans une cocotte au beurre et à l'huile bien chauffés. Arroser avec le rhum. Flamber. Retourner les morceaux pendant que le rhum flambe. Mouiller avec le vin blanc. Saler, poivrer, ajouter la coriandre (5 grains) et un peu de gingembre. Couvrir et laisser cuire à feu régulier pendant 1 h.

Pendant la cuisson du poulet, et 5 min avant de servir, éplucher les bananes, les pocher à l'eau bouillante, 2 à 3 min, les couper en rondelles.

Disposer les morceaux de poulet sur le plat de service, garnir avec les bananes et servir accompagné de riz à la créole (1163).

Ragoût

851. Poulet sauté en sauce
Préparation : 10 min – Cuisson : 1 h

Découper le poulet cru (p. 360). Faire fondre le beurre ; lorsqu'il est chaud, y faire dorer les morceaux de poulet. Saupoudrer de farine ; mouiller avec le bouillon et le cognac ; flamber ; assaisonner, ajouter le bouquet garni et l'oignon haché, doré à part, dans une poêle. Couvrir et laisser cuire doucement pendant 30 min. Ajouter alors les champignons lavés et coupés. Laisser cuire encore 20 min. Servir le poulet nappé de la sauce.

1 poulet de 1,2 kg
30 g de farine
50 g de beurre
100 g d'oignon
125 g de champignons
20 cl de bouillon au choix
10 cl de cognac
1 bouquet garni
Sel, poivre

852. Poulet Marengo
Préparation : 20 min – Cuisson : 1 h 45

Découper le poulet cru (p. 360). Faire chauffer l'huile et le beurre et y mettre les morceaux à dorer. Lorsqu'ils sont à moitié revenus, saupoudrer avec un hachis de persil et d'échalote. Continuer à faire dorer. Mettre ensuite la farine, faire sauter les morceaux, mouiller avec le bouillon et le vin blanc. Assaisonner. Laisser cuire doucement pendant 1 h. Ajouter à ce moment les champignons lavés et coupés et la purée de tomates. Prolonger la cuisson pendant 30 min au moins.

1 poulet de 1,2 kg
2 c. à s. d'huile
30 g de beurre
40 g de farine
Persil plat
20 cl de bouillon au choix
20 cl de vin blanc
200 g de champignons
100 g de purée de tomates
1 échalote
Sel, poivre

853. Poulet navarrais
Préparation : 15 min – Cuisson : 1 h

Découper le poulet cru (p. 360). Faire chauffer le beurre et y mettre les morceaux à dorer. Arroser avec le madère. Assaisonner. Mettre la purée de tomates et les champignons lavés et coupés. Couvrir hermétiquement et laisser cuire pendant 45 min. Mettre les morceaux de poulet sur un plat de service et les napper avec la sauce.

1 poulet de 1 kg
50 g de beurre
20 cl de madère
185 g de champignons
100 g de purée de tomates
Sel, poivre

854. Poulet au curry

Préparation : 20 min – Cuisson : 1 h 15

1 poulet de 1 kg
50 g de beurre
1 oignon
2 gousses d'ail
1 noix de coco
30 g de farine
30 g de curry
10 cl de bouillon au choix
Sel, poivre

Découper le poulet cru (p. 360). Faire chauffer le beurre et y mettre les morceaux à dorer ainsi que l'oignon épluché et coupé en quartiers. Ajouter les gousses d'ail épluchées. Lorsque la viande commence à dorer, saupoudrer avec la farine et 15 g de curry. Cuire à feu doux en retournant les morceaux. Mouiller avec le lait de la noix de coco. Ajouter alors la pulpe râpée de la moitié de la noix, terminer en donnant à la sauce la consistance voulue en ajoutant la quantité de bouillon nécessaire. Saler, poivrer. Cuire à couvert, à feu doux. 5 min avant de servir, ajouter encore 15 g de curry. Servir chaud avec du riz à la créole (1163).

Poulet froid

855. Terrine de poulet

(à préparer la veille)
Th. 5 à 7
Préparation : 1 h 15 – Cuisson : 3 h

1 poulet de 1,2 kg
200 g de jambon
150 g de farce
100 g de lard fumé
Truffe(s) à volonté
6 cl de cognac
350 g de bardes de lard
1 sachet de gelée instantanée
Sel, poivre

Découper le poulet cru (p. 360). Le faire revenir dans le beurre avec le lard coupé en morceaux. Assaisonner et laisser cuire pendant 30 min. Préparer une farce (150) en ajoutant le jambon et la truffe coupée en lamelles. Désosser les morceaux de poulet refroidis. Disposer dans le fond d'une terrine des bardes de lard. Mettre une couche de farce, puis la chair du poulet, puis une autre couche de farce. Terminer par une couche de lard fumé ayant cuit avec le poulet. Mouiller avec le cognac et recouvrir la terrine avec les bardes de lard et le couvercle soudé avec de la pâte (eau + farine). Faire cuire au four pendant 2 h 30. Quand la cuisson est terminée, dessouder le couvercle, et après avoir piqué le pain de volaille en plusieurs endroits, y couler de la gelée préparée suivant les instructions du sachet. Laisser refroidir et durcir. Servir le lendemain.

856. Poulet en gelée
(à préparer la veille)
Préparation : 1 h 15 – Cuisson : 1 h 15

1 poulet de 1 kg	
125 g de porc	
125 g de veau	
125 g de lard	
250 g de bardes de lard	
1 carotte	
1 oignon	
10 cl de vin blanc sec	
1 paquet de gelée au madère	
Couennes	
Sel, poivre	

Faire avec le foie du poulet, la viande de porc et de veau une farce finement pilée et bien assaisonnée. Désosser si possible la volaille, la remplir avec la farce ; brider, barder de lard gras. Foncer une cocotte avec des couennes de lard, la carotte et l'oignon coupés en rondelles ; y mettre le poulet et le laisser cuire, couvert, pendant 15 min. Mouiller avec le vin blanc, assaisonner et faire braiser pendant 1 h. Enlever les bardes, placer le poulet dans une terrine ovale et le recouvrir avec la gelée (y ajouter 10 cl de madère) dès qu'elle est préparée selon le mode d'emploi. Laisser prendre au frais pendant 12 h.

La poule

La poule étant une vieille volaille, elle requiert une cuisson prolongée pour l'attendrir.

857. Poule au pot
Se prépare comme un pot-au-feu (553).

858. Poule au blanc
Voir poulet au blanc (836), mais faire cuire pendant 2 h 30.

859. Poule en gelée
Préparation : 16 min – Cuisson : 4 h

Préparer un court-bouillon pour cuire la volaille (158). Mettre dans 2,5 litres d'eau salée le gîte à la noix, le jarret et le pied de veau avec carotte, oignon, bouquet garni et les abattis. Mettre la poule bridée et faire cuire à petit feu pendant 1 h 30. Retirer la poule et continuer la cuisson pendant 2 h 30. Passer le jus de cuisson, y ajouter le madère. Mettre la poule dans une terrine ovale ; verser le liquide de cuisson et mettre au réfrigérateur pour faire prendre en gelée.

1 poule de 1,3 kg
2,5 litres d'eau
500 g de jarret de veau
250 g de gîte à la noix
1 pied de veau
1 carotte
1 oignon
10 cl de madère
1 bouquet garni
Sel

860. Poule au riz
Préparation : 5 min – Cuisson : 3 h

Mettre dans l'eau la poule flambée et bridée. Ajouter carotte, oignon en rondelles, bouquet garni. Assaisonner. Laisser cuire 2 h 30 à petit feu. Dégraisser le bouillon. Ajouter alors le riz lavé au préalable et laisser cuire pendant 30 min. Servir la poule déficelée et entourée de riz.

1 poule de 1,3 kg
2,5 litres d'eau
1 carotte
1 oignon
375 g de riz
1 bouquet garni
Sel, poivre

861. Pâté de foie
(à préparer la veille)
Préparation : 25 min – Cuisson : 2 h au moins

Mettre la veille les foies à mariner dans le madère. Hacher finement le foie et le lard cru. Mélanger le tout avec les œufs entiers, l'échalote et le persil hachés. Assaisonner (sel, noix muscade). Mettre dans un moule beurré et faire cuire au bain-marie pendant 2 h. Quand une lame de couteau sort intacte, le pâté est cuit.

300 g de foie de veau et de volailles
300 g de lard gras
20 cl de madère
2 œufs
Noix muscade râpée
Échalote
Persil plat
Beurre
Sel, poivre

862. Pain de foies de volaille

Préparation : 35 min – Cuisson : 1 h 20

4 gros foies
200 g de moelle
4 œufs
50 cl de béchamel
Chapelure
Beurre
Sel, poivre

Nettoyer les foies, les hacher finement avec la moelle. Ajouter les jaunes d'œufs, la béchamel (21) et les blancs battus. Assaisonner. Mettre dans un moule beurré et saupoudré de chapelure. Faire cuire 1 h au bain-marie. Servir avec une sauce tomate (38) ou financière (40).

Utilisation des restes de volaille

863. Froids (avec une sauce mayonnaise [72])

Dresser les morceaux sur un plat, garnir à volonté avec œufs durs, persil. Servir la sauce en saucière.

En salade. Couper en tranches fines les restes de volaille. Les mettre dans un saladier avec la laitue épluchée et des œufs durs (262) coupés en quartiers. Assaisonner avec une vinaigrette (63), mais servir avec un peu de mayonnaise.

864. Chauds

Avec une sauce à volonté, préparée à l'avance et dans laquelle on ne laisse mijoter les morceaux coupés que pendant 10 min : velouté (45), tomate (38), financière (40), bordelaise (43).

865. En omelette

150 g de restes de volaille
6 œufs
40 g de beurre
Sel, poivre

Hacher finement la volaille. La mettre dans une terrine. Casser les œufs, assaisonner. Battre le tout. Faire cuire au beurre. Servir avec une sauce tomate (38).

866. En beignets

Couper les restes de volaille en morceaux réguliers. Les mettre à mariner 1 h avec 1 c. à s. de vinaigre, 2 c. à s. d'huile, du sel et du poivre. Préparer une pâte à frire (1400). Plonger les morceaux marinés dans cette pâte, puis faire cuire dans l'huile bouillante. Servir avec des quartiers de citron.

867. En croquettes
Préparation : 25 min – Cuisson : 35 min

200 g de restes de volaille
125 g de champignons
60 g de jambon
50 g de beurre
50 g de farine
20 cl de lait
1 œuf
Chapelure
Huile pour friture
Sel, poivre

Hacher finement la volaille, le jambon et les champignons. Préparer une sauce béchamel épaisse (21). Y faire cuire les champignons pendant 5 min. Laisser refroidir. Incorporer le hachis à la sauce. Assaisonner. Former des boulettes avec ce mélange. Les passer dans l'œuf battu avec 1 c. à s. d'eau et d'huile, puis les rouler dans la chapelure. Faire dorer dans la friture.

Abattis

Les abattis se composent du cou avec la tête, des ailerons, du gésier et du cœur.

868. Ragoût d'abattis
Voir ragoût de mouton aux pommes de terre (725).

869. Abattis en sauce
Faire cuire les abattis préparés dans l'eau bouillante salée avec des légumes (553). Préparer une sauce financière (40) ou Richelieu (42). Y mettre les abattis et les réchauffer doucement pendant 15 min.

Le lapin

La plupart des lapins vendus dans le commerce ont moins de 3 mois et pèsent environ 1,5 kg sans les pattes. On doit les choisir plutôt trapus, avec un râble charnu, une chair rose nacrée et du gras blanc et ferme autour des reins. Le lapin fermier est plus gros et son alimentation à base de grain et d'herbes en fait un mets de choix.

Comment tuer et dépouiller un lapin. Il existe deux moyens pour cela :
– donner un coup violent sur la nuque ;
– tirer brusquement la tête d'une main, le corps de l'autre. La colonne vertébrale étant brisée, la mort est immédiate.

Arracher ensuite un œil pour faire sortir le sang ; suspendre le lapin par les pattes de derrière, un bol contenant 1 c. à s. de vinaigre (pour empêcher le sang de cailler) en dessous de la tête. Laisser suspendu pendant 10 min. Puis dépouiller. Faire avec un couteau pointu une incision entre les cuisses et l'anus, allant de la patte droite à la patte gauche. Dégager les cuisses, rabattre la peau et tirer jusqu'à ce que le corps soit complètement dégagé. Sortir les pattes de devant en s'aidant de la pointe du couteau ; tirer jusqu'aux oreilles et dégager le museau en coupant.

Comment vider un lapin. Placer le lapin sur le dos ; faire une incision du haut vers le bas ; écarter les deux pattes de derrière en donnant un coup de couteau dans le bas du râble. Enlever les entrailles.

Comment couper un lapin. Le lapin peut se servir entier et rôti. On peut utiliser le râble entier et couper seulement la partie antérieure. Enfin, si la préparation culinaire le nécessite, on peut le couper entièrement.
Couper chaque épaule en deux, chaque cuisse en trois. Séparer le thorax du râble. Couper le thorax en deux dans le sens de la longueur, puis en deux dans le sens de la largeur. Couper le râble en morceaux de 2 à 3 cm de large, perpendiculairement à la colonne vertébrale.

870. Lapin rôti
Th. 8
Rôtir le lapin entier ou seulement le râble. Piquer les parties charnues de fins lardons à l'aide d'une lardoire, ou envelopper complètement le morceau d'une barde de lard. Ficeler et faire rôtir à four chaud à raison de 20 min pour 500 g. Servir avec une sauce poivrade (56) ou simplement avec le jus de cuisson.

871. Lapin rôti à la moutarde
Th. 7
Préparation : 10 min – Cuisson : 20 min par 500 g

Tartiner le lapin avec la moutarde forte. L'envelopper ensuite dans les bardes de lard et ficeler. Disposer dans un plat à four, sur la grille. Cuire à four chaud. Saler et poivrer.

1 petit lapin ou le râble d'un gros lapin
40 à 50 g de moutarde forte
2 bardes de lard
Sel, poivre

872. Lapin sauté
Préparation : 10 min – Cuisson : 25 min

Prendre un lapin très jeune. Faire fondre et chauffer le beurre. Ajouter les morceaux de lapin et les faire dorer pendant 10 min. Parsemer d'oignon, d'échalote, de persil et de champignons hachés. Assaisonner. Mouiller avec le vin et laisser cuire 15 min. Au moment de servir, dresser les morceaux sur un plat et déglacer la poêle avec l'eau chaude. Donner un bouillon au jus.

900 g de lapin coupé en morceaux
50 g de beurre
1 oignon
1 échalote
Persil plat
100 g de champignons
10 cl d'eau
20 cl de vin blanc
Sel, poivre

873. Râble de lapereau au demi-sel
(2 h à l'avance)
Préparation : 1 h – Cuisson : 40 à 45 min

Commencer par préparer la saumure, en faisant fondre le sel dans l'eau.
Désosser le râble, en partant de la colonne vertébrale. Rouler la viande pour former un petit rôti ; le ficeler. Mettre ce rôti dans la saumure et l'y laisser pendant 2 h.
Couper les tomates et les courgettes lavées en lamelles. Huiler un plat à gratin, y disposer les légumes, en alternant les tranches. Badigeonner

1,5 kg de râble
300 g de tomates
250 g de courgettes
5 cl d'huile d'olive
10 cl de fond de veau [1]
150 g d'oignons
5 cl de vinaigre de xérès
30 g de beurre
Herbes de Provence
Thym
Sel, poivre
Saumure :
1 litre d'eau + 30 g de sel fin

---

1. Le fond de veau doit être pris en gelée pour faire cette préparation.

d'huile, saler, poivrer, parsemer de thym et d'herbes de Provence. Mettre au four (th. 4-5) pendant 20 à 25 min.

Éplucher les oignons, les émincer et les faire suer dans une petite casserole avec le beurre. Lorsqu'ils sont dorés, déglacer avec le vinaigre de xérès. Saler, poivrer. Égoutter le lapin de la saumure. Préparer une feuille de film alimentaire. Mettre au centre 1 c. à s. de gelée (fond de veau). Y poser le râble parsemé de thym. Remettre 1 c. à s. de gelée et envelopper avec le film pour que tout soit bien enfermé. Poser ce paquet dans la marmite à vapeur pendant 15 min. Ouvrir le paquet sur une assiette, pour recueillir le jus. Retirer la ficelle du râble. Couper celui-ci en fines tranches que l'on dispose, avec goût, sur le plat de légumes cuits (et chauds). Verser au centre la fondue d'oignons, napper le tout avec le jus de cuisson qui est resté dans le film. On peut, en surface, donner un tour de moulin à poivre.

Ragoût

874. Lapin en gibelotte
Préparation : 20 min – Cuisson : 1 h 15

Faire fondre le beurre dans une cocotte. Faire dorer les oignons et le lard coupé en dés. Enlever et mettre les morceaux de lapin. Quand ils sont bien saisis, saupoudrer avec la farine, mouiller avec le bouillon chaud et le vin blanc. Assaisonner. Mettre le bouquet garni, le lard et les oignons. Laisser cuire doucement 45 min. À ce moment, ajouter les petites pommes de terre épluchées. Vérifier l'assaisonnement et prolonger la cuisson encore 30 min. 15 min avant de servir, ajouter les champignons épluchés et bien lavés.

1 lapin de 1,5 kg
150 g de lard
100 g de petits oignons
40 g de farine
40 cl de vin blanc
20 cl de bouillon au choix
50 g de beurre
800 g de petites pommes de terre
125 g de champignons
1 bouquet garni
Sel, poivre

875. Lapin à la crème
Th. 7
Préparation : 15 min – Cuisson : 1 h 30

1 gros râble de lapin
1 crépine de porc
Moutarde blanche
185 g de crème fraîche
Sel, poivre

Couper le râble en morceaux et enduire chaque morceau avec de la moutarde. Saler, poivrer. Mettre tous les morceaux dans la crépine, placer dans un plat et faire cuire à four chaud, mais régulier, pendant 1 h 30. Sortir les morceaux de la toilette, les mettre sur un plat et verser la crème dans le plat chaud en tournant avec soin. Recouvrir les morceaux de lapin avec cette sauce.

876. Lapin Marengo
Voir poulet Marengo (852).

877. Civet de lapin
Préparation : 25 min – Cuisson : 1 h 10

1 lapin de 1,5 kg coupé en morceaux
Le foie et le sang du lapin
125 g de lardons
125 g d'oignons
30 g de farine
20 cl de bouillon au choix
40 cl de vin rouge
30 g de beurre
1 bouquet garni
Sel, poivre

Faire revenir dans le beurre chaud les oignons et le lard coupés en dés. Les retirer. Faire revenir les morceaux de lapin. Lorsqu'ils sont bien dorés, les retirer. Mettre alors dans la cocotte la farine, faire un roux brun (48), mouiller avec le bouillon chaud et le vin rouge. Remettre le lapin, le lard et les oignons. Assaisonner. Ajouter le bouquet garni. Laisser cuire doucement pendant 1 h. Piler le foie et, 10 min avant de servir, l'ajouter à la sauce, ainsi que le sang réservé.

878. Lapin aux pruneaux
(à préparer la veille)
Préparation : 20 min – Cuisson : 1 h

1,5 kg de lapin
125 g de lard salé
500 g de pruneaux
50 g de beurre
1 carotte
1 oignon
1 litre de vin rouge
Thym, laurier
Sel, poivre

24 h à l'avance, laver les pruneaux et les faire tremper. Couper le lapin en morceaux, le placer dans une terrine et y verser une marinade (faite à chaud avec le vin rouge, la carotte coupée en rondelles et les épices) tiède. Le lapin doit être recouvert.

Le jour même, faire revenir dans une cocotte où l'on a fait chauffer le beurre, l'oignon épluché et le lard coupé en petits morceaux. Essuyer les morceaux de lapin et les faire revenir dans la cocotte après avoir retiré les lardons et l'oignon. Lorsque la viande est bien dorée, remettre lardons et oignon, mouiller avec un peu de marinade (passée), saler, poivrer et ajouter les pruneaux égouttés. Couvrir et laisser cuire pendant 45 min à 1 h. Servir dans un plat creux, nappé avec le jus de cuisson, que l'on peut épaissir avec 1 c. à s. de gelée de groseille.

879. Pain de lapin

Préparation : 30 min – Cuisson : 2 h

Couper un lapin en morceaux et faire mariner pendant 1 jour dans une marinade (148). Détacher les chairs. Hacher finement ainsi que le lard. Ajouter la mie de pain écrasée dans les jaunes d'œufs, le cognac, du persil haché et les blancs battus en neige. Saler, poivrer. Mettre cette préparation dans un moule bien beurré et faire cuire au bain-marie pendant 2 h. Servir avec une sauce tomate (38).

1 kg de lapin
350 g de lard
10 cl de cognac
2 œufs
Persil plat
100 g de mie de pain
Beurre
Sel, poivre

880. Terrine de lapin

Voir terrine de poulet (855). Procéder de la même façon. Pour la farce, voir les proportions ci-contre.

1 lapin de 1 kg
150 g de veau
200 g de porc frais
250 g de jambon
2 œufs
1 échalote
Truffes à volonté

881. Compote de lapereau en gelée

(à préparer la veille)
Préparation : 45 min – Cuisson : 1 h

1,2 kg de lapin	
2 litres de consommé de veau (déshydraté)[1]	
200 g de carottes	
200 g de navets	
50 g de petits pois	
40 g de beurre	
3 feuilles de gélatine	
30 g d'estragon	
Sel, poivre	
Saumure :	
1 litre d'eau + 50 g de sel	

Préparer la saumure, la veille, en faisant fondre le sel dans l'eau.

Le jour même, détailler en morceaux la viande de lapin. Faire macérer cette viande dans la saumure pendant 2 h.

Préparer un court-bouillon (2 litres) en suivant les instructions inscrites sur les sachets. Égoutter les morceaux de lapin, les poêler rapidement dans le beurre puis les plonger dans le court-bouillon bien assaisonné mis dans une casserole de bonne taille. Faire mijoter pendant 1 h, à petit feu et à couvert. Pendant ce temps, éplucher carottes et navets. Les cuire à l'eau bouillante salée, 20 à 25 min. Ajouter les petits pois en fin de cuisson. Égoutter le lapin cuit. Décortiquer les os. Ajouter au court-bouillon les feuilles de gélatine ramollies dans l'eau froide. Bien mélanger pour obtenir la gelée.

Dans des ramequins individuels, mettre une couche de viande, une couche de légumes coupés en bâtonnets, une couche de viande. Arroser avec de la gelée.

Terminer en décorant avec les petits pois et l'estragon haché. Mettre au réfrigérateur, près du freezer, pendant 12 h. Si la préparation à l'intérieur des moules se tasse (au froid), ajouter une petite couche de gelée pour que l'ensemble ne soit pas sec.

---

1. Se trouve dans le commerce, en sachet.

Le gibier

N.B. – Dans nos recettes, les proportions sont établies pour six personnes.

On donne le nom de gibier à tous les animaux sauvages comestibles dont on pratique la chasse. La texture comme la saveur de leur chair est déterminée par leur âge, leur mode de vie et leur alimentation. Cette viande plus sombre et d'un goût souvent très prononcé, tout en étant moins grasse que celle dite « de boucherie », est difficile à digérer. Le faisandage, qui consiste à laisser « mûrir » un gibier après l'abattage pour attendrir ses chairs, peut se révéler toxique et ne doit pas dépasser 4 à 5 jours suivant les cas. Le gibier sauvage, par opposition à celui d'élevage, n'est disponible en France que durant les périodes de chasse. On le divise en deux catégories : le gibier à poil (sanglier, chevreuil, cerf, daim, lapin de garenne, lièvre) et le gibier à plumes (perdreau, perdrix, bécasse, bécassine, caille, faisan, coq de bruyère, sarcelle, grive, vanneau, pluvier, alouette, becfigue, merle, gélinotte).

Lapin – Septembre à mars
Lièvre – Septembre à février
Chevreuil – Septembre à février
Sanglier – Septembre à mars
Canard sauvage – Août à février
Perdrix et perdreaux – Septembre à janvier
Caille, faisan, coq de bruyère – Septembre à février
Gélinotte, pluvier, sarcelle – Toute l'année
Bécasse et bécassine – Septembre à avril

Sauces pour gibier

Pauvre homme (11)
Périgueux (54)
Poivrade (56)
Chasseur (62)
Au sang (61)

Le sanglier

Dans cet animal, le filet, les côtelettes, le cuissot, la hure sont les morceaux de choix.
N'employer qu'une viande fraîche, de bonne odeur, de couleur vive, et jeune, ce qui se reconnaît à la teinte rouge vif de la chair, à la coloration gris fer clair des poils.
La viande de sanglier se marine toujours, surtout si on ne la laisse pas faisander.
Les rôtis se font cuire 30 à 35 min par livre à four moyen. La plupart des préparations culinaires du porc s'appliquent au sanglier.

Le gibier **381**

882. Filet de sanglier rôti
(2 à 3 jours à l'avance dans la marinade)
Th. 8
Préparation : 10 min – Cuisson : 45 min

| 750 g de filet de sanglier |
| Marinade crue |
| 25 cl de sauce chasseur |
| Sel, poivre |

Parer, barder, attacher, laisser macérer 2 à 3 jours, la pièce de viande dans la marinade (148). Retirer, égoutter, éponger. Traiter ensuite comme un rôti de bœuf (567). Une sauce chasseur (62) peut être servie à part pour accompagner le rôti.

883. Cuissot de sanglier
(2 à 4 jours à l'avance dans la marinade)
Préparation : 10 min – Cuisson : 5 h

| 1 cuissot |
| Marinade cuite |
| 1 ou 2 bardes de lard |
| 1 bouquet garni |
| 5 cl de cognac |
| Débris de jambon, de lard, à volonté |
| Sel, poivre |

Parer le cuissot, laisser macérer 3 à 4 jours dans la marinade cuite (147). Retirer, égoutter, larder profondément. Traiter ensuite comme un morceau de bœuf braisé (voir p. 265) ; mouiller avec la marinade au lieu du bouillon. Ajouter le cognac 1 h avant de servir. Flamber. Laisser mijoter 4 h 30 ou 5 h.

884. Filets mignons de sanglier
(1 ou 2 jours à l'avance dans la marinade)
Préparation : 15 min – Cuisson : 1 h 40

| 650 g de filet de sanglier |
| 50 cl de marinade crue |
| 125 g de lard |
| 5 échalotes |
| 1 gousse d'ail |
| 1 gros bouquet garni |
| 75 g de beurre |
| 1 c. à s. d'huile d'olive |
| 10 cl de cognac |
| Sel, poivre |

Parer la pièce de viande, couper en tranches régulières de 4 cm d'épaisseur environ. Laisser macérer 1 à 2 jours dans la marinade (148). Retirer, égoutter, éponger. Foncer une sauteuse avec le lard, l'ail, les échalotes et le bouquet garni. Faire dorer des deux côtés, à la poêle, dans le beurre, chacune des tranches de filet. Placer ensuite dans la sauteuse. Ajouter l'huile d'olive, du sel, du poivre, le cognac et 2 c. à s. de la marinade. Couvrir. Laisser mijoter 1 h 30.

885. Côtelettes de sanglier

Même préparation (884).

886. Sanglier en haricot

Préparation : 20 min – Cuisson : 3 h 10

Couper la poitrine en morceaux. La faire cuire dans une casserole avec le bouillon, le vinaigre, le vin blanc et le bouquet garni. Saler et poivrer. Laisser mijoter à feu doux pendant 2 h. Peler et couper les navets. Les ajouter au ragoût. Laisser cuire environ 1 h en découvrant pour que la sauce réduise. Ajouter le fond de veau et laisser mijoter encore 10 min. Dresser la viande sur un plat, entourer de navets et napper de sauce.

600 g de poitrine de sanglier
50 cl de vin blanc
2 c. à s. de vinaigre
50 cl de bouillon au choix
300 g de navets
10 cl de fond de veau (déshydraté reconstitué)
1 bouquet garni
Sel, poivre

887. Marcassin rôti

(2 à 3 jours à l'avance dans la marinade)
Th. 8 puis 7 et 6
Préparation : 20 min – Cuisson : 30 min par kg

Laver le râble. Laisser mariner 2 à 3 jours dans la marinade (148). Retirer du liquide. Égoutter. Éponger. Barder. Mettre dans un plat à four avec un peu d'eau. Faire dorer à feu ardent, puis laisser rôtir à feu moyen pendant 20 à 25 min. On peut aussi faire rôtir à la broche.

Passer la marinade. Y ajouter les baies de genièvre, le xérès, la sauce poivrade (56) et le jus du rôti. Faire bouillir 10 à 15 min à feu vif, passer la réduction. Assaisonner de bon goût. Servir à part avec le rôti.

700 g de râble de marcassin
50 cl de marinade cuite
125 g de lard gras
20 g de baies de genièvre
25 cl de xérès
1 verre de sauce poivrade

Le chevreuil, le cerf, le daim

Le chevreuil, particulièrement abondant dans nos forêts, constitue néanmoins un gibier très recherché de par l'excellence de sa chair. Les bêtes jeunes (moins de 18 mois), appelées successivement « faon » puis « chevrillard », possèdent une viande tendre qui ne nécessite pas de marinade. Les animaux plus âgés sont cuisinés en civets. On reconnaît l'âge de la bête au faible développement de ses cornes qui ne doivent pas être encore ramifiées. Chez la femelle qui n'en a pas, le front ne doit présenter que de très petites bosses.

Les mêmes préparations s'appliquent au daim et au cerf, dont la viande est généralement plus ferme.

La viande de chevreuil doit attendre 3 à 4 jours pour être tendre. On la fait presque toujours mariner.

Les meilleurs morceaux sont : le cuissot, les côtes, le filet. Le cerf et le daim, plus durs, sont moins appréciés.

888. Filet chasseur
(2 à 3 jours à l'avance dans la marinade)
Préparation : 15 min – Cuisson : 1 h 10

1 kg de filet de chevreuil
50 cl de marinade
75 g de lard gras
25 cl de vin blanc
25 cl de bouillon au choix
Sel, poivre

Après avoir fait macérer le filet entier 2 à 3 jours dans une marinade fortement épicée (148), couper le lard en dés, faire revenir dans une sauteuse. Y placer la viande et la laisser dorer à feu moyen.

Quand la viande a pris couleur, la mouiller avec le vin, le bouillon et un bon verre de la marinade. S'assurer de l'assaisonnement. Couvrir. Laisser mijoter 1 h. Servir sur un plat à rôti, la sauce passée à part dans une saucière.

889. Civet de chevreuil aux marrons

(5 jours à l'avance dans la marinade)
Préparation : 30 min – Cuisson : 1 h 30

1,5 kg de gigue de chevreuil
1 litre de vin rouge
1 carotte
1 oignon
1/2 branche de céleri
20 g de baies de genièvre
5 cl d'huile d'olive
50 cl de sauce grand veneur[1]
500 g de marrons au naturel
200 g de champignons
30 g de beurre
20 g de farine
1 c. à s. de concentré de tomate
1 c. à s. de confiture d'airelles
1 bouquet garni
Fond de veau[2]
Sel, poivre

Détailler la gigue de chevreuil en morceaux de 50 à 60 g. Préparer la marinade : faire suer à l'huile d'olive les légumes épluchés et coupés en petits morceaux. Ajouter le vin rouge et faire chauffer pour réduire de moitié. Ajouter le bouquet garni, les baies de genièvre pilées. Laisser refroidir. Y plonger les morceaux de gigue et laisser mariner au frais et à couvert pendant au moins 5 jours. Pour préparer le civet, égoutter les morceaux de viande, les essuyer. Les faire revenir dans une sauteuse à l'huile d'olive avec les légumes de la marinade et le bouquet garni. Saupoudrer de farine. Mouiller avec la marinade, ajouter le concentré de tomate, la confiture d'airelles et, si nécessaire, du fond de veau, pour que la sauce ait bonne consistance. Saler, poivrer. Couvrir et cuire à feu doux pendant 1 h.

Recueillir la sauce et la passer au mixeur, tandis que la viande est maintenue au chaud. Préparer les champignons, les couper en morceaux et les faire revenir dans du beurre. Ajouter au civet, ainsi que les marrons égouttés. Recouvrir avec la sauce et faire réchauffer à petit feu, pendant 10 min, avant de servir.

Le civet de chevreuil est encore meilleur s'il est cuisiné la veille pour le lendemain.

---

1. La sauce grand veneur se vend en boîte de conserve et évite une longue préparation.
2. Se prépare comme un bouillon, selon les indications portées sur les sachets que l'on trouve dans le commerce.

890. Gigue de chevreuil aux airelles

(1 semaine à l'avance dans la marinade)
Préparation : 40 min – Cuisson : 40 min

1,5 kg de gigue de chevreuil	
1 litre de vin rouge	
1 carotte	
1 oignon	
1/2 branche de céleri	
5 cl d'huile d'olive	
1 c. à s. de concentré de tomate	
1 c. à s. d'airelles au naturel	
1 c. à s. de confiture d'airelles	
50 cl de sauce grand veneur	
20 g de baies de genièvre	
Thym	
Laurier	
80 g de beurre	
50 g de crème fraîche	
Sel, poivre	

Préparer la marinade : faire suer à l'huile d'olive les légumes épluchés et coupés en petits morceaux. Ajouter le vin rouge et faire chauffer pour réduire de moitié. Ajouter thym, laurier, baies de genièvre pilées et le concentré de tomate. Saler, poivrer. Laisser refroidir. Y plonger la gigue bien parée et la laisser mariner au froid, pendant une semaine (la retourner de temps en temps).

Au moment de préparer le plat, sortir la gigue de la marinade, l'égoutter, l'essuyer et la faire roussir dans 40 g de beurre, en sauteuse (sans oublier de l'arroser avec le jus de cuisson) 30 min environ. Une fois cuite, poser la gigue dans un plat, la couvrir d'un papier aluminium et tenir au chaud. Déglacer le jus de cuisson avec la marinade. Réduire légèrement, ajouter la sauce grand veneur et la confiture d'airelles. Passer cette sauce au mixeur, la monter en fouettant avec 40 g de beurre et 50 g de crème fraîche. Ajouter, en battant toujours, les airelles fraîches. Servir en saucière en même temps que la gigue.

Le lapin de garenne

Plus petit que le lapin domestique, de chair plus foncée et plus odorante, le lapin de garenne doit être jeune pour avoir une saveur vraiment délicate. Le jeune lapin, ou « lapereau », a des ongles flexibles, des dents blanches et moins développées que celles de l'adulte. Toutes les préparations culinaires du lapin domestique s'appliquent au lapin de garenne.

891. Lapereau à la niçoise
Préparation : 15 min – Cuisson : 35 min

1 lapereau tendre
1 c. à s. d'huile d'olive
50 g de farine
50 g de beurre
10 cl de vin blanc
15 à 18 olives noires
1 bol de sauce tomate
1 bouquet garni
Sel, poivre

Dépouiller, vider, découper le lapereau. Fariner chaque morceau. Mettre l'huile dans une sauteuse et faire sauter le lapereau dans la graisse chaude, jusqu'à ce que la viande soit bien dorée. Assaisonner. Mouiller avec le vin blanc. Ajouter les olives tournées, la sauce tomate (38), le bouquet garni. Laisser mijoter à feu doux 25 min. Dresser les morceaux de viande sur un plat creux, lier la sauce avec le beurre, verser sur le lapereau.

892. Émincé de lapin
Préparation : 30 min – Cuisson : 40 min

1 lapin ou des restes de lapin rôti
75 g de lard gras
50 cl de sauce piquante

Désosser le lapin dépouillé. Mettre les morceaux de chair dans une sauteuse avec le lard et bien les faire dorer. Les faire mijoter 20 min dans une sauce piquante (50) sans laisser bouillir. On peut opérer avec des restes de lapin rôti.

Le lièvre

À l'inverse du lapin dont la chair est blanche, celle du lièvre est « noire ». Elle ne doit jamais être faisandée car elle s'altère très vite. Un lièvre jeune (1 an au plus) peut être accommodé de la même façon que le lapin. Les animaux plus vieux seront mis à mariner avant d'être cuisinés en civet ou en terrine.

On reconnaît l'âge d'un lièvre à ses ongles flexibles s'il est jeune, à sa moustache qui blanchit et à ses dents qui s'allongent et jaunissent avec l'âge.

893. Râble de lièvre rôti

Th. 7
Préparation : 10 min – Cuisson : 20 à 25 min

1 râble de lièvre
60 g de beurre
60 g de lard gras
5 cl de jus de veau
Sel, poivre
Légumes à volonté (marrons ou champignons à la crème)

Préparer des petits lardons que l'on pique dans le râble conservé entier. Saler, poivrer. Placer sur une grille et mettre à four chaud en arrosant avec le beurre fondu. Arroser régulièrement. Au bout du temps de cuisson, maintenir le rôti au chaud. Déglacer le plat avec le jus de veau ou un peu d'eau.

Servir sur un plat long, les légumes à part (marrons entiers (1061) ou champignons à la crème (1976)), le jus présenté en saucière.

894. Terrine de lièvre
(1 semaine à l'avance)

Th. 8 puis 6
Préparation : 40 min – Cuisson : 1 h

2 belles cuisses de lièvre
250 g de gorge de porc
250 g de lard gras
125 g de poitrine demi-sel
1 oignon
3 échalotes
2 gousses d'ail
10 g de baies de genièvre
150 g de bardes de lard
40 g de beurre
Thym, laurier
2 œufs
20 cl de vin blanc
5 cl de cognac
Sel, poivre

Désosser les cuisses de lièvre. Couper cette viande en morceaux ainsi que la gorge de porc, la poitrine, le lard gras. Dans une poêle, faire suer au beurre (20 g) l'oignon épluché et émincé, déglacer avec 10 cl de vin blanc. Placer les viandes dans une terrine et les recouvrir avec cette sauce. Ajouter le thym, le laurier, le cognac, les baies de genièvre et, après avoir couvert, laisser mariner pendant 24 h.

Faire suer dans 20 g de beurre les échalotes et l'ail hachés. Retirer les viandes de la terrine (garder la marinade) et les passer à la machine à hacher avec échalote et ail. Recueillir le tout dans un récipient, ajouter les œufs entiers, du sel et du poivre. Bien mélanger.

Barder une terrine à pâté avec les bandes de lard qui doivent dépasser du récipient.

Remplir avec la farce. Arroser avec 10 cl de vin blanc. Rabattre les bardes de lard après avoir bien tassé. Placer en surface une brindille de thym et une feuille de laurier. Mettre au bain-marie (eau à mi-hauteur) et au four. Démarrer la cuisson au four (th. 8) pendant 20 min puis mettre le thermostat à 6. Prolonger la cuisson pendant 30 min. Laisser refroidir avant de mettre en haut du réfrigérateur pendant 48 h.

La perdrix et le perdreau

La perdrix est un gibier délicat. Lorsqu'elle est âgée de moins de 8 mois, mâle ou femelle, elle est baptisée « perdreau » et se reconnaît alors à son bec flexible et au point blanc dessiné sur la première plume de son aile. L'animal jeune doit être cuit rapidement ; lorsqu'il est plus vieux, on le fait braiser, avec du chou notamment.

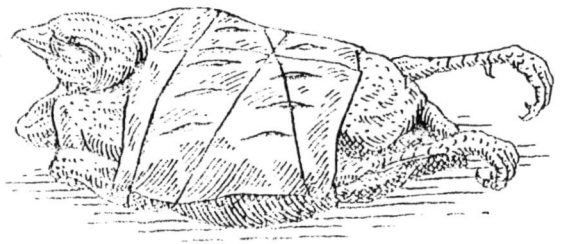

Perdreau troussé pour la broche

895. Perdrix à l'étouffade
Préparation : 20 min – Cuisson : 1 h

2 perdrix
150 g de lard
100 g de jambon
2 oignons
2 carottes
25 cl de bouillon au choix
1 verre de vin blanc
1 bouquet garni
Sel, poivre

Plumer, vider, flamber, barder, trousser les perdrix. Foncer une cocotte avec le lard en tranches, les dés de jambon, les oignons et les carottes épluchés, lavés et coupés. Y placer les perdrix, mouiller avec bouillon et vin blanc. Assaisonner. Ajouter le bouquet. Laisser cuire, cocotte couverte, pendant 1 h à feu très réduit. Ajouter, à volonté, de la glace de viande (5) à la sauce. Dresser les perdrix sur un plat, servir la sauce à part en saucière.

896. Perdrix au chou
Préparation : 30 min – Cuisson : 2 h à 3 h

2 perdrix	
150 g de lard gras	
150 g de jambon	
1 cervelas	
3 saucisses chipolatas	
2 oignons, 1 carotte	
1 chou de Milan	
50 cl de bouillon au choix	
1 bouquet garni	
Sel, poivre	

Plumer, vider, flamber, barder, trousser les perdrix. Les placer dans une cocotte avec le lard coupé en dés, le jambon en tranches minces, les oignons et la carotte épluchés et lavés, le cervelas entier, les chipolatas en tronçons. Faire revenir le tout et bien dorer. Faire blanchir le chou 15 min à l'eau bouillante salée. Égoutter. Presser pour exprimer l'eau. Ajouter aux perdrix. Assaisonner. Mouiller avec le bouillon, ajouter le bouquet garni. Couvrir le récipient et laisser mijoter 2 à 3 h, selon l'âge et la dureté des perdrix. Dresser les oiseaux sur un plat. Entourer des légumes et des condiments, garnir avec les chipolatas et le cervelas coupé en tranches. Napper avec la sauce réduite à un verre de liquide environ.

897. Perdreaux rôtis
Th. 7 à 8
Préparation : 30 min – Cuisson : 30 min

2 à 3 perdreaux
100 g de lard gras
Tranches de pain
Beurre
Sel, poivre

Plumer, vider, flamber, trousser, barder les perdreaux. Faire rôtir à la broche ou au four à feu vif pendant 25 à 30 min, comme il est dit pour le pigeon. Assaisonner à mi-cuisson.

Placer chaque perdreau sur une tranche de pain frit, tartiné d'une purée faite avec les foies et passé à four vif pendant 2 min (898). Servir le jus déglacé en saucière.

898. Garniture des croûtons (perdreaux)

Couper le foie en 2 ou 3 morceaux et les faire sauter dans une petite casserole avec le même poids de lard gras frais. Saler, poivrer, mettre de la noix muscade râpée et ajouter 1 c. à s. de cognac.

Écraser très finement avec un pilon et tartiner chaque croûton qui a été au préalable frit au beurre.

899. Perdreaux truffés

Pour obtenir un mets plus délicat, glisser des rondelles de truffes sous la peau des perdreaux avant de les trousser.

900. Perdreaux au raisin
Préparation : 15 min – Cuisson : 1 h

2 ou 3 perdreaux
400 g de raisin vert
125 g de lard gras
200 g de jambon (facultatif)
1 bouquet garni
Sel, poivre

Plumer, vider, flamber, trousser les perdreaux. Foncer une cocotte avec le lard et le jambon coupés en tranches minces. Placer les perdreaux dessus. Ajouter les grains égrappés et lavés du raisin, le bouquet garni, du sel et du poivre. Laisser mijoter, à couvert, pendant 1 h. Servir, dans un plat creux, la viande entourée de raisin et arrosée de la sauce.

901. Manselle de perdreaux
Th. 7
Préparation : 30 min – Cuisson : 1 h 30

2 ou 3 perdreaux
10 cl de vin blanc
50 cl de bouillon au choix
25 cl de sauce portugaise
1 échalote
1 bouquet garni
Noix muscade râpée
Sel, poivre

Plumer, vider, flamber, trousser, barder les perdreaux. Les rôtir (897). Retirer les membres. Désosser la carcasse. Tenir au chaud. Piler dans un mortier la carcasse, les os, la tête, le cou, avec l'échalote, du poivre et le bouquet garni. Mettre cette préparation dans une cocotte avec la sauce portugaise (55), le vin blanc et le bouillon. Assaisonner de sel, de poivre et de muscade râpée. Laisser réduire 1 h à feu doux. Passer la sauce à l'étamine. Verser sur les membres des perdreaux tenus au chaud.

902. Suprême de perdreaux

Préparation : 20 min – Cuisson : 1 h 15

3 perdreaux
125 g de lard gras
75 g de beurre
125 g de crème fraîche
25 cl de vin blanc
10 cl de bouillon au choix
3 échalotes
Fines herbes
Sel, poivre rouge
À volonté : foie gras et quelques truffes

Plumer, vider, flamber, trousser, barder les perdreaux. Préparer une farce avec le lard gras, les fines herbes, du sel, du poivre rouge, les débris et les pelures de truffes, le tout finement haché. Emplir le ventre des oiseaux avec cette farce. Recoudre avec de la ficelle fine. Les placer dans une sauteuse avec le beurre et faire dorer à feu vif, puis couvrir quand les perdreaux ont bien pris couleur. Laisser cuire 30 min à feu doux. Quand ils sont cuits, découper les perdreaux, réserver les membres et les blancs, tenir au chaud. Piler les débris et les os. Remettre dans la casserole. Mouiller avec le vin blanc et le bouillon, et ajouter les échalotes épluchées. Laisser réduire à feu modéré pendant 30 à 35 min. Passer la préparation à l'étamine. Remettre dans la casserole avec les membres. Ajouter la crème en tournant sans cesse, le foie gras en purée et les truffes en tranches. Laisser mijoter 5 min. Dresser dans un plat, servir très chaud.

La bécasse et la bécassine

Gibier très estimé, la bécasse, du fait de sa chasse difficile et de sa rareté, ne peut légalement être commercialisée. Appréciée autrefois après un faisandage de 4 à 5 jours, on préfère désormais la déguster fraîche et non vidée.

La bécassine est un petit oiseau de la même espèce, familier des marais et des lieux humides. On la chasse en automne, saison où sa chair est la plus savoureuse.

903. Bécasse rôtie sauce crème

Th. 6 à 7
Préparation : 25 min – Cuisson : 35 min

2 bécasses
125 g de lard gras
125 g de beurre
125 g de crème fraîche
5 cl de bouillon au choix
5 cl de cognac
6 tranches de pain de mie
Foie gras à volonté
Sel, poivre rouge

Plumer et flamber les oiseaux. Ne pas les vider, enlever seulement le gésier et les yeux, barder, trousser. Mettre à rôtir comme un poulet, au four ou à la broche, 20 min à feu modéré. Découper, lever les membres et les blancs, les tenir au chaud. Écraser ensemble carcasse, entrailles, cœur, foie, poumon, dans un mortier. Filtrer à l'étamine. Mettre ce jus dans une casserole avec 50 g de beurre, le bouillon, du sel, du poivre rouge et un peu de foie gras. Laisser bouillir 5 min. Pendant ce temps, verser sur les morceaux de bécasse bien chauds le cognac chauffé dans une petite casserole. Flamber le tout.

Retirer la sauce du feu, verser doucement la crème, en tournant, pour obtenir une liaison. Remettre les morceaux de bécasse dans cette préparation, laisser chauffer doucement sans bouillir, environ 10 min en remuant souvent. Préparer des tranches de pain de mie, les frire des deux côtés dans le reste du beurre, les tartiner de foie gras. Dresser les membres de bécasse sur ces canapés, dans un plat à rôtir, napper avec la sauce, servir brûlant.

904. Bécassines à la grassoise

Préparation : 30 min – Cuisson : 1 h 45

6 bécassines
2 c. à s. d'huile
135 g de beurre
25 cl de vin blanc
25 cl de bouillon au choix
6 tranches de pain de mie
1 bouquet garni
2 échalotes
1 gousse d'ail
1 citron
Sel, poivre

Désosser les oiseaux, réserver les filets. Mettre les débris, les os pilés, les abats dans une sauteuse avec l'huile, faire sauter 5 à 6 min. Ajouter alors les condiments, mouiller avec le vin et le bouillon. Laisser mijoter 1 h 30. Passer la réduction. Faire revenir les morceaux de viande réservés dans une poêle, avec le beurre (75 g) pendant 7 à 8 min pour qu'ils soient bien dorés. Dresser sur les tranches de pain de mie frites au beurre (60 g). Napper avec la sauce. Servir avec des rondelles de citron.

Les cailles

La « caille de fusil » vivant à l'état sauvage devient de plus en plus rare. On peut encore la chasser d'avril à octobre, l'automne étant la saison où elle est la plus grasse et, par là, la plus savoureuse. Les cailles d'élevage, moins parfumées, peuvent s'apprêter de la même façon. L'une comme l'autre doivent être vidées avant d'être rôties, entourées de barde.

905. Cailles rôties
Th. 7 à 8
Préparation : 15 min – Cuisson : 10 min

6 cailles
100 g de lard gras
Sel, poivre

Les cailles se font rôtir, comme des pigeons (831), à feu très vif, 10 min seulement.

906. Cailles à l'Asti
Préparation : 15 min – Cuisson : 20 min

6 cailles
100 g de lard gras
75 g de beurre
1 verre d'Asti
5 cl de bouillon au choix
Truffes blanches à volonté
Sel, poivre

Plumer, flamber, vider, trousser, barder les cailles. Placer le beurre dans une sauteuse et y faire dorer 10 min les cailles. Mouiller avec l'Asti et le bouillon. Éplucher et nettoyer les truffes. Les couper en tranches et les disposer autour des cailles. Assaisonner et couvrir. Laisser mijoter 10 min. Dresser dans un plat creux. Servir brûlant.

907. Cailles aux raisins
Préparation : 15 min – Cuisson : 20 min

6 cailles
40 g de beurre
10 cl de pineau
50 g de grains de raisin blanc
1 c. à s. de jus de veau
Sel, poivre

Les cailles étant plumées, vidées et bridées, les faire revenir dans le beurre chaud placé dans une sauteuse. Saler et poivrer. Puis les faire cuire à feu vif pendant 12 min. Ajouter alors les grains de raisin épluchés, épépinés, le pineau et le jus de veau. Chauffer jusqu'à ébullition et servir aussitôt, de préférence dans la sauteuse.

908. Cailles en cocotte
Voir poulet en cocotte (847).

909. Cailles en caissettes
Voir grives en caissettes (918).

Le faisan et le coq de bruyère

Le faisan est un oiseau de la taille d'un coq, orné d'une magnifique queue de plumes mordorées. Devenu rare, son habitat naturel est repeuplé avec des oiseaux d'élevage, moins savoureux. Le mâle est plus gros, la femelle possède une chair plus fine. Le meilleur faisan se chasse à l'automne alors qu'il est jeune et tendre : on le déguste alors de préférence rôti. Les vieux oiseaux peuvent être mis à faisander non plumés pendant 3 jours avant d'être cuisinés en salmis ou en terrine.

Le coq de bruyère, rare, fait l'objet d'une chasse strictement réglementée. Sa chair au goût prononcé s'accommode des mêmes préparations que le faisan.

910. Faisan rôti
Th. 7
Préparation : 15 min – Cuisson : 35 à 40 min

Laisser faisander le faisan 2 à 3 jours au frais, s'il est un peu âgé. Le plumer, le vider, le trousser et le barder. Le faire rôtir comme un poulet pendant 35 à 40 min à feu modéré.

911. Faisan farci à la casserole

Préparation : 1 h – Cuisson : 1 h 15

1 faisan
Bardes de lard
125 g de lard gras
250 g de marrons
Foie gras à volonté
Truffes à volonté
75 g de beurre
30 cl de madère
1 bouquet garni
Sel, poivre

Plumer, vider, trousser, barder le faisan. Préparer la farce en pilant ensemble les marrons bouillis et pelés, le lard, les truffes nettoyées et brossées. En garnir l'intérieur du faisan, recoudre. Mettre le beurre dans la cocotte, y faire dorer l'oiseau. Mouiller avec le madère, assaisonner. Couvrir. Cuire à feu très doux pendant 1 h 15.

Servir avec une purée de marrons (1063), la sauce en saucière.

912. Faisan à la brabançonne

Th. 5 à 6
Préparation : 40 min – Cuisson : 1 h 10

1 faisan de 1,5 kg
500 g d'endives
1 citron (jus)
5 cl de vin blanc
100 g de carottes
100 g d'oignon
Céleri branche
100 g de beurre
Laurier
Thym
Persil plat
1 gousse d'ail
Noix muscade râpée
Sel, poivre
Fond de veau [1]

Préparer les endives, évider la base et laver rapidement. Essuyer. Mettre à cuire à feu doux dans une casserole avec 30 g de beurre, le jus de citron et un peu de muscade râpée pendant 30 min.

Prendre le faisan qui a été vidé et bridé. Mettre à l'intérieur thym, laurier, sel, poivre et la gousse d'ail épluchée. Mettre à colorer sur toutes les faces, à la poêle avec 30 g de beurre, puis cuire à four chaud pendant 1 h (th. 5-6).

Préparer, avec carottes, oignon, céleri, une mirepoix (3) et la mettre dans le plat du faisan au bout de 45 min de cuisson de celui-ci.

Égoutter les endives et les poêler dans 30 g de beurre pour qu'elles soient bien dorées. Sortir le faisan du four, égoutter et le tenir au chaud. Déglacer le jus de cuisson avec le vin blanc et, si nécessaire, un peu de fond de veau.

Disposer le faisan sur le plat de service, entouré des endives. Napper avec le jus réchauffé et saupoudrer de persil haché.

---

1. Le fond de veau se vend en sachets (cube ou granulés) et se prépare selon les instructions portées sur l'emballage.

913. Salade tiède de faisan

Préparation : 40 min – Cuisson : 10 min ou 1 h 10

800 g de faisan cuit
200 g de frisée
200 g de feuilles de chêne
50 g de mâche
200 g de champignons
50 g de beurre
Vinaigrette
Sel, poivre

Couper le faisan cuit en lamelles, et les faire réchauffer doucement dans le jus de cuisson. Poser ces morceaux sur les salades mélangées (nettoyées, lavées, égouttées) et assaisonner avec la vinaigrette. Décorer avec les champignons préparés et sautés dans le beurre. Et arroser avec le jus réchauffé du faisan.

Si l'on dispose de peu de faisan, on peut enrichir le plat avec des lamelles de foie gras.

La sarcelle

La sarcelle est un canard sauvage de taille plus modeste dont la chair légèrement amère peut être cuisinée comme le colvert ou le canard sauvage.

914. Sarcelle rôtie

Th. 7 à 8
Préparation : 25 min – Cuisson : 15 min

1 sarcelle
75 g de lard gras
Sel, poivre

Plumer, flamber, vider, trousser, barder la sarcelle. La faire rôtir au four vif ou à la broche, comme un canard, environ 15 min. Saler et poivrer à mi-cuisson. Déglacer le jus avec un peu d'eau chaude. Dresser la sarcelle sur un plat long, entourée de bouquets de cresson. Servir la sauce à part dans une saucière.

915. Sarcelle à la bigarade
Th. 7
Préparation : 30 min – Cuisson : 40 min

2 petites sarcelles	
100 g de lard gras	
75 g de beurre	
1/2 c. à c. de zeste de citron	
1 citron (jus)	
3 bigarades (jus)	
25 cl de sauce Richelieu	
Sel, poivre	

Plumer, vider, flamber les sarcelles. Préparer une farce avec les foies, les cœurs, 30 g de lard, le beurre, le zeste de citron, du sel et du poivre, le tout finement haché et mélangé. Garnir de ce hachis le ventre de chaque oiseau. Arroser les sarcelles du jus de citron, barder, trousser. Saler et poivrer. Envelopper ensuite chaque sarcelle dans du papier aluminium en fermant bien afin que le jus ne puisse s'écouler. Faire rôtir au four 40 min. Dépapilloter et déficeler. Servir avec une sauce Richelieu (42) additionnée du jus des bigarades dans laquelle on remplace les truffes et les champignons par une mirepoix (3).

916. Sarcelles aux olives
Th. 6
Préparation : 10 min – Cuisson : 45 min

1 sarcelle	
250 g d'olives vertes	
100 g de bardes de lard	
40 g de beurre	
1 bouquet garni	
Sel, poivre	

Plumer, flamber, vider, trousser, barder la sarcelle. Faire fondre le beurre dans une cocotte et la faire revenir de tous côtés. Assaisonner. Laisser cuire 20 min. Dénoyauter les olives et les rincer à l'eau fraîche. Les mettre dans la cocotte et poursuivre la cuisson 20 à 25 min. Dresser le gibier sur un plat entouré du jus de cuisson et des olives.

La grive

Oiseau délicat de la famille du merle dont la saveur dépend de l'alimentation (genièvre, raisin, gui). On la cuisine comme la caille ou le pigeon.

917. Grives au vin blanc
Préparation : 30 min – Cuisson : 35 min

6 grives grasses
125 g de lard gras
75 g de beurre
8 à 10 baies de genièvre
30 cl de vin blanc
Sel, poivre rouge

Choisir de belles grives grasses et jeunes. Plumer, flamber, vider, trousser, barder. Mettre le beurre dans une sauteuse. Y placer les grives, les sauter 10 à 12 min à feu vif. Ajouter le genièvre, du sel et du poivre. Mouiller avec le vin blanc. Couvrir. Laisser mijoter 25 min à feu modéré. Dresser sur un plat long. Servir la sauce à part dans une saucière.

918. Grives en caissettes
Th. 6
Préparation : 45 min – Cuisson : 1 h

6 grives
6 foies de poulet
125 g de champignons
75 g de bardes de lard
125 g de mie de pain
10 cl de lait
75 g de beurre
Fines herbes
Huile
Baies de genièvre
Sel, poivre en grains

Plumer, vider, nettoyer chaque grive. Préparer avec le beurre, les foies nettoyés, les champignons, la mie de pain trempée dans le lait et les fines herbes lavées, une farce dont la moitié servira à farcir les oiseaux. Barder et ficeler alors les oiseaux, en mettant quelques grains de poivre et de genièvre entre la barde et la chair. Construire de petites caissettes en papier sulfurisé pris en 4 épaisseurs, les huiler légèrement. Les garnir du reste de la farce. Déposer alors chaque oiseau dans sa caisse. Recouvrir d'une feuille de papier sulfurisé huilé. Mettre au four modéré sur un plat, ou mieux, sur une grille. Laisser cuire 1 h. Servir dans les caisses après avoir retiré le couvercle et débridé les oiseaux.

Le vanneau et le pluvier

Ce sont deux échassiers migrateurs de la taille d'un pigeon, issus de la même famille. Leur chair fine et délicate est très appréciée des amateurs de gibier. On les consomme non vidés et cuisinés – rôtis notamment – comme la bécasse. Leurs œufs sont réputés et s'apprêtent comme les œufs de caille.

919. Vanneau rôti

Th. 8
Préparation : 15 min – Cuisson : 15 min

Plumer, flamber, trousser et barder les oiseaux. Faire rôtir à feu très ardent 12 à 15 min. Servir sur un canapé frit au beurre et tartiné de foie sauté 3 à 4 min au beurre, assaisonné et écrasé. Servir le jus déglacé à part en saucière.

6 vanneaux
75 g de lard gras
100 g de beurre
6 tranches de pain de mie
Sel, poivre

920. Gratin de pluviers

Th. 6 à 7
Préparation : 45 min – Cuisson : 40 min

Plumer, flamber, trousser les oiseaux. Préparer 2 belles bardes de lard et les réserver. Préparer un hachis avec les intestins, la moitié du lard restant, des fines herbes, les échalotes, du sel et du poivre. Farcir de ce hachis l'intérieur des oiseaux. Hacher finement le foie et la viande de veau, le reste du lard, des fines herbes, les champignons lavés et brossés. Incorporer les 3 œufs à la préparation. Assaisonner. Garnir de la moitié de cette farce le fond d'un plat à four beurré. Dresser dessus les pluviers, ventre en l'air. Disposer le reste de la farce entre les oiseaux et les bords du plat. Mettre une barde de lard réservée sur l'estomac de chaque pluvier. Mettre à four moyen. Laisser cuire 40 min environ. Servir dans le même plat accompagné de sauce chasseur (62) en saucière.

2 pluviers
150 g de lard gras
200 g de foie de veau
100 g de restes de veau rôti ou de jambon
125 g de champignons
3 œufs
Fines herbes
2 échalotes
10 g de beurre
1 saucière de sauce chasseur
Sel, poivre en grains

Les petits oiseaux

Sont rassemblés ici, sous ce terme, divers oiseaux devenus pour la plupart très rares et donc protégés : c'est le cas des ortolans qu'il est interdit d'inscrire au menu des restaurants. Les autres, alouettes, becfigues, merles ou gélinottes, sont appréciables à l'automne lorsqu'ils sont gras et tendres. Du fait de leur petite taille, ils ne doivent pas être faisandés. On se contentera d'ôter le gésier, qui peut renfermer de petits cailloux, et de les faire rôtir rapidement.

921. Merles rôtis

Préparation : 25 min – Cuisson : 20 min

6 merles
125 g de lard gras
10 à 12 feuilles de vigne
1 baie de genièvre
Sel, poivre en grains

Plumer, flamber, trousser, barder les merles. Envelopper chaque oiseau dans 1 ou 2 feuilles de vigne. Introduire dans l'intérieur 1 grain de poivre et 1 baie de genièvre. Saler. Embrocher. Faire rôtir comme des grives. Servir avec leur jus, sur canapés.

922. Alouettes au lard

Préparation : 30 min – Cuisson : 15 min

12 alouettes
200 g de lard de poitrine
2 c. à c. d'eau-de-vie
1 oignon
Sel, poivre

Ne pas vider. Plumer, flamber, trousser, barder. Mettre à blondir le beurre dans une sauteuse, ajouter le reste du lard coupé en dés, puis les alouettes. Laisser dorer. Mouiller avec l'eau-de-vie, flamber. Ajouter l'oignon émincé, du sel et du poivre. Couvrir. Laisser cuire 15 min à feu vif.

923. Alouettes plein beurre

Préparation : 30 min – Cuisson : 15 min

12 alouettes
150 g de lard gras
75 g de beurre
1 citron (jus)
Sel, poivre

Trousser, flamber, barder les oiseaux non vidés. Assaisonner. Faire chauffer le beurre dans une sauteuse, y placer les oiseaux et les laisser dorer à feu très vif, en sautant sans cesse pendant 10 à 12 min. Quand la cuisson est achevée, retirer les oiseaux, dresser sur un plat et les arroser avec le beurre, auquel on mêle un filet de jus de citron.

924. Becfigues en papillote

Th. 7
Préparation : 40 min – Cuisson : 40 min

12 becfigues
12 tranches de jambon cru
60 g de beurre

Préparer les oiseaux comme pour les embrocher. Les rouler dans une mince tranche de jambon. Faire dorer 10 min à la poêle dans le beurre. Les envelopper d'une papillote en papier sulfurisé. Placer sur un plat et laisser cuire 30 min à four moyen. Servir dans les papillotes.

Les légumes frais

N.B. – Dans nos recettes, les proportions sont établies pour six personnes.

Les légumes frais jouent un rôle primordial dans notre alimentation, car ils contiennent des sels minéraux et des vitamines facilement assimilables ainsi que des fibres facilitant la digestion. Leur grande diversité permet en outre de varier les menus à l'infini d'autant qu'ils peuvent, pour la plupart, être dégustés crus ou cuits. Même s'ils se conservent relativement bien pendant plusieurs jours, il est préférable de les consommer rapidement afin d'en préserver les qualités nutritionnelles.

Cuisson

Les légumes frais et tendres perdent leurs qualités comme leur saveur lors d'une cuisson prolongée dans un volume d'eau trop important. Il convient de les faire cuire rapidement dans de l'eau bouillante salée, ou mieux, suivant les variétés, à la vapeur, ou de les faire étuver ou griller.

Légumes verts. Haricots, épinards, artichauts, etc. Pour éviter qu'ils ne jaunissent à la cuisson, les mettre à grande ébullition sans couvercle.

Légumes blancs. Cardons, choux-fleurs, salsifis. Pour éviter qu'ils ne jaunissent les cuire à ébullition lente et avec couvercle.
On peut les faire cuire dans un **blanc** (925).
L'eau sera salée, à raison de 10 à 12 g par litre.
Remarque. – Certains légumes longs à cuire peuvent être cuits à l'autocuiseur plus rapidement. L'usage de cet ustensile réduit sensiblement le temps de cuisson (artichauts, choux, salsifis, etc.).

925. Blanc pour légumes

Proportions pour 1 litre d'eau : 1 c. à s. de farine délayée dans 3 c. à s. d'eau et 1 c. à s. de vinaigre.
Remarque. – Les légumes contiennent de la légumine qui se combine avec les sels minéraux de l'eau. Quand l'eau est trop calcaire, les légumes durcissent. On remédie à cela en mettant dans l'eau de cuisson un peu de bicarbonate de soude (5 g par litre) qui précipite les sels insolubles.

Sauces pour légumes

Aux champignons (52)
Béchamel (21)
Blanche (18)
Beurre maître d'hôtel (12)
Beurre noir (14)
Mayonnaise mousseline (73)
Madère (51)
Mornay (23)
Printanière (30)

Portugaise (55)
Rémoulade (66)
Tomate (38)

Préparation des artichauts. Casser la tige, retirer les premières feuilles extérieures qui sont filandreuses. Couper l'extrémité des autres feuilles. Laver avec soin à l'eau froide.

926. Artichauts bouillis
Cuisson : 45 min

Faire cuire les artichauts à l'eau bouillante salée ou à la vapeur. Pour les égoutter, les retourner, la pointe des feuilles en bas. On peut si l'on veut retirer les feuilles du cœur, enlever le foin, et replacer les feuilles. Servir avec une des sauces suivantes en saucière : vinaigrette (63), blanche (18), crème (19).

927. Artichauts à la barigoule
Préparation : 1 h 45 – Cuisson : 1 h 30

6 artichauts
200 g de champignons
125 g de lard salé
30 g de beurre
2 c. à s. d'huile
12 bardes de lard
125 g de carottes
100 g d'oignon
Couennes de lard
30 cl de vin blanc
50 cl de bouillon au choix
Persil plat

Faire cuire les artichauts à l'eau bouillante salée pendant 10 min. Enlever, sous les feuilles du cœur, le foin et mettre à la place une farce faite avec les champignons, le persil, du sel, du poivre et le lard salé hachés. Envelopper chaque artichaut de 2 bardes de lard disposées en croix, ficeler. Faire revenir dans le beurre et l'huile, les artichauts. Foncer une cocotte avec les carottes, l'oignon et les couennes de lard. Placer les artichauts. Arroser avec le vin blanc ; laisser bouillir et réduire, puis ajouter le bouillon et laisser cuire à couvert pendant 1 h au four. Déficeler les artichauts, passer le jus de cuisson et en napper les artichauts dressés sur un plat.

928. Fonds d'artichauts

Casser les feuilles d'artichauts, lorsqu'ils sont crus, de façon à ce que la partie comestible de chaque feuille reste fixée au fond. Couper toutes les parties filandreuses, enlever le foin et frotter chaque fond au citron. Faire cuire 25 min à l'eau bouillante salée.

929. Fonds d'artichauts farcis
Th. 6 à 7
Préparation : 40 min – Cuisson : 1 h 35

6 artichauts
1 carotte
1 oignon
60 g de beurre
50 cl de bouillon au choix
Sel, poivre

Faire revenir les fonds d'artichauts préparés comme ci-dessus dans le beurre. Ajouter carotte, oignon, bouillon, sel et poivre. Laisser cuire 1 h doucement. Garnir les fonds avec une farce à volonté. (Voir formules 153 ou 155.) Placer dans un plat, avec le jus de cuisson des fonds, et passer au four 10 min.

930. Fonds d'artichauts printanière
Th. 5 à 6
Préparation : 50 min – Cuisson : 1 h 05

6 artichauts
100 g de jambon
100 g de champignons
100 g de beurre
30 g de farine
1 œuf dur
1 échalote
Bouillon au choix
Estragon
Persil plat
Chapelure
Sel, poivre

Faire cuire les artichauts dans l'eau bouillante salée pendant 30 min ; ne pas les laisser devenir trop tendres. Enlever foin et feuilles. Retirer à chaque feuille la partie comestible et la mêler à l'œuf dur et au jambon hachés. Laver les champignons, les couper menu et les faire cuire dans 30 g de beurre avec l'échalote hachée. Faire, avec 30 g de beurre, la farine et du bouillon, un roux blond épais. Incorporer à cette sauce, bien assaisonnée, les mélanges préparés à l'avance ainsi que du persil et de l'estragon hachés.

Garnir les fonds avec cette préparation. Les faire cuire en cocotte à feu doux pendant 20 min. Saupoudrer de chapelure. Mettre sur chaque portion un peu de beurre très frais et faire gratiner à four chaud pendant 15 min.

931. Fonds d'artichauts à la mornay

Th. 7
Préparation : 1 h 45 – Cuisson : 50 min

| 6 artichauts |
| 200 g de champignons |
| 40 g de beurre |
| Sauce mornay |
| Sel, poivre |

Préparer les fonds selon la formule 928. Enlever la chair de chaque feuille, la mélanger avec les champignons hachés et cuits au beurre. Saler, poivrer. Mettre cette farce sur chaque fond et cuire doucement en cocotte pendant 20 min. Disposer ensuite dans un plat à four. Préparer une sauce mornay (23). En napper les fonds et faire dorer au four.

932. Asperges

Préparation : 40 min – Cuisson : 20 min

| 8 à 10 asperges par personne |
| 2,5 kg pour 6 personnes |

Couper le bout terreux. Éplucher entièrement la partie blanche. Laver avec soin à l'eau froide. Faire cuire 20 min, ébullition complète dans l'eau salée. Les servir égouttées sur une serviette ou placées dans une corbeille spéciale dite « berceau ». Servir avec sauce mayonnaise (72), mayonnaise mousseline (73), vinaigrette (63), ou blanche (18).

933. Asperges à la mornay

Faire cuire les asperges comme ci-dessus (932). Les disposer dans un plat et napper avec une sauce mornay (23).

934. Asperges en petits pois

Préparation : 45 min – Cuisson : 1 h

| 50 asperges |
| 50 g de beurre |
| 50 g de farine |
| 60 g de petits oignons |
| 50 cl de bouillon au choix |
| 1 œuf |
| 1 bouquet garni |
| Sel, poivre |

Couper la partie tendre des asperges en dés. Faire une sauce blanche (18) mouillée avec le bouillon, ajouter oignons, bouquet garni, sel, poivre et asperges. Laisser cuire doucement 1 h. Au moment de servir, faire une liaison à l'œuf.

935. Feuilleté aux pointes d'asperges

Th. 7 à 8
Préparation : 30 min – Cuisson : 30 min

400 g de pâte feuilletée prête à l'emploi
1 jaune d'œuf
1,5 kg d'asperges vertes
30 g de beurre
50 g de cerfeuil
10 cl de sauce au beurre blanc
Noix muscade râpée

Découper la pâte feuilletée en 6 rectangles (ou losanges) une fois étalée sur une épaisseur de 2,5 cm. Avec un couteau effilé, tailler au centre de chaque rectangle, sur une épaisseur de 1,5 cm, un couvercle rectangulaire que l'on détachera délicatement quand le feuilleté sera cuit. Badigeonner la surface avec le jaune d'œuf délayé à l'eau et tracer des lignes en diagonale avec une lame de couteau.

Poser les feuilletés sur une plaque et cuire à four chaud (th. 7) pendant 20 à 25 min.

Pendant ce temps, éplucher les asperges, les cuire à l'eau bouillante salée (10-15 min suivant la grosseur). Égoutter. Rafraîchir. Couper les queues des asperges. Réserver les têtes (4 cm) et détailler le reste en petits dés.

Faire fondre le beurre dans une poêle, y chauffer doucement pendant quelques minutes les dés d'asperges avec de la noix de muscade râpée et du cerfeuil haché.

Retirer les feuilletés du four. Décoller les couvercles. Mettre à l'intérieur des dés d'asperges, nappés d'un peu de beurre blanc (15). Remettre chaque couvercle.

Disposer chaque feuilleté sur une assiette et placer en éventail les pointes d'asperges nappées légèrement de beurre blanc. Servir aussitôt.

936. Aubergines

1 petite aubergine ou la moitié d'une grosse aubergine par personne
Choisir des aubergines fermes à la peau très lisse.

– Pour être cuites à **l'étuvée**, **sautées**, au **gratin**, il convient, après les avoir épluchées et coupées en tranches ou en quartiers, de les faire **dégorger** pendant 30 min dans un saladier, en les saupoudrant de sel. Égoutter et essuyer avant de les accommoder.

– Pour être **farcies**, il convient de plonger les demi-aubergines, incisées de quelques coups de couteau, dans la friture chaude pendant 6 à 7 min. C'est le côté de la chair blanche qui doit être mis dans la friture. Égoutter. Retirer avec une cuillère une partie de la pulpe réservée pour la farce et garder les demi-fruits pour être remplis par la préparation choisie.

937. Aubergines farcies au maigre
Th. 6
Préparation : 35 min – Cuisson : 1 h

Fendre les aubergines en deux, les préparer selon la formule 936 (b). Hacher la pulpe retirée et la mêler à la duxelles (155). Assaisonner et garnir les moitiés d'aubergines avec cette préparation. Saupoudrer de chapelure, parsemer de petits morceaux de beurre et cuire à four moyen pendant 1 h.

1 aubergine pour 2 personnes soit :
3 aubergines
40 g de beurre
Duxelles
Chapelure
Sel, poivre

938. Aubergines frites
Préparation : 25 min – Cuisson : 5 min

Éplucher les aubergines, les couper en tranches de 1 cm et les faire dégorger selon la recette 936 (a). Les égoutter, les essuyer et les plonger dans une pâte à frire (1401). Prendre dans une cuillère chaque tranche enrobée de pâte et cuire dans la friture chaude comme des beignets.

3 aubergines
Pâte à frire
Huile pour friture

939. Aubergines aux tomates
Th. 5
Préparation : 45 min – Cuisson : 45 min

Préparer une purée de tomates. Les faire cuire 10 min sans eau, dans une casserole. Passer et recueillir la purée. Faire frire dans l'huile des rondelles d'aubergine, ayant 1 cm d'épaisseur. Disposer dans un plat à four une couche de tomates, une couche d'aubergines, assaisonner et parsemer chaque fois de persil et d'ail hachés. Parsemer de beurre et laisser mijoter au four pendant 45 min.

3 aubergines
750 g de tomates
40 g de beurre
Persil plat
1 gousse d'ail
Sel, poivre

940. Gratin d'aubergines
Th. 6
Préparation : 25 min – Cuisson : 1 h

3 aubergines
10 cl d'huile
1 oignon
1 gousse d'ail
Chapelure
Restes de viande hachés
2 c. à s. de concentré de tomate
Persil plat
50 g de beurre
Sel, poivre

Éplucher les aubergines; les couper en rondelles et les faire dégorger au sel. Les essuyer. Faire chauffer l'huile et y faire sauter les aubergines. D'autre part, faire fondre 30 g de beurre, y mettre pendant 10 min l'oignon et l'ail hachés finement. Ajouter les restes de viande, le concentré de tomate et le persil haché. Assaisonner. Cuire 5 min.

Disposer dans un plat à four, alternativement, une couche d'aubergines et une couche de farce, etc. Saupoudrer de chapelure et parsemer de beurre. Cuire 45 min à four chaud.

941. Bettes
Préparation : 10 min – Cuisson : 20 min

Couper les bouts terreux, enlever les feuilles (réserver pour une farce). Ôter en tirant avec un couteau la mince pellicule qui recouvre les tiges. Les diviser en tronçons de 3 à 4 cm et mettre dans l'eau froide.

Les faire cuire dans un blanc (925) peu salé (les bettes absorbent le sel). Égoutter et servir avec une sauce à volonté : blanche (18), mornay (23), à la crème (19), poulette (24).

942. Bettes à la provençale
Préparation : 10 min – Cuisson : 45 min

1 kg de bettes
50 g de beurre
1 gousse d'ail
Persil plat

Préparer les bettes selon la formule 941. Lorsqu'elles sont cuites à l'eau bouillante salée (35 min), les égoutter. Faire chauffer dans une poêle le beurre, y jeter les morceaux de bette, les faire sauter en les parsemant d'ail finement haché. Servir avec du persil haché.

943. Brocolis

Ils sont une variété très fragile de chou-fleur. Ils doivent être d'un vert gris sombre. Pour l'épluchage, enlever seulement les feuilles et séparer les bouquets. Laver très délicatement. Le meilleur mode de cuisson est la vapeur.

944. Brocolis à la vapeur

Éplucher les brocolis. Les cuire à la vapeur 5 à 8 min. Servir avec du beurre fondu, de la crème fleurette tiédie, ou tiède, en salade, avec un filet d'huile d'olive et des copeaux de parmesan.

1 kg de brocolis

50 g de beurre ou de crème fleurette

945. Brocolis sauce mornay

Cuire les brocolis à la vapeur ou 6 min à l'eau bouillante salée. Préparer une sauce mornay (23) dont on nappera les légumes. On peut aussi gratiner 5 min à four très chaud avant de servir.

946. Cardons
Préparation : 45 min – Cuisson : 1 h 15

Les cardons demandent beaucoup de soin pour l'épluchage. Enlever toutes les branches dures, défraîchies ou creuses et spongieuses. Il faut compter 2/3 de déchets.

Après avoir trié avec soin, ne conserver que les parties blanches et tendres. Couper en tronçons de 8 à 10 cm ; retirer les filandres, frotter aussitôt avec du citron, jeter dans de l'eau froide acidulée avec du vinaigre. Puis faire cuire les morceaux dans un blanc pour légumes (925). Afin d'éviter le noircissement des cardons, mettre dans l'eau bouillante 100 g de graisse de veau coupée en petits morceaux, par litre d'eau.

Lorsque la cuisson est terminée, on peut laisser les morceaux de cardons dans ce blanc. Ils s'y conservent très bien pendant 24 h. On peut servir avec une sauce blanche (18), mornay (23) ou hollandaise (82).

947. Cardons au jus
Préparation : 1 h 30 min – Cuisson : 20 min

Mettre le beurre dans une sauteuse ; y faire étuver à feu doux les cardons qui sont déjà cuits. Puis verser alors le jus de veau et faire mijoter à feu doux pendant 10 min.
Placer les cardons sur un plat et servir aussitôt.

1 kg de cardons préparés et cuits
40 g de beurre
10 cl de jus de veau

948. Cardons en gratin
Th. 8
Préparation : 1 h 30 min – Cuisson : 1 h 35

Éplucher les cardons, les préparer selon la formule 946. Hacher 250 g de cardons avec les champignons. Disposer les cardons dans un plat allant au four, recouvrir du hachis, saler, poivrer, arroser du jus de citron, saupoudrer de chapelure et faire gratiner au four pendant 20 min. Au moment de servir, arroser avec le jus de viande chaud.

3 kg de cardons à éplucher
150 g de champignons
Citron (jus)
1 verre de jus de viande
Chapelure
Sel, poivre

949. Carottes

Gratter les carottes, la partie la meilleure étant à l'extérieur. Dans les vieilles carottes, on enlève le cœur qui est dur : c'est le bois. Dans ce cas, les faire cuire à l'eau bouillante salée pendant 30 à 40 min de façon à leur faire perdre leur saveur trop forte.
On utilise les carottes en dés, en rondelles, en bâtonnets, tournées en olives.
Après l'épluchage, les laver à l'eau froide.

950. Carottes au beurre
Préparation : 30 min – Cuisson : 1 h

Prendre des petites carottes nouvelles. Les gratter, les laver. Les mettre dans une casserole avec la quantité d'eau froide nécessaire pour les couvrir. Saler modérément et laisser cuire doucement en faisant sauter de temps à autre les carottes. Lorsqu'elles sont cuites, vérifier l'assaisonnement et servir avec beurre fondu et persil haché.

600 g de carottes nouvelles
50 g de beurre
Persil plat
Sel

951. Carottes à la béchamel

Préparation : 30 min – Cuisson : 1 h

600 g de carottes
Sauce béchamel
1 jaune d'œuf

Préparer les carottes selon la formule 949 ; au moment de servir, napper avec une béchamel (21) liée avec le jaune d'œuf.

952. Carottes à la crème

Préparer selon la formule 951, mais remplacer le jaune d'œuf par 10 cl de crème fraîche.

953. Carottes au lard

Préparation : 30 min – Cuisson : 1 h 15

700 g de carottes
100 g de lard salé
50 cl de bouillon au choix
40 g de beurre
1 bouquet garni
Sel, poivre

Faire revenir, dans le beurre, le lard coupé en dés. Ajouter les carottes épluchées. Arroser avec le bouillon. Saler, poivrer, mettre le bouquet garni. Faire cuire doucement pendant 1 h 15.

954. Carottes à la Vichy

Préparation : 30 min – Cuisson : 1 h

600 g de carottes
50 g de beurre
15 g de sucre en poudre
50 cl d'eau
Persil plat
Bicarbonate de soude (1 pincée)
Sel

Éplucher, laver les carottes, les couper en rondelles, les placer dans une casserole assez grande. Mettre le beurre, du sel, le sucre, le bicarbonate et l'eau. Couvrir. Laisser cuire jusqu'à ébullition puis, à feu doux. Au bout de 30 min de cuisson, faire sauter toutes les 10 min.
Le liquide de cuisson doit être tout à fait réduit.
Servir avec du persil haché.

955. Céleri-branche

Enlever toutes les branches et feuilles vertes. Garder la partie attendant à la racine, peler celle-ci et la parer. Le pied de céleri qui convient pour 2 personnes a, en général, 18 à 20 cm de long. Laver à l'eau froide, avec soin. Lier les pieds avec une ficelle pour le temps de la cuisson. Puis plonger dans l'eau bouillante salée pendant 15 min. Égoutter.

956. Céleri-branche en sauce
Préparation : 15 min – Cuisson : 15 à 35 min

Faire cuire dans un blanc pour légumes (925) les pieds de céleri. Les égoutter, les déficeler et les servir accompagnés ou nappés d'une sauce à volonté : blanche (18), à la crème (19), maître d'hôtel (12). Servis froids, on peut les présenter avec une vinaigrette (63) ou une mayonnaise (72).

957. Céleri-branche à la moelle
Préparation : 20 min – Cuisson : 1 h

3 pieds de céleri
120 g de moelle de bœuf
40 g de beurre
15 cl de bouillon au choix
Sel, poivre

Faire chauffer dans une cocotte ou une sauteuse le beurre, y faire étuver les céleris lavés et liés pendant 10 à 15 min. Mouiller avec le bouillon et laisser mijoter 30 min. Assaisonner si nécessaire. Faire cuire pendant 10 min à l'eau bouillante, dans une petite casserole, les tranches de moelle (0,5 cm d'épaisseur) qui ont été coupées crues avec une lame de couteau trempée dans l'eau chaude. Déficeler les céleris, les couper en deux dans la longueur, les recouvrir avec la moelle et laisser cuire à feu doux pendant 10 min.

958. Céleri au jus
Préparation : 30 min – Cuisson : 1 h 15

3 pieds de céleri
1 carotte
1 oignon
60 g de beurre
25 cl de bouillon au choix
25 cl de jus de viande
Sel, poivre

Faire revenir dans le beurre l'oignon et la carotte coupés en rondelles. Disposer les céleris. Saler, poivrer. Arroser avec le bouillon, laisser cuire doucement pendant 1 h. À ce moment, ajouter le jus de viande et laisser encore 10 min.

959. Céleri-rave

Peler et couper en quartiers ou en tranches assez minces. Les citronner pour qu'ils ne noircissent pas. Mettre dans de l'eau froide salée et laisser cuire 20 min à l'ébullition.

960. Céleri-rave à la crème

Préparation : 20 min – Cuisson : 30 min

Préparer selon la formule 959. Au moment de servir, recouvrir avec une sauce blanche (18) dans laquelle est incorporée la crème.

750 g de céleri-rave
50 cl de sauce blanche
10 cl de crème fraîche

961. Céleri-rave en purée

Préparation : 20 min – Cuisson : 25 min

Faire cuire le céleri coupé en quartiers, dans l'eau bouillante salée, pendant 10 min. Ajouter les pommes de terre coupées en quartiers et laisser cuire 15 min. Égoutter. Passer au mixeur. Saler, poivrer. Incorporer la crème et le beurre en battant énergiquement la purée. On peut réduire la quantité de céleri et augmenter celle des pommes de terre.

800 g de céleri-rave
250 g de pommes de terre
60 g de beurre
20 cl de crème fraîche
Sel, poivre

962. Céleri-rave en salade
(à préparer 6 à 8 h à l'avance)

Préparation : 20 min – Cuisson : 4 à 5 min

Éplucher un céleri-rave. Le couper en quartiers et le faire cuire dans l'eau bouillante pendant 4 à 5 min pour l'attendrir et lui faire perdre un peu d'odeur. Couper ensuite en fines lanières. Assaisonner avec une rémoulade (66) bien relevée et laisser macérer pendant 6 à 8 h.

963. Pain de céleri

Préparation : 20 min – Cuisson : 1 h 50

Faire cuire le céleri à l'eau bouillante salée, selon la formule 959. Le réduire en purée et y incorporer les œufs et la crème. Assaisonner. Remplir un moule bien beurré et faire cuire au bain-marie pendant 1 h 30.

1 kg de céleri-rave
5 jaunes d'œufs
1 œuf entier
25 cl de crème fraîche
10 g de beurre
Sel, poivre

964. Champignons

Les champignons sont des aliments précieux sur le plan diététique mais aussi sur le plan gastronomique. Peu caloriques mais riches en protéines, leur arôme, qu'ils soient cultivés – comme le champignon de Paris – ou sauvages, vient enrichir notablement la saveur d'un plat. Pour ramasser ces derniers, il est essentiel de bien les connaître car il n'existe aucun moyen de distinguer les spécimens toxiques de ceux comestibles et les accidents sont relativement fréquents.

Afin de préserver leur arôme, il est préférable de cuisiner les champignons sitôt leur cueillette effectuée et de les nettoyer avec un linge humide, en évitant de les passer directement sous l'eau froide, ou de les brosser avec un pinceau.

Les champignons peuvent être introduits en petite quantité dans des sauces ou des plats mijotés ou être servis en garniture ou en entrée.

965. Champignons sur le gril
Préparation : 10 min – Cuisson : 12 min

6 à 12 champignons (selon la taille)
75 g de beurre
Fines herbes
Sel, poivre

Plusieurs espèces sont propres à cette préparation : cèpes, champignons de couche, roses des prés. Choisir de gros champignons. Ne pas les éplucher, les essuyer avec un linge humide. Ôter les queues. Les placer sur un gril, la partie bombée tournée vers le bas. Les arroser de 40 g de beurre fondu. Passer 10 à 12 min à feu modéré. Dresser sur un plat chaud et emplir chacun d'eux d'une noix de beurre manié avec fines herbes hachées, sel et poivre. Servir comme entrée ou entourant un rôti de viande rouge ou de gibier.

966. Purée de champignons
Préparation : 10 min – Cuisson : 15 min

600 g de champignons
165 g de beurre
1 citron (jus)
10 cl de crème fraîche
6 tranches de pain
50 cl de roux blond
Sel, poivre

Nettoyer et éplucher les champignons. Les passer au hachoir. Ils doivent être hachés très fin. Placer les champignons dans une casserole avec 125 g de beurre et le jus de citron. Laisser cuire 5 à 6 min, ajouter le roux blond (37) et la crème, et laisser réduire 5 min. Assaisonner. Servir sur les tranches de pain frites avec le reste de beurre.

967. Champignons farcis
Th. 6 à 7
Préparation : 30 min – Cuisson : 20 à 25 min

12 gros champignons de Paris
60 g de beurre ou 3 c. à s. d'huile d'olive
Chapelure
Duxelles
Sel, poivre

Séparer les queues de champignons des chapeaux. Bien laver ceux-ci, les essuyer et mettre quelques gouttes d'huile ou de beurre fondu dans chacun. Les placer sur une plaque. Passer 7 à 8 min à four chaud. Les retirer, les retourner et les laisser refroidir. Couper les bouts terreux des queues, bien laver et les utiliser pour la duxelles (155). Remplir les champignons avec cette farce maigre disposée en dôme. Saupoudrer d'un peu de chapelure. Disposer sur une plaque à four. Parsemer de noisettes de beurre et faire gratiner pendant 12 à 15 min.

968. Ragoût de champignons
Préparation : 10 min – Cuisson : 15 min

600 g de champignons
75 g de beurre
1/2 c. à s. de vinaigre ou de citron
Fines herbes
Noix muscade râpée
2 jaunes d'œufs
Sel

Nettoyer les champignons. Mettre dans une casserole avec le beurre, le vinaigre, les fines herbes hachées et les aromates. Couvrir, faire bouillir 12 à 15 min. Au moment de servir, retirer du feu, ajouter les jaunes d'œufs en liaison.

969. Salade de champignons cuits
Préparation : 25 min – Cuisson : 3 min

250 g de champignons de Paris
1 jaune d'œuf
125 g d'huile
Citron (jus)
Sel

Éplucher et laver les champignons. Les faire cuire 3 min à l'eau bouillante salée dans laquelle on met la moitié du jus de citron. D'autre part, faire une mayonnaise (72) assaisonnée au jus de citron. Couper les champignons égouttés et refroidis en petits morceaux. Les mélanger à la mayonnaise.

Remarque. – Cette préparation peut être utilisée pour des sandwiches.

970. Salade de champignons crus

Préparation : 10 min

250 g de champignons de Paris
1 citron (jus)
2 c. à s. d'huile
Persil plat
Sel, poivre

Éplucher et laver des champignons très frais. Les couper en fines lamelles. Assaisonner avec une sauce faite avec citron, huile, sel et poivre. Garnir de persil haché. Se fait juste avant de servir.

971. Cèpes aux fines herbes
(à préparer 3 h à l'avance)
Préparation : 15 min – Cuisson : 20 min

6 gros cèpes
75 g de beurre
Fines herbes
2 échalotes
Huile
Sel, poivre

Nettoyer des cèpes fermes et parfumés. Couper les pieds. Laisser les chapeaux mariner dans l'huile, avec sel et poivre pendant 3 h. Préparer un hachis avec 1 c. à s. de fines herbes hachées, les échalotes, les pieds réservés. Faire cuire ce hachis à feu doux, dans la moitié du beurre, pendant 15 min. Faire dorer 5 min les têtes des champignons dans une sauteuse avec le reste de beurre et de l'huile. Ajouter le hachis. Laisser cuire 5 min. Assaisonner. Servir très chaud.

972. Cèpes à la bordelaise
Préparation : 20 min – Cuisson : 15 min

750 g de cèpes
3 c. à s. d'huile
40 à 50 g de mie de pain rassis
15 g d'échalote
Persil plat
Sel, poivre

Prendre des cèpes très frais. Séparer les têtes des pieds. Ceux-ci devront être, après lavage et épluchage, hachés finement.

Faire dégorger les chapeaux, soit au gril, soit à la poêle sèche. (On peut également les faire cuire 5 min à l'huile d'olive avec 1 c. à c. de jus de citron.) Égoutter. Essuyer. Couper des tranches en biais de 1 cm d'épaisseur.

Ajouter aux pieds de cèpes hachés les échalotes ciselées, la mie de pain, du sel et du poivre pour faire un hachis.

Dans une poêle, chauffer l'huile, y jeter les cèpes, cuire à feu vif pour que le rissolage soit parfait.

Dans une autre poêle, avec un peu d'huile bien chauffée, cuire le hachis (2 à 3 min). Mettre les cèpes égouttés sur un plat, saler, poivrer et recouvrir avec le hachis. Saupoudrer de persil haché.

973. Cèpes farcis
Préparation : 20 min – Cuisson : 40 min

6 beaux cèpes
100 g de beurre
100 g de mie de pain
Fines herbes
2 œufs
Sel, poivre

Nettoyer les champignons, retirer les pieds. Préparer une farce en hachant la mie de pain, les œufs durs et les herbes, ajouter les pieds hachés. Saler, poivrer. Faire étuver les chapeaux pendant 25 min dans 60 g de beurre. Farcir chaque chapeau de cette préparation. Placer dans une sauteuse avec le reste du beurre. Laisser cuire 10 à 15 min.

974. Cassolettes de cèpes
Préparation : 15 min – Cuisson : 10 min

1 kg de cèpes
100 g de beurre ou de graisse d'oie
50 g d'échalote
10 cl de jus de truffe[1]
Persil plat
1 gousse d'ail
Sel
Fond de veau (bouillon cube)

Nettoyer les cèpes, séparer les chapeaux des pieds. Essuyer avec un torchon. Émincer les chapeaux et les pieds séparément. Dans une poêle dans laquelle on met du beurre ou de la graisse d'oie, faire sauter d'abord les pieds, que l'on retire pour mettre les chapeaux.

Hacher très fin l'échalote. Mélanger du persil haché avec la gousse d'ail ciselée.

Dans la poêle, remettre une noix de beurre à fondre et lorsqu'il est chaud, y jeter le mélange persil/ail et l'ensemble des cèpes que l'on fait sauter jusqu'à coloration. Hors du feu, ajouter l'échalote et le jus de truffe. Si la préparation paraît un peu sèche, on peut mouiller avec du bouillon de veau ou du jus de rôti. Servir bien chaud. On peut accompagner d'une sauce Périgueux (54).

---

1. Se vend en petites bouteilles.

975. Chanterelles au beurre
Préparation : 10 min – Cuisson : 25 min

Nettoyer les champignons. Les mettre dans une sauteuse avec le beurre. Laisser revenir 10 min. Ajouter les condiments et couvrir hermétiquement la casserole. Laisser cuire 15 min à feu doux. Servir en garniture de veau rôti.

350 g de chanterelles ou de girolles
30 g de beurre
Échalote
Ail
Persil plat
Sel, poivre

976. Chanterelles à la crème
Préparation : 10 min – Cuisson : 25 min

Procéder selon la formule 975. Supprimer l'échalote. Ajouter, au moment de servir, la crème double.

500 g de chanterelles
75 g de beurre
125 g de crème double

977. Chanterelles bonne femme
Préparation : 20 min – Cuisson : 50 min

Éplucher les chanterelles. Faire fondre le beurre et y faire revenir le lard coupé en dés ; ajouter l'oignon haché, le persil haché, les champignons, du sel et du poivre. Lorsque le tout est bien revenu, saupoudrer de farine. Mouiller avec un peu d'eau chaude et le vin blanc, et laisser mijoter à petit feu pendant 40 min. Au moment de servir, ajouter la crème.

750 g de chanterelles
125 g de lard fumé
1 oignon
30 g de farine
50 g de beurre
1/2 verre de vin blanc
60 g de crème fraîche
Persil plat
Sel, poivre

978. Morilles à la crème
Même procédé que pour les chanterelles (976).

979. Truffes au naturel
Th. 5 à 6
Préparation : 20 min – Cuisson : 35 min

Envelopper de belles truffes, nettoyées et séchées, dans 2 morceaux de papier aluminium. Tremper rapidement dans l'eau. Faire cuire au four moyen ou sous la cendre très chaude, pendant 35 min. Ôter le papier. Servir sous une serviette chaude.

980. Truffes en papillotes
Préparation : 30 min – Cuisson : 45 min

Un raffinement consiste à envelopper chaque truffe, assaisonnée et trempée de cognac, d'une barde de lard très mince avant de recouvrir de 2 épaisseurs de papier. On sert alors les truffes dans leur papillote (la dernière, seule, est conservée, les papiers de dessus étant salis).

981. Truffes au champagne
Préparation : 20 min – Cuisson : 30 min

50 cl de marinade cuite
Truffes à volonté
1/2 bouteille de champagne
125 g de jambon cru
1 gousse d'ail
Persil plat
Sel, poivre

Préparer une marinade cuite (147) mouillée au champagne ou, à défaut, d'un autre vin blanc mousseux. Ajouter le jambon haché, l'ail. Assaisonner. Y faire cuire les truffes 30 min et laisser refroidir dans la sauce. Égoutter, éponger sur un linge blanc et servir dans une serviette.

982. Truffes en roche
Th. 6 à 7
Préparation : 30 min – Cuisson : 1 h

250 g de truffes
250 g de pâte feuilletée
10 cl de cognac
Fines herbes
200 g de lard gras
1 jaune d'œuf
Sel, poivre

Brosser les truffes. Préparer un hachis fortement épicé avec le lard, le cognac, les fines herbes, du sel et du poivre. Préparer une abaisse de pâte feuilletée (1514) de 1 cm d'épaisseur, l'enduire avec 1/3 du hachis de lard, dresser dessus en pyramide les truffes entre lesquelles on introduit le second tiers du hachis. Couvrir la pyramide avec le reste du hachis, puis d'une seconde abaisse de pâte feuilletée très mince, qu'on applique étroitement sur les truffes qu'elle doit mouler en imitant les rugosités d'un rocher. Pratiquer un petit trou au sommet. Dorer à l'œuf. Porter à four vif pendant 1 h. Servir chaud.

983. Chicorée

Enlever les feuilles dures ou fanées. Couper les salades en quatre. Laver avec soin. Blanchir pendant 15 min à l'eau bouillante salée.

984. Chicorée en purée
Préparation : 30 min – Cuisson : 25 min

2 kg de chicorée
6 tranches de pain
50 g de beurre
50 cl de sauce béchamel
Noix muscade râpée
Sel, poivre

Procéder comme ci-dessus (983). Égoutter soigneusement puis presser la chicorée entre les mains pour exprimer toute l'eau de cuisson. Passer au presse-purée. Préparer une béchamel (21), l'ajouter à la purée, saler, poivrer, et la servir garnie de pain en triangles revenus au beurre. Ajouter de la muscade suivant le goût.

985. Chicorée au gras
Préparation : 25 min – Cuisson : 1 h

2 kg de chicorée
60 g de beurre
20 cl de jus de viande ou de fond de veau déshydraté
Sel, poivre

Préparer la chicorée selon la formule 983. Faire fondre 30 g de beurre dans une cocotte et y mettre la salade bien égouttée. Faire étuver pendant 10 min. Saler, poivrer et mouiller avec le jus de viande. Couvrir et laisser mijoter pendant 45 min. Ajouter le reste de beurre avant de servir.

986. Chicorée au maigre
Préparation : 25 min – Cuisson : 1 h

2 kg de chicorée
20 cl de crème fraîche
50 g de beurre
5 œufs
Sel, poivre

Préparer la chicorée selon la formule 983. La mettre dans une cocotte avec le beurre et la crème. Saler, poivrer. Laisser cuire doucement pendant 1 h. Faire durcir 3 œufs et les couper en quartiers pour les disposer sur la salade. Faire une liaison avec 2 jaunes d'œufs et le liquide de cuisson, au moment de servir.

987. Pain de chicorée à l'ancienne
Préparation : 30 min – Cuisson : 1 h 35

2 kg de chicorée
50 cl de sauce béchamel
Noix muscade râpée
3 œufs
60 g de beurre
Sel, poivre

Préparer la chicorée selon la formule 983. Faire 50 cl de sauce béchamel (21), mélanger avec la purée de chicorée, assaisonner et mettre un peu de noix muscade râpée. Faire cuire à couvert et à feu doux pendant 30 min. Battre les œufs en omelette, les ajouter à la préparation ainsi que 50 g de beurre. Verser le tout dans un moule en couronne beurré. Faire cuire au four (th. 5) ou au bain-marie pendant 45 min. Servir avec une sauce à la crème (19).

988. Chou
Couper le trognon, enlever les feuilles flétries. Laver soigneusement. Faire blanchir à l'eau bouillante salée pendant 20 min.

989. Chou à l'étouffée
Préparation : 15 min – Cuisson : 1 h 30

1,5 kg de chou
125 g de saindoux
20 cl de bouillon au choix
Sel, poivre

Préparer le chou (988). Le couper alors en morceaux et le mettre dans le saindoux chaud. Assaisonner, arroser avec le bouillon chaud et laisser cuire 1 h 30 à petit feu.

990. Chou braisé
Préparation : 15 min – Cuisson : 2 h

1,5 kg de chou
200 g de bardes de lard
100 g de carottes
1 oignon
20 cl de bouillon au choix
Thym, laurier
Sel, poivre

Préparer le chou (988). Foncer une cocotte avec les bardes de lard (moins 1), y mettre le chou coupé en quartiers, avec carottes en rondelles, oignon, thym, laurier, sel et poivre. Recouvrir de la barde de lard, arroser avec le bouillon chaud et laisser cuire 2 h à petit feu.

991. Chou farci
Préparation : 45 min – Cuisson : 2 h 40

1,5 kg de chou
250 g de farce
125 g de bardes de lard
1 oignon
1 carotte
10 cl de vin blanc
20 cl de bouillon au choix
Sel, poivre

Blanchir 10 min le chou à l'eau bouillante salée. Inciser le trognon en croix de façon à pouvoir écarter les feuilles facilement, et glisser sur chaque feuille, en commençant par le cœur, un peu de farce préparée selon la formule 153. Ficeler le chou en le maintenant avec les bardes de lard. Le placer dans une cocotte avec oignon et carotte coupés en rondelles ; arroser avec le bouillon et le vin blanc. Assaisonner et laisser mijoter doucement 2 h 30.

992. Chou farci à la châtelaine
Th. 4 à 5
Préparation : 45 min – Cuisson : 2 h 20

1 chou
250 g de farce
50 g de beurre
150 g de bardes de lard
Chapelure

Blanchir le chou selon la formule 988. Préparer une farce selon la formule 153. Disposer dans un plat allant au four alternativement une couche de chou, une couche de farce, une couche de lard, etc. Finir avec le lard. Saupoudrer de chapelure, parsemer avec le beurre et faire cuire doucement au four pendant 2 h. Servir avec une sauce tomate (38).

993. Choux de Bruxelles
Éplucher séparément chaque petit chou en enlevant les feuilles flétries. Les faire cuire dans l'eau bouillante salée pendant 15 min, sans couvrir.

994. Choux de Bruxelles sautés
Préparation : 30 min – Cuisson : 20 min

1 kg de choux de Bruxelles
80 g de beurre
Sel, poivre

Dès que les choux sont cuits, les égoutter ; faire fondre 60 g de beurre dans une sauteuse et faire sauter les choux. Dès qu'ils commencent à dorer, saler, poivrer et mettre le reste du beurre.

Les légumes frais **423**

995. Choux de Bruxelles aux marrons
Préparation : 1 h – Cuisson : 25 min

700 g de choux de Bruxelles
500 g de marrons
60 g de beurre

Préparer les marrons selon la formule 1061. Lorsqu'ils sont cuits, les mélanger avec les choux préparés selon la formule 993 ; servir avec le beurre fondu, mais au dernier moment.

996. Chou-fleur
Couper le chou-fleur en bouquets. Faire cuire 15 min dans l'eau bouillante salée.

997. Chou-fleur à la sauce blanche
Préparation : 20 min – Cuisson : 20 min

1 kg de chou-fleur
50 cl de sauce blanche

Reconstituer, dans un grand bol, le chou-fleur cuit (996), la tige en l'air, en disposant les bouquets. Démouler sur le plat de service et napper avec une sauce blanche (18).

998. Chou-fleur à la sauce tomate
Procéder comme ci-dessus (997), mais napper avec une sauce tomate (38).

999. Chou-fleur en gratin
Th. 7
Préparation : 20 min – Cuisson : 30 min

1 chou-fleur
50 cl de sauce mornay
50 g de gruyère râpé

Cuire le chou-fleur suivant la formule 996. Placer les bouquets dans un plat à four. Napper avec une sauce mornay (23). Saupoudrer de gruyère râpé. Passer au four 10 min.

1000. Timbale de chou-fleur

Préparation : 45 min – Cuisson : 1 h 15

1 kg de chou-fleur
250 g de farce
50 cl de sauce aux champignons

Préparer le chou-fleur selon la formule 996. Préparer une farce (153). Disposer dans un plat alternativement une couche de chou-fleur, une couche de farce. Finir par le chou-fleur. Faire cuire au bain-marie 1 h. Servir avec une sauce aux champignons (52).

1001. Chou-fleur en croquettes

Préparation : 35 min – Cuisson : 25 min

750 g de chou-fleur
30 g de beurre
50 g de farine
50 cl de lait
50 g de gruyère râpé
2 œufs
Chapelure
Huile pour friture
Sel, poivre

Faire cuire le chou-fleur en bouquets (996). Le couper en petits morceaux. Préparer une béchamel (21), avec le beurre, la farine, le lait et le gruyère râpé. Lier avec 1 œuf entier et 1 jaune. Mélanger le chou-fleur à cette préparation. Assaisonner et laisser refroidir. Former des croquettes avec la pâte, les rouler dans du blanc d'œuf battu en neige, de la chapelure, et faire frire dans la friture bien chaude.

1002. Chou-fleur en beignets

Faire macérer pendant 2 h, dans une marinade douce (149), les bouquets de chou-fleur cuits (996). Préparer une pâte à frire (1400 ou 1401). Y tremper le chou-fleur et faire frire.

1003. Pain de chou-fleur

Préparation : 5 min – Cuisson : 1 h

750 g de chou-fleur
50 cl de sauce béchamel
200 g de crème fraîche
4 œufs
50 g de gruyère râpé
10 g de beurre
Poivre

Faire cuire le chou-fleur (996). Le passer au presse-purée et le mélanger avec la sauce béchamel (21), très épaisse. Ajouter la crème, les 4 jaunes d'œufs et les blancs battus ainsi que le gruyère. Poivrer. Mettre dans un moule beurré et faire cuire 40 min au bain-marie. Démouler et servir avec une sauce tomate (38) ou anglaise (26).

Les légumes frais   **425**

1004. Chou rouge
Enlever les feuilles flétries et laver avec soin.

1005. Chou rouge au lard
Préparation : 20 min – Cuisson : 2 h 15

| 750 g de chou rouge |
| 1 oignon |
| 60 g de saindoux ou de beurre |
| 300 g de lard fumé |
| Sel, poivre |

Laver le chou, le couper en lanières. Faire chauffer le saindoux pour y dorer l'oignon. Ajouter le chou. Mouiller avec 25 cl d'eau. Saler, poivrer. Faire cuire doucement pendant 40 min. Mettre le lard et laisser cuire encore 1 h 30.

1006. Chou rouge au vin rouge
Préparation : 20 min – Cuisson : 2 h 30

| 1 kg de chou rouge |
| 60 g de beurre |
| 20 cl de vin rouge |
| Sel, poivre |

Faire fondre le beurre. Y ajouter le chou coupé en lanières. Laisser cuire doucement pendant 30 min. Saler, poivrer, arroser avec le vin rouge. Couvrir et laisser mijoter 2 h.

1007. Chou rouge aux marrons
Préparation : 20 min – Cuisson : 2 h 15

| 750 g de chou rouge |
| 500 g de marrons |
| 1 oignon |
| 60 g de saindoux ou de beurre |

Laver le chou. Le faire selon la formule 1005. Ajouter, à la place du lard, les marrons épluchés et coupés en morceaux. Faire cuire 1 h 30.

1008. Choucroute à l'alsacienne
Préparation : 10 min – Cuisson : 3 h 30 ou 4 h

| 1 kg de choucroute |
| 100 g d'oignon |
| 25 cl de vin blanc |
| 50 g de saindoux ou d'huile |
| 300 g de lard fumé |
| 250 g de saucisse |
| 500 g de pommes de terre |
| 6 tranches de jambon |
| Sel, poivre |

Rincer la choucroute. Faire fondre le saindoux. Y mettre l'oignon et la choucroute. Arroser avec le vin blanc, saler, poivrer et laisser cuire pendant 2 h 30 à petit feu. Mettre à ce moment le lard fumé qui doit cuire 1 h, puis mettre, 30 min avant de servir, la saucisse et les pommes de terre coupées en quartiers. Servir sur un plat : lard, saucisse et jambon, coupés en tranches.

1009. Concombre

Peler les concombres, les couper en deux, enlever les grains, les tailler en tranches fines et les faire cuire 20 min à l'eau bouillante salée.

En sauce. Aux concombres préparés comme ci-dessus, ajouter une sauce poulette (24) ou une sauce béchamel (21). (Compter 1,25 à 1,5 kg de concombre.)

1010. Concombre à l'antiboise

Préparation : 40 min – Cuisson : 5 min

700 g de concombre
200 g de thon au naturel
25 cl de mayonnaise
Sauce au yaourt
1 c. à s. de concentré de tomate
Persil plat

Éplucher le concombre, le couper en tranches de 5 mm, enlever les pépins et le faire blanchir à l'eau bouillante pendant 5 min. Malaxer le thon avec la moitié de la mayonnaise (72). Disposer les tranches de concombre sur un plat et disposer dessus des petits monticules de farce au thon.

Mélanger la sauce au yaourt (64) avec le concentré de tomate et le reste de mayonnaise. Napper le plat de cette sauce et saupoudrer de persil haché. Servir très frais.

1011. Concombres farcis

Préparation : 45 min – Cuisson : 1 h 30

6 petits concombres
200 g de farce
50 g de beurre
1 citron (jus)
20 cl de bouillon au choix
Sel, poivre

Couper l'extrémité des concombres portant la queue. Creuser l'intérieur avec une cuillère et remplacer la pulpe par une farce (153 ou 155). Replacer le bout de chaque concombre et ficeler. Faire fondre le beurre, placer les concombres, arroser avec le bouillon, assaisonner et faire cuire à couvert pendant 1 h 30. Au moment de servir, ajouter le jus de citron et napper les concombres avec la sauce.

1012. Courgettes

Les éplucher délicatement. Les petites courgettes sont utilisées entières.

1013. Courgettes sautées aux fines herbes

Préparation : 15 min – Cuisson : 10 min

4 grosses courgettes
Farine
50 g de beurre
50 g de cerfeuil
Persil plat
Estragon
Sel, poivre

Couper les courgettes en dés, les rouler dans la farine et faire dorer pendant 10 min dans le beurre. Saler, poivrer. Servir avec cerfeuil, persil et estragon hachés.

1014. Courgettes en gratin
Th. 8
Préparation : 15 min – Cuisson : 25 min

4 grosses courgettes
40 g de beurre ou d'huile
Sauce béchamel
40 g de gruyère râpé
Sel, poivre

Faire chauffer dans une casserole la matière grasse et y faire cuire doucement les courgettes coupées en rondelles de 1,5 cm, pendant 15 min. Assaisonner. Pendant ce temps, préparer une sauce béchamel (21). Disposer les tranches de courgettes dans un plat à four. Napper avec la sauce, saupoudrer de gruyère râpé et passer à four vif pendant 5 à 10 min.

1015. Gâteau de courgettes et de tomates
Th. 5 à 6
Préparation : 20 min – Cuisson : 20 min

600 g de tomates
400 g de courgettes
3 c. à s. d'huile d'olive
Fleur de thym
Sel, poivre

Couper les tomates et les courgettes lavées en rondelles. (Les tranches des tomates doivent être un peu plus grandes que celles des courgettes.) Huiler un plat à four avec l'huile d'olive. Sur le plat, alterner une tranche de tomate et une tranche de courgette jusqu'à épuisement. On peut varier la disposition à son gré. Lustrer la surface, salée et poivrée, avec un pinceau huilé. Parsemer de fleur de thym et faire cuire au four pendant 20 min.

Remarque. – On peut saupoudrer de chapelure et, en fin de cuisson (avec quelques noisettes de beurre), faire gratiner à feu vif sous le gril.

1016. Cresson en purée

Voir chicorée en purée (984). Éplucher le cresson en enlevant les grosses tiges et les feuilles flétries.

6 bottes de cresson
50 cl de sauce blanche (18)
Noix muscade râpée

1017. Crosnes

Laver les crosnes, couper les deux extrémités et les nettoyer en les frottant dans un torchon avec du gros sel. Les laver. Les cuire dans un blanc pour légumes pendant 15 min (925).

1018. Crosnes sautés
Préparation : 20 min − Cuisson : 25 min

Préparer les crosnes comme ci-dessus (1017). Puis les faire rissoler dans le beurre chaud. Servir saupoudrés de sel et de persil haché.

600 g de crosnes
60 g de beurre
Persil plat
Sel

1019. Crosnes à la maître d'hôtel

Préparer selon la formule 1017. Faire un beurre maître d'hôtel (12). L'ajouter aux crosnes et servir aussitôt.

1020. Crosnes en salade

Assaisonner les crosnes cuits à l'eau avec une vinaigrette (63) ou une mayonnaise (72).

1021. Endives

Couper les bouts de chaque pied d'endive. Enlever les parties flétries et laver rapidement mais avec soin pour retirer terre ou sable. Égoutter et essuyer soigneusement.

1022. Endives à l'étuvée
Préparation : 10 min − Cuisson : 1 h

Faire fondre le beurre, y placer les endives, saler, poivrer et arroser avec le jus de citron. Couvrir hermétiquement et laisser cuire doucement pendant 1 h.

1 kg d'endives
60 g de beurre
1 citron (jus)
Sel, poivre

1023. Endives au fromage
Th. 7 à 8
Préparation : 20 min – Cuisson : 1 h 10

1 kg d'endives
50 cl de sauce béchamel
40 g de gruyère râpé

Faire cuire les endives selon la formule 1022. Égoutter. Les mettre dans un plat allant au four, napper de sauce béchamel (21) et parsemer de gruyère. Faire gratiner 10 min à four chaud.

1024. Endives farcies
Th. 5 à 6
Préparation : 45 min – Cuisson : 1 h 20

1 kg d'endives
250 g de farce
50 cl de sauce blanche
Sel, poivre

Faire cuire les endives 10 min à l'eau bouillante salée. Égoutter ; mettre dans un plat en alternant une couche d'endives et une couche de farce (153). Assaisonner. Napper de sauce blanche (18) et faire gratiner au four pendant 1 h, à petit feu.

1025. Pain d'endives
Préparation : 10 min – Cuisson : 2 h

1 kg d'endives
500 g de viande hachée
2 œufs
20 g de beurre
Sel, poivre

Couper les endives crues en tronçons de 2 cm. Les mêler avec la viande hachée et les œufs entiers. Assaisonner. Mettre dans un moule beurré et faire cuire 2 h au bain-marie. Démouler le pain d'endives et recouvrir avec une sauce anglaise (26).

1026. Épinards
Enlever les queues des feuilles ; les laver dans plusieurs eaux, puis les faire cuire dans une grande quantité d'eau bouillante salée, à découvert pendant 15 min (environ 3 litres d'eau pour 1 kg d'épinards). Les égoutter, les presser, les passer au tamis et les accommoder (prévoir une perte des 2/3 sur le poids brut).

1027. Pain d'épinards
Voir pain de chicorée à l'ancienne (987).

1028. Pain d'épinards et de riz florentin

Th. 7
Préparation : 45 min – Cuisson : 1 h

| 2 kg d'épinards |
| 200 g de riz |
| 2 œufs |
| 80 g de beurre |
| 50 cl de sauce béchamel |

Faire cuire les épinards selon la formule 1026. Préparer le riz à l'indienne (1162) et faire la béchamel (21). Mélanger cette dernière aux épinards hachés. Ajouter au riz les œufs entiers et disposer dans un moule beurré une couche de riz, une couche d'épinards. Parsemer de 60 g de beurre et faire cuire à four chaud pendant 20 min.

Remarque. – On peut servir ce légume, accompagné de tranches de jambon ou de rôti et nappé d'une sauce tomate (38) ou madère (51).

1029. Subrics d'épinards

Préparation : 20 min – Cuisson : 5 min

| 800 g d'épinards cuits |
| 25 cl de sauce béchamel |
| 100 g de gruyère râpé |
| 2 œufs |
| 100 g de beurre |

Mélanger les épinards cuits et passés au mixeur avec la sauce béchamel (21). Ajouter les œufs battus en omelette et le gruyère. Faire fondre dans une poêle 100 g de beurre ; lorsqu'il est chaud, y laisser tomber doucement des cuillerées de cette préparation ; faire dorer de chaque côté. Servir avec une sauce béchamel claire (21).

1030. Fenouil

Enlever les feuilles abîmées. Retirer la partie portant des racines. Égaliser, parer, laver avec soin.
Cuire à l'eau bouillante salée comme le céleri-branche, pendant 30 à 40 min.

1031. Fenouil à l'étuvée

Préparation : 10 min – Cuisson : 1 h 10

| 1 kg de fenouil |
| 50 g de beurre |
| 1 citron (jus) |
| Sel, poivre |

Commencer par la cuisson des fenouils selon la formule 1030, mais maintenir à ébullition pendant 10 min seulement. Égoutter avec soin. Puis procéder comme pour les endives à l'étuvée (1022). Cuire 1 h.

1032. Fenouil en sauce

Préparer les fenouils selon la formule 1030. Égoutter avec soin. Servir nappés avec une sauce au choix : béchamel (21), tomate (38) ou à la crème (19).

1033. Tombée de fenouil au thym

Préparation : 5 min – Cuisson : 30 à 40 min

1 kg de fenouil
4 c. à s. d'huile d'olive
2 citrons (jus)
Laurier
Thym
Sel, poivre

Préparer les fenouils, enlever les tiges qui dépassent, couper dans le sens de la longueur et enlever la partie dure à l'intérieur du bulbe. Disposer les bulbes dans une sauteuse, saler, poivrer, arroser avec les jus des citrons et l'huile d'olive, mettre une feuille de laurier et plusieurs brindilles de thym. Mouiller avec de l'eau, à moitié de la hauteur des demi-bulbes. Couvrir et laisser mijoter à feu régulier, jusqu'au moment où la pointe d'un couteau pénètre facilement à l'intérieur des fenouils.
On peut servir après avoir égoutté (retirer laurier et thym) ou, mieux, dans le jus de cuisson.

Remarque. – La tombée de fenouil accompagne très bien le poisson grillé.

1034. Fèves

Écosser les fèves. Les éplucher et séparer les grains en deux. Les faire cuire 15 min à l'eau bouillante salée avec 1 c. à s. de sarriette hachée.

1035. Fèves à la maître d'hôtel

Cuire comme ci-dessus (1034) et servir avec un beurre maître d'hôtel (12).

1036. Fèves au lard

Préparation : 40 min – Cuisson : 45 min

1 kg de fèves écossées
150 g de lard
50 g de beurre
Sarriette
Sel, poivre

Cuire selon la formule 1034. Faire dorer dans le beurre le lard coupé en dés. Ajouter fèves, sel, poivre et sarriette. Faire cuire doucement pendant 30 min.

1037. Fèves à la crème

Préparation : 15 min – Cuisson : 1 h 15

1 kg de fèves écossées
80 g de beurre
10 cl de crème fraîche
Sel, poivre

Faire cuire les fèves selon la formule 1034. Faire fondre le beurre et y mettre les fèves à cuire doucement pendant 1 h. Saler, poivrer. Ajouter la crème 5 min avant de servir.

1038. Fèves à la sauce

Faire cuire les fèves selon la formule 1034. Y ajouter, au moment de servir, une sauce poulette (24).

1039. Haricots verts

Couper les extrémités de chaque haricot en tirant pour enlever le fil, le long de la cosse. Lorsqu'ils sont un peu plus gros, les fendre en deux dans le sens de la longueur. Les laver dans l'eau tiède et les cuire aussitôt à l'eau bouillante salée. Si l'on veut garder la couleur verte, les mettre par poignées et attendre après chaque poignée que l'eau ait repris l'ébullition. Ne pas couvrir. Compter 20 min de cuisson. Les haricots verts doivent être un peu fermes.

1040. Haricots verts à l'anglaise

Préparation : 30 min – Cuisson : 20 min

1 kg de haricots verts
Persil plat
50 g de beurre
Sel, poivre

Procéder selon la formule 1039. Ajouter aux haricots cuits et égouttés le beurre cru, du persil haché ou un beurre maître d'hôtel (12).

1041. Haricots verts à la niçoise

Cuisson : 40 min

1 kg de haricots verts
50 cl de coulis de tomate
Persil plat

Faire cuire les haricots selon la formule 1039. Les égoutter et les mettre dans une casserole avec le coulis de tomate (39). Laisser mijoter 20 min. Ajouter du persil haché au moment de servir.

1042. Haricots verts au lard
Voir fèves au lard (1036).

1043. Haricots blancs
1 kg de haricots en cosses ne donne environ que 350 g de grains. Compter 150 g de grains par personne.
Écosser les haricots. Faire cuire les grains dans l'eau bouillante salée contenant aussi 1 gousse d'ail, 1 bouquet garni et quelques rondelles de carotte. Cuire doucement pendant 40 min.

1044. Haricots blancs à la maître d'hôtel
Préparation : 25 min – Cuisson : 40 min

1 kg de haricots blancs écossés
50 g de beurre
Persil plat
1 citron (jus)
Sel, poivre

Cuire les haricots selon la formule 1043. Égoutter. Ajouter, au moment de servir, un beurre maître d'hôtel (12).

1045. Haricots blancs frais aux tomates
Préparation : 30 min – Cuisson : 1 h 10

1 kg de haricots blancs
50 g de beurre
100 g d'oignon
500 g de tomates
Sel, poivre

Préparer les haricots selon la formule 1043. Faire fondre le beurre et y dorer l'oignon haché. Ajouter les tomates pelées, épépinées et coupées en dés, puis les haricots, saler, poivrer et laisser mijoter 30 min. On peut ajouter une sauce tomate (38), servie en saucière.

1046. Haricots blancs à la provençale
Préparation : 30 min – Cuisson : 3 h 30

Faire fondre le beurre et y faire revenir les oignons piqués de clous de girofle. Ajouter 50 cl de bouillon. Lorsque le mélange bout, y jeter les haricots écossés. Mettre alors ail, échalote, laurier et tomate épluchée. Laisser mijoter doucement pendant 1 h et ajouter du bouillon très chaud à mesure qu'il se trouve absorbé. Saler et poivrer au bout de 2 h de cuisson. Mais faire cuire au moins pendant 3 h, à feu doux.

1 kg de haricots blancs
60 g de beurre
125 g d'oignons
1 gousse d'ail
1 échalote
1 tomate
80 cl de bouillon au choix
1 feuille de laurier
Clous de girofle
Sel, poivre

1047. Haricots blancs en purée
Préparation : 40 min – Cuisson : 40 min

Faire cuire les haricots écossés à l'eau salée. Les passer au presse-purée. Y ajouter, en battant, le lait chaud et la moitié du beurre. Poivrer. Servir avec des croûtons frits dans le reste du beurre.

1 kg de haricots blancs
50 cl de lait
100 g de beurre
12 petits croûtons
Sel, poivre

1048. Haricots blancs au jus
Préparation : 30 min – Cuisson : 45 min

Faire chauffer dans une casserole le bouillon de volaille. Y laisser cuire 15 min l'oignon émincé. Ajouter les haricots cuits selon la formule 1043 et égouttés ainsi que le persil haché. Laisser mijoter 20 min.

1 kg de haricots blancs
50 cl de bouillon de volaille
1 oignon
Persil plat
Sel, poivre

1049. Haricots mange-tout
Procéder comme pour les haricots verts, mais les effiler soigneusement et les couper en tronçons.

1050. Haricots panachés

Faire cuire séparément les haricots verts selon la formule 1039 et les haricots blancs selon la formule 1043. Accommoder à volonté.

500 g de haricots verts
500 g de haricots blancs

1051. Laitue

Couper les feuilles flétries. Rogner les trognons. Laver avec soin en plongeant les salades la tête en bas dans l'eau froide. Laver dans plusieurs eaux. Égoutter. Puis faire cuire 8 à 10 min à l'eau bouillante salée. Rincer la salade et l'essorer.

1052. Laitues au jus

Voir chicorée au gras (985).

8 laitues

1053. Laitues au maigre

Voir chicorée au maigre (986).

8 laitues

1054. Laitues à l'étuvée
Préparation : 25 min – Cuisson : 1 h 20

Faire fondre 60 g de beurre. Y mettre les laitues bien lavées. Laisser étuver pendant 20 min. Ajouter l'oignon haché, verser le bouillon. Saler et poivrer. Couvrir hermétiquement. Faire cuire 1 h. Frire les tranches de pain au beurre. Disposer une laitue sur chaque croûton. Servir avec une sauce printanière (30) en saucière.

6 laitues
80 g de beurre
1 oignon
10 cl de bouillon au choix
6 tranches de pain
Sel, poivre

1055. Pain de laitue

Voir pain de chicorée à l'ancienne (987).

1056. Légumes (bouquetière de)

Préparation : 30 min – Cuisson : 1 h

Les légumes sont tournés, ainsi que les pommes de terre (forme d'une olive). Procéder comme pour la jardinière (1057). Présenter les légumes par variété et parsemer de persil haché.

Remarque. – On peut, aussi, faire rissoler les pommes de terre au beurre.

Mêmes légumes que pour la recette 1057
Ajouter :
200 g de pommes de terre
Persil plat
50 g de beurre
Sel

1057. Légumes (jardinière de)

Préparation : 30 min – Cuisson : 1 h

Éplucher, laver carottes et navets. Les tailler en petits bâtonnets.
Couper les haricots verts en dés après cuisson. Détailler le chou-fleur en petits bouquets. Cuire les légumes séparément à l'eau bouillante salée. Présenter les légumes, soit mélangés, soit par variété séparée auxquels on a ajouté du beurre.

150 g de carottes
150 g de navets
200 g de haricots verts
200 g de petits pois écossés
Chou-fleur (un petit)
150 g de flageolets
60 g de beurre
Sel

1058. Légumes (tarte aux)

Th. 7 à 8
Préparation : 45 min – Cuisson : 45 min

Faire une pâte brisée (1499). L'étendre sur une tourtière et la faire cuire 15 min à four chaud, non garnie ; cuire les légumes coupés en dés quelques minutes dans l'eau bouillante salée. Égoutter. Placer dans le fond de la tarte une couche de sauce béchamel (21), mettre les légumes. Recouvrir avec la sauce. Parsemer de gruyère râpé et de chapelure. Finir la cuisson au four chaud.

Pâte brisée
Béchamel
125 g de haricots verts
125 g de pois écossés
125 g de carottes
125 g de pommes de terre
60 g de gruyère râpé
Chapelure
Sel, poivre

1059. Maïs en épi

Retirer les feuilles vertes, laisser les feuilles blanches. Couper la tige au ras de l'épi. Laver à l'eau froide. Cuire à l'eau bouillante dans laquelle on peut mettre un peu de lait (10 cl pour 2 litres d'eau sans sel). Compter 20 à 25 min. Le maïs est cuit lorsque les grains se détachent facilement. Égoutter. Servir chaud.

1060. Maïs au beurre
Préparation : 5 min – Cuisson : 25 min

6 épis de maïs
Beurre
Sel fin

Présenter les épis de maïs cuits (1059) et chauds sur un plat recouvert d'une serviette. Accompagner de beurre frais et de sel.

1061. Marrons

Inciser en croix l'écorce des châtaignes. Les plonger 2 min dans une grande casserole d'eau bouillante. Les égoutter et enlever l'écorce. Cuire les châtaignes pendant 10 min dans une nouvelle quantité d'eau bouillante. Les égoutter et enlever la seconde peau tant qu'elles sont encore chaudes. Il vaut mieux les sortir de l'eau par petites quantités car, en refroidissant, la peau se recolle sur le fruit. Faire cuire ensuite pendant 25 min dans de l'eau ou du lait bouillant. Égoutter et servir avec sel et beurre.

1062. Marrons aux oignons
Préparation : 45 min – Cuisson : 55 min

1 kg de petits marrons
250 g d'oignons
50 g de beurre
1 litre de bouillon au choix
Sel, poivre

Éplucher les marrons comme ci-dessus. Faire dorer dans le beurre les oignons. Y ajouter les marrons. Assaisonner. Arroser avec le bouillon et laisser cuire 30 min.

1063. Marrons en purée

Préparation : 1 h – Cuisson : 30 min

1 kg de marrons
75 cl de lait
60 g de beurre
5 g de sucre en poudre
Sel, poivre

Faire cuire dans le lait les marrons épluchés (1061), avec sucre et sel pendant 30 min. Les passer au presse-purée, mouiller avec le bouillon de cuisson, s'il en reste, et ajouter le beurre en travaillant énergiquement. Assaisonner.

1064. Navets

Peler largement les navets. Les couper en rondelles, dés ou quartiers. Les faire cuire pendant 20 min à l'eau bouillante salée. Les accommoder ensuite.

1065. Navets maître d'hôtel

750 g de navets
60 g de beurre

Voir carottes au beurre (950).

1066. Navets en purée

Préparation : 30 min – Cuisson : 20 min

500 g de navets
500 g de pommes de terre
60 g de beurre
Sel, poivre

Faire cuire ensemble pendant 20 min navets et pommes de terre à l'eau salée. Écraser, passer au mixeur. Travailler cette purée, en incorporant le beurre et, si l'on veut, un peu de lait. Poivrer.

1067. Oignons

Éplucher les oignons et les blanchir 10 min à l'eau bouillante salée.

1068. Oignons glacés (pour garniture)

Préparation : 15 min – Cuisson : 1 h

500 g de petits oignons
100 g de beurre
Bouillon de veau
Sel, poivre

Mettre les petits oignons, épluchés, dans le fond d'une sauteuse. Les recouvrir de bouillon de veau ou d'eau. Saler, poivrer. Mettre le beurre. Cuire à couvert et à feu doux. Quand tout le liquide est réduit, les oignons sont cuits. Les faire rouler dans le fond de la sauteuse pour qu'ils soient enrobés du reste de liquide. Ils sont glacés.

1069. Oignons en purée
Préparation : 20 min – Cuisson : 25 min

| 750 g d'oignons |
| 50 cl de sauce béchamel |
| Sel, poivre |

Prendre des oignons moyens. Les faire cuire selon la formule 1068. Préparer une béchamel (21). Passer les oignons au mixeur. Les incorporer à la sauce béchamel. Assaisonner.

1070. Oignons farcis
Th. 6 à 7
Préparation : 45 min – Cuisson : 45 min

| 6 gros oignons |
| 200 g de farce |
| 40 g de beurre |
| Chapelure |
| 25 cl de sauce blanche |

Prendre de gros oignons d'Espagne de taille régulière. Les faire cuire à l'eau bouillante pendant 15 min. Les creuser avec une cuillère sans abîmer le fond. Les remplir d'une farce (153 ou 155) liée avec une sauce blanche (18). Les placer dans un plat beurré allant au four. Saupoudrer de chapelure, parsemer de beurre et faire gratiner pendant 25 min.

1071. Oseille
Enlever les côtes des feuilles. Laver et faire cuire 5 min dans très peu d'eau. Égoutter aussitôt et accommoder. Ou faire fondre dans un peu de beurre.

Remarque. – L'oseille réduisant beaucoup à la cuisson, il faut compter au moins 200 g par personne.

1072. Oseille au jus
Préparation : 5 min – Cuisson : 40 min

| 1,2 kg d'oseille |
| 50 cl de jus ou de fond de veau |
| 20 g de farine |
| 50 g de beurre |
| 1 pincée de sucre en poudre |
| Sel, poivre |

Faire fondre l'oseille dans le beurre en la mettant poignée après poignée dans la casserole. Saupoudrer de farine. Ajouter le sucre, du sel et du poivre et laisser mijoter 5 min. Mouiller avec 40 cl de jus de veau et laisser cuire à feu doux pendant 30 à 40 min. Passer au mixeur pour réduire en purée et allonger éventuellement avec un peu de jus de veau.

1073. Petits pois

Écosser les petits pois, peu de temps avant de les faire cuire. Les conserver dans un linge.

Il faut compter que 1 kg de pois donne environ 350 à 400 g de grains.

1074. Petits pois à l'anglaise
Préparation : 20 min – Cuisson : 15 min

1 kg de pois écossés
50 g de beurre
3 litres d'eau
Fines herbes : menthe, sarriette ou fenouil
Sel

Faire bouillir l'eau salée (7 g par litre). Y jeter les pois et les faire cuire pendant 15 min. (Les petits pois doivent rester fermes.) Égoutter. Saupoudrer de sel fin.

Servir à part, en accompagnement du beurre et sur des assiettes préparées, les fines herbes choisies.

1075. Petits pois à la paysanne
Préparation : 40 min – Cuisson : 30 min

1 kg de pois écossés
60 g de beurre
1 laitue
1 oignon
15 g de sucre en poudre
75 cl d'eau
Sel

Mettre les pois dans une casserole avec l'eau, 30 g de beurre, la laitue et l'oignon. Saler. Laisser cuire à feu régulier pendant 25 min. Ajouter le sucre avant de servir et le reste de beurre frais.

1076. Petits pois à la crème

Cuire les pois selon la formule 1074. Ajouter une sauce à la crème (19).

1077. Petits pois au lard

Voir fèves au lard (1036).

1078. Petits pois à la française
Préparation : 40 min – Cuisson : 1 h 20

1 kg de pois écossés
50 g de beurre
50 g de petits oignons
2 laitues
15 g de sucre en poudre
Sel

Faire fondre le beurre ; y mettre les pois, couvrir et faire étuver pendant 20 min, à feu très doux. Ajouter ensuite les oignons, la salade, le sucre, du sel. Recouvrir et verser sur le couvercle un verre d'eau pour conserver l'humidité dans la casserole pendant la cuisson. Laisser mijoter à très petit feu, pendant 1 h.

1079. Petits pois à la flamande
Préparation : 40 min – Cuisson : 45 min

750 g de pois écossés
250 g de carottes nouvelles
50 cl d'eau
40 g de beurre
Sel

Mettre dans une casserole l'eau, le beurre et les carottes coupées en dés. Cuire pendant 15 min. Ajouter ensuite les pois écossés, saler et laisser cuire doucement pendant 30 min. Pour augmenter la saveur du légume, on peut mettre un bouquet de cosses enlevé au moment de servir.

1080. Pois mange-tout
Les pois mange-tout s'accommodent de la même façon que les petits pois. Dans ce légume, la cosse est consommée, mais pour que le plat soit agréable, il faut éplucher chaque cosse comme un haricot (casser chaque extrémité et tirer le fil).

1081. Poireaux
Prendre de préférence des poireaux blancs. Enlever les racines, rogner les feuilles abîmées et laver très soigneusement. Faire cuire 30 min à l'eau bouillante salée, sans couvercle.

1082. Poireaux en asperges

24 poireaux moyens

Cuire les poireaux selon la formule 1081. Bien égoutter et servir avec une sauce en saucière, à volonté : mousseline (73), blanche (18), vinaigrette (63), mayonnaise (72).

1083. Poireaux à la poulette
Préparation : 20 min – Cuisson : 45 min

Cuire les poireaux coupés en tronçons, selon la formule 1081. Faire une sauce poulette (24). L'ajouter aux légumes bien égouttés et laisser mijoter 15 min.

1084. Poireaux en gratin
Th. 6 à 7
Préparation : 15 min – Cuisson : 50 min

Cuire les poireaux selon la formule 1081. Les placer, bien égouttés, dans un plat allant au four. Napper avec une sauce blanche (18), saupoudrer de gruyère râpé et faire gratiner au four pendant 20 min.

1085. Purée de poireaux
Préparation : 20 min – Cuisson : 40 min

500 g de pommes de terre
12 poireaux
20 cl de crème fraîche
Sel

Faire cuire les poireaux en tronçons, dans l'eau bouillante salée. Au bout de 10 min, y mettre les pommes de terre. Lorsque les légumes sont cuits, les mixer ; incorporer la crème en tournant, avant de servir.

1086. Pommes de terre

On compte une très large variété de pommes de terre qui se divisent en deux grandes catégories :
– les pommes de terre à chair farineuse, destinées aux soupes, purées, gratins, telles que la bintje, la monalisa ou l'urgenta ;
– les pommes de terre à chair ferme, destinées aux frites, pommes sautées, garnitures, salades, etc., telles que la charlotte, la nicola, la ratte ou la roseval.
Les unes comme les autres se prêtent à une infinité de préparations que l'on peut varier selon les ressources ou l'imagination.

1087. Pommes de terre en robe des champs
Cuisson : 30 min

Laver les pommes de terre. Les faire cuire, sans les peler, dans l'eau froide salée. Quand l'eau commence à bouillir, laisser cuire doucement pendant 20 min. Avant de servir avec du beurre frais, égoutter et, si possible, laisser dessécher 10 min à feu doux.

1088. Pommes de terre à l'anglaise
Préparation : 20 min – Cuisson : 20 min

1,5 kg de pommes de terre	
50 g de beurre	
Persil plat	
Sel	

Éplucher des pommes de terre de petite taille. Les faire cuire à l'eau bouillante salée. Égoutter. Arroser avec le beurre fondu. Parsemer de persil haché.

1089. Pommes de terre vapeur
Préparation : 20 min – Cuisson : 25 min

1,5 kg de pommes de terre	
50 g de beurre	
Persil plat	

Éplucher des pommes de terre de petite taille. Les laver. Les placer dans une marmite à double fond (percé de trous), la marmite contenant l'eau. Porter à ébullition puis laisser cuire à petits bouillons pendant 20 min. Accommoder comme les pommes de terre à l'anglaise (1088).

1090. Pommes de terre en salade

Faire cuire des pommes de terre à chair ferme, en robe des champs (1087). Les éplucher, les couper en rondelles minces dans un saladier. Assaisonner avec une vinaigrette (63). Compléter, à volonté, avec 1 oignon haché, du persil et 2 œufs durs ou des betteraves. Pour éviter que la salade ne soit trop sèche, mettre dans le fond du saladier du bouillon ou du lait.

1091. Pommes de terre farcies
Th. 7
Préparation : 15 min – Cuisson : 35 min

1 kg de pommes de terre	
200 g de farce	
10 cl de jus de viande	
10 cl d'eau	
10 g de beurre	
Sel	

Choisir des pommes de terre d'égale grosseur. Les couper par la moitié. Les creuser et les faire cuire 10 min à l'eau bouillante salée. Préparer pendant ce temps une farce (153 ou 155). Remplir les demi-pommes de terre. Les placer dans un plat beurré. Arroser avec un verre d'eau bouillante, mêlé à un verre de jus de viande. Faire cuire à four chaud pendant 25 min.

1092. Pommes de terre à la poulette

Th. 7
Préparation : 20 min – Cuisson : 50 min

750 g de pommes de terre
50 cl de sauce blanche
125 g de gruyère râpé

Faire cuire les pommes de terre en robe des champs (1087). Les peler et les couper en tranches. Les placer dans un plat à four. Recouvrir cette première couche de sauce blanche (18) puis de gruyère râpé ; disposer une couche de pommes de terre, recouvrir de sauce et de gruyère. Faire gratiner au four pendant 20 min.

1093. Purée de pommes de terre

Préparation : 15 min – Cuisson : 20 min

1 kg de pommes de terre
50 cl de lait
60 g de beurre
Sel

Faire cuire les pommes de terre épluchées dans l'eau froide salée. Faire cuire à ébullition pendant 20 min. Égoutter et passer au tamis pendant que les pommes de terre sont chaudes. Ajouter le beurre et le lait en mélangeant énergiquement avec une cuillère en bois. Ne plus faire cuire la purée une fois qu'elle est préparée.

1094. Pommes de terre en gratin

Th. 7 à 8
Préparation : 10 min – Cuisson : 25 min

Faire dorer à four chaud la purée (1093) étalée dans un plat à gratin et parsemée à volonté de beurre ou de gruyère. On peut améliorer la purée en ajoutant des œufs, de la crème, du gruyère râpé à volonté.

1095. Pommes de terre en croquettes

Préparation : 10 min – Cuisson : 30 min

Rouler dans la farine des croquettes faites avec la purée refroidie (1093). Les passer dans 1 œuf battu, puis dans la chapelure, et faire frire dans la friture bouillante.

1096. Hachis Parmentier
Th. 6 à 7
Préparation : 35 min – Cuisson : 35 min

Faire une purée de pommes de terre (1093). Intercaler dans un plat à four et entre deux couches de purée, une couche de farce (153). Parsemer de beurre et de gruyère à volonté. Faire gratiner 15 min.

1097. Œufs Parmentier
Th. 7
Préparation : 20 min – Cuisson : 35 min

750 g de pommes de terre
50 cl de lait
50 g de beurre
6 œufs
20 cl de crème fraîche
Sel, poivre

Faire avec le lait et le beurre une purée de pommes de terre assez épaisse (1093). La placer dans un plat peu profond et allant au four. Y creuser 6 trous et casser dans chaque trou 1 œuf entier. Recouvrir de crème fraîche, saler, poivrer et faire dorer à four chaud pendant 15 min.

1098. Pommes de terre duchesse (garniture plats)
Th. 7
Préparation : 30 min – Cuisson : 35 min

1 kg de pommes de terre
90 g de beurre
6 œufs
Noix muscade râpée
Farine
Sel, poivre

Faire une purée de pommes de terre (1093). Remplacer le lait par 70 g de beurre et par 2 œufs entiers battus en omelette et 3 jaunes. Sur un plat beurré, étaler cette pâte d'une épaisseur de 1 cm et laisser refroidir. Préparer dans cette pâte des carrés, losanges, rectangles, petits pains à volonté. Les passer dans la farine, les dorer à l'œuf et faire prendre couleur à four chaud pendant 15 min.

1099. Pommes de terre dauphine (garniture plats)
Préparation : 30 min – Cuisson : 45 min

500 g de pommes de terre
3 jaunes d'œufs
3 œufs
40 g de beurre
Pâte à choux
100 g de chapelure
Friture pour cuisson
Noix muscade râpée (selon goût)
Sel, poivre

Préparer les pommes de terre pour faire une purée (1093). Les faire cuire ; égoutter, réduire en purée et incorporer les jaunes d'œuf et 1 œuf entier ainsi que le beurre. D'autre part, et pendant la cuisson des pommes de terre, préparer une pâte à choux (1488). Incorporer cette pâte dans la proportion de 1/3 pour 2/3 de purée. Bien assaisonner. Préparer des portions de cet appareil, de la taille d'un petit œuf. Passer dans 2 œufs battus et la chapelure et cuire dans la friture bien chaude (comme les croquettes, 1095).

1100. Gnocchis aux pommes de terre
Th. 7
Préparation : 30 min – Cuisson : 35 min

1 kg de pommes de terre
70 g de beurre
2 œufs entiers
2 jaunes d'œufs
100 g de farine
50 g de gruyère râpé
Noix muscade râpée
Sel

Faire cuire les pommes de terre épluchées et coupées en quartiers à l'eau bouillante salée. Les écraser finement ; incorporer les œufs entiers et les jaunes, 30 g de beurre, la farine. Assaisonner avec sel et noix muscade râpée. Former avec cet appareil des boulettes de la grosseur d'un petit œuf. Les aplatir légèrement ; les faire pocher ensuite 3 ou 4 min à l'eau bouillante. Égoutter, dresser sur un plat à four. Saupoudrer de gruyère râpé, parsemer de beurre. Faire gratiner au four pendant 15 min.

1101. Timbale Renaissance
Th. 6 à 7
Préparation : 20 min – Cuisson : 1 h 10

Faire cuire les pommes de terre avec leur peau, à l'eau salée. Les éplucher, les écraser, les mêler au jambon coupé en dés et aux œufs battus ; ajouter la crème, 60 g de beurre légèrement fondu. Assaisonner. Verser la pâte bien homogène dans un moule à charlotte beurré. Faire cuire au four pendant 45 min. Servir très chaud.

1 kg de pommes de terre
125 g de jambon
3 œufs
10 cl de crème fraîche
80 g de beurre
Sel, poivre

1102. Pommes Macaire
Préparation : 20 min – Cuisson : 40 min

Laver les pommes de terre, les essuyer, les cuire à four chaud sans les éplucher. Retirer la pulpe. L'écraser à la fourchette en y incorporant 60 g de beurre pour 500 g de chair. Assaisonner.
Faire chauffer dans une poêle une noix de beurre. Y mettre de la préparation sur 3 cm d'épaisseur. Faire dorer d'un côté. Remettre du beurre et dorer l'autre face. Suivant la taille de la poêle utilisée, on fait 2, 3 ou 4 galettes. Se sert comme garniture.

1 kg de pommes de terre (grosses)
140 g de beurre
Noix muscade râpée
Sel, poivre

1103. Pommes de terre surprise
Préparation : 30 min – Cuisson : 30 min

Faire une purée de pommes de terre (1093). Remplacer le lait par le beurre. Assaisonner. Faire une pâte à choux (1488). Mélanger les deux préparations. Étaler cette pâte, d'une épaisseur de 1 cm, sur un plat beurré. Laisser refroidir. Couper des petits ronds et les faire frire dans l'huile bouillante.

500 g de pommes de terre
Pâte à choux
50 g de beurre
Huile pour friture
Sel, poivre

1104. Gratin dauphinois

Voir formule 1777.

1105. Pommes de terre au beurre

Préparation : 25 min – Cuisson : 30 min

1 kg de pommes de terre
60 g de beurre
Persil plat
Sel

Prendre de petites pommes de terre nouvelles ; ou tailler dans de vieilles pommes de terre des petites boules avec un appareil spécial, faire fondre le beurre dans une cocotte, y mettre les pommes de terre essuyées, les laisser cuire doucement pendant 30 min en les secouant souvent pour qu'elles dorent de façon égale. Saler et parsemer de persil haché avant de servir.

1106. Pommes de terre sautées

Préparation : 20 min – Cuisson : 50 min

750 g de pommes de terre
60 g de beurre
Persil plat
Sel

Faire cuire 20 min à l'eau bouillante les pommes de terre épluchées. Les couper en rondelles, les laisser refroidir. Faire fondre le beurre dans une poêle et mettre les pommes de terre à rissoler. Servir avec sel et persil haché.

1107. Pommes de terre en ragoût

Préparation : 30 min – Cuisson : 1 h 50

750 g de pommes de terre
125 g de lard
100 g d'oignon
60 g de beurre
1 bouquet garni
30 g de farine
50 cl de bouillon au choix
Sel, poivre

Éplucher les pommes de terre. Les couper en quartiers. Faire fondre le beurre ; y faire revenir l'oignon et le lard coupé en dés. Ajouter la farine. Faire un roux blond (37) et mouiller avec le bouillon. Saler, poivrer. Ajouter le bouquet garni. Mettre les pommes de terre et laisser cuire doucement pendant 1 h 15.

1108. Pommes de terre Anna

Th. 6
Préparation : 30 min – Cuisson : 1 h 15

1 kg de pommes de terre nouvelles
1 c. à s. de graisse d'oie ou d'huile
100 g de beurre fondu
Sel, poivre

Éplucher les pommes de terre. En couper quelques-unes en rondelles de 2 mm, que l'on fait tremper 10 min dans l'eau salée. Faire chauffer, jusqu'à ce qu'elle fume, la graisse dans un moule à manqué. La retirer. Disposer les rondelles en couronne et se chevauchant dans le fond et sur les parois. Couper le reste des pommes de terre en rondelles d'1 cm. Les faire sauter rapidement dans du beurre. Elles doivent commencer à dorer. Les disposer alors dans le moule, en les tassant. Saler, poivrer couche par couche en arrosant avec le reste de beurre fondu. Continuer jusqu'à ce que le moule soit rempli. Couvrir. Cuire 1 h environ au four, et toujours couvert. Démouler et servir chaud. Les pommes de terre ont l'aspect d'un gâteau doré.

1109. Pommes de terre frites ou Pont-Neuf

Préparation : 20 min – Cuisson : 15 min

1,2 kg de pommes de terre
Huile pour friture
Sel

Éplucher des pommes de terre. Couper en bâtonnets minces de 1 cm d'épaisseur. Essuyer. Plonger dans l'huile bouillante. Faire cuire pour les amollir. Sortir de la graisse, que l'on fait chauffer à nouveau. Les remettre dans l'huile. Les faire dorer. Servir chaud avec du sel.

1110. Pommes de terre chips

800 g de pommes de terre
Huile pour friture
Sel

Couper les pommes de terre épluchées en rondelles très minces. Les faire frire dans l'huile bouillante. Lorsqu'elles remontent à la surface, les égoutter et les servir aussitôt (si on veut les consommer chaudes). Saler.

1111. Pommes de terre paille

	1 kg de pommes de terre
	Huile pour friture
	Sel

Couper les pommes de terre en forme de brins de paille (2 à 3 mm d'épaisseur). Cuire, comme les pommes de terre frites (1109), en deux fois. La deuxième cuisson doit se faire très rapidement (environ 8 s).

1112. Pommes de terre soufflées

	800 g de pommes de terre
	Huile pour friture
	Sel

Prendre des pommes de terre à chair ferme. Les éplucher, les essuyer et les couper en tranches de 3 mm. Sécher les rondelles au torchon. Faire chauffer de l'huile dans une bassine mais en avoir une deuxième à sa disposition qui servira à souffler les pommes de terre.

1er temps de l'opération. – Plonger dans l'huile **chaude** les rondelles et les laisser cuire 7 min (elles doivent fléchir sous le doigt). Les sortir, les égoutter.

2e temps de l'opération. – La friture de la deuxième bassine est **bouillante.** Introduire aussitôt les tranches, les remuer délicatement. Elles gonflent. Lorsqu'elles sont dorées et fermes, les sortir, les égoutter et les servir saupoudrées de sel.

1113. Potiron

Éplucher le quartier de potiron. Enlever les graines, couper en dés et faire cuire à l'eau bouillante salée pendant 20 min.

1114. Potiron en gratin
Th. 7
Préparation : 15 min – Cuisson : 40 min

	750 g de potiron épluché
	250 g de pommes de terre
	2 œufs
	50 g de beurre
	100 g de gruyère râpé
	Sel, poivre

Faire cuire le potiron (1113). Faire cuire, d'autre part, les pommes de terre. Écraser le tout. Y incorporer les œufs battus, le beurre, du sel et du poivre. Mettre dans un plat allant au four, parsemer de gruyère et faire gratiner 20 min.

1115. Salsifis
Couper les salsifis à chaque extrémité, les gratter, les laver dans l'eau vinaigrée et les faire cuire dans un blanc (925) pendant 1 h 30.

1116. Salsifis en sauce blanche
Préparation : 40 min – Cuisson : 1 h 30

30 salsifis	
50 cl de sauce blanche	

Couper les racines de salsifis en tronçons de 5 cm. Les faire cuire selon la formule 1115. Faire une sauce blanche (18) et l'ajouter aux légumes égouttés.

1117. Salsifis en sauce poulette
Procéder selon la formule 1116. Remplacer la sauce blanche par une sauce poulette (24).

1118. Salsifis frits
Faire macérer les tronçons de salsifis cuits (1115) dans une marinade douce (149). Les essuyer, les incorporer à une pâte à frire (1400) et faire dorer dans la friture très chaude.

1119. Tomates

Préparation à froid

Les tomates crues, choisies de jolie couleur et de forme régulière, sont un élément de décoration important dans de nombreux plats. Les laver toujours avec soin et les essuyer si nécessaire.

1120. Tomates farcies aux crevettes
Préparation : 45 min

12 petites tomates
125 g de crevettes décortiquées
Laitue
Mayonnaise
Sel

Enlever au couteau une petite rondelle de chaque tomate bien lavée. Sortir avec une petite cuillère les pépins, saler légèrement l'intérieur et retourner les tomates pendant 30 min pour faire sortir l'eau. Préparer une mayonnaise (72). Y incorporer les crevettes décortiquées. Remplir les tomates de cette préparation, couvrir avec les rondelles et les placer sur des feuilles de laitue.

1121. Tomates farcies au crabe
Préparation : 40 min

Procéder selon la formule 1120. Remplacer les crevettes par le contenu d'une boîte de crabe de 300 g. Servir, garni avec des rondelles d'œufs durs (262). On peut procéder de la même façon et farcir les tomates :
Avec du thon et de la mayonnaise (72).
Avec des œufs durs et des fines herbes.
Avec une macédoine de légumes (105) assaisonnée de mayonnaise.
Avec des filets d'anchois pilés et des œufs durs : pour cela, utiliser 12 petites tomates, 8 filets d'anchois, 2 œufs durs, de la mayonnaise.

1122. Tomates à l'antiboise
Préparation : 30 min

6 tomates moyennes
200 g de thon au naturel
25 cl de mayonnaise
Sauce au yaourt
1 c. à s. de concentré de tomate
Persil plat
Sel, poivre

Couper les tomates en tranches régulières de 1,5 cm d'épaisseur. Malaxer le thon avec la moitié de la mayonnaise. Assaisonner avec soin. Disposer les tranches de tomates en cercle. Intercaler entre deux tranches de tomates 1 c. à s. de farce au thon. Mélanger la sauce au yaourt (64) avec le concentré de tomate et le reste de mayonnaise. Napper le plat de cette sauce et parsemer de persil haché. Servir très frais.

Préparation à chaud

1123. Tomates à l'étuvée
Préparation : 10 min – Cuisson : 45 min

1 kg de tomates
60 g de beurre
4 gousses d'ail
Sel, poivre

Plonger les tomates dans l'eau bouillante pendant 2 min. Enlever la peau et les pépins. Couper les tomates en quartiers et les mettre dans une casserole avec le beurre et l'ail haché. Saler, poivrer. Faire mijoter doucement pendant 40 min.

1124. Tomates frites
Préparation : 5 min – Cuisson : 8 min

600 g de tomates
3 c. à s. d'huile d'olive
Sel, poivre

Couper les tomates en rondelles. Mettre dans une poêle l'huile, la faire chauffer. Y mettre les tomates et faire rissoler des deux côtés. Assaisonner.

1125. Tomates frites aux œufs
Préparation : 5 min – Cuisson : 12 min

400 g de tomates
6 œufs
Sel, poivre

Préparer les tomates selon la formule 1124. Lorsqu'elles sont presque cuites, casser les œufs sur les tomates, faire encore cuire 4 min. Saler et poivrer. Servir aussitôt.

1126. Tomates farcies au maigre
Th. 5 à 6
Préparation : 35 min – Cuisson : 40 min

6 grosses tomates
250 g de duxelles
40 g de beurre
Chapelure
Sel, poivre

Enlever un couvercle. Vider chaque tomate à la cuillère. Saler légèrement l'intérieur. Attendre 30 min. Retourner les tomates pour en retirer l'eau. Préparer d'autre part une duxelles (155). Remplir les tomates avec cette farce bien assaisonnée. Mettre un morceau de beurre. Recouvrir avec les chapeaux. Faire cuire doucement à four moyen pendant 40 min.

1127. Tomates farcies au riz
Th. 5 à 6
Préparation : 35 min – Cuisson : 1 h

6 grosses tomates
Persil plat
Ciboule
Cerfeuil
180 g de riz
2 œufs
Chapelure ou 150 g de gruyère
Sel, poivre

Faire cuire le riz selon la formule 1262. Hacher les œufs durs (262) ; les mélanger avec le riz et le persil, la ciboule et le cerfeuil hachés. Assaisonner. Préparer les tomates selon la formule 1126. Farcir chaque tomate. Saupoudrer de chapelure et faire cuire au four pendant 25 min.

1128. Tomates farcies au gras
Th. 5 à 6
Préparation : 35 min − Cuisson : 30 min

6 grosses tomates
200 g de farce ou de chair à saucisse

Procéder selon la formule 1127. Mais remplacer le riz par une farce (153) ou de la chair à saucisse (793). Cuire au four 30 min dans un plat beurré.

1129. Tomates aux œufs
Préparation : 10 min − Cuisson : 10 min

6 grosses tomates
6 œufs
60 g de beurre
Sel, poivre

Laver les tomates, les couper en tranches et les faire cuire à couvert, dans une poêle avec le beurre chaud. Saler légèrement. Casser les œufs un à un de façon à laisser le jaune entier. Faire cuire 5 min comme des œufs sur le plat. Saler, poivrer. Servir aussitôt.

1130. Topinambours
Éplucher, laver et couper en tranches de 2 cm environ d'épaisseur. Peuvent être cuits à l'eau ou au lait pendant 20 à 30 min ou à l'étuvée pendant 20 min. Prolonger la cuisson suivant la préparation (sauce ou frits).

1131. Topinambours en sauce blanche
Préparation : 15 min − Cuisson : 50 min

1 kg de topinambours
50 cl de sauce blanche

Les préparer et les cuire à l'étuvée (1130). Ajouter la sauce blanche (18) et laisser cuire à feu doux pendant 20 min.

1132. Topinambours à la crème
Préparation : 15 min − Cuisson : 50 min

1 kg de topinambours
50 cl de sauce à la crème

Procéder selon la formule 1130. Après les 20 min de cuisson, ajouter la sauce à la crème (19).

1133. Topinambours à la sauce tomate
Procéder selon la formule 1130. Ajouter une sauce tomate (38).

1134. Topinambours en purée

500 g de topinambours
500 g de pommes de terre

Cuire les topinambours selon la formule 1130, à l'eau et au lait. Procéder comme la purée de navets (1066).

1135. Topinambours frits

700 g de topinambours

Cuire les topinambours selon la formule 1130, à l'étuvée. Puis procéder comme pour les salsifis frits (1118).

Les salades

N.B. – Dans nos recettes, les proportions sont établies pour six personnes.

Les salades sont à proprement parler des légumes verts à feuilles que l'on mange crus, assaisonnés d'une vinaigrette, éventuellement de fines herbes, et que l'on sert en entrée ou avant le fromage. Par extension, on donne le nom de salade à toutes sortes de préparations à base de légumes mais aussi de viande, d'œufs, de riz, de pâtes ou de légumes secs accompagnés d'une sauce froide.

Les salades vertes sont très faiblement caloriques (environ 20 Kcal aux 100 g) et apportent des vitamines et des fibres. De ce fait, elles sont précieuses dans le cadre de régimes amaigrissants, pourvu qu'elles soient assaisonnées avec parcimonie.

Il faut les laver soigneusement (dans plusieurs eaux parfois) avant de les essorer et de les assaisonner.

1136. Laitue

Préparation : 10 min

2 laitues moyennes
4 c. à s. d'huile
2 c. à s. de vinaigre
Sel, poivre

Trier et laver soigneusement la salade. L'égoutter sans l'abîmer. Préparer la sauce d'avance, si l'on veut, mais ne tourner la salade qu'au dernier moment. Certaines personnes y ajoutent cerfeuil, estragon, ciboulette, hachés fin.

Peut également se servir à la crème (utiliser dans ce cas 3 c. à s. de crème fraîche, 1 c. à s. de vinaigre ou, mieux, de jus de citron).

1137. Romaine

1 grosse romaine
4 c. à s. d'huile
2 c. à s. de vinaigre
Sel, poivre

Procéder selon la formule 1136. La romaine exige proportionnellement un peu plus d'huile que la laitue.

1138. Chicorée

1 grosse chicorée frisée
4 c. à s. d'huile
2 c. à s. de vinaigre
Sel, poivre

Procéder selon la formule 1136. Prendre garde aux petits vers en nettoyant la salade. Bien des amateurs placent dans le saladier un « chapon », petit croûton frotté d'ail, qui donne son parfum à la salade. Cette salade n'est pas fragile et se retourne quelque temps à l'avance.

1139. Scarole

1 grosse scarole
3 c. à s. d'huile
2 c. à s. de vinaigre
Sel, poivre

Procéder selon la formule 1136. Prendre garde aux petits vers en nettoyant la salade. Cette salade n'est pas fragile et se retourne quelque temps à l'avance.

1140. Mâche

Demande peu de sel, s'associe souvent à la betterave rouge, coupée en tranches.

1141. Cresson

Demande peu d'huile, se mélange aussi à la betterave rouge.

1142. Endives, barbe-de-capucin...

Doit se tourner un peu à l'avance. Couper en tronçons les feuilles trop longues.

Les **feuilles jeunes de salsifis**, les **chicorées sauvages**, les **pissenlits** constituent des salades un peu dures, un peu amères, mais très goûteuses.

1143. Salade au lard

On remplace l'huile par de petits lardons fondus à feu doux.
On accommode fort souvent en salade :

Légumes crus :	Concombres
	Tomates
	Céleri
	Betterave
	Chou rouge
Légumes cuits :	Légumes secs, cuits, froids, bien égouttés
	Légumes frais, coupés fin
	Pommes de terre coupées en rondelles
Restes de viandes :	Bouilli
	Volaille
	Homard ⎫
	Langouste ⎬ ceux-ci sont encore meilleurs avec une mayonnaise.
	Crabes ⎭

1144. Salade Ninon

Préparation : 10 min – Cuisson : 10 min

3 endives
1 chicorée
3 œufs durs
6 c. à s. de sauce rémoulade

Faire durcir les œufs. Éplucher et nettoyer endives et chicorée. Assaisonner avec la sauce rémoulade (66). Décorer avec les blancs d'œufs coupés en filets et les jaunes hachés.

1145. Salade Pastourelle (hors-d'œuvre)

Préparation : 10 min – Cuisson : 30 min

Éplucher les oignons, les laisser bouillir 30 min au moins dans de l'eau bouillante salée. Faire durcir les œufs (262). Émincer les cornichons. Tourner les olives. Diviser les filets d'anchois en minces lanières, le thon en morceaux. Ajouter les oignons refroidis. Mélanger et assaisonner le tout. Décorer avec les jaunes coupés en deux et les fines herbes hachées finement.

10 petits oignons ronds
2 cornichons
6 filets d'anchois
6 jaunes d'œufs
75 g de thon à l'huile
1 c. à s. de câpres
10 à 15 olives
Fines herbes
Vinaigre
Huile
Sel, poivre

1146. Salade Andréa

Préparation : 20 min – Cuisson : 30 min

Faire cuire les pommes de terre et les haricots épluchés à l'eau bouillante salée. Faire blanchir le céleri 2 min dans l'eau bouillante. Faire durcir les œufs (262). Éplucher et couper le céleri et les pommes de terre en fines tranches, ajouter les haricots. Assaisonner avec une vinaigrette (63). Décorer avec les œufs durs et les tomates coupés en deux et garnir de mayonnaise (72).

1 pied de céleri
250 g de pommes de terre
250 g de haricots verts
4 œufs
4 tomates
5 cl de vinaigrette
Mayonnaise

1147. Salade Rachel

Préparation : 20 min

Préparer la vinaigrette. Tailler le céleri en fines lamelles et le mettre à mariner 2 h dans la sauce de la salade. Ajouter les noix épluchées et divisées en quartiers, les pommes pelées coupées en tranches très minces. Mélanger. Décorer le dessus du saladier avec les feuilles d'endives et la betterave en rondelles.

2 pommes reinettes moyennes
125 g de betterave
75 g de céleri-branche
12 belles noix fraîches
2 endives
Huile
Vinaigre
Sel, poivre

1148. Salade Yvette
Préparation : 25 min – Cuisson : 20 min

Faire cuire les pommes de terre à l'eau ou à la vapeur. Faire blanchir le céleri 2 à 3 min dans l'eau bouillante. Faire durcir les œufs (262). Éplucher les légumes, les couper en petites tranches. Ajouter les œufs coupés en quartiers. Assaisonner avec une vinaigrette. Napper avec la mayonnaise (72).

2 petits pieds de céleri
500 g de pommes de terre
4 œufs
Huile
Vinaigre
Sel, poivre
1 bol de mayonnaise

1149. Salade tourangelle
Préparation : 10 min – Cuisson : 25 min

Faire cuire les haricots et les pommes de terre à l'eau bouillante salée. Laisser refroidir. Les diviser en menus morceaux. Ajouter la laitue lavée et effeuillée, la crème, le jus du citron, du sel et du poivre. Mélanger. Décorer avec les tomates coupées en rondelles.

250 g de haricots verts
250 g de pommes de terre nouvelles
1 laitue
2 tomates
150 g de crème fraîche
1 citron (jus)
Sel, poivre

1150. Salade américaine
Préparation : 20 min

Laver les oranges et les couper en rondelles minces, sans retirer la peau. Casser, éplucher et briser les noix en petits morceaux. Éplucher la laitue, séparer et couper en deux chaque feuille. (N'utiliser que celles qui sont blanches.) Placer le tout dans un saladier. Ajouter la crème puis le jus de citron, et mélanger.

3 oranges
20 belles noix
1 laitue
100 g de crème fraîche
1 citron (jus)

1151. Salade russe

Préparation : 45 min – Cuisson des légumes en plus

Cuire séparément chacun des légumes (voir cuisson des légumes). Égoutter. Laisser refroidir. Couper en petits dés. Mélanger et assaisonner avec une mayonnaise bien relevée. Dresser dans un saladier et décorer de tranches de tomates, de filets d'œufs durs, d'olives tournées et de feuilles de salade.

À volonté :
Fonds d'artichauts
Haricots verts
Haricots blancs
Navets tendres
2 tomates
7 à 8 olives
Carottes
Petits pois
Chou-fleur
1 laitue
2 œufs
50 cl de mayonnaise

1152. Macédoine norvégienne

Préparation : 45 min – Cuisson des légumes en plus

Préparer et faire cuire séparément chaque légume (voir cuisson des légumes). Couper en petits dés. Couper les cornichons en rondelles, les blancs d'œufs durs en filets. Mettre le tout dans un saladier. Écraser les jaunes d'œufs dans un bol. Y ajouter l'huile goutte à goutte de manière à faire une sauce lisse et onctueuse. Mettre les fines herbes hachées et assaisonner avec vinaigre, sel et poivre. Verser sur la salade ; bien mélanger. On peut masquer la salade avec de la mayonnaise. Décorer avec les anchois.

À volonté : 125 g de chaque légume
Fonds d'artichauts
Pommes de terre
Haricots verts
Haricots blancs
Navets
Carottes
Petits pois
12 filets d'anchois
4 à 5 cornichons
4 œufs
20 cl d'huile
1 c. à s. de vinaigre
Mayonnaise à volonté
Fines herbes
Sel, poivre

Les légumes secs

N.B. – Dans nos recettes, les proportions sont établies pour six personnes.

Les légumes secs (haricots, lentilles, pois) sont des graines de légumineuses qui se conservent d'une saison à l'autre. Il est indispensable de les faire cuire. Très nourrissants, ils sont, en outre, riches en protéines végétales et en fibres. Ces dernières peuvent néanmoins rendre leur digestion un peu difficile.

Préparation. On trouve désormais dans le commerce des légumes secs qu'il n'est plus nécessaire de trier et de faire tremper. On doit tout au plus les rincer sous l'eau froide puis les cuire en se conformant aux indications inscrites sur l'emballage.

Remarque. – Quand l'eau est trop calcaire, les légumes secs durcissent à la cuisson. On peut alors mettre dans l'eau 1 c. à c. de bicarbonate de soude.

En cours de cuisson, si l'eau de cuisson n'est plus suffisante, ajouter de l'eau chaude.

Toutes les recettes données à la suite pour la préparation des haricots à écosser sont également applicables aux haricots secs.

1153. Haricots secs à la bretonne

Préparation : 20 min – Cuisson : 3 h

500 g de haricots
200 g d'oignons
30 cl de bouillon au choix
1/2 gousse d'ail
60 g de beurre
30 g de farine
50 g de coulis de tomate
1 bouquet garni
Sel, poivre

Faire cuire très doucement les haricots dans l'eau froide avec le bouquet garni. Pendant leur cuisson, préparer la sauce : hacher les oignons, les faire dorer dans le beurre chaud. Arroser avec le bouillon chaud et le coulis de tomate. Piler l'ail et l'ajouter. Assaisonner. Laisser cuire doucement pour que la sauce réduise de moitié. Quand les haricots sont cuits, les égoutter, les passer au tamis et incorporer la sauce à la purée. Laisser mijoter encore 10 min.

1154. Haricots rouges au lard

Préparation : 10 min – Cuisson : 2 h

350 g de haricots
125 g de lard
1 oignon
50 g de beurre
20 cl de vin rouge

Prendre de préférence des haricots rouges. Les faire cuire à l'eau froide avec le morceau de lard et le vin rouge. Au bout de 1 h 30 de cuisson, quand les haricots sont tendres, retirer le lard, le couper en dés et le faire cuire avec l'oignon dans la moitié du beurre. Égoutter les haricots, les verser sur un plat et ajouter le lard et l'oignon revenus ainsi que le reste de beurre. Napper avec quelques cuillerées de jus de cuisson.

1155. Lentilles à la maître d'hôtel

Préparation : 10 min – Cuisson : 1 h

500 g de lentilles
60 g de beurre
Jus de citron ou filet de vinaigre

Faire cuire très doucement les lentilles dans l'eau froide. Les égoutter et, au moment de servir, y mêler le beurre et le jus de citron.

1156. Lentilles au jus

Voir formule 1048.

1157. Lentilles aux tomates
Voir formule 1045.

1158. Lentilles à la dijonnaise

Préparation : 10 min – Cuisson : 1 h

Faire cuire très doucement les lentilles dans l'eau froide. Couper le jambon en dés. Faire dorer ensemble dans le beurre l'oignon haché et le jambon. Mouiller avec le bouillon. Assaisonner et incorporer enfin la moutarde de Dijon. Mêler cette sauce aux lentilles égouttées.

500 g de lentilles
150 g de chutes de jambon cru
50 g de beurre
1 oignon
10 cl de bouillon au choix
30 g de moutarde
Sel, poivre

1159. Lentilles en purée

Préparation : 20 min – Cuisson : 1 h 30

Faire cuire les lentilles très doucement dans l'eau froide avec carottes, oignon et bouquet garni. Les passer au mixeur et y ajouter le beurre en travaillant la purée. Assaisonner.

500 g de lentilles
100 g de carottes
1 oignon
80 g de beurre
1 bouquet garni
Sel, poivre

1160. Lentilles en salade

Faire cuire les lentilles très doucement dans l'eau froide. Laisser refroidir et assaisonner avec une vinaigrette (63).

1161. Purée de pois cassés

Préparation : 20 min – Cuisson : 2 h 30

Faire cuire les pois très doucement dans l'eau froide. Les écraser, faire dessécher la purée en remuant. Y ajouter le lait chaud et la moitié du beurre. Préparer des petits croûtons frits dans le reste du beurre, et les disposer sur la purée dressée en dôme.

500 g de pois cassés
25 cl de lait
60 g de beurre
Croûtons de pain

Le riz

N.B. – Dans nos recettes, les proportions sont établies pour six personnes.

Le riz est une céréale très énergétique que l'on peut préparer facilement et déguster chaude ou froide, en salade. On distingue différentes sortes de riz que l'on choisira en fonction de l'usage que l'on veut en faire.

– Le **riz blanc rond** à petits grains, de cuisson rapide et riche en amidon convient particulièrement aux potages, aux risottos et aux entremets ;
– Le **riz blanc long** à grains fins, plus dur que le précédent et ne collant pas à la cuisson. Son goût est déterminé par son origine géographique. Il peut provenir d'Inde – c'est le riz basmati, à la saveur caractéristique, de Guyane – c'est le riz Surinam, ou encore de Thaïlande et des États-Unis. Le riz américain est proposé le plus souvent étuvé, ce qui lui assure une tenue parfaite à la cuisson ;
– Le **riz complet,** de couleur brune, dont les grains sont encore recouverts de son. Il est plus riche en vitamines et minéraux mais sa cuisson est sensiblement plus longue ;
– Le **riz sauvage** est produit par une graminée américaine. Ses grains très longs et brun sombre ont un goût de noisette. Relativement cher, on le trouve aussi mélangé à du riz étuvé américain ou à du riz complet.

Il n'est pas toujours nécessaire de rincer le riz. Pour le temps de cuisson, se conformer aux instructions données sur l'emballage.

1162. Riz à l'indienne

Th. 5
Préparation : 3 min – Cuisson : 35 min

350 g de riz long
3 litres d'eau
15 g de sel
60 g de beurre

Précipiter le riz dans l'eau bouillante salée. Laisser bouillir 10 min. Égoutter. Ajouter le beurre ; mélanger doucement. Couvrir la casserole et cuire à four doux pendant 25 min.

Le riz reste entier, tout en étant moelleux. Il peut se servir tel quel, ou accompagner une infinité de mets.

1163. Riz à la créole

Préparation : 3 min – Cuisson : 10 min

350 g de riz long
3 litres d'eau
15 g de sel
30 g de beurre

Mettre le riz dans l'eau bouillante salée. Porter à ébullition pendant 10 min, casserole découverte. À ce moment, goûter, le riz ne doit plus être croquant. Lorsqu'il est cuit, le verser dans une passoire sur laquelle on fait couler rapidement de l'eau froide. Égoutter. Faire réchauffer aussitôt avec le beurre. Vérifier l'assaisonnement.

1164. Riz revenu

Préparation : 5 min – Cuisson : 20 min

350 g de riz
50 g de beurre ou de graisse de volaille
1 litre d'eau ou de bouillon au choix
Sel, poivre

Faire revenir le riz, lavé et séché, dans le beurre fondu à la poêle. Laisser rôtir en remuant sans cesse, pendant 4 à 5 min. Quand les grains sont dorés, verser l'eau ou, mieux, du bouillon, sel et poivre. Laisser cuire 15 min.

1165. Riz au gras
Préparation : 3 min – Cuisson : 25 min

Jeter le riz dans le bouillon bouillant, avec l'oignon, le bouquet garni, du sel, du poivre et la matière grasse. Laisser cuire 15 min à feu doux, casserole ouverte. Ce riz se sert seul, ou accompagnant des viandes blanches : volailles, blanquette de veau.

350 g de riz
1 litre de bouillon au choix
1 oignon
50 g de beurre ou de graisse de volaille
1 bouquet garni
Sel, poivre

1166. Riz au beurre
Préparation : 3 min – Cuisson : 35 min

Faire cuire le riz à l'indienne (1162). Égoutter soigneusement. Arroser de beurre fondu et servir tout de suite.

300 g de riz
60 g de beurre
15 g de sel
3 litres d'eau

1167. Riz à l'italienne
Préparation : 7 min – Cuisson : 35 min

Faire cuire le riz à l'indienne (1162). Égoutter. Au moment de servir, ajouter le beurre par petits morceaux, le fromage râpé, le poivre et un peu de muscade râpée.

350 g de riz
50 g de beurre
60 g de parmesan râpé
15 g de sel
3 litres d'eau
Noix muscade râpée
Poivre

1168. Riz à la tomate
Préparation : 3 min – Cuisson : 35 min

Préparer un riz à l'italienne (1167). Ajouter le coulis de tomate en même temps que les autres condiments.

350 g de riz
50 g de beurre
30 g de gruyère râpé
40 g de parmesan râpé
15 g de sel
3 litres d'eau
200 g de coulis de tomate

1169. Riz à la paysanne

Préparation : 10 min – Cuisson : 20 min

Faire revenir le lard coupé en dés et l'oignon émincé dans le beurre. Ajouter le riz. Laisser s'imbiber de graisse en tournant, pendant 2 à 3 min, mouiller avec le bouillon chaud. Ajouter sel, poivre, fines herbes liées en bouquet et, au moment de servir, lorsque le riz est cuit, le gruyère finement râpé.

300 g de riz
150 g de lard maigre et gras
20 g de beurre
80 g de gruyère râpé
1 oignon
2 litres de bouillon gras
Fines herbes
Sel, poivre

1170. Couronne de riz mayonnaise

Préparation : 10 min – Cuisson : 35 min

Faire cuire le riz à l'indienne (1162). Égoutter, laisser refroidir dans un moule à savarin. Démouler sur un plat et remplir le centre de la couronne avec une mayonnaise (72) ferme. Décorer, si l'on veut, avec des tomates coupées en rondelles et du persil haché. Arroser la couronne avec une vinaigrette (63).

350 g de riz
25 cl de mayonnaise

1171. Mont de riz à l'aurore

Préparation : 15 min – Cuisson : 45 min

Faire cuire le riz à l'indienne (1162). Préparer la sauce pendant la cuisson : faire fondre le beurre dans la poêle, ajouter la farine, mouiller avec le lait, de manière à obtenir une béchamel claire. Ajouter alors le paprika, les champignons émincés, la crème, du sel, du poivre. Cuire 15 min à feu doux. Égoutter le riz. Dresser en pyramide sur un plat. Napper le mont de riz avec la sauce. Servir chaud.

350 g de riz
40 g de beurre
40 g de farine
25 cl de lait
25 g de paprika
125 g de champignons
10 cl de crème fraîche
Sel, poivre

1172. Riz à la reine

Préparation : 15 min – Cuisson : 50 min

Cuire le riz à l'indienne (1162) dans 3 l de bouillon. Préparer pendant la cuisson 50 cl de béchamel (21) claire, mouillée au bouillon de poulet. Émincer des restes de volaille dans cette béchamel. Ajouter les champignons et les quenelles coupées en dés. Laisser bouillir 20 min, ajouter la crème. Mélanger cette préparation avec le riz égoutté. Assaisonner.

300 g de riz
30 cl de sauce béchamel
Restes de volaille
3 litres de bouillon de poulet
200 g de champignons
6 c. à s. de crème fraîche
200 g de quenelles
Sel, poivre

1173. Riz jambalaya au porc

Préparation : 15 min – Cuisson : 30 min

Faire revenir le lard coupé en dés dans une poêle, avec les oignons émincés. Retirer le tout, faire dorer dans cette graisse le morceau de porc. Remettre ensuite les lardons, les oignons, ajouter le jambon coupé en dés. Mouiller avec le bouillon très chaud. Laisser bouillir 15 min. Ajouter ensuite le riz, les fines herbes hachées, du sel et du poivre. Laisser cuire 10 min.

300 g de riz
400 g de rôti de porc cuit
2 oignons
100 g de jambon
100 g de lard gras
Fines herbes
1 litre d'eau ou de bouillon
Sel, poivre de Cayenne

1174. Riz jambalaya aux huîtres

Préparation : 15 min – Cuisson : 15 min

Faire revenir les oignons émincés dans le beurre. Ajouter le riz. Mouiller avec le bouillon chaud, mettre du sel, du poivre et le bouquet garni. Laisser bouillir 10 min. 4 ou 5 min avant de servir, ajouter les huîtres sorties de leurs coquilles.

24 huîtres
350 g de riz
2 oignons
60 g de beurre
1 litre d'eau ou de bouillon de poisson
1 bouquet garni
Sel, poivre de Cayenne

1175. Riz jambalaya au crabe

Préparation : 25 min – Cuisson : 30 min

1 gros crabe tourteau
350 g de riz
100 g de lard
2 oignons
1 litre de court-bouillon bien relevé
Sel, poivre

Jeter le crabe vivant dans le court-bouillon de bon goût, bouillant. Laisser cuire 15 min. Laisser refroidir dans le liquide. Puis retirer les chairs de la carapace, les hacher finement et réserver. Faire revenir le lard coupé en dés dans une poêle, y laisser roussir les oignons émincés.

Ajouter le riz, le crabe, mouiller avec le court-bouillon chaud. Laisser cuire 10 min. Vérifier l'assaisonnement. Servir chaud.

Le riz jambalaya, plat national créole, se prépare avec toutes espèces de viandes, de crustacés, de poissons, il a le riz pour base.

1176. Riz à la crème d'asperges

Préparation : 30 min – Cuisson : 30 min

300 g de riz
1 petite botte d'asperges
100 g de beurre
20 g de crème de riz
200 g de crème fraîche
250 g de pain de mie
Sel, poivre

Faire cuire le riz à l'indienne (1162). Pendant la cuisson, préparer la crème d'asperges ; jeter les asperges épluchées dans de l'eau bouillante salée. Laisser cuire jusqu'à ce qu'elles deviennent très tendres, les passer au mixeur. Réserver. Mettre dans une casserole 60 g de beurre ; quand il est chaud, ajouter la crème de riz et mouiller progressivement avec 10 cl d'eau chaude. Ajouter ensuite la crème, puis la purée d'asperges. Assaisonner. Égoutter le riz. Mélanger à la préparation. Préparer avec le pain et le reste de beurre de petits canapés bien réguliers, les faire dorer à la poêle ou au four. Les dresser en couronne sur un plat, les garnir de riz aux asperges. Verser le reste de la préparation au centre de la couronne.

1177. Riz aux artichauts

Préparation : 25 min – Cuisson : 45 min

300 g de riz
1 oignon
60 g de beurre
60 g de parmesan
4 fonds d'artichauts
500 g de tomates

Faire cuire le riz selon la formule 1162. Faire revenir dans le beurre chaud l'oignon haché, les fonds d'artichauts (928) coupés en dés et les tomates lavées et coupées en quartiers. Au bout de 20 min, ajouter le riz et le parmesan. Servir bien chaud.

Le riz **471**

1178. Riz au curry
Préparation : 5 min – Cuisson : 20 min

Faire revenir les oignons émincés dans la moitié du beurre. Quand ils sont bien dorés, ajouter le riz, le curry, du sel et du poivre. Mélanger soigneusement. Mouiller avec le bouillon. Laisser cuire à petit feu, 15 min. Au moment de servir, ajouter le reste de beurre.

350 g de riz
2 oignons moyens
Curry en poudre à volonté
1 litre de bouillon au choix
60 g de beurre
Sel, poivre

1179. Riz au paprika
Préparation : 5 min – Cuisson : 20 min

Procéder selon la formule 1178 en remplaçant le curry par du paprika.

350 g de riz
Paprika à volonté
1 litre de bouillon au choix
60 g de beurre
2 oignons

1180. Riz au safran
Préparation : 5 min – Cuisson : 20 min

Procéder selon la formule 1178 en remplaçant le curry par le safran. Ajouter le coulis de tomate quelques minutes avant la fin de la cuisson.

350 g de riz
10 g de safran
1 litre de bouillon au choix
1 oignon
60 g de beurre
10 cl de coulis de tomate
Sel, poivre

1181. Riz pilaf
Préparation : 5 min – Cuisson : 20 min

Chauffer 50 g de beurre, y mettre le riz sec avec l'oignon haché. Mélanger sans dorer. Verser dans la casserole contenant le riz le liquide bouillant (1 fois 1/2 le volume du riz). Porter à ébullition, assaisonner. Couvrir. Cuire à feu doux. Lorsque le liquide est absorbé, y mélanger à la fourchette le reste du beurre en morceaux.

350 g de riz long
70 g de beurre
1 oignon
Eau ou bouillon au choix
Sel, poivre

1182. Riz à la financière

Préparation : 5 min – Cuisson : 30 min

350 g de riz
50 cl de sauce financière
3 litres d'eau ou de bouillon au choix
Sel, poivre

Faire cuire le riz à l'indienne (1162). Égoutter, mélanger avec la sauce financière (40). Assaisonner. Dresser dans un plat creux et servir comme entrée, ou en accompagnement d'une volaille bouillie.

1183. Laitues de la mère Marie

Préparation : 30 min – Cuisson : 45 min

200 g de restes de veau ou de poulet
150 g de riz
1 œuf
1 laitue
10 cl de crème fraîche
Sel, poivre

Hacher les restes de viande. Laver le riz. Mélanger le riz cru, la viande et l'œuf. Assaisonner. Former des petites boulettes que l'on enveloppe, chacune, dans une feuille de laitue. (Ébouillanter les feuilles de salade pour pouvoir les rouler facilement.) Placer les petits paquets dans un plat à four, arroser avec la crème et faire cuire à four moyen pendant 45 min. Mouiller avec un peu d'eau chaude si nécessaire, en cours de cuisson.

Les pâtes

N.B. – Dans nos recettes, les proportions sont établies pour six personnes.

Les pâtes alimentaires constituent un aliment très appréciable, tant sur le plan diététique que sur le plan économique, même lorsqu'il s'agit de produits de première qualité. On les choisira de préférence à base de semoule de blé dur, sèches et lisses d'aspect. Suivant leur mode de fabrication, artisanal ou non, elles auront une forme plus ou moins régulière. Elles peuvent éventuellement contenir des œufs frais en proportions variables et être aromatisées à différents parfums : épinards, tomate, safran, etc.

Pour reconnaître la qualité d'une pâte, il faut en casser un morceau : la cassure doit être nette, brillante et translucide. Elles peuvent se préparer de façons très diverses et être servies en guise de garniture, de salade ou de plat principal.

1184. Préparation de la pâte à nouilles

500 g de farine
5 œufs entiers
Un peu d'eau

Préparer une fontaine avec la farine sur la planche à pâtisserie. Y casser les œufs. Travailler rapidement en ajoutant l'eau nécessaire pour obtenir une pâte ferme et élastique. Étendre au rouleau à 3 mm d'épaisseur sur la planche farinée. Laisser reposer 3 h. Puis, avec un bon couteau, découper la pâte en bandes très minces qu'on laisse sécher 30 min sur un torchon bien sec. On peut alors employer les nouilles immédiatement. Elles ne se gardent au plus que 2 ou 3 jours, au frais.

1185. Cuisson élémentaire des pâtes

Les pâtes doivent être cuites dans une très grande quantité d'eau bouillante salée.

Proportions : 250 g de pâtes, au moins 3 litres d'eau, 35 g de sel, 1 c. à c. d'huile d'olive.

Jeter les pâtes dans l'eau bouillante ; l'ébullition doit reprendre très vite, car les pâtes ne doivent pas se déposer au fond de la casserole. Ne pas mettre de couvercle. C'est à partir du moment où l'ébullition reprend que l'on doit compter le temps de cuisson. Celui-ci varie avec l'espèce de pâtes.

1186. Usage des pâtes

Plats. Au beurre, au fromage, avec sauce, gratinées. Compter 60 à 70 g par personne.

Garnitures. De presque tous les ragoûts et rôtis (coquillettes, papillons, nouilles). Elles peuvent aussi être farcies (cannellonis, raviolis).

Potages. Remplacent avantageusement le pain. On emploie alors de petites pâtes ou du vermicelle.

1187. Pâtes en garniture

De rôtis. Principalement les nouilles, cuites à l'eau et arrosées du jus entourant le rôti.

De grillades. Constituer un lit de pâtes au naturel et y déposer les grillades arrosées de leur jus.

De braisés, de ragoûts. Principalement coquillettes. Servies au naturel, à part, accompagnent excellemment toutes viandes à sauces chaudes.

1188. Sauces servant à napper les pâtes

Sauce blanche (18); sauce béchamel avec ou sans fromage (21 ou 23); sauce poulette (24); beurre maître d'hôtel (12); sauce financière (40).

1189. Nouilles au jus

Cuisson : 20 min

Faire cuire les nouilles (1185). Égoutter. Ajouter le jus de rôti. Assaisonner.

360 g de nouilles
1 verre de jus de rôti
À volonté : fromage ou non
Sel, poivre

1190. Nouilles Régence

Th. 5 à 6
Préparation : 5 min – Cuisson : 30 min

Cuire les nouilles 12 min à l'eau bouillante salée. Beurrer un plat à four. Y placer un lit de nouilles, un lit de fromage, quelques morceaux de beurre et ainsi de suite en alternant jusqu'à ce que le plat soit rempli. Terminer par du fromage et la chapelure. Faire dorer 15 min à four moyen.

350 g de nouilles
100 g de gruyère râpé
60 g de beurre
50 g de chapelure
Sel

1191. Soufflé aux nouilles

Th. 5
Préparation : 30 min – Cuisson : 45 min

Préparer une béchamel (21). Faire cuire 15 min les nouilles dans le mélange eau et lait. Égoutter. Mélanger les nouilles à la béchamel. Incorporer les jaunes d'œufs, puis les blancs battus en neige ferme. Assaisonner de sel et de poivre. Verser le tout dans un plat à gratin. Laisser dorer à feu doux 25 min. Servir rapidement.

250 g de nouilles
50 cl de lait
2 litres d'eau
4 œufs
50 cl de sauce béchamel
Sel, poivre

1192. Macaronis à la napolitaine
Préparation : 15 min – Cuisson : 25 min

Cuire les macaronis (1185). Égoutter. Ajouter beurre et gruyère râpé. Quelques minutes avant de servir, ajouter une sauce tomate (38).

360 g de macaronis
75 g de beurre
100 g de gruyère râpé
1 bol de sauce tomate
Noix muscade râpée
Sel, poivre

1193. Macaronis à la Cussy
Préparation : 20 min – Cuisson : 20 min

Faire cuire les macaronis à l'eau bouillante salée (1185). Égoutter. Peler et couper les truffes en rondelles minces. Faire sauter avec une noix de beurre. Mouiller avec le madère. Ajouter le ris de veau préparé (687) coupé en dés. Saler, poivrer, ajouter le fond de veau. Mélanger les macaronis avec le fromage et le reste de beurre. Arroser avec la préparation. Servir aussitôt.

360 g de macaronis
50 g de truffes
10 cl de madère
5 cl de fond de veau
1 ris de veau préparé
125 g de parmesan râpé
100 g de beurre
Sel, poivre

1194. Macaronis niçois
Préparation : 30 min – Cuisson : 25 min

Faire cuire les macaronis 15 min à l'eau bouillante salée. Égoutter. Éplucher et couper, en tranches minces, aubergines et tomates. Faire dégorger les tranches d'aubergines dans du sel fin. Les essuyer puis les faire frire dans de l'huile. Faire cuire au beurre tomates, champignons épluchés et coupés, dés de jambon et ail. Ajouter le jus de rôti et le parmesan. Mélanger cette sauce aux macaronis. Assaisonner. Garnir avec les aubergines frites.

200 g de macaronis
10 cl de jus de rôti
3 belles aubergines
3 tomates
100 g de champignons
180 g de jambon
60 g de parmesan râpé
150 g de beurre
Ail
Huile pour friture
Sel, poivre

1195. Macaronis à la financière

Préparation : 30 min – Cuisson : 25 min

| 250 g de macaronis |
| 30 cl de sauce financière |

Préparer une sauce financière (40). Faire cuire les macaronis (1185). Égoutter. Ajouter la sauce financière. Remettre 5 min à feu doux en couvrant la casserole. Saupoudrer ou non de fromage. Servir.

1196. Timbale milanaise

Préparation : 30 min – Cuisson : 45 min

| 250 g de macaronis |
| 30 cl de roux blond |
| 10 cl de crème fraîche |
| 75 g de gruyère râpé |
| 50 g de parmesan râpé |
| 75 g de beurre |
| 1 bouquet garni |
| Sel, poivre |
| **À volonté :** |
| Truffes |
| Jambon cru |
| Quenelles de volaille |
| Champignons |
| Saucisses chipolatas |
| Ris de veau |

Faire cuire les macaronis à l'eau bouillante salée (1185). Égoutter. Ajouter le beurre, les fromages, et assaisonner. D'autre part, laisser bouillir 20 min dans le roux blond (37) tous les condiments coupés en dés, avec le bouquet garni. Assaisonner. 5 min avant la fin de la cuisson, ajouter la crème. Disposer ensuite dans une timbale (en faïence ou en pâte feuilletée cuite au four) des couches alternées de la garniture et de macaronis. Terminer en arrosant largement de sauce.

1197. Timbale napolitaine

Préparation : 30 min – Cuisson : 45 min

Procéder comme pour la timbale milanaise (1196) en remplaçant la crème par de la sauce tomate (38).

250 g de macaronis
75 g de beurre
30 cl de roux blond
30 cl de sauce tomate
10 cl de champignons
Sel, poivre
À volonté :
Moules, crevettes
100 g de gruyère et parmesan râpés mélangés
1 bouquet garni
Morceaux de poulpe
Coquillages variés

1198. Pain de macaronis

Préparation : 20 min – Cuisson : 1 h 45

Faire cuire les macaronis 15 min à l'eau bouillante salée (1185). Égoutter. Mélanger avec les jaunes d'œufs, le fromage, le jambon haché et la moitié des champignons. Assaisonner. Ajouter les blancs d'œufs battus en neige très ferme, mélanger. Verser dans un moule à charlotte bien beurré et faire prendre au bain-marie pendant 1 h 30. Préparer une sauce en faisant bouillir 10 min le reste des champignons nettoyés et émincés dans le beurre, casserole ouverte. Assaisonner. Ajouter la crème et verser sur le pain de macaronis démoulé.

300 g de macaronis
100 g de gruyère et de parmesan mélangés
150 g de jambon
250 g de champignons
80 g de beurre
125 g de crème fraîche
6 œufs
Noix muscade râpée
Sel, poivre

1199. Macaronis frits

Cuisson : 25 min

Faire cuire les macaronis à l'eau bouillante salée 15 min seulement. Les laisser égoutter soigneusement. Jeter dans la friture fumante par petites portions. Laisser dorer. Retirer, égoutter, saler, poivrer. Servir entouré de persil frit (1919).

250 g de macaronis
Huile pour friture
Persil plat
Sel, poivre

Les pâtes 479

1200. Salade de macaronis
Préparation : 1 h – Cuisson : 25 min

Faire cuire les macaronis selon la formule 1185. Les égoutter, les assaisonner, ajouter les fonds d'artichauts cuits selon la formule 928 et coupés en dés, l'œuf dur (262) et le persil hachés. Faire une mayonnaise (72) bien relevée, incorporer le concentré de tomate. Mélanger le tout. Servir tiède ou froid.

200 g de macaronis
4 fonds d'artichauts
1 œuf
60 g de concentré de tomate
Persil plat
Mayonnaise
Sel, poivre

1201. Croquettes napolitaines
Préparation : 20 min – Cuisson : 25 min

Hacher le jambon. Cuire les macaronis (1185). Mélanger le tout en ajoutant 1 œuf entier et 2 jaunes. Assaisonner. Faire des boules. Les passer dans 2 blancs d'œufs battus en neige, puis dans la chapelure. Faire dorer dans de l'huile très chaude.

250 g de macaronis
200 g de gruyère râpé
200 g de jambon
3 œufs
Chapelure
Huile pour friture
Sel, poivre

1202. Macaronis gratinés
Th. 8
Préparation : 20 min – Cuisson : 30 min

Faire cuire les macaronis à l'eau bouillante salée (1185). Égoutter. Préparer un hachis avec le jambon, la viande et du persil. Passer 5 min dans 20 g de beurre chaud les champignons coupés en rondelles et l'oignon émincé. Ajouter au hachis. Mouiller avec le jus de viande et la sauce tomate (38). Assaisonner. Mettre dans un plat beurré un lit de macaronis, le hachis, recouvrir avec le reste des macaronis. Parsemer de fromage et de quelques noisettes de beurre. Faire dorer 7 à 8 min à four vif.

250 g de macaronis
125 g de jambon
125 g de champignons
1 oignon
Restes de viande
10 cl de sauce tomate
80 g de fromage râpé
50 g de beurre
Sel, poivre
À volonté :
Jus de viande
Persil plat

1203. Coquillettes à la reine

Préparation : 15 min – Cuisson : 15 min

250 g de coquillettes
Restes de volaille rôtie
25 cl de sauce béchamel
10 cl de jus de viande
150 g de gruyère râpé
150 g de beurre
Sel, poivre

Cuire les coquillettes 15 min à l'eau bouillante salée (1185). Égoutter. Ajouter le beurre et le gruyère. Pendant la cuisson, préparer la béchamel (21). Émincer et incorporer les restes de volaille dans la béchamel et mouiller avec le jus. Réchauffer, puis ajouter ce mélange aux coquillettes. Assaisonner.

1204. Cannellonis

Th. 6 à 7
Préparation : 30 min – Cuisson : 30 min

12 morceaux de pâte à nouilles
150 g de viande cuite (bœuf, veau, poulet)
100 g de chair à saucisse
200 g de purée d'épinards
1 œuf entier
1 jaune d'œuf
30 g de gruyère râpé
Noix muscade râpée
Sauce tomate
Sel, poivre

Faire une pâte à nouilles (1184). L'abaisser à l'épaisseur de 1,5 mm. La couper en morceaux carrés de 8 cm x 8 cm. Faire cuire ces morceaux de pâte dans l'eau bouillante salée 12 min. Préparer ensuite la farce en mélangeant la viande cuite hachée, la chair à saucisse, la purée d'épinards, le gruyère, l'œuf entier et le jaune. Assaisonner avec de la muscade, du sel et du poivre. Garnir chaque carré de pâte d'une petite portion de cette farce. Rouler la pâte de façon à lui donner l'aspect d'un très gros macaroni. Disposer les cannellonis dans un plat à four. Napper avec une sauce tomate (38). Saupoudrer de gruyère râpé, si l'on veut. Passer à four chaud pendant 10 min.

1205. Raviolis

Préparation : 50 min – Cuisson : 10 min

250 g de pâte à nouilles
125 g de hachis de viande
Persil plat
Sel, poivre

Préparer une pâte à nouilles (1184), abaisser à l'épaisseur de 1,5 mm. Découper en rondelles plus ou moins larges. Préparer un hachis de restes de toutes viandes, avec persil, sel et poivre. Farcir chaque rondelle d'une petite quantité de hachis. Mouiller légèrement le bord de la pâte, replier et refermer soigneusement comme un petit chausson. Faire pocher 10 min à l'eau bouillante salée ou au bouillon. Servir comme garniture de potage, de viandes, de légumes ou avec beurre et parmesan râpé.

1206. Spaghettis sauce aux noix

Préparation : 30 min – Cuisson : 12 min

250 g de spaghettis
1 gousse d'ail
60 g de cerneaux de noix
2 c. à s. d'huile d'olive
125 g de parmesan râpé
Persil plat
Sel, poivre

Cuire les spaghettis à l'eau bouillante salée pendant 10 à 12 min. Égoutter. Piler l'ail, les noix épluchées et le persil dans un mortier, en ajoutant l'huile goutte à goutte. Assaisonner. Napper avec la sauce. Saupoudrer de parmesan.

1207. Timbale provençale

Préparation : 30 min – Cuisson : 40 min

250 g de spaghettis
250 g de champignons
125 g d'olives dénoyautées
100 g de parmesan râpé
100 g de petits oignons
Sauce tomate
150 g de beurre

Faire cuire les spaghettis à l'eau bouillante salée (1185). Faire sauter puis mijoter dans le beurre chaud les petits oignons et les champignons. Préparer une sauce tomate (38) bien assaisonnée avec thym et laurier. Y mettre les spaghettis, les oignons, les champignons, les olives et le parmesan. Laisser mijoter quelques minutes et servir bien chaud.

1208. Gnocchis

Th. 8
Préparation : 20 min – Cuisson : 30 min

300 g de pâte à choux
50 cl de sauce béchamel au fromage
50 g de beurre

Préparer une pâte à choux (1488). Laisser reposer 2 h. Pocher 15 min à l'eau bouillante salée des boules de pâte de la grosseur d'une noix. Égoutter. Dresser sur un plat creux beurré. Arroser de la béchamel (21). Placer quelques petits morceaux de beurre à la surface. Faire gratiner 10 min à four vif.

Le sucre

L e sucre est un aliment hautement énergétique, nécessaire à l'organisme – plus particulièrement aux tissus musculaires et au cerveau – qui l'assimile très rapidement. Il entre dans la fabrication des entremets et des pâtisseries et il joue également un rôle primordial dans la conservation des fruits : confitures, fruits confits ou au sirop.

Dans bon nombre de préparations, le sucre est cuit en sirop. Chaque étape de cette cuisson, qui correspond à des usages différents, peut être évaluée en mesurant soit la température atteinte par le sirop, soit sa densité, soit encore en appréciant ses caractéristiques physiques. Autrefois, l'instrument indispensable pour connaître ce degré de concentration était le pèse-sirop, gradué en degrés Baumé. Mais le décret du 3 mai 1961 a interdit la fabrication et la vente de ces instruments de mesure. Cependant, il est possible que certaines personnes en possèdent toujours et d'anciennes recettes peuvent encore comporter les indications en degrés Baumé. Ceux-ci sont donc mentionnés dans les pages qui suivent pour rappel, en plus des degrés Celsius.

1209. Préparation du sirop de sucre

1 kg de sucre en poudre
25 cl d'eau

Mélanger le sucre et l'eau. Faire chauffer. Au moment de l'ébullition, donner deux ou trois bouillons. Retirer du feu.

Le sucre, mélangé à une certaine quantité d'eau, commence par fondre. Soumise à une chaleur régulière et prolongée, l'eau s'évapore progressivement et le sirop modifie sa consistance, en passant par les états suivants :

La nappe ou le nappé. 105 °C (28° Baumé – Densité 1,2407). Il forme sur l'écumoire une couche assez mince.

Le petit filet ou petit lissé. 107 °C (29° Baumé – Densité 1,2515). Pris entre les doigts (trempés au préalable dans l'eau froide), il forme un petit filament d'environ 1 cm qui se brise aussitôt.

Le grand filet ou grand lissé. 109 °C - 110 °C (30° Baumé – Densité 1,2624). On obtient entre les doigts un filament de 2 à 3 cm.

Le petit perlé. 111 °C (33° Baumé – Densité 1,2964). Le sucre, en cuisant, forme à la surface de petites perles rondes. Pris entre les doigts, il se forme un filament de 4 à 5 cm.

Le grand perlé ou soufflé. 114 °C (35° Baumé – Densité 1,3199). Petites perles à la surface du sirop. Si l'on souffle dans une écumoire recouverte de sirop, il y a formation de bulles.

Le petit boulé. 115 °C - 117 °C (37° Baumé – Densité 1,344). Si l'on souffle dans l'écumoire, les bulles se détachent.

Le boulé. 120 °C. Pris entre les doigts, le sirop forme une petite boule molle, de la taille d'un petit pois.

Le grand boulé. 125 °C - 130 °C (38° Baumé – Densité 1,357). Pris entre les doigts, le sirop forme une boule assez dure et grosse comme une noisette.

Le petit cassé. 135 °C - 140 °C (39° Baumé – Densité 1,369). La petite boule de sucre est dure et craquante. Elle colle aux dents.

Le grand cassé. 145 °C - 150 °C (40° Baumé – Densité 1,383). Dans les doigts, la boule se casse avec un bruit sec (de même sous la dent).

Le caramel clair. 155 °C - 165 °C, et le **caramel brun**, 166 °C - 175 °C. Le sucre a perdu toute son eau et commence à caraméliser.

Les fruits

N.B. – Dans nos recettes, les proportions sont établies pour six personnes.

Les fruits sont des aliments de tout premier ordre. Sur le plan nutritif, d'abord, car ils contiennent de la vitamine C, des sels minéraux et des fibres tout en étant, pour la plupart, peu caloriques. Mais aussi parce qu'ils offrent une vaste palette de textures et de parfums.

Les fruits doivent être dégustés en saison, bien mûrs et parfaitement sains. En hiver, en l'absence de produits frais, on peut suppléer à ce manque en les consommant sous différentes formes : en conserve au naturel, séchés ou déshydratés, ou encore surgelés.

1210. Abricots à l'anglaise
Préparation : 10 min – Cuisson : 10 min

1 kg d'abricots
Sucre en poudre à volonté

Faire bouillir de l'eau dans une grande casserole.
Laver, couper en deux, dénoyauter les abricots. Jeter les demi-fruits dans l'eau bouillante. Les retirer avec une écumoire dès qu'ils remontent à la surface. Dresser sur un compotier et saupoudrer abondamment de sucre en poudre. Servir froid.

1211. Compote d'abricots
Préparation : 10 min – Cuisson : 20 min

Préparer un sirop au lissé (1209) avec le sucre et l'eau. Laver les abricots, les couper en deux, retirer les noyaux. Laisser bouillir 10 à 12 min dans le sirop. Dresser sur un compotier. Arroser avec le jus.

| 1 kg d'abricots |
| 2 verres d'eau |
| 140 g de sucre en poudre |

1212. Abricots secs en compote
Préparation : 24 h à l'avance – Cuisson : 1 h

Laver, faire tremper les abricots 24 h à l'avance. Mettre à cuire avec l'eau et le sucre pendant 1 h à feu doux.

| 300 g d'abricots secs |
| 90 g de sucre en poudre |
| 50 cl d'eau |

1213. Mousse d'abricots

Même préparation que pour la mousse de pêches (1272).

| 250 g d'abricots |
| 50 cl de crème fouettée |
| 100 g de sucre en poudre |

1214. Œufs surprise
Préparation : 10 min – Cuisson : 20 min

Préparer un sirop avec le sucre et l'eau. Y ajouter quelques-unes des amandes retirées des noyaux d'abricots ; laisser bouillir 10 à 12 min. Couper les fruits en deux, retirer les noyaux, les pocher 5 à 6 min dans le sirop bouillant. Égoutter. Laisser refroidir. Étendre le riz au lait froid (1368) sur un plat rond, le masquer avec la crème, disposer les moitiés d'abricots dessus, pour simuler les jaunes d'œufs sur le plat. Servir froid.

| 12 très gros abricots |
| 200 g de riz au lait |
| 125 g de crème fraîche |
| 100 g de sucre en poudre |
| 10 cl d'eau |

1215. Diplomate

(à préparer la veille)
Préparation : 20 min – Cuisson : 20 min

300 g de biscuits à la cuillère
350 g de marmelade d'abricots
75 g de raisins Malaga
Quelques fruits confits
5 c. à s. de rhum
50 cl de crème anglaise

Tremper les biscuits du côté plat dans un mélange de rhum et d'un peu d'eau. Les disposer dans un moule à charlotte, comme pour une charlotte de pommes au riz. Garnir ces biscuits d'une couche de marmelade d'abricots épaisse. Parsemer de raisins et de fruits confits coupés en dés. Remplir ainsi le moule en alternant les couches de biscuits trempés, de marmelade et de fruits confits. Terminer par une couche de biscuits. Placer une assiette supportant un poids de 200 g environ. Laisser au frais 24 h. Démouler sur un compotier et servir avec une crème anglaise (1316).

1216. Omelette aux abricots
Préparation : 10 min – Cuisson : 10 min

6 œufs
50 g de beurre
1/2 pot de marmelade d'abricots
50 g de sucre glace
Sel

Préparer une omelette avec un soupçon de sel. Avant de la replier, fourrer avec la marmelade d'abricots. Replier. Glisser sur un plat à four. Saupoudrer de sucre. Dorer sous le gril préchauffé.

1217. Condé d'abricots
Préparation : 15 min – Cuisson : 5 min

Procéder comme pour le condé de pêches (1273).

1218. Pâte d'amandes
Préparation : 30 min à 35 min

200 g d'amandes douces
5 ou 6 amandes amères
200 g de sucre en poudre
1 blanc d'œuf

Monder les amandes. Piler dans un mortier les amandes avec le sucre et le blanc d'œuf. Bien mélanger le tout. On peut employer de la poudre d'amandes.

1219. Blanc-manger
(quelques heures à l'avance)
Préparation : 1 h

500 g d'amandes douces
30 g d'amandes amères
50 cl d'eau
4 feuilles de gélatine (16 g)
350 g de sucre en poudre
1 c. à s. d'eau de fleur d'oranger

Monder les amandes, les piler au mortier en ajoutant l'eau peu à peu. Mettre le mélange dans un linge fort et tordre au-dessus d'un saladier pour recueillir le lait d'amandes. Ajouter la gélatine dissoute dans un verre d'eau chaude, et le sucre. Parfumer. Verser dans un moule. Placer au frais ou sur la glace. Pour démouler, tremper 30 s le moule dans l'eau tiède et renverser sur un compotier.

1220. Amandes salées

Monder les amandes. Les rouler, encore humides, dans du sel fin. Les placer sur une plaque et les faire griller à four chaud. Retirer l'excès de sel.

1221. Ananas au kirsch
Préparation : 5 min

1 ananas frais
5 cl de kirsch
20 cl de sirop léger

Couper l'ananas en rondelles, l'arroser du sirop (1209) et du kirsch. Laisser macérer 1 h. Servir très frais. L'ananas se sert aussi au champagne, au rhum, etc. On peut utiliser de l'ananas en conserve.

1222. Compote d'ananas
Préparation : 10 min – Cuisson : 35 min

1 ananas
2 oranges
5 cl de marasquin
150 g de sucre
25 cl d'eau

Mettre l'eau et le sucre dans une casserole. Porter à ébullition. Couper l'ananas en morceaux et le jeter dans le sirop bouillant. Peler les oranges, diviser en quartiers, épépiner, ajouter ces quartiers à la compote. Laisser bouillir 20 min. Retirer du feu, arroser de marasquin. Dresser sur un compotier.

1223. Mousse d'ananas

Même préparation que pour la mousse de pêches (1272).

4 tranches d'ananas	
75 g de sucre	
25 cl de crème fouettée	

1224. Couronne d'ananas
Préparation : 15 min – Cuisson : 45 min

Préparer avec le riz, le lait, 85 g de sucre, la vanille et le sel, un riz au lait (1368). En emplir un moule à savarin. Laisser refroidir. Démouler sur un compotier. Couper en deux des tranches d'ananas, les disposer autour de la couronne de riz. Mixer les fraises avec le reste de sucre et verser ce coulis dans le creux de la couronne. Servir glacé.

- 250 g de riz
- 120 g de sucre en poudre
- 75 cl de lait
- 1 ananas
- 1 pincée de sel
- 1 pincée de vanille
- 125 g de fraises ou à volonté

1225. Compote de bananes
Préparation : 3 min – Cuisson : 20 min

Peler les fruits. Couper en rondelles en retirant les fibres. Mettre l'eau et le sucre dans une casserole, y jeter les fruits quand le sirop est en ébullition. Laisser cuire à feu doux 20 min en remuant souvent. Servir froid.

- 6 bananes
- 100 g de sucre
- 25 cl d'eau

1226. Bananes flambantes
Préparation : 5 min – Cuisson : 15 min

Préparer un sirop avec l'eau, le sucre et la vanille. Peler les bananes, les faire pocher 3 à 4 min dans le sirop en ébullition. Égoutter. Dresser sur un compotier, ajouter le rhum chauffé au sirop et enflammer. Servir flambant.

- 6 bananes
- 75 g de sucre
- 25 cl d'eau
- 1 pincée de vanille
- 2 cl de rhum

1227. Bananes frites

Préparation : 3 min – Cuisson : 3 min

| 6 bananes |
| 75 g de beurre |
| 30 g de sucre en poudre |

Peler les bananes, les couper en deux dans le sens de la longueur. Mettre le beurre dans la poêle, y faire frire les bananes 2 à 3 min de chaque côté. Dresser sur un compotier, saupoudrer de sucre. Servir très chaud. On peut dresser les bananes sur un lit de riz au lait chaud.

1228. Crêpes aux bananes

Préparation : 20 min – Cuisson : 30 min

| Pour 12 crêpes : |
| Pâte à crêpes |
| Crème pâtissière |
| 6 bananes |
| 30 g de beurre |

Préparer une pâte à crêpes avec la moitié des quantités indiquées à la recette 1392. Laisser reposer la pâte et faire, pendant ce temps, une crème pâtissière (1358) parfumée au rhum.
Couper les bananes, épluchées, en deux dans le sens de la longueur. Faire cuire 12 crêpes. Sur chacune d'entre elles, mettre 1 c. à s. de crème pâtissière, une demi-banane. Rouler. Et disposer les crêpes fourrées dans un plat à gratin beurré. Passer 7 à 8 min à four chaud.

1229. Bateaux de bananes

(à préparer la veille)
Préparation : 20 min – Cuisson : 10 min

| 6 bananes |
| 250 g de grosses fraises |
| 125 g de fraises des bois |
| 125 g de framboises |
| 100 g de sucre glace |
| 1 c. à c. de rhum |
| 50 g de sucre en poudre |
| 1 citron (jus) |

Choisir des bananes saines et sans taches, pas trop mûres. Les couper en deux dans le sens de la longueur ; sans abîmer la peau qu'on réserve, en retirer la chair des fruits, la couper en petits dés et mettre à macérer dans le rhum, avec le sucre en poudre et le jus de citron. Équeuter, laver, couper en rondelles les grosses fraises. Les ajouter aux bananes. Laisser macérer 12 h. Préparer un sirop avec le sucre glace et le jus passé à l'étamine des fraises des bois et des framboises. Laisser bouillir ce sirop 10 min. Laisser refroidir. Égoutter bananes et fraises. En remplir les bateaux. Napper avec le sirop. Servir très frais.

1230. Condé de bananes

Préparation : 15 min – Cuisson : 30 min

50 cl de riz au lait
6 bananes
2 oranges
2 mandarines
2 pommes
Quelques cerises confites ou au sirop
10 cl d'eau
80 g de sucre
À volonté :
1 ou 2 c. à s. de marmelade d'abricots

Préparer un riz au lait (1368) épais, en emplir un moule à savarin. Laisser refroidir. Dépouiller les bananes de leur peau, les couper par moitié, puis chaque moitié en deux dans le sens de la longueur. Préparer une macédoine de fruits d'hiver (pommes, mandarines, oranges, bananes) coupés en rondelles ou en quartiers. Mettre dans une casserole l'eau et le sucre, laisser bouillir, y faire pocher 3 à 4 min les morceaux de bananes. Retirer. Égoutter. Pocher de même les fruits en macédoine. Démouler le riz sur un compotier, dresser les bananes tout autour. Verser la macédoine au milieu. Décorer de cerises confites ou de conserve. Arroser le tout avec le sirop qu'on améliore beaucoup en y incorporant 1 ou 2 c. à s. de marmelade d'abricots.

1231. Mousse de bananes

6 bananes
50 g de sucre
25 cl de crème fouettée

Même préparation que pour la mousse de pêches (1272).

1232. Soufflé de bananes

Th. 7
Préparation : 20 min – Cuisson : 50 min

6 bananes
50 g de sucre
20 g de beurre
3 œufs
25 g de farine
10 cl de lait
Vanille
1 pincée de sel

Faire avec le beurre, la farine et le lait chaud une sauce blanche (18). Réduire les bananes en purée, les mélanger à la sauce blanche, ajouter les jaunes d'œufs, parfumer à la vanille. Battre les blancs en neige très ferme, les incorporer. Verser cette préparation dans un moule à soufflé et mettre à four chaud pendant 30 min.

1233. Cerises au naturel

Les cerises, bien saines et mûres, sont lavées, égouttées, servies sur un compotier garni de feuilles.

1234. Cerises à l'anglaise

Préparation : 10 min – Cuisson : 5 min

| 1 kg de cerises |
| 120 g de sucre en poudre |

Laver les fruits. Couper les queues aux ciseaux de manière à n'en laisser que 1 cm. Jeter les cerises par petites quantités dans une grande casserole d'eau bouillante. Elles tombent au fond. Dès qu'elles remontent à la surface, les retirer avec une écumoire et en garnir un compotier. Saupoudrer de sucre, laisser refroidir.

1235. Compote de cerises

Préparation : 15 min – Cuisson : 10 min

| 1 kg de cerises |
| 100 à 120 g de sucre en poudre |
| 1 verre d'eau |

Équeuter et dénoyauter les cerises. Les mettre dans la casserole avec le sucre et l'eau. Laisser bouillir 10 min, retirer et servir froid.

1236. Cerises au kirsch

Préparation : 20 min – Cuisson : 20 min

| 1 kg de cerises |
| 200 g de sucre |
| 10 cl d'eau |
| 15 g de fécule |
| **À volonté :** |
| 1 c. à s. de kirsch |

Laver, dénoyauter, équeuter les fruits. Placer dans une casserole émaillée le sucre et l'eau. Porter à ébullition ; quand le sirop a bouilli 4 ou 5 min, y jeter les cerises. Laisser cuire 10 min. Délayer dans un bol la fécule avec quelques cuillerées d'eau froide. Verser sur la compote de cerises et tourner pour opérer la liaison. Laisser bouillir encore 2 min. Retirer. Verser le tout dans une jatte, arroser avec le kirsch chauffé dans la cuillère, allumer. Servir flambant.

1237. Cerises duchesse

Th. 5
Préparation : 20 min – Cuisson : 15 min

600 g de belles cerises Montmorency
125 g de sucre en poudre
2 blancs d'œufs

Choisir de grosses cerises de Montmorency. Couper la queue à 2 cm du fruit. Laver et essuyer. Tremper les cerises dans les blancs d'œufs, battus 5 min à la fourchette, puis dans le sucre en poudre. Ranger sur une plaque saupoudrée de sucre. Mettre à four doux 15 min. Servir chaud, tiède ou froid.

1238. Fraises au naturel

Préparation : 5 min

500 g de fraises
Sucre en poudre à volonté

Laver, égoutter, équeuter. Dresser sur un compotier garni de feuilles de vigne. Accompagner de sucre en poudre. L'habitude de servir les fraises, même celles cueillies dans son jardin, sans les laver, est absolument contraire à l'hygiène.

1239. Fraises à la crème

Préparation : 10 min

500 g de fraises
25 cl de Chantilly

Laver, égoutter, équeuter les fraises. Dresser sur un compotier et masquer la pyramide de fruits d'une crème Chantilly (166) très ferme. Servir avec du sucre en poudre.
On peut aussi, selon le goût, servir les fruits avec la crème fraîche, présentée à part.

1240. Fraises au jus

(plusieurs heures à l'avance)
Préparation : 10 min

Les fraises lavées, égouttées, équeutées sont placées dans une jatte. Sucrer, arroser avec du vin rouge ou du marasquin, ou du champagne frappé et laisser macérer plusieurs heures avant de servir.

Les fruits 493

1241. Fraises à l'italienne
(2 h à l'avance)
Préparation : 10 min

500 g de fraises
85 g de sucre en poudre
2 citrons (jus)
2 c. à s. de kirsch

Laver, égoutter, équeuter les fraises. Les placer dans une jatte. Sucrer. Arroser avec les jus des citrons et le kirsch. Laisser au frais 2 h.

1242. Framboises au naturel
Préparation : 5 min

500 g de framboises
Sucre en poudre à volonté

Laver, égoutter, équeuter. Dresser sur un compotier garni de feuilles de vigne, accompagner de sucre en poudre.

1243. Pain de framboises
Préparation : 20 min – Cuisson : 1 h

130 g de sucre en poudre
125 g en poudre
25 cl d'eau
25 cl de vin blanc
1 citron (jus)
1 pincée de vanille en poudre
Coulis :
250 g de framboises
100 g de sucre glace
1/2 citron (jus)

Mettre l'eau, le vin, le jus de citron, la vanille et le sucre dans une casserole. Laisser bouillir 5 min. Ajouter la semoule en pluie. Faire cuire 15 min. Beurrer un moule à charlotte. Y verser la préparation. Mettre le moule au bain-marie pendant 30 min. Laisser refroidir. Démouler sur un compotier. Napper avec un coulis de framboise (1244).

1244. Coulis de framboise
Deux modes de préparation au choix.

500 g de framboises
1/2 citron (jus)
200 g de sucre glace

À froid. – Préparation : 5 min

Écraser les fruits dans un mixeur, ajouter le sucre glace, 1 c. à c. de jus de citron. Mixer à nouveau 2 min. Passer au chinois (pour retenir les pépins) et tenir au réfrigérateur dans une boîte hermétique jusqu'au moment de servir.

À chaud. – **Préparation : 12 min**

Mixer les fruits pendant 1 min. Ajouter le sucre confisuc et 1 c. à c. de jus de citron. Mettre le tout dans une casserole, porter à ébullition en tournant avec une cuillère en bois. Retirer aussitôt de la source de chaleur. Passer au chinois et mettre dans une boîte hermétique au réfrigérateur en attendant de servir.

Remarque. – On peut mélanger ce coulis avec 250 g de crème Chantilly ou 20 cl de crème anglaise à la vanille.

500 g de framboises
200 g de sucre confisuc
1/2 citron (jus)

1245. Groseilles au naturel
Préparation : 15 min

Les groseilles, très mûres, sont servies en grappes, après avoir été lavées. Accompagner de sucre en poudre.

500 g de groseilles
Sucre en poudre à volonté

1246. Groseilles au jus
(2 h à l'avance)
Préparation : 15 min

Laver, égoutter, égrapper les groseilles. Les placer dans une jatte, ajouter le sucre et le jus de citron. Laisser macérer 2 h.

500 g de groseilles
200 g de sucre en poudre
1 citron (jus)

1247. Groseilles cardinal
(3 h à l'avance)
Préparation : 20 min

Laver, égoutter, égrapper les groseilles. Les placer dans une jatte. Laver les framboises. Les placer dans une étamine et en exprimer complètement le jus. Verser ce jus sur les groseilles, ajouter le sucre vanillé, le jus de citron. Entourer la jatte de glace. Laisser refroidir 3 h.

250 g de groseilles rouges
250 g de groseilles blanches
150 g de framboises
150 g de sucre vanillé
1 citron (jus)

1248. Gratin aux fruits rouges
Préparation : 20 min – Cuisson : 10 min

500 g de fraises	
300 g de framboises	
250 g de groseilles	
4 jaunes d'œufs	
10 cl de lait	
80 g de sucre en poudre	
50 cl de glace à la vanille	
Alcool de framboise ou de fraise	

Équeuter les fraises, les framboises et les groseilles. Couper les fraises en petits morceaux. Disposer les fruits dans 6 ramequins. Mettre les jaunes d'œufs dans une petite casserole. Mélanger avec le sucre. Faire bouillir le lait et le verser progressivement sur le mélange œuf-sucre en battant au fouet le tout à feu doux, jusqu'à ce que l'on obtienne une crème ferme, genre sabayon.

Mettre les ramequins à four tiède pendant quelques minutes. Napper avec la crème et passer à four chaud (th. 7) pour gratiner. Poser les ramequins sur un plat et avant de présenter à table, placer sur chacun d'eux une boule de glace et arroser avec quelques gouttes d'alcool (framboise ou fraise).

1249. Marmelade de mandarines
Préparation : 10 min – Cuisson : 45 min

500 g de mandarines	
200 g de sucre	
25 cl d'eau	

Choisir de belles mandarines saines. Les laver et essuyer la peau. La retirer et la débarrasser de toutes les fibres et peaux blanches. Jeter ces écorces nettoyées dans l'eau bouillante et les laisser cuire environ 30 min de façon à ce qu'elles deviennent tendres. Égoutter. Passer au mixeur. Préparer avec l'eau et le sucre un sirop qu'on laisse bouillir 10 min à feu vif. Verser sur les peaux tamisées, mélanger la préparation. Remettre cette pâte au feu, y joindre les quartiers épépinés des mandarines. Laisser bouillir doucement 12 à 15 min. Servir froid.

1250. Vermicellerie de marrons
Préparation : 45 min – Cuisson : 35 min

500 g de marrons épluchés
120 g de sucre en poudre
25 cl de crème Chantilly

Éplucher puis faire cuire les marrons selon la formule 1061. Réduire en purée puis passer au travers d'une passoire à gros trous, au-dessus du compotier de service. Saupoudrer de sucre en poudre. Dresser une pyramide de crème Chantilly (166) sur les marrons.

1251. Mont-Blanc
Préparation : 30 min – Cuisson : 30 min

500 g de marrons épluchés
180 g de sucre vanillé
25 cl de crème épaisse

Préparer une purée de marrons (1063) sucrée. Dresser en pyramide dans un compotier. Masquer de crème fraîche épaisse. Servir très froid.

1252. Compote de marrons
Préparation : 30 min – Cuisson : 30 min

500 g de marrons
100 g de sucre en poudre
1 pincée de vanille

Préparer une purée de marrons (1063). Sucrer, vaniller. Laisser refroidir. Servir avec de la gelée de groseille.

1253. Marrons au sirop
Th. 4
Préparation : 30 min – Cuisson : 50 min

500 g de marrons
300 g de sucre
1 pincée de vanille
10 cl d'eau

Faire cuire les marrons à l'eau (1061) pendant 20 min. Les débarrasser de leurs peaux sans les briser. Préparer avec l'eau, le sucre et la vanille, un sirop léger. Y placer délicatement les marrons. Laisser cuire à feu très doux, 30 min. Égoutter les marrons. Dresser sur un compotier. Napper avec le sirop.

1254. Bûche de Noël
Préparation : 40 min – Cuisson : 30 min

Préparer une purée de marrons (1063) et y incorporer le beurre. Faire fondre à feu doux le chocolat dans le lait ou l'eau, sans laisser attacher. Incorporer cette pâte aux marrons. Mélanger très intimement. Laisser refroidir plusieurs heures. Mouler en forme de bûche, décorer de fleurs cristallisées, entourer de crème Chantilly (166).

1 kg de marrons
250 g de chocolat noir
100 g de beurre
25 cl de crème Chantilly
60 g de fleurs cristallisées
5 cl de lait ou d'eau

1255. Gâteau de marrons
Th. 4
Préparation : 45 min – Cuisson : 2 h 30

Faire bouillir les marrons fendus 30 min dans l'eau. Éplucher. Mettre dans le lait et laisser cuire encore 15 min avec la vanille et le sucre. Passer au mixeur. Ajouter à la purée les blancs d'œufs battus en neige ferme. Garnir un moule à charlotte de caramel (1209). Y verser la préparation. Mettre à four doux 1 h 30 ou 1 h 45. Servir avec une crème anglaise (1316).

1 kg de marrons
25 cl de lait
4 blancs d'œufs
100 g de sucre
1 pincée de vanille
Caramel
50 cl de crème anglaise

1256. Pavé de marrons au chocolat
(à préparer la veille)
Préparation : 30 min

Travailler les jaunes avec le sucre pour obtenir un mélange blanc et mousseux. Incorporer le chocolat amolli dans très peau d'eau. Malaxer le beurre et l'ajouter au mélange. Puis mélanger avec la purée de marrons. (Il faut ajouter celle-ci peu à peu à la crème au beurre.) Terminer en mettant la crème fraîche et le kirsch. Disposer les

400 g de purée de marrons
150 g de chocolat noir
125 g de beurre
24 biscuits ou petits-beurre thé Brun
40 g de crème fraîche
2 jaunes d'œufs
50 g de sucre en poudre
5 cl de kirsch

biscuits dans un moule à cake. En mettre sur le fond et sur les côtés. Verser une couche de crème. Mettre un lit de biscuits. Remettre une couche de crème. Terminer par les biscuits. Tasser en mettant quelques poids séparés du biscuit par une feuille d'aluminium. Laisser au frais pendant 12 h. Démouler. Servir tel quel ou nappé d'un caramel très léger (1209), d'une crème anglaise (1316) ou d'une sauce au rhum (1452).

1257. Soufflé aux marrons
Th. 4 à 5
Préparation : 30 min – Cuisson : 1 h 15

500 g de marrons
4 œufs
125 g de sucre en poudre
1 pincée de vanille
50 cl de lait
30 g de beurre

Faire bouillir 30 min les marrons fendus dans l'eau. Peler. Mettre dans le lait et laisser encore cuire 15 min, ajouter la vanille et le sucre. Passer au tamis fin. Ajouter les jaunes d'œufs en tournant sans cesse, puis les blancs battus en neige ferme. Verser dans un plat à four beurré et mettre 25 min à four doux.

1258. Melon au naturel
Le melon se sert toujours très frais ; comme hors-d'œuvre, avec sel et poivre, ou comme entremets avec ou sans sucre en poudre. On retire d'abord la queue, on coupe en tranches avec un couteau d'argent ou inoxydable, puis on l'épépine.

1259. Compote de melon vert
Préparation : 10 min – Cuisson : 35 min

3 petits melons
250 g de sucre en poudre
5 cl de vinaigre

Choisir des melons non mûrs. Peler largement, épépiner. Couper en tranches minces. Faire cuire dans une casserole émaillée avec le sucre et le vinaigre. Laisser bouillir 30 à 35 min. Servir froid.

1260. Melon surprise
(à préparer la veille)
Préparation : 15 min

1 beau melon mûr
250 g de fraises
75 g de sucre en poudre
5 cl de kirsch

Ouvrir le melon en deux. Retirer les pépins. Sans abîmer l'écorce, ôter la chair, la couper en petits morceaux. Mélanger ensuite ces morceaux avec les fraises épluchées et lavées, le sucre, le kirsch. Garnir de cette préparation les moitiés de melon puis réunir ces moitiés et ficeler serré. Placer au réfrigérateur 24 h et servir très frais.

1261. Grenoblois (aux noix)
(à préparer la veille)
Préparation : 30 min

225 g de sucre en poudre
100 g de noix
90 g de beurre
10 cl d'extrait de café
5 cl de cognac
28 biscuits ou petits-beurre thé Brun
4 œufs

Travailler les jaunes d'œufs avec le sucre pour obtenir un mélange blanc et mousseux. Ajouter le beurre, en pommade, les noix pilées et 3 biscuits réduits en poudre. Battre 2 blancs en neige et les incorporer à la crème. Garnir un moule à cake d'un papier huilé. Tremper les biscuits dans l'extrait de café additionné de cognac. En chemiser le moule. Mettre une couche alternée de crème et de biscuits. Terminer par les biscuits. Recouvrir d'un papier ; mettre quelques poids pour tasser jusqu'au lendemain. Démouler et servir tel quel ou accompagné d'une crème au café (1321).

1262. Oranges surprise
Préparation : 30 min

6 oranges
1 pomme
1 poire
2 bananes
Raisins malaga
Cerises confites
60 g de sucre en poudre
Rhum (selon goût)

Enlever à chaque orange une petite calotte et creuser chaque fruit pour en retirer la chair. La couper en petits morceaux ; mettre ceux-ci dans une terrine et ajouter tous les fruits épluchés et coupés en petits morceaux. Sucrer. Aromatiser avec du rhum. Remplir chaque écorce avec la salade de fruits. Recouvrir avec la calotte. Tenir au frais.

1263. Salade d'oranges
(1 ou 2 h à l'avance)
Préparation : 10 min

Éplucher les oranges. Retirer les peaux blanches. Couper en rondelles minces. Disposer dans une coupe. Saupoudrer de sucre en poudre. Arroser avec le mélange d'eau et de rhum. Maintenir au frais pendant 1 ou 2 h avant de servir.

5 oranges
5 cl d'eau
100 g de sucre en poudre
5 cl de rhum

1264. Oranges tahitiennes
Préparation : 20 min

Éplucher les oranges largement. Mettre sur un plat les tranches d'ananas. Placer une orange sur chaque tranche. Napper les tranches avec de la gelée de groseille et garnir en couronne avec les fruits confits hachés. Tenir au frais.

6 oranges
6 tranches d'ananas
Gelée de groseille
125 g de fruits confits

1265. Aspic d'oranges
(5 ou 6 h à l'avance)
Préparation : 20 min

Faire dissoudre le sucre et la gélatine dans l'eau tiède. Râper le zeste de 2 oranges. Ajouter au sirop. Exprimer au presse-citron le jus de tous les fruits. Mélanger au sirop. Passer le tout à travers une étamine fine. Verser le liquide obtenu dans un moule à biscuit de Savoie ou à charlotte. Laisser prendre 5 ou 6 h à la glace. Pour démouler, tremper 30 s le moule tout entier dans l'eau chaude et renverser sur un compotier.

12 oranges
3 citrons (jus)
450 g de sucre en poudre
30 g de gélatine (8 feuilles)
25 cl d'eau

1266. Soufflé à l'orange

Th. 5
Préparation : 15 min – Cuisson : 25 min

Délayer la farine dans 5 cl de lait. Verser le mélange dans le reste du lait chaud. Laisser épaissir. Ajouter hors du feu 25 g de beurre, le sucre, 4 jaunes d'œufs, le zeste râpé des oranges, l'écorce confite hachée et 5 blancs battus très ferme. Cuire dans un moule beurré à four moyen 20 mn.

30 g de farine
30 g d'écorce d'orange confite
35 g de beurre
20 cl de lait
5 œufs
50 g de sucre en poudre
2 oranges (zestes)

1267. Marmelade d'oranges

Préparation : 10 min – Cuisson : 15 min

Éplucher les oranges, les couper en tranches, les mettre dans une casserole avec le sucre, sans eau. Faire chauffer et laisser cuire 10 min à partir de l'ébullition.

1 kg d'oranges
Sucre en poudre suivant les fruits

1268. Pêches pochées

Préparation : 4 min – Cuisson : 10 min

Essuyer les fruits. Les jeter dans une casserole d'eau bouillante. Les laisser 3 à 4 min. Retirer, égoutter, peler et dresser, entières ou coupées en deux, sur un compotier. Saupoudrer de sucre en poudre.

6 belles pêches
Sucre en poudre à volonté

1269. Pêches au vin

(2 h à l'avance)
Préparation : 10 min

Peler les fruits. Les couper en quartiers. Les mettre dans une jatte, arroser avec le vin, saupoudrer de sucre. Laisser macérer 1 ou 2 h. Servir froid ou glacé.

6 pêches
25 cl de vin blanc mousseux ou de champagne
30 g de sucre en poudre

1270. Pêches colombine
Préparation : 20 min – Cuisson : 30 min

6 pêches
250 g de riz au lait
100 g de sucre
(Quelques fruits confits, cerise, angélique)
25 cl de sabayon

Préparer du riz au lait (1368) un peu ferme. Avec une cuillère, en dresser des tas en forme d'œufs, bien réguliers, au centre d'un plat rond. Pocher les pêches entières 5 min dans de l'eau sucrée bouillante, égoutter, peler, couper en deux, dénoyauter.
Farcir chaque demi-pêche d'un peu de riz et rapprocher les deux moitiés. Dresser les pêches en couronne autour des œufs de riz, décorer de demi-cerises confites, de languettes d'angélique. Napper d'un sabayon (1453).

1271. Pêches façon Melba
(à préparer quelques heures à l'avance)
Préparation : 30 min – Cuisson : 25 min

6 pêches
50 cl de lait
5 jaunes d'œufs
Gelée de groseille
50 g d'amandes
150 g de sucre en poudre
50 cl d'eau

Éplucher les pêches et les faire pocher dans un sirop fait avec l'eau et 100 g de sucre (1209). Les placer dans une coupe, les napper avec de la gelée de groseille et les saupoudrer avec les amandes qui ont été mondées, hachées et grillées au four.
D'autre part, faire, avec le lait, 50 g de sucre et les jaunes d'œufs, une crème anglaise (1316). Laisser refroidir. Verser la crème autour des pêches. Mettre quelques heures au frais.

1272. Mousse de pêches
Préparation : 10 min

3 pêches
25 cl de crème fouettée
100 g de sucre en poudre
125 g de biscuits à la cuillère

Passer au mixeur 3 belles pêches pelées et dénoyautées. Ajouter le sucre, incorporer délicatement la crème fouettée. Dresser sur un compotier et entourer de biscuits à la cuillère. Ce dessert peut être préparé à l'avance, mais il faut alors incorporer à la purée de pêches de la gélatine fondue dans très peu d'eau chaude. En été, il faut raffermir quelques instants sur glace.

1273. Condé de pêches

Préparation : 15 min – Cuisson : 25 min

50 cl de riz au lait
6 belles pêches mûres
125 g d'abricots
100 g de prunes
100 g de mirabelles
10 cl d'eau
100 g de sucre en poudre

Diviser les pêches en deux, les dénoyauter, les peler. Procéder ensuite comme pour le condé de bananes (1230). La macédoine qui garnit le centre sera composée de pêches, d'abricots, de prunes et de mirabelles.

1274. Pêches bonne femme

Th. 4 à 5
Préparation : 10 min – Cuisson : 40 min

6 belles pêches
120 g de beurre
6 tranches de pain de mie
40 g de sucre

Beurrer un plat à four. Beurrer les tranches de pain de mie. Peler les pêches. Les couper en deux. Retirer le noyau. Y mettre à la place le sucre et le reste de beurre. Les poser sur les tranches de pain. Arroser avec un peu d'eau et faire cuire à four doux pendant 40 min.

1275. Compote de poires

Préparation : 15 min – Cuisson : 30 min

500 g de poires
80 g de sucre
1 citron (zeste) ou de la vanille
25 cl d'eau

Peler les poires en les mettant au fur et à mesure dans une terrine d'eau fraîche pour éviter leur noircissement. Couper en quartiers. Enlever le cœur. Mettre dans une casserole émaillée avec eau, sucre et arôme. Laisser cuire 30 min environ, parfois plus, selon la nature et la maturité des poires. Dresser sur un compotier. Servir froid.

1276. Poires au vin

Préparation : 15 min – Cuisson : 30 min

500 g de petites poires fermes
200 g de sucre en poudre
10 cl de vin rouge
1 pincée de cannelle
1 clou de girofle
1 soupçon de noix muscade

Peler les poires entières, laisser la queue. Mettre dans une casserole émaillée avec le vin, le sucre, la cannelle, le clou de girofle et la noix muscade. Laisser cuire 30 min. Dresser les poires, queues en l'air, dans un compotier et arroser avec le jus.

1277. Poires à la crème
Préparation : 10 min – Cuisson : 35 min

12 petites poires fermes
100 g de sucre
25 cl d'eau
1 pincée de vanille
25 cl de crème anglaise

Peler les poires entières, en conservant leurs queues. Préparer un sirop avec sucre, vanille et eau, y laisser cuire les poires environ 30 à 35 min. Retirer, égoutter, faire réduire le sirop, en arroser les poires. Les masquer ensuite avec une crème anglaise épaisse (1316), faite avec 4 jaunes d'œufs pour 50 cl de lait.

1278. Émincé de poires
Préparation : 10 min – Cuisson : 10 min

6 poires
75 g de beurre
100 g de sucre en poudre
6 canapés mie de pain

Choisir des poires bien mûres, les peler, retirer le cœur, émincer en quartiers. Mettre 50 g de beurre dans une casserole émaillée, y faire sauter les fruits, en prenant garde de ne pas laisser brûler. Dresser sur de petits canapés frits au beurre. Saupoudrer avec le sucre en poudre. Servir très chaud.

1279. Poires aux fruits confits
Préparation : 30 min – Cuisson : 40 min

1 brioche en couronne
6 poires
100 g de cerises confites
60 g d'angélique
125 g de sucre en poudre
50 cl d'eau

Couper la brioche en tranches régulières. Il en faut au moins 12. Les saupoudrer de sucre et les faire rôtir au four. D'autre part, faire cuire dans un sirop fait avec l'eau et 100 g de sucre, les poires épluchées et coupées en deux dans la longueur. Placer une demi-poire sur chaque croûton. Hacher les fruits confits séparément et mettre un cordon de cerises autour d'une moitié, un cordon d'angélique autour d'une autre, etc. Placer les poires dans un plat où l'on a mis une crème anglaise (1316) parfumée au kirsch.

1280. 🔖 Poires en délice

Préparation : 40 min – Cuisson : 30 min

6 poires fermes mais mûres
1 citron (jus)
1 gousse de vanille
15 cl d'eau
45 g de cacao
100 g de poudre d'amande
155 g de sucre en poudre
70 g de crème fleurette
Essence d'amande
25 cl de sorbet à la poire

Éplucher les poires et les frotter avec 1/2 citron pour les empêcher de noircir. Couper les poires en deux et les maintenir dans l'eau citronnée (1 jus de citron).

Mettre à bouillir dans une casserole la quantité d'eau nécessaire pour contenir les demi-fruits. Ajouter 75 g de sucre, la gousse de vanille coupée en deux. Y mettre les demi-poires, couvrir d'un papier sulfurisé et laisser cuire à petit frémissement pendant 15 à 20 min. Égoutter. Laisser refroidir.

Dans une casserole, mettre la poudre d'amande, l'essence d'amande, 80 g de sucre et le cacao. Faire chauffer ensemble dans une autre casserole la crème fleurette et 15 cl d'eau. Lorsque le mélange a atteint l'ébullition, le verser doucement dans la première casserole en mélangeant avec soin. Maintenir au chaud au bain-marie.

Enlever le cœur des demi-poires, pour y creuser une petite coupe. Y placer, dans chacune, 1 c. à s. de sorbet à la poire. Disposer les poires garnies sur le plat de service. Agir vite et napper avec la sauce profiterole très chaude. Servir aussitôt.

1281. Condé de poires

Préparation : 15 min – Cuisson : 35 min

50 cl de riz au lait
6 poires fondantes
125 g de groseilles
125 g de framboises
125 g de fraises
25 cl d'eau
100 g de sucre

Peler, diviser les poires en deux, retirer la queue et le cœur. Procéder ensuite comme pour le condé de bananes (1230). Les poires doivent être pochées 10 à 15 min dans le sirop. La macédoine qui garnit le centre sera composée de groseilles égrappées, de framboises et fraises équeutées et lavées.

1282. Pommes au four

Th. 5
Préparation : 5 min – Cuisson : 35 min

6 belles pommes	

Choisir de belles pommes saines, de même grosseur autant que possible. Laver. Essuyer. Ranger les fruits dans un plat à four, ajouter 1 c. à s. d'eau. Piquer chaque pomme avec une fourchette en deux ou trois endroits. Cela l'empêche d'éclater. Mettre à four modéré environ 35 min. Servir dans le même plat sans rien ajouter.

1283. Pommes châtelaine

Préparation : 20 min – Cuisson : 30 min

6 pommes reinettes
1 pincée de vanille
100 g de sucre en poudre
1 citron (jus)
25 cl d'eau

Peler les fruits, les vider au vide-pomme, les couper en 2 moitiés. Placer les demi-pommes, côté coupé tourné vers le haut, dans une casserole émaillée. Ajouter le sucre, l'eau et la vanille. Couvrir. Mettre à feu moyen ; au bout de 8 à 10 min, quand les fruits deviennent transparents, les retourner sans les briser. Laisser cuire encore 10 min, sans couvrir. Égoutter. Dresser les fruits sur un compotier. Faire réduire le jus, à feu vif, pendant 7 à 8 min, parfumer avec le jus de citron, verser sur les pommes. Laisser refroidir.

1284. Pommes farcies

Th. 6
Préparation : 20 min – Cuisson : 45 min

6 belles pommes Canada ou belle de Boskoop
60 g de beurre
50 g de sucre
100 g de fruits confits
1 c. à s. de rhum

Éplucher les pommes, retirer le cœur. Agrandir l'ouverture pour lui donner 2 cm de diamètre et hacher finement la pulpe retirée avec les fruits confits. Ajouter le rhum. Remplir chaque pomme avec cette farce. Arroser avec un peu d'eau. Placer sur chaque pomme une noisette de beurre et un peu de sucre. Cuire à four chaud en arrosant de temps en temps avec le sirop.

1285. Pommes au beurre

Th. 4 à 5
Préparation : 15 min – Cuisson : 40 min

Choisir de belles pommes, saines et autant que possible de même taille. Peler, vider soigneusement avec le vide-pomme, sans briser les fruits. Couper de minces tranches de pain rassis, les beurrer des deux côtés ; garnir de ces tartines le fond d'un plat à four. Poser une pomme sur chaque tranche. Emplir le trou fait au milieu de chacune d'un petit morceau de beurre. Saupoudrer le tout de sucre et d'une pincée de vanille. Ajouter 2 c. à s. d'eau. Mettre à four doux pendant 40 min. Servir bien chaud dans le plat où s'est faite la cuisson.

| 6 belles pommes |
| 125 g de beurre (on peut réduire à 75 g cette quantité) |
| 6 tranches de pain |
| 60 g de sucre en poudre |
| 1 pincée de vanille |
| 10 cl d'eau |

1286. Purée de pommes

Préparation : 15 min – Cuisson : 20 min

Couper les pommes en quartiers, en retirant les queues, les parties abîmées, mais sans les peler ni les évider. Mettre dans une casserole émaillée avec l'eau. Laisser cuire, à couvert, 15 à 20 min. Passer au mixeur. Ajouter le zeste de citron et du sucre ; mélanger. Dresser sur un compotier. Servir froid.

| 1 kg de pommes |
| Sucre en poudre à volonté |
| 1 pincée de zeste de citron râpé |
| 1 verre d'eau |

1287. Compote de pommes

Préparation : 15 min – Cuisson : 15 min

Peler, évider, couper les pommes en quartiers. Mettre dans une casserole émaillée avec sucre, eau et arôme. Faire cuire à feu vif 15 min. Servir tiède ou froid.

| 1 kg de pommes |
| Sucre en poudre à volonté |
| Vanille ou zeste de citron |
| 25 cl d'eau |

1288. Purée aux croûtons
Préparation : 20 min – Cuisson : 25 min

500 g de pommes
100 g de sucre en poudre
1 pincée de zeste de citron râpé
10 cl d'eau
125 g de beurre frais
100 g de pain de mie

Préparer une purée de pommes (1286). Sans la laisser refroidir, y incorporer 50 g de beurre frais. Tenir au chaud. Préparer des languettes de mie de pain de la forme d'un biscuit. Les faire frire à la poêle dans le reste du beurre, en garnir la purée. Servir chaud.

1289. Portugaise
(à préparer 1 à 2 h à l'avance)
Préparation : 30 min – Cuisson : 50 min

1 kg de pommes
250 g de sucre en poudre
1 c. à c. de vanille
50 cl de lait
2 jaunes d'œufs
2 c. à s. rases de Maïzena
80 g de fruits confits
1 citron

Éplucher les pommes, enlever les cœurs, couper en quartiers et faire cuire avec le sucre, le zeste de citron râpé et 1/2 verre d'eau. Les pommes doivent cuire doucement et être réduites en purée fine que l'on passe au mixeur si nécessaire. Faire refroidir. Pendant le temps de la cuisson des pommes, préparer la crème. Délayer à froid dans le lait la Maïzena, la vanille en poudre et les jaunes d'œufs. Faire épaissir sur feu doux en tournant avec soin. Laisser refroidir.

Placer dans une coupe profonde une couche de compote, quelques morceaux de fruits confits, une couche de crème, une couche de compote, etc., jusqu'à épuisement.

Mettre 1 à 2 h au réfrigérateur.

Au moment de servir, garnir avec des fruits confits et si l'on veut, avec de la crème fouettée sur des petites meringues.

1290. Pommes meringuées

Th. 5
Préparation : 20 min – Cuisson : 35 min

500 g de purée de pommes
3 blancs d'œufs
50 g de sucre en poudre
20 g de beurre

Préparer une purée de pommes (1286). L'étendre dans un plat beurré. Battre les blancs d'œufs en neige très ferme. En masquer la purée de pommes. Saupoudrer de sucre. Mettre 15 min à four doux.

1291. Aspic de pommes
(à préparer la veille)
Préparation : 15 min – Cuisson : 3 h

1 kg de pommes belle de Boskoop ou reinettes
350 g de sucre en poudre
1 pincée de vanille
1 citron (jus)
25 g de beurre
Huile

Peler les pommes. Couper en tranches très minces. Placer sur le feu, dans une casserole émaillée, avec sucre, vanille, jus de citron. Couvrir et en veillant à ne pas laisser attacher la préparation, faire cuire à très petit feu, 3 h au moins. Passer au mixeur, ajouter le beurre par petits morceaux en tournant sans cesse. Verser dans un moule huilé. Laisser prendre l'aspic toute la nuit au moins. Démouler sur un compotier plat. On peut servir avec une crème à la vanille (1317) ou une crème au kirsch.

1292. Pommes flambantes
Préparation : 10 min – Cuisson : 20 min

500 g de pommes reinettes
120 g de sucre en poudre
25 cl d'eau
1 pincée de vanille
5 cl de rhum

Peler les pommes, les évider au vide-pomme sans les briser. Placer les fruits dans une casserole émaillée avec l'eau, le sucre et la vanille. Couvrir. Laisser bouillir à petit feu 15 ou 20 min. Quand les fruits sont cuits, mais non défaits, retirer avec l'écumoire, égoutter, dresser sur un plat pouvant aller au four et maintenir très chaud. Faire rapidement réduire le sirop. Ajouter presque tout le rhum, verser brûlant sur les pommes. Chauffer la dernière c. à c. de rhum, l'enflammer, répandre sur les fruits. Servir en flammes.

1293. Pommes au riz

Préparation : 10 min – Cuisson : 40 min

150 g de riz
50 cl de lait
120 g de sucre
20 g de beurre
6 belles pommes
1 pincée de vanille
25 cl d'eau

Préparer du riz au lait (1368) avec le riz, le lait, 50 g de sucre et la vanille. L'étendre au fond d'un plat à four beurré. Peler, vider au vide-pomme, sans les briser, 6 pommes saines et régulières. Les placer dans une casserole émaillée. Ajouter l'eau et 50 g de sucre. Couvrir, laisser cuire de 10 à 15 min. Les pommes cuites doivent être tendres mais non défaites. Retirer du sirop, dresser sur le lit de riz, saupoudrer du reste de sucre. Mettre à four moyen 15 à 20 min pour dorer les pommes. Servir chaud.

1294. Condé de pommes

Préparation : 10 min – Cuisson : 35 min

50 cl de riz au lait
6 pommes reinettes
1/2 pot de gelée de groseille

Procéder comme pour le condé de poires (1281). La garniture centrale sera remplacée par la gelée de groseille délayée à chaud dans un peu d'eau.

1295. Charlotte de pommes au riz

(à préparer la veille)
Préparation : 10 min – Cuisson : 15 min

50 cl de riz au lait
1 bol de compote de pommes
150 g de biscuits à la cuillère
5 c. à s. d'eau sucrée

Préparer un riz au lait ou utiliser un reste de la veille (1368). Préparer une compote de pommes (1287) épaisse. Garnir un moule à charlotte de biscuits à la cuillère, commencer par le fond. Biseauter les biscuits, les tremper du côté plat dans l'eau sucrée et les disposer au fond, de manière régulière, le côté bombé touchant le moule. Dresser ensuite d'autres biscuits, suivant le même procédé, tout autour du moule. Les couper au ras du bord s'ils dépassent. Remplir le moule de couches alternées de riz et de purée de pommes. Terminer par les débris des biscuits. Poser une soucoupe chargée d'un poids sur le plateau, de manière à le comprimer fortement. Démouler le lendemain sur un compotier. Servir avec une crème anglaise (1316), de la gelée de groseille ou de la marmelade d'abricots.

1296. Timbale de pommes

Th. 4 à 5
Préparation : 15 min – Cuisson : 1 h

500 g de pommes	
200 g de pain rassis	
125 g de beurre (ou moins)	
100 g de sucre en poudre	
10 cl d'eau	

Beurrer un moule à charlotte. Garnir le fond de tranches de pain coupées très minces, puis d'une couche de pommes épluchées, évidées et coupées en rondelles. Saupoudrer de sucre, parsemer de quelques petits morceaux de beurre et recommencer à mettre une couche de pain, puis de pommes, avec le sucre et le beurre, et ainsi de suite jusqu'à ce que le moule soit plein. Arroser avec l'eau. Mettre à four moyen. Laisser cuire 1 h. Démouler. Servir seul ou avec une crème anglaise (1316).

1297. Flan aux pommes

Th. 4 à 6
Préparation : 25 min – Cuisson : 40 min

6 pommes	
1 citron (zeste)	
Pâte à crêpes	
50 g de beurre	
50 g de sucre	

Éplucher les pommes et les couper en fines lamelles. Faire une pâte à crêpes (1392). Mélanger les pommes, le zeste de citron râpé et la pâte. Beurrer soigneusement un plat à four. Y verser la préparation. Parsemer de beurre. Saupoudrer de sucre. Faire cuire à four moyen, puis chaud.

1298. Compote de prunes

Préparation : 10 min – Cuisson : 25 min

500 g de prunes	
Sucre à volonté	
10 cl d'eau	

Laver, équeuter, dénoyauter les fruits. Les mettre dans la casserole avec eau et sucre. Laisser cuire 25 min. Servir froid.

1299. Pruneaux

(à préparer plusieurs heures à l'avance)
Cuisson : 1 h

350 g de pruneaux	
100 g de sucre en poudre	
30 cl d'eau	

Choisir des pruneaux petits ou gros, mais bien frais et tendres. Laver. Laisser tremper plusieurs heures dans l'eau froide. Les faire cuire dans cette eau 1 h à feu doux avec le sucre. Servir froid.

1300. Pruneaux au thé

(4 ou 5 h à l'avance)
Préparation : 10 min

350 g de pruneaux	
50 cl de thé	
80 g de sucre	
1 pincée de vanille	

Choisir de très beaux pruneaux d'Agen, tendres et moelleux. Laver, faire tremper 2 h dans de l'eau froide. Égoutter. Dresser dans une jatte. Préparer 50 cl de bon thé de Ceylan et verser bouillant sur les pruneaux. Ajouter la vanille et le sucre. Laisser macérer et refroidir 2 ou 3 h.

1301. Pruneaux au vin

(4 ou 5 h à l'avance)
Préparation : 10 min

350 g de pruneaux
80 g de sucre
50 cl d'eau
10 cl de bordeaux rouge
1 pincée de cannelle
1 citron

Choisir de beaux pruneaux. Laver. Faire tremper 2 h dans de l'eau froide. Égoutter, dresser sur un compotier. Faire bouillir l'eau, le vin, la cannelle, le citron coupé en rondelles et le sucre. Verser bouillant sur les pruneaux. Laisser macérer 2 ou 3 h.

1302. Pruneaux à la crème

Préparation : 10 min – Cuisson : 1 h 30

350 g de pruneaux
50 cl de crème anglaise

Faire cuire les pruneaux (1299). Égoutter. Laisser refroidir.
Dénoyauter et dresser sur un compotier. Masquer d'une crème anglaise (1316) épaisse. Faire réduire à feu vif le jus des pruneaux. Laisser refroidir et verser sur la crème anglaise.

1303. Compote de rhubarbe

Préparation : 10 min – Cuisson : 25 min

1 kg de rhubarbe
300 g de sucre en poudre

Laver les tiges de rhubarbe sans les peler. Les couper en tronçons de 1 cm. Les mettre dans une casserole émaillée avec le sucre sur feu doux. Laisser cuire en remuant souvent. Servir froid sur un compotier.

1304. Aspic aux quatre fruits

(plusieurs heures à l'avance)
Préparation : 25 min – Cuisson : 10 min

Laver et éplucher les fruits. Exprimer au mixeur leur jus. Ajouter celui des oranges et du citron, un peu de zeste d'orange râpé. Préparer un sirop clair avec le sucre, l'eau et la gélatine. Ajouter au jus de fruits. Filtrer la préparation dans un chinois. La verser dans un moule à charlotte ou en forme de couronne et placer au frais pendant 4 à 5 h. Tremper le moule dans l'eau tiède et démouler sur un compotier.

200 g de framboises	
150 g de groseilles rouges	
200 g de fraises	
150 g de cerises	
2 oranges	
1 citron (jus)	
250 g de sucre en poudre	
20 cl d'eau	
25 g de gélatine (6 feuilles)	

1305. Compote tous fruits

Préparation : 30 min – Cuisson : 15 min

Faire chauffer l'eau et le sucre. Au moment où le sirop bout, y jeter les abricots épluchés et coupés en quartiers. Laisser cuire 3 min. Jeter ensuite les pêches préparées et dénoyautées à l'avance. Laisser cuire 3 min. Incorporer les cerises dans le liquide bouillant ; retirer du feu et ajouter les autres fruits épluchés. Laisser refroidir, mettre dans la glace pour servir très frais.

- 250 g de pêches
- 250 g d'abricots
- 200 g de cerises
- 200 g de fraises
- 250 g de framboises
- 2 bananes
- 200 g de sucre en poudre
- 50 cl d'eau

1306. Macédoine de fruits

(4 h à l'avance)
Préparation : 30 min

Peler et couper les bananes en rondelles. Laver, équeuter et dénoyauter les cerises. Laver et équeuter les fraises et les framboises. Laver, égrener et épépiner le raisin. Éplucher et couper en dés les pêches et les poires. Mettre tous les fruits dans une jatte, ajouter le jus de citron et du sucre. On peut, selon le goût, laisser au frais ou glacer.

- 2 bananes
- 200 g de cerises
- 200 g de fraises de jardin ou des bois
- 125 g de raisins
- 125 g de framboises
- 1 citron (jus)
- Sucre en poudre
- **À volonté :** pêches, poires, etc.

1307. Salade de fruits d'hiver
Préparation : 20 min

Peler chaque fruit, largement pour les oranges et les pamplemousses. Couper en petits quartiers ou en petits cubes en enlevant les pépins. Les bananes, épluchées, sont coupées en rondelles. Saupoudrer de sucre et arroser avec le rhum. Maintenir au réfrigérateur pendant 1 ou 2 h.

3 oranges
2 bananes
2 pommes
1 pamplemousse
Sucre en poudre (à volonté)
5 cl de rhum

1308. Fruits rafraîchis
(4 h à l'avance)
Préparation : 30 min

Procéder comme pour une macédoine (1306). Ajouter du kirsch, du marasquin ou du cognac, ou, plus simplement, du vin rouge ou blanc, et du sucre. Mettre 2 ou 3 h sur de la glace pilée. Servir glacé.

Macédoine de fruits
1/2 verre de marasquin, ou de cognac, ou de kirsch, ou 25 cl de vin vieux, blanc ou rouge

1309. Salade de fruits à la menthe
Préparation : 30 min – Cuisson : 5 min

Faire fondre et bouillir le sucre dans 25 cl d'eau. Prélever quelques feuilles de menthe pour la garniture et mettre le bouquet à infuser dans le sirop, à couvert, hors du feu, pendant la préparation des fruits. Éplucher ceux-ci, si nécessaire, enlever les noyaux des brugnons et couper les fruits en morceaux de taille et de forme différentes. Les disposer joliment sur les 6 assiettes en faisant jouer les couleurs.

30 min avant de servir, couler un peu de sirop (pour qu'ils soient recouverts) et parsemer de julienne taillée dans les feuilles de menthe. Poser au centre de chaque assiette une boule de sorbet (citron ou menthe, au choix). Servir aussitôt.

1 petit bouquet de menthe fraîche
50 cl de sorbet (citron ou menthe)
125 g de sucre en poudre
200 g de brugnons
250 g d'abricots
200 g de raisins
2 tranches d'ananas
1 grosse poire
1 orange
1/4 de pamplemousse

1310. Salade de fruits au gingembre
(2 h à l'avance)
Préparation : 30 min – Cuisson : 5 min

50 g de gingembre
200 g de melon
250 g de pêches
200 g de brugnons
250 g d'abricots
1/2 pamplemousse
125 g de sucre en poudre
25 cl d'eau

Préparer le sirop de sucre en faisant fondre le sucre dans 25 cl d'eau. Au moment de l'ébullition, mettre le gingembre et le laisser infuser à couvert et en dehors de la source de chaleur.
Éplucher si nécessaire, dénoyauter les fruits et les couper tous en demi-lunes. Les disposer joliment sur les 6 assiettes. Arroser avec le sirop au gingembre et laisser macérer pendant 2 h avant de servir. On peut éventuellement, au dernier moment, râper un peu de gingembre frais sur les fruits.

1311. Croûte au madère
(6 à 8 h à l'avance)
Préparation : 45 min

50 cl de fruits au sirop ou 1 boîte de macédoine de fruits
6 tranches d'ananas ou 1 petit ananas frais
1 brioche en couronne de 500 g
1/2 pot de marmelade d'abricots
50 g de beurre
25 cl de madère

Choisir une brioche en couronne ou à défaut du pain brioché, ou même du pain de mie. Y tailler 12 tranches de 1 cm d'épaisseur environ. Faire frire dans la poêle, sur les deux faces, avec une noisette de beurre, chacune de ces tranches, les tartiner sur un côté de marmelade d'abricots et reformer ensuite la couronne sur un plat ovale en intercalant entre chaque tranche une demi-rondelle d'ananas. D'autre part, diviser les fruits au sirop ou en conserve en morceaux assez gros ; ajouter les restes d'ananas s'il y en a. Faire macérer ces fruits dans le madère. Préparer une sauce à l'abricot de la façon suivante : mettre 6 c. à s. de marmelade dans une casserole. Ajouter 20 cl du sirop des fruits et des ananas ou, à défaut, d'eau. Faire bouillir 2 à 3 min, passer au mixeur. Ajouter la moitié de cette sauce à la macération de fruits. Laisser macérer pendant 6 à 7 h. Avec le reste de la sauce, napper la couronne et décorer de quelques cerises. Au moment de servir, verser les fruits et leur sauce dans le creux de la couronne. Si on veut servir chaud cet entremets, il faut le dresser sur un plat de métal, passer 7 à 10 min la couronne vide à four moyen. Réchauffer le salpicon de fruits au madère sans laisser bouillir, verser dans la couronne et servir sans retard.

1312. Croûte portugaise
(6 à 8 h à l'avance)
Préparation : 45 min

Même préparation que la croûte au madère (1311) mais le centre de la couronne sera rempli d'un mélange de morceaux d'ananas, de rondelles de bananes, de quartiers d'oranges macérés dans le málaga ou le porto.

1 brioche en couronne de 500 g
1 petit ananas (ou 1 boîte)
3 oranges
6 bananes
1/2 pot de marmelade d'abricots
25 cl de málaga ou de porto
50 g de beurre

1313. Compote de fruits secs
(4 h à l'avance)
Préparation : 1 h 30 min – Cuisson : 1 h

Laver et faire tremper 2 h les fruits dans de l'eau fraîche. Faire cuire doucement 1 h avec le sucre, la vanille et l'eau. Verser sur un compotier. Laisser refroidir. Décorer d'amandes, de noisettes mondées et de pistaches.

200 g de pruneaux
200 g de figues sèches
125 g de raisins Malaga
125 g de raisins de Corinthe
Quelques amandes, noisettes, pistaches
50 g de sucre en poudre
1 pincée de vanille
75 cl d'eau

Les entremets

N.B. – Dans nos recettes, les proportions sont établies pour six personnes.

Les entremets sont des plats sucrés, servis en guise de desserts, à la fin du repas. Composés principalement d'œufs, de lait et de sucre, on y ajoute volontiers du riz ou de la semoule ainsi que différents arômes tels que le café, la vanille, le citron, l'orange, la cannelle, l'eau de fleur d'oranger ou des alcools et des liqueurs. Dans ce dernier cas, leur consommation devra être réservée aux adultes uniquement. Ils se divisent en entremets chauds, froids ou glacés. Ce sont des desserts économiques, relativement nourrissants et équilibrés, que l'on peut avantageusement proposer aux enfants.

Les crèmes

Les crèmes sont des entremets se composant de lait, de sucre et d'œufs. Leur consistance est variable, suivant la quantité d'œufs employés et suivant la présence ou l'absence de blancs.

Crèmes sans œufs

1314. Crème japonaise
Préparation : 5 min – Cuisson : 25 min

Faire bouillir le lait sucré dans lequel a été mis le chocolat. Délayer l'agar-agar dans 1 c. à s. de lait froid. Verser dans le lait bouillant et laisser cuire 10 min. Verser dans un moule caramélisé (p. 482-483). Laisser refroidir. Démouler.

1 litre de lait
5 g d'agar-agar
150 g de chocolat
100 g de sucre
+ 50 g pour le caramel

1315. Gâteau de crème douce
Préparation : 10 min – Cuisson : 20 min

Faire bouillir le lait sucré avec l'arôme choisi. Faire gonfler dans un bol d'eau froide la gélatine, l'égoutter. L'ajouter au lait chaud. Lorsque le mélange est tiède, ajouter la crème fouettée et verser dans le moule caramélisé. Laisser refroidir. Démouler.

75 cl de lait
25 g de gélatine (6 feuilles)
250 g de crème fouettée
100 g de sucre
+ 60 g pour le caramel
Un arôme

Crèmes avec jaunes d'œufs

1316. Crème anglaise
Préparation : 5 min – Cuisson : 20 min

Faire bouillir le lait sucré. Casser les œufs et mettre seulement les jaunes dans une terrine.
Les battre avec un fouet ; ajouter peu à peu le lait chaud. Reverser dans la casserole. Faire épaissir la crème en la mettant sur le feu, mais de préférence au bain-marie, en tournant toujours. La crème épaissit peu à peu. Mais ne pas prolonger la cuisson jusqu'à ébullition : l'albumine des œufs coagulerait et se dissocierait du lait. Si la crème a tourné, la verser par petites quantités dans une bouteille ; boucher avec un torchon propre et agiter énergiquement pendant 3 à 4 min. La crème a repris corps. On peut utiliser aussi le mixeur.

1 litre de lait
6 jaunes d'œufs
100 g de sucre

On peut, pour plus d'économie, préparer la crème avec les œufs entiers battus comme pour une omelette. 4 œufs suffisent pour 1 litre de lait. Faire épaissir sur un feu plus doux.

1317. Crème à la vanille

Faire bouillir une gousse de vanille dans le lait et procéder selon la formule 1316.

1318. Crème au citron, à l'orange

Faire bouillir un zeste de citron ou d'orange dans le lait. Procéder selon la formule 1316.

1319. Crème à la banane

1 litre de crème anglaise
6 bananes

Préparer une crème anglaise (1316). Passer au mixeur les bananes pelées. Incorporer cette purée à la crème tiède. Servir froid.

1320. Crème aux abricots secs

1 litre de crème anglaise
125 g d'abricots secs

Faire cuire les abricots selon la formule 1212. Préparer une crème anglaise (1316). Passer les fruits au tamis et incorporer cette purée à la crème tiède. Servir froid.

1321. Crème au café

Mélanger avec les jaunes d'œufs 2 c. à c. d'extrait de café. Procéder selon la formule 1316.

1322. Crème au chocolat

1 litre de lait
5 œufs
200 g de chocolat

Faire fondre le chocolat dans le lait. Procéder ensuite selon la formule 1316. Ne pas sucrer.

1323. Crème au caramel
Préparation : 10 min

Faire, dans une casserole, un caramel avec 150 g de sucre (1209). Au moment où il atteint la couleur un peu plus foncée que la couleur habituelle, verser avec précaution 1 litre de lait chaud en tournant, pour faire fondre le sucre caramélisé. Passer le lait parfumé au tamis ou au chinois. Procéder ensuite selon la formule 1316.

1324. Crème péruvienne
Préparation : 30 min – Cuisson : 20 min

1 litre de lait
5 jaunes d'œufs
30 g de café moulu
125 g de chocolat
100 g de sucre

Faire infuser le café moulu dans 50 cl de lait chaud. Préparer, avec le sucre, un caramel (1209). Au moment où il est de bonne couleur, incorporer avec précaution le reste du lait chaud.
Faire fondre, avec très peu d'eau, le chocolat. L'ajouter au lait caramélisé et qui a été passé au chinois. Passer le lait contenant le marc de café et l'ajouter à la première préparation parfumée au caramel et au chocolat. Faire ensuite, avec les 5 jaunes, une crème anglaise (1316). Bien refroidir avant de servir.

1325. Crème vénitienne
Préparation : 10 min – Cuisson : 40 min

1 litre de lait
6 œufs
100 g de sucre

Faire une crème anglaise (1316), parfumée à volonté. Battre les blancs en neige bien ferme.
Les verser dans la crème lorsqu'elle est épaissie et encore chaude. Bien mélanger. Servir chaud ou froid. Consommer le jour même.

1326. Œufs à la neige
Préparation : 25 min – Cuisson : 40 min

1 litre de lait
6 œufs
125 g de sucre

Faire bouillir le lait sucré. Battre les blancs d'œufs. Au moment où le lait monte, y jeter les blancs, cuillerée par cuillerée. Laisser monter, retourner, laisser remonter, puis égoutter. La cuisson des blancs ne doit pas durer plus d'1 min chaque fois.

Procéder ensuite avec le lait et les jaunes comme pour une crème anglaise (1316), parfumer à volonté. Lorsque la crème est refroidie, y disposer les blancs.

Remarque. – On peut aussi pocher les blancs d'œufs à l'eau bouillante.

1327. Crème à l'ananas
Préparation : 15 min – Cuisson : 40 min

1 litre de crème anglaise
250 g d'ananas
Kirsch à volonté

Faire une crème anglaise (1316). Parfumer avec du kirsch à volonté. Piler le plus finement possible la chair d'ananas. Incorporer cette purée à la crème.

1328. Crème aux fraises
Préparation : 15 min – Cuisson : 40 min

1 litre de crème anglaise
500 g de fraises
80 g de sucre en poudre

Équeuter les fraises lavées. Les piler finement et les mélanger avec le sucre. Incorporer à la crème anglaise préparée selon la formule 1316.

1329. Crème aux pruneaux
Préparation : 15 min – Cuisson : 1 h 30

250 g de pruneaux
1 litre de crème anglaise

Faire cuire les pruneaux selon la formule 1299. Piler les pruneaux dénoyautés et les faire réduire encore dans leur jus de cuisson. Mêler intimement cette purée à la crème anglaise (1316).

1330. Hérissons
Préparation : 30 min – Cuisson : 25 min

12 petites madeleines
60 g d'amandes
75 cl de lait
5 jaunes d'œufs
20 cl de rhum
120 g de sucre en poudre

Éplucher les amandes, les couper en filets et les faire griller au four. Faire macérer les madeleines dans le rhum sucré (30 g) et légèrement additionné d'eau (3 c. à s.). Piquer les madeleines de morceaux d'amandes. Préparer, avec le lait, les jaunes d'œufs et 90 g de sucre, une crème anglaise (1316). La verser dans un compotier et garnir, une fois refroidie, avec les madeleines.

1331. Crème bavaroise à la vanille
(3 h à l'avance)
Préparation : 20 min – Cuisson : 25 min

50 cl de lait
250 g de crème fraîche
6 jaunes d'œufs
Vanille
250 g de sucre
20 g de gélatine (5 feuilles)
3 c. à s. d'eau

Faire, avec le lait, le sucre, la vanille et les jaunes d'œufs, une crème anglaise (1316). Avant de la faire épaissir, incorporer la gélatine gonflée dans l'eau froide. Passer au chinois. Laisser refroidir. Fouetter la crème (166) et l'incorporer au mélange avant que la crème anglaise ne soit prise en gelée. Laisser prendre dans un moule pendant 3 h au réfrigérateur.

1332. Crème bavaroise au chocolat
(3 h à l'avance)
Préparation : 25 min – Cuisson : 25 min

50 cl de lait
250 g de crème fraîche
200 g de chocolat
5 jaunes d'œufs
15 g de gélatine (4 feuilles)
3 c. à s. d'eau froide

Faire, avec le lait sucré dans lequel a fondu le chocolat, et les jaunes d'œufs, une crème au chocolat (1322). Faire gonfler la gélatine dans l'eau froide et l'incorporer à la crème non cuite. Faire épaissir au bain-marie. Passer au chinois. Laisser refroidir. Battre la crème fraîche (166), l'incorporer à la crème anglaise épaissie mais non prise en gelée. Verser la préparation dans un moule et laisser prendre au réfrigérateur pendant 3 h.

1333. Crème bavaroise au café
Préparation : 25 min – Cuisson : 25 min

50 cl de lait
250 g de crème fraîche
120 g de sucre en poudre
20 g de gélatine (5 feuilles)
5 jaunes d'œufs
50 g de café moulu
1 verre à liqueur d'extrait de café

Faire une crème anglaise au café selon la formule 1321. Procéder ensuite comme pour la bavaroise au chocolat (1332).

1334. Crème bavaroise aux fruits

(3 h à l'avance)
Préparation : 25 min – Cuisson : 25 min

50 cl de lait
5 œufs
125 g de sucre
500 g de fruits (fraises, framboises, groseilles)
250 g de crème fraîche
25 g de gélatine (6 feuilles)
3 c. à s. d'eau

Préparer une crème anglaise (1316), en y incorporant la gélatine trempée dans l'eau froide. Faire épaissir au bain-marie, puis laisser refroidir. Battre la crème fraîche (166). Passer les fruits au mixeur puis au tamis. Incorporer la crème fouettée à l'entremets déjà épaissi. Remettre à glacer pendant 3 h. Servir nappé avec le jus de fruits.

1335. Charlotte au café

(3 jours à l'avance)
Préparation : 10 min – Cuisson : 20 à 30 min

30 cl de lait
4 jaunes d'œufs
40 g de café moulu
12 g de gélatine (3 feuilles)
40 cl de crème fleurette
150 g de sucre glace
1/2 gousse de vanille

Faire infuser le café dans le lait pendant 2 jours (à couvert).
Mettre les jaunes d'œufs dans une terrine. Mélanger avec le sucre glace.
Tremper la gélatine dans un peu d'eau froide pendant 3 min.
Faire bouillir le lait filtré avec la gousse de vanille. Le mélanger aux œufs et au sucre et faire cuire à feu doux comme une crème anglaise (1316). Retirer de la source de chaleur et incorporer la gélatine égouttée. Battre la crème fleurette. L'ajouter à la préparation précédente au moment où elle épaissit.
Répartir dans des moules individuels et placer dans le réfrigérateur près du freezer pendant 12 h. Démouler pour servir.

Entremets avec blancs d'œufs

Les entremets avec les blancs d'œufs sont très rapidement faits. Mettre les blancs dans un saladier, les battre énergiquement avec un fouet spécial, jusqu'à ce qu'ils soient tout à fait consistants. Les employer aussitôt, sinon la préparation retombe.

Tous ces entremets doivent être préparés au moment de les servir.

1336. Mousse au chocolat
(3 h à l'avance)
Préparation : 20 min

6 blancs d'œufs
200 g de chocolat
30 g de sucre en poudre

Battre les blancs d'œufs, les sucrer. Faire fondre le chocolat dans très peu d'eau (2 c. à s.) de façon à faire une pâte épaisse. Incorporer cette pâte aux blancs en mélangeant doucement. Verser dans une coupe. Placer au frais pendant 3 h.

1337. Mousse au café
Préparation : 10 min

80 g de sucre en poudre
6 blancs d'œufs
2 c. à c. d'essence de café

Incorporer l'essence de café aux blancs battus et sucrés. Tenir au frais pendant 30 min avant de servir.

1338. Crème mousseuse au café
Préparation : 20 min – Cuisson : 15 min

1 litre de lait
150 g de sucre
5 œufs
1 c. à c. de vanille
1 c. à s. de café soluble
15 g de Maïzena

Faire bouillir le lait. Dans une terrine, battre les jaunes d'œufs, la vanille en poudre avec le sucre et la Maïzena. Ajouter le lait chaud en tournant, mettre le café. Puis faire cuire à feu doux en tournant sans arrêt jusqu'à épaississement. Battre les blancs d'œufs en neige très ferme. Lorsque la crème est refroidie, incorporer les blancs. Mélanger avec soin et tenir au frais 1 ou 2 h avant de servir.

Les entremets 525

1339. Mousse aux fraises
Préparation : 15 min

Écraser les fraises au travers d'une passoire ; les incorporer aux blancs battus et sucrés en mélangeant doucement.

4 blancs d'œufs
300 g de fraises
Sucre suivant goût

1340. Mousse à la crème Chantilly
Préparation : 20 min

Fouetter la crème (166). Battre les blancs bien fermes. Incorporer du sucre et mélanger le tout ; parfumer à volonté : vanille, café, chocolat, liqueur.

4 blancs d'œufs
200 g de crème fouettée
Sucre à volonté
Un arôme

1341. Île flottante
Préparation : 20 min – Cuisson : 50 min

Battre les blancs d'œufs en neige avec 80 g de sucre. Faire dans un moule, avec 60 g de sucre, un caramel (1209). Y verser la préparation et faire cuire 45 min au bain-marie. Faire, avec le lait, les jaunes et 60 g de sucre, une crème anglaise (1316). Laisser refroidir l'île flottante. Démouler sur un plat creux et napper avec la crème anglaise. Pour démouler, plonger 30 s le récipient dans l'eau chaude.

6 œufs
75 cl de lait
200 g de sucre en poudre

1342. Crème Richelieu
Préparation : 25 min – Cuisson : 45 min

Piler les pralines finement. Les incorporer aux blancs battus et sucrés, selon la formule 1341. Ajouter une pointe de colorant rouge. Finir comme ci-dessus.

6 œufs
75 cl de lait
10 pralines rouges
1 pointe de colorant rouge
150 g de sucre en poudre

1343. Mousse russe
Préparation : 20 min – Cuisson : 50 min

Battre les blancs d'œufs en neige. Piler les croûtes de meringues. Les incorporer aux blancs ainsi que 100 g de sucre. Caraméliser un moule avec 60 g de sucre. Y verser la préparation. Faire cuire au four et au bain-marie pendant 45 min. Servir avec une crème anglaise (1316) faite avec 80 g de sucre, le lait et les jaunes d'œufs.

6 œufs

240 g de sucre en poudre

125 g de croûtes de meringues

75 cl de lait

1344. Macaronette
Préparation : 25 min – Cuisson : 50 min

Piler finement les macarons. Battre les blancs en neige. Les incorporer à la poudre de macarons. Faire, avec 60 g de sucre, un caramel dans un moule (1209). Y verser la préparation. Faire cuire 45 min au bain-marie. Faire, avec les jaunes, le lait et 80 g de sucre, une crème à la vanille (1317). Démouler la macaronette froide et servir nappée de crème.

12 macarons

6 œufs

1 litre de lait

140 g de sucre en poudre

Crèmes aux œufs, sans lait

1345. Mousse au citron
Préparation : 20 min – Cuisson : 8 min

Mélanger le sucre, le jus des citrons et le zeste râpé de 2 citrons, avec 3 c. à s. d'eau et les jaunes d'œufs. Faire épaissir au bain-marie. Battre les blancs d'œufs et les incorporer au mélange refroidi.

4 citrons

6 œufs

100 g de sucre en poudre

3 c. à s. d'eau

1346. Mousse à l'orange

Préparation : 20 min – Cuisson : 8 min

Procéder selon la formule 1345, en remplaçant les citrons par des oranges. Râper le zeste de 3 oranges.

| 5 oranges |
| 6 œufs |
| 80 g de sucre en poudre |
| 3 c. à s. d'eau |

1347. Balancés

Préparation : 25 min

Faire ramollir le chocolat au bain-marie. Incorporer les 6 jaunes d'œufs, puis les 6 blancs en neige ferme. Mettre en pots et laisser reposer au frais plusieurs heures.

| 6 œufs |
| 250 g de chocolat noir |

1348. Crème Marie-Louise

Faire fondre, à très petit feu, le chocolat dans le café très fort. Procéder ensuite selon la formule 1345.

| 6 œufs |
| 250 g de chocolat noir |
| 10 cl de café très fort |

1349. Crème bachique

Préparation : 15 min

Travailler vivement les jaunes avec le sucre et le rhum pour faire un mélange mousseux. Ajouter les blancs battus en neige. Se fait au moment de servir.

On peut remplacer le rhum par la même quantité de kirsch et incorporer 200 g de crème fouettée non sucrée. Servir froid, dans des coupes.

| 6 œufs |
| 60 g de sucre en poudre |
| 15 cl de rhum |

Crèmes aux œufs entiers

On les appelle, en général, crèmes renversées, parce qu'elles sont assez fermes, après cuisson, pour pouvoir être renversées sur un plat au moment de les servir. Leur prix de revient, leur finesse et leur valeur nutritive dépendent du nombre et de la fraîcheur des œufs employés pour leur préparation.

1350. Œufs au lait
Th. 4
Préparation : 15 min – Cuisson : 50 min

1 litre de lait
4 œufs
125 g de sucre
Un arôme

Faire bouillir le lait sucré et parfumé. Battre les œufs entiers ; les mélanger avec le lait en tournant avec une cuillère en bois. Verser dans un plat et faire cuire 45 min à four doux.

1351. Crème prise en pots
Th. 4
Préparation : 15 min – Cuisson : 30 min

1 litre de lait
5 œufs
125 g de sucre
Un arôme

Procéder selon la formule 1350. Parfumer à volonté. Verser la crème dans des pots pouvant supporter la chaleur du four. Les placer dans un plat contenant de l'eau chaude et faire cuire au four pendant 25 min. La crème contenue dans les petits pots ne doit pas bouillir.

1352. Crème renversée
(à préparer au moins 2 h à l'avance)
Th. 4
Préparation : 15 min – Cuisson : 45 min à 1 h

1 litre de lait
6 œufs
200 g de sucre
Un arôme

Faire bouillir le lait sucré (140 g) et parfumé à volonté. Procéder comme pour les œufs au lait (1350). Caraméliser un moule avec 60 g de sucre (1209). Verser la crème et faire cuire au bain-marie et à four moyen pendant 45 min au moins. Laisser refroidir. Tremper le moule dans l'eau bouillante 30 s et démouler au moment de servir.

Remarque. – On peut très bien cuire une crème de ce genre dans un autocuiseur.

1353. Crème brûlée à la vanille
(5 h à l'avance)
Th. 2 à 3
Préparation : 20 min – Cuisson : 45 min à 1 h

50 cl de lait
50 cl de crème fleurette
200 g de sucre en poudre
4 gousses de vanille
10 jaunes d'œufs
100 g de cassonade

Mélanger le lait, la crème fleurette, les gousses de vanille et 100 g de sucre. Faire bouillir doucement puis retirer du feu et laisser refroidir. Pendant ce temps, dans une terrine, mélanger énergiquement les 10 jaunes d'œufs avec 100 g de sucre pour que le tout blanchisse. Verser sur cette préparation le lait, sans les gousses de vanille, bien mélanger et verser la crème dans un plat allant au four. Mettre à four moyen (th. 2-3) pendant 45 min à 1 h. La crème doit être prise ; elle ne doit *surtout pas* bouillir. Laisser refroidir à la température ambiante, puis mettre au réfrigérateur pendant 3 à 4 h. 10 min avant de servir, saupoudrer avec de la cassonade et glisser le plat sous le gril, à plein feu. Juste le temps de caraméliser la cassonade qui se transforme en petites boules de caramel.

1354. Crème belle et bonne
Th. 4 à 5
Préparation : 1 h 30 – Cuisson : 1 h 15

1 litre de lait
6 œufs
250 g de sucre
6 poires moyennes
4 petites poires
40 cl de vin rouge
20 cl de crème fraîche

Faire une crème renversée (1352) parfumée à la vanille, dans un moule en couronne. Faire cuire, coupées en dés, les petites poires dans le vin rouge sucré avec 100 g de sucre (30 min). Les retirer puis faire cuire les grosses poires coupées en deux dans le sens de la longueur dans le même sirop (40 min). Lorsque la crème renversée est cuite, la laisser refroidir, puis démouler. Disposer les demi-poires autour de la couronne, les petits dés au centre. Fouetter la crème et en garnir le dessert.

1355. Crème fruitée

Préparation : 20 min – Cuisson : 1 h

Faire tremper les biscuits dans le lait sucré chaud. Ajouter les œufs entiers battus. Passer le tout au tamis. Mettre enfin les cerises et le rhum. Verser dans un moule beurré et faire cuire au four et au bain-marie pendant 1 h. Servir nappé avec une gelée de groseille ou une marmelade d'abricots.

75 cl de lait
4 œufs
100 g de sucre
60 g de biscuits à la cuillère
50 g de cerises confites
5 cl de rhum ou de kirsch
Beurre
Gelée de groseille ou marmelade d'abricots

1356. Crème exotique

(12 h à l'avance)
Th. 4
Préparation : 30 min – Cuisson : 20 à 30 min

Mettre 120 g de noix de coco en poudre à infuser dans le lait froid pendant une nuit.
Casser les œufs entiers dans une terrine et y mélanger le sucre. D'autre part, faire bouillir le lait avec la noix de coco et l'ajouter dans la terrine en tournant avec soin. Passer au chinois, ajouter la liqueur. Caraméliser le fond de 6 petits moules, y verser la crème et faire cuire à four doux (th. 4). Quand la crème est prise, la laisser refroidir, puis mettre les moules au réfrigérateur. Couper les fruits exotiques en petits dés, après les avoir épluchés, les mettre dans une terrine, les mélanger, ajouter un peu de gingembre frais haché et la c. à s. de sucre en poudre.
Au moment de servir, démouler les crèmes prises, disposer autour la salade de fruits et saupoudrer avec de la noix de coco en poudre.

1 litre de lait
8 œufs
200 g de sucre en poudre
120 g de noix de coco + 50 g pour le décor
5 cl de caramel
5 cl de liqueur de coco
Fruits exotiques :
1 mangue
1 papaye
2 kiwis
1 tranche d'ananas
Gingembre frais
1 c. à s. de sucre en poudre

1357. Crème frangipane
Préparation : 15 min – Cuisson : 20 min

75 g de sucre en poudre
90 g de farine
90 g de beurre
60 g d'amandes
30 cl de lait
4 œufs
1 pincée de sel

Mélanger ensemble le sucre, 2 œufs entiers et 2 jaunes avec la farine, 60 g de beurre et le sel. Ajouter le lait bouillant et faire cuire sur le feu en tournant constamment jusqu'à ce que le mélange épaississe. Incorporer encore 30 g de beurre, les amandes épluchées et pilées. (On peut utiliser de la poudre d'amande.) Tourner avec soin jusqu'à refroidissement.

1358. Crème pâtissière
Préparation : 15 min – Cuisson : 10 min

50 cl de lait
75 g de sucre en poudre
1/2 gousse de vanille
50 g de farine
1 œuf entier
3 jaunes d'œufs

Faire bouillir le lait vanillé. Travailler dans une terrine la farine, le sucre et les œufs. Verser peu à peu le lait bouillant en tournant avec soin. Mettre le mélange dans la casserole, faire cuire à feu doux en tournant toujours. Retirer du feu au premier bouillon.

Les flans

Les flans sont des entremets sucrés faits avec du lait, des œufs et de la farine.

1359. Flan à la parisienne
Th. 5
Préparation : 10 min – Cuisson : 45 min

200 g de farine
100 g de sucre en poudre
4 œufs
1 litre de lait
40 g de beurre
Vanille en poudre

Mettre la farine dans une terrine. Faire un puits ; y mettre le sucre. Casser sur le sucre les œufs entiers ; mélanger en ajoutant 30 g de beurre fondu. Verser ensuite peu à peu le lait vanillé. Bien travailler la pâte pour la rendre entièrement lisse. Verser dans un moule beurré. Faire cuire au four pendant 45 min. Démouler et servir froid.

1360. Flan au citron
Th. 5
Préparation : 15 min – Cuisson : 45 min

160 g de sucre
4 œufs
75 cl de lait
30 g de fécule
Citron

Faire, avec 60 g de sucre, un caramel (1209). En enduire le moule qui servira à cuire le flan. Battre les œufs ; les mélanger au lait chaud et sucré avec 100 g de sucre. Ajouter la fécule délayée dans 1 c. à s. de lait froid et le zeste de citron râpé. Bien mélanger. Verser dans le moule et faire cuire au four et au bain-marie pendant 45 min. Démouler et servir froid.

1361. Flan à l'orange
(2 à 3 h à l'avance)
Préparation : 10 min – Cuisson : 20 min

2 œufs entiers
2 jaunes d'œufs
60 g de sucre en poudre
3 boîtes individuelles de jus d'orange (45 cl)

Battre les œufs entiers et les jaunes avec le sucre. Faire tiédir le jus d'orange et l'ajouter peu à peu sur le mélange. Verser dans des ramequins et cuire à four doux, ou au bain-marie, pendant 15 à 20 min. Laisser refroidir et mettre au réfrigérateur pendant 2 à 3 h.

1362. Flan à l'ananas
(à préparer la veille)
Th. 5 à 6
Préparation : 15 min – Cuisson : 1 h 10

1 boîte d'ananas de 1 kg
185 g de sucre
6 œufs
1 citron (jus)
35 g de farine
3 cl de kirsch

Écraser les 3/4 de l'ananas et les faire cuire dans le jus de la boîte avec 100 g de sucre (5 min de bouillon). Ajouter le reste des fruits coupés en dés et prolonger la cuisson pendant 5 min. Casser les œufs entiers dans une terrine ; les mélanger avec la farine, le jus du citron et le kirsch. Ajouter la compote d'ananas. Verser la préparation dans un moule caramélisé avec 85 g de sucre (1209). Faire cuire au four et au bain-marie pendant 1 h. Laisser refroidir et servir le lendemain.

Les soufflés

Les soufflés sont des entremets faits avec de la farine, du beurre, du lait et des œufs dont on bat les blancs pour donner de la légèreté à la préparation.

1363. Soufflé au chocolat
Th. 4 puis 6
Préparation : 10 min – Cuisson : 30 min

40 cl de lait
140 g de chocolat
30 g de sucre en poudre
5 œufs
15 g de farine

Faire chauffer et bouillir le lait chocolaté. Battre les jaunes d'œufs, y ajouter doucement le lait en tournant, ainsi que la farine délayée dans un peu de lait, à froid, et le sucre en poudre. Battre les blancs bien fermes. Les incorporer à la préparation. Mélanger doucement. Mettre à four doux 10 min, puis chaud pendant 20 min. Servir aussitôt.

1364. Soufflé à la vanille
Th. 5
Préparation : 10 min – Cuisson : 50 min

100 g de beurre
50 g de farine
40 cl de lait
100 g de sucre
5 œufs
Vanille en poudre

Faire bouillir le lait sucré et fortement vanillé. Faire une sauce béchamel avec la farine et le lait (voir formule 21), ajouter en dernier lieu le beurre. Incorporer les 5 jaunes d'œufs. Laisser refroidir. Battre fortement les blancs d'œufs. Les mélanger doucement à la préparation. Faire cuire à four moyen pendant 35 min. Servir aussitôt.

1365. Soufflé au citron, crème acidulée

Th. 5 à 6
Préparation : 40 min – Cuisson : 20 min

Crème pâtissière :
75 cl de lait
6 jaunes d'œufs
40 g de farine
40 g de fécule
100 g de sucre en poudre
1/2 gousse de vanille
Crème acidulée :
6 citrons
4 œufs
80 g de sucre en poudre
Compléments :
Pistache
Poudre d'amande
Essence d'amande
2 jaunes d'œufs
Kirsch
20 g de beurre

Beurrer le moule à soufflé ou les 6 ramequins. Préparer d'abord la crème pâtissière (1358) en utilisant les quantités indiquées ci-contre. Faire épaissir à feu moyen en tournant avec une cuillère en bois. Retirer du feu à la première ébullition.

Râper les zestes des citrons lavés. Exprimer le jus et mettre le tout dans une sauteuse (de préférence) avec le sucre (réserver 1 filet de citron). Porter à ébullition puis verser délicatement sur les 4 jaunes d'œufs mis dans une terrine (réserver les blancs). Mélanger. Mettre au réfrigérateur en attendant l'emploi.

Incorporer à la crème pâtissière les pistaches coupées en morceaux, 50 g de sauce acidulée, quelques gouttes de kirsch, de la poudre d'amande, de l'essence d'amande. Réchauffer légèrement et lier avec 2 jaunes d'œufs, en dehors du feu.

Monter les 4 blancs réservés en neige très ferme, ajouter à ceux-ci le filet de jus de citron réservé et mélanger délicatement à la crème pâtissière. Verser la préparation à mi-hauteur dans le moule ou dans les 6 ramequins. Mettre au four pendant 10 min (th. 5-6).

Au moment de servir (les soufflés étant montés), mettre une goutte de kirsch par ramequin ou 6 gouttes pour un grand moule. Ménager au centre de chaque préparation comme une petite cuvette. Y verser de la crème acidulée froide à la limite de la congélation. Servir aussitôt.

Pour ménager la cuvette, placer au centre de la préparation crue 1/2 coquille d'un petit œuf vidé ; celle-ci, étant très légère, n'empêche pas le soufflé de monter.

Plus simplement, on peut napper la surface du soufflé juste au moment de consommer.

1366. Soufflé aux fruits rouges
Préparation : 30 min – Cuisson : 20 à 30 min

250 g de fraises
200 g de framboises
50 g de groseilles
75 cl de lait
300 g de sucre en poudre
6 œufs
40 g de farine
40 à 50 g de fécule
50 g de beurre
5 cl d'eau-de-vie de framboise

Équeuter les fruits rouges ; les mettre à cuire dans une casserole avec 100 g de sucre, jusqu'à obtention d'une compote qui sera un peu épaisse en y ajoutant 5 à 10 g de fécule délayée dans un peu d'eau froide.

Faire bouillir le lait et, pendant ce temps, mélanger dans une terrine les jaunes d'œufs, 100 g de sucre, 40 g de fécule et la farine. Incorporer le lait chaud à cette préparation. Remettre le tout dans la casserole et faire épaissir à feu doux en fouettant (avec un fouet à main ou électrique) jusqu'à épaississement parfait de la crème.

Beurrer les moules individuels à soufflé. Saupoudrer de sucre.

Battre les blancs en neige très ferme, ajouter 50 g de sucre en poudre. Après avoir fait tiédir la crème et la compote de fruits rouges, mélanger ces 2 préparations. Parfumer avec 1 bonne c. à s. d'alcool de framboise. Ajouter alors, en dernier, les blancs, que l'on mêle délicatement au mélange, à l'aide d'une spatule. Remplir les moules beurrés et cuire à four doux (th. 3), pendant 15 min environ. Servir quand les soufflés sont montés, car ils se consomment chauds.

1367. Soufflé aux fruits confits
Th. 5 à 7
Préparation : 20 min – Cuisson : 45 min

125 g de fruits confits
5 cl de curaçao
40 g de farine
50 g de beurre
60 g de sucre en poudre
30 cl de lait
6 œufs

Procéder selon la formule 1364. N'utiliser que 4 jaunes d'œufs et les fruits confits, coupés en dés et macérés dans le curaçao. Battre les 6 blancs en neige. Les incorporer à la préparation, sans les briser. Beurrer un moule à soufflé. Le remplir avec la pâte. Laisser cuire 10 min à four moyen, puis 25 min à four très chaud. Servir aussitôt.

Les puddings

Les puddings (mot d'origine anglaise) sont des entremets se composant, en France, de lait, d'œufs et de sucre et contenant, en outre, un élément qui les rend consistants : riz, semoule, tapioca, Maïzena, biscuits ou pain. Ils sont, de ce fait, beaucoup plus nourrissants. On les parfume, à volonté, comme les crèmes (voir p. 519 et 520).

1368. Riz au lait
Préparation : 5 min – Cuisson : 30 min

- 250 g de riz rond
- 1 litre de lait
- 100 g de sucre en poudre
- 10 g de vanille en poudre

Faire bouillir 1,5 litre d'eau et y jeter le riz. Le laisser dans l'eau en ébullition pendant 3 min. L'égoutter, puis le mettre dans le lait bouillant vanillé. Couvrir et laisser cuire 15 min.
Retirer du feu et incorporer au riz le sucre en poudre que l'on mélange délicatement avec une fourchette.

1369. Riz au four
Th. 4
Préparation : 10 min – Cuisson : 1 h 10

- 250 g de riz rond
- 1,25 litre de lait
- 180 g de sucre
- Vanille ou zeste de citron
- 20 g de beurre

Laver soigneusement le riz. Le mettre dans le fond d'un plat beurré. Arroser avec tout le lait bouillant sucré et parfumé à volonté. Faire cuire à four doux pendant 1 h environ.

1370. Pudding au riz
Th. 7
Préparation : 20 min – Cuisson : 30 min

- 1 litre de lait
- 250 g de riz long
- 120 g de sucre
- 10 g de vanille
- 100 g de raisins de Corinthe
- 2 œufs

Laver le riz. Le mettre dans le lait bouillant vanillé et sucré avec 60 g de sucre. Ajouter 1 pincée de sel. Lorsque le riz est cuit, mettre les 2 jaunes d'œufs, les raisins lavés et les blancs battus en neige. Verser dans un moule caramélisé avec 60 g de sucre (1209). Passer à four chaud pendant 10 min. Laisser refroidir avant de démouler. On peut servir tous les puddings accompagnés d'une crème anglaise (1316) ou arrosés de rhum et flambés (réservé aux adultes).

1371. Riz à l'impératrice
Préparation : 1 h 30 – Cu___ min

Couper les fruits confits ___ faire macérer dans le kirsch. Laver le riz, ___ cuire 5 min dans 1 litre d'eau bouillante, égoutter. Le mettre dans une casserole, le recouvrir avec 75 cl de lait sucré et bouillant, faire cuire doucement jusqu'à ce que le riz soit sec. Faire une crème anglaise (1316), ajouter 3 feuilles de gélatine fondue dans 3 c. à s. d'eau tiède. Mélanger la gélatine égouttée à la crème, puis la crème au riz ; joindre les fruits confits. Laisser refroidir, mais pas complètement. Incorporer au mélange tiède la crème Chantilly (166). Verser la préparation dans un moule beurré. Faire refroidir sans glacer. Pour démouler, plonger dans l'eau chaude. Servir avec de la crème fouettée, de la gelée de groseille ou une crème anglaise parfumée au kirsch.

Pour le riz :
150 g de riz rond
75 cl de lait
50 g de sucre en poudre
125 g de fruits confits
Kirsch
Pour la crème :
150 g de crème Chantilly
12 g de gélatine (3 feuilles)
1/2 litre de crème anglaise

1372. Couronne aux abricots
(à préparer la veille)

250 g d'abricots secs

Procéder selon la formule 1370. Quand la pâte est préparée, passer à l'eau fraîche un moule en couronne ; y verser la préparation. Laisser refroidir. Faire cuire à feu doux les abricots trempés de la veille. Au moment de servir, démouler, garnir avec les abricots cuits. On peut remplacer les abricots par tous les fruits de conserve (cerises, prunes, etc.) ou par des fruits frais pochés 5 min à l'eau bouillante et arrosés d'un sirop léger.

1373. Pudding à la semoule

Th. 7
Préparation : 10 min – Cuisson : 35 min

20 g de beurre
125 g de semoule de blé dur
160 g de sucre
60 g d'amandes
1 litre de lait
Citron

Faire bouillir le lait sucré (100 g) avec le beurre et le zeste de citron. Au moment de l'ébullition, faire tomber la semoule en pluie. Laisser cuire doucement pendant 10 à 15 min. Éplucher les amandes, les hacher finement et les incorporer au mélange. Caraméliser un moule avec 60 g de sucre (1209). Y verser la préparation et faire cuire 10 min à four chaud. Laisser refroidir pour démouler.

1374. Semoule à la crème

Th. 7
Préparation : 10 min – Cuisson : 35 min

1 litre de lait
125 g de semoule de blé dur
50 g de fruits confits
2 œufs
120 g de sucre
50 cl de crème anglaise

Faire cuire à petit feu, 10 à 15 min, dans le lait bouillant et sucré avec 60 g de sucre, la semoule. Ajouter les 2 jaunes d'œufs, les fruits confits, puis les blancs battus. Caraméliser un moule avec 60 g de sucre (1209). Y verser la préparation. Passer au four chaud 8 min. Laisser refroidir. Servir démoulé et nappé d'une crème anglaise (1316).

1375. Quenelles de semoule

Th. 6
Préparation : 15 min – Cuisson : 40 min

60 cl de lait
60 g de sucre
125 g de semoule
30 g de beurre
3 œufs
60 g de raisins de Corinthe
125 g de chocolat

Faire bouillir le lait sucré. Y jeter la semoule et la faire cuire doucement 10 à 15 min. Ajouter, lorsqu'elle est cuite, les œufs entiers battus, le beurre et les raisins de Corinthe lavés. Laisser refroidir puis mouler avec cette pâte des boulettes allongées. Les placer dans un plat à four et les faire cuire 20 min à four moyen. Au moment de servir, napper avec du chocolat fondu à chaud dans un peu d'eau.

1376. Pudding au tapioca

Th. 4 à 5
Préparation : 8 min – Cuisson : 55 min

150 g de tapioca	
40 g de beurre	
50 cl de lait	
160 g de sucre	
6 œufs	

Faire bouillir le lait avec 100 g de sucre ; y verser le tapioca ; laisser cuire 5 min. Enlever du feu et ajouter le beurre, les jaunes d'œufs, puis les blancs battus en neige. Faire un caramel dans un moule à charlotte avec 60 g de sucre (1209). Y verser la préparation et faire cuire 40 min au bain-marie et au four.

1377. Gâteau chartrain

Préparation : 8 min – Cuisson : 20 min

150 g de chocolat	
75 cl de lait	
60 g de sucre	
25 g de tapioca	
60 g de semoule	

Faire fondre le chocolat dans le lait. Faire bouillir. À ce moment, verser en pluie la semoule et le tapioca. Laisser cuire doucement 15 min. Caraméliser un moule avec 60 g de sucre (1209). Verser le mélange bouillant dans le moule refroidi. Démouler froid.

1378. Pudding Maïzena

Préparation : 5 min – Cuisson : 15 min

1 litre de lait	
60 g de sucre	
90 g de Maïzena	
50 cl de crème anglaise	

Faire bouillir 75 cl de lait sucré. Délayer la Maïzena à froid dans 25 cl de lait. Quand le lait bout, verser la crème et laisser cuire 10 min. Passer un moule à l'eau fraîche, y verser la préparation et démouler froid. Servir avec la crème anglaise (1316).

1379. Pudding Maïzena aux pêches

Th. 5
Préparation : 10 min – Cuisson : 35 min

1 litre de lait	
3 œufs	
75 g de Maïzena	
120 g de sucre	
500 g de pêches	

Faire bouillir 75 cl de lait avec 60 g de sucre. Délayer à froid, dans 25 cl de lait, la Maïzena.

Incorporer les jaunes puis les blancs battus. Verser toute la préparation dans le lait bouillant et bien mélanger. Faire, avec 60 g de sucre, un caramel dans un moule à charlotte (1209). Y verser la crème. Mettre au four et faire cuire 20 min à four moyen. Démouler froid et décorer avec les fruits pelés, coupés en deux, dénoyautés et pochés 6 min dans un sirop bouillant. On peut remplacer les pêches par toutes espèces de fruits frais ou conservés.

1380. Pudding Maïzena aux fruits confits
Préparation : 15 min – Cuisson : 10 min

75 cl de lait
60 g de sucre
30 g de crème de riz
30 g de Maïzena
125 g de cerises et d'angélique confites
10 g de beurre

Faire bouillir le lait sucré. Y verser la crème de riz et la Maïzena délayées dans un peu de lait froid. Laisser cuire 5 min en remuant. Mélanger à la pâte 60 g de fruits confits hachés. Verser dans un moule beurré et laisser refroidir. Démouler froid et garnir avec le reste des fruits confits entiers.

1381. Pudding au pain
Th. 4 à 5
Préparation : 20 min – Cuisson : 1 h

500 g de mie de pain rassis
50 cl de lait
160 g de sucre
3 œufs
125 g de fruits confits

Hacher les fruits confits. Faire bouillir le lait avec 100 g de sucre. Battre les œufs entiers, les mélanger au lait chaud. Verser le tout sur le pain émietté. Incorporer les fruits confits. Faire un caramel avec 60 g de sucre dans un moule. Y mettre la préparation, faire cuire 1 h à four moyen. On peut supprimer les fruits et les remplacer par une pincée de vanille, de zeste de citron ou par des pruneaux cuits et dénoyautés.

1382. Pudding au vermicelle

(à préparer la veille)
Th. 5
Préparation : 20 min – Cuisson : 50 min

1 litre de lait	
80 g de sucre	
150 g de vermicelle	
60 g de beurre	
3 œufs	
60 g d'amandes	
1 citron	
Crème à la vanille ou gelée de groseille	

Faire bouillir le lait sucré et parfumé avec le zeste de citron. Briser le vermicelle cru, l'ajouter au lait et laisser cuire doucement pendant 15 min. Retirer du feu. Ajouter les jaunes d'œufs, les amandes épluchées et pilées, et le beurre. Bien mélanger. Incorporer les blancs battus en neige. Verser dans un moule passé à l'eau froide. Cuire à four chaud pendant 30 min. Laisser refroidir. Servir le lendemain avec 1,5 litre de crème à la vanille (1317) ou de la gelée de groseille (1741).

1383. Pudding à la confiture

(à préparer la veille)
Préparation : 20 min

250 g de biscuits à la cuillère	
250 g de confiture d'abricots	
20 cl de rhum	
10 cl d'eau	
50 cl de crème anglaise	

Tremper un à un les biscuits à la cuillère dans le mélange de rhum et d'eau. Les placer bien serrés contre la paroi d'un moule, le côté plat au-dehors. Garnir le fond. Disposer une couche de confiture d'abricots (1713), puis une couche de biscuits, et ainsi de suite. Finir par les biscuits. Laisser reposer 4 h au moins. Démouler et napper de crème anglaise (1316).

1384. Pudding au chocolat

(à préparer la veille)
Préparation : 35 min

125 g de biscuits à la cuillère	
160 g de chocolat	
80 g de sucre en poudre	
60 g de beurre	
4 œufs	
50 cl de crème anglaise	

Faire fondre le chocolat dans très peu d'eau. Y ajouter les jaunes d'œufs, le sucre, les blancs battus et le beurre. Garnir le moule de biscuits à la cuillère. Verser la préparation à l'intérieur. Finir avec les biscuits. Tenir au frais jusqu'au lendemain et servir avec une crème anglaise (1316).

1385. Pudding royal

(à préparer la veille)
Th. 5
Préparation : 35 min – Cuisson : 40 min

100 g de biscuits secs
100 g de macarons
100 g de biscuits à la cuillère
100 g de cerises confites
60 g de beurre
50 cl de lait
4 œufs
20 cl de rhum
250 g de crème fraîche

Piler les biscuits secs et les mettre en bouillie dans le lait. Ajouter 50 g de beurre fondu, les œufs battus, le rhum et 30 g de cerises hachées. Beurrer un moule. Disposer alternativement une couche de biscuits à la cuillère, une couche de la préparation, une couche de macarons (1479) et de cerises. Faire cuire à couvert au bain-marie pendant 30 min, et au four à découvert pendant 10 min. Laisser refroidir et démouler le lendemain ; garnir avec la crème fouettée et sucrée à volonté (166).

Les fritures sucrées

Il existe des entremets cuits dans le beurre ou l'huile chaude. Tels sont les omelettes, les crêpes, les beignets, etc.

Les omelettes

1386. Omelette au rhum
Préparation : 5 min – Cuisson : 7 min

6 œufs
30 g de beurre
30 g de sucre
5 cl de rhum

Faire une omelette au naturel (319), légèrement salée. Renverser sur un plat. Arroser avec 1/2 verre de rhum chauffé et sucré ; flamber.

1387. Omelette aux confitures

Préparation : 5 min – Cuisson : 7 min

6 œufs
30 g de beurre
30 g de sucre
1/2 pot de confiture

Faire une omelette au naturel (319). Mettre au milieu avant de la plier, de la confiture. Glisser sur un plat et servir, saupoudrée de sucre.

1388. Omelette soufflée

Th. 5
Préparation : 10 min – Cuisson : 22 min

150 g de sucre en poudre
5 œufs
25 g de beurre

Mélanger 125 g de sucre en poudre avec les jaunes d'œufs dans une terrine ; les travailler à la cuillère pour faire une pâte lisse. Parfumer à la vanille, au citron ou à l'orange à volonté. Battre les blancs en neige. En ajouter 1/4 à la pâte précédemment préparée et bien mélanger. Ajouter le reste des blancs d'un seul coup. Mettre la composition dans un plat beurré, saupoudrer du reste de sucre, lisser avec la lame d'un couteau. Faire une entaille pour faciliter la pénétration de la chaleur. Cuire 20 à 22 min à four moyen. Servir aussitôt.

1389. Omelette normande

Préparation : 10 min – Cuisson : 15 min

350 g de pommes
5 œufs
60 g de beurre
1 c. à s. de lait
1 pincée de sel
Cannelle en poudre
50 g de sucre en poudre

Couper en tranches fines les pommes épluchées. Les faire cuire avec du beurre (30 g) dans une casserole, à couvert, pendant 5 min. Retirer les pommes. Battre les œufs avec le lait comme pour une omelette, saler légèrement. Verser la moitié dans la poêle ; laisser cuire 2 min, mettre les pommes et recouvrir avec le reste des œufs. Prolonger la cuisson, 5 min à feu moyen. Retourner l'omelette d'un coup sec et servir saupoudrée de sucre et de cannelle.

1390. Omelette norvégienne

C'est une glace placée sur un morceau de biscuit et nappée d'omelette soufflée. Cet entremets nécessite trois préparations différentes. Il est donc assez long à faire.

– Faire un gâteau de Savoie (1557) la veille. Le couper de façon à ce qu'il forme un socle de 3 cm de hauteur.
– Préparer une glace au choix (p. 551 et 552). Elle doit avoir une forme allongée (rectangle ou cylindre) et environ 5 cm de hauteur.
– Faire une pâte d'omelette soufflée (1388).
Placer sur un plat allongé le biscuit. Disposer la glace. Napper avec l'omelette soufflée. Décorer avec la lame d'un couteau. Mettre à four rouge juste le temps nécessaire pour colorer la surface de l'omelette (celle-ci protège la glace et l'empêche de fondre). De toute façon, travailler vite.

1391. Crème frite
Préparation : 25 min – Cuisson : 23 min

50 cl de lait
6 jaunes d'œufs
1 œuf entier
80 g de sucre
40 g de farine
Chapelure
Huile pour friture

Faire, avec les jaunes, la farine, le lait et le sucre, une crème pâtissière (1358) bien épaisse. L'étaler pour la faire refroidir. La couper en morceaux réguliers. Passer ces morceaux dans l'œuf battu, puis dans de la chapelure et faire frire 3 min comme des beignets dans l'huile chaude.

Les crêpes

1392. Crêpes ordinaires
Préparation : 10 min – Cuisson : 3 min par crêpe

250 g de farine
50 cl de lait
2 œufs
Huile
1 pincée de sel
Sucre en poudre

Mettre la farine dans une terrine. Faire un puits ; y casser les œufs entiers, ajouter 1 c à s. d'huile, le sel et un peu de lait. Travailler énergiquement la pâte avec une cuillère en bois pour la rendre légère. Mouiller progressivement avec le lait, jusqu'à ce que la pâte fasse, en coulant, un ruban. Parfumer à volonté (rhum, kirsch, fleur d'oranger, citron, etc.). Laisser reposer 1 h. (La pâte peut épaissir. Au moment de s'en servir, allonger avec un peu d'eau ou de lait.) Verser dans la poêle très peu d'huile ; faire chauffer. Verser dessus un peu de pâte en inclinant la poêle de façon à ce qu'elle s'étende régulièrement.

Retourner dès que la crêpe est dorée et qu'elle peut se détacher. Cuire sur le deuxième côté. Saupoudrer de sucre. Servir brûlant. Si l'on fait les crêpes au beurre, elles sont beaucoup plus fines.

1393. Crêpes légères
Préparation : 10 min – Cuisson : 3 min par crêpe

250 g de farine
5 œufs
100 g de beurre
30 cl de lait
20 cl d'eau
Citron
Sel fin
Sucre en poudre

Délayer dans une terrine la farine avec le lait et l'eau tiède. Ajouter 15 g de beurre et 1 bonne pincée de sel. Laisser reposer ce mélange pendant 1 h. Ajouter les jaunes, le zeste de citron râpé, le reste du beurre, fondu en crème, et les blancs en neige très ferme et légèrement salés. La pâte doit être lisse et claire. Faire cuire selon la formule 1392. Saupoudrer de sucre à volonté.

1394. Crêpes fourrées à la confiture
Procéder selon la formule 1392. Étendre sur chaque crêpe 1 c. à s. de confiture. Servir roulé.

1395. Crêpes fourrées à la crème (pannequets)
Procéder selon la formule 1394, mais remplacer la confiture par de la frangipane ou de la crème fraîche.

1396. Pain perdu

400 g de pain rassis
50 cl de lait
2 œufs
Sucre en poudre
125 g de beurre
Cannelle en poudre ou vanille en poudre

Battre le lait sucré (150 g) avec les œufs entiers. Faire tremper le pain coupé en tranches régulières et assez minces dans ce mélange. (Le pain ne doit pas s'écraser, il doit être humecté.) Faire fondre un morceau de beurre dans une poêle. Dorer chaque tranche au beurre chaud. Servir saupoudrées de sucre et de cannelle en poudre (à volonté) ou de vanille.

Les beignets

Les beignets se font avec une pâte sucrée ou avec des fruits trempés dans une pâte à frire.

1397. Beignets soufflés ou pets de nonne
Préparation : 20 min – Cuisson : 5 min par bain de friture

Préparer une pâte à choux (1488). Faire tomber dans la friture pas très chaude des c. à s. de pâte (gros comme une noix). À mesure que les beignets gonflent, augmenter la chaleur. Les retirer quand ils sont dorés. Égoutter et servir saupoudrés de sucre en poudre.

1398. Beignets soufflés à la crème

Préparer des beignets selon la formule 1397. Servir les beignets accompagnés d'une crème parfumée à la vanille (1317) servie dans une jatte.

1399. Beignets aux fruits

Pour qu'un corps soit doré dans la graisse chaude, il faut qu'il contienne de l'amidon (farine). Les fruits, qui sont très riches en eau, en sucre, en cellulose, ne peuvent pas être plongés tels quels dans la friture. On les trempe dans une pâte à frire (1400). Ainsi enrobés, ils cuisent à chaleur humide et la pâte dore.

1400. Pâte à frire
(2 h à l'avance)
Préparation : 8 min

250 g de farine
1 noix de levure de boulanger
1 c. à s. d'huile
1 blanc d'œuf

Mettre la farine dans une terrine. Faire un puits, y placer l'huile et la levure. Délayer peu à peu avec de l'eau tiède jusqu'à formation d'une pâte faisant ruban. Ajouter enfin le blanc d'œuf battu 1 min à la fourchette. Laisser reposer 2 h avant de l'utiliser.

1401. Pâte à frire
On peut aussi utiliser la pâte à crêpes (1392) un peu épaisse comme pâte à frire ; mais elle est moins croustillante que celle de la formule 1400.

1402. Beignets aux pommes
Éplucher les pommes ; les couper en rondelles régulières (le cœur a été évidé). Les mettre dans la pâte à frire (1400). Un beignet doit contenir une rondelle de pomme. Faire dorer dans l'huile. Égoutter, sucrer, servir chaud.

1403. Beignets aux fraises
Tremper les fraises dans la pâte et procéder selon la formule 1402.

1404. Beignets aux pêches
Partager les fruits en deux. Enlever les noyaux. Les plonger dans la pâte (1400) et procéder selon la formule 1402.

1405. Croquettes de riz
Préparation : 15 min – Cuisson : 30 min

180 g de riz
50 cl de lait
50 cl d'eau
60 g de beurre
2 œufs
60 g de sucre
Huile pour friture

Faire cuire le riz à l'indienne (1162) mais saler légèrement le liquide (eau + lait) et aromatiser avec du zeste de citron ou de la vanille. Laisser refroidir légèrement et incorporer 2 œufs. Quand le mélange est complètement froid, former des boulettes oblongues, les passer dans la farine ou le blanc d'œuf et les faire dorer dans la friture très chaude. Saupoudrer de sucre au moment de servir.

1406. Croquettes de semoule
Faire cuire la semoule selon la formule 1373. Faire des petites boulettes, les rouler dans la farine et les faire dorer à friture chaude.

Entremets variés

N.B. – Dans nos recettes, les proportions sont établies pour six personnes.

Nous avons mis dans cette catégorie les entremets n'appartenant à aucune espèce bien déterminée.

1407. Béchamel au chocolat
Préparation : 10 min – Cuisson : 10 min

Faire fondre le chocolat dans le lait chaud. Faire fondre le beurre dans une casserole. Ajouter la farine ; y verser petit à petit le lait chocolaté. Faire cuire pendant 10 min en tournant. Servir froid.

200 g de chocolat
50 g de beurre
35 g de farine
75 cl de lait

1408. Un bon jeune homme
Préparation : 3 min – Cuisson : 45 min

Mélanger dans le lait chaud le chocolat et le sucre. Faire cuire 45 min pour obtenir une pâte très épaisse. Verser chaud dans une coupe. Servir très froid, nappé avec la crème anglaise (1316).

175 g de chocolat
50 g de sucre
70 cl de lait
50 cl de crème anglaise

1409. Marquise au chocolat

(4 h à l'avance)
Préparation : 25 min

250 g de chocolat	
60 g de sucre en poudre	
175 g de beurre frais	
4 œufs	

Couper le chocolat en morceaux. Le faire amollir à feu doux avec un peu d'eau de façon à obtenir une pâte lisse. Laisser refroidir. Incorporer le sucre, les jaunes d'œufs et le beurre travaillé en crème. Bien mélanger avant d'ajouter les blancs battus en neige très ferme. Verser dans un moule à charlotte et laisser durcir au froid. Pour démouler, tremper le moule dans l'eau chaude. Napper avec une crème à la vanille (1317).

1410. Mayonnaise au chocolat

Préparation : 25 min

175 g de chocolat	
4 œufs	
3 cl de rhum	
30 g de beurre	

Faire ramollir le beurre et le chocolat au bain-marie. Mélanger les jaunes dans la pâte encore chaude, mais successivement. Battre les blancs en neige très ferme. Les incorporer ainsi que le rhum. Laisser plusieurs heures au frais.

1411. Nègre en chemise

Préparation : 25 min

185 g de chocolat	
185 g de beurre	
3 œufs	
250 g de crème fraîche	

Faire ramollir le chocolat au bain-marie ; le travailler avec le beurre. Ajouter les jaunes, les blancs battus. Mettre dans un moule huilé et laisser au frais jusqu'au lendemain. Servir démoulé et nappé de crème fouettée (166).

1412. Ganache de chocolat à la menthe

(2 à 3 jours à l'avance)
Préparation : 1 h – Cuisson : 1 h

Pour 12 personnes :

- 1 gâteau marbré (doubler la quantité de chocolat : 120 g)

Crème ganache à la menthe :
- 200 g de chocolat caraque
- 400 g de crème fleurette
- 10 cl de Jet 27
- 100 g de sucre
- 1 petite boîte d'After Eight

Crème anglaise

Préparer d'abord un gâteau marbré (1554) qui sera entièrement au chocolat au lieu d'être marbré. Cuire 1 h. Le gâteau peut être fait 3 jours à l'avance.

Préparer la crème ganache qui peut aussi être faite 2 ou 3 jours à l'avance. Faire avec 200 g de crème fleurette une crème Chantilly (166) que l'on garde au frais.

Casser dans une terrine le chocolat en petits morceaux. Y incorporer 200 g de crème fleurette que l'on a fait bouillir. Obtenir une pâte lisse que l'on travaille à la cuillère jusqu'à ce qu'elle soit froide. Ajouter la crème Chantilly et la moitié de la liqueur Jet 27.

Préparer avec 25 cl d'eau et 100 g de sucre un sirop léger (à chaud) ; parfumer avec le reste du Jet 27.

Couper le biscuit, à l'horizontale, en 3 tranches. Imbiber chacune d'elles avec le sirop de sucre à la menthe. Prendre le moule dans lequel a cuit le gâteau. (Ce peut être un moule à cake ou un moule à manqué.) Placer dans le fond une tranche de biscuit. Recouvrir d'une couche de ganache. Poser dessus quelques carrés d'After Eight. Recouvrir avec une deuxième tranche de biscuit, humectée de sirop à la menthe, puis napper avec une couche de crème ganache recouverte de carrés d'After Eight. Terminer le gâteau en le couvrant avec la troisième tranche de biscuit humectée au sirop. Appuyer pour tasser et recouvrir, pour terminer, avec le reste de la ganache. Mettre au réfrigérateur pendant 2 à 3 jours.

Le jour du service, démouler le gâteau sur un plat ayant un bord et napper avec la crème anglaise (1316) ou simplement accompagner de cette crème dans une jatte.

# Les glaces

Les glaces sont des entremets froids que l'on obtient en turbinant (mélangeant régulièrement et rapidement au moyen d'une machine munie de pales) au congélateur (– 18 °C minimum) une préparation à base de lait ou de crème. On peut les obtenir avec une sorbetière domestique. Une fois que la glace est totalement prise, la verser dans un moule ou un récipient et la conserver au froid (– 18 °C) jusqu'au moment de la démouler ou de la servir.

Pour démouler une glace. Arroser le moule d'eau froide – jamais d'eau chaude – pendant 1 à 2 min et le renverser sur le plat de service.

Crème glacée dans le réfrigérateur. À défaut de sorbetière, on peut obtenir de la glace en versant la préparation dans un récipient bon conducteur de froid (métallique par exemple) et la remuer toutes les 15 min avec une fourchette (pour éviter la formation de paillettes). Répéter l'opération jusqu'à ce qu'elle soit prise en espaçant de moins en moins les interventions (toutes les 5 min lorsqu'elle commence à prendre complètement). Ce système donne généralement toute satisfaction, mais il faut savoir que :
– trop de sucre empêche la préparation de prendre ;
– trop d'eau ou de lait favorise la formation de paillettes ;
– trop d'alcool retarde la congélation ;
– il faut compter, selon les réfrigérateurs, 4 à 8 h pour permettre à la crème de se transformer en crème glacée.

1413. Glace à la vanille

1 litre de lait
8 jaunes d'œufs
150 g de sucre
Vanille en poudre

Faire chauffer le lait vanillé. Casser les œufs et mettre les jaunes dans une terrine avec le sucre. Travailler pendant 10 min au moins pour rendre le mélange blanc et mousseux. Verser peu à peu le lait chaud. Procéder ensuite comme pour une crème anglaise (1316). La crème étant épaisse, la faire refroidir en battant continuellement au fouet : elle devient onctueuse et moelleuse en refroidissant. Verser la crème dans la sorbetière et faire turbiner.

1414. Glace au kirsch

Procéder selon la formule 1413, mais parfumer, au moment de mettre dans la sorbetière, selon le goût, avec du kirsch.

1415. Glace au chocolat

1 litre de lait
250 g de chocolat
6 œufs
60 g de sucre

Avec les proportions indiquées, faire une crème au chocolat (1322), puis procéder selon la formule 1413.

1416. Glace au café

1 litre de lait
8 œufs
2 cl d'extrait de café
100 g de sucre

Préparer une crème au café (1321), puis procéder selon la formule 1413.

1417. Glace au café avec grains

1 litre de glace au café
125 g de grains de café en sucre

Préparer une glace au café (1416). Au moment de la mettre dans le moule, y incorporer, sans les briser, les grains de café.

Glaces mousseuses

On peut incorporer aux préparations ci-dessus, au moment où la crème est prise, 500 g de crème fouettée (166). Verser dans un moule et mettre au congélateur.

1418. Glace aux fruits

500 g de sucre
40 cl d'eau

Faire d'abord un sirop de sucre (1209). Mettre dans une casserole le sucre et l'eau. Faire chauffer jusqu'au moment où le liquide entre en ébullition. Mélanger ce sirop au jus de fruits. Le sirop, à ce moment, doit être léger (1,1609 de densité). Faire congeler comme une glace.

1419. Glace aux fraises

50 cl de sirop de sucre
500 g de fraises
2 citrons (jus)

Exprimer le jus des fraises au mixeur, y ajouter le jus des citrons, mélanger au sirop (1418) et faire congeler.

1420. Glace aux mandarines

750 g de mandarines
50 cl de sirop de sucre
20 cl d'eau

Râper le zeste de la moitié des fruits. Exprimer le jus des mandarines. Incorporer le tout au sirop de sucre (1418), ajouter l'eau et faire congeler.

1421. Glace aux oranges

750 g d'oranges
50 cl de sirop de sucre
30 cl d'eau

Procéder selon la formule 1420.

Remarque. – À toutes ces glaces on peut ajouter 50 cl de crème fraîche, ce qui les rend plus moelleuses et moins froides.

1422. Mousse glacée aux fruits

50 cl de sirop de sucre
8 jaunes d'œufs

Préparer un sirop de sucre (1209). Battre fortement les œufs et ajouter en filet le sirop chaud au stade du **grand lissé**. Faire épaissir au bain-marie. Lorsque la préparation est bien ferme, la battre pour la faire refroidir, et ajouter les jus de fruits. Faire congeler.

1423. Mousse glacée aux fraises

200 g de fraises
50 cl de crème fouettée

Mélanger à la préparation précédente les fraises passées au mixeur et la crème fouettée (166). Faire congeler.

1424. Mousse glacée à l'ananas

185 g d'ananas confit
Essence d'ananas
25 cl de crème fouettée

Mélanger à la préparation (1422) 2 gouttes d'essence d'ananas et l'ananas confit haché. Finir avec la crème fouettée (166). Faire congeler.

1425. Mousse glacée à la mandarine

Faire chauffer dans le sirop de sucre (1209) le zeste de 6 mandarines et continuer suivant la formule 1422. Ajouter la crème fouettée (166). Faire congeler.

50 cl de sirop
8 jaunes d'œufs
6 mandarines
25 cl de crème fouettée

1426. Mousse glacée à l'orange

Procéder selon la formule 1425 en remplaçant les mandarines par 4 oranges.

1427. Café glacé

Faire du café fort avec l'eau bouillante. Sucrer. Congeler avec la sorbetière. Mélanger, au moment de servir, avec la crème fouettée (166).

1 litre d'eau
185 g de café
200 g de sucre
50 cl de crème fouettée

1428. Pêches Melba

Faire cuire 15 min les pêches entières dans l'eau et le sucre. Les éplucher et les laisser refroidir. Servir sur la glace à la vanille (1413). Napper avec le sirop de groseilles, saupoudrer avec les amandes mondées et effilées et décorer de crème fouettée glacée (166).

6 belles pêches
50 g d'amandes
50 cl d'eau
100 g de sucre
5 cl de sirop de groseilles
25 cl de crème fouettée
1 litre de glace à la vanille

1429. Glace aux fruits confits ou plombière

Faire macérer 1 h les fruits coupés en morceaux dans le kirsch. Les incorporer à la glace à la vanille (1413) au moment de la mouler.

1 litre de glace à la vanille
125 g de fruits confits variés
5 cl de kirsch

1430. Café au lait glacé

Mélanger dans une terrine le lait concentré sucré et le lait froid. Ajouter le café soluble (goûter pour s'assurer que la crème est assez parfumée). Verser dans le tiroir à glace et faire prendre au réfrigérateur 4 à 6 h.

1 boîte de lait concentré sucré
Le même volume de lait
Café soluble (suivant goût)

1431. Café liégeois
(1 h à 5 h à l'avance)

Faire une crème au café (1321) puis la glacer (voir p. 551). Préparer 25 cl de café noir. Le tenir au réfrigérateur. Dans le fond de chaque verre rafraîchi, mettre 2 c. à s. de café non sucré. Ajouter 2 à 3 boules de glace au café, pas trop ferme. Disposer au sommet la crème Chantilly sucrée (166) et décorée de grains de café confiseur.

1 litre de crème au café
25 cl de café noir
200 g de crème fraîche
50 g de sucre
60 g de grains de café en sucre

1432. Crème glacée au sauternes

Préparation : 5 min – Cuisson : 5 à 6 min

1 bouteille de sauternes
20 cl d'eau
250 g de sucre
100 g de crème fraîche

Dans une casserole, verser le vin et l'eau. Poser sur la source de chaleur, mais seulement pour tiédir. Fouetter la crème, ajouter le sucre. Bien mélanger et incorporer au liquide tiède. Passer au mixeur pendant 2 à 3 min, puis verser dans la sorbetière que l'on fait tourner jusqu'à la prise en glace. La crème donne du moelleux.

1433. Crème glacée aux abricots

Réduire des abricots bien mûrs et crus en une purée lisse. Incorporer le sucre en poudre jusqu'à ce qu'il soit fondu. Faire d'abord épaissir quelque peu dans le freezer. Incorporer alors la crème fouettée (166). Remettre au froid : agiter avec une fourchette environ toutes les 30 min pour éviter la formation des paillettes pendant 4 à 6 h.

50 cl de purée d'abricots crus
25 cl de crème fraîche
90 g de sucre

1434. Crème glacée aux fraises

Procéder selon la formule 1433.

- 50 cl de jus de fraises crues
- 25 cl de crème fraîche
- 100 g de sucre en poudre

1435. Crème glacée aux framboises

Procéder selon la formule 1433.

- 50 cl de jus de framboises crues
- 25 cl de crème fraîche
- 100 g de sucre en poudre

1436. Crème glacée aux pêches

Procéder selon la formule 1433.

- 50 cl de purée de pêches crues
- 25 cl de crème fraîche
- 90 g de sucre en poudre
- 1 c. à c. de jus de citron

1437. Soufflé glacé au chocolat
(à faire la veille)

Préparation : 25 min – Cuisson : 5 min pour le sirop

- 6 jaunes d'œufs
- 140 g de sucre en poudre
- 30 g de cacao en poudre
- 375 g de crème fraîche
- Beurre

Casser les œufs et mettre les jaunes dans une terrine. Verser 125 g de sucre dans une casserole, mouiller avec un peu d'eau, porter à ébullition sur feu vif. Verser ce sirop chaud sur les jaunes en battant énergiquement, jusqu'à complet refroidissement (fouet électrique).

Dans un bol, délayer le cacao avec un peu d'eau tiède, pour obtenir une bouillie épaisse. D'autre part, fouetter la crème fraîche jusqu'à ce qu'elle soit mousseuse. Ajouter 1 c. à s. d'eau glacée. Incorporer la pâte de cacao et verser le tout dans la terrine où se trouvent les œufs. Mélanger délicatement avec une spatule.

Chemiser un moule à soufflé avec une bande de papier sulfurisé qui doit dépasser de 10 cm le bord du moule. Rabattre ce papier et le maintenir en place à l'aide d'une ficelle (qu'on enlèvera au moment de servir).

Beurrer au pinceau le papier intérieur et saupoudrer de sucre. Verser la préparation dans le moule. Tasser, égaliser avec une lame de couteau et mettre une nuit au congélateur.

Les sorbets

Le sorbet est un entremet glacé préparé sans matière grasse ni œufs, composé essentiellement de sucre et de purée ou de jus de fruit, d'infusion (citronnelle, estragon), d'alcool (armagnac) ou de vin (porto, champagne). Les premiers sorbets étaient élaborés à partir de fruits, de miel et de neige.

On le sert en dessert à la fin du repas, plus rarement entre deux plats dans un menu de fête où il fait office de « trou normand » : cette pause rafraîchissante facilite la digestion.

Principe général. Faire chauffer dans l'eau une certaine quantité de sucre, du jus de citron et les fruits choisis épluchés. Laisser bouillir 5 min puis passer au mixeur pour réduire en purée. Laisser refroidir avant de verser dans la sorbetière. Procéder ensuite comme pour les glaces.

Remarques. – On peut utiliser du sucre « spécial confiture » contenant de la pectine, ce qui facilite la prise du sorbet.

La quantité d'eau et de sucre varie avec la nature de la substance de base. Il en faut peu, voire pas du tout pour un sorbet à l'alcool, plus ou moins pour les fruits et beaucoup pour les infusions. On utilisera de préférence de l'eau minérale.

1438. Sorbet au cassis

Préparation : 20 min – Cuisson : 5 min

1 kg de cassis [1]
30 cl d'eau
1 citron (jus)
350 g de sucre

Mettre, dans une casserole contenant l'eau, les cassis lavés et équeutés. Ajouter le jus de citron et le sucre. Porter sur le feu et maintenir en ébullition pendant 5 min. Laisser refroidir. Passer au mixeur, puis au chinois. Mettre en sorbetière jusqu'au moment où la préparation est prise en glace.

---

1. On peut, à la rigueur, employer du cassis congelé qui doit être dégelé à température ambiante avant de procéder à la préparation.

1439. Sorbet à la framboise
Préparation : 5 min

Dans le jus de citron et de l'orange, délayer à froid le sucre. Mettre dans le bol du mixeur les framboises et le sirop de sucre. Réduire en purée. Ne pas filtrer. Mettre en sorbetière et faire prendre en glace.

500 g de framboises
1 petite orange (jus)
1 citron vert (jus)
200 g de sucre

1440. Sorbet à la tomate
Préparation : 5 min

Mettre dans le bol du mixeur tous les ingrédients (sauf les herbes hachées qui seront incorporées à la dernière minute). Faire tourner le mixeur le temps nécessaire pour obtenir un bon mélange. Ajouter les herbes. Mettre en sorbetière et faire tourner jusqu'à la prise du sorbet.

1 litre de jus de tomate
2 citrons verts
1 c. à s. de vinaigre de vin
1 pincée de sel
50 g de sucre
1 pincée de piment de Cayenne
1 pincée de paprika
10 cl d'eau
Estragon
Cerfeuil

1441. Sorbet au citron vert
Préparation : 10 min – Cuisson : 10 min

Recueillir le jus des 6 agrumes. Filtrer. Porter juste à ébullition dans une casserole contenant l'eau et le sucre. Laisser refroidir. Puis faire prendre en glace dans la sorbetière.

4 citrons verts (jus)
2 citrons jaunes (jus)
75 cl d'eau
400 g de sucre

1442. Sorbet à la citronnelle
Préparation : 5 min – Infusion : 10 min

Mettre tous les ingrédients dans une casserole ; porter à ébullition. Couvrir et laisser infuser pendant 10 min. Laisser refroidir. Filtrer. Mettre en sorbetière et faire tourner jusqu'à la prise de la glace.

1 c. à s. de citronnelle séchée
2 oranges (jus)
1 litre d'eau
350 g de sucre

Remarque. – Si l'on dispose de citronnelle fraîche, le sorbet sera beaucoup plus parfumé.

1443. Sorbet à l'armagnac
Préparation : 5 min – Cuisson : 5 min

25 cl d'armagnac
250 g de sucre
1 citron (jus)
35 cl d'eau

Mettre tous les ingrédients dans une casserole. Chauffer, arrêter la cuisson juste à l'ébullition. Laisser refroidir et mettre en sorbetière. Tourner jusqu'à la prise en glace.

1444. Sorbet à la poire
Préparation : 5 à 0 min

1,5 kg de poires
15 cl d'eau
250 g de sucre Confisuc
1 citron (jus)
10 cl d'eau-de-vie de poire

Choisir des poires tendres et parfumées. Les peler et enlever le cœur avec les pépins. Mettre la pulpe des fruits et les autres ingrédients dans le mixeur. Réduire en purée que l'on passe ensuite au chinois. Verser dans la sorbetière et faire tourner jusqu'à la prise en glace.

Préparations additionnelles

Certaines préparations ne constituent pas, à elles seules, un dessert, mais sont, dans bien des cas, nécessaires pour compléter ou décorer un plat sucré.

1445. Glace au kirsch pour gâteau

125 g de sucre glace
Kirsch

Mouiller le sucre glace avec du kirsch, pour obtenir une pâte épaisse. Étendre sur le gâteau, avec un couteau à grande lame, en trempant de temps en temps la lame dans l'eau bouillante.

1446. Glace au chocolat

60 g de chocolat
60 g de beurre
2 œufs

Faire ramollir le chocolat et le beurre. Incorporer les jaunes, puis les blancs battus. Étendre cette préparation sur le gâteau avec un couteau à grande lame. Cette crème durcit en refroidissant.

1447. Fondant au café

10 gouttes de jus de citron
300 g de sucre
1 c. à s. de glucose
1/2 verre à liqueur d'extrait de café
10 cl d'eau

Faire fondre le sucre et le glucose avec l'eau au grand lissé (1209). Couler le sirop sur un marbre. L'aplatir, dès qu'il est froid, avec une spatule en bois pour le rendre blanc. Ajouter le jus de citron et travailler cette pâte sucrée à la main pour la réduire en boule. Remettre le sucre à fondre sans laisser bouillir, ajouter l'extrait de café et utiliser, soit pour glacer un grand gâteau, soit pour glacer des petits choux. On peut trouver, dans le commerce, du fondant tout préparé.

1448. Crème Saint-Honoré

30 g de farine
125 g de sucre en poudre
4 œufs
50 cl de lait
Vanille en poudre

Travailler la farine, le sucre, 1 œuf entier et 3 jaunes avec de la vanille en poudre. Ajouter peu à peu le lait bouillant. Faire épaissir sur feu doux comme une crème pâtissière (1358). Lorsque la crème est encore chaude, incorporer les 3 blancs battus en neige. Laisser refroidir. Employer aussitôt pour garniture. Ne se conserve pas.

1449. Crème au beurre

Préparation : 30 min – Cuisson : 10 min

3 œufs
120 g de sucre en poudre
270 g de beurre

Travailler les œufs entiers avec le sucre, à chaud, en fouettant sans arrêt. Malaxer le beurre en crème (à froid). L'ajouter à la crème battue et refroidie. Parfumer à volonté.

1450. Crème pour choux

Préparation : 25 min – Cuisson : 10 min

Travailler dans une casserole la farine, le sucre et le sel avec les œufs. Ajouter le lait dans lequel a été fondu le chocolat, puis incorporer le beurre peu à peu. Faire épaissir sur feu doux. Laisser cuire 1 min, puis fouetter jusqu'à complet refroidissement.

60 g de farine
100 g de sucre en poudre
50 cl de lait
50 g de chocolat
30 g de beurre
3 œufs
1 pincée de sel

1451. Crème au fromage pour pâtisseries salées

Préparation : 25 min – Cuisson : 15 min

Préparer une béchamel (21) avec la moitié du beurre, la farine et la crème. Laisser cuire 15 min. Retirer du feu. Puis ajouter le fromage râpé, les jaunes d'œufs, les blancs battus en neige et le reste du beurre par petits morceaux. Bien travailler le tout. Assaisonner. Cette préparation sert à garnir des choux soufflés non sucrés, des tartelettes, des petites galettes.

125 g de beurre
30 g de farine
20 cl de crème fraîche
75 g de gruyère râpé
2 œufs
Sel, poivre

1452. Sauce au rhum

Faire chauffer l'eau, le sucre et le rhum. Retirer du feu au moment où commence l'ébullition. Arroser le baba chaud avec cette sauce chaude.

50 cl d'eau
125 g de sucre
20 cl de rhum

1453. Sabayon

Préparation : 10 min

Travailler le sucre, les jaunes d'œufs, la vanille et le zeste du citron râpé, de façon à obtenir un mélange blanc et lisse. Ajouter alors le vin et mettre le mélange au bain-marie tiède. Chauffer doucement sans cesser de battre vigoureusement le mélange.

20 cl de vin liquoreux (porto, xérès, madère)
200 g de sucre en poudre
5 jaunes d'œufs
1 pincée de vanille
1 citron

La pâtisserie

N.B. – Dans nos recettes, les proportions sont établies pour six personnes.

Les pâtisseries faites à la maison donnent un air de fête aux menus de tous les jours. Préparées à moindres frais avec de bons produits, elles sont en général faciles à réaliser et d'une saveur inestimable. Elles ne nécessitent en outre qu'un matériel réduit : planche et rouleau à pâtisserie, mixeur et quelques moules de tailles et formes différentes. La température et le temps de cuisson au four doivent, par contre, être scrupuleusement respectés car leur bonne réussite en dépend.

Le tableau qui suit donne la correspondance entre la température du four (°C) et le chiffre du thermostat. Pour évaluer manuellement la chaleur du four, on peut y laisser un papier blanc quelques instants et apprécier ensuite sa couleur. Quoi qu'il en soit, les variations d'un four à l'autre étant souvent fort sensibles, rien ne remplace l'expérience que l'on peut en avoir.

ÉTAT DU FOUR	TEMPÉRATURE DU FOUR APPROXIMATIVE (en °C)	ASPECT DU PAPIER	CHIFFRE DU THERMOSTAT	TYPES DE GÂTEAUX
Tiède	50 70	Légèrement blond	1 2	Meringues. Meringage. Macarons.
Doux	90	Blond	3	Pain d'épice.
Moyen	120 150	Jaune pâle	4 5	Sablés, Palets de dame. Cake, Savoie.
Chaud	180 210	Brun clair	6 7	Brioche, soufflés. Tartes, Pâte à choux.
Très chaud	240	Brun foncé	8	Pâte feuilletée.

Les gâteaux secs

Les gâteaux secs offrent une immense variété. Ils se composent toujours des mêmes éléments, dont les quantités et les proportions sont variables. La façon de procéder et le mode de cuisson donnent des résultats différents.

On peut distinguer dans la fabrication des gâteaux secs deux sortes de pâtes :

– **pâte épaisse**, à étendre au rouleau ;
– **pâte mi-épaisse**, travaillée à la cuillère.

1454. Sablés
Th. 5
Préparation : 20 min – Cuisson : 30 min

Travailler dans une terrine l'œuf avec le sucre et un peu de sel. Ajouter la farine. Bien mélanger. Verser sur la planche à pâtisserie, incorporer 125 g de beurre et l'arôme ; travailler avec les mains. Étendre au rouleau. Couper des gâteaux de forme régulière et faire cuire à four moyen sur une plaque beurrée.

| 250 g de farine |
| Sel |
| 125 g de sucre en poudre |
| 140 g de beurre |
| 1 œuf |
| 1 arôme : |
| Zeste de citron, vanille ou cannelle |

1455. Nœuds norvégiens
Th. 5
Préparation : 25 min – Cuisson : 30 min

Faire durcir 1 œuf. Piler le jaune et le travailler avec 2 jaunes crus. Incorporer 100 g de sucre et tourner pendant 5 min. Ajouter la moitié de la farine, 125 g de beurre, puis le reste de la farine. Pétrir avec les mains. Diviser en petites parties de la taille d'une noix. Rouler en long et avec ce ruban former un nœud. Tremper dans le blanc d'œuf battu à la fourchette, puis dans le sucre en poudre. Faire cuire sur une plaque beurrée à four moyen.

| 3 œufs |
| 140 g de beurre |
| 150 g de sucre en poudre |
| 250 g de farine |

1456. Sablés sans œufs
Th. 5
Préparation : 15 min – Cuisson : 20 min

Travailler dans une terrine le sucre, la vanille, le lait et le bicarbonate. Travailler, d'autre part, 125 g de beurre avec la farine. Mélanger le tout. Étendre cette pâte bien homogène ; la couper en gâteaux de forme régulière. Faire cuire sur une plaque beurrée à four moyen.

| 250 g de farine |
| 140 g de beurre |
| 125 g de sucre en poudre |
| 3 c. à s. de lait |
| 1 pincée de bicarbonate |
| Vanille en poudre |

La pâtisserie

1457. Gâteaux au vin blanc

Th. 5
Préparation : 10 min – Cuisson : 20 min

Travailler le tout sur la planche à pâtisserie. Étendre au rouleau. Couper à l'emporte-pièce. Faire cuire à four moyen. Les gâteaux doivent être dorés.

250 g de farine
150 g de sucre en poudre
150 g de beurre
1 c. à s. de vin blanc

1458. Galettes d'orange

Th. 5
Préparation : 15 min – Cuisson : 25 min

Travailler le tout sur la planche à pâtisserie. Étendre au rouleau. Couper la pâte en forme de galettes. Faire dorer à four moyen.

300 g de farine
150 g de sucre en poudre
150 g de beurre
2 œufs
50 g d'écorce d'orange confite hachée

1459. Galettes à l'anis

Th. 5
Préparation : 15 min – Cuisson : 30 min

Travailler dans une terrine le sucre et les œufs. Ajouter la farine, l'anis et le bicarbonate. Travailler à la main. Étendre au rouleau et couper à l'emporte-pièce. Faire cuire à four modéré.

250 g de farine
250 g de sucre en poudre
2 œufs
10 g d'anis
1 pincée de bicarbonate

1460. Galettes à la mandarine

Th. 5
Préparation : 35 min – Cuisson : 20 min

Éplucher les amandes. Hacher finement les amandes et les zestes de mandarines. Travailler avec le sucre, la farine, 1 jaune d'œuf et 1 œuf entier. Incorporer le blanc battu. Disposer sur une tôle beurrée en petits tas espacés. Faire cuire à four moyen.

70 g de farine
160 g d'amandes
100 g de sucre en poudre
2 zestes de mandarines
2 œufs
15 g de beurre

1461. Galettes au chocolat
Th. 5
Préparation : 25 min – Cuisson : 25 min

Éplucher et piler les amandes. Travailler ensemble le chocolat râpé, le sucre, les amandes et l'œuf. Étendre au rouleau. Découper en galettes et faire cuire à four moyen.

125 g de chocolat
125 g de sucre en poudre
125 g d'amandes
1 œuf

1462. Galettes nantaises
Th. 5
Préparation : 25 min – Cuisson : 25 min

Travailler ensemble farine, poudre d'amande, 60 g de beurre, sel et sucre. Étendre cette pâte au rouleau et couper en galettes. Mettre sur une plaque beurrée. Faire des rayures. Dorer à l'œuf. Monder les amandes entières, les diviser en deux. Garnir chaque galette avec une demi-amande. Cuire à four moyen.

125 g de farine
75 g de beurre
60 g de sucre en poudre
2 jaunes d'œufs
1 pincée de sel
40 g de poudre d'amande
50 g d'amandes entières

1463. Galettes salées
Th. 6
Préparation : 15 min – Cuisson : 30 min

Travailler ensemble la farine et 60 g de beurre. Faire un puits et y mettre la levure avec le lait et le sel. Mélanger, travailler avec les mains. Étendre au rouleau sur 0,5 cm d'épaisseur. Faire cuire à four chaud sur une plaque beurrée.

250 g de farine
75 g de beurre
8 g de sel
5 g de levure chimique
5 cl de lait

1464. Petits fours duchesse
Th. 5
Préparation : 10 min – Cuisson : 30 min

Faire ramollir 100 g de beurre. Travailler avec 140 g de sucre et les jaunes d'œufs. Incorporer la farine et la levure. Pétrir à la main. Diviser la pâte en boulettes de la taille d'une noix. Placer sur une

300 g de farine
200 g de sucre en poudre
115 g de beurre
2 œufs
5 g de levure
Amandes ou cerises confites

plaque beurrée. Badigeonner de blanc d'œuf, saupoudrer de sucre en poudre. Garnir avec une demi-amande ou une demi-cerise confite et faire cuire à four moyen. Les gâteaux doivent être bien dorés.

1465. Souvaroffs

Th. 5

Préparation : 10 min – Cuisson : 5 min

250 g de farine
200 g de beurre
100 g de sucre en poudre
Sel
Vanille en poudre
Gelée de groseille ou de framboise
Sucre glace

Pétrir ensemble le beurre, le sucre, le sel et la farine. Parfumer de vanille en poudre. Étendre en une couche assez mince (2 mm). Couper en galettes. Faire cuire à four moyen. Réunir les galettes refroidies deux par deux avec une couche de gelée de groseille ou de framboise. Saupoudrer de sucre glace.

Cette pâte, ne contenant pas d'œuf, est délicate à manier.

1466. Gâteaux aux raisins

Th. 5

Préparation : 20 min – Cuisson : 25 min

200 g de farine
150 g de sucre en poudre
165 g de beurre
100 g de raisins de Corinthe
15 g de levure chimique
4 g de sel
Cannelle à volonté
Lait

Travailler la farine, 100 g de beurre, 50 g de sucre, le sel et la levure, en mouillant avec du lait. Étendre la pâte, de 1 cm d'épaisseur, en rectangle. Verser sur la pâte 50 g de beurre fondu. Saupoudrer avec la cannelle et recouvrir avec les raisins mêlés avec 100 g de sucre. Rouler la pâte dans le sens de la longueur. Couper en tranches d'1 cm d'épaisseur et faire cuire sur une plaque beurrée à four moyen.

1467. Fours aux noisettes

Th. 4 à 5

Préparation : 15 min – Cuisson : 30 min

160 g de noisettes
200 g de sucre en poudre
2 blancs d'œufs

Éplucher et hacher finement les noisettes. Mélanger avec 125 g de sucre et les blancs non battus. Faire des petites boules roulées dans le sucre en poudre. Mettre sur une plaque beurrée et faire cuire à four moyen.

1468. Croissants aux amandes

Th. 5
Préparation : 25 min – Cuisson : 25 min

280 g de farine
215 g de beurre
100 g d'amandes
180 g de sucre en poudre

Éplucher et mixer les amandes. Travailler avec farine, 200 g de beurre et 100 g de sucre. Faire des petits croissants avec cette pâte. Cuire à four moyen, sur une plaque beurrée, et saupoudrer de sucre les gâteaux encore chauds. Cette pâte, ne contenant pas d'œufs, est très friable.

1469. Petits pains aux amandes

Th. 5 puis 6
Préparation : 20 min – Cuisson : 30 min

250 g de farine
250 g de sucre en poudre
100 g de beurre
125 g de poudre d'amande
1 œuf
Sel

Mélanger la poudre d'amande avec le sucre. Ajouter l'œuf, le beurre, la farine. Former avec cette pâte des petits pains. Faire cuire à four moyen pendant 10 min, puis à four plus chaud pendant 20 min.

1470. Bâtons de cannelle

(à préparer la veille)
Th. 6
Préparation : 20 min – Cuisson : 20 min

215 g de farine
125 g de sucre
125 g d'amandes
1 œuf entier
1 jaune d'œuf
125 g de beurre
5 g de cannelle en poudre

Hacher les amandes sans les éplucher. Mélanger le tout sauf le jaune d'œuf. Laisser reposer 1 jour. Former avec la pâte des bâtons ; dorer avec 1 jaune d'œuf. Faire cuire à four chaud.

1471. Croquignoles

Th. 5
Préparation : 15 min – Cuisson : 20 min

2 blancs d'œufs
175 g de sucre en poudre
200 g de farine
15 g de beurre

Bien pétrir le tout. On obtient une pâte dure que l'on partage en petits gâteaux de la taille d'une pièce de 1 euro. Faire cuire sur plaque beurrée à four moyen.

1472. Anneaux de Saturne

Préparation : 20 min – Cuisson : 3 min

Tourner en mousse les œufs, 200 g de sucre avec un peu de sel. Ajouter la crème, le beurre et le bicarbonate de soude. Incorporer ensuite autant de farine qu'il est nécessaire pour obtenir une pâte épaisse. L'étendre au rouleau de l'épaisseur de 1 cm. Couper en anneaux. Faire frire dans de l'huile bien chaude ; laisser dorer, égoutter et saupoudrer de sucre.

Farine
300 g de sucre en poudre
75 g de beurre
3 œufs
1 tasse de crème fraîche
1 pincée de bicarbonate
Zeste de citron
Sel
Huile pour friture

1473. Gâteaux à la crème cuite
Th. 5
Préparation : 5 min – Cuisson : 10 min

Mélanger le tout. Parfumer à la vanille. Faire des petits tas assez espacés sur une plaque beurrée. Laisser dorer sur le pourtour, à four moyen. Gâteaux économiques, se conservant très bien.

125 g de crème de lait cuit
125 g de sucre en poudre
125 g de farine
Vanille en poudre
15 g de beurre

1474. Sablés croquants
Th. 6
Préparation : 10 min – Cuisson : 10 min

Mélanger les œufs, le sucre, le rhum et la farine. Placer sur une plaque beurrée des petits tas espacés. Faire cuire à four chaud.

250 g de farine
250 g de sucre en poudre
2 œufs
1 c. à s. de rhum
15 g de beurre

1475. Biscuits rigolos
Th. 6
Préparation : 10 min – Cuisson : 10 min

Travailler en mousse les œufs et le sucre. Incorporer la farine. Mouiller avec un peu de lait, si la pâte est un peu sèche. Faire cuire à four chaud, sur plaque beurrée, en petits tas espacés.

250 g de farine
250 g de sucre en poudre
3 œufs
Lait
15 g de beurre

1476. Palets de dame

Th. 4 puis 6
Préparation : 15 min – Cuisson : 25 min

150 g de farine	
140 g de beurre	
125 g de sucre	
2 œufs	
50 g de raisins de Corinthe	
1 verre à liqueur de rhum	

Travailler le sucre et 125 g de beurre en crème. Incorporer les œufs entiers, l'un après l'autre. Ajouter la farine d'un seul coup et les raisins lavés au préalable et macérés dans le rhum. Faire cuire à four moyen, puis à four chaud, sur une plaque beurrée, en petits tas espacés. Les gâteaux sont dorés sur le pourtour.

1477. Dollars

Th. 6
Préparation : 10 min – Cuisson : 20 min

150 g de farine	
115 g de beurre	
125 g de sucre en poudre	
1 œuf	
2 cl de rhum	

Travailler l'œuf avec le rhum. Ajouter le sucre, 100 g de beurre et la farine. Faire des tas espacés, sur une plaque beurrée, et faire cuire à four chaud.

1478. Congolais

Th. 3
Préparation : 10 min – Cuisson : 45 min

300 g de sucre en poudre	
250 g de noix de coco râpée	
5 blancs d'œufs	
Vanille en poudre	
15 g de beurre	

Mélanger le sucre et les blancs dans une casserole et faire chauffer le mélange au bain-marie. Lorsqu'il est bien chaud, incorporer la noix de coco. Parfumer à la vanille. Faire des tas réguliers sur un papier beurré. Faire cuire à four doux.

1479. Macarons aux amandes

Th. 3
Préparation : 25 min – Cuisson : 25 min

250 g de poudre d'amande	
500 g de sucre en poudre	
3 blancs d'œufs	
15 g de beurre	

Piler la poudre d'amande, en incorporant peu à peu les blancs d'œufs non battus. Ajouter enfin le sucre. Bien mêler. Faire avec cette pâte des boulettes légèrement aplaties que l'on place sur du papier beurré. Faire cuire à four doux pendant 25 min.

1480. Macarons aux noisettes

Th. 3
Préparation : 25 min – Cuisson : 25 min

Éplucher et piler les noisettes. Battre les blancs en neige et mêler le tout. Procéder selon la formule 1479.

250 g de noisettes épluchées
250 g de sucre en poudre
2 blancs d'œufs
15 g de beurre

1481. Biscuits à la cuillère

Th. 4
Préparation : 25 min – Cuisson : 15 min

Travailler le sucre avec les jaunes pour obtenir un mélange blanc et mousseux. Ajouter quelques gouttes d'eau de fleur d'oranger, les blancs battus en neige très ferme et la farine. Confectionner des gâteaux allongés, les mettre sur une plaque beurrée. Saupoudrer de sucre glace et faire cuire à four moyen, pendant 15 min, sans laisser prendre couleur.

75 g de farine
75 g de sucre en poudre
3 œufs
Eau de fleur d'oranger
15 g de beurre
Sucre glace

1482. Tuiles

Th. 3 puis 5
Préparation : 10 min – Cuisson : 10 min

Mélanger le sucre et la farine. Battre les blancs bien fermes. Les incorporer à la crème et travailler le tout ensemble. Mettre en petits tas très espacés sur une plaque beurrée. Laisser étaler à four doux et faire cuire à four moyen. Rouler en sortant du four sur le goulot d'une bouteille. Mettre les tuiles froides en boîte métallique pour les conserver croquantes.

125 g de farine
125 g de sucre en poudre
180 g de crème fraîche
4 blancs d'œufs
15 g de beurre

1483. Tuiles aux amandes
Th. 6
Préparation : 10 min – Cuisson : 10 min

Vanille en poudre
25 g de fécule
2 blancs d'œufs
1 jaune d'œuf
75 g de sucre en poudre
60 g d'amandes
Sel fin

Éplucher les amandes. Les couper grossièrement. Mélanger avec 1 blanc d'œuf, le sucre, le sel, la vanille et la fécule. Ajouter le jaune puis l'autre blanc. Verser des 1/2 c. à s. de pâte, par petits tas, sur une plaque beurrée. Faire cuire à four chaud. Rouler aussitôt au sortir du four sur le goulot d'une bouteille.

1484. Langues de chat
Th. 5 à 6
Préparation : 20 min – Cuisson : 20 min

80 g de farine
95 g de beurre
80 g de sucre en poudre
2 œufs

Travailler 80 g de beurre en crème. Ajouter le sucre. Mélanger. Incorporer les œufs entiers, l'un après l'autre, puis la farine. Faire cuire à four chaud sur une plaque beurrée. Les langues de chat doivent être dorées sur les bords et rester pâles au milieu.

1485. Petits soufflés
Th. 2
Préparation : 30 min – Cuisson : 30 min

100 g de sucre en poudre
1 blanc d'œuf
Un arôme
15 g de beurre

Battre dans un bol, à la fourchette, le blanc mêlé au sucre. Quand la pâte est assez ferme pour ne plus faire le ruban, disposer sur un papier beurré des petits tas assez espacés. Faire cuire à four doux pendant 30 min. Parfumer à volonté avec une goutte d'essence de café, avec du chocolat en poudre ou des amandes hachées.

1486. Pain de Gênes

Th. 4
Préparation : 25 min – Cuisson : 45 min

100 g de farine
140 g de beurre
300 g de sucre en poudre
250 g d'amandes
4 œufs
2 c. à s. de kirsch

Éplucher les amandes ; les piler finement. Travailler 125 g de beurre en crème avec le sucre ; ajouter les œufs entiers l'un après l'autre, les amandes, la farine et le kirsch. Verser la pâte dans un moule beurré et chemisé. Faire cuire doucement à four moyen pendant 45 min (on peut utiliser de la poudre d'amande).

1487. Génoise

Th. 5
Préparation : 30 min – Cuisson : 30 à 40 min

5 œufs
150 g de sucre en poudre
130 g de farine
140 g de beurre
Zeste de citron râpé ou vanille en poudre

Placer une terrine dans un bain-marie. Y casser les œufs entiers, ajouter le sucre et battre le mélange avec un fouet jusqu'à ce que la pâte soit légère et qu'elle ait augmenté de volume. Ajouter le parfum (citron ou vanille), puis la farine par petites quantités mélangées délicatement avec une spatule. Incorporer enfin 125 g de beurre fondu. Verser la pâte dans un moule rond bien beurré. Faire cuire à four moyen. Le gâteau est cuit lorsqu'il reste ferme au centre sous la pression du doigt.

Remarque. – Ne jamais travailler la pâte dans un récipient en aluminium ; elle prendrait une vilaine couleur.

La pâte à choux

1488. Pâte à choux

Préparation : 20 min – Cuisson : 15 min

115 g d'eau
125 g de farine
20 g de sucre en poudre
100 g de beurre
4 œufs
1 pincée de sel

Faire chauffer eau, sel, sucre et beurre. Au moment de l'ébullition, jeter la farine d'un seul coup. Faire sécher à feu doux en tournant sans arrêt. La pâte ne doit pas cuire mais former une boule se détachant bien de la casserole. Incorporer les œufs entiers, l'un après l'autre hors du feu. Laisser refroidir avant utilisation.

1489. Choux soufflés
Th. 6 à 7
Préparation : 25 min – Cuisson : 20 min

Prendre gros comme un œuf de pâte à choux (1488). Déposer en tas, régulièrement, sur la tôle beurrée. Mettre à four chaud 20 min. Laisser gonfler et dorer. Servir chaud ou froid.

1490. Choux au fromage
Th. 6 à 7
Préparation : 25 min – Cuisson : 20 min

Mélanger à la pâte à choux (1488) non sucrée 150 g de gruyère râpé. Prendre gros comme un œuf de cette pâte. Disposer en tas sur la tôle farinée. Mettre à four chaud. Laisser cuire 20 min. Servir chaud ou froid.

1491. Gâteau de Gannat
Th. 6 puis 7
Préparation : 20 min – Cuisson : 45 min

| 130 g de farine |
| 10 cl d'eau |
| 55 g de beurre |
| 4 œufs |
| 120 g de gruyère |
| Sel, poivre |

Préparer, avec l'eau, du sel, 40 g de beurre et 120 g de farine, une pâte à choux (1488). Ajouter les œufs et le gruyère coupé en tranches minces. Mettre un peu de poivre. Disposer la pâte en forme de couronne sur une plaque beurrée et farinée. Cuire à four moyen puis chaud pendant 45 min. (Se sert en entrée.)

1492. Choux à la crème pâtissière
Préparation : 30 min – Cuisson : 20 min

Préparer de gros choux soufflés (1489). Quand ils sont cuits, refroidis, les ouvrir d'une fente transversale vers le sommet. Fourrer l'intérieur d'une crème pâtissière (1358) épaisse qu'on laisse un peu baver par la fente.

1493. Choux à la crème Chantilly
Préparation : 30 min – Cuisson : 20 min

Préparer de gros choux soufflés (1489). Quand ils sont cuits et refroidis, les ouvrir d'une fente transversale vers le sommet. Fourrer à la crème Chantilly très ferme (166).

1494. Éclairs
Préparation : 30 min – Cuisson : 20 min

Les éclairs se préparent avec de la pâte à choux (1488). On les moule à la poche à douille, ou, avec la main, on fait de petits boudins de la grosseur et de la longueur du doigt. Mettre à four chaud 20 min (th. 6 à 7). Quand les éclairs sont cuits et refroidis, les fendre sur un côté, dans la longueur, les garnir d'une crème et les glacer.

1495. Éclairs au chocolat
Préparer des éclairs selon la formule 1494. Les fourrer d'une crème au chocolat très épaisse (1322), les glacer au chocolat (1446).

1496. Éclairs au café
Préparer des éclairs selon la formule 1494. Les fourrer d'une crème pâtissière (1358) au café. Les glacer au café (1447).

1497. Éclairs à la frangipane
Préparer des éclairs selon la formule 1494. Les fourrer avec une frangipane (1357). Les glacer au sucre blanc (1445).

1498. Éclairs à la crème pâtissière
Préparer des éclairs selon la formule 1494. Les fourrer avec une crème pâtissière (1358). Les glacer au sucre blanc (1445).

La pâte brisée

1499. Pâte brisée

250 g de farine
125 g de beurre
1 c. à s. d'huile
1 pincée de sel
Eau

Ou pâte à foncer. Elle sert à faire les tartes.
Mettre la farine sur la planche à pâtisserie. Y faire un puits et y mettre l'huile, le sel et le beurre en petits morceaux. Travailler légèrement du bout des doigts pour incorporer le beurre à la farine. Mouiller avec un peu d'eau pour réunir la pâte.

Pétrir la pâte avec la paume de la main. L'opération doit être très rapidement menée ; la pâte est d'autant meilleure. On peut la laisser reposer une journée, roulée en boule et recouverte d'un bol.

Étendre la pâte au rouleau en une abaisse ayant 0,5 cm d'épaisseur et la placer dans une tourtière ronde ayant de 25 à 35 cm de diamètre. On peut également foncer des petits moules (ronds ou en barquettes).

Remarque. – Par mesure d'économie, on peut réduire la quantité de beurre. Exemple : pour 200 g de farine, 50 g de beurre. La pâte est naturellement moins savoureuse.

1500. Tarte aux fruits cuits, à la confiture, à la compote

Faire cuire une pâte brisée (1499) non garnie, recouverte de haricots. Garnir, lorsque la pâte est cuite et dorée, avec des fruits cuits à l'avance.

1501. Tarte à la crème frangipane
Th. 6 à 7
Préparation : 20 min – Cuisson : 25 min

Préparer une pâte brisée (1499). Foncer une tourtière beurrée. Cuire 10 min la pâte sans garniture. Verser au milieu une crème frangipane (1357). Faire cuire ensuite 15 min à four chaud.

1502. Tarte au riz
Th. 6 à 7

Préparer une pâte brisée (1499). Foncer une tourtière beurrée. Faire cuire la pâte pendant 20 min (recouverte de graviers). Retirer les graviers. Verser le riz au lait (1368), parfumé selon goût (vanille, zeste de citron râpé, etc.). Cuire encore à four chaud pendant 10 min.

1503. Tarte au flan
Th. 6 à 7

Préparer une pâte brisée (1499). Foncer une tourtière beurrée et cuire selon la formule 1502. Préparer une béchamel au chocolat (1407) ou à la vanille (on peut également la parfumer au zeste de citron râpé). Lorsque la pâte est à moitié cuite, napper avec la béchamel et remettre à four chaud pendant 10 min.

1504. Tarte aux fruits

Fraises, framboises, groseilles. Ces fruits perdraient, à une cuisson prolongée, leur jus, leur couleur et leur arôme. Faire cuire une pâte brisée (1499) non garnie, mais recouverte de haricots secs. Lorsque la pâte est d'un beau jaune doré, retirer la tarte du four, enlever les haricots et garnir avec les fruits. Napper avec un sirop (p. 607-609) ou une gelée de groseille (1741).

1505. Tarte aux fruits peu juteux
(pommes, poires, mûres)

Disposer sur une pâte brisée (1499) les fruits préparés (mûres, pommes coupées en quartiers). Recouvrir avec une crème faite avec 1 verre de lait, 2 c. à s. de sucre en poudre, 1 c. à s. de farine, et faire cuire à four chaud dessus et dessous pendant 45 min.

1506. Tarte Tatin
Th. 6 à 7
Préparation : 25 min – Cuisson : 30 min

1 pâte brisée
Pour la garniture :
500 g de pommes
40 g de beurre
125 g de sucre en poudre

Faire une pâte brisée (1499). La laisser reposer le temps de préparer les pommes et de caraméliser la tourtière. Prendre une tourtière à fond plein, y mettre 100 g de sucre avec un peu d'eau et faire un caramel bien roux (1209). Laisser refroidir. Le fond de la tourtière doit être nappé.

Éplucher les pommes. Enlever les cœurs. Couper en fines lamelles et disposer celles-ci en couronne, bien serrées, sur la tourtière caramélisée. Saupoudrer avec le sucre qui reste. Parsemer de petits morceaux de beurre. Étaler la pâte au rouleau sur la planche sur une épaisseur de 0,5 cm et la placer sur les pommes. Border sur le tour pour que les fruits soient complètement recouverts.

Cuire à four chaud, pendant 30 min, et retourner aussitôt sur un plat : les pommes, alors, sont apparentes et complètement caramélisées.

1507. Tarte à l'alsacienne (aux pommes)
Th. 6 à 7
Préparation : 20 min – Cuisson : 30 à 40 min

1 pâte brisée

Pour la garniture :

500 g de pommes

100 g de crème fraîche

50 g de farine

100 g de sucre en poudre

2 œufs

Faire une pâte brisée (1499). Disposer les tranches de pommes sur la pâte. Mélanger dans une terrine la farine avec les 2 œufs entiers. Ajouter le sucre et la crème. À défaut de crème, on peut utiliser du lait, mais le mélange sera moins fin. Napper les tranches de pommes avec cette préparation. Cuire à four chaud de 30 à 40 min.

1508. Tarte à la rhubarbe

Procéder selon la formule précédente. Disposer sur la pâte les morceaux de rhubarbe coupés en tronçons de 3 cm. Napper avec la crème et cuire à four chaud de 30 à 40 min. Sucrer ensuite, selon le goût.

1509. Tarte aux fruits crus juteux

Prunes, abricots, cerises, etc. Disposer sur une pâte brisée (1499) les fruits dénoyautés (cerises), coupés en deux (prunes, abricots). Les placer régulièrement en tournant, de l'extérieur vers l'intérieur. Saupoudrer fortement de sucre en poudre et faire cuire à four chaud, dessus et dessous pendant 45 min.

1510. Tarte à l'orange

Th. 6
Préparation : 20 min – Cuisson : 25 min

1 œuf
150 g de sucre en poudre
1 orange
85 g de beurre

Préparer une pâte brisée (1499). Foncer une tourtière beurrée ou des moules à tartelettes. Mélanger l'œuf entier avec le sucre, le jus et le zeste râpé de l'orange et, en dernier lieu, 70 g de beurre fondu. Verser cette préparation sur la pâte. Décorer la tarte ou les tartelettes avec des bandes de pâte de 0,5 cm de large. Faire cuire à four chaud pendant 25 min.

1511. Tarte au citron

Th. 6
Préparation : 20 min – Cuisson : 25 min

1 œuf
150 g de sucre en poudre
75 g de beurre
1 citron

Procéder selon la formule 1510. La garniture est moins sucrée.

1512. Tarte à l'ananas

Th. 6
Préparation : 20 min – Cuisson : 25 min

1 œuf
150 g de sucre en poudre
1 tranche d'ananas broyée
1 tranche d'ananas coupée en dés
95 g de beurre
1 c. à s. de kirsch

Procéder selon la formule 1510. Se reporter aux quantités indiquées ci-contre pour la garniture.

1513. Pâte à foncer

Préparation : 10 min

250 g de farine
30 g de sucre en poudre
150 g de beurre
1 jaune d'œuf
60 cl d'eau
1 pincée de sel

Mettre la farine dans une terrine ; y faire un puits dans lequel on met le sel, le sucre, le jaune d'œuf et le beurre amolli. Travailler ces ingrédients à la main, en faisant tomber peu à peu la farine sur le mélange. Ajouter l'eau pour donner du corps à la pâte et la pétrir à la main. Poser sur une planche à pâtisserie et fraiser deux fois. Faire une boule, que l'on laisse reposer pendant au moins 1 h avant l'emploi.

Remarque. – Cette pâte est plus résistante aux fruits juteux ou aux crèmes liquides que la pâte brisée. On peut, par prudence, la faire cuire 10 min à four chaud (en piquant le fond avec les dents d'une fourchette) (th. 4-5) avant de la garnir avec les fruits.

La pâte feuilletée

1514. Pâte feuilletée

Préparation : 2 h

200 g de farine
100 g de beurre
10 cl d'eau environ
5 g de sel

La pâte feuilletée se prépare avec du beurre et de la farine, un peu d'eau, une pincée de sel. La quantité de beurre employée est très variable. Le poids peut égaler celui de la farine ou descendre au tiers de ce poids. Entre ces deux extrêmes, au-delà desquels la préparation ne peut plus s'exécuter, tous les intermédiaires sont admis. Plus la proportion de beurre est considérable, plus la pâte est chère et nourrissante, plus aussi elle est lourde à digérer. Une bonne moyenne est d'employer la moitié du poids de beurre par rapport à celui de la farine. Cette préparation doit toujours s'effectuer au frais, avec un beurre très ferme. En été, il faut travailler au frais ou sur glace. Mettre la farine tamisée sur la planche à pâtisserie. Faire la fontaine, c'est-à-dire un creux au milieu du tas. Verser dedans l'eau dans laquelle on a mis le sel à fondre. Mélanger avec une spatule, ou les doigts, et en fraisant, pour obtenir une pâte lisse, élastique et ferme. Fariner la planche. Étaler au rouleau en un rectangle de 0,5 cm d'épaisseur. Mettre sur cette pâte le beurre divisé en petits morceaux. Replier les quatre coins de manière à enfermer complètement le beurre. Laisser reposer 10 min au frais. Puis abaisser au rouleau, sans laisser sortir le beurre, en forme de bande bien régulière, à 0,5 cm d'épaisseur. Plier en trois comme une serviette. Remettre 15 min au frais. Recommencer à abaisser la pâte dans le sens contraire. Laisser reposer. Refaire 6 fois de suite la même opération appelée tour. Après le 6e tour, la pâte est prête, mais plus elle est travaillée, plus elle est légère.

Remarque. – Le beurre incorporé doit avoir la même consistance que la pâte.

1515. Vol-au-vent

Th. 7
Préparation : 2 h 10 – Cuisson : 35 min

300 g de pâte feuilletée
1 jaune d'œuf
10 g de beurre

Préparer une pâte feuilletée (1514). Sur la planche à pâtisserie farinée, l'abaisser à 2,5 cm. Découper dans cette pâte un cercle de 12 à 15 cm de diamètre, avec un couteau tranchant. Dorer le dessus avec un peu de jaune d'œuf délayé dans l'eau. Faire tout autour, avec la pointe du couteau, de petites incisions. Puis tracer à l'intérieur de ce rond, à 3 cm du bord, un cercle plus petit, en prenant soin de ne pas enfoncer le couteau trop profondément. Cela constituera le couvercle. Dessiner quelques lignes en quadrillage sur ce couvercle. Placer le tout sur une plaque beurrée. Faire cuire à four bien chaud, 35 min. Quand le vol-au-vent est cuit, bien doré, retirer du four, détacher le couvercle, nettoyer l'intérieur des feuillets de pâte blanche qui l'encombrent, puis garnir le vol-au-vent (1516-1517).

1516. Vol-au-vent à la financière

Garnir la croûte d'une sauce financière (40), riche en quenelles et champignons. Truffes à volonté. Remettre le couvercle. Servir chaud.

1517. Vol-au-vent à la marinière

Garnir le vol-au-vent de moules marinières, bien relevées (506). Remettre le couvercle. Servir chaud.

1518. Tourte à la viande

Préparation : 2 h 10 – Cuisson : 35 min

2 formules :

1° Préparer la tourte comme un vol-au-vent (1515). Garnir l'intérieur d'une farce composée de restes de viandes hachés avec jambon, mie de pain trempée dans du lait, lard gras, 1 ou 2 œufs entiers et fines herbes. Le tout bien relevé, agrémenté de truffes ou de champignons cuits quelques minutes à la poêle. Remettre le couvercle. Servir chaud.

300 g de pâte feuilletée
200 g de restes de viande
50 g de jambon
50 g de lard gras
30 g de mie de pain
2 c. à s. de lait
2 œufs
Fines herbes
Truffes et champignons (à volonté)

2° Préparer la même farce. En garnir une abaisse de pâte de 1 cm d'épaisseur, dont on relève les bords tout autour. La garniture placée, mettre un couvercle, dorer à l'œuf et placer le tout au four chaud pendant 35 min.

1519. Pâté en croûte
Th. 6 à 7
Préparation : 1 h 30 – Cuisson : 2 h

Pour la pâte :
500 g de farine
200 g de beurre
10 g de sel
20 cl d'eau
Pour la farce :
250 g de farce au choix
200 g de bardes de lard
200 g de jambon
200 g de veau
Sel, poivre

Faire un puits dans la farine ; y mettre le sel et le beurre en morceaux. Mouiller la pâte avec l'eau. Travailler la pâte avec les mains, en faire une boule ; fraiser à nouveau. Recommencer 3 fois et laisser reposer la pâte pendant une demi-journée. Beurrer un moule à pâté. Y mettre la pâte abaissée au rouleau, de façon à ce qu'elle tapisse entièrement le moule et qu'elle dépasse de 2 cm en haut. Mettre dans le fond une couche de bardes de lard, puis une couche de farce, un peu de jambon, puis le veau coupé en lanières, bien assaisonné et bardé. Recouvrir la viande successivement avec le jambon, la farce, les bardes de lard. Recouvrir le pâté avec un morceau de pâte, de la forme du moule, mais étant un peu plus grand que l'ouverture. Pincer les bords des 2 morceaux de pâte. Dorer à l'œuf et faire un trou au centre, maintenu ouvert pendant la cuisson, grâce à un petit entonnoir en carton. Faire cuire 1 h 30 à four chaud.

1520. Friands
Th. 7
Préparation : 2 h 10 – Cuisson : 30 min

250 g de pâte feuilletée
250 g de saucisses chipolatas

Préparer une pâte feuilletée (1514). L'abaisser à 0,5 cm. Tailler des rectangles de 4 cm × 8 cm. Garnir un de ces rectangles d'une saucisse chipolata, recouvrir d'un autre rectangle et souder les bords à l'eau, en les appuyant avec un couteau. Renouveler l'opération. Mettre à cuire à four chaud pendant 30 min.

1521. Feuillantines aux anchois

Procéder selon la formule 1520, mais placer un anchois à la place de la saucisse. (Rectangles de 3 cm × 10 cm.)

1522. Petits pâtés
Th. 7
Préparation : 2 h 15 – Cuisson : 25 min

– Premier procédé : préparer une pâte feuilletée (1514), l'abaisser à 0,5 cm. Y tailler des rondelles de 5 cm de diamètre. Placer 1 c. à s. de farce pour viande (153) sur une rondelle, recouvrir d'une autre et souder les bords à l'eau. Dorer le dessus à l'œuf. Mettre à four vif, 25 min.
– Deuxième procédé : préparer les petits pâtés comme des vol-au-vent (1515), mais de beaucoup plus petite taille. Les garnir d'une farce pour viande (153), volaille (150) ou poisson (154).

1523. Bouchées à la reine

Procéder comme pour les vol-au-vent (1515), mais la taille du cercle ne devra pas excéder 5 à 6 cm. Garnir avec une sauce financière (40).

1524. Palmiers
Th. 7
Préparation : 2 h 15 – Cuisson : 20 min

200 g de farine
100 g de beurre
2 c. à s. d'eau
1 pincée de sel fin
125 g de sucre en poudre

Préparer une pâte feuilletée (1514). Saupoudrer la planche à pâtisserie de sucre, et abaisser la pâte à 0,5 cm d'épaisseur environ, en forme de bande de 10 à 20 cm de large environ. Replier la pâte en longueur, de manière à amener les deux bords sur la ligne du milieu, puis replier encore dans le même sens. Couper dans cette pâte les tronçons de 1 cm d'épaisseur. Les arranger bien en cœur. Saupoudrer de sucre la plaque du four. Mettre les palmiers à feu vif. Laisser cuire 15 à 20 min en retournant.

1525. Galettes feuilletées pour le thé

Préparer une pâte feuilletée (1514). L'abaisser à quelques millimètres d'épaisseur. Découper des rondelles de 3 à 4 cm de diamètre. Dorer avec un mélange de jaunes d'œufs et d'eau. Mettre à four chaud sur une tôle beurrée, pendant 25 min. Servir tiède ou froid.

1526. Galette de ménage

Th. 7
Préparation : 2 h 10 – Cuisson : 30 min

350 g de pâte feuilletée
75 g de sucre en poudre
1 œuf

Préparer une pâte feuilletée (1514) sucrée. Abaisser à 2 cm d'épaisseur. Tailler dans l'abaisse un cercle de pâte. Dorer le dessus à l'œuf. Dessiner avec la pointe du couteau un quadrillage. Mettre à four chaud 30 min.

1527. Galettes salées au fromage

Th. 7
Préparation : 1 h 15 – Cuisson : 25 min

300 g de pâte feuilletée
1 œuf
200 g de gruyère râpé

Préparer une pâte feuilletée (1514) à 3 tours. Saupoudrer avant chaque tour la pâte avec le gruyère. Abaisser sur 1 cm d'épaisseur. Découper en rondelles de 3 à 4 cm de diamètre. Dorer à l'œuf. Mettre à four vif 25 min.

1528. Cornets à la crème

Th. 7
Préparation : 2 h 10 – Cuisson : 30 min
Pour environ une douzaine de cornets de taille moyenne.

200 g de pâte feuilletée
25 cl de crème pâtissière ou Chantilly
1 jaune d'œuf

Préparer une pâte feuilletée (1514). L'abaisser fortement pour obtenir une couche de pâte très mince. Couper une bande de 2 à 3 cm de large et assez longue pour entourer en spirale l'extérieur beurré de moules en cornet. Dorer avec un peu de jaune d'œuf délayé dans 1 c. à c. d'eau tiède. Mettre à four chaud. Laisser cuire 30 min, de manière à les avoir bien dorés. Démouler sans briser les cornets. Les remplir de crème pâtissière (1358) ou de crème Chantilly (166).

Les tartes

Préparer une pâte feuilletée. L'abaisser mince sur la planche farinée. En garnir une tourtière bien beurrée, le fond doit être mince, tout le surplus débordant de la pâte formant des bords épais. Piquer le fond à la fourchette. Si la tarte doit être garnie de fruits cuits, on la met au four non garnie. Il est alors nécessaire de la remplir de haricots crus, ou de noyaux de cerises pour empêcher le fond de monter. Mettre à four chaud pendant 30 min. Garnir ensuite la tarte.

On peut préparer avec les débris de pâte un treillage de petites bandes d'environ 0,5 cm de large. Placer en treillage sur un papier beurré. Faire cuire à part et en orner la tarte par-dessus la garniture.

La pâte feuilletée peut aussi être placée à même la plaque du four. On lui donne une forme carrée ou rectangulaire.

1529. Tarte aux fruits confits, à la confiture, à la compote

Garnir la tarte cuite des fruits au sirop (p. 634-635), dénoyautés et bien rangés, ou d'une bonne couche de confiture, ou encore d'une compote de rhubarbe (1303). Placer le treillage dessus. Servir froid.

1530. Tarte à la frangipane, au riz, au flan

Même préparation. On ne met pas de treillage à ces tartes. Frangipane (1357), riz au lait (1358), flan au choix (1359-1362).

1531. Tarte aux fruits crus, aux fraises des bois, aux framboises, aux groseilles

Une fois la tarte préparée et cuite, la garnir avec les fruits épluchés et lavés. Napper le tout d'un sirop de sucre (1209) très épais dans lequel on a fait cuire et écrasé une dizaine de fruits.

Remarque. – Ces tartes doivent être dégustées rapidement, avant que le feuilletage n'ait été détrempé par le jus des fruits.

1532. Tarte aux pommes, aux poires, aux raisins

Peler et émincer les fruits. Les disposer sur la tarte crue très régulièrement, les quartiers se chevauchant les uns les autres. Saupoudrer abondamment de sucre en poudre. Mettre au four.

Les tartelettes

Les tartelettes se préparent exactement comme les tartes. Prendre la précaution d'abaisser fortement la pâte pour l'obtenir en couche mince. En garnir des petits moules beurrés arrondis pour les tartelettes aux fruits ronds : pêches, pommes, abricots, ananas, et ovales pour les tartelettes aux cerises, aux fraises, à la banane.

1533. Chaussons aux pommes

Th. 7
Préparation : 2 h 10 – Cuisson : 30 min

250 g de pâte feuilletée
1 pot de compote de pommes épaisse
60 g de sucre en poudre
1 jaune d'œuf

Préparer une pâte feuilletée (1514). L'abaisser en une couche très mince. Y découper avec un bol ou un emporte-pièce de 12 cm de diamètre, des ronds bien réguliers. Garnir chacun d'une bonne c. à s. de compote de pommes. Replier en deux, souder les bords avec un peu d'eau en pressant fortement. Dorer à l'œuf, saupoudrer de sucre en poudre. Faire cuire 30 min à four assez vif.

1534. Chaussons aux confitures

Procéder selon la formule 1533, en fourrant les chaussons d'une confiture de votre choix, aussi épaisse que possible.

1535. Rissoles

Th. 7

150 g de pâte feuilletée
1 farce de votre choix

Préparer une pâte feuilletée (1514). L'abaisser en une couche très mince sur la planche farinée. Y couper, avec un verre ou un emporte-pièce de 5 à 6 cm de diamètre, des ronds bien réguliers. Garnir l'intérieur avec une préparation à volonté ; replier en deux, souder les bords avec un peu d'eau. Dorer à l'œuf ou à l'eau et faire cuire 20 min à four assez chaud, ou bien frire les rissoles à grande friture très chaude. Servir chaud.

1536. Rissoles à la viande

Hacher les restes de viande. Y incorporer 1 œuf et assaisonner. Procéder ensuite selon la formule 1535.

1537. Rissoles de poisson

Parer, piler les restes de poisson bouilli, y ajouter un peu de mie de pain trempée dans du lait. Assaisonner. Procéder selon la formule 1535.

1538. Rissoles de légumes

Avec un reste d'épinards hachés, de pointes d'asperges, de champignons. Procéder selon la formule 1535.

1539. Rissoles de fruits

Des fruits cuits ou une compote épaisse peuvent garnir les rissoles, qui sont alors servies saupoudrées de sucre en poudre. Procéder selon la formule 1535.

1540. Pithiviers

Th. 7

Préparation : 2 h 30 – Cuisson : 30 min

250 g de pâte feuilletée	
350 g d'amandes	
1 c. à c. d'extrait d'amande amère	
175 g de sucre en poudre	
190 g de beurre	
3 œufs	
1/4 de zeste de citron	

Préparer une pâte feuilletée (1514). Monder, piler les amandes au mortier, avec le sucre, l'extrait d'amande et le zeste de citron râpé. Ajouter à cette préparation les œufs, l'un après l'autre, et 175 g de beurre en pommade. Travailler le mélange. Foncer une tourtière beurrée avec la moitié de la pâte. Garnir de la préparation aux amandes. Recouvrir de la seconde abaisse, souder les bords avec un peu d'eau, orner le dessus de dessins au couteau, dorer à l'œuf. Mettre à four chaud et laisser cuire 30 min.

1541. Dartois

Th. 7
Préparation : 2 h 30 – Cuisson : 25 min

250 g de pâte feuilletée	
15 g de beurre	
250 g de pâte d'amande faite avec :	
125 g de poudre d'amande	
100 g de sucre en poudre	
2 œufs	
60 g de beurre	
6 g de vanille en poudre	

Préparer la pâte d'amande en mélangeant les ingrédients ci-contre. Préparer une pâte feuilletée (1514). L'abaisser à 0,5 cm d'épaisseur. Préparer 2 bandes, l'une de 8 à 10 cm de large, l'autre de 2 cm de plus. Placer sur la plus large la pâte d'amande bien onctueuse, replier le feuilletage tout autour de 1 cm sur la pâte d'amande. Mettre la deuxième abaisse comme un couvercle, souder les bords à l'eau et les égaliser de manière à ce qu'ils soient bien verticaux. Tracer légèrement au couteau tous les 4 à 5 cm une incision qui marque la séparation des dartois. Mettre sur une tôle beurrée, à four chaud, pendant 25 min. Aussitôt après cuisson, séparer les dartois les uns des autres.

La pâte levée

Il existe de nombreuses pâtes dans lesquelles on introduit du levain ou de la levure chimique et qui, sous cette action, augmentent de volume soit avant, soit pendant la cuisson. L'introduction de levain (levure de boulanger) se fait toujours avant la cuisson qui ne peut avoir lieu que lorsque la pâte est bien levée. Au contraire, la levure chimique (bicarbonate de soude, levure alsacienne, baking powder) ne modifie la pâte que sous l'influence de la chaleur.

Enfin, les blancs d'œufs fortement battus en neige jouent le même rôle et donnent à la cuisson une augmentation de volume et une grande légèreté à la pâte.

La cuisson des pâtes levées doit être conduite lentement. Commencée à four doux, puis moyen, puis chaud. Il faut éviter les grands écarts de température et ne pas sortir du four brusquement un gâteau qui lève.

La pâte à levure de boulanger

1542. Petits pâtés soufflés

Th. 5
Préparation : 20 min – Cuisson : 30 min

125 g de farine	
75 g de beurre	
125 g de crème fraîche	
100 g de chair à saucisse	
3 œufs	
5 g de sel	
5 g de levure de boulanger	

Placer le beurre dans une terrine. Porter au bain-marie. Quand le beurre est fondu, retirer du feu, ajouter peu à peu la farine par cuillerées, les jaunes d'œufs un à un, et le sel. Bien travailler le mélange. Y verser ensuite la crème, la levure émiettée, les blancs battus en neige ferme. Laisser reposer 15 min. Beurrer de petits moules à pâté, y verser 1 c. à s. de la préparation. Placer une noix de farce et recouvrir de pâte. On ne doit remplir les moules qu'aux 3/4. Mettre à four moyen. Laisser cuire 30 min environ. Démouler. Servir chaud comme entrée.

1543. Savarin

(6 h à l'avance)
Th. 6 à 7
Préparation : 30 min – Cuisson : 30 min

250 g de farine	
140 g de beurre	
30 g de sucre en poudre	
3 œufs	
5 cl de lait	
8 g de sel	
15 g de levure de boulanger	

Tamiser la farine, la mettre dans une terrine, y faire un puits, y mettre la levure délayée dans le lait tiède. Ajouter les œufs. Bien mélanger puis battre pendant quelques minutes, la pâte doit se détacher de la main. Couvrir la terrine et laisser lever la pâte à température ambiante : elle doit doubler de volume. Incorporer alors 125 g de beurre amolli, le sucre, le sel. La pâte doit être très homogène.

Verser la pâte dans un moule à savarin beurré. Le remplir aux 2/3. Cuire à four chaud. L'arroser lorsqu'il est encore tiède avec une sauce au rhum (1452).

1544. Baba

Th. 6
Préparation : 30 min
Cuisson : 30 min pour les gros babas
15 à 20 min pour les petits babas

250 g de farine
115 g de beurre
30 g de sucre
100 g de raisins de Corinthe
3 œufs
5 cl de lait
8 g de sel
15 g de levure de boulanger

Le baba se fait comme le savarin (1543), mais on incorpore au dernier moment les raisins de Corinthe qui ont été lavés. Verser la pâte dans des petits moules spéciaux et bien beurrés. Le temps de cuisson est moindre s'il s'agit de petits babas. Arroser tiède avec une sauce au rhum (1452) ou au kirsch.

1545. Brioche

(à préparer la veille)
Th. 6
Cuisson : 30 min

260 g de farine
140 g de beurre
3 œufs
15 g de sucre en poudre
5 g de sel
10 g de levure de boulanger
Lait

Délayer la levure dans un peu de lait tiède. La mélanger avec un peu de farine. Laisser reposer pendant 6 h dans un récipient fariné. Quand elle a doublé de volume, pétrir à la main en ajoutant 250 g de farine, le sel, les œufs et 125 g de beurre. Travailler avec la paume de la main. Remettre la pâte à lever, pendant 12 h, dans un endroit tiède. À ce moment, replier les bords de la pâte sur le centre et recommencer plusieurs fois comme pour feuilleter la pâte.

Placer la plus grosse partie de la pâte dans le moule beurré; celui-ci doit être à moitié rempli. Placer au-dessus une petite boule de pâte. Faire cuire à four moyen pendant 30 min.

1546. Gaufres

(8 h à l'avance)
Préparation : 30 min – Cuisson : 10 min

Délayer la levure avec le lait tiède. L'incorporer à la farine et laisser monter dans un endroit tiède pendant 6 h. Pétrir alors en ajoutant œufs, sucre, beurre, rhum et bicarbonate. Laisser fermenter encore 2 h. Faire cuire les gaufres dans un moule à gaufre 5 min environ de chaque côté.

250 g de farine
15 cl de lait
125 g de beurre
2 œufs
10 g de levure de boulanger
1 pointe de bicarbonate de soude
125 g de sucre en poudre
Rhum

La pâte à levure chimique

1547. Savarin rapide

Th. 6
Préparation : 10 min – Cuisson : 25 min

Mélanger les jaunes avec le sucre. Ajouter les blancs battus en neige très ferme, la farine puis la levure. Verser la pâte dans le moule beurré. Cuire 25 min à four chaud. Arroser avec une sauce au rhum (1452) en sortant du four et démouler.

100 g de farine
100 g de sucre en poudre
3 œufs
1 sachet de levure chimique
15 g de beurre

1548. Baba rapide

Préparer une pâte à savarin (1547), à laquelle on incorpore des raisins de Corinthe. Verser la pâte dans un moule en couronne. Procéder ensuite comme pour un savarin. On peut garnir le centre du baba d'une crème pâtissière (1358).

1549. Brioche rapide

Th. 5
Préparation : 10 min – Cuisson : 45 min

Incorporer la crème à la farine. Ajouter 1 œuf battu, le sucre, le sel et la levure. Mettre dans un moule beurré et chemisé. Dorer à l'œuf et faire cuire à four moyen pendant 45 min.

- 180 g de crème fraîche
- 175 g de farine
- 30 g de sucre en poudre
- 2 œufs
- 15 g de levure chimique
- 1 pincée de sel
- 15 g de beurre

1550. Cake

Th. 5 puis 6
Préparation : 25 min – Cuisson : 50 min

Faire ramollir 165 g de beurre. Le travailler avec le sucre, le sel, puis les œufs entiers (les ajouter l'un après l'autre). Mettre d'un seul coup la farine et travailler énergiquement pour alléger la pâte. Incorporer alors les fruits confits coupés et macérés dans le rhum, les raisins et la levure. Verser dans un moule beurré et chemisé avec du papier. Faire cuire à four moyen, puis chaud, pendant 45 min. On peut réserver quelques fruits entiers pour en décorer le gâteau.

- 250 g de farine
- 180 g de beurre
- 125 g de sucre en poudre
- 3 œufs
- 35 g de fruits confits
- 50 g de raisins de Smyrne
- 50 g de raisins de Corinthe
- 2 c. à s. de rhum
- 1 pincée de sel
- 8 g de levure chimique

1551. Gâteau à la confiture

Th. 5
Préparation : 20 min – Cuisson : 20 min

Mélanger les œufs entiers et le sucre. Bien battre pendant 5 min. Ajouter cuillerée par cuillerée la farine, le sel, puis la levure délayée dans le lait. Verser la pâte dans un moule carré et bien beurré (couvercle de grande boîte à biscuits). Faire cuire 20 min à four moyen. Démouler aussitôt. Recouvrir d'une couche de confiture et rouler avec les mains comme une bûche. On peut aussi garnir d'une crème au beurre (1449).

- 70 g de farine
- 110 g de sucre en poudre
- 2 œufs
- 7 g de levure chimique
- 1 pincée de sel
- 1 c. à s. de lait
- 15 g de beurre
- Confiture de votre choix

1552. Pain d'épice

Th. 3
Préparation : 10 min – Cuisson : 1 h 30

Mettre d'abord dans une terrine le sucre, le miel, l'eau chaude et le bicarbonate. Faire fondre le tout. Ajouter la farine, le zeste d'orange, la poudre d'anis. Verser la pâte dans un moule bien beurré (rempli à moitié). Faire cuire 1 h 30 avec couvercle, à four doux.

250 g de farine
125 g de miel brun
10 g de sucre en poudre
10 cl d'eau
10 g de bicarbonate de soude
10 g de poudre d'anis
Zeste d'orange
15 g de beurre

1553. Gâteau aux noisettes

Th. 5
Préparation : 25 min – Cuisson : 1 h

Hacher les noisettes. Travailler la farine, 240 g de beurre, le sucre avec les jaunes d'œufs. Incorporer les noisettes hachées, les blancs battus et la levure. Verser dans un moule beurré et faire cuire à four moyen pendant 1 h environ.

255 g de farine
240 g de beurre
240 g de sucre en poudre
4 œufs
150 g de noisettes épluchées
10 g de levure chimique

1554. Gâteau marbré

Th. 3
Préparation : 20 min – Cuisson : 1 h

Travailler 100 g de beurre avec le sucre. Ajouter les jaunes d'œufs, la farine, le lait et la levure. Battre les blancs en neige très ferme, les incorporer à la pâte. Diviser la préparation en 2 parties égales. À l'une d'elles, ajouter le chocolat râpé. À l'autre, de la vanille ou du zeste de citron râpé. Beurrer un moule à cake, y verser alternativement de la pâte blanche et de la pâte au chocolat. Remplir le moule aux 2/3. Cuire 1 h à four doux.

200 g de farine
200 g de sucre en poudre
115 g de beurre
3 œufs
10 cl de lait
60 g de chocolat
6 g de levure chimique
Vanille ou zeste de citron

1555. Gâteau d'Aurélia
Th. 6
Préparation : 20 min – Cuisson : 40 min

150 g de farine	
50 g de Maïzena	
250 g de sucre en poudre	
1 citron	
7 c. à s. d'huile d'arachide	
6 c. à s. de lait	
4 œufs	
6 g de cannelle en poudre	
8 g de levure chimique	
15 g de beurre	

Casser les œufs, les mettre entiers dans une terrine, les battre à la fourchette 2 à 3 min. Ajouter le sucre puis la cannelle, le zeste de citron (ou d'orange) râpé, le lait et l'huile. Bien battre le mélange (5 min environ). Incorporer progressivement la farine et la Maïzena. Terminer avec la levure. Beurrer un moule de 15 à 18 cm de diamètre sur 5 cm de hauteur. Y répartir la pâte. Saupoudrer de sucre en poudre et faire cuire à four chaud. Au milieu de la cuisson, placer un papier sulfurisé beurré, pour empêcher le gâteau de trop brunir.

La pâte à blancs d'œufs battus

1556. Gâteau mousseline
Th. 4 à 5
Préparation : 15 min – Cuisson : 45 min

- 125 g de fécule
- 75 g de sucre en poudre
- 5 œufs
- 1 citron
- 15 g de beurre

Mélanger ensemble le sucre et les jaunes d'œufs. Ajouter en tournant la fécule, le zeste de citron râpé, puis les blancs battus en neige. Bien mélanger. Verser dans un moule beurré et faire cuire 45 min à four moyen.

1557. Gâteau de Savoie

Th. 5 puis 6
Préparation : 20 min – Cuisson : 30 min

Séparer les blancs des jaunes. Travailler les jaunes avec le sucre pour obtenir un mélange blanc et mousseux. Ajouter la farine, la fécule, l'arôme et les blancs battus en neige très ferme. Verser dans un moule bien beurré. Le remplir aux 2/3. Cuire à four moyen puis chaud.

200 g de sucre en poudre
60 g de fécule de pomme de terre
4 œufs
40 g de farine
Arôme : vanille ou zeste de citron
15 g de beurre

1558. Gâteau aux amandes

Th. 5
Préparation : 20 min – Cuisson : 45 min

Travailler, avec la poudre d'amande, le sucre, 1 œuf entier et 3 jaunes. Ajouter ensuite la farine, le beurre fondu, l'eau de fleur d'oranger et les blancs battus. Faire cuire 45 min à four moyen.

150 g de farine
300 g de sucre en poudre
75 g de beurre
4 œufs
50 g de poudre d'amande
Eau de fleur d'oranger

1559. Gâteau aux pralines

Th. 5
Préparation : 50 min – Cuisson : 20 min

Mélanger le sucre et la poudre d'amande. Ajouter 3 blancs d'œufs non battus, puis la Maïzena et la vanille en poudre. Incorporer 3 blancs battus en neige. Verser la pâte dans 2 moules beurrés de 24 cm de diamètre. Si possible garnis d'un rond de papier sulfurisé beurré. Faire cuire à four chaud. Démouler.

Pendant la cuisson des gâteaux, préparer la crème.

Travailler le beurre en pommade. D'autre part, battre 5 min les jaunes d'œufs et le sucre. Incorporer ce mélange au beurre. Bien malaxer.

125 g de sucre en poudre
100 g de poudre d'amande
30 g de Maïzena
6 blancs d'œufs
30 g de beurre
Sucre glace
Vanille en poudre
Pour la crème :
150 g de beurre
100 g de pralines brunes
4 jaunes d'œufs
75 g de sucre en poudre

Broyer très finement 75 g de pralines brunes. Incorporer cette poudre à la crème au beurre. Placer cette garniture sur un gâteau (froid). Recouvrir avec le deuxième plateau. Terminer en saupoudrant de sucre glace et en piquant des pralines.

1560. Quatre-quarts
Th. 4
Préparation : 20 min – Cuisson : 40 à 50 min

Travailler les jaunes d'œufs avec le sucre pour obtenir une pâte blanche et coulante. Incorporer, alternativement, un peu de farine, un peu de beurre mou jusqu'à épuisement. Parfumer et mettre enfin les blancs battus en neige très ferme. Mettre dans un moule à manqué beurré rempli aux 2/3. Cuire à four moyen pendant 40 à 50 min.

3 œufs	
Le poids de ces 3 œufs en :	
Farine	
Sucre en poudre	
Beurre	
1 citron	

1561. Gâteau à l'orange
Th. 4
Préparation : 20 min – Cuisson : 40 min

Râper le zeste de l'orange. Battre les jaunes, y incorporer le sucre, la fécule, la poudre d'amande, le zeste et le jus de l'orange, et enfin les blancs battus. Faire cuire dans un moule chemisé et beurré pendant 40 min à four moyen.

125 g de sucre en poudre	
125 g de poudre d'amande	
60 g de fécule	
3 œufs	
15 g de beurre	
1 orange	

1562. Gâteau anglais
Th. 5
Préparation : 15 min – Cuisson : 20 min

Travailler 125 g de beurre amolli à la chaleur, pour le rendre mousseux. Incorporer peu à peu et alternativement le sucre, la crème de riz et

125 g de crème de riz	
125 g de sucre en poudre	
140 g de beurre	
2 œufs	
3 écorces d'oranges confites	
Vanille	

les écorces d'oranges hachées finement. Ajouter ensuite les jaunes et les blancs battus en mélangeant doucement. Verser la pâte dans un moule bien beurré et faire cuire 20 min à four chaud. Démouler, laisser refroidir et glacer au kirsch (1445).

1563. Gâteau au chocolat
Th. 3
Préparation : 20 min – Cuisson : 50 min

90 g de farine
140 g de chocolat
140 g de sucre
85 g de beurre
4 œufs
1 c. à c. de parfum liquide (rhum, kirsch, fleur d'oranger)
Fruits confits (cerises, oranges et angéliques)

Casser le chocolat, le mettre à fondre avec 70 g de beurre à feu très doux. Ajouter à cette pâte les jaunes, l'un après l'autre, la farine, le sucre. Mettre les 4 blancs battus et le parfum liquide. Verser dans un moule bien beurré et faire cuire à four très doux pendant 50 min. Au sortir du four, glacer au chocolat (1446). Garnir ensuite avec des fruits confits.

1564. Gâteau au chocolat avec crème
Th. 3
Préparation : 20 min – Cuisson : 30 min

125 g de farine
125 g de chocolat
250 g de sucre en poudre
5 œufs
10 cl de crème fraîche
15 g de beurre

Mélanger les œufs entiers avec le sucre. Ajouter le chocolat râpé, la farine et incorporer la crème avec précaution. Verser l'appareil dans un moule beurré et cuire à four doux pendant 30 min.

1565. Gâteau fondant au chocolat, sabayon à l'orange

(À faire 3 ou 4 jours à l'avance, sauf le sabayon)
Préparation : 1 h 30 – Cuisson : 45 min + 30 min

La préparation de ce gâteau nécessite un investissement important en travail et en denrées. Pour utiliser au mieux le temps consacré à cette recette, il vaut mieux prévoir un gros gâteau. D'où : quantités pour 12 personnes.

Préparer le gâteau, selon la recette du gâteau marbré (1554), mais en incorporant le chocolat à la totalité de la pâte. Mettre la pâte dans un grand moule à manqué bien beurré et faire cuire à four moyen (th. 4) pendant 40 à 50 min. Laisser un peu refroidir. Démouler.

Le lendemain ou le surlendemain, préparer la crème de garniture au chocolat. Battre en Chantilly 200 g de crème fleurette (166) et tenir au frais.

Casser le chocolat en morceaux, le mettre dans une casserole. Faire chauffer 200 g de crème fleurette jusqu'à ébullition ; la verser sur le chocolat et chauffer en tournant jusqu'au moment où le mélange a bien épaissi.

Parfumer avec le Grand Marnier et incorporer délicatement la Chantilly, les noisettes et les dés d'écorce d'orange confite ayant macéré au préalable dans le Grand Marnier.

Préparer le sirop. Mettre dans une casserole l'eau et le sucre, chauffer puis faire bouillir pendant 1 à 2 min. Laisser refroidir et ajouter un filet de Grand Marnier.

Couper le gâteau en 3 tranches horizontales. Poser ces tranches sur un grand plat et arroser avec le sirop des deux côtés.

Gâteau au chocolat :
- 300 g de farine
- 300 g de sucre en poudre
- 150 g de beurre + 15 g pour le moule
- 4 œufs moyens
- 15 cl de lait
- 125 g de chocolat en poudre
- 10 g de levure chimique
- Vanille en poudre

Crème garniture au chocolat :
- 200 g de chocolat noir
- 400 g de crème fleurette
- 100 g de noisettes
- 100 g d'écorce d'orange confite
- 10 cl de Grand Marnier

Sirop :
- 25 cl d'eau
- 100 g de sucre en poudre
- Grand Marnier

Sabayon à l'orange :
- 1 orange
- 5 jaunes d'œufs
- 150 g de sucre en poudre
- 1 orange
- 100 g de crème fleurette

Placer la tranche de base sur le plat de service. La recouvrir avec une couche de crème au chocolat. Poser la 2e tranche, garnie elle aussi de crème au chocolat. Recouvrir le gâteau avec la 3e tranche. Appuyer avec la main pour faire bien adhérer le tout. Mettre le gâteau ainsi fourré au réfrigérateur pour au moins 24 h.

Au moment de servir, préparer le sabayon. Râper le zeste de l'orange lavée. Exprimer le jus. Mettre dans une terrine les jaunes d'œufs avec le sucre et le zeste d'orange. Travailler avec le fouet pour obtenir un mélange très blanc. Ajouter le jus d'orange. Mettre la terrine au bain-marie et faire monter au fouet, tandis que le mélange chauffe et épaissit régulièrement. Retirer du bain-marie, laisser refroidir et bien mélanger avec les 100 g de crème fleurette montée en Chantilly. Napper le gâteau avec une partie du sabayon et présenter le reste de celui-ci dans une petite coupe.

1566. Gâteau suprême (au café)

Th. 4
Préparation : 15 min – Cuisson : 25 min

240 g de chocolat
60 g de sucre en poudre
75 g de beurre
3 c. à c. de café soluble
60 g de Maïzena
30 g de farine
3 œufs

Faire amollir le chocolat cassé en morceaux, dans une casserole avec 1 c. à s. d'eau. Lorsqu'il est fondu, incorporer hors du feu le sucre, la Maïzena, la farine, 60 g de beurre et le café. Ajouter les 3 jaunes d'œufs, l'un après l'autre, puis les blancs battus en neige très ferme. Verser la pâte dans un moule bien beurré et cuire à four moyen. Lorsqu'il est froid, servir avec une crème anglaise (1316) ou une crème anglaise au café (1321).

1567. Gâteau de chocolat au rhum

(2 h à l'avance)
Th. 5
Préparation : 20 min – Cuisson : 20 min

1 œuf
60 g de sucre en poudre
50 g de farine
3 c. à s. de lait
1/2 paquet de levure chimique
15 g de beurre
Pour la garniture :
80 g de beurre
125 g de chocolat
50 g de chocolat en poudre
Rhum + eau sucrée

Mélanger l'œuf, le sucre, la farine et le lait. Ajouter la levure. Beurrer un moule à manqué. Y verser le mélange et cuire à four doux pendant 20 min environ.

Démouler. Laisser refroidir. Imbiber le gâteau avec un mélange de rhum et d'eau sucrée. Puis masquer le biscuit sur 1 cm d'épaisseur avec la crème préparée avec le chocolat ramolli et le beurre. Saupoudrer de chocolat en poudre. Mettre au réfrigérateur 2 h.

1568. Financiers

Th. 5
Préparation : 40 min – Cuisson : 20 min

100 g de farine
120 g de beurre
125 g de sucre en poudre
4 blancs d'œufs

Tourner les blancs avec le sucre pendant 30 min. Ajouter la farine et 100 g de beurre en pommade. Beurrer des petits moules ronds. Remplir à moitié et faire cuire à four moyen pendant 20 min.

1569. Madeleines

Th. 6
Préparation : 20 min – Cuisson : 8 à 10 min

150 g de farine
145 g de beurre
150 g de sucre en poudre
2 gros œufs
Arôme : vanille, citron

Travailler les œufs avec le sucre pour obtenir une pâte blanche. Ajouter progressivement la farine et 125 g de beurre mou, puis l'arôme. Verser dans des moules à madeleines bien beurrés et faire cuire à four moyen pendant 8 à 10 min.

1570. Visitandines

Th. 4
Préparation : 25 min – Cuisson : 30 min

Mélanger le tout avec les blancs battus en neige. Ajouter 125 g de beurre mou à la fin. Verser la pâte dans des moules bien beurrés. Faire cuire à four moyen pendant 30 min.

125 g de farine
125 g de beurre
250 g de sucre en poudre
100 g de poudre d'amande
5 blancs d'œufs
1/2 zeste de citron râpé

Les bonbons

Les bonbons confectionnés à la maison ont une saveur et un charme particuliers et font le régal des petits comme des grands. Ils peuvent être offerts à la fin du repas avec le café, pour le goûter, ou en guise de présent au moment des fêtes. La plupart sont faciles à réaliser et ne nécessitent pour leur préparation qu'un matériel réduit :
– 1 plaque de marbre ou une tôle ;
– 1 moule à caramel ou n'importe quel moule rectangulaire ;
– des caissettes en papier gaufré pour la présentation.

1571. Sucre d'orge

250 g de sucre en poudre
10 cl d'eau
1 c. à s. de jus de citron
Huile

Mettre le sucre, l'eau et le jus de citron dans une casserole. Laisser cuire à feu vif, en tournant, jusqu'à ce que le sucre prenne une couleur blonde. Verser sur un marbre huilé et découper tiède en petits carrés, ou verser dans le moule à caramel huilé.

1572. Nougat de sucre

250 g de sucre en poudre
300 g d'amandes, noisettes et pistaches mélangées (à volonté)

Ajouter à la préparation 1571 des amandes, noisettes, pistaches, le tout mondé, légèrement grillé au four et haché grossièrement.

1573. Nougat au miel

150 g de miel
400 g d'amandes, noisettes et pistaches
Huile, farine

Mettre le miel dans une casserole, le faire bouillir 10 min, ajouter les amandes, noisettes, pistaches mondées et légèrement grillées au four. Laisser cuire en remuant constamment jusqu'à l'obtention d'un sirop au **boulé** (1209). Retirer du feu. Verser sur un marbre huilé ou, mieux, sur une feuille de pain azyme posée sur le marbre fariné. Égaliser la surface avec une spatule en bois frottée de citron. Recouvrir d'une autre feuille de pain azyme. Poser sur le tout une plaque chargée d'un poids. Laisser refroidir.

Les caramels

1574. Caramels au chocolat
Préparation : 10 min – Cuisson : 15 min

Pour 60 caramels :
75 g de chocolat
100 g de beurre
100 g de sucre en poudre
60 g de miel
80 g de crème double
Huile

Râper le chocolat, le mettre dans une casserole. Ajouter la crème, le miel, le beurre et le sucre. Laisser bouillir 12 à 15 min à feu doux. Verser dans un moule à caramel huilé.

1575. Caramels au café
Préparation : 5 min – Cuisson : 15 min

Pour 60 caramels :
225 g de sucre en poudre
200 g de crème double
1 c. à s. de lait
125 g de miel
3 c. à s. d'essence de café
Huile

Placer le sucre dans une casserole. Ajouter la crème, le miel, le lait, faire fondre le tout. Laisser bouillir à feu très doux 15 min, ajouter l'essence de café, mélanger. Verser dans le moule à caramel huilé.

1576. Pastilles
Préparation : 10 min

Faire avec le sucre et l'eau une pâte épaisse, placer dans une casserole sur un feu très doux, faire chauffer sans laisser bouillir. Ajouter le parfum. Mélanger. Verser la préparation goutte à goutte sur un marbre légèrement huilé. 1 h après, détacher les pastilles.

500 g de sucre en poudre
20 cl d'eau
4 ou 5 gouttes de menthe, d'essence de citron, d'essence de bergamote, etc.
Huile

1577. Toffees
Préparation : 20 min – Cuisson : 2 h 15

Placer la mélasse dans une casserole. Laisser chauffer doucement, ajouter la cassonade et enfin le beurre. Laisser fondre 2 h à feu très doux, sans bouillir. Placer ensuite sur un feu doux et, en tournant sans arrêt, laisser cuire 15 min. À ce moment, faire tomber une goutte du mélange dans un verre d'eau froide. Si elle durcit immédiatement, la cuisson est achevée, sinon la prolonger quelques instants. Retirer du feu, verser dans le moule à caramel huilé. Détacher quand ils sont refroidis.

125 g de mélasse ou de sirop d'érable
250 g de beurre
500 g de cassonade blonde
Huile

1578. Truffes au chocolat
(4 à 5 h à l'avance)
Préparation : 25 min

Faire fondre à feu très doux le chocolat dans le lait. Retirer du feu quand tout forme une pâte très lisse. Ajouter les jaunes d'œufs en tournant, puis le beurre par petits morceaux. Travailler le mélange 2 à 3 min. Laisser refroidir 4 ou 5 h. Rouler entre les mains des boulettes de la grosseur d'une noix, rouler dans le chocolat en poudre. Mettre en boîte dans des caissettes de papier blanc. Tenir au frais. Consommer dans les 48 h.

250 g de chocolat fin
2 c. à s. de lait
2 jaunes d'œufs
75 g de beurre
60 g de chocolat en poudre

Les pâtes de fruits

1579. Pâte de coing

(5 jours à l'avance)

| 250 g de coings |
| 350 g de sucre en poudre |
| Huile |

Préparer les coings comme pour faire une gelée (1740). Quand les fruits sont égouttés, passer au mixeur et ajouter 250 g de sucre. Mélanger soigneusement et faire recuire en tournant sans arrêt jusqu'à ce que la pâte se détache de la casserole. Verser la pâte sur un marbre huilé. Saupoudrer de sucre en poudre. Laisser sécher 4 jours. Découper au couteau. Conserver en boîte de métal garnie de papier sulfurisé. Ces pâtes se conservent des mois.

1580. Pâte de pomme
Même préparation (1579).

1581. Pâte d'abricot
Même préparation (1579).

1582. Pâte de prune
Même préparation (1579).

1583. Marrons glacés

(2 jours à l'avance)

| 1 kg de marrons |
| 1 kg de sucre |

Choisir de très beaux marrons ronds. Débarrasser les marrons de leur première enveloppe, sans les briser. Les mettre dans une casserole. Couvrir d'eau fraîche, porter sur le feu et chauffer le plus qu'on peut sans jamais laisser bouillir. Prolonger cette cuisson lente 3 h. Retirer de l'eau et enlever aussitôt la deuxième peau sans briser les marrons. Placer les marrons dans un sirop à 20 °C froid. Les y laisser 12 h. Puis chauffer doucement au bain-marie. Retirer, égoutter, porter le sirop à 25 °C. Remettre les marrons, les laisser 12 h. Retirer, égoutter, porter le sirop à 33 °C. Laisser alors les marrons 12 h dedans. Placer les marrons dans un égouttoir en fil de fer, les plonger dans un sirop au **grand cassé** bouillant et retirer au bout de 1 min. Faire sécher plusieurs heures à four très doux. (Cuisson du sucre, 1209.)

1584. Noix farcies

Préparation : 40 min

24 noix très grosses
125 g d'amandes
100 g de sucre glace
50 g de chocolat
1 blanc d'œuf

Monder les amandes. Piler au mortier avec le blanc d'œuf. Ajouter le sucre et le chocolat râpé. Travailler longuement; former des boulettes de la grosseur d'une noix avec cette pâte.

Casser, éplucher des noix, diviser chacune en 2 moitiés. Coller chacune de ces 2 moitiés de chaque côté d'une boulette de pâte.

Remarque. – On peut utiliser de la poudre d'amande.

1585. Figues fourrées

Préparation : 35 min

2 douzaines de figues sèches
75 g de beurre
75 g de chocolat
75 g d'amandes
24 noisettes

Choisir de belles figues bien tendres. À l'aide d'un couteau ou d'un vide-pomme, enlever la queue et pratiquer en même temps un trou dans la paroi du fruit. Travailler ensemble beurre, chocolat râpé, amandes mondées et pilées. Introduire cette pâte dans chaque figue, par le trou. Boucher ce trou avec une noisette mondée et grillée.

1586. Dattes farcies

Préparation : 35 min

2 douzaines de belles dattes
75 g de sucre glace
75 g de pistaches
1/2 blanc d'œuf

Monder, piler au mortier les pistaches. Ajouter le sucre et le blanc d'œuf. Former une pâte ferme et homogène. Fendre sur un seul côté de belles dattes un peu sèches. Dénoyauter. Y introduire un morceau de pâte de la forme d'un noyau, mais de grosseur double. Ne refermer qu'à moitié le fruit de façon à laisser voir la pâte qui le fourre.

1587. Pruneaux fourrés

Préparation : 30 min

500 g de pruneaux
125 g d'amandes et de noisettes mélangées
60 g de pistaches

Choisir de très gros pruneaux d'Agen. Dénoyauter. Faire avec les moins beaux pruneaux, les pistaches, les amandes et les noisettes, un hachis grossier. Remplir le vide des gros pruneaux avec ce hachis. Refermer soigneusement. Mettre chaque pruneau dans une caissette de papier.

Les boissons

Notre organisme a besoin chaque jour d'un litre et demi de liquide environ. Cet apport peut augmenter sensiblement suivant la chaleur et l'alimentation. L'eau est le seul liquide indispensable et, de loin, le meilleur pour la santé. On peut la remplacer en partie par d'autres boissons à base de fruits ou de plantes notamment.

1588. Lait d'amande
Préparation : 20 min

1 litre d'eau
30 g d'amandes douces
15 g de sucre en poudre
1 c. à s. d'eau de fleur d'oranger

Monder les amandes. Les faire macérer 15 min dans de l'eau tiède. Égoutter. Piler avec le sucre, de manière à former une pâte. Verser l'eau petit à petit. Aromatiser avec la fleur d'oranger. Filtrer à l'étamine.

1589. Sirop de fruits rouges

500 g de jus de fruits : cerises, groseilles, framboises
1 kg de sucre

Laver et éplucher les fruits. Presser dans un torchon. Recueillir le jus, laisser reposer 1 jour entier. Filtrer à l'étamine. Mettre le sucre dans la bassine, ajouter le jus. Écumer au premier bouillon, retirer du feu. Laisser refroidir. Mettre en flacons ; boucher. 1 litre de ce sirop, mélangé à 4 ou 5 litres d'eau fraîche, donne une excellente boisson.

1590. Sirop de coing
(24 h à l'avance)

3 gros coings	
75 cl d'eau	
1 kg de sucre	

Râper les fruits. Mettre dans une casserole avec l'eau. Laisser bouillir 40 min. Tamiser au tamis de crin. Laisser reposer 24 h. Remettre dans une casserole, ajouter le sucre. Au premier bouillon, écumer, retirer du feu, filtrer sur une étamine. Laisser refroidir. Mettre en flacons; boucher.

1591. Sirop d'ananas

1 ananas
75 cl d'eau

Procéder selon la formule 1590.

1592. Sirop d'orange
(2 ou 3 jours à l'avance)

8 oranges
1/2 citron (jus)
1 kg de sucre en morceaux
5 g d'acide citrique
50 cl d'eau

Laver, essuyer les oranges. Frotter un à un les morceaux de sucre sur le zeste des oranges, de manière à les colorer fortement. Quand tout le sucre est employé, lui ajouter le jus des oranges, celui du citron, et l'acide citrique. Verser sur le tout l'eau ayant bouilli 2 à 3 min. Couvrir et laisser reposer 2 ou 3 jours en remuant souvent. Filtrer sur une étamine, mettre dans des bouteilles lavées à l'eau bouillante et boucher de bouchons également ébouillantés. Ce sirop s'emploie avec de l'eau. Il se conserve plusieurs mois.

1593. Sirop d'orange

6 oranges
25 cl d'eau
500 g de sucre

Éplucher les oranges. Réserver les zestes. Préparer un sirop avec l'eau et le sucre, laisser cuire 5 min à feu vif. Ajouter le jus des oranges exprimé au presse-agrume. Retirer du feu. Mettre les zestes lavés dans une passoire, verser dessus le sirop bouillant. Laisser refroidir. Filtrer. Mettre en flacons; boucher.

1594. Sirop de mandarine

Procéder selon la formule 1592.

- 10 mandarines
- 25 cl d'eau
- 450 g de sucre

1595. Sirop de citron

Procéder selon les formules 1592 ou 1593.

- 6 citrons
- 25 cl d'eau
- 550 g de sucre

1596. Sirop de thé

Faire infuser le thé 3 h dans l'eau chaude (40 °C). Ajouter un sirop refroidi (1209). Filtrer. Mettre en flacons. Boucher.

- 20 g de thé
- 25 cl d'eau
- 75 cl de sirop de sucre

1597. Sirop de café

Concasser grossièrement les grains de café. Verser dessus l'eau bouillante. Laisser infuser pendant 3 h. Ajouter le sucre. Porter à ébullition. Écumer, retirer du feu, filtrer. Mettre en flacons. Boucher.

- 300 g de café torréfié en grains
- 50 cl d'eau
- 750 g de sucre

1598. Sirop de fleurs de violette

Laisser infuser les fleurs dans l'eau bouillante, en vase clos, pendant 24 h. Ajouter le sirop (1209). Filtrer. Mettre en flacons.

- 300 g de violettes fraîches
- 50 cl d'eau
- 50 cl de sirop

1599. Sirop de guimauve

Laver, écorcer et couper en tronçons la racine. Jeter dans l'eau bouillante et laisser infuser 24 h. Passer, ajouter le sucre. Porter à ébullition. Retirer aussitôt. Filtrer. Laisser refroidir. Mettre en flacons.

- 75 g de racines de guimauve
- 50 cl d'eau
- 1 kg de sucre

1600. Citronnade

Exprimer le jus des citrons. Faire fondre le sucre dans l'eau, ajouter le jus des citrons. Servir très frais.

4 citrons
1,5 litre d'eau
180 g de sucre en poudre

1601. Orangeade

Procéder selon la formule 1600.

6 oranges
1,5 litre d'eau
150 g de sucre en poudre

1602. Boisson rafraîchissante

Procéder selon la formule 1600. Les parfums des deux fruits se mêlent très agréablement.

3 citrons
4 oranges
2 litres d'eau
200 g de sucre

1603. Limonade à la fraise

Frotter les citrons avec les morceaux de sucre jusqu'à ce que ceux-ci soient bien colorés par le zeste. Passer les fraises au mixeur avec le jus de citron. Verser ce liquide sur le sucre. Verser ensuite l'eau bouillante sur le tout. Remuer. Laisser refroidir. Filtrer. Mettre en flacons.

350 g de fraises
2 citrons
125 g de sucre en morceaux
50 cl d'eau

1604. Limonade à la framboise, à la mûre

Voir formule 1603.

300 g de framboises ou de mûres
1 citron
150 g de sucre en morceaux
25 cl d'eau

1605. Limonade à la groseille

Voir formule 1603.

350 g de groseilles
2 citrons
125 g de sucre en morceaux
75 cl d'eau

1606. Limonade à l'orange
Voir formule 1603.

2 oranges	
1/2 citron	
125 g de sucre en morceaux	
75 cl d'eau	

1607. Vinaigre de framboise
Emplir un bocal avec les framboises. Verser dessus le vinaigre. Boucher. Laisser infuser 40 jours. Filtrer. Ajouter le sucre au liquide. Laisser bouillir ce sirop pendant 5 à 6 min. Écumer. Refroidir. Mettre en bouteilles.

500 g de framboises
50 cl de vinaigre
750 g de sucre

1608. Vinaigre de cerise aigre, de fraise, de mûre
Même préparation que 1607.

1609. Vinaigre de miel
Mettre le miel dans un pot de grès. Ajouter le levain, l'eau tiède, laisser fermenter dans un bocal chaud environ 4 à 5 jours. Verser ensuite le vinaigre. Clarifier. Soutirer.

125 g de miel
75 cl d'eau
10 g de levure de boulanger
20 cl de vinaigre

Les boissons de fruits sauvages

Récolter les baies bien fraîches, les piler dans un vase de grès. Ajouter l'eau. Laisser reposer 36 h. Filtrer. Ajouter le sucre. Laisser fermenter plusieurs jours. Mettre en flacons.

1610. Boisson aux airelles

25 cl de jus de fruits
100 g de sucre
50 cl d'eau

1611. Boisson à la mûre

30 cl de jus de fruits
30 cl d'eau
0,3 g d'acide tartrique
75 g de sucre

1612. Boisson à la cornouille

30 cl de jus de fruits
50 cl d'eau
50 g de sucre

1613. Boisson au sureau

30 cl de jus de fruits
100 g de sucre
60 cl d'eau

1614. Boisson à l'épine-vinette

30 cl de jus de fruits
100 g de sucre
60 cl d'eau

1615. Boisson aux arbouses

30 cl de jus de fruits
50 g de sucre
50 cl d'eau

1616. Boisson de feuilles de frêne

Faire bouillir frêne, houblon et chicorée dans 10 litres d'eau pendant 40 min. Passer au tamis. Verser sur le sucre, laisser fondre en remuant. Ajouter l'acide tartrique à la fin de la dissolution. Délayer la levure dans un bol d'eau froide, attendre 3 à 4 h et joindre à la préparation. Verser le tout dans un tonneau. Remplir avec ce qu'il faut d'eau pour faire 100 litres de liquide.

Pour 100 litres :
30 g de feuilles de frêne
20 g de houblon
125 g de chicorée
4 kg de sucre
80 g d'acide tartrique
50 g de levure de bière

Les boissons alcoolisées

1617. Hydromel

Délayer le miel dans l'eau tiède. Verser dans le tonneau, ajouter la levure de bière délayée dans un verre d'eau. Laisser fermenter 8 jours en versant chaque jour un verre de vin dans le tonneau. Quand la fermentation se calme, remplir d'eau. Boucher la bonde. Laisser reposer 40 à 50 jours. Soutirer à nouveau. Laisser reposer plusieurs mois. Mettre en bouteilles.

Pour 100 litres :
5 kg de miel
20 litres d'eau tiède
125 g de levure de bière
1 litre de vin blanc

1618. Vin chaud

Faire bouillir le vin, l'eau, le sucre, la cannelle pendant 1 min. Servir brûlant avec des rondelles de citron.

60 cl de vin
30 cl d'eau
125 g de sucre
15 g de cannelle
1 citron

1619. Vin de confiture

Recette agréable pour utiliser la pulpe des fruits ayant servi à faire une gelée ou une marmelade tamisée. Verser sur les résidus le vin blanc. Laisser macérer au frais 24 h. Passer à l'étamine. Ajouter l'eau-de-vie. Conserver en bouteilles bouchées.

1 kg de résidu de fruits
1 litre de vin blanc
10 cl d'eau-de-vie

1620. Vin de groseille

Faire bouillir la pulpe de groseilles dans un peu d'eau. Ajouter de l'eau pour obtenir 6 litres de liquide, le vinaigre, le sucre et la levure délayée dans un peu d'eau tiède. Mettre le tout dans un grand récipient, un tonnelet si possible. Déboucher le tonnelet de façon à ce que le liquide soit à l'air pendant 4 jours. Décanter. Bien exprimer le jus de la pulpe et mettre en bouteilles. Boucher. Coucher les bouteilles pendant 4 jours avant de consommer.

Pour 6 litres :
1 c. à c. de vinaigre
180 g de sucre
2,5 kg de pulpe de groseilles
6 g de levure de boulanger

1621. Punch

Sucrer le thé. Verser bouillant sur le zeste de citron. Ajouter le jus de citron. Puis le rhum très chaud très doucement pour qu'il reste en surface. Enflammer. Servir brûlant.

50 cl de thé
1 citron
30 cl de rhum
175 g de sucre

1622. Grog

Verser 2 c. à c. de cognac ou de rhum dans un verre. Remplir d'eau bouillante. Mettre 3 morceaux de sucre, 1 rondelle de citron. Servir brûlant.

1623. Amandine

Casser les amandes. Recueillir les coques et les mettre à infuser pendant 3 jours dans l'alcool à 90°. Les amandes ne sont pas utilisées. Faire fondre alors le sucre dans l'eau bouillie. Passer séparément les deux liquides. Mélanger ensuite. Mettre en bouteilles. Boucher. Conserver 5 à 6 semaines avant la consommation.

200 g d'amandes dans leur coque
30 cl d'alcool à 90°
400 g de sucre
40 cl d'eau

1624. Eau de mélisse

Concasser, couper en menus morceaux tous les ingrédients. Faire macérer 4 jours dans l'alcool. Filtrer. Mettre en flacons.

225 g de fleurs fraîches de mélisse
20 g de cannelle
40 g de zeste de citron frais
40 g de clous de girofle
10 g de coriandre
10 g de racine d'angélique
1,25 litre d'alcool à 80°

1625. Liqueur de cerise

Dénoyauter les cerises. Les peser. Peser le même poids de sucre. Faire cuire avec le sucre comme une confiture, pendant 25 min. Filtrer sans presser, à l'étamine. Ajouter le kirsch. Mélanger. Mettre en bouteilles.

1,5 kg de cerises Montmorency
1,25 kg environ de sucre
30 cl de kirsch

1626. Crème de cacao

Faire griller 10 à 12 min à la poêle les fèves de cacao, ne pas exagérer l'opération, ce qui leur enlèverait leur arôme. Retirer du feu. Laisser refroidir. Concasser. Faire macérer 15 jours dans l'alcool. Passer à l'étamine. Ajouter l'eau bouillie 5 à 6 min et le sucre. Filtrer sur filtre en papier. Mettre en flacons.

20 g de fèves de cacao
30 cl d'alcool à 90°
30 cl d'eau
350 g de sucre

1627. Crème de café

Procéder comme pour la crème de cacao (1626).

50 g de café torréfié brun
5 ou 6 amandes amères
500 g de sucre
25 cl d'eau
30 cl d'alcool à 90°

1628. Liqueur de cassis

	1 litre d'alcool à 40°
	1 kg de cassis

Bien laver les grappes. Mettre dans un bocal de verre en laissant quelques feuilles. Recouvrir avec l'alcool. Couvrir et laisser macérer pendant 2 à 3 mois. Égoutter les fruits. Recueillir l'alcool, y ajouter un sirop de sucre fait avec 375 g de sucre et 1/2 litre d'eau chauffé jusqu'au premier bouillon. Les grains de cassis, très forts en alcool, peuvent être roulés dans le sucre cristallisé.

1629. Brou de noix

	20 cerneaux (noix vertes, sans bois)
	1 litre d'eau-de-vie à 40°
	600 g de sucre

Couper les cerneaux en fines lamelles. Faire infuser dans l'eau-de-vie pendant 60 jours. Passer au tamis de crin. Ajouter le sucre. Laisser dissoudre. Filtrer. Mettre en flacons. Laisser vieillir au moins 3 mois avant l'usage.

1630. Liqueur de genièvre

	1 poignée de baies de genièvre
	75 cl d'eau-de-vie à 40°
	1/2 citron
	300 g de sucre
	1 verre d'eau
	10 grains d'anis
	1 gousse de vanille
	10 g de cannelle en bâton

Cueillir les baies vertes du genévrier et les mettre fraîches dans l'alcool. Ajouter le citron coupé en rondelles. Laisser infuser 3 jours. Filtrer. Faire fondre le sucre dans l'eau et ajouter ce liquide à l'eau-de-vie aromatisée. Tremper dans le mélange un nouet de mousseline contenant l'anis, la vanille et la cannelle. Laisser macérer 1 mois. Filtrer sur papier. Mettre en flacons, boucher.

Les boissons chaudes

1631. Chocolat à l'eau

	Par personne :
	25 g de chocolat noir
	1 tasse d'eau
	Un peu de vanille

Mettre le chocolat à fondre dans très peu d'eau. Quand il forme une pâte lisse, ajouter le reste de l'eau et la vanille. Laisser cuire 10 à 15 min. Faire mousser dans la chocolatière ou avec le fouet.

1632. Chocolat au lait

Mettre le chocolat à fondre dans très peu d'eau. Quand il forme une pâte lisse, ajouter le lait. Laisser cuire 10 à 15 min et faire mousser comme ci-dessus.

Par personne :
- 25 g de chocolat noir
- 1 tasse de lait
- 10 cl d'eau

1633. Cacao

Délayer à froid cacao et sucre dans l'eau, ajouter peu à peu, en tournant, le liquide, l'eau ou le lait bouillant.

Par personne :
- 25 g de cacao
- 30 g de sucre en poudre
- 1 tasse d'eau ou de lait
- 10 cl d'eau

1634. Chocolat espagnol

Faire fondre et cuire le chocolat dans très peu d'eau. Ajouter le reste. Laisser sur feu doux 8 à 10 min. Aromatiser. Fouetter fortement pour rendre mousseux.

Par personne :
- 50 g de chocolat
- 1 tasse d'eau
- 3 g de vanille
- 3 g de cannelle en poudre

1635. Café à la turque

Moudre le café en poudre extrêmement fine. Compter 1 c. à c. de poudre par tasse. Placer dans une casserole spéciale. Ajouter le même volume de sucre en poudre et délayer petit à petit avec de l'eau bouillante. Quand la quantité nécessaire est obtenue, porter à ébullition. Quand le café monte, retirer du feu. Au bout de 2 min, remettre à chauffer ; laisser monter à nouveau. Retirer. Verser une cuillerée à café d'eau froide pour faire tomber la lie. Servir aussitôt.

1636. Café au lait

1º Ajouter au lait, en quantité variable, du café ordinaire, ou mieux, de l'essence de café.

2º Moudre finement 1 c. à c. de grains de café par tasse. Placer dans le filtre de la cafetière posée dans un bain-marie. Presser fortement cette poudre. Verser dessus le lait bouillant par petites quantités. L'opération doit se faire lentement. Servir très chaud avec du sucre en morceaux. Préparé de cette façon, le café est excellent. Mais la préparation étant longue, et faute de temps, on a recours aux cafetières électriques, aux cafetières percolateurs. Le café est plus âcre que parfumé. Enfin, simplification extrême, on utilise de plus en plus le café soluble lyophilisé.

1637. Thé

Échauder la théière à l'eau bouillante. Jeter l'eau. Placer dans la théière 1 c. à c. de thé par convive et 1 de plus. Verser de l'eau frémissante dans la théière et laisser infuser 2 à 3 min. Remuer avec une cuillère. Laisser infuser 1 min. Servir avec lait ou crème et sucre en morceaux. Le thé de Chine s'accompagne de rondelles de citron.

1638. Thé à la menthe

Dans une théière ébouillantée, mettre 1 c. à c. de thé par convive, quelques feuilles de menthe fraîches ou séchées, du sucre selon le goût. Ajouter de l'eau bouillante et laisser infuser 5 min avant de servir.

1639. Essence de café

25 cl d'eau
200 g de café

Prendre du café de bonne qualité, nouvellement torréfié. Le moudre. Jeter dans l'eau bouillante la moitié de la poudre, retirer aussitôt du feu. Couvrir. Laisser infuser jusqu'à refroidissement complet. Filtrer. Remettre à bouillir le liquide ainsi obtenu, garnir le filtre avec le reste de la poudre de café. Et procéder avec ce café et le liquide bouillant comme pour obtenir du café ordinaire. Mettre en flacon. Boucher hermétiquement.

Tisanes

Boissons préparées par la dissolution dans l'eau des principes médicamenteux de certaines plantes.
On prépare les tisanes de plusieurs manières. (Par personne.)

Par macération

Solution des principes actifs de la plante mise dans l'eau froide, pendant un temps plus ou moins prolongé.

1640. Macération de graines de lin (laxatif)

1 c. à s. de graines de lin

Verser dans 1/2 verre d'eau, laisser macérer de 15 à 30 min. Avaler le tout.

1641. Macération de quinquina (tonique)

10 g de quinquina

Concasser dans 1 litre d'eau, laisser macérer 2 à 3 h.

Par infusion

Préparation qui consiste en une solution obtenue en versant de l'eau bouillante sur tout ou partie d'une plante fraîche ou séchée. Les infusions ont une réelle action sur l'organisme.

Infusions calmantes. Doses pour 1 tasse à thé :

1642. Tilleul

Quelques brins de fleurs avec leurs bractées

1643. Fleur de coquelicot, fleur de violette

Quelques grammes de pétales frais ou séchés

1644. Fleur d'oranger

3 à 4 boutons de fleur

Infusions astringentes. Doses pour 1 tasse à thé :

1645. Citron

2 à 3 rondelles de citron non pelé

1646. Orange

2 à 3 rondelles d'orange non pelée

1647. Coing

2 à 3 rondelles de coing non pelé

Infusions digestives. Doses pour 1 tasse à thé :

1648. Menthe

Quelques tiges avec feuilles et fleurs

1649. Verveine

Quelques tiges avec feuilles et fleurs

1650. Camomille

3 têtes ou fleurs

1651. Anis

1/2 c. à c. de grains

1652. Hysope

Quelques tiges avec feuilles et fleurs

Infusions apéritives. Doses pour 1 grand verre :

1653. Gentiane

4 à 5 g de racine coupée en morceaux

Les boissons

1654. Houblon — 8 à 10 g de fleurs

1655. Chicorée — 5 à 7 g de feuilles fraîches ou sèches

Infusions laxatives. Doses pour 1 tasse à thé :

1656. Orge — 1 c. à c. de grains décortiqués

1657. Réglisse — 30 g de rhizome coupé en morceaux ou 2 à 3 g de poudre

Infusions diurétiques. Doses pour 1 tasse à thé :

1658. Queues de cerises — 5 g de queues séchées

1659. Cerfeuil — Quelques brins avec feuilles

1660. Réglisse — 2 g de poudre de réglisse

Infusions sudorifiques. Doses pour 1 tasse à thé :

1661. Bardane — 3 g de racine coupée en menus morceaux

1662. Bourrache

Quelques fleurs et feuilles

1663. Sureau

1 à 2 g de fleurs séchées

Par décoction

Préparation qui consiste en une solution obtenue en faisant bouillir, plus ou moins longuement, dans l'eau, tout ou partie d'une plante.

1664. Lichen

16 g de lichen par litre

Faire bouillir 7 à 8 min. Employé contre la toux.

1665. Orge

20 g d'orge par litre

Faire bouillir 10 à 15 min. Employé comme rafraîchissant.

1666. Eau de riz

30 à 50 g de riz par litre

Faire bouillir 15 min. Employé dans les entérites et les diarrhées infantiles.

Par digestion

Préparation qui consiste en une solution obtenue en laissant séjourner plus ou moins longtemps dans l'eau à 40 °C environ (eau assez chaude) tout ou partie d'une plante.

1667. Salsepareille

50 g de racines coupées

Mettre les racines coupées dans l'eau chaude. Employé comme dépuratif.

Les conserves

Les conserves constituent une ressource précieuse car elles permettent d'avoir toujours sous la main de quoi varier ou étoffer un repas. C'est aussi un bon moyen pour ceux qui possèdent un potager ou un verger d'utiliser leurs fruits et leurs légumes au moment où ceux-ci sont particulièrement abondants. Les conserves ménagères, souvent plus savoureuses que celles du commerce, doivent cependant faire l'objet de soins attentifs comme d'une hygiène rigoureuse. Les intoxications dues à une mauvaise conservation ne sont pas, hélas, exceptionnelles.

Conservation des viandes

1668. Viande de boucherie par salaison
Le porc est la viande la plus utilisée pour ce type de conservation. Découper la viande en morceaux de 300 à 800 g maximum. Les frotter avec soin avec du gros sel. Garnir le fond du saloir (large

récipient en grès ou en plastique) avec différents aromates (laurier, thym, genièvre, poivre) et poser par-dessus, sur une seule couche, les morceaux de viande. Recouvrir de gros sel et tasser. Répéter l'opération jusqu'en haut du saloir. Le fermer et poser un poids sur le couvercle. La saumure doit remonter à la surface au bout de quelques jours. La viande peut être consommée au bout de trois semaines.

1669. Confits de volailles, lapins, gibiers

Couper la volaille plumée, vidée et flambée en morceaux réguliers (réserver tête, cou, carcasse pour un autre usage). Les mettre dans un grand récipient garni de gros sel, poivre, laurier, thym, girofle. Laisser macérer 4 jours au frais. Rincer la viande sous l'eau fraîche et l'essuyer. Récupérer la graisse qui se trouve dans le récipient et la faire fondre à feu très doux dans une grande cocotte. La filtrer puis la remettre sur le feu. Quand elle est bouillante, y jeter les morceaux et les laisser cuire pendant 3 h environ. Pour vérifier la cuisson, le jus qui s'en écoule, après avoir piqué la chair, ne doit plus être rosé. Les égoutter puis les mettre dans des bocaux recouverts de 2 à 3 cm de graisse de cuisson. Fermer les bocaux puis les stériliser pendant 1 h. Il faut attendre 1 mois avant de déguster le confit qui se conservera fermé pendant 2 ans. Pour consommer, on fait réchauffer, dans leur graisse, les morceaux de confit.

Conservation des légumes

Comme tous les aliments mis en conserve, les légumes doivent être préparés dès leur cueillette, être mûrs, tendres, très sains et de bonne qualité. Les procédés de conservation sont variés.

Conservation naturelle

1670. Carottes, betteraves, navets, céleris

Se conservent pendant des mois, à la cave, enfouis sous une couche de sable fin très sec.

1671. Pommes de terre

Bien sèches, mises en caisses aérées et surélevées par 4 briques au-dessus du sol, les pommes de terre se gardent tout l'hiver dans une cave fraîche et obscure. Au printemps elles germent et ne sont plus recommandables. Il faut en tout cas les dégermer souvent et avec soin.

1672. Choux, choux-fleurs, cardons, salsifis

Arrachés avec leurs racines, ils sont replantés en cave dans une tranchée peu profonde, couchés les uns sur les autres et chaque rangée séparée de la suivante par une petite épaisseur de terre.

1673. Oignons, aulx, échalotes

Tressés en chapelets et suspendus au plafond d'une cave très sèche ou du grenier.

Conservation par dessiccation

Quelques légumes se conservent séchés ; ils perdent toujours, par ce procédé, une partie de leur saveur.

1674. Champignons

Les champignons, jeunes et frais, sont nettoyés ; les gros sont fendus. Enfilés sur une ficelle fine munie d'une grosse aiguille, ils sont séchés au soleil, ou bien à four très doux, jusqu'à complète dessiccation. Les conserver en boîtes de métal.

Les morilles, les chanterelles ou girolles sont des champignons qui se prêtent bien à la préparation. Les faire tremper 12 h dans l'eau tiède avant utilisation culinaire.

1675. Haricots verts

Enfiler les haricots choisis tendres, sur un gros fil muni d'une aiguille. Tremper les chapelets ainsi formés 3 à 4 min dans l'eau bouillante salée. Faire sécher à l'ombre, puis à four doux pendant 6 à 8 h.

1676. Piments rouges
Enfiler les piments par la base sur un gros fil. Faire sécher à l'ombre. Conserver les chapelets en lieu sec.

Conservation par salaison

Procédé très simple, nécessitant un dessalage soigneux avant utilisation.

1677. Haricots verts
Laver, égoutter, éponger, effiler des haricots tendres. Les déposer par lits dans un vase de grès, en introduisant après chaque lit une petite couche de gros sel. Couvrir d'un linge, poser un couvercle entrant dans le pot et y placer un poids lourd pour peser sur la préparation. Les haricots se tassant, achever le remplissage 2 jours après la première opération. Verser dans le pot assez d'huile pour bien couvrir la surface de la préparation. Couvrir comme un pot de confiture. Faire cuire ces légumes à l'eau froide, amenée très lentement à ébullition. Prolonger la cuisson 2 h. Ne pas oublier de dessaler à l'eau courante froide avant utilisation.

1678. Tomates
Essuyer, équeuter les tomates. Les ranger dans un bocal. Faire bouillir de l'eau avec du sel, à raison de 80 g par litre. Verser le liquide refroidi sur les tomates. Ajouter un peu d'huile à la surface. Boucher. Dessaler avant d'utiliser.

1679. Olives vertes
Cueillir les olives très mûres. Laver, équeuter, piquer chaque fruit avec une épingle. Les placer dans un récipient, les couvrir de cendres de bois et ajouter assez d'eau pour que les olives baignent largement. Quand les olives sont devenues molles, les laver, les placer dans une saumure (à 10 %) aromatisée de laurier, poivre et fenouil. Laisser macérer 10 jours au moins avant de consommer les olives. Ne les retirer de la saumure qu'au moment de s'en servir.

Conservation par le vinaigre

1680. Cornichons, tomates vertes
Choisis pas trop gros, sains, très frais. Les brosser. Couper les queues, les placer dans une terrine, bien couverts de gros sel. Au bout de 24 h, égoutter, les placer dans un bocal de grès, les couvrir de bon vinaigre bouilli 5 min. Laisser macérer encore 24 h. Retirer, égoutter. Recueillir le vinaigre qui est mis à bouillir à nouveau. Disposer les cornichons ou les tomates dans le bocal, avec estragon, petits oignons, cerfeuils, poivre en grains, piments, tomates vertes. Verser dessus le vinaigre bouilli et refroidi. Boucher. Laisser macérer 2 mois avant consommation.

1681. Petits oignons
Choisir de très petits oignons et les éplucher. Les mettre dans un bocal et les couvrir de bon vinaigre d'alcool à 8° ayant bouilli pendant 5 min avec du sel, du poivre en grains et de l'estragon. Boucher et laisser macérer 2 mois.

1682. Pickles-piccalilli
Nettoyer, éplucher, laver soigneusement les légumes et les diviser en menus fragments. Les placer, bien égouttés, dans un vase de grès et verser dessus du vinaigre bouillant. Les laisser macérer 24 h. Retirer, égoutter, recueillir le vinaigre. Le faire bouillir à nouveau et le verser pour la seconde fois sur les légumes remis dans le vase. Ajouter câpres, estragon et cerfeuil hachés, poivre en grains, gingembre en poudre, clou de girofle, ail et moutarde. Si le vase n'est pas plein, achever de le remplir avec un peu de vinaigre froid. Laisser macérer 15 jours avant de servir ces pickles comme condiments, avec de la viande froide.

- Choux-fleurs nouveaux
- Haricots verts fins
- Petits oignons
- Cornichons
- Piments
- Petites tomates vertes
- Carottes nouvelles
- Câpres
- Ail
- Estragon
- Cerfeuil
- Clou de girofle
- Gingembre en poudre
- Sel, poivre en grains
- Moutarde en poudre
- Vinaigre

Conservation par enrobage

1683. Olives noires

Choisir des olives bien mûres, les piquer une à une avec une épingle. Les faire macérer 15 jours dans une saumure à 10 %. Laver. Égoutter. Éponger. Mettre en bocaux et recouvrir de bonne huile d'olive.

Conservation par stérilisation [1]

Pour la conservation en bocaux stérilisés, qui donne des résultats excellents, il faut toujours suivre la même méthode. Choix de légumes jeunes, sains et très frais. Épluchage, lavage. Triage suivant taille et grosseur. Blanchiment pendant quelques minutes à l'eau bouillante salée, casserole couverte. Raffermissement par immersion dans l'eau froide. Mise en bocaux avec de l'eau bouillie salée à 30 g par litre et refroidie. Bouchage. Stérilisation dans un stérilisateur.
Utilisation des légumes conservés en boîtes ou en bocaux. Égoutter l'eau dans laquelle se trouvent les légumes. La réserver pour un potage. Ébouillanter les légumes et les utiliser suivant la recette envisagée. Les légumes conservés sont déjà cuits. Il suffit de les réchauffer pendant quelques minutes avant de les servir.

1684. Haricots verts

Laver, trier, effiler. Faire blanchir 6 à 7 min. Rafraîchir. Égoutter. Garnir le bocal. Verser la saumure de façon à remplir jusqu'à 2 cm du bord. Stériliser 2 h.

1685. Petits pois

Écosser, laver, trier. Si les pois sont très fins, inutile de blanchir. Ajouter la saumure et 1 c. à c. de sucre par litre. Boucher et stériliser 2 h. Pour des pois plus gros, blanchir 5 min. Rafraîchir. Procéder de même. Stériliser 2 h.

---

1. Pour avoir des indications plus complètes, voir l'ouvrage : *Je sais faire les conserves* (Éditions Albin Michel).

1686. Fonds d'artichauts

Raccourcir les feuilles aux ciseaux, laver. Blanchir 30 min à l'eau salée. Rafraîchir. Enlever les feuilles et le foin, en opérant sous l'eau acidulée pour éviter le noircissement.

Bien enlever la naissance de la queue. Les empiler dans les bocaux. Remplir avec la saumure, à 2 cm du bord. Boucher. Stériliser 1 h 30.

1687. Coulis de tomate

Laver, équeuter, couper en morceaux les fruits. Mettre dans une casserole avec oignon, ail, thym, laurier, persil, sel et poivre. Laisser bouillir 40 min en remuant. Passer au tamis très fin. Faire réduire le coulis 5 à 6 min sur feu vif. Remplir de petits flacons. Boucher. Stériliser 45 min.

1688. Jardinière

Éplucher, laver, diviser en dés des légumes variés. Blanchir les légumes par catégorie, les plus durs (haricots, carottes, navets) 10 min, les tendres (pointes d'asperges, pois) 5 min seulement. Rafraîchir, garnir les bocaux, ajouter la saumure. Boucher. Stériliser 1 h 30.

1689. Asperges

Trier soigneusement, couper à même longueur, les peler, laver. Blanchir en trempant les queues dans l'eau bouillante 12 min, puis les têtes, 3 min. Rafraîchir. Ranger debout dans les flacons. Ajouter la saumure. Boucher. Stériliser 1 h 30.

Conservation des aromates

1690. Thym

Provision pour l'hiver. Cueillir le thym par temps sec et chaud. L'effeuiller au-dessus d'un papier. Recueillir les feuilles dans une boîte en fer-blanc à fermeture hermétique. Pour s'en servir, ne pas disperser ces menues feuilles dans les sauces, mais en mettre une pincée dans un nouet de mousseline qu'on met dans la cocotte.

1691. Persil

Cueillir le persil par temps chaud et sec, avec des tiges bien longues. Le sécher à l'ombre, dans un lieu aéré. Le placer dans des sacs en papier kraft bien fermés. Avant l'utilisation, le laisser tremper 15 à 20 min dans l'eau tiède.

1692. Cerfeuil

Procéder selon la formule 1691. Le cerfeuil perd beaucoup de son goût par la dessiccation.

1693. Laurier

Cueillir de longues branches bien feuillues, les lier en bouquet, faire sécher à l'ombre, enfermer ensuite dans un sac en toile ou en kraft.

1694. Estragon

Blanchir les feuilles 2 min à l'eau bouillante salée. Égoutter. Passer à l'eau froide. Placer les feuilles en petits flacons. Remplir d'une saumure à 5 %, refroidie d'eau bouillie. Boucher. Stériliser 5 min.

Conservation des fruits frais

Conservation naturelle

Certains fruits peuvent se conserver frais des semaines et des mois et prolonger jusqu'au cœur de l'hiver les agréables desserts de l'automne. Ils doivent être parfaitement sains, peu mûrs, et de bonne espèce. Il faut, d'autre part, les préparer pour la conservation le plus tôt possible après la cueillette.

On conserve les fruits dans un lieu obscur, frais et aéré, aussi sec que possible, sur des claies de bois.

Les **pommes**, les **poires**, les **coings** sont des fruits de conservation facile ; aucune précaution spéciale n'est nécessaire.

Le **raisin** se garde aussi sur des claies, mais alors le grain se flétrit et, tout en conservant un goût excellent, prend un aspect peu agréable. Pour lui rendre sa fraîcheur, le tremper, grappe entière, 30 min dans un bol d'eau à peine tiède. On peut aussi conserver le très beau raisin, dont la grappe a été cueillie avec une longue queue, en trempant ces queues dans de petits godets toujours pleins d'eau.

Les **amandes**, **noix**, **noisettes** se conservent, écalées et séchées au soleil, sans autre précaution que de les mettre à l'abri de l'humidité. Pour leur rendre en partie leur aspect de fruits frais, les laisser tremper 24 h dans l'eau.

Les **nèfles**, cueillies à la première gelée, atteignent, disposées sur des claies, ou mieux des lits de paille, leur maturité.

Les fruits doivent être visités souvent, retournés, ceux qui se gâtent enlevés aussitôt.

1695. Pommes à l'ananas

Un ancien procédé pour conserver les pommes en leur donnant un parfum d'ananas très prononcé : choisir des reinettes blanches, saines et nettes. Les essuyer. Garnir le fond d'une caissette de bois blanc avec des fleurs de sureau séchées à l'ombre. Y ranger, sans qu'elles se touchent, une couche de pommes, puis une épaisse couche de fleurs et ainsi de suite jusqu'à complet remplissage. Fermer la boîte et coller des bandes de papier sur les fentes pour éviter que l'air n'y pénètre. Au bout de 1 à 2 mois, les fruits ont acquis un goût d'ananas très net.

Conservation par séchage

Un grand nombre de fruits ne peuvent se conserver à l'état frais et doivent perdre une grande partie de leur eau pour se garder longtemps. Cette dessiccation peut se faire au soleil, dans les régions où le soleil est ardent et régulier. Au four tiède dans les autres cas.

1696. Figues

Ces fruits du Midi se sèchent au soleil, sur des claies de roseau qu'on rentre la nuit pour éviter la rosée. Retournées souvent, les figues se rident, se dessèchent et, au bout de 7 à 8 jours, ou plus, on les aplatit et on les range dans des caissettes de bois blanc.

1697. Abricots, pêches

Coupés en deux moitiés, dépouillés de leurs noyaux, ces fruits sont traités comme les figues, au soleil, ou comme les prunes, au four.

1698. Prunes

Les prunes séchées prennent le nom de pruneaux. On expose les fruits entiers, très mûrs, à un soleil vif, puis on les place au four tiède (35 °C) pendant 1 nuit. Retirés pendant le jour suivant, ils sont remis au four plus chaud (60 °C) la nuit suivante. Laisser refroidir encore 1 jour et passer enfin les fruits à four vif (90 °C) 1 h seulement, four ouvert.

1699. Pommes, poires

Coupées en rondelles minces, les pommes et les poires, fruits de pays humides, se sèchent au four comme les prunes (1698).

Conservation par l'alcool

1700. Cerises, prunes, mirabelles, abricots, pêches, poires

Blanchir les fruits à l'eau bouillante, 1 min pour les cerises, prunes et mirabelles, 2 min pour les abricots, 5 min pour les poires pelées. Piquer les fruits jusqu'au centre avec une épingle. Les ranger dans un bocal de verre, en saupoudrant chaque lit de fruits avec du sucre cristallisé. Remplir le bocal d'eau-de-vie à 40°. Fermer. Laisser macérer 7 à 8 semaines au moins avant consommation. Proportion de sucre : 250 g pour 1 kg de fruits préparés.

Conservation par le vinaigre

1701. Bigarreaux, poires, prunes

Les fruits lavés et égouttés, sont placés entiers dans un vase de grès et arrosés une première fois de vinaigre ayant bouilli 5 min. Laisser macérer 24 h. Égoutter. Recueillir le vinaigre, le faire bouillir une seconde fois et reverser à nouveau le vinaigre bouillant sur les fruits remis dans le vase. Ajouter de l'estragon, du poivre blanc et un peu de sel. Laisser refroidir et fermer les bocaux. Laisser macérer 15 à 18 jours au moins avant de servir ces fruits comme condiments, autour des viandes froides.

Conservation des fruits par la cuisson

Conservation au naturel

1702. Pêches, prunes, mirabelles, cerises, poires, framboises, groseilles, fraises, abricots

Lavés, séchés ou pelés, avec ou sans noyaux, les fruits sont placés dans des bocaux de verre. Remplir aux 3/4. Couvrir en interposant entre le bocal et le couvercle un bracelet en caoutchouc[1]. Fixer le couvercle avec l'étrier qui doit être bien serré.

Le temps de cuisson à respecter est indiqué sur la notice accompagnant le stérilisateur. (Chaque marque indique son procédé.)
- **Fraises, framboises**, 15 min ;
- **Groseilles**, 20 min ;
- **Cerises**, 30 min ;

---

1. Chaque bracelet se vend avec chaque bocal.

- **Prunes, mirabelles**, 30 à 40 min ;
- **Abricots**, 40 min ;
- **Pêches**, 40 min ;
- **Poires**, 30 à 40 min.

On trouve dans le commerce des bocaux avec couvercle et caoutchouc maintenus par un étrier métallique. Leur emploi est très simple.

Conservation au sirop

Mêmes précautions à prendre que pour les fruits au naturel. Avant de fermer le bocal où les fruits ont été rangés, verser dessus un sirop fait d'eau et de sucre, bouilli 2 min, filtré et refroidi.

1703. Fraises
Sirop de 600 g de sucre par litre.
Stérilisation de 20 min.

1704. Cerises
Sirop de 800 g de sucre par litre.
Stérilisation de 25 min.

1705. Framboises
Sirop de 600 g de sucre par litre.
Stérilisation de 20 min.

1706. Groseilles
Sirop de 800 g de sucre par litre.
Stérilisation de 20 min.

1707. Abricots
Peler les fruits échaudés. Couper en deux. Dénoyauter.
Sirop de 350 g de sucre par litre.
Stérilisation de 30 min.

1708. Pêches

Peler les fruits échaudés. Couper en deux. Dénoyauter.
Sirop de 500 g de sucre par litre.
Stérilisation de 30 min.

1709. Mirabelles, prunes

Ne pas enlever les noyaux. Piquer chaque fruit avec une aiguille. Blanchir à l'eau bouillante. Rafraîchir à l'eau froide. Mettre en bocaux.
Sirop fait avec 500 g de sucre pour 1 litre d'eau.
Stérilisation de 30 min.

1710. Quetsches

Ouvrir les fruits. Enlever les noyaux. Mettre en bocaux.
Sirop fait avec 400 g de sucre pour 1 litre d'eau.
Stérilisation de 45 min.

1711. Poires

Peler. Blanchir 30 s à l'eau bouillante. Rafraîchir 1 min. Égoutter.
Sirop fait avec 350 g de sucre pour 1 litre d'eau.
Stérilisation de 40 min.

1712. Oranges

Laisser macérer le fruit entier à l'eau froide 24 h. Changer d'eau. Porter à ébullition. Laisser cuire 5 min. Rafraîchir. Laisser tremper 24 h à l'eau froide. Retirer. Égoutter.
Sirop fait avec 1,5 kg de sucre par litre d'eau au **boulé** (1209).
Diviser les oranges en rondelles. Retirer les pépins. Remplir les bocaux. Ajouter le sirop.
Stérilisation de 50 min.

Les confitures

Les confitures sont des conserves à base de fruits et de sucre cuits ensemble. Le sucre joue le rôle d'antiseptique, la cuisson permet l'évaporation d'une certaine quantité d'eau. Le mélange fruits et sucre arrive à un degré de concentration qui empêche, d'une part, la fermentation des fruits et, d'autre part, la cristallisation du sucre. À partir de fruits sains et à pleine maturité, on peut imaginer toutes sortes de confitures délicieuses et originales.

Leur réussite cependant est assez délicate et il importe de bien maîtriser leur fabrication.

Les fruits peuvent être traités de trois façons différentes :
– en confitures proprement dites où les fruits sont conservés entiers ou coupés en quartiers ;
– en marmelades, où les fruits se désagrègent peu à peu à la cuisson ;
– en gelées, où l'on utilise seulement le jus des fruits.

Fabrication des confitures

Choix du sucre. Bannir la cassonade qui modifie le goût et la couleur et qui peut fermenter. Choisir du sucre en poudre ou du sucre enrichi en pectine de fruit (Confisuc).

Cuisson. Y procéder dans une casserole, une cocotte ou une bassine à fond épais assurant une bonne répartition de la chaleur, en cuivre éventuellement. La cuisson doit être menée rapidement en écumant pour que la confiture reste bien transparente. Vérifier que la confiture est prise en versant une goutte sur une assiette froide. Elle doit se solidifier, sans plus, en refroidissant.

Mise en pots. Verser la confiture dans des pots lavés, ébouillantés et essuyés avec un torchon propre au préalable.

Couverture. Attendre que la confiture soit froide et nettoyer le bord des pots. Verser 1 cm de paraffine fondue et couvrir avec un morceau de Cellophane humidifiée à l'extérieur, retenue par un élastique. On peut plus facilement utiliser des pots à couvercles qui se vissent : remplir les pots, les fermer avec les couvercles, puis les retourner immédiatement jusqu'à complet refroidissement.

Les confitures

1713. Confiture d'abricots

Séparer les abricots en deux dans le sens de la longueur. Les peser crus. Préparer un sirop de sucre en utilisant le même poids de sucre que de fruits et en y ajoutant l'eau nécessaire. (Voir cuisson du sucre, 1209). Lorsque ce sirop est au **petit perlé**, y jeter les fruits. Les retirer à la première ébullition, les égoutter et faire bouillir le sirop jusqu'à ce qu'il soit de nouveau au **petit perlé**. Y remettre les abricots. Porter à ébullition, ajouter quelques amandes retirées des noyaux. Retirer du feu et mettre en pots.

1714. Confiture d'abricots secs et de potiron
(à préparer la veille)
Préparation : 1 h – Cuisson : 1 h 30

3 kg de potiron
1 kg d'abricots secs
3 kg de sucre en poudre
2 litres d'eau

Laver les abricots, les couper en lamelles. Les faire tremper dans l'eau 24 h. Égoutter. Conserver cette eau et y faire cuire le potiron coupé en morceaux. Laisser bouillir 30 min. Passer au tamis. Faire cuire ensuite 30 min avec le sucre. Puis ajouter les abricots et prolonger la cuisson 30 min. Mettre en pots.

1715. Confiture de cerises
Procéder selon la formule 1713.

1716. Confiture de fraises
Procéder selon la formule 1713.

1717. Confiture de mirabelles
Procéder selon la formule 1713.

1718. Confiture de reines-claudes
Procéder selon la formule 1713.

1719. Confiture de châtaignes ou de marrons
Faire cuire dans l'eau bouillante des marrons dont la première peau a été retirée. L'ébullition doit durer environ 30 min. Éplucher les marron chauds et les écraser aussitôt. Préparer, avec un poids de sucre égal au poids de la purée, un sirop au **petit perlé** (1209). Y jeter la purée et laisser cuire doucement pendant 30 min.

1720. Confiture de figues

Peler les figues. Prendre un poids de sucre égal au poids des figues. Faire un sirop avec ce sucre. Ajouter 1 jus de citron et 1 gousse de vanille par kg de fruits. Lorsque ce sirop est au **petit boulé** (1209), y jeter les fruits et laisser cuire 5 min. Retirer les figues, égoutter. Refaire cuire le sirop de cuisson et le sirop égoutté, à feu vif, pendant 10 min. Ajouter une dernière fois les figues et faire cuire doucement 30 min. Laisser refroidir avant de mettre en pots.

1721. Confiture d'oranges
(À préparer la veille)

12 oranges
2 citrons (jus)
2 litres d'eau
2 kg de sucre en poudre

Couper en rondelles fines 10 oranges lavées. Les mettre dans une bassine avec l'eau et le jus de 2 oranges et des citrons. Laisser macérer 24 h.

Ajouter alors le sucre. Porter doucement à ébullition et laisser cuire pendant 2 h. Écumer. Mettre en pots.

1722. Confiture de pommes

Éplucher les pommes. Les couper en petites tranches et les recouvrir d'eau. Faire cuire. Faire avec le même poids de sucre que le poids des pommes cuites un sirop au **petit perlé** (1209). Y remettre les pommes, faire cuire 1 h en remuant de temps en temps. Parfumer avec un zeste de citron haché par kg de pommes.

1723. Confiture de quatre fruits

500 g de cerises aigres
500 g de fraises
500 g de framboises
500 g de groseilles
2 kg de sucre en poudre

Faire avec le sucre un sirop au **boulé** (1209). Y jeter les cerises dénoyautées, laisser cuire 15 min, puis les fraises, qui doivent cuire 15 min, et enfin groseilles et framboises. Prolonger la cuisson pendant 10 min. Mettre en pots après avoir écumé.

1724. Confiture de raisins

Égrener du raisin, sans endommager les fruits. Enlever les pépins en retirant le pédoncule d'un coup sec. Préparer, avec un poids de sucre égal au poids des fruits, un sirop au **boulé** (1209). Y jeter les raisins, laisser cuire à ébullition pendant 10 min. Mettre en pots après avoir écumé.

Les marmelades

1725. Marmelade d'abricots
(à préparer la veille)

Partager en deux des abricots dans le sens de la longueur pour enlever les noyaux. Mettre les fruits dans une bassine avec le même poids de sucre. Faire macérer pendant 12 h. Porter à ébullition et compter 20 min de cuisson. Ajouter les amandes de quelques noyaux. Écumer et mettre en pots.

1726. Marmelade de cerises
(à préparer la veille)

Prendre de la cerise de Montmorency. Retirer les noyaux. Mettre les fruits dans une terrine avec les 3/4 de leur poids de sucre. Laisser macérer 12 h. Porter à ébullition ; laisser cuire 20 min. Retirer tous les fruits et les répartir dans les pots, remplis à moitié. Faire cuire le jus à petit feu pendant 1 h pour le faire réduire. Remplir les pots.

1727. Marmelade de carottes

500 g de carottes
500 g de sucre
4 citrons

Disposer dans une bassine en couches les carottes coupées en rondelles fines, le sucre et le zeste des citrons. Arroser avec le jus des citrons. Recouvrir avec de l'eau. Laisser cuire très doucement pendant 4 h. Mettre en pots.

1728. Marmelade de fraises

Voir marmelade d'abricots (1725).

1729. Marmelade de groseilles

Voir marmelade d'abricots (1725).

1730. Marmelade de melon
(à préparer la veille)

2 melons
800 g de sucre par kg de pulpe
2 citrons

Ouvrir les melons. Retirer les pépins. Éplucher avec soin. Couper la pulpe en petits cubes de

2 cm de côté. Mettre la pulpe dans une bassine et couvrir avec la quantité de sucre nécessaire. Faire macérer pendant 12 h. Faire cuire doucement à feu doux. Il faut que le sirop épaississe et prenne la couleur ambrée.

1731. Marmelade de mirabelles
Voir marmelade d'abricots (1811).

1732. Marmelade de mûres
Voir marmelade d'abricots (1811).

1733. Marmelade d'oranges 1267
Voir Dundee Marmalade (~~1963~~). 1877

1734. Marmelade de quetsches
Voir marmelade d'abricots (1811).

1735. Marmelade de reines-claudes
Voir marmelade d'abricots (1811).

1736. Confiture de tomates rouges
Couper les tomates en morceaux. Passer la pulpe au tamis. Mettre dans une bassine les tomates et le sucre à raison de 300 g de sucre pour 500 g de fruits. Laisser cuire le tout pendant 2 h. Parfumer au rhum (1/2 verre par 500 g de tomates) et faire cuire encore 1 h. Mettre en pots.

1737. Confiture de tomates vertes
(à préparer la veille)
Couper les tomates en tranches minces. Les placer dans une terrine en alternant une couche de tomates avec une couche de sucre (300 g de sucre pour 500 g de fruits). Laisser macérer 24 h. Mettre le tout dans une bassine avec un jus et un zeste de citron haché par 500 g de fruits. Faire cuire doucement pendant 2 h 30. Mettre en pots.

1738. Confiture de potiron

(à préparer la veille)

Couper le potiron et les citrons en petits dés. Laisser macérer dans le sucre pendant 24 h. Faire cuire 1 h. Mettre en pots.

1 kg de potiron
500 g de sucre en poudre
2 citrons

Les gelées

Les gelées ne peuvent se faire qu'avec des fruits riches en pectine, qui leur permet de se solidifier en refroidissant. Les fruits riches en pectine sont le coing, la pomme, la groseille, le cassis et la mûre. On trouve dans le commerce des produits gélifiants qui peuvent suppléer ce manque ou du sucre riche en pectine.

1739. Gelée de cassis

Mettre le cassis dans une bassine avec 1 verre d'eau par 500 g de fruits. Dès que les fruits éclatent, les mettre dans un linge propre et le suspendre pour recueillir le jus dans une terrine. (Ne pas presser, si l'on veut obtenir un jus transparent.) Ajouter au jus recueilli le même poids de sucre. Porter à ébullition et faire cuire pendant 25 min. Écumer et mettre en pots.

1740. Gelée de coing

Couper des coings en quartiers. Mettre cœurs et pépins dans un nouet de mousseline. Recouvrir les quartiers avec de l'eau froide. Ajouter le nouet. Laisser cuire. Quand les quartiers sont amollis, les mettre au-dessus d'un tamis et égoutter. Ajouter au jus de coings le même poids de sucre. Faire bouillir 10 min. Écumer et mettre en pots. Avec le résidu, on fait de la pâte de coings.

1741. Gelée de groseille (3 recettes au choix)

– **Premier procédé :** voir gelée de cassis (1825). On peut mélanger groseilles rouges et blanches.

– **Deuxième procédé** : égrener les fruits ; les mettre dans une bassine avec 1/2 verre ou 1 verre d'eau, suivant la quantité de fruits. Faire éclater les fruits à chaud et laisser cuire environ 8 min en tournant sans arrêt. Verser le tout dans un tamis ou dans un linge propre pour recueillir le jus dans une terrine. (Ne pas presser, si l'on veut obtenir un jus transparent.)

Ajouter au jus recueilli le même poids de sucre. Mettre sur une chaleur douce en tournant constamment pour que la température du sirop soit bien égale.

À partir du premier bouillon (au moment où se forment, du milieu vers les bords des petites vagues), cesser de tourner, mais écumer et laisser cuire exactement 3 min. C'est le temps nécessaire pour que la pectine contenue dans les groseilles combinée avec le sucre prenne rapidement en gelée.

Si, par inadvertance, on a laissé passer le temps déterminé, il faudra laisser cuire la gelée environ 30 min. Ce qui lui fait perdre son arôme.

– **Troisième procédé** : égrener les fruits ; les mettre, sans eau, dans la bassine, par petites quantités, en tournant avec l'écumoire. Laisser éclater les fruits à chaud ; les verser sur un tamis de crin. Laisser égoutter 2 h sans les presser. Ajouter alors 1,05 kg de sucre en poudre pour 1 kg de jus de fruits. Laisser fondre en remuant très souvent. Quand le sucre est totalement fondu, mettre immédiatement en pots et laisser prendre la gelée dans un endroit frais.

1742. Gelée de mûre

Voir gelée de cassis (1825).

1743. Gelée de pomme

Voir gelée de coing (1826). Parfumer **au citron** : 1 jus de citron pour 1 kg. **À l'orange** : 1 orange, jus et zeste pour 1 kg.

1744. Gelée de raisin

Pour 1 kg de raisin : la moitié du poids du jus en sucre

Laver et égrener le raisin. Faire crever les grains à chaud dans la bassine, sans eau, en appuyant avec un pilon. Filtrer pour avoir le jus seulement. Peser le jus. Compter la moitié de son poids en sucre. Ajouter celui-ci dans la bassine à confiture, y mettre le jus. Porter à ébullition et cuire 25 à 30 min. Mettre en pots. Laisser prendre au frais et couvrir.

Fruits insolites en confiture

1745. Confiture de baies d'églantier

N'utiliser les baies qu'en pleine maturité, c'est-à-dire vers la mi-octobre ou après les premières gelées.
Fendre les baies dans la longueur et enlever le duvet qui s'y trouve. Mettre les fruits dans une bassine, recouverts d'eau. Chauffer. Lorsqu'ils sont bien cuits, égoutter et réserver l'eau de cuisson. Passer les fruits au mixeur pour obtenir une purée. Peser la purée, y ajouter le même poids de jus et l'équivalent des deux en sucre. Porter à ébullition. Cuire alors 15 à 20 min. Mettre en pots.

1746. Gelée de nèfle

Laver les nèfles. Les mettre non épluchées dans une bassine. Recouvrir d'eau froide. Faire cuire sans remuer. Vider le contenu de la bassine dans un tamis posé sur une terrine. Laisser bien égoutter. Recueillir le jus dans une terrine. Mettre poids de sucre pour poids de jus. Verser dans la bassine et cuire 30 à 45 min. Écumer. Mettre en pots quand le sirop a pris consistance de gelée.

1747. Gelée de sureau

Mettre les grappes de sureau dans une bassine. Recouvrir avec de l'eau froide. Faire chauffer jusqu'à ébullition. Compter au moins 30 min. Quand les fruits sont cuits, extraire le jus, soit au mixeur, soit avec passoire et pilon. Peser le jus. Compter 1 kg de sucre pour 1 litre de jus. Faire cuire le tout à feu moyen pendant au moins 45 min, jusqu'au moment où le jus a pris consistance de gelée. Mettre en pots.

Les recettes régionales

N.B. – Dans nos recettes, les proportions sont établies pour six personnes.

Alsace

1748. Tarte à l'oignon
Th. 6
Préparation : 30 min – Cuisson : 30 min

1 pâte brisée
Pour la garniture :
500 g d'oignons
75 g de beurre
2 œufs
30 g de farine
Lait
Sel, poivre

Préparer une pâte brisée (1499). La laisser reposer en attendant que la purée d'oignons soit prête. Éplucher les oignons, les émincer. Les faire cuire dans 60 g de beurre. L'eau doit être évaporée et les oignons commencent alors à dorer. Incorporer au mélange la farine et les œufs battus en omelette. Saler et poivrer, et ajouter un peu de lait si nécessaire. Étendre la pâte, en garnir la tourtière beurrée. Étaler la purée d'oignons et cuire à four chaud pendant 30 min.

1749. Beignets de pommes de terre

Préparation : 15 min – Cuisson : 10 min

Peler les pommes de terre, les râper. Retirer l'eau qui en sort. Battre les œufs en omelette et y incorporer les pommes de terre crues et râpées. Ajouter les fines herbes hachées. Assaisonner. Verser cuillerée par cuillerée dans la friture bouillante. Laisser cuire 3 min de chaque côté.

Pour 10 beignets :
5 œufs
1 kg de pommes de terre
Fines herbes
Huile pour friture
Sel, poivre

1750. Knepfles
(2 h à l'avance)
Préparation : 25 min – Cuisson : 2 min

Faire, avec la farine, les œufs entiers, un peu de sel et le lait, une pâte bien travaillée à la main. Laisser reposer dans une terrine pendant 2 h. Faire des boulettes longues (4 cm de long) ou rondes (2 cm de diamètre), les cuire à l'eau bouillante salée, comme des quenelles, pendant 2 min. Les mettre dans un plat et arroser de beurre fondu. Servir aussitôt.

Remarque. – On peut ajouter à cette pâte des herbes (ciboule, persil, cerfeuil, etc.).

300 g de farine
2 œufs
3 litres d'eau
1 litre de lait
50 g de beurre
Sel, poivre

1751. Kugelhopf
(6 h à l'avance)
Th. 4 puis 6
Préparation : 30 min – Cuisson : 1 h

Faire fondre 100 g de beurre dans le lait tiède. Le travailler avec la farine et les œufs. Ajouter la levure délayée dans un peu de lait. Mettre un peu de sel. Travailler la pâte avec les mains pour qu'elle se détache de la terrine. Incorporer les raisins secs. Garnir avec une amande le fond de chaque cannelure du moule à kugelhopf bien

500 g de farine
120 g de beurre
2 œufs
20 cl de lait
25 g de levure de boulanger
125 g de raisins secs
12 amandes entières
Sucre glace
Sel

beurré. Remplir à moitié le moule et laisser lever pendant 6 h. Ne pas heurter le gâteau en le mettant à four doux, puis chaud. Servir poudré de sucre glace.

1752. Beignets à la vapeur (dampfnoudeln)

(2 h à l'avance)
Préparation : 30 min – Cuisson : 15 min

- 900 g de farine
- 50 g de sucre en poudre
- 125 g de beurre
- 50 cl de lait + 2 c. à s.
- 50 g de levure de boulanger
- 75 g de saindoux
- Sel

Faire fondre le beurre dans le lait tiède, mais non bouilli. Mettre la farine dans une terrine et la travailler avec le beurre, le lait, le sucre et le sel. Travailler à la main jusqu'à ce que la pâte se détache. Ajouter la levure délayée dans 2 c. à s. de lait tiède. Bien mélanger et laisser la pâte lever pendant 2 h. Faire chauffer dans une cocotte le saindoux. Quand la graisse est fumante, y mettre des cuillerées de pâte (4 ou 5 à la fois). Couvrir presque complètement avec le couvercle et introduire dans la fente 1/2 verre d'eau froide. Couvrir aussitôt. L'eau froide, au contact de la graisse bouillante, se transforme en vapeur et fait gonfler les beignets. Servir chaud ; saupoudrer de sucre et accompagner d'une compote de fruits.

1753. Boulettes de semoule (griesknepfles)

Préparation : 10 min – Cuisson : 15 min

- 50 cl de lait
- 30 g de sucre
- 200 g de semoule
- 180 g de beurre
- 1 gousse de vanille

Faire cuire dans le lait la gousse de vanille et le sucre. Verser peu à peu de la grosse semoule. Laisser cuire 10 min. Étendre cette pâte sur un plat à l'aide d'un couteau. La laisser refroidir, puis couper en petits carrés et les faire frire à la poêle dans le beurre chaud.

1754. Gâteau de cerises

Th. 6
Préparation : 15 min – Cuisson : 30 min

600 g de cerises noires
140 g de beurre
125 g de sucre en poudre
125 g de poudre d'amande
1 reste de brioche (100 à 150 g)
10 cl de lait
4 œufs
2 cl de kirsch

Laver, équeuter et dénoyauter les cerises. Mettre 125 g de beurre dans une terrine et, au coin du feu, le travailler pour le rendre liquide. Y ajouter le sucre et la poudre d'amande. Faire tremper la brioche dans le lait, l'écraser, la joindre à la préparation. Incorporer un par un les œufs battus puis les cerises préparées. Beurrer un moule à charlotte, y verser la préparation. Mettre à four chaud pendant 30 min. Démouler. Servir froid, arrosé de kirsch.

Anjou

1755. Gogue au sang

Préparation : 1 h – Cuisson : 20 min

500 g de foie de porc
500 g de panne
1 litre de sang de porc
1 gros intestin de porc
3 œufs
250 g d'oignons
Fines herbes
100 g de riz
100 g de mie de pain
20 cl de lait
Coriandre en poudre
Sel, poivre

Hacher le foie paré, la panne, les oignons et les fines herbes. Ajouter à ce hachis les œufs entiers, le riz cuit 15 min à l'eau bouillante, du sel, du poivre, de la coriandre, la mie de pain trempée dans le lait, et le sang de porc. Emplir de cette préparation le gros intestin d'un porc. Lier. Piquer d'une fourchette. Faire cuire 20 min dans l'eau salée non bouillante mais frémissante. Poêler ou griller ensuite comme du boudin ordinaire. Servir avec une garniture de bettes.

Auvergne

1756. Pommes de terre à l'auvergnate

Th. 8
Préparation : 20 min – Cuisson : 1 h

1 kg de pommes de terre
40 g de beurre
40 g d'huile
60 g de lard fumé en tranches fines
1 gousse d'ail
10 cl de bouillon au choix
Sel, poivre

Éplucher les pommes de terre. Les laver. Les couper en rondelles fines. Les disposer par couches dans un plat à four. Sur chaque couche, saupoudrer d'un peu d'ail haché finement, de sel, de poivre, de quelques noisettes de beurre et d'un peu d'huile. Continuer jusqu'à épuisement. Terminer avec les tranches de lard. Verser le bouillon. Faire prendre ébullition sur le feu puis terminer la cuisson à four chaud.

Béarn

1757. Garbure

Préparation : 40 min – Cuisson : 3 h à 3 h 30

3 litres d'eau
Persil plat
Marjolaine, ail, thym
Confit d'oie
6 tranches de pain
Sel, poivre
Légumes d'été :
250 g de haricots verts
250 g de fèves
250 g de pois
300 g de pommes de terre
1 petit chou vert
Légumes d'hiver :
250 g de carottes
1 oignon
100 g de navets
500 g de haricots secs

Dans l'eau bouillante, mettre les légumes de saison épluchés et lavés (les pommes de terre coupées en morceaux), du sel, du poivre et les fines herbes.

Laisser cuire doucement pendant 2 h 30 et en ajoutant si nécessaire de l'eau bouillante au fur et à mesure de la cuisson. 1 h avant de servir, mettre le chou vert coupé en lanières. 30 min après, mettre le morceau de confit d'oie.

Mettre les tranches de pain dans la soupière, y verser la soupe de légumes (viande servie à part). La cuillère doit tenir debout dans la soupière. Si la garniture est trop liquide, l'épaissir avec une purée de haricots blancs secs.

1758. Piperade

Préparation : 25 min – Cuisson : 45 min à 1 h

6 œufs
3 tranches de jambon cru
4 c. à s. d'huile
1 kg de piments verts
1 kg de tomates
1 oignon
1 gousse d'ail
Sel, poivre

Ouvrir les piments pour en retirer les pépins. Peler, épépiner les tomates, les couper en morceaux. Faire revenir dans l'huile chaude l'oignon épluché et haché, les piments, les tomates en morceaux. Ajouter l'ail pilé. Saler et faire cuire doucement. D'autre part, faire rissoler le jambon, le tenir au chaud. Casser les œufs dans une terrine, les battre en omelette et les incorporer à la cuisson des légumes. Cuire doucement afin de « brouiller » les œufs avec soin, vérifier l'assaisonnement. Servir sur un plat chaud et garnir avec les tranches de jambon.

Berry

1759. Gaufrettes au miel

Préparation : 15 min – Cuisson : 5 min par gaufrette

500 g de farine
250 g de miel
5 œufs
1 c. à s. de rhum
Beurre

Faire une pâte avec la farine, le miel et les œufs. Parfumer avec le rhum. Étendre cette pâte au rouleau. Découper en tranches et faire cuire dans un gaufrier bien beurré.

Bordelais

1760. Entrecôte bordelaise

Préparation : 5 min – Cuisson : 8 à 10 min

800 g d'entrecôte (2 fois 400 g)
1 échalote
Persil plat
1 c. à s. d'huile
30 g de beurre
Sel, poivre

Huiler l'entrecôte pendant que le gril chauffe. Bien saisir la viande puis la laisser cuire 2 à 3 min de chaque côté. Pendant ce temps, hacher finement l'échalote, la malaxer avec le beurre et le persil haché. Placer ce mélange avec sel et poivre sur l'entrecôte. Servir aussitôt.

Remarque. – On peut aussi servir l'entrecôte avec une sauce bordelaise (43).

Bourgogne

1761. Gougère

Th. 6 à 7
Préparation : 15 min – Cuisson : 30 min

300 g de pâte à choux
125 g de gruyère
10 g de beurre

Préparer une pâte à choux (1488) sans sucre, y ajouter du gruyère coupé en lamelles minces ou râpé. Dresser en couronne sur une tôle beurrée, saupoudrer de gruyère. Faire cuire 25 à 30 min à four vif.

1762. Potée bourguignonne

(à préparer 24 h à l'avance)
Préparation : 25 min – Cuisson : 2 h 15

600 g de petit salé
6 petites saucisses
100 g de lard fumé
1 petit chou
250 g de navets
250 g de carottes
500 g de petites pommes de terre rondes
1 oignon
1 bouquet garni
Poivre en grains

Faire dessaler la viande 24 h. Mettre le petit salé, les saucisses et le lard dans une marmite avec 2 litres d'eau froide. Porter doucement à ébullition. Éplucher le chou et les navets. Gratter les carottes. Peler l'oignon. Ajouter au pot-au-feu, en pleine ébullition, les légumes entiers, y joindre l'oignon, le bouquet garni et du poivre. Laisser bouillir 1 h 30 à feu réduit. Éplucher les pommes de terre et les ajouter alors, laisser cuire encore 40 à 45 min. Égoutter les légumes. Placer le chou dans un plat creux, dresser le petit salé dessus, entouré de saucisses, du lard fumé coupé en minces tranches. Disposer les légumes en cordon tout autour du plat. Le bouillon sert à préparer une excellente soupe.

1763. Gaudes

Préparation : 5 min – Cuisson : 25 min

1 litre de lait
1 litre d'eau
200 g de farine de maïs
125 g de beurre
10 g de sel

Faire bouillir l'eau avec le sel. Y jeter la farine et laisser cuire 25 min à feu modéré en remuant sans cesse. Ajouter le beurre et servir arrosé de lait chaud. On peut aussi verser la pâte dans un moule à cake, laisser refroidir, la couper en tranches que l'on fait revenir à la poêle, dans un peu de beurre.

1764. Meurette

Préparation : 15 min – Cuisson : 30 min

250 g d'anguille
250 g de carpe
250 g de brochet
1 bouteille de vieux bourgogne rouge
10 cl d'eau-de-vie
100 g de beurre
30 g de farine
1 oignon
1 gousse d'ail
1 bouquet garni
Sel, poivre

Écailler, vider et couper les poissons en tronçons. Faire bouillir le vin dans une marmite, y jeter les morceaux de poisson avec l'oignon, l'ail, le bouquet garni et 50 g de beurre. Assaisonner. Au bout de 10 min, verser l'eau-de-vie et faire flamber. Laisser mijoter 15 min. Lier la sauce avec 50 g de beurre manié avec la farine. Prolonger la cuisson encore 5 min et servir en accompagnant le mets avec le même vin de Bourgogne.

1765. Œufs en meurette

Préparation : 10 min – Cuisson : 25 min

6 œufs
75 cl de vin rouge
1 petit oignon
1 échalote
15 g de farine
70 g de beurre
Persil plat
Thym
Laurier
Sel, poivre

Mettre dans la casserole le vin rouge avec l'oignon, l'échalote, le thym, le laurier et le persil. Faire bouillir jusqu'à réduction de moitié. Ajouter la farine maniée avec 25 g de beurre. Battre au fouet. Laisser bouillir 1 min. Ajouter ensuite le reste de beurre et passer au chinois. Les œufs sont servis nappés avec cette sauce et posés sur des croûtons frits et frottés d'ail.

Remarque. – Les œufs peuvent être cuits : durs (262), mollets (261) ou pochés (283).

1766. Pauchouse

La pauchouse se prépare comme la meurette (1764), mais le poisson est cuit au vin blanc. Lier, à la fin de la cuisson, avec 1 verre de crème fraîche, 100 g de beurre et 2 jaunes d'œufs.

1767. Massepains
Th. 5
Préparation : 20 min – Cuisson : 30 min

200 g de sucre en poudre
125 g d'amandes décortiquées
2 blancs d'œufs
30 g de farine
1 citron

Monder les amandes, les piler avec le sucre et les blancs d'œufs pour former une pâte semi-liquide. Ajouter 15 g de farine et le zeste de citron râpé. Dresser de petits tas de cette préparation sur une plaque farinée. Faire cuire 30 min à four moyen.

Bretagne

1768. Pâté de gueux
Th. 6 à 7
Préparation : 20 min – Cuisson : 25 min

125 g de lard gras
350 g de restes de viandes variées
1 oignon
Fines herbes
25 cl de bouillon gras
15 g de beurre
500 g de purée de pommes de terre
Sel, poivre

Réunir tous les restes de viandes. Y joindre un morceau de lard gras cuit au préalable 3 h dans la soupe (186). Ajouter les fines herbes et l'oignon. Hacher finement le tout ensemble. Mélanger à une purée de pommes de terre très épaisse, au lait et sans beurre. Travailler la préparation en y ajoutant le bouillon petit à petit. Assaisonner fortement. Verser le tout dans une tourtière beurrée et mettre à four chaud pendant 25 min.

1769. Brochet au beurre blanc (à la nantaise)

Préparation : 20 min – Cuisson : 35 min

1 brochet de 1 kg
60 g d'échalote
150 g de beurre
10 cl de muscadet
Sel, poivre

Faire cuire au court-bouillon au vinaigre (157) le brochet (vidé et préparé). Dès que l'ébullition commence, compter 25 min à feu très doux.

Hacher finement l'échalote. Faire cuire doucement avec le muscadet, du sel et du poivre (20 à 25 min) pour avoir une réduction. Ajouter alors par petits morceaux le beurre en fouettant rapidement. La réduction doit s'incorporer au beurre qui doit être mousseux et blanc. Servir aussitôt en saucière avec le poisson.

1770. Cèpes à la bretonne

Th. 7 à 8
Préparation : 10 min – Cuisson : 15 min

6 à 8 beaux cèpes
30 g de beurre
10 cl de bouillon au choix
5 cl de vin blanc
5 échalotes
Fines herbes
Chapelure
Sel, poivre

Nettoyer de beaux cèpes pas trop mûrs. Couper les pieds. Faire revenir 5 min au beurre. Remplir chaque chapeau de cèpe avec un hachis fait avec les queues et les débris, les échalotes et les fines herbes hachés, du sel et du poivre. Dresser dans un plat beurré. Ajouter le vin blanc. Mouiller avec le bouillon, saupoudrer de chapelure et faire gratiner 10 min à four vif.

1771. Crêpes de sarrasin

Préparation : 20 min – Cuisson : 4 min par crêpe

200 g de farine de sarrasin
90 g de farine de blé
1 œuf
50 cl de lait
3 g de sel

Mettre les farines et le sel dans une terrine. Travailler avec l'œuf et du lait ; mouiller avec le reste de lait et allonger avec un peu d'eau si la pâte est trop épaisse. Huiler la poêle (galetière). La chauffer. Verser très peu de pâte et l'étendre avec une raclette en bois. Laisser cuire 2 min de chaque côté. Mettre une noix de beurre fin sur la crêpe et servir pliée en quatre.

1772. Far

(à préparer la veille)
Th. 7 puis 5
Préparation : 20 min – Cuisson : 40 min

250 g de farine
250 g de sucre en poudre
1 litre de lait
3 g de sel
4 œufs
250 g de pruneaux
1 c. à s. de rhum
15 g de beurre

Mettre la farine dans une terrine avec le sel ; casser les œufs un à un et mélanger soigneusement pour éviter les grumeaux. Travailler la pâte pour la rendre légère. Ajouter le sucre, puis le lait. Parfumer avec le rhum. Mettre enfin les pruneaux trempés la veille, mais sans jus. Verser la pâte dans un plat beurré allant au four. Mettre à four chaud, et ralentir la cuisson, le far une fois saisi.

1773. Vieux garçons

Th. 5 à 6
Préparation : 20 min – Cuisson : 20 min

250 g de farine
125 g de cassonade (sucre à défaut)
125 g de beurre
1 œuf

Mettre la farine sur la planche à pâtisserie, y préparer un puits dans lequel on met le beurre ramolli près du feu, la cassonade et le blanc d'œuf. Pétrir rapidement, étendre le moins possible avec le rouleau ; repétrir un peu. Ne pas craindre de saupoudrer de farine la planche et la pâte de façon à ce qu'elle n'attache pas et devienne dure à casser. Étendre sur une épaisseur de 1 cm. Découper en rondelles avec un verre. Dorer avec le jaune d'œuf. Laisser cuire 20 min au four.

Remarque. – Une cuisson au four à bois chauffé avec des fagots de genêts leur donnera un parfum tout particulier.

Cévennes

1774. Macaronis à la cévenole
Th. 5
Préparation : 20 min – Cuisson : 30 min

250 g de macaronis
500 g de marrons
125 g de gruyère râpé
75 g de crème fraîche
75 g de beurre
Sel, poivre

Faire cuire les macaronis à l'eau bouillante salée pendant 15 min. Égoutter. Fendre et rôtir les marrons, les éplucher et les couper en deux. Mélanger macaronis et marrons, verser dans un plat à four beurré. Saupoudrer avec le fromage. Parsemer de petits morceaux de beurre, arroser avec la crème. Saler, poivrer. Passer 15 min à four moyen.

Charente

1775. Chaudrée
Préparation : 30 min – Cuisson : 20 min

1,5 kg de poissons (merlan, raie, mulet)
30 cl de vin blanc
30 cl d'eau
100 g de beurre
40 g de farine
Sel, poivre

Vider et écailler les poissons. Les couper en morceaux et les mettre dans un chaudron. Recouvrir avec l'eau et le vin blanc. Assaisonner. Faire bouillir à grand feu 10 min et laisser mijoter encore 5 min. Au moment de servir, lier la sauce avec le beurre manié avec la farine. Laisser cuire encore 5 min.

1776. Mouclade
Préparation : 25 min – Cuisson : 25 min

3 litres de moules
50 g de beurre
40 g de farine
Persil plat
1 gousse d'ail
1/2 citron (jus)
1 ou 2 jaunes d'œufs
Sel, poivre

Gratter et laver les moules. Les faire ouvrir à feu moyen. Recueillir l'eau des moules et la passer. Retirer une coquille à chaque moule et tenir l'ensemble au chaud, à couvert. Faire, avec beurre et farine, un roux blanc (18) mouillé avec moitié eau et moitié eau de cuisson des moules. Ajouter l'ail finement haché. Laisser cuire 10 min environ avec sel et poivre. Lier la sauce avec 1 ou 2 jaunes d'œufs, ajouter 1/2 jus de citron et les moules (chaudes) au dernier moment. Servir parsemée de persil haché.

Dauphiné

1777. Gratin dauphinois
Th. 4 puis 6
Préparation : 20 min – Cuisson : 1 h 30

| 1 kg de pommes de terre BF15 |
| 250 g de crème fraîche |
| 50 g de beurre |
| Sel, poivre |

Couper en rondelles minces les pommes de terre épluchées. Les laver et les éponger dans un torchon. Assaisonner. Beurrer un plat à four. Placer les pommes de terre jusqu'à 1 cm du bord. Recouvrir avec la crème. Disposer quelques petits morceaux de beurre et mettre à four doux pendant 1 h 30. Selon les goûts, on peut frotter le plat avec 1 gousse d'ail.

1778. Pogne de Romans
(12 h à l'avance)
Th. 6
Préparation : 30 min – Cuisson : 40 min

| 500 g de farine |
| 4 œufs et 1 jaune |
| 175 g de beurre |
| 160 g de sucre en poudre |
| 50 g de levure de boulanger |
| 1 pincée de sel |
| 1 c. à s. d'eau de fleur d'oranger |

Émietter la levure et la mélanger à 160 g de beurre mou.
Mettre dans une terrine la farine. Faire un puits ; y mettre 1 pincée de sel, le sucre, les œufs battus en omelette, et le mélange beurre amolli-levure.
Mélanger avec soin. Puis travailler la pâte à la main pour la rendre souple et élastique. Ajouter l'eau de fleur d'oranger.
Mettre la pâte dans une terrine farinée. Couvrir et laisser gonfler pendant 12 h. Beurrer une plaque à four. Y mettre la pâte divisée en 1 ou 2 couronnes. Badigeonner avec 1 jaune d'œuf délayé avec un peu d'eau. Faire quelques encoches et cuire à four chaud pendant 40 min.

Franche-Comté

1779. Poule à la comtoise
Préparation : 10 min – Cuisson : 1 h 40

Découper la poule en morceaux. Faire revenir dans le beurre. Lorsque tout est parfaitement doré, arroser avec l'armagnac et faire flamber. Mettre alors l'oignon, l'ail, l'échalote, le bouquet garni, du sel et du poivre. Mouiller avec le vin blanc et le bouillon. Laisser cuire pendant 1 h. Ajouter les champignons coupés en morceaux et prolonger la cuisson encore 40 min.

1 poule de 1,5 à 2 kg
1 oignon
1 échalote
10 cl de cognac
1 gousse d'ail
60 g de beurre
30 cl de vin blanc d'Arbois
5 cl d'armagnac
30 cl de bouillon au choix
200 g de champignons
1 bouquet garni
Sel, poivre

1780. Fondue franc-comtoise
Préparation : 5 min – Cuisson : 15 à 20 min

Frotter le fond d'un poêlon en terre avec la gousse d'ail, de manière à ce qu'elle s'y écrase. Y faire chauffer le vin, ajouter le gruyère râpé et tourner sur un feu doux, sans arrêt, jusqu'à obtention d'une crème. Ajouter alors les œufs battus comme pour une omelette et le beurre. Laisser épaissir pendant 7 à 8 min, épicer fortement, servir sur un plat beurré et chauffé.

6 œufs très frais
1/3 de leur poids de gruyère fin
1/6 de leur poids de beurre fin
10 cl de vin blanc sec
1 gousse d'ail
Noix muscade râpée
Sel, poivre

1781. Truites à la crème
Préparation : 15 min – Cuisson : 25 min

Faire cuire les truites dans du beurre. Les placer ensuite dans un plat à four. Hacher très finement les champignons lavés et épluchés, et les faire revenir au beurre. Garnir les poissons avec ce hachis. Faire une liaison avec la crème et les jaunes d'œufs. Napper les poissons et glacer 10 min à four chaud. Servir les poissons placés sur les croûtons frits au beurre.

6 petites truites
125 g de beurre
250 g de champignons
2 jaunes d'œufs
150 g de crème fraîche
6 croûtons de pain

1782. Tutsche

(2 h à l'avance)
Th. 6 à 7
Préparation : 20 min – Cuisson : 30 min

500 g de farine
150 g de beurre
25 g de levure de boulanger
50 cl de lait
30 cl de crème fraîche
2 œufs
Sel

Travailler dans une terrine la farine avec 100 g de beurre, la levure délayée dans le lait tiède, et un peu de sel. Laisser reposer 2 h. Étendre cette pâte de l'épaisseur de 1 cm sur une tourtière beurrée de 40 cm de diamètre. Verser par-dessus une crème faite avec la crème fraîche mêlée aux œufs et salée. Parsemer de petits morceaux de beurre. Faire cuire à four chaud pendant 30 min.

1783. Briclets

Th. 5
Préparation : 25 min – Cuisson : 1 h

500 g de farine
250 g de beurre + 15 g
250 g de sucre en poudre
2 œufs et 1 blanc
15 g de cannelle
125 g de poudre d'amande
Kirsch

Mélanger tous les ingrédients (sauf le blanc). Travailler sur la planche. Faire de petites couronnes dorées au blanc d'œuf. Mettre sur une plaque beurrée et faire cuire à four modéré 1 h environ.

Languedoc

1784. Cassoulet

(à préparer la veille)
Préparation : 1 h – Cuisson : 4 h 30

500 g de haricots blancs
150 g de lard de poitrine
750 g de porc ou de mouton
600 g de confit d'oie
Graisse d'oie
150 g de saucisson cru à l'ail
1 carotte
200 g d'oignons
30 g d'ail
150 g de purée de tomates
1 bouquet garni
Clous de girofle
Sel, poivre

Faire tremper les haricots la veille. Les cuire dans une petite marmite en terre avec 1 carotte, 1 oignon piqué de clous de girofle, le lard de poitrine, le bouquet garni et la quantité d'eau suffisante pour recouvrir largement le tout (4 litres environ). D'autre part, au bout de 1 h, faire revenir dans la graisse d'oie les morceaux de porc ou de mouton (suivant les goûts). Ajouter le reste des oignons, l'ail, la purée de tomates et 50 cl d'eau de cuisson des haricots. Faire cuire à feu régulier pendant 10 min.

Retirer de la marmite la carotte, l'oignon piqué et une partie du liquide de cuisson des haricots. Laisser juste ce qu'il faut pour que les viandes puissent y baigner (y compris le saucisson et le confit). Faire mijoter pendant 1 h.

Mettre dans un grand plat en terre, en alternant, des haricots, du jus, les viandes coupées en morceaux et le saucisson en tranches. Assaisonner avec soin. Terminer par le lard et le saucisson. Mettre à four doux pendant 2 h à couvert puis 15 min à découvert.

1785. Millas de Toulouse

Préparation : 10 min – Cuisson : 40 min

250 g de farine de maïs
50 cl d'eau
50 cl de lait
3 œufs
125 g de beurre
10 cl de crème fraîche
Sel

Délayer la farine dans un peu d'eau froide. Porter l'eau à ébullition et y verser la farine délayée. Laisser cuire pendant 20 min en remuant régulièrement. Ajouter le lait et laisser cuire encore 10 min. Ôter du feu et ajouter les œufs, la moitié du beurre, la crème, du sel. Remettre sur le feu pour faire épaissir sans cesser de remuer et sans laisser bouillir. Étaler la bouillie sur un plat et laisser refroidir. Découper la pâte avec un verre et faire frire ces rondelles dans un peu de beurre, comme des crêpes.

Limousin

1786. Clafoutis
Th. 6 à 7
Préparation : 30 min – Cuisson : 35 min

100 g de farine
90 g de sucre en poudre
6 œufs
25 cl de lait
750 g de cerises noires
1 c. à c. de kirsch
Sel

Mélanger la farine avec les œufs entiers et du sel. Ajouter un peu de lait. Bien travailler la pâte pour la rendre légère. Incorporer peu à peu le reste du lait. La pâte doit avoir la consistance de la pâte à crêpes. Ajouter alors les cerises noires lavées, équeutées et le kirsch. Verser la pâte dans un plat allant au four et faire cuire à four chaud pendant 35 min. Saupoudrer de sucre. Servir froid.

1787. Galette de plomb
Th. 5
Préparation : 10 min – Cuisson : 45 min

250 g de farine
165 g de beurre
10 cl de crème fraîche
15 g de sucre en poudre
5 g de sel
1 œuf

Mélanger farine, 150 g de beurre, crème, sucre et sel. Pétrir vivement la pâte avec les mains. Beurrer et chemiser un moule. Y mettre la pâte et dorer à l'œuf. Laisser cuire au four 45 min.

Lorraine

1788. Quiche lorraine

Th. 6
Préparation : 20 min – Cuisson : 40 min

200 g de pâte brisée
125 g de lard fumé
50 cl de crème fraîche
4 œufs
Sel, poivre

Faire une pâte brisée (1499). Foncer une tourtière à fond non mobile. Piquer la pâte de petits morceaux de lard coupés en dés. Dans un récipient, battre les œufs entiers comme pour une omelette, ajouter la crème, assaisonner. Verser cette préparation sur la pâte. Mettre à four chaud et faire cuire 40 min.

1789. Flan aux raisins

Th. 4 à 5
Préparation : 20 min – Cuisson : 45 min

150 g de farine
95 g de beurre
Raisin blanc à volonté
60 g d'amandes
10 cl de lait
1 œuf
100 g de sucre en poudre

Faire avec la farine et 80 g de beurre une pâte brisée (1499). Étendre cette pâte dans un moule à tarte beurré. Garnir avec les grains de raisin lavés et essuyés. Napper avec une pâte faite avec les amandes épluchées et pilées, le lait, l'œuf et 50 g de sucre. Saupoudrer de sucre et faire cuire à four doux pendant 45 min.

1790. Gâteau nancéen

Th. 5
Préparation : 25 min – Cuisson : 45 min

250 g de chocolat
125 g de sucre en poudre
100 g de fécule ou de Maïzena
125 g de poudre d'amande
6 œufs entiers
20 g de beurre
10 cl de lait
1 pincée de vanille en poudre

Faire fondre le chocolat dans le lait, avec la vanille, sur un feu très doux, sans cesser de remuer. Quand la pâte est onctueuse, ajouter le sucre et la fécule. Travailler légèrement. Ajouter la poudre d'amande et les jaunes d'œufs, puis les blancs battus en neige très ferme. Remuer la pâte très vivement 5 à 6 min. Verser dans un moule beurré qui ne doit être rempli qu'aux 3/4. Mettre à four moyen et laisser cuire 45 min. L'intérieur doit rester moelleux. Démouler. Servir froid.

Morvan

1791. Gâteau de pommes de terre
Th. 7
Préparation : 15 min – Cuisson : 45 min

1 kg de pommes de terre
80 g de farine
20 cl de lait
2 œufs
60 g de beurre
Sel, poivre

Cuire les pommes de terre en robe des champs, à l'eau salée. Les éplucher, les réduire en purée. Incorporer à cette purée la farine, le lait et 1 œuf. Assaisonner. Étendre cette pâte au rouleau. Lui donner une forme de galette, dessiner au couteau des losanges, dorer à l'œuf et parsemer de petits morceaux de beurre. Faire dorer à four chaud pendant 15 min.

Normandie

1792. Tripes à la mode de Caen
Préparation : 30 min – Cuisson : 8 h

1 kg de gras-double
1 pied de veau
1 pied de bœuf
1 litre de cidre sec
100 g de couennes
2 carottes
1 oignon
1 gousse d'ail
Calvados
3 clous de girofle
1 bouquet garni
Sel, poivre

Prendre du gras-double épais et blanc (on le vend déjà blanchi). Le découper en morceaux carrés. Couper aussi les pieds. Dans une marmite en terre, mettre les couennes, les morceaux d'os, les carottes et l'oignon coupés en morceaux, l'ail, le bouquet garni, du sel, du poivre, les clous de girofle et les morceaux de gras-double. Mouiller avec le cidre, de façon à faire baigner les légumes et les viandes, ajouter 1 verre à liqueur de calvados. Couvrir la marmite. Souder les bords du couvercle avec une pâte à la farine. Cuire à feu doux pendant 8 h.

Pour servir, dans des assiettes bien chaudes, retirer os, légumes et bouquet garni.

1793. Sauce à la crème
Préparation : 10 min – Cuisson : 20 min

Faire un roux blanc (18) avec beurre et farine. Ajouter peu à peu la crème pour que la sauce soit lisse. Assaisonner.

20 g de beurre
20 g de farine
50 cl de crème épaisse
Sel, poivre

1794. Œufs à la dieppoise
Préparation : 15 min – Cuisson : 12 min

Faire durcir les œufs (262). Les couper en deux dans la largeur. Sortir le jaune, le piler avec le beurre, le persil haché et 25 cl de crème. Saler et poivrer. Emplir les blancs de cette préparation. Napper les œufs avec une mayonnaise (72) à laquelle on ajoute le reste de la crème et les crevettes décortiquées coupées en petits dés.

6 œufs
60 g de beurre
50 cl de crème fraîche
Persil plat
100 g de crevettes
25 cl de mayonnaise
Sel, poivre

1795. Omelette normande
Préparation : 20 min – Cuisson : 8 min

Éplucher et couper les pommes en rondelles fines. Les faire cuire dans la poêle avec la moitié du beurre. Les retirer. Battre les œufs entiers salés, comme pour une omelette. Faire chauffer le reste du beurre dans la même poêle, y verser la moitié des œufs battus, recouvrir avec les pommes ; napper avec le reste des œufs battus. Laisser cuire à petit feu. Plier l'omelette et servir saupoudrée de sucre.

500 g de pommes
5 œufs
80 g de beurre
Sucre en poudre
Sel

1796. Bourdelots normands

Th. 5
Préparation : 10 min – Cuisson : 45 min

6 belles pommes
400 g de pâte feuilletée

Peler et évider les fruits au vide-pomme ; abaisser la pâte feuilletée (1514) assez mince et entourer chaque pomme d'une couche de pâte bien ferme. Mettre au four modéré et laisser cuire 45 min.

1797. Pommes normandes (conserve de Normandie)

Préparation : 20 min – Cuisson : 2 h 30

4 kg de pommes
3 kg de sucre en poudre
125 g de raisins de Corinthe
125 g de raisins de Smyrne
200 g d'oranges confites
5 cl de rhum

Faire avec le sucre un sirop cuit au **cassé** (1209). Éplucher les pommes et les couper en quartiers. Les mettre ainsi que les raisins et les oranges hachées finement dans le sirop. Faire cuire 2 h à feu doux. Les pommes doivent devenir brunes et luisantes. Ajouter alors le rhum. Mettre en pots et couvrir. Démouler au moment de servir.

1798. Sablés normands

Th. 5 à 6
Préparation : 15 min – Cuisson : 25 min

250 g de farine
150 g de beurre
65 g de sucre en poudre
1 œuf + 1 jaune

Travailler dans une terrine, avec les mains, la farine, le beurre, le sucre et le jaune d'œuf. Étaler cette pâte sur une épaisseur de 1 cm. La couper en forme de triangles. Dorer à l'œuf. Faire cuire à four moyen pendant 25 min.

Pays basque

1799. Poulet basquaise
Préparation : 25 min – Cuisson : 45 min

1 poulet de 1,2 kg
250 g de tomates
150 g de jambon fumé
3 c. à s. d'huile
125 g de champignons
6 poivrons verts
15 cl de vin blanc
Persil plat
Sel, poivre

Détailler le poulet en morceaux. Couper cuisses et ailes en deux. Faire chauffer l'huile dans une cocotte. Y faire revenir les morceaux de poulet. Ajouter les tomates (sans pépins) coupées en morceaux, les poivrons coupés en deux (épépinés), les champignons lavés avec soin (le bout terreux enlevé) et émincés, le jambon coupé en dés. Saler et poivrer. Mouiller avec le vin blanc. Couvrir et cuire à feu régulier pendant 40 min. Disposer les morceaux de poulet sur un plat. Napper avec la sauce qui a été réduite (si nécessaire). Parsemer de persil haché et garnir si l'on veut de petits morceaux de piments espagnols.

Périgord

1800. Alicot
Préparation : 30 min – Cuisson : 4 h

600 g d'abattis d'oie
60 g de graisse d'oie
60 g de sauce tomate ou 1 c. à s. de concentré de tomate
1 bouquet garni
400 g de carottes
250 g de marrons
250 g de salsifis
10 cl de bouillon au choix
Sel, poivre

Faire revenir dans une cocotte, à la graisse d'oie chaude, les morceaux d'abattis. Éplucher les salsifis et les carottes, les mettre en morceaux dans la cocotte, mouiller avec le bouillon, mettre le bouquet garni, assaisonner et compléter avec la sauce tomate. Couvrir et commencer la cuisson. Pendant ce temps, fendre les marrons, les faire griller (ou les ébouillanter), les éplucher. Et les ajouter à l'alicot. Continuer la cuisson, à couvert et à feu doux pendant 4 h en tout.

1801. Truffes à la serviette
Préparation : 20 min – Cuisson : 35 min

Laver, brosser, peler de très belles truffes. Verser dans un poêlon en terre à peu près 1 cm d'eau. Y placer les truffes et le sel. Couvrir, fermer très hermétiquement. Laisser bouillir 30 à 35 min. Dresser les truffes sous une serviette pliée. Servir le jus additionné de cognac flambé.

| Truffes à volonté |
| Eau |
| Sel |
| Cognac |

Picardie

1802. Hochepot
Préparation : 40 min – Cuisson : 2 h 30 à 3 h

Mettre dans la marmite l'eau avec les morceaux de bœuf et le petit salé. Faire cuire à feu vif. Écumer. Faire revenir pendant ce temps, dans le beurre, le reste de la viande (mouton, veau, oreille). Tenir au chaud. Mettre alors dans le bouillon les légumes épluchés, lavés, coupés en morceaux. Assaisonner. Couvrir et faire cuire jusqu'à ébullition. Ajouter les morceaux de viande encore chauds. Cuire 1 h 30. Faire pocher les chipolatas dans la marmite. Servir le bouillon sur du pain rassis et les viandes sur un plat, entourées des légumes.

| 1 oreille de cochon |
| 250 g de plates côtes de bœuf |
| 250 g de poitrine de mouton |
| 250 g de collier de veau |
| 200 g de petit salé (poitrine de porc) |
| 40 g de beurre |
| 3,5 litres d'eau |
| 6 chipolatas |
| 1 chou (petit) |
| 200 g de navets |
| 200 g de carottes |
| 150 g de poireaux |
| 1 branche de céleri |
| Sel, poivre |

1803. Flamiche picarde

Th. 7
Préparation : 30 min – Cuisson : 1 h

10 gros poireaux
140 g de beurre
250 g de farine
5 œufs
125 g de crème fraîche
Sel, poivre

Couper les blancs de poireaux, éplucher et laver. Les tailler en rondelles minces et les mettre dans une casserole avec 50 g de beurre, sel et poivre. Laisser cuire 30 min à feu très doux, en remuant souvent. Préparer une pâte avec la farine, 75 g de beurre amolli au four, 3 œufs et 2 blancs, et du sel. Pétrir à la main, faire 2 boules et les placer sur la planche à pâtisserie bien farinée, les étendre en couches minces au rouleau. Garnir une tourtière beurrée d'une des pâtes. Retirer les poireaux du feu, lier avec 2 jaunes d'œufs, la crème, assaisonner. Garnir le fond de tarte de cette préparation. Recouvrir le tout du reste de la pâte décorée de dessins au couteau. Bien souder les bords de la pâte avec un peu d'eau. Mettre à four vif. Laisser dorer 30 min. Servir chaud.

Poitou

1804. Rouelle de veau poitevine

Th. 5
Préparation : 15 min – Cuisson : 4 h

500 g de rouelle de veau
200 g de couenne
1 pied de veau
10 cl de vin blanc
1 c. à s. de cognac
1 oignon piqué de clous de girofle
10 g de sucre en poudre
50 g de beurre
15 g de farine
1 bouquet garni
Sel, poivre

Couper en très gros dés la rouelle et la couenne. Foncer un poêlon en terre avec le pied de veau détaillé en morceaux, le bouquet garni et l'oignon. Placer un lit de dés de veau, couvrir d'un lit de couenne. Mouiller avec le vin blanc et le cognac. Ajouter sel, poivre et sucre. Couvrir. Mettre au four et laisser mijoter 4 h. Égoutter la viande, dresser dans un plat creux, tenir au chaud. Lier la sauce avec le beurre et la farine, passer au chinois et verser sur la viande.

1805. Casse-museau

(12 h à l'avance)
Th. 5
Préparation : 25 min – Cuisson : 20 min

1 litre de lait de brebis	
3 œufs	
400 g de farine	
5 g de sel	
Un peu de présure	

Faire cailler le lait avec la présure aussi rapidement que possible et le faire égoutter dans une mousseline pendant 12 h. Verser ce fromage dans une terrine, y ajouter les œufs entiers battus comme pour une omelette, la farine et le sel. Travailler fortement la pâte. Disposer gros comme une noix de cette préparation entre 2 feuilles de châtaignier fraîchement cueillies. Mettre à four moyen. Laisser cuire 20 min. Servir froid.

Provence

1806. Bouillabaisse

Préparation : 25 min – Cuisson : 20 min

2,5 kg de poissons (merlan, vive, congre, lotte, rascasse, grondin, rouget, saint-pierre)
1 litre de moules
Pain en tranches
Persil plat
Laurier
Fenouil
1 kg de crustacés (langoustines, langoustes)
100 g de blancs de poireaux
100 g d'oignons
250 g de tomates
3 gousses d'ail
5 c. à s. d'huile d'olive
Safran
Sel, poivre

Faire revenir dans une casserole assez grande, à l'huile chaude, les oignons et blancs de poireaux hachés, les tomates concassées, et 2 gousses d'ail écrasées et hachées. Assaisonner avec sel, fenouil, laurier, persil et épices. Ajouter les poissons à chair ferme, préparés en tronçons (congre, vive, lotte), la langouste et les langoustines. Recouvrir avec la quantité d'eau prévue (1 assiette creuse par personne). Porter à ébullition très vive pendant 7 min. Ajouter les poissons à chair tendre. Cuire 8 min à grande ébullition. Ajouter les moules 3 min avant de servir. Vérifier l'assaisonnement. Couper le pain en tranches, les griller et les ailler. Les mettre dans la soupière, verser le bouillon. Servir les tronçons de poissons, langoustes et moules sur un plat. La bouillabaisse se sert accompagnée de rouille (1817).

1807. Bourride

Préparation : 30 min – Cuisson : 30 min

Mettre le poisson à l'eau froide, avec laurier, thym, oignons, sel et poivre. Chauffer doucement, et sans jamais laisser bouillir, laisser cuire à petits frémissements 30 min. Passer le jus, réserver le poisson. Mélanger très doucement ce liquide à un aïoli (1812). Verser cette préparation sur de minces tranches de pain séchées au four, mais pas grillées, disposées dans la soupière. Ajouter la crème au dernier moment. En napper le poisson et servir.

800 g de poisson blanc (daurade, colin, lotte, anguille, raie)
2 litres d'eau
50 cl de crème fraîche
Laurier
Thym
2 oignons
Pain en tranches
Aïoli
Sel, poivre

1808. Soupe de poissons

Préparation : 20 min – Cuisson : 20 min

Éplucher et émincer l'oignon et les blancs de poireaux. Faire revenir dans l'huile d'olive, mais sans faire prendre couleur. Ajouter les tomates coupées en morceaux, 1 gousse d'ail écrasée, le fenouil, le laurier et les poissons vidés et bien lavés. Assaisonner et ajouter l'eau. Laisser cuire 20 min. Passer dans une passoire fine en pressant fortement les poissons. Servir très chaud sur des croûtons aillés et, si l'on veut, avec du gruyère râpé.

1 kg de poissons de roche (rascasse, saint-pierre, petits congres, girelles)
2,5 litres d'eau
60 g d'huile d'olive
Fenouil
Laurier
Piment de Cayenne
Safran
1 oignon
2 blancs de poireaux
100 g de tomates
2 gousses d'ail
50 g de gruyère râpé
6 croûtons

1809. Boutargue

Saler au gros sel des œufs de mulet. Laisser macérer 2 jours. Presser ensuite entre deux planches chargées d'un poids pendant 2 h. Laver. Exposer au soleil 2 h. Servir en hors-d'œuvre arrosé d'huile, avec des rondelles de citron.

1810. Poupeton

Th. 4 à 5
Préparation : 25 min – Cuisson : 50 min

Faire cuire le merlan et la lamproie à l'eau bouillante salée. Retirer les peaux et arêtes. Écraser la chair au mortier, en ajoutant petit à petit la crème, le pain trempé dans le lait, le parmesan. Casser les œufs, blancs à part des jaunes. Ajouter ces jaunes à la préparation, puis les blancs battus en neige ferme. Assaisonner. Verser le mélange dans un moule huilé, mettre 40 min à four modéré. Démouler et servir chaud.

1 merlan
250 g de lamproie
125 g de crème fraîche
100 g de mie de pain
10 cl de lait
4 œufs
60 g de parmesan râpé
50 cl d'huile
Noix muscade râpée
Sel, poivre

1811. Brandade

Préparation : 25 min – Cuisson : 10 min

Faire dessaler la morue et la pocher 8 min environ. Éplucher l'ail. Le piler au mortier avec la morue effeuillée, en ajoutant l'huile, peu à peu, de manière à obtenir une pâte onctueuse. Puis, mettre à feu très doux, dans une casserole et, sans cesser de tourner, ajouter la crème peu à peu. Assaisonner en sel, poivre et jus de citron. Servir froid.

500 g de morue salée
25 cl d'huile d'olive
75 g de crème fraîche
2 gousses d'ail
1 citron (jus)
Sel, poivre

1812. Aïoli

Préparation : 10 min

Piler les gousses d'ail épluchées, ajouter la mie de pain trempée dans du lait et égouttée, les jaunes d'œufs, et, en ajoutant l'huile goutte à goutte, préparer une mayonnaise (72). Assaisonner et verser le vinaigre. Servir avec de la morue dessalée bouillie à l'eau, des haricots verts et des pommes de terre bouillies.

3 gousses d'ail
25 g de mie de pain
Lait
50 cl d'huile
2 jaunes d'œufs
2 cl de vinaigre
Sel, poivre

1813. Ratatouille provençale
Préparation : 25 min – Cuisson : 2 h à 2 h 30

Éplucher aubergines, courgettes, oignons et ail. Laver les autres légumes. Couper tous les légumes en tranches d'environ 1 cm. Mettre le tout dans une cocotte, arroser avec l'huile, saler, poivrer et ajouter 1 verre d'eau. Faire mijoter à couvert pendant 2 h. Écraser avec un pilon. Se mange chaud ou froid.

750 g d'aubergines
750 g de poivrons
600 g de tomates
1 kg de courgettes
120 g d'oignons
1 gousse d'ail
5 c. à s. d'huile d'olive
Sel, poivre

1814. Omelette provençale
Préparation : 5 min – Cuisson : 8 min

Faire une omelette avec les œufs battus. Au moment où elle est cuite, mais encore un peu baveuse, mettre au milieu 4 ou 5 c. à s. de brandade de morue (1811). Assaisonner. Replier et servir chaud.

6 œufs
50 g de beurre
Brandade de morue
Sel, poivre

1815. Pissaladière ou tarte aux oignons
Th. 6
Préparation : 30 min – Cuisson : 40 min

Faire une pâte brisée (1499) avec la farine et 85 g de beurre. Faire cuire cette pâte dans une tourtière, sans garniture. Préparer une purée d'oignons (1069), y incorporer les anchois pilés. Recouvrir avec ce mélange la pâte dans la tourtière. Garnir avec des olives dénoyautées. Parsemer de beurre et faire cuire encore 10 min à four chaud.

200 g de farine
125 g de beurre
6 anchois
1 c. à s. d'huile
10 cl d'eau
125 g d'olives
750 g d'oignons
50 cl de sauce béchamel

1816. Gayettes
(6 h à l'avance)
Th. 4 à 5
Préparation : 45 min – Cuisson : 1 h 30

250 g de foie de porc
250 g de mou de porc
300 g de rognons de porc
300 g de chair à saucisse
75 g de saindoux
1 gousse d'ail
Sel
Crépine de porc

Couper en morceaux le foie, le mou et les rognons. Saler, mettre la gousse d'ail hachée et laisser macérer 1/2 journée. Hacher grossièrement ; ajouter à cette préparation la chair à saucisse. Diviser en boules de la taille d'une pomme ; envelopper dans des morceaux de crépine de porc. Placer dans un plat allant au four, arroser avec du saindoux fondu et faire cuire 1 h 30 à four moyen. Servir froid.

1817. Rouille
Préparation : 15 min

2 jaunes d'œufs
300 g d'huile d'olive
2 gousses d'ail
3 petits piments rouges forts
Sel

Piler dans un mortier les gousses d'ail et les piments. Ajouter les jaunes d'œufs et du sel. Ajouter, en pilant, l'huile d'olive. La sauce se monte comme une mayonnaise (72). Avant de retirer la rouille du mortier, et pour accompagner la bouillabaisse, ajouter 1 c. à s. du liquide de celle-ci.

Remarque. – On remplace parfois les piments par 1 c. à c. de concentré de tomate et autant de moutarde. Ajouter un peu de safran.

Savoie

1818. Alose montagnarde
Th. 3 à 4
Préparation : 25 min – Cuisson : 1 h 45

600 g d'alose grasse
10 à 12 petits oignons
3 fonds d'artichauts
125 g de champignons
75 g de beurre
50 cl de court-bouillon au vin blanc
1 citron

Préparer un court-bouillon au vin blanc (158) de 50 cl. Vider, parer, écailler l'alose, la diviser en gros tronçons. Éplucher et laver les oignons, les fonds d'artichauts et les champignons. Faire fondre le beurre dans une cocotte, y faire revenir le poisson et tous les légumes coupés en dés. Quand ils sont bien dorés, ajouter le court-bouillon filtré. Laisser cuire à feu très doux pendant 45 min. Verser le tout dans un plat creux, garnir de rondelles de citrons.

1819. Farçon savoyard
Th. 6 à 7
Préparation : 30 min – Cuisson : 45 min

1 kg de pommes de terre
50 cl de lait chaud
6 œufs
100 g de cerfeuil
60 g de beurre
Sel, poivre

Faire une purée de pommes de terre dans laquelle on met le lait chaud, le cerfeuil haché finement et le beurre. Battre énergiquement en ajoutant les œufs entiers. Assaisonner. Mettre dans un plat à four et faire dorer à four chaud pendant 25 min.

1820. Crosets savoyards
Préparation : 30 min – Cuisson : 25 min

500 g de farine
4 œufs
25 cl de lait
100 g de gruyère râpé
100 g de beurre
Sel

Mélanger la farine, les œufs, le lait et du sel pour faire une pâte. Lorsqu'elle est bien ferme, l'étendre au rouleau et découper en petits dés. Faire cuire à l'eau bouillante salée pendant 20 min. Égoutter. Saupoudrer de gruyère et arroser ensuite avec le beurre noir ou du jus de viande.

Vendée

1821. Mougettes à la crème
Préparation : 15 min – Cuisson : 3 h

Mettre les haricots dans une marmite en terre. Remplir d'eau (les haricots doivent être recouverts d'au moins 15 cm d'eau). Assaisonner avec l'oignon épluché piqué des clous de girofle, 1 carotte épluchée, l'ail, du thym, du sel et du poivre. Mettre un morceau de céleri (50 à 60 g). Cuire à feu très doux. Ajouter de l'eau chaude si nécessaire. Égoutter les haricots lorsqu'ils sont cuits, et ajouter beurre et crème fraîche, après avoir retiré oignon, ail, carotte, thym et céleri.

- 1 kg de haricots blancs
- 1 oignon
- 1 carotte
- 2 clous de girofle
- Thym
- Céleri
- 1 gousse d'ail
- 80 g de beurre
- 80 g de crème fraîche
- Sel, poivre

1822. Chouée vendéenne
Préparation : 10 min – Cuisson : 1 h 15

Choisir de très jeunes choux verts, les éplucher, les laver, les cuire 1 h à l'eau bouillante salée. Égoutter. Presser. Passer au tamis. Faire revenir cette purée dans du beurre fondu. Assaisonner, arroser d'un filet de vinaigre. Servir chaud.

- 1 kg de choux verts
- 125 g de beurre
- 1 c. à s. de vinaigre
- Sel, poivre

Les recettes étrangères

Afrique du Nord

1823. Couscous
Préparation : 1 h – Cuisson : 2 h

750 g de couscous
1 poule
1 kg d'agneau
100 g d'oignons
3 poivrons doux
150 g de pois chiches
350 g de navets
200 g de tomates
150 g de courgettes
100 g de beurre
Fenouil
Épices
Cumin
Girofle
Safran
Sel, poivre rouge

Viandes et légumes. Couper la poule en quartiers, l'agneau en morceaux. Préparer un pot-au-feu dans lequel on met, à l'eau froide, la viande et tous les légumes épluchés et coupés en morceaux. Assaisonner avec sel, poivre et épices. Laisser cuire 1 h 30 à 2 h.

Couscous. Étaler les grains dans un plat, arroser avec un peu d'eau tiède salée. Travailler à la main, pour séparer la semoule qui doit être en petits grains. 1 h avant de servir, verser dans le passe-couscous. Le placer au-dessus du pot-au-feu et cuire 20 min. Retirer le couscous du feu, recommencer à égrener soigneusement. Remettre dans le passe-couscous. Cuire encore 20 min. Saler. Mettre le beurre par petits morceaux en détachant encore les grains à l'aide de 2 fourchettes. Servir le couscous sur les assiettes. La viande et les légumes dans un plat creux, baignant dans le bouillon de cuisson. Servir avec de l'harissa.

Allemagne

1824. Salade de pommes de terre aux harengs
Préparation : 10 min

Faire cuire les pommes de terre en robe des champs. Les éplucher, les couper en dés. Ajouter, coupés de la même façon, la betterave, les pommes, les filets de harengs et les cornichons. Arroser avec une vinaigrette bien relevée (63).

500 g de pommes de terre
125 g de betteraves
125 g de filets de harengs
100 g de cornichons
100 g de pommes reinettes
Vinaigrette

1825. Soupe aux cerises
Préparation : 20 min – Cuisson : 30 min

Enlever les queues et les noyaux des cerises ; les mettre dans l'eau bouillante avec cannelle et zeste de citron râpé. Laisser cuire 10 min à feu vif. Égoutter les cerises ; lier le liquide chaud avec la fécule délayée à froid. Piler une vingtaine de noyaux ; les mettre dans une casserole, arroser avec le vin rouge. Faire cuire 10 min. Passer au tamis. Joindre cette préparation à la soupe dans laquelle on remet les cerises. Couper les biscuits à la cuillère en petits dés et servir aussitôt.

750 g de cerises
1,25 litre d'eau
5 g de cannelle
50 g de fécule
20 cl de vin rouge
1 citron
50 g de biscuits à la cuillère

1826. Pudding saxon
Th. 6
Préparation : 35 min – Cuisson : 2 h

Mettre dans une terrine la farine tamisée, la moitié du beurre, 60 g de sucre et le sel. Mélanger le tout jusqu'à ce que la pâte soit réduite en petites granules. Ajouter le lait tiédi et vanillé, petit à petit, en travaillant la pâte. Verser dans

125 g de chocolat
100 g de farine
100 g de beurre fin
75 g de sucre en poudre
1/2 c. à c. de sel
20 cl de lait
4 œufs
1 pincée de vanille

une casserole la préparation quand elle est bien lisse, mettre à feu modéré sans cesser de travailler le mélange jusqu'à ébullition. Retirer du feu, travailler 5 min, remettre à bouillir, retirer à nouveau. Ajouter alors le reste du sucre, les jaunes d'œufs un par un, sans arrêter de battre la pâte, puis les blancs battus en neige ferme. Verser la moitié de la préparation dans un moule à charlotte beurré. Mêler au reste de la pâte le chocolat fondu dans 1/2 verre d'eau, et verser de très haut ce mélange dans le moule à demi garni ; la pâte au chocolat pénètre au milieu de la pâte blanche et fourre le gâteau. Faire cuire 1 h 30 au bain-marie, passer 15 min au four. Servir chaud.

1827. Beignets au vin

Préparation : 10 min – Cuisson : 5 min par beignet

200 g de pain de mie
50 g de sucre en poudre
180 g de beurre
10 cl de vin rouge
2 blancs d'œufs
1 pincée de cannelle en poudre

Faire fondre la moitié du sucre dans le vin rouge. Ajouter la cannelle. Tremper dans ce mélange le pain coupé en tranches minces. Égoutter, passer dans les blancs battus en neige ferme. Mettre ces beignets à frire dans le beurre chauffé à la poêle. Quand ils sont bien dorés, les égoutter, saupoudrer de sucre et servir brûlant.

1828. Nouilles au sucre

Préparation : 35 min – Cuisson : 3 à 4 min et 20 min pour la crème

250 g de farine
3 œufs
100 g de sucre
1 pincée de sel
25 cl de crème anglaise
Huile pour friture

Faire, avec la farine, le sucre, le sel, 1 œuf entier et 2 jaunes, une pâte à nouilles. Laisser reposer 30 min. Couper la pâte en rubans de 0,5 cm d'épaisseur. Plonger dans la friture bouillante pour les faire dorer. Arroser avec la crème anglaise parfumée à la vanille (1317).

Autriche

1829. Chou à l'autrichienne
Préparation : 15 min – Cuisson : 2 h 10

1 chou
50 g de beurre
25 cl de vinaigre
6 côtelettes de porc
Sel, poivre

Couper un chou en lamelles. Le jeter dans l'eau bouillante salée et le laisser cuire 10 min. Égoutter. Mettre dans une cocotte le beurre. Lorsqu'il est fondu, y ajouter le vinaigre, du sel et du poivre. Y jeter le chou. Remuer un moment et faire cuire à couvert pendant 2 h. Au moment de servir, faire griller à la poêle les côtelettes de porc et les placer sur le chou.

Belgique

1830. Anguille à l'oseille
Préparation : 30 min – Cuisson : 35 min

1 anguille
1,5 kg d'oseille
100 g de beurre
Vinaigre
Sel, poivre

Dépouiller l'anguille ; la couper en morceaux de 3 à 4 cm. La cuire 10 min à l'eau bouillante salée et vinaigrée. Égoutter. D'autre part, blanchir l'oseille épluchée et lavée à l'eau bouillante salée. Égoutter très soigneusement. Mettre le beurre dans une casserole, y mettre l'oseille, placer les morceaux d'anguille, assaisonner et cuire à feu doux pendant 20 à 25 min.

1831. Filet de porc à la Blankenberghe
(3 jours à l'avance)
Préparation : 15 min – Cuisson : 2 h 50

1 kg de filet de porc
Marinade au vin rouge
70 g de beurre
Gelée de groseille
1 citron (jus)

Mettre le filet de porc dans une terrine. Le recouvrir avec la marinade (147) bien assaisonnée et laisser 3 jours. Essuyer la viande. Faire revenir dans le beurre chaud. Lorsque le filet est bien doré, mouiller avec toute la marinade et faire cuire doucement, à couvert, pendant 2 h 30. Au moment de servir, passer la sauce, y incorporer 2 c. à s. de gelée de groseille (1741) et le jus du citron. Servir le filet de porc accompagné d'une compote de pommes (1287) non sucrée.

1832. Oie à la mode de Visé
Préparation : 35 min – Cuisson : 2 h 30

2 litres de bouillon au choix
1 oie de 3 kg
150 g de beurre
60 g de carottes
1 poireau
1/2 branche de céleri
1 gousse d'ail
2 clous de girofle
2 œufs
50 g de farine
20 cl de crème fraîche
Chapelure
Sel, poivre

Mettre l'oie dans une marmite avec 50 g de beurre, les carottes, le poireau et le céleri. Mettre du bouillon jusqu'aux 3/4. Assaisonner. Laisser cuire à partir de l'ébullition, pendant 2 h. Découper l'oie en morceaux, passer chaque morceau dans l'œuf battu, puis dans la chapelure. Faire cuire dans le beurre. Avec 50 g de beurre et de farine, faire un roux brun (48), mouiller avec le bouillon de l'oie, ajouter l'ail pilé et les clous de girofle. Laisser mijoter 5 min et ajouter la crème. Servir les morceaux sur un plat et la sauce en saucière.

1833. Tomates aux crevettes
Préparation : 30 min

6 tomates moyennes
150 g de crevettes
Mayonnaise
Persil plat
Sel, poivre

Enlever un couvercle à chaque tomate. Saler l'intérieur. Laisser dégorger pendant 20 min. Pendant ce temps, préparer une mayonnaise (72) très assaisonnée. Y mettre les crevettes décortiquées. Retirer l'eau de chaque tomate. Fourrer avec le mélange. Garnir avec du persil haché.

1834. Chou rouge à la flamande

Préparation : 15 min – Cuisson : 3 h

Faire cuire le chou épluché, lavé et coupé en lanières pendant 15 min à l'eau bouillante salée. Égoutter ; chauffer le saindoux dans une cocotte, ajouter le chou, couvrir et laisser cuire à feu très doux pendant 2 h. Laver et diviser en quartiers les pommes épluchées. Les ajouter ainsi que la cassonade et prolonger la cuisson encore 30 min.

1 chou rouge moyen
350 g de pommes reinettes
35 g de cassonade
75 g de saindoux ou de beurre
Sel, poivre

1835. Chicorée à la flamande

Th. 7
Préparation : 20 min – Cuisson : 35 min

Éplucher et essuyer les endives, sans les laver. Les faire revenir une par une, très soigneusement, dans la cocotte, avec 50 g de beurre. Rouler chacune d'elles dans une tranche de jambon. Disposer dans un plat à four, bien beurré. Verser dessus la béchamel (21). Parsemer de petits morceaux de beurre et de gruyère râpé. Faire dorer 30 min à four vif. Servir chaud.

6 belles endives
6 fines tranches de jambon
30 cl de sauce béchamel au gruyère
75 g de beurre
50 g de gruyère râpé
Sel, poivre

1836. Beignets

(3 h à l'avance)
Préparation : 30 min – Cuisson : 5 min

Mélanger la farine, le beurre, 2 jaunes d'œufs, le sucre, la cannelle, la levure délayée dans le lait et 1 blanc battu en neige. Laisser lever la pâte pendant 3 h. Rouler la pâte, l'étendre très mince (2 mm). Couper cette pâte en carrés de 10 cm de côté. Placer sur chaque morceau un quartier de pomme épluché et replier la pâte de manière à envelopper la pomme. Faire cuire à friture chaude.

250 g de farine
90 g de beurre
2 œufs
30 g de levure de boulanger
50 g de sucre
5 g de cannelle
20 cl de lait
500 g de pommes
Huile pour friture

1837. Cramique

(5 h à l'avance)
Th. 6
Préparation : 15 min – Cuisson : 1 h

Mettre la farine dans une terrine ; y verser la levure délayée à l'avance dans le lait tiède. Laisser lever pendant 3 h. Ajouter alors 150 g de beurre, la cassonade, les œufs, les raisins épépinés, la cannelle et le sel. Bien pétrir pour faire une pâte très lisse. Laisser lever encore pendant 2 h. Mettre dans un moule beurré rempli aux 2/3 et faire cuire à four chaud pendant 1 h.

500 g de farine
125 g de raisins de Malaga
125 g de raisins de Corinthe
150 g de cassonade
165 g de beurre
2 œufs
5 g de cannelle
5 g de sel
25 g de levure de boulanger
10 cl de lait

1838. Couque

(2 h à l'avance)
Th. 4
Préparation : 15 min – Cuisson : 1 h

Travailler le tout ensemble. Laisser reposer la pâte pendant 2 h ; puis mettre sur une plaque beurrée et faire cuire à feu doux pendant 1 h.

500 g de farine
125 g de miel
125 g de sucre en poudre
25 cl de lait
7 g d'anis vert
7 g de bicarbonate de soude

Espagne

1839. Olla podrida

Préparation : 40 min – Cuisson : 3 h 30 min

Mettre la viande, le jambon, le petit salé et les pois chiches dans l'eau froide. Porter doucement à ébullition. Ajouter le bouquet garni, l'oignon et les légumes épluchés et lavés. Laisser bouillir à petit feu 3 h. Ajouter, 15 min avant la fin de la cuisson, le morceau de boudin. Servir la viande garnie de légumes, accompagnée d'une sauce tomate (38) bien relevée. Le bouillon sert à faire un potage. On peut aussi mettre une volaille dans l'olla podrida.

3 litres d'eau
500 g de mouton (poitrine)
125 g de jambon cru
150 g de petit salé
200 g de boudin
600 g de pois chiches
1 bouquet garni
Sel, poivre
À volonté :
Oignons
Carottes
Navets
Haricots verts

1840. Omelette à l'andalouse

Préparation : 10 min – Cuisson : 15 min

Peler et épépiner les tomates. Faire chauffer l'huile. Y faire dorer les oignons hachés finement, ajouter les tomates en morceaux et le jambon haché. Poivrer. Bien réduire à la cuisson et recouvrir avec les œufs battus et salés légèrement. Cuire comme une omelette. Replier pour servir.

4 tomates
6 œufs
4 oignons
125 g de jambon cru
2 c. à s. d'huile d'olive
Sel, poivre

1841. Salade catalane

Préparation : 25 min – Cuisson : 5 min

Ouvrir les olives pour en retirer le noyau. Préparer une farce (150) et en introduire une petite quantité dans chaque olive. Pocher 5 min à l'eau bouillante salée. Égoutter. Laisser refroidir. Assaisonner à la vinaigrette et servir garni de feuilles de romaine épluchées et lavées.

350 g d'olives noires
175 g de farce de volaille ou de veau
1 romaine
2 c. à s. d'huile d'olive
1 c. à s. de vinaigre
Sel, poivre

1842. Paëlla (poêle)
Préparation : 25 min – Cuisson : 55 min

Détailler le poulet ou le lapin en morceaux. Faire chauffer l'huile et faire revenir dans une grande poêle les morceaux de viande (pendant le même temps, faire ouvrir les moules bien lavées et recueillir leur jus de cuisson). Parsemer la viande des gousses d'ail écrasées et maintenir la cuisson pendant 20 min. Saler, poivrer. Retirer la viande, faire revenir dans la poêle le riz. Il doit rester blanc crème. Mouiller avec 2 fois son volume de bouillon et le jus de cuisson des moules. Ajouter du safran, du sel, du poivre, les légumes, le ou les piments, du laurier et enfin les morceaux de viande.

Cuire assez rapidement (environ 20 min). Le riz doit être sec et les grains bien séparés. Servir le riz avec les légumes dans un plat. Garnir avec les morceaux de viande, les langoustines non décortiquées et les moules dans leur coquille. Servir bien chaud.

500 g de poulet ou de lapin
6 langoustines cuites à part
1 litre de moules ou de coques
250 g de haricots verts
200 g de pois écossés
5 c. à s. d'huile d'olive
2 gousses d'ail
200 g de riz rond
Bouillon au choix
Safran
1 ou 2 petits piments
Laurier
Sel, poivre

États-Unis

1843. Gâteau américain
Th. 6
Préparation : 15 min – Cuisson : 20 min

Mélanger tous les ingrédients, sauf le beurre qui est réservé pour le moule. Travailler 10 min la pâte. Verser dans le moule beurré. Faire cuire 20 mn à four vif. Servir chaud, avec une sauce à l'abricot.

75 g de farine de maïs
75 g de farine de blé
40 g de sucre en poudre
10 g de bicarbonate de soude
10 g de beurre
20 cl de lait
1 zeste de citron râpé

Grèce

1844. Moussaka

Th. 5
Préparation : 25 min – Cuisson : 50 min

Éplucher et couper les aubergines dans le sens de la longueur. Les blanchir en les plongeant 2 min dans l'eau bouillante avec 1 c. à s. d'huile. Égoutter et essuyer. Faire chauffer le reste de l'huile dans une poêle et y mettre les tranches à dorer. Lorsqu'elles sont dorées, les mettre dans un plat long. Préparer, avec la viande et le gruyère, un hachis assaisonné avec sel, poivre et cannelle. Recouvrir les aubergines avec une couche de hachis. Procéder ainsi jusqu'à épuisement. Verser dessus 1 œuf battu. Faire gratiner à four moyen pendant 45 min.

6 aubergines
300 g de bœuf
125 g de gruyère
1 œuf
5 cl d'huile
Cannelle en poudre
Sel, poivre

1845. Afgolimonne

Préparation : 30 min – Cuisson : 55 min

Faire blanchir le chou. Enlever et retirer les côtes. Préparer un hachis avec le reste de viande, l'oignon haché et cuit à l'avance dans le beurre, la mie de pain et le riz cuit aussi à l'avance. Mettre 1 œuf entier et l'assaisonnement : sel, poivre, muscade. Retirer les feuilles de chou. Placer sur chaque feuille 1 c. à s. de farce et faire des petits paquets. Mettre dans une casserole du beurre ; y placer les paquets l'un à côté de l'autre et laisser cuire 45 min. Servir les paquets sur un plat ; napper avec une sauce blanche mouillée avec l'eau de cuisson du chou et le jus de citron et liée avec 2 jaunes d'œufs.

1 chou
1 oignon
200 g de viande bouillie (restes)
80 g de riz
50 g de mie de pain
3 œufs
100 g de beurre
Noix muscade râpée
Sauce blanche
1 citron (jus)
Sel, poivre

1846. Gratin à la grecque

Th. 4
Préparation : 30 min – Cuisson : 50 min

250 g de riz
300 g de tomates
300 g de restes de viande
Persil plat
Oignons
Noix muscade râpée
2 œufs
Sel, poivre

Faire cuire le riz lavé pendant 20 min dans 2 fois son volume d'eau bouillante. Préparer avec la viande un hachis assaisonné avec du sel, du poivre, de la noix muscade et de l'oignon (à volonté) haché et étuvé au beurre et du persil. Ébouillanter les tomates ; enlever la peau et couper la pulpe en morceaux. Disposer dans un plat en terre alternativement une couche de hachis, une couche de tomates, une couche de riz. Verser dessus les œufs battus en omelette et faire cuire à four doux pendant 30 min.

Hollande

1847. Potage à la purée de pois

Préparation : 30 min – Cuisson : 5 h

400 g de pois cassés
150 g de céleri-branche
200 g de poireaux
150 g de céleri-rave
250 g de saucisson frais ou de saucisson fumé du Geldre
1 pied de porc
1 jarret de porc
4 petites côtelettes
150 g de lard frais
Pain noir en tranches
Sel, poivre

Faire cuire dans l'eau froide les pois cassés avec le pied et le jarret de porc, les côtelettes et le lard gras. Assaisonner et cuire à feu doux et régulier pendant 3 h.
Ajouter le céleri-rave épluché, lavé et coupé en dés, les poireaux et le céleri-branche bien lavés et émincés. Laisser cuire encore 1 h 30 en tournant de temps en temps pour que la purée soit bien liée. Ajouter le saucisson à cuire pendant 30 min. Couper le jarret, le pied, le lard et le saucisson en portions.
Servir le potage bien chaud avec des tranches de pain de seigle sur lesquelles on place les portions de saucisson.

1848. Rol-Pince
(15 jours à l'avance)
Préparation : 1 h – Cuisson : 45 min

500 g de côtes découvertes de bœuf
700 g de panse
1 litre de vinaigre
1,5 litre de court-bouillon
750 g de pommes reinettes
Épices : muscade, gingembre
Beurre
Sel, poivre

Choisir de la viande bien persillée, un peu grasse. Hacher. Assaisonner de sel, poivre, muscade et gingembre. Nettoyer un morceau de panse de bœuf. Le couper en 6 morceaux de 8 à 10 cm de côté chacun. Mettre la farce divisée en 6 sur chacun de ces morceaux, rabattre les bords et coudre au gros fil, comme un petit paquet. Préparer un court-bouillon au vinaigre (157), y mettre à bouillir les rol-pince. Égoutter, éponger. Placer dans un pot de grès les 6 morceaux et les couvrir de bon vinaigre bouillant. Laisser refroidir, couvrir. Laisser macérer 15 jours. Égoutter alors les morceaux, les couper en tranches de 1 cm d'épaisseur. Faire revenir ces tranches à la poêle avec du beurre, comme des côtelettes (10 à 12 min). Faire frire ensuite de même des tranches de pommes reinettes. Dresser en couronne, en alternant rol-pince et pommes. Servir brûlant.

Hongrie

1849. Goulasch (ou gulyas)
Préparation : 15 min – Cuisson : 2 h environ

600 g de bœuf
800 g de pommes de terre
200 g d'oignons
60 g de beurre
1 litre d'eau
20 g de paprika doux
60 g de tomate fraîche
Sel

Hacher les oignons, les faire blondir dans le beurre. Retirer du feu. Mettre le paprika, puis le bœuf coupé en petits cubes. Réchauffer en tournant pour réduire le jus. Mouiller avec l'eau, saler. Au bout de 1 h 15, mettre les pommes de terre. Ajouter la tomate 10 min avant de servir.

Irlande

1850. Pain d'Irlande
Th. 7
Préparation : 20 min – Cuisson : 45 min

Mélanger le tout sauf les raisins et le beurre, battre fortement pendant 15 min, laisser reposer 20 min. Ajouter les raisins nettoyés. Beurrer un moule à charlotte. Y verser la préparation et mettre 45 min à four vif.

180 g de farine
130 g de sucre
125 g de raisins de Corinthe
10 g de bicarbonate de soude
10 g de beurre
1 pincée de sel
10 cl de lait
2 cl d'eau-de-vie
1 pincée de cannelle en poudre

Italie

1851. Stracciatella
Préparation : 5 min – Cuisson : 15 min

Faire chauffer du consommé. Au moment où l'ébullition commence, y verser doucement les œufs battus en omelette. Laisser cuire jusqu'au moment où l'œuf est coagulé en agitant avec une fourchette. Assaisonner. Mettre les fines herbes hachées et servir avec du parmesan râpé.

2,5 litres de consommé
3 œufs
Persil plat et cerfeuil
Parmesan râpé
Sel, poivre

1852. Minestrone

Préparation : 30 min – Cuisson : 2 h à 2 h 30

Éplucher tous les légumes, les laver, les couper en petits morceaux (sauf la tomate). Hacher très finement lard, oignon, sauge et basilic. Faire revenir ces derniers dans une marmite à l'huile et au beurre chauds. Lorsque l'ensemble est doré, ajouter tous les légumes, les faire revenir. Puis mettre la tomate épluchée et coupée en morceaux, du sel et du poivre. Recouvrir avec de l'eau froide. Celle-ci doit dépasser d'un bon 1/3 la hauteur des légumes. Porter à ébullition et laisser mijoter doucement. 20 min avant de servir, mettre le riz bien lavé ou les petites pâtes. Servir très chaud avec le parmesan râpé.

150 g de haricots écossés
2 branches de céleri
4 feuilles de chou
1 oignon
1 carotte
1 tomate
40 g d'huile
20 g de beurre
100 g de pommes de terre
250 g de petits pois ou de haricots verts
150 g de riz ou de pâtes
50 g de lard
30 g de parmesan râpé
Sauge
Basilic
Sel, poivre

1853. Cannellonis farcis

Th. 6
Préparation : 30 min – Cuisson : 40 min

Piler les restes de viandes, la laitue blanchie 5 min à l'eau bouillante, ajouter la moitié du fromage, 2 œufs entiers. Assaisonner. Farcir les cannellonis trempés 5 min dans l'eau froide. Plonger les extrémités dans le dernier œuf battu, puis dans la chapelure fine. Disposer les cannellonis dans un plat à four. Les couvrir de bouillon bouillant de façon à les baigner entièrement. Assaisonner. Mettre au four. Quand la sauce aura réduit de moitié, saupoudrer du reste du fromage. Faire dorer 15 min.

Restes de volaille
100 g de veau rôti
1 laitue
3 œufs
250 g de cannellonis
150 g de parmesan râpé
50 cl de bouillon au choix
Chapelure
Sel, poivre

1854. Zuchettis farcis

Th. 5
Préparation : 30 min – Cuisson : 30 min

Éplucher les courgettes, les faire cuire 15 min dans l'eau bouillante salée. Préparer une farce faite avec la mie de pain trempée dans du lait et mêlée au fromage et aux amandes hachées. Incorporer 2 jaunes d'œufs durs pilés, 2 jaunes crus et assaisonner avec les clous de girofle, du sel et de la noix muscade. Creuser l'intérieur des courgettes et farcir chaque moitié. Napper avec la béchamel (21) et passer au four moyen 15 min.

6 petites courgettes
4 œufs
125 g de mie de pain
Lait
60 g de gruyère ou de parmesan râpé
30 g d'amandes douces
2 clous de girofle
50 cl de sauce béchamel
Noix muscade râpée
Sel

1855. Risotto à la piémontaise

Préparation : 5 min – Cuisson : 20 min

Faire revenir les oignons émincés dans 5 g de beurre. Quand ils sont dorés, ajouter le riz et le remuer plusieurs minutes dans le beurre chaud. Mouiller avec 25 cl de bouillon salé et continuer à tourner. Arroser au fur et à mesure de l'absorption du liquide par le riz, avec le reste du bouillon. Remuer très souvent. La cuisson est achevée en 15 min au plus. Au moment de servir, ajouter sel, poivre, coulis de tomate (39), fromage râpé et le reste du beurre.

500 g de riz
125 g de beurre
3 oignons
150 g de coulis de tomate
150 g de gruyère râpé
75 g de parmesan râpé
1,5 litre de bouillon au choix
Sel, poivre

1856. Macaronis à la calabraise

Préparation : 15 min – Cuisson : 25 min

Faire cuire les macaronis à l'eau bouillante salée. Égoutter. Faire revenir dans le beurre l'oignon haché. Ajouter les tomates, le persil, l'ail et le jambon haché. Laisser cuire 10 min. Assaisonner. Napper les macaronis de cette sauce, parsemer de fromage.

250 g de macaronis
150 g de jambon cuit
1 gros oignon
6 tomates pelées et épépinées
1 gousse d'ail
100 g de parmesan râpé
50 g de beurre
Persil plat
Sel, poivre

1857. Caponata sicilienne

Préparation : 15 min – Cuisson : 1 h 30 min

Éplucher et couper les légumes en tranches. Les placer dans un poêlon en terre ; arroser avec l'huile ; ajouter sel, poivre et ail émincé. Laisser cuire à l'étouffée au moins 1 h 30 sur feu doux.

250 g de tomates
250 g d'aubergines
250 g de céleri-branche
250 g de poivrons verts
1 bulbe de fenouil
5 c. à s. d'huile d'olive
2 gousses d'ail
Sel, poivre

1858. Agnolotti

Th. 7 à 8
Préparation : 30 min – Cuisson : 20 min

Faire avec tous les produits une pâte, en travaillant la farine avec les œufs et le beurre. Préparer, avec les viandes, le fromage et le parmesan, une farce bien assaisonnée. Couper dans la pâte des rondelles de 6 cm de diamètre. Mettre au milieu une noix de farce, replier, souder les bords à l'eau. Faire pocher dans l'eau bouillante salée pendant 10 min. Égoutter, mettre dans un plat et faire gratiner au four pendant 10 min. Napper avec de la sauce tomate (38). Servir avec du parmesan râpé.

Pour la pâte :
300 g de farine
50 g de semoule de maïs
200 g de beurre
3 œufs
Sel
Pour la farce :
150 g de chair à saucisse
150 g de jambon
100 g de fromage blanc
100 g de parmesan
Sel, poivre
Sauce tomate à volonté

1859. Pizza napolitaine

(1 h 30 à l'avance)
Th. 7
Préparation : 25 min – Cuisson : 35 à 40 min

250 g de farine
5 g de sel
3/4 d'un verre d'eau
20 g de levure de boulanger
150 g de mozzarella
150 g d'anchois
2 tomates
Thym
60 g d'huile

Faire, avec la farine, l'eau, le sel et la levure de boulanger, une pâte à pain. La laisser reposer 1 h. Puis pétrir légèrement cette pâte avant de l'aplatir au rouleau. Faire une galette ayant 1,5 cm d'épaisseur. Laisser cette galette sur la plaque à four, en un endroit tiède, pendant 30 min. Badigeonner la surface avec l'huile. Disposer dessus les tomates coupées en tranches minces et la mozzarella en lamelles très fines. Décorer avec les anchois. Napper avec le reste de l'huile. Parsemer de thym écrasé. Cuire à four chaud.

1860. Poulet à l'italienne

Préparation : 40 min – Cuisson : 2 h 15

1 poulet
50 cl d'eau
1 oignon
1 bouquet garni
60 g de beurre
10 g de farine
3 œufs
1 citron (jus)
Chapelure
Huile pour friture
Sel, poivre

Couper en morceaux un beau poulet. Réserver les membres. Mettre les abattis (cou, tête, pattes) dans l'eau froide. Porter doucement à ébullition ; ajouter l'oignon, du sel, du poivre et le bouquet garni. Laisser bouillir 2 h ; 15 min avant de servir, tremper les membres du poulet dans les blancs d'œufs battus en neige, puis dans la chapelure fine. Faire chauffer de la graisse à friture et y jeter les morceaux préparés quand la friture est très chaude. Laisser dorer à feu vif. Passer le bouillon, qui doit avoir réduit de moitié ; y ajouter le beurre manié avec de la farine, porter sur le feu dans une petite casserole et opérer la liaison en tournant sans cesse. Laisser bouillir 5 min. Retirer du feu. Ajouter le jus de citron, les jaunes d'œufs en tournant. Dresser les membres du poulet dans un plat et napper avec la sauce.

Pologne

1861. Carpe à la juive
Préparation : 25 min – Cuisson : 45 min

Hacher, avec l'ail et les oignons, beaucoup de persil. Couper la carpe en tranches. Faire, avec l'huile bien chaude et la farine, un roux brun (48). Mouiller avec de l'eau et y mettre les tranches de carpe avec du thym, du laurier et le hachis. Assaisonner. Laisser mijoter 40 min. Mettre dans un plat. Laisser refroidir.

- 1 carpe
- 100 g d'ail
- 2 oignons
- Persil plat
- 100 g de farine
- 2 c. à s. d'huile
- Thym
- Laurier
- Sel, poivre

1862. Crêpes
Préparation : 10 min – Cuisson : 5 min

Mettre la farine dans une terrine ; la travailler avec les œufs entiers, ajouter peu à peu la crème, le beurre fondu et les aromates. Faire cuire les crêpes. Dès que la crêpe est versée dans la poêle, saupoudrer avec une pincée de raisins de Corinthe. Retourner la crêpe et servir roulée et saupoudrée de sucre.

- 600 g de crème fraîche
- 6 œufs
- 320 g de farine
- 65 g de beurre
- 250 g de raisins de Corinthe
- Noix muscade râpée
- 1 citron (zeste)
- Sucre en poudre
- Sel, poivre

1863. Kugel
Th. 4 à 5
Préparation : 20 min – Cuisson : 2 h

Faire, avec la farine et les œufs entiers, une pâte à nouilles. L'étendre en une feuille très mince. Recouvrir avec la moitié de la crème, les fruits confits hachés et les raisins. Rouler cette feuille de pâte et en faire une couronne. Mettre ce gâteau dans un plat allant au four, bien beurré. Recouvrir le kugel avec le reste de la crème et cuire à four moyen.

- 300 g de farine
- 3 œufs
- 50 cl de crème fraîche
- 125 g de fruits confits
- 100 g de raisins de Corinthe
- 100 g de raisins de Malaga
- 10 g de beurre

1864. Kluskis
(3 h à l'avance)
Préparation : 30 min – Cuisson : 5 min par série

300 g de farine
2 œufs
15 g de levure de boulanger
100 g de sucre en poudre
100 g de beurre
Sel

Préparer une pâte épaisse avec la farine et les œufs. Ajouter 1 pincée de sel, le sucre et la levure délayée dans 1 c. à s. d'eau tiède. Laisser reposer la pâte, à température douce, pendant 3 h. Prendre alors des morceaux de pâte, leur donner la forme de boulettes et laisser encore gonfler. Faire bouillir de l'eau salée, y jeter les kluskis et les laisser cuire 5 min par série de 8. Égoutter et servir arrosés avec le beurre chaud.

Portugal

1865. Omelette au bacalao
Préparation : 15 min – Cuisson : 8 min

6 œufs
3 tomates
180 g de bacalao (morue)
3 c. à s. d'huile d'olive
Sel

Dessaler le bacalao, le faire cuire dans une purée de tomates faite avec les 3 tomates et une bonne c. à s. d'huile. Battre les œufs, saler légèrement. Faire chauffer un peu d'huile, y mettre les œufs battus. Quand l'omelette est presque cuite, placer le poisson au milieu. Replier en deux et servir chaud.

République tchèque

1866. Gâteau tchèque
(2 h à l'avance)
Th. 6 à 7
Préparation : 25 min – Cuisson : 30 min

250 g de farine
250 g de beurre
2 jaunes d'œufs
1 c. à s. d'eau
1 kg de pommes
125 g de sucre en poudre
Sel
Cannelle

Préparer sur la planche une pâte avec farine, beurre, eau, jaunes d'œufs et sel. Pétrir soigneusement et laisser reposer 2 h. Peler les pommes et les couper en tranches minces. Diviser la pâte en deux morceaux. Les étendre au rouleau sur 0,5 cm d'épaisseur. Foncer une tourtière avec la première moitié, couvrir de tranches de pommes, saupoudrer de sucre et de cannelle. Recouvrir avec l'autre moitié, souder les bords avec un peu d'eau. Mettre à four vif et laisser cuire 30 min.

Roumanie

1867. Courgettes farcies
Préparation : 30 min – Cuisson : 1 h

6 courgettes
350 g de viande de bœuf
1 oignon
Persil plat
75 g de riz
1 œuf
25 g de mie de pain
5 c. à s. d'huile
125 g de crème fraîche
50 cl de sauce tomate
Sel, poivre

Hacher finement la viande, l'oignon et le persil. Faire cuire le riz 15 min dans l'eau bouillante salée. L'ajouter au hachis avec l'œuf entier, la mie de pain, du sel et du poivre. Peler les courgettes, les fendre en deux dans le sens de la longueur. Retirer les pépins et farcir avec la préparation. Mettre l'huile dans une sauteuse, laisser chauffer et y faire revenir les courgettes. Verser dessus la sauce tomate (38) et faire cuire, casserole couverte, pendant 45 min, au four si possible. Avant de servir, lier la sauce avec la crème fraîche, hors du feu.

Royaume-Uni

1868. Potage aux raisins
Préparation : 20 min – Cuisson : 1 h 50

Éplucher les légumes. Couper les haricots et les carottes en dés. Laver le riz et les raisins. Faire chauffer le beurre, y faire revenir tous les légumes coupés en morceaux. Mouiller avec 1,75 litre d'eau et laisser cuire 1 h 45 à petit feu. Mettre le riz et les raisins au bout de 1 h. Servir sans passer.

125 g de pois écossés
125 g de haricots verts
100 g de carottes
100 g de riz
200 g de raisins de Corinthe
180 g de beurre

1869. Kippers farcis
(2 h à l'avance)
Préparation : 25 min – Cuisson : 25 min

Couper en deux les harengs dans le sens de la longueur. Enlever tête, arêtes et nageoires, réserver la laitance. Mettre à tremper 2 h dans le lait tiède. Préparer une farce en hachant les fines herbes, les échalotes, les laitances, les champignons. Faire revenir le tout 10 min dans 50 g de beurre, sans cesser de tourner. Assaisonner sans saler. Étendre un peu de cette farce sur chaque moitié de hareng. Rouler. Ficeler. Ranger dans un plat à four, avec un peu de beurre, fines herbes, jus de citron, chapelure. Laisser gratiner 15 min. Servir brûlant après avoir déficelé chaque filet.

6 harengs saurs
50 cl de lait
1 citron (jus)
100 g de beurre
100 g de champignons
Fines herbes
Échalotes
Chapelure
Poivre

1870. Welsh Rarebit
Préparation : 10 min – Cuisson : 10 min

Préparer des canapés de pain de mie de 1 cm, dont on laisse la croûte. Les faire frire de belle couleur blonde dans le beurre. Tenir au chaud. Retirer la croûte du fromage, le diviser en petits dés, le mettre dans une casserole avec le vin, le piment de Cayenne, la noix muscade. En tournant sans cesse, faire fondre le tout à petit feu. Quand on a obtenu une pâte bien lisse, l'étendre sur les canapés. Dorer sous le gril du four, servir brûlant.

6 tranches de pain de mie
10 cl de vin blanc
75 g de beurre
250 g de fromage de Cheddar ou de Chester
Piment de Cayenne
Noix muscade râpée

1871. Curry de mouton
Préparation : 30 min – Cuisson : 1 h 10

Couper la viande en cubes de 5 cm de côté. Les faire revenir dans l'huile avec l'oignon émincé finement pendant 5 min. Saupoudrer avec la farine et le curry puis mouiller avec le bouillon. Porter à ébullition et laisser mijoter 5 min. Ajouter les pommes coupées en lamelles, le jus de citron, du sel et du poivre. Couvrir et laisser cuire à petit feu pendant 1 h. Pendant ce temps, faire cuire du riz à la créole (1163). Pour servir, mettre le riz sur un plat et le curry de mouton au centre. Parsemer de persil haché.

850 g de mouton (épaule ou collier)
2 c. à s. d'huile
1 oignon
30 g de farine
10 cl de bouillon au choix
2 c. à s. de curry en poudre
300 g de pommes acidulées
1/2 citron (jus)
250 g de riz
Persil plat
Sel, poivre

1872. Plum-pudding

(à préparer la veille)

Préparation : 1 h – Cuisson : 7 h

500 g de graisse de rognons de bœuf
750 g de farine
500 g de raisins de Corinthe
250 g de raisins de Malaga
125 g de raisins de Smyrne
4 œufs
20 cl de lait
30 cl de rhum
12 morceaux de sucre
Aromates :
Cédrat
Noix muscade râpée
Clou de girofle
Zeste de citron
Écorce d'orange

Mélanger la graisse hachée très finement avec la farine et le lait. Ajouter les raisins, les jaunes d'œufs et les blancs en neige et les aromates hachés ou pilés. Si la pâte est encore très ferme, mouiller avec un peu d'eau froide. Elle doit avoir la consistance d'une bouillie épaisse. Laisser reposer 1 jour. Verser la préparation dans un linge très propre, mouillé et saupoudré de farine, nouer. Mettre à l'eau bouillante et faire cuire 7 h à petit bouillonnement, en prenant la précaution de mettre une assiette dans le fond de la casserole (la pâte pourrait attacher). Retirer le linge autour du pudding et le mettre dans un plat creux, faire un trou au milieu et y mettre 12 morceaux de sucre. Arroser avec 30 cl de rhum brûlant et faire flamber.

1873. Porridge

Préparation : 2 min – Cuisson : 20 min

1,5 litre d'eau
1 bonne pincée de sel
150 g de gruau d'avoine
Cassonade
Lait à volonté

Faire bouillir l'eau avec un peu de sel. Verser en pluie le gruau d'avoine et laisser bouillir pendant 3 min. Faire mijoter ensuite pendant 10 min. Sucrer avec de la cassonade et servir avec du lait chaud, à volonté.

1874. Buns

(2 h 30 à l'avance)
Th. 6
Préparation : 20 min – Cuisson : 15 min

350 g de farine
1 œuf
35 g de sucre en poudre
100 g de beurre
35 g de raisins de Corinthe
10 g de levure de boulanger
25 cl de lait
Sel

Mettre dans une terrine la moitié de la farine. Ajouter la levure délayée dans le lait tiède ; bien mélanger et laisser monter pendant 2 h. Incorporer alors l'œuf, le sucre, 35 g de beurre, les raisins, le reste de la farine et du sel. Diviser en petits pains ronds, poser sur une plaque beurrée et laisser lever encore 30 min. Faire cuire à four chaud pendant 15 min. Servir les buns tièdes, coupés en deux et tartinés de beurre fin.

1875. Muffins

(2 h à l'avance)
Th. 7
Préparation : 20 min – Cuisson : 25 min

350 g de farine
75 g de beurre
15 g de levure de boulanger
35 g de sucre en poudre
1/2 c. à c. de sel
1 œuf
50 cl de lait tiède

Mélanger, dans un puits préparé dans la farine, le sel, l'œuf battu, le levain et le lait tiède. Travailler le tout à la main pour faire une pâte homogène. Couvrir. Laisser lever. La pâte a doublé de volume. Ajouter alors 60 g de beurre fondu et le sucre. Bien battre à la cuillère. Beurrer les moules. Emplir à moitié. Cuire environ 15 min à four chaud. Retourner les muffins et laisser dorer sur l'autre face. Couper en deux, beurrer. Servir chaud.

1876. Gooseberry-cake

Th. 4 à 5
Préparation : 25 min – Cuisson : 45 min

250 g de groseilles à maquereaux
365 g de beurre frais
500 g de farine
3 jaunes d'œufs
375 g de sucre en poudre
5 cl de vin blanc
1 c. à c. d'eau de fleur d'oranger
1 pincée de noix muscade
5 grains d'anis
1/2 c. à c. de sel

Faire fondre, sans laisser bouillir, 350 g de beurre dans un saladier, au bain-marie. Y mêler la farine, puis les jaunes d'œufs, et enfin le sucre. Travailler le mélange. Mouiller avec le vin blanc et la fleur d'oranger. Ajouter la noix muscade, l'anis et le sel. Laver et éplucher les groseilles, les joindre à la préparation. Verser le tout dans un moule à charlotte beurré. Faire cuire à four moyen environ 45 min. Servir chaud ou froid.

1877. Dundee marmalade

2 oranges
2 citrons
3 litres d'eau
5 kg de sucre en poudre

Cette confiture se fait en trois opérations à 24 h d'intervalle chacune, mais n'exige que peu de temps chaque fois.

Première opération. Laver les fruits, en extraire le jus avec le presse-citron ; recueillir les pépins dans un nouet de mousseline ; hacher les écorces. Réunir le tout dans un récipient ; ajouter l'eau. Laisser reposer 24 h.

Deuxième opération. Verser le tout dans la bassine à confiture. Porter à ébullition et compter 50 min de cuisson. Verser à nouveau dans un récipient, ajouter le sucre et laisser reposer 24 h.

Troisième opération. Faire cuire la confiture pendant 30 à 40 min. L'écorce d'orange devient translucide et le sirop doit se prendre en gelée. Mettre en pots.

Russie

1878. Bolets à la Tolstoï
Th. 6
Préparation : 25 min – Cuisson : 1 h 30

500 g de bolets
1 échalote
100 g de beurre
100 g de crème aigre
60 g de gruyère
Farine
Sel, poivre

Faire dégorger les champignons en les pressant légèrement dans un torchon sec. Les éplucher, les couper en longues tranches minces et les rouler dans la farine. Faire fondre le beurre, y ajouter l'échalote hachée finement, avec sel et poivre, y mettre les bolets et faire cuire très doucement pendant 1 h. Arroser avec la crème aigre, le fromage râpé, et remettre à cuire au four pendant 30 min. (La crème doit être foncée.)

1879. Zahouski
Tailler dans du pain de seigle de petites tranches carrées d'environ 3 cm de côté. Les beurrer et les garnir à volonté de hors-d'œuvre variés.
Beurre d'anchois (111),
– de crevettes (110),
– de harengs,
Caviar,
Saucisson,
Mortadelle,
Œufs durs (262),
Salade,
Filets de harengs,
– d'anchois,
– de saumon,
Betterave,
Truffes,
Champignons,
Olives tournées,
Salade russe (1151).

1880. Omelette au fenouil
Préparation : 10 min – Cuisson : 10 min

Battre les œufs salés. Hacher finement une bonne poignée de fenouil. L'incorporer aux œufs et faire cuire au beurre comme une omelette ordinaire (319).

6 œufs
Fenouil
Sel
Beurre

1881. Bortsch
Préparation : 40 min – Cuisson : 3 h

Choisir de la belle viande un peu grasse, dans le gîte. Placer la viande et l'os à moelle dans une marmite ; couvrir d'eau. Porter très doucement à ébullition. Saler. Laisser bouillir 10 à 15 min en écumant soigneusement. Peler, laver les betteraves, les couper en rondelles minces, les jeter dans le pot-au-feu en ébullition. Au bout de 1 h, ajouter les carottes grattées, lavées, coupées, le chou haché en fines lanières, les oignons, l'ail, les échalotes, du persil, du poivre en grains, le bouquet garni. Prolonger la cuisson encore 1 h. Ajouter alors les pommes de terre entières pelées et lavées et le coulis de tomate (39). Servir ensemble légumes et bouillon, additionné de crème aigre. La viande se sert à part.

3 litres d'eau
1 kg de gîte de bœuf
1 os à moelle
150 g de betterave crue
1 chou
1 kg de carottes
25 cl de coulis de tomate
2 oignons piqués de clous de girofle
2 échalotes
1 gousse d'ail
Persil plat
250 g de crème aigre
500 g de pommes de terre
1 bouquet garni
Sel, poivre en grains

1882. Sardines à la cosaque
Préparation : 10 min – Cuisson : 10 min

Lever et parer les filets de belles sardines fraîches. Verser dans une casserole le vin blanc, faire chauffer et, au moment où le vin va entrer en ébullition, y jeter les filets de sardines. Les laisser pocher 10 min dans le liquide frémissant.
Retirer. Égoutter. Ajouter au jus de cuisson la crème aigre, la moutarde, un filet de citron. Assaisonner. Dresser les sardines dans un ravier, les couvrir de la sauce.

6 sardines
10 cl de vin blanc
75 g de crème aigre
1 citron (jus)
Moutarde
Sel, poivre

Suède

1883. Gâteau
Th. 5
Préparation : 40 min – Cuisson : 45 min

Passer au tamis les pommes de terre cuites à l'eau. Hacher finement les amandes mondées. Mélanger la purée de pommes de terre, le sucre, 100 g de beurre, les amandes et les jaunes d'œufs. Ajouter les blancs battus en neige ferme. Verser dans un moule beurré et faire cuire à four doux 45 min. Servir nappé d'une crème à la vanille (1317) ou au citron (1318).

150 g de sucre en poudre
150 g de pommes de terre
115 g de beurre
125 g d'amandes
3 œufs

Suisse

1884. Fondue

Prendre une casserole en terre ou caquelon. En frotter le fond avec une gousse d'ail. Y verser le vin blanc puis le fromage coupé en copeaux. Faire cuire à feu vif et remuer sans arrêt, jusqu'à ce que le fromage soit devenu crémeux. Arroser avec le kirsch et assaisonner avec du poivre. La fondue se mange à l'aide de petits carrés de pain fixés au bout de la fourchette.

750 g de gruyère
50 cl de vin blanc sec
10 cl de kirsch
1 gousse d'ail
Poivre
Pain

1885. Röstis

Préparation : 15 min – Cuisson : 40 min

500 g de pommes de terre
90 g de beurre
Sel, poivre

Cuire les pommes de terre à l'eau salée, avec leur peau. Les éplucher. Les laisser refroidir. Les râper sur une râpe à gros trous. Mettre 60 g de beurre dans la poêle, le faire fondre. Disposer les pommes de terre râpées. Saler et poivrer. Mettre par-dessus le reste du beurre. Couvrir. Laisser cuire à feu doux et régulier pendant 25 min. Retourner la galette sur un plat rond.

L'alimentation diététique

La diététique est une science qui fixe les principes d'une alimentation saine et équilibrée. Si l'incidence sur notre santé des denrées que nous consommons est désormais admise, l'application des grands principes diététiques, qu'ils s'adressent aux personnes malades ou souffrant d'un excès de poids, aux enfants, aux femmes enceintes ou aux individus bien portants, n'est pas toujours bien maîtrisée. Un régime adéquat peut pourtant entraîner une guérison presque complète ou du moins un soulagement notable.

Cette alimentation saine et équilibrée repose sur quelques grandes règles immuables :
– Privilégier les aliments frais, riches en vitamines et les consommer rapidement après l'achat. Les faire cuire juste le temps nécessaire et de la façon la moins brutale possible (vapeur, mijotage, court-bouillon).
– Limiter au maximum les graisses cuites et se contenter de beurre ou d'huile crus en petites quantités.

– Proscrire l'alcool et les boissons excitantes ou très sucrées (café, thé fort, sodas). Les remplacer par de l'eau, des jus de fruits ou des tisanes.

– Réduire les condiments forts et difficiles à digérer (piment, moutarde, vinaigre, épices, etc.).

Pour respecter ces quelques règles simples, il est bien entendu nécessaire d'aborder la cuisine quotidienne sous un jour différent. Il est fondamental également que cette nouvelle façon de s'alimenter ne soit pas vécue comme une punition ni comme une mise à l'écart. La personne qui suit un régime doit avoir l'impression qu'elle mange à peu près comme le reste de la famille.

Les potages et les soupes

Ces potages maigres, aux légumes, sont très faciles à faire. Ne pas faire revenir les légumes dans un corps gras avant la cuisson. Passer soigneusement et écraser les légumes.

1886. Bouillon de légumes
Préparation : 15 min – Cuisson : 1 h

Mettre à l'eau froide et faire bouillir les légumes épluchés et coupés en morceaux pendant 1 h. Saler. Passer au chinois et recueillir le liquide. Le bouillon de légumes doit se consommer dans les 48 h.

100 g de pommes de terre
150 g de carottes
150 g de navets
100 g de poireaux
50 g de riz
50 g de lentilles
3 litres d'eau
Sel

1887. Bouillon d'herbes
Préparation : 10 min – Cuisson : 30 min

200 g de cerfeuil
250 g de laitue
150 g de poireaux
2 litres d'eau
Sel

Ciseler les herbes. Les mettre dans l'eau et faire cuire doucement pendant 30 min. Passer au chinois et saler légèrement.

Les laitages

Alors que votre enfant est en pleine croissance, les laitages sont indispensables pour fortifier ses os.

1888. « Café au lait » pour enfants
Pour une personne : faire caraméliser 40 g de sucre en poudre ; y verser le lait bouillant (40 cl) et délayer pour faire fondre le sucre. Cette boisson a la couleur du café au lait, un parfum agréable et se trouve dépourvue de café.
Se reporter également au chapitre « Le lait ».

Les sauces

Toutes les sauces qui ont pour base, dans la cuisine courante, le roux blanc, blond ou brun, sont interdites, la cuisson du beurre devant être évitée.
Les sauces peuvent pourtant être imitées. On fait une sauce blanche diététique dont on modifie le goût.

1889. Sauce béchamel diététique
Préparation : 5 min – Cuisson : 10 min

40 g de farine
50 cl de lait
50 g de beurre
Noix muscade râpée
Sel

Délayer la farine dans un peu de lait froid. Porter le reste de lait à ébullition puis verser la farine diluée en tournant. Saler et assaisonner avec la noix muscade. Laisser réduire jusqu'à consistance voulue. Au moment de servir, mettre le beurre cru en petits morceaux.

1890. Sauce aux herbes
Incorporer, à une sauce béchamel diététique (1889), du cerfeuil ou du persil haché finement.

1891. Sauce au beurre
Le beurre cru manié avec un peu de persil haché est la sauce par excellence de tous les mets servis en cuisine diététique.

Les œufs

Les œufs, s'ils sont consommés très frais, peuvent rendre de grands services. Encore faut-il que le blanc ne soit cuit qu'imparfaitement : l'albumine coagulée par la chaleur est difficile à digérer.
Les œufs, en cuisine courante, sont cuits dans le beurre chaud. Ici, et c'est le plus gros inconvénient de la cuisine diététique, le beurre ne doit jamais être cuisiné.

1892. Œuf sur le plat

| 1 œuf par personne |
| 1 c. à s. d'eau |

Faire chauffer l'eau dans un petit plat. Casser l'œuf dans le liquide bouillant. Laisser cuire 1 à 3 min.

1893. Œuf brouillé

| 1 œuf par personne |
| 2 c. à s. de lait |
| 15 g de beurre |

Battre l'œuf entier avec 1 c. à s. de lait. Faire chauffer le reste du lait, y mettre l'œuf battu et faire cuire à feu vif en tournant avec une fourchette. Ajouter le beurre pour finir.

1894. Œuf en terrine

Battre l'œuf avec le lait. Verser dans un petit moule à ramequin et faire cuire 5 min au bain-marie ou à four chaud.

1 œuf par personne	
1 c. à s. de lait	

1895. Œuf Marie-Louise

Battre le blanc en neige. Beurrer un plat, y placer le blanc, en réservant au centre une place où l'on mettra le jaune. Saupoudrer avec le gruyère râpé et faire cuire à four chaud pendant 5 min.

1 œuf par personne	
10 g de beurre	
10 g de gruyère râpé	

1896. Omelette

Battre l'œuf avec le lait. Faire chauffer l'eau dans la poêle. Y verser la préparation et faire cuire très doucement pendant 4 à 5 min. Mettre le beurre au milieu et plier en deux pour servir.

1 œuf	
1 c. à s. d'eau	
1 c. à s. de lait	
15 g de beurre	

Les poissons

La plupart des poissons, surtout ceux qui sont maigres – bar, colin, limande, raie, sole, merlan, barbue, brochet, gardon, perche – sont particulièrement recommandés car ils sont toujours plus maigres que la viande. Ils doivent être préparés au court-bouillon, en papillote ou au four et être, bien entendu, d'une fraîcheur parfaite. Les crustacés et les coquillages sont intéressants sur le plan nutritif (riches en minéraux et peu gras) mais sont déconseillés aux personnes fragiles et aux femmes enceintes en raison des risques d'intoxication.

Les viandes

Les viandes doivent être choisies parmi les moins grasses : bœuf maigre, veau, agneau (gigot) et toutes les volailles, sauf le canard. Le gibier dont la chair est toujours plus ou moins putréfiée ne peut être consommé. On évitera les abats, à moins de choisir du foie (de veau, de génisse ou de volaille), maigre et plus digeste.

Aucune de ces viandes ne doit être cuite dans un corps gras. Elles peuvent être soit grillées ou rôties, soit pochées, soit braisées avec des légumes.

1897. Bifteck grillé

Bien chauffer une poêle. Y mettre le bifteck et le faire brunir des 2 côtés. Servir avec du sel et un morceau de beurre cru.

1898. Ragoût
Préparation : 20 min – Cuisson : 3 h

Éplucher des légumes à volonté : carottes, navets, pommes de terre. Les couper en morceaux et les mettre dans une casserole recouverts d'eau. Placer au milieu le bœuf coupé en morceaux. Saler et couvrir. Laisser cuire doucement pendant 3 h. Servir après avoir ajouté du persil et du cerfeuil hachés.

Les légumes

Les légumes doivent être choisis sains et frais et épluchés sans excès, la plupart des vitamines et des minéraux étant contenus dans la peau. Pour les intestins sensibles, il peut être souhaitable cependant d'éliminer certaines enveloppes irritantes (fèves, haricots, tomates, lentilles) ou de réduire en purée les fibres trop dures (fenouil, topinambours). Ces légumes seront cuits à l'eau, à la vapeur ou à l'étouffée et agrémentés d'un morceau de beurre frais, d'un filet d'huile, de fines herbes ou d'un peu de béchamel diététique (1889).

1899. Légumes à l'étouffée

Préparation : 20 min – Cuisson : 30 à 40 min

Légumes à volonté
1 verre d'eau
Sel

Faire bouillir dans une cocotte le verre d'eau ; y jeter les légumes coupés en dés. Saler et laisser cuire doucement pendant 30 à 40 min en faisant sauter de temps en temps. Ajouter du beurre cru au moment de servir.

Les pâtes et le riz

Les pâtes alimentaires doivent être cuites à l'eau et servies avec du beurre frais.

Le riz, contrairement à l'opinion communément répandue, est un excellent aliment régulateur de l'intestin. (Pour la cuisson du riz, voir p. 465 et suivantes.)

Les entremets et les desserts

Les entremets sont très appréciables (sauf dans le cadre d'un régime amaigrissant) car ils permettent de consommer sous une forme plaisante des aliments de bonne valeur nutritive : lait, œufs, sucre.

Les fruits cuits en compote sont plus digestes car débarrassés d'une partie de leur cellulose. Mangés crus, ils doivent être mûrs à point. Les fruits oléagineux (noix, noisettes, amandes), bien que riches en vitamines, sont un peu irritants pour le foie tout comme les fruits à pépins (mûres, framboises, groseilles) le sont pour les intestins.

Les pâtisseries sont à réserver aux personnes qui n'ont pas de problèmes particuliers de poids, de diabète ou de cholestérol.

1900. Gâteaux sans farine ni beurre ni œufs

Petits fours. Hacher très fin les amandes, noix et noisettes. Mélanger avec le sucre et ajouter 1 c. à c. d'extrait de café. Faire des boulettes et rouler dans le cacao.

100 g de noix
100 g de noisettes
100 g d'amandes
300 g de sucre en poudre
Extrait de café
Cacao

Th. 6
Michettes. Hacher finement les noisettes. Mélanger avec le blanc d'œuf et le sucre. On doit obtenir une pâte assez souple. Former avec cette pâte des petites boulettes oblongues. Faire cuire à four chaud pendant 10 min.

250 g de noisettes
250 g de sucre en poudre
1 blanc d'œuf

Le régime végétarien

Contrairement à ce que l'on pense, végétarien ne vient pas de végétaux mais de l'adjectif latin *vegetus* qui signifie « bien portant ». Le régime végétarien serait donc le régime idéal pour rendre l'individu bien portant.

Bien qu'excluant tous les aliments d'origine animale (sauf les œufs et les laitages qui ne nécessitent pas l'abattage de l'animal), ce mode d'alimentation est en définitive extrêmement varié. La viande y est remplacée par d'autres protéines : œufs, fromages et laitages, comme il vient d'être dit, mais aussi par des champignons, des légumineuses, des céréales et des fruits oléagineux.

Ces aliments d'origine végétale ont une valeur nutritive supérieure car, tout en fournissant suffisamment de calories, ils renferment de nombreux minéraux et vitamines mais aussi des fibres nécessaires au bon fonctionnement de l'intestin.

En outre, les fruits, légumes et céréales sont moins coûteux que le poisson ou la viande, même en hiver lorsqu'ils sont moins variés et abondants. Par contre, l'apport d'autres aliments tels que le lait, le fromage ou les œufs, est indispensable, a fortiori pour les enfants, adolescents et travailleurs fournissant de gros efforts physiques : un régime « végétalien » composé exclusivement de végétaux ne peut combler tous les besoins en protéines et peut entraîner à la longue de sévères carences.

Sur le plan culinaire, la préparation des plats nécessite, il est vrai, un peu plus de temps et de soin. Certes, une viande grillée est plus vite cuite qu'une purée de pois cassés, mais celle-ci est plus saine et économique. À cet égard, on pourra avantageusement cuisiner de plus grandes quantités qui seront servies à un autre repas sous une forme un peu différente.

On manque parfois d'inspiration pour composer, suivant les saisons ou les occasions, des menus végétariens. Voici quelques suggestions.

Hiver

Crème flamande
Œuf sur le plat
Laitue au maigre
Pudding à la semoule

Ananas
Pommes de terre en salade
Soufflé au fromage
Carottes à la crème
Salade d'oranges

Timbale napolitaine
Chou-fleur en beignets
Salade mâche et betterave
Compote de rhubarbe

Potage aux légumes
Macaronis au fromage
Salade
Gâteau chartrain

Printemps

Potage au vermicelle
Purée d'oignons
Salade de laitue et œufs durs
Petits suisses à la crème

Tomates en salade
Jardinière de légumess
Nouilles fraîches
Œufs surprise
Cerises à l'anglaise

Été

Œufs mimosa
Haricots secs bretonne
Fraises à la crème
Macédoine de fruits

Hors-d'œuvre variés
Riz à la créole
Petits pois
Œufs à la neige

Gnocchis aux pommes de terre
Œufs pochés aux pointes d'asperges
Chou-fleur
Béchamel au chocolat

Automne

Œufs pochés
Pain de chou-fleur
Beignets aux pommes
Crème renversée

Délicieuses de fromage
Purée de pommes de terre
Salade russe
Poires à la crème

Maïs au beurre
Crosnes à la maître d'hôtel
Carottes à la Vichy
Condé de pommes

Conseils pratiques pour un pique-nique

On est souvent à court d'idées pour les pique-niques. Voici quelques suggestions.

1901. Salade de pâtes à la mayonnaise

Faire cuire les nouilles à l'eau bouillante salée. Égoutter et laisser refroidir. Émietter le crabe. Faire une mayonnaise bien relevée (72) et mélanger le tout. Ce plat peut être transporté facilement.

250 g de pâtes (coquillettes, papillons)
1 boîte de crabe
1 bol de mayonnaise
Sel

1902. Macédoine de légumes

Préparer une salade russe (1151) assaisonnée avec une mayonnaise bien relevée (72). Prendre un grand pain long et large ou une miche ronde. Couper la croûte supérieure. À l'aide d'un couteau, enlever la mie intérieure et la remplacer par la salade russe. Recouvrir avec la croûte et ficeler pour pouvoir transporter facilement.

1903. Œufs durs farcis

Faire durcir des œufs (262). Les fendre dans le sens de la longueur avec la coquille. Retirer de chaque moitié le jaune et le piler finement, en incorporant des fines herbes hachées et une vinaigrette (63). Remettre dans chaque moitié d'œuf une petite boule de cette pâte. Reconstituer l'œuf et emballer chaque œuf dans un carré de papier aluminium.

1904. Salade de coquillettes au thon

Préparation : 20 min – Cuisson : 20 min

150 g de coquillettes
1 boîte de thon à l'huile (200 g)
60 g d'olives noires
3 œufs
60 g de cornichons
Feuilles de laitue
Vinaigrette
Mayonnaise
Sel

Faire cuire les coquillettes à l'eau bouillante salée (1185). Pendant ce temps, faire durcir les œufs (262). Égoutter les coquillettes, assaisonner avec la vinaigrette (63). Faire refroidir les œufs, les écaler et les fendre dans la longueur. Dénoyauter les olives ; couper les cornichons en lamelles ou en rondelles. Mélanger aux pâtes bien assaisonnées tous les ingrédients. Garnir avec les œufs durs, les feuilles de laitue et, à volonté, de la mayonnaise (72).

1905. Salades

Les salades peuvent être transportées tout épluchées et emballées dans un torchon humide. Préparer la vinaigrette à l'avance et la verser dans un flacon bien bouché.

1906. Rôtis
Tous les rôtis et volailles rôties se mangent froids.

1907. Mousse de foie gras
Mélanger en quantités égales du foie gras d'oie, du beurre très frais. Ajouter un peu de blanc d'œuf battu en neige, ou de la crème fouettée.

1908. Sandwiches
On prépare des sandwiches avec du pain de campagne, du pain de mie (spécial, plus fin), du pain noir (complet, de seigle), des petits pains, de très petits pains au lait (pains bébés). On donne aux sandwiches toutes les formes désirées: rectangulaire, carrée, triangulaire, et toutes les dimensions.

Le sandwich se compose de 2 tranches de pain qui recouvrent une denrée plus ou moins relevée.

1909. Sandwiches aux condiments
Olives.
Fromage.
Moutarde.
Beurre: de crevette (110), d'anchois (111).

1910. Sandwiches à la viande
Rosbif.
Volailles (poulet principalement).
Jambon cru et cuit fumé.
Saucisson.
Mortadelle.
Langue.
Foie gras.
Pâté de foie.

1911. Sandwiches au poisson

Sardine à l'huile.
Thon à l'huile.
Filets de harengs, d'anchois.
Saumon fumé.
Crustacés : langouste, homard, crevettes, écrevisses.
On utilise alors le poisson ou les crustacés préparés à l'avance et coupés en tranches fines ou en dés.

1912. Sandwiches aux légumes

Tomate.
Radis.
Macédoine.
Salade.
Suivant les goûts, les sandwiches aux légumes peuvent être tartinés, en outre, de beurre, de moutarde ou de mayonnaise.

1913. Sandwiches à la salade

Étendre sur les tranches de pain la préparation suivante : pour 1 œuf dur (262) haché, 1 cœur de laitue haché grossièrement, 4 c. à s. de mayonnaise (72).

1914. Sandwiches aux œufs

Œufs durs (262), coupés en tranches fines ou hachés.
Mayonnaise (72).

1915. Entremets

Les puddings au riz (1370) ou à la semoule (1373) sont facilement transportables dans leur moule.

Pâtisserie. Tous les gâteaux secs, grands et petits.

1916. Melon surprise

Ce dessert, très rafraîchissant, bien ficelé, est facilement transportable et très agréable en été. Couper la calotte supérieure du melon.

Jeter les pépins. Enlever la chair intérieure et la détailler en petits morceaux. Couper en dés des fruits (à volonté): ananas, pêche, abricot, poire, pomme, banane, fraise, cerise. Les mettre dans le melon et recouvrir de sucre en poudre. Placer la calotte. Ficeler bien serré.

Remarque. – On peut servir ce dessert sur la table. Dans ce cas, on peut ajouter, si l'on veut, du kirsch ou du rhum.

Conseils culinaires

1917. Chapelure
Moyen d'utiliser les restes de croûtes de pain. Faire dorer au four. Écraser ensuite entre deux papiers avec un rouleau, une bouteille, ou au mixeur.

1918. Panure
Écraser au rouleau de la mie de pain très rassis. Passer la pièce à paner dans un œuf battu, puis dans cette panure. Faire frire.

1919. Persil frit
Laver et essuyer soigneusement du persil plat ou frisé. Le tremper pendant 2 s dans l'huile bouillante. Le persil doit rester vert clair. Égoutter et servir aussitôt.
On peut frire également du persil haché.

1920. Vanille en poudre
Broyer au mortier 60 g de sucre en poudre et une gousse de vanille coupée en petits morceaux. Mettre dans un flacon hermétiquement bouché.

1921. Préparation ménagère du vinaigre
Dans les ménages où la consommation du vinaigre est quelque peu importante (quand on fait des conserves), il y a un intérêt certain à préparer soi-même son vinaigre.

Il suffit de disposer d'un petit tonneau de 10 à 15 litres, en bois, très propre, percé de deux trous : l'un, un peu au-dessus du centre, assez large, sert à l'entrée de l'air ; le second, plus haut, par lequel on introduit le vin. Le tonneau doit être muni d'un robinet.
Faire bouillir 3 litres de bon vinaigre de vin, pendant 10 à 15 min. Introduire dans le tonnelet, laisser refroidir. Ensemencer avec le microcoque du vinaigre, pris dans un tonneau en fermentation, ou acheté sous le nom de « mère de vinaigre ». Déposer la pellicule à la surface, en ayant soin de ne pas la noyer. Laisser reposer 10 jours. Puis ajouter, tous les 10 jours, 25 cl de vin de bonne qualité, et soutirer une quantité égale de vinaigre.

1922. Préparation de la moutarde

Pour 1 petit pot :
1 c. à s. de moutarde en poudre
1 c. à c. d'huile d'olive
1 verre à liqueur de vinaigre d'Orléans
1 pincée de poivre blanc

Placer la moutarde dans un bol ; verser le vinaigre en un petit filet, en tournant vivement la préparation. Quand le mélange est bien homogène, ajouter l'huile et le poivre ; achever de bien mélanger le tout. Laisser reposer 2 jours. Mettre en pot, boucher.
Pour obtenir une moutarde plus aromatique, laisser macérer dans le vinaigre destiné à la préparation, durant 10 jours environ, ciboule, estragon, persil, poivre en grains, coriandre, girofle, etc.

1923. Vinaigrette

L'utilisation de l'assaisonnement pour salade se faisant très couramment, on a intérêt à le préparer à l'avance, dans les proportions identiques (63) mais en grande quantité (50 cl ou 1 litre). Bien boucher la bouteille. Agiter la bouteille avant d'utiliser le mélange.

1924. Utilisation du sel en cuisine

Le sel fait parfois tourner le lait. En préparant des sauces ou des laitages, il est bon de n'ajouter le sel qu'à la fin de la cuisson, pour éviter cet accident.

1925. Contre le sel humide
Mettre dans la salière 3 ou 4 grains de riz. Le sel reste sec.

1926. Pour enlever à un plat un excès de sel
Plonger dans le plat et laisser immergé pendant 2 s un morceau de sucre. L'excès de sel se trouve absorbé par le sucre.
On peut aussi mettre dans un potage trop salé quelques tranches de pommes de terre crues. Elles absorbent le sel excédentaire.

1927. Pour dessaler viandes, poissons, etc.
Mettre le morceau à dessaler dans une passoire qui ne touche pas le fond de la bassine pleine d'eau : le sel se déposera au fond de la bassine. Changer d'eau 2 ou 3 fois.

1928. Pour cuire un rôti
Saupoudrer de sel le fond de la rôtissoire. La graisse ne regrillera pas dans le four.

1929. Pour cuire des chipolatas
Très souvent, la peau fine qui contient la chair des saucisses éclate à la cuisson. Il existe deux moyens d'éviter cet ennui :
– Piquer la peau de quelques trous avec une fourchette.
– Plonger pendant 1 min les saucisses dans l'eau froide **ou** bouillante. Les essuyer soigneusement, puis les faire griller aussitôt.

1930. Pour cuire des pâtes
Les pâtes attachent très souvent au fond de la casserole où elles cuisent. Il suffit d'y mettre le tamis d'une vieille passoire.

1931. Pour cuire des tomates
Les tomates sont souvent très aqueuses, ce qui exige une longue cuisson. Les couper en deux, saupoudrer chaque moitié de sel fin. Faire dégorger pendant 30 min. Jeter l'eau. Procéder ensuite à la cuisson.

1932. Pour cuire des endives
Les endives sont parfois amères. Il est inutile de les cuire à plusieurs eaux. Mettre dans l'eau de cuisson 1 ou 2 morceaux de sucre (suivant la quantité de légumes).

1933. Pour bien réaliser un chou rouge
Introduire dans le chou rouge, et pendant la cuisson, une pomme reinette épluchée et coupée en lamelles. La saveur du chou rouge sera délicieuse.

1934. Pour attendrir un pot-au-feu
Si la viande de bœuf apparaît dure, malgré 2 h 30 de cuisson, introduire dans le bouillon 2 c. à c. d'eau-de-vie (à 40 °C). La viande deviendra tendre.

1935. Pour réchauffer un reste
– Au lieu de mettre un corps gras, mettre dans la casserole un peu d'eau froide (suivant la quantité).
– Ne jamais laisser bouillir.

1936. Pour clarifier du beurre
Faire fondre doucement. Il se forme à la surface une écume qui disparaîtra, et au fond de la casserole un dépôt qui restera.

1937. Pour clarifier du bouillon
Battre un blanc d'œuf à la fourchette, le verser dans le bouillon chaud. Laisser reposer au chaud pendant 20 min. Passer au travers d'une passoire ou d'une étamine mouillée.

1938. Pour enlever le goût de rance au beurre
Pétrir le beurre dans une solution d'eau et de bicarbonate de soude (40 g pour 1 litre). L'y laisser tremper 2 h. Laver soigneusement à l'eau fraîche.

1939. Pour enlever le goût de brûlé au lait
Étendre sur la casserole qui contient le lait, pendant qu'il est encore chaud, un linge propre mouillé, qu'on rince et humecte jusqu'à ce que le lait soit potable.

1940. Pour éplucher des oignons
On hésite souvent à éplucher ces légumes, qui laissent aux doigts une odeur désagréable et persistante ; il suffit de les éplucher sous l'eau courante.

1941. Pour durcir un œuf fêlé
Frotter la fente de l'œuf avec une rondelle de citron. Mettre l'œuf dans une cuillère et le plonger dans l'eau chaude, mais non bouillante. Compter 10 min de cuisson à partir de l'ébullition.

1942. Pour « rattraper » une mayonnaise
– Mettre dans un saladier 1 c. à c. de moutarde et tourner en ajoutant peu à peu le mélange d'huile et d'œuf.
– Mettre une goutte de vinaigre dans un saladier propre et incorporer peu à peu le mélange.
– Mettre 1/4 de c. à c. d'eau fraîche dans un bol propre. Ajouter la mayonnaise par petites quantités, en tournant toujours.
– Mettre un jaune d'œuf dans un saladier propre, bien mélanger et refaire la sauce en ajoutant le mélange tourné. En mettant quelques grains de sel fin ou une goutte de vinaigre dans une mayonnaise sur le point de tourner, on évite l'accident.

1943. Pour « rattraper » une sauce hollandaise
Mettre dans un saladier propre 1 c. à c. d'eau chaude et la délayer avec la sauce ajoutée progressivement.

1944. Pour reprendre une crème un peu trop cuite

Verser par petites quantités la crème dans une bouteille propre. Boucher avec un torchon propre et secouer énergiquement pendant 30 s. Vider le contenu de la bouteille dans une jatte, et procéder ainsi jusqu'à épuisement. La crème a repris corps. On peut aussi la battre dans un mixeur.

1945. Pour démouler un gros gâteau

Lorsque le gâteau est bien cuit, le poser, recouvert d'un linge propre plié en quatre, sur une pierre froide pendant 4 ou 5 min. Le gâteau se démoule très facilement ensuite.

1946. Conservation du gruyère

Envelopper le fromage d'un linge légèrement humide, trempé dans de l'eau salée ou de l'eau légèrement vinaigrée.

Dans le réfrigérateur, mettre le gruyère dans une boîte à couvercle. Placer 1 ou 2 morceaux de sucre (à changer lorsque celui-ci commence à fondre). Le gruyère ne dessèche jamais.

1947. Pour conserver frais des sandwiches de pain de mie

Envelopper les sandwiches empilés dans une serviette humectée d'eau et bien essorée.

Les conserves appertisées

En un siècle où il n'est plus question que de vitesse et de techniques, on souhaite réduire le temps passé à cuisiner. S'il est utile de faire surtout des conserves de fruits et de légumes quand on vit à la campagne, il est bien pratique de recourir, quelle que soit l'époque de l'année, aux conserves vendues dans le commerce.

Bien distribuées (on en trouve partout), elles se présentent en boîtes métalliques, en bocaux de verre ou en barquettes en plastique. Non ouvertes, elles se gardent pendant très longtemps en un endroit sec et tempéré (12 ºC). Ouvertes, on peut les mettre au réfrigérateur comme n'importe quel aliment cuit. Étant préparées avec des produits de premier choix et de fraîcheur parfaite, elles représentent, pour le consommateur, une ressource importante.

On peut, avec le minimum de travail (pas d'épluchage ni de nettoyage), préparer des repas variés ou compléter un menu insuffisant. Il suffit d'accommoder des conserves (qui constituent la base d'un plat) avec goût ou fantaisie: chaque boîte de conserve sera personnalisée et deviendra dans le temps le plus court, en utilisant les recettes de *Je sais cuisiner*, une réussite gastronomique. L'industrie des conserves a, depuis quelques années, élargi et varié considérablement sa production, depuis les potages jusqu'aux entremets, en passant par les poissons, les crustacés, les pâtés, les volailles, les viandes, les fromages, les légumes et les fruits, sans oublier les confitures. Mais les plats cuisinés, les sauces, les préparations exotiques et étrangères ont aussi conquis leurs amateurs. Il faut ajouter que les conserves industrielles sont des produits contrôlés qui répondent à des normes précises. Elles offrent donc toutes garanties au point de vue hygiénique et alimentaire.

Les surgelés

La surgélation est une façon particulièrement avantageuse de conserver les aliments. De plus en plus appréciée, elle laisse encore certains réticents parce qu'ils craignent une déperdition des saveurs ou des vitamines, et de ne pas savoir cuisiner ou conserver ces produits de la meilleure façon. Voici ce qu'il importe de savoir pour obtenir toute satisfaction.

Un produit surgelé est un aliment qui a été soumis au grand froid (– 40 °C à – 50 °C). Grâce à ce traitement fait en usine de façon très rapide sa conservation est parfaite, à condition qu'il soit entreposé en un endroit où la température est maintenue à – 18 °C. C'est pourquoi, à la vente, les surgelés sont présentés dans des meubles spéciaux à basse température. Chaque paquet de produit porte l'indication du poids ou du nombre de pièces et du temps nécessaire à la préparation. Le transport après l'achat devra être aussi rapide que possible, de préférence dans un sac isotherme. De toute façon, il n'est **pas raisonnable** de maintenir un paquet de surgelé **plus de 1 h à + 20 °C.** À la maison, le produit surgelé pourra être conservé :
– **dans le réfrigérateur** (+ 2° C à + 9 °C) pendant 1 ou 2 jours au plus ;
– **dans le freezer du réfrigérateur** (– 6 °C à – 7 °C) pendant 5 à 6 jours ;
– **dans le casier conservateur** (– 12 °C à – 18 °C) du réfrigérateur pendant 1 à 3 mois ;
– **dans un congélateur domestique** (– 18 °C à – 30 °C) pendant 6 mois et plus.

Les surgelés

Utilisation culinaire. Il s'agit d'abord de faire reprendre à l'aliment son aspect normal de frais. Cette opération s'appelle **décongélation** ou **désurgélation** : elle a de l'importance car elle est le point de départ de toute bonne cuisine. Suivant la présentation commerciale, on procédera à la décongélation : soit avant la cuisson, soit au cours de la cuisson.

Le mode d'emploi est toujours indiqué sur l'emballage.

Avant la cuisson, on décongèlera :
– dans l'emballage, sous filet d'eau, suivant un temps variable, des filets de poissons en bloc, par exemple ;
– hors de l'emballage, au réfrigérateur pendant 12 h à 48 h suivant la taille, les morceaux de viande, le gibier, les volailles ;
– hors de l'emballage, à la température ambiante (pas plus de 20 °C), les fruits, les pâtes à pâtisserie, les fromages.

Au cours de la cuisson, on décongèlera les produits élaborés tels que plats cuisinés, pâtisseries, préparation à frire, légumes. Le mode de cuisson indiqué sur l'emballage sera, suivant les cas, l'eau bouillante, l'huile chaude, le four chaud, le four à micro-ondes.

Quelques conseils importants. Il est nécessaire de bien respecter certaines règles en matière de produits surgelés :
– bien lire le mode d'emploi sur l'emballage, avant de commencer la préparation culinaire ;
– ne jamais dégeler à l'eau tiède ou chaude ;
– ne jamais dégeler devant l'ouverture d'un four tiède ou chaud ;
– ne jamais dégeler dans une atmosphère surchauffée ou au soleil ;
– ne jamais garder au réfrigérateur un abat dégelé et non cuit ;
– mettre les fruits à dégeler en tenant compte du temps prévu : ils ne doivent pas attendre ;
– dégeler les filets de poisson et les essuyer soigneusement avant de les fariner pour les cuire à la meunière ;
– dégeler à l'avance langoustines ou crevettes avant de les cuire en beignets : il y aurait trop d'eau dans la pâte à frire ;
– ces quelques précautions étant prises, tous les modes de cuisson peuvent être appliqués aux surgelés ; il est facile, en les utilisant comme base d'un plat, de se reporter aux recettes de *Je sais cuisiner*.

Les aliments surgelés offrent de nombreux avantages dus à leurs qualités premières. Ils sont **sains**, étant obligatoirement de premier choix avant d'être soumis au grand froid. Ils sont **pratiques**, étant prêts à l'emploi et très **agréables** car leur saveur n'est nullement modifiée. Ils sont **économiques**, leur prix étant stable, quelle que soit la saison. Enfin, de façon à satisfaire une clientèle de plus en plus nombreuse, leur variété et leur nombre s'accroissent de jour en jour. On n'a plus que l'embarras du choix !

Table alphabétique des recettes

A

	Formules
Abattis en sauce	869
Abricots (conservation)	1692, 1697, 1702 et 1707
– à l'anglaise	1211
– secs en compote	1212
Afgolimonne (Grèce)	1845
Agnolotti (Italie)	1858
Aiguillettes de bœuf au gingembre	566
Aïoli	81
– (Provence)	1812
Alicot (Périgord)	1800
Alose à la chartreuse	337
– à la portugaise	336
– au court-bouillon	333
– farcie	335
– grillée	334
– montagnarde (Savoie)	1818
Alouettes au lard	922
– plein beurre	923
Amandes salées	1220
Amandine	1623
Ananas au kirsch	1221
Andouilles	790
– et andouillettes grillées	782
– et andouillettes poêlées	783
Anguille à l'oseille (Belgique)	1830
– à la matelote	342 et 389
– à la portugaise	390
– au court-bouillon	338 et 386
– au vin blanc	344 et 388
– frite	341
– grillée	340
– rôtie	339 et 386
Anis (infusion)	1651
Anneaux de Saturne	1472
Artichauts « poivrade » à la vinaigrette	90
– à la barigoule	927
– bouillis	926
Asperges	932
– (conservation)	1689
– à la mornay	933
– en petits pois	934
Aspic aux quatre fruits	1304
– d'anguille	343
– d'oranges	1265
– de foie gras	827
– de poisson	549
– de pommes	1291
Aubergines	936
– aux tomates	939
– farcies au maigre	937
– frites	938
Avocat	91
Avocats farcis	93
Aulx (conservation)	1673

B

	Formules
Baba	1544
– rapide	1548
Balancés	1347
Bananes flambantes	1226
– frites	1227
Bar à la meunière	392
– court-bouillon aux algues	391
– frit	393
Barbe-de-capucin	1142
Barbeau au court-bouillon	345
– farci	346
Barbue	394
Bardane (infusion)	1661
Bateaux de bananes	1229
Bâtons de cannelle	1470
Bécasse rôtie sauce crème	903
Bécassines à la grassoise	904
Becfigues en papillote	924

Béchamel au chocolat	1407
Beignets (Belgique)	1836
– à la vapeur (Alsace)	1751
– au fromage	172
– au vin (Allemagne)	1827
– aux fraises	1403
– aux fruits	1399
– aux pêches	1404
– aux pommes	1402
– de cervelle	666
– de poisson	547
– de pommes de terre (Alsace)	1749
– de tête de veau	703
– soufflés à la crème	1398
– soufflés ou pets de nonne	1397
Betteraves	96
– (conservation)	1670
Bettes	941
– à la provençale	942
Beurre au roquefort	115
– aux fines herbes	113
– aux fromages	114
– blanc	15
– corail	112
– de crevette	110
– de sardine, d'anchois	111
– en coquilles	109
– en vermicelle	108
– maître d'hôtel	12
– noir	14
– ravigote	13
Bifteck grillé (alimentation diététique)	1897
Biftecks à l'allemande	558
– à l'alsacienne	557
– à la poêle	556
– à la provençale	559
– au gril	554
Bigarreaux (conservation)	1701
Biscuits à la cuillère	1481
– rigolos	1475
Blanc-manger	1219
Blanc pour légumes	925
Blanquette	611
– aux champignons	612
– de poulet	837
Bœuf à la casserole	570
– à la mode	569
– à la mode froid	571
– à la persillade	580
– au riz	574
– bouilli ou Pot-au-feu	553
– bourguignon	577
– en chevreuil	572
– en croquettes	585
– en daube	573
– en salade	584
– en sauce	579
– frit	582
– grillé	583
– miroton	581
Boisson à l'épine-vinette	1614
– à la cornouille	1612
– à la mûre	1611
– au sureau	1613
– aux airelles	1610
– aux arbouses	1615
– de feuilles de frêne	1617
– rafraîchissante	1602
Bolets à la Tolstoï (Russie)	1878
Bortsch (Russie)	1881
Bouchées à la reine	1523
– gratinées	181
Boudin blanc	792
– de sang	791
– grillé	780
– poêlé	781
Bouillabaisse (Provence)	1806
Bouillon d'herbes (alimentation diététique)	1887
– de légumes (alimentation diététique)	1886
– gras (pot-au-feu)	186
Boulettes de fromage blanc	170
– de poisson	552
– de semoule (Alsace)	1753
– de veau	657
– de veau à la béchamel	650
– sauce tomate	658
Bourdelots normands (Normandie)	1796
Bourrache (infusion)	1662
Bourride (Provence)	1807
Boutargue (Provence)	1809
Brandade (Provence)	1811
Brème au court-bouillon	347
– farcie	348

Table alphabétique des recettes

Briclets (Franche-Comté) 1783
Brioche 1545
 – rapide 1549
Brochet à la crème 353
 – au beurre blanc (Bretagne) . . . 1769
 – au bleu 352
 – au court-bouillon 349
 – rôti 350
 – rôti à l'orange 351
Brochetons au vin blanc 354
Brochettes de foie de veau 675
 – de mouton 707
Brocolis 943
 – à la vapeur 944
 – sauce mornay 945
Brou de noix 1629
Bûche de Noël 1254
Buns (Royaume-Uni) 1874

C

Formules

Cabillaud 399
 – côtelettes 400
 – sauté 401
Cacao 1633
Café à la turque 1635
 – au lait glacé 1430
 – au lait pour enfants
   (alimentation diététique) 1888
 – glacé 1427
 – liégeois 1431
Caillebotte 161
Cailles à l'Asti 906
 – aux raisins 907
 – en caissettes 909
 – en cocotte 908
 – rôties 905
Cake 1550
Camomille 1650
Canapé à l'anchois 116
 – à l'estragon ou Vieville 120
 – à la crevette 123
 – à la sardine 122
 – au foie de morue fumé 117
 – aux radis 119
 – de hareng 118

 – No-No-Nanette 121
 – norvégien 124
Canard à l'orange 806
 – à la rouennaise 810
 – aux navets 809
 – aux olives 808
 – braisé 807
 – en salmis 812
 – rôti 805
Caneton à l'estragon 814
Canette rôtie aux figues fraîches 815
Cannellonis 1204
 – farcis (Italie) 1853
Caponata sicilienne (Italie) 1857
Caramels au café 1575
 – au chocolat 1574
Carbonade aux herbes 578
Cardons 946
 – (conservation) 1672
 – au jus 947
 – en gratin 948
Carottes 949
 – (conservation) 1670
 – à la béchamel 951
 – à la crème 952
 – à la Vichy 954
 – au beurre 950
 – au lard 953
 – râpées aux bananes 102
Carpe à la juive (Pologne) 1861
 – au bleu 356
 – au court-bouillon 355
 – côtelettes 358
 – en gelée 359
 – farcie 360
 – frite 357
Carré de porc rôti 750
 – de veau à la bûcheronne 641
Carrelet, plie 466
Carrelets à la meunière 403
 – au vin blanc 404
 – ou plies frits 402
Casse-museau (Poitou) 1805
Cassolettes d'escargots au chablis . . 144
 – de cèpes 974
Cassoulet (Languedoc) 1784
Céleri-branche 955

- à la moelle 957
- en sauce 956
Céleri-rave 959
- à la crème 960
- en purée 961
- en salade 962
Céleri au jus 958
Céleris (conservation) 1670
Cèpes à la bordelaise 972
- à la bretonne (Bretagne) 1770
- aux fines herbes 971
- farcis 973
Cerfeuil (conservation) 1692
- infusion 1659
Cerises (conservation) 1700, 1702 et 1704
- à l'anglaise 1234
- au kirsch 1236
- au naturel 1233
- duchesse 1237
Cervelle (porc) 772
Cervelle de veau 665
- à la Chivry 668
Chair à saucisse 793
Champignons 964
- (conservation) 1674
- à la grecque 103
- crus aux bananes 100
- farcis 967
- sur le gril 965
Chanterelles à la crème 976
- au beurre 975
- bonne femme 977
Charlotte au café 1335
- de pommes au riz 1295
Chaud-froid 47
Chaudrée (Charente) 1775
Chaussons aux confitures 1534
- aux pommes 1533
Chicorée (cuite) 983
- (salade) 1138
- à la flamande (Belgique) . . . 1835
- au gras 985
- au maigre 986
- en purée 984
- infusion 1655
Chocolat à l'eau 1631
- au lait 1632
- espagnol 1634
Chou 988
- à l'autrichienne (Autriche) . . . 1829
- à l'étouffée 989
- braisé 990
- farci 991
- farci à la châtelaine 992
Choucroute à l'alsacienne 1008
Chouée vendéenne (Vendée) 1822
Chou-fleur 996
- à la sauce blanche 997
- à la sauce tomate 998
- en beignets 1002
- en croquettes 1001
- en gratin 999
Choux à la crème Chantilly 1493
- à la crème pâtissière 1492
- au fromage 1490
Choux, choux-fleurs (conservation) . 1672
Choux de Bruxelles 993
- aux marrons 995
- sautés 994
Citron (infusion) 1645
Citronnade 1600
Civet de chevreuil aux marrons . . . 889
- de lapin 877
Clafoutis (Limousin) 1786
Clarification de la gelée 7
Clovisses 503
Cocktail à l'avocat 92
- de crevettes 536
- de langouste 531
Cœur de bœuf 592
- en matelote 593
Cœur (veau) 669
- braisé 689
- en sauce 673
- farci 690
- sauté 672
Coing (infusion) 1647
Colin à la bretonne 406
- au court-bouillon 405
- ou merlu à la meunière 409
- ou merlu en tranches
  ou darnes grillées 407
- ou merlu rôti 408
Compote d'abricots 1211

Table alphabétique des recettes

- d'ananas 1222
- de bananes 1225
- de cerises 1235
- de fruits secs 1313
- de lapereau en gelée 881
- de marrons 1252
- de melon vert 1259
- de poires 1275
- de pommes 1287
- de prunes 1298
- de rhubarbe 1303
- tous fruits 1305

Concombre .... 98 et 1009
- à l'antiboise 1010

Concombres farcis 1011

Condé d'abricots 1217
- de bananes 1230
- de pêches 1273
- de poires 1281
- de pommes 1294

Confits de volailles, lapins, gibiers (conservation) 1669

Confiture d'abricots 1713
- d'abricots secs et de potiron . 1714
- d'oranges 1721
- de baies d'églantier 1745
- de cerises 1715
- de châtaignes ou de marrons . 1719
- de figues 1720
- de fraises 1716
- de lait 165
- de mirabelles 1717
- de pommes 1722
- de potiron 1738
- de quatre fruits 1723
- de raisins 1724
- de reines-claudes 1718
- de tomates rouges 1736
- de tomates vertes 1737

Congolais 1478

Conservation au naturel des fruits par la cuisson 1702

Conservation naturelle des fruits frais 1695

Consommé 187
- impérial 245

Coq au vin 816

Coques 504

Coquilles à la mornay 545
- d'huîtres farcies 515
- Debelleyme 544
- de crabes à l'indienne 540
- de moules gratinées 509

Coquillettes à la reine 1203

Cornets à la crème 1528
- de jambon 770

Cornichons (conservation) 1680

Côtelettes d'agneau à la poêle 708
- au gril 706
- jardinière 709
- panées 712
- sur légumes 710

Côtelettes de sanglier 885

Côtes de mouton à la Champvallon . . 724

Côtes de porc au chou rouge et aux reinettes 749
- en sauce 748
- grillées 745
- panées 746
- poêlées 747

Côtes de veau 614
- à la purée 625
- à la vert-pré 627
- aux truffes 628
- en papillotes 630
- en sauce 626
- panées 629
- sautées 624

Coulis aux asperges (froid) 87
- aux lentilles 241
- aux poivrons (chaud) 88
- aux Saint-Jacques (froid) 89
- de framboise 1244
- de tomate 39
- de tomate (conservation) 1687

Couque (Belgique) 1838

Courgettes 1012
- en gratin 1014
- farcies (Roumanie) 1867
- sautées aux fines herbes 1013

Couronne aux abricots 1372
- d'ananas 1224
- d'œufs brouillés 308
- de riz mayonnaise 1170

Court-bouillon au lait 160
- au sel 156

- au vinaigre 157
- au vin blanc 158
- au vin rouge 159

Couscous (Afrique du Nord) 1823
Crabes et araignées de mer 539
Cramique (Belgique) 1837
Crème à l'ananas 1327
- à la banane 1319
- à la vanille 1317
- anglaise 1316
- au beurre 1449
- au café 1321
- au caramel 1323
- au chocolat 1322
- au citron, à l'orange 1318
- au fromage pour pâtisseries salées 1451
- aux abricots secs 1320
- aux fraises 1328
- aux pruneaux 1329
- bachique 1349
- bavaroise à la vanille 1331
- bavaroise au café 1333
- bavaroise au chocolat 1332
- bavaroise aux fruits 1334
- belle et bonne 1354
- brûlée à la vanille 1353
- Chantilly 166
- Choisy ou Potage au persil 199
- Clamart ou Potage aux petits pois 234
- d'or ou Potage au potiron 225
- de cacao 1626
- de café 1627
- de fèves 215
- de haricots verts 217
- Dubarry ou Potage au chou-fleur 210
- exotique 1356
- flamande ou Potage aux navets 219
- frangipane 1357
- frite 1391
- fruitée 1355
- glacée au sauternes 1432
- glacée aux abricots 1433
- glacée aux fraises 1434
- glacée aux framboises 1435
- glacée aux pêches 1436
- japonaise 1314
- légère aux moules et aux coques 252
- Maria ou Potage au céleri 208
- Marie-Louise 1348
- marine 252
- mimosa ou Potage aux haricots verts 216
- mousseuse au café 1338
- pâtissière 1358
- péruvienne 1324
- Pompadour 167
- pour choux 1450
- prise en pots 1351
- renversée 1352
- Richelieu 1342
- Saint-Honoré 1448
- vénitienne 1325

Crêpes (Pologne) 1862
- aux bananes 1228
- de sarrasin (Bretagne) 1771
- farcies 664
- fourrées à la confiture 1394
- fourrées à la crème (pannequets) 1395
- légères 1393
- ordinaires 1392

Crépinettes 794
Cresson 1141
- en purée 1016

Crevettes 534
Crique à l'ancienne 331
Croissants aux amandes 1468
Croque-monsieur au jambon 174
- économique 173

Croquettes au fromage 175
- d'œufs 317
- de crevettes 538
- de ris de veau 692
- de riz 1405
- de semoule 1406
- de veau 660
- napolitaines 1201

Croquignoles 1471
Crosets savoyards (Savoie) 820
Crosnes 1017
- à la maître d'hôtel 1019
- en salade 1020
- sautés 1018

Table alphabétique des recettes

Crottins de Chavignol chauds 185
Croûte au madère 1311
  – portugaise 1312
Cuisses de grenouilles
  en cassolettes 141
Cuisson du jambon 763
Cuissot de sanglier 883
Curry de mouton (Royaume-Uni) ... 1871

D

Formules

Dartois 1541
Dattes farcies 1586
Délicieuses de fromage 171
Dinde braisée 821
  – farcie aux marrons 819
  – rôtie 818
  – truffée 820
Diplomate 1215
Dollars 1477
Dorade à la Monaco 414
  – au court-bouillon 415
  – aux algues 413
  – aux herbes 412
  – en gratin 411
Dundee marmalade (Royaume-Uni) 1877
Duxelles 155

E

Formules

Eau de mélisse 1624
  – de riz (décoction) 1666
Échalotes (conservation) 1673
Échinée bordelaise 762
Éclairs 1494
  – à la crème pâtissière 1498
  – à la frangipane 1497
  – au café 1496
  – au chocolat 1495
Écrevisses 542
  – à la Nantua 543
Effilochée de raie aux aromates ... 468
Églefin 417

  – fumé (voir haddock)
Émincé de lapin 892
  – de mouton 733
  – de poires 1278
Endives 1021
  – (salade) 1142
  – à l'étuvée 1022
  – au fromage 1023
  – farcies 1024
Entrecôte 555
  – bordelaise (Bordelais) 1760
Entrée comtoise 177
Épaule d'agneau à la provençale ... 722
  – braisée 720
  – farcie 721
  – rôtie 716
Éperlans 418
Épinards 1026
Équilles en friture 416
Escalopes à l'italienne 621
  – à la viennoise 619
  – aux champignons 616
  – aux champignons hachés 644
  – d'esturgeon 363
  – de thon 494
  – gratinées 323
  – nature 615
  – panées 618
  – panées à la milanaise 620
  – sandwiches 643
  – Soubise 617
  – Zéphyr 622
Escargots 142
Essence béarnaise 1
  – de café 639
Estouffade de bœuf 575
Estragon (conservation) 1694
Esturgeon au court-bouillon 361
  – braisé 362

F

Formules

Faisan à la brabançonne 912
  – farci à la casserole 911
  – rôti 910
Far (Bretagne) 1772

Farce pour dinde 151
— pour escargots 143
— pour faisan 152
— pour poisson...............154
— pour viande................153
— pour volailles: pigeon, poulet, oie 150
Farçon savoyard (Savoie) 1819
Fenouil 1030
— à l'étuvée 1031
— en sauce 1032
Feuillantines aux anchois 1521
Feuilleté aux pointes d'asperges 935
Feuilletés d'escargots aux pleurotes .145
Fèves...........................1034
— à la crème................1037
— à la maître d'hôtel 1035
— à la sauce 1038
— au lard 1036
Figues (conservation) 1696
— fourrées 1585
Filet (mouton) 718
Filet chasseur (chevreuil) 888
Filet de porc à la Blankenberghe (Belgique)....................1831
— à la cévenole 753
— à la flamande 754
— à la Soissons 756
— aux pommes nouvelles 758
— bonne femme 755
— Parmentier 757
— rôti sur purée 751
— Soubise 752
Filet de sanglier rôti 882
Filet mignon de porc au curry et à la noix de coco......................760
Filets de harengs marinés 430
Filets de sole à la Orly 486
— à la tomate 485
Filets mignons (bœuf).............564
— châtelaine.................565
Filets mignons de sanglier........884
Financiers 1568
Flamiche picarde (Picardie).......1803
Flan à l'ananas 1362
— à l'orange 1361
— à la parisienne 1359

— au citron 1360
— aux pommes 1297
— aux raisins (Lorraine) 1789
Fleur d'oranger 1644
— de coquelicot, de violette 1643
Foie (bœuf).....................594
— à la casserole 596
— grillé 595
Foie (porc) 773
Foie de veau de Bourgogne 676
— grillé à la poêle 674
— ou de génisse à la casserole ..677
— Soubise 678
Foie gras au porto 825
— au torchon 829
— frais de canard 826
— poché au madère 828
Fondant au café 1447
Fonds d'artichauts 928
— (conservation) 1686
— à la mornay 931
— farcis 929
— printanière 930
Fondue (Suisse) 1884
— bourguignonne 561
— franc-comtoise (Franche-Comté) 1780
Fours aux noisettes 1467
Fraise de veau 681
— en blanquette 683
— ravigote...................682
Fraises (conservation) ....1702 et 1703
— à l'italienne 1241
— à la crème................1239
— au jus 1240
— au naturel 1238
Framboises (conservation) .1702 et 1705
— au naturel 1242
Friands 1520
Fricadelles 136
Fricandeau 635
Fricassée de poulet 839
— de sole aux asperges 487
Fritos de morue 454
Fromage à la crème 168
— à la crème surfin 169
— d'Italie....................796
— de tête 795

Table alphabétique des recettes

Fruits rafraîchis 1308
Fumet de champignons 8
– de poisson 9

G

	Formules
Galantine de saumon 373	
Galette de ménage 1526	
– de plomb (Limousin) 1787	

Galettes à l'anis 1459
 – à la mandarine 1460
 – au chocolat 1461
 – d'orange 1458
 – feuilletées pour le thé 1525
 – nantaises 1462
 – salées 1527
 – salées au fromage 1463
Ganache de chocolat à la menthe . . 1412
Garbure (Béarn) 1757
Garniture des croûtons (perdreaux) . 898
Gâteau (Suède) 1883
 – à l'orange 1561
 – à la confiture 1551
 – américain (États-Unis) 1843
 – anglais 1562
 – au chocolat 1563
 – au chocolat avec crème 1564
 – aux amandes 1558
 – aux noisettes 1553
 – aux pralines 1559
 – chartrain 1377
 – d'Aurélia 1555
 – de cerises (Alsace) 1754
 – de chocolat au rhum 1567
 – de courgettes et de tomates . 1015
 – de crème douce 1315
 – de foie 680
 – de Gannat 1491
 – de marrons 1255
 – de pommes de terre (Morvan) 1791
 – de Savoie 1557
 – fondant au chocolat, sabayon à l'orange 1565
 – marbré 1554
 – mousseline 1556
 – nancéen (Lorraine) 1790
 – suprême 1566
 – tchèque (République tchèque) 1866
Gâteaux à la crème cuite 1473
 – au vin blanc 1457
 – aux raisins 1466
 – sans farine ni beurre ni œufs (alimentation diététique) 1900
Gaudes (Bourgogne) 1763
Gaufres 1546
Gaufrettes au miel (Berry) 1759
Gayettes (Provence) 1816
Gelée de cassis 1739
 – de coing 1740
 – de groseille 1741
 – de mûre 1742
 – de nèfle 1746
 – de pomme 1743
 – de raisin 1744
 – de sureau 1747
 – de viande 6
Génoise 1487
Gentiane (infusion) 1653
Gigot à l'anglaise 704
 – braisé 719
 – chevreuil 714
 – fermière 715
 – rôti 713
Gigue de chevreuil aux airelles 890
Glace à la vanille 1413
 – au café 1416
 – au café avec grains 1417
 – au chocolat . . . . 1415 et 1446
 – au kirsch 1414
 – au kirsch pour gâteau 1445
 – aux fraises 1419
 – aux fruits 1418
 – aux fruits confits ou plombière 1429
 – aux mandarines 1420
 – aux oranges 1421
 – de poisson 4
 – de viande 5
Gnocchis 1208
 – au fromage 179
 – aux pommes de terre 1100
 – ramequins 318
Gogue au sang (Anjou) 1755
Gooseberry-cake (Royaume-Uni) . . . 1876
Gougère (Bourgogne) 1761
Goujon frit 364

Goulasch (Hongrie) 1849
Gras-double à la lyonnaise 599
   – cru 597
   – en salade 601
   – en sauce 598
Gratin à la grecque (Grèce) 1846
   – aux fruits rouges 1248
   – d'aubergines 940
   – dauphinois 1104
   – dauphinois (Dauphiné) 1777
   – de pluviers 920
   – de veau 659
Grenadins de veau 645
Grenouilles à la crème 140
   – en sauce 139
   – frites 138
   – sautées 137
Grives au vin blanc 917
   – en caissettes 918
Grog 1622
Grondin à l'orientale 421
   – au court-bouillon 419
   – en gratin 420
Groseilles (conservation) . . 1702 et 1706
   – au jus 1246
   – au naturel 1245
   – cardinal 1247

H

Formules

Hachis (mouton) 734
Hachis Parmentier . . . . . 587, 661 et 1096
Hachis rôti (bœuf) 589
Haddock (églefin fumé)
   au court-bouillon 423
   – en ramequins 424
   – grillé 422
Harengs frais à la meunière 428
   – frais farcis 427
   – frais frits 426
   – frais grillés 425
   – rollmops 431
   – salés 429
   – saurs 432
   – saurs grillés 433
   – saurs grillés à la diable 434

Haricot de mouton 726
Haricots blancs 1043
   – à la maître d'hôtel 1044
   – à la provençale 1046
   – au jus 1048
   – en purée 1047
   – frais aux tomates 1045
Haricots mange-tout 1049
Haricots panachés 1050
Haricots rouges au lard 1154
Haricots secs à la bretonne 1153
Haricots verts 1039
   – (conservation) . 1675, 1677 et 1684
   – à l'anglaise 1040
   – à la niçoise 1041
   – au lard 1042
Hérissons 1330
Hochepot (Picardie) 1802
Homard à l'américaine 526
   – au court-bouillon 524
   – Cotentin 527
   – Thermidor 525
Houblon (infusion) 1654
Huîtres 511
   – aux champignons 516
   – en gratin 514
   – frites 512
   – sur croûtons 513
Hydromel 1617
Hysope (infusion) 1652

I

Formules

Île flottante 1341

J

Formules

Jambon au madère 766
   – Marie-Rose 767
   – persillé 765
Jambonneau 771
Jardinière (conservation) 1688
Jus de rôti 10

K

Formules

Kéfir 163
Kippers farcis (Royaume-Uni) 1869
Kluskis (Pologne) 1864
Knepfles (Alsace) 1750
Kugel (Pologne) 1863
Kugelhopf (Alsace) 1751

L

Formules

Lait d'amande 1588
 – de poule 164
Laitue (cuite) 1051
 – (salade) 1136
Laitues à l'étuvée 1054
 – au jus 1052
 – au maigre 1053
 – de la mère Marie 1183
Langouste 529
Langoustines 532
Langue (de veau) bouillie 684
 – jardinière 685
Langue de bœuf 603
 – à l'italienne 606
 – à la casserole 605
 – bouillie 604
Langues de mouton 735
 – braisées 736
Lapereau à la niçoise 891
Lapin à la crème 875
 – aux pruneaux 878
 – en gibelotte 874
 – Marengo 876
 – rôti 870
 – rôti à la moutarde 871
 – sauté 872
Laurier (conservation) 1693
Lavaret à la crème 365
Légumes (bouquetière de) 1056
 – (jardinière de) 1057
 – (tarte aux) 1058
 – à l'étouffée (alimentation diététique) 1899
Lentilles à la dijonnaise 1158

 – à la maître d'hôtel 1155
 – au jus 1156
 – aux tomates 1157
 – en purée 1159
 – en salade 1160
Lichen (décoction) 1664
Limande 436
Limonade à l'orange 1606
 – à la fraise 1603
 – à la framboise, à la mûre 1604
 – à la groseille 1605
Liqueur de cassis 1628
 – de cerise 1625
 – de genièvre 1630
Longe de porc à la provençale 759
Lotte à l'américaine 398
 – à la crème 397
 – à la portugaise 396
 – au court-bouillon . . . . . . 366 et 395
 – en gratin 367

M

Formules

Macaronette 1344
Macaronis à la calabraise (Italie) . . 1856
 – à la cévenole (Cévennes) 1774
 – à la Cussy 1193
 – à la financière 1195
 – à la napolitaine 1192
 – frits 1199
 – gratinés 1202
 – niçois 1193
Macarons aux amandes 1479
 – aux noisettes 1480
Macédoine 105
 – de fruits 1306
 – norvégienne 1152
Macération de graines de lin 1640
 – de quinquina 1641
Mâche 1140
Madeleines 1569
Magrets de canard aux pruneaux . . . 811
Maïs au beurre 1060
 – en épi 1059
Manselle de perdreaux 901
Maquereaux au court-bouillon 437

- au vin blanc 443
- aux groseilles 441
- en papillotes 440
- farcis 439
- grillés 438
- marinés 442

Marcassin rôti 887

Marinade crue 148
- cuite, au vin blanc ou rouge . . . 147
- douce 149
- instantanée pour petites pièces 146

Marmelade d'abricots 1725
- d'oranges . . . . 1267 et 1733
- de carottes 1727
- de cerises 1726
- de fraises 1728
- de groseilles 1729
- de mandarines 1249
- de melon 1730
- de mirabelles 1731
- de mûres 1732
- de quetsches 1734
- de reines-claudes 1735

Marquise au chocolat 1409

Marrons 1061
- au sirop 1253
- aux oignons 1062
- en purée 1063
- glacés 1583

Massepains (Bourgogne) 1767

Mayonnaise au chocolat 1410
- au vert (froide) 76
- aux anchois 74
- mousseline (pour asperges) 73

Melon au jambon de Parme et au vin de noix 106
- au naturel 1258
- surprise 1260

Menthe (infusion) 1648

Merlan à la Dugléré 449
- à la meunière 447
- au court-bouillon 444
- au vin blanc 448
- frit 445
- grillé 446

Merlu ou colin à la meunière 409
- ou colin en tranches ou darnes grillées 407
- ou colin rôti 408

Meurette (Bourgogne) 1764
Michettes (alimentation diététique) 1900
Millas de Toulouse (Languedoc) . . . 1785
Minestrone (Italie) 1852
Mirabelles (conservation) . . 1700, 1702 et 1709
Mirepoix 3
Morilles à la crème 978
Morue 450
- à la crème 455
- à la florentine 461
- à la mayonnaise 462
- à la Parmentier 459
- à la provençale 456
- au court-bouillon 451
- au lait 458
- aux nouilles 460
- frite 452
- grillée 453
- islandaise 457

Mouclade (Charente) 1776
Mougettes à la crème (Vendée) . . . 1821
Moules à la béchamel et au gratin . . 508
- à la mayonnaise 510
- à la poulette 507
- au naturel 505
- marinières 506

Moussaka (Grèce) 1844
Mousse à la crème Chantilly 1340
- à l'orange 1346
- au café 1337
- au chocolat 1336
- au citron 1345
- aux fraises 1339
- d'abricots 1213
- d'ananas 1223
- de bananes 1231
- de foie gras 830
- de pêches 1272
- glacée à l'ananas 1424
- glacée à l'orange 1426
- glacée à la mandarine 1425
- glacée aux fraises 1423
- glacée aux fruits 1422
- russe 1343

Mouton au curry 730
- aux marrons 729

– aux salsifis	728
Muffins (Royaume-Uni)	1874
Mulet au court-bouillon	463
Mulets frits	465
– grillés	464
Museum en salade	608

N

Formules

Nage des pêcheurs	255
Navarin	727
Navets	1064
– (conservation)	1670
– en purée	1066
– maître d'hôtel	1065
Nègre en chemise	1411
Nœuds norvégiens	1455
Noisettes de mouton	723
– de veau à la financière	646
Noix farcies	1584
Nougat au miel	1573
– de sucre	1572
Nouilles au jus	1189
– au sucre (Allemagne)	1828
– Régence	1190

O

Formules

Œuf en terrine (alimentation diététique)	1894
– Marie-Louise (alimentation diététique)	1895
– sur le plat (alimentation diététique)	1892
Œufs à l'Ardennaise	300
– à l'aurore	277
– à l'italienne	173
– à l'orientale	314
– à la chanoinesse	299
– à la coque	260
– à la crème	297
– à la dieppoise (Normandie)	1794
– à la Meyerbeer	302
– à la napolitaine	278
– à la neige	1326
– à la Rossini	301
– à la royale	270
– à la tripe	272
– à la tsarine	281
– à la turque	282
– au fromage	296
– au jambon et au bacon	298
– au lait	1350
– au nid	287
– au paprika	315
– aux truffes	275
– basquaise	279
– belges	310
– brouillés	307
– brouillés (alimentation diététique)	1893
– bruxellois	271
– Cendrillon	274
– Chimay	276
– cocotte	305
– duchesse	291
– durs	262
– durs en salade	266
– durs épinards	265
– durs mayonnaise	264
– durs ou mollets en sauce	263
– en caisse	304
– en gelée	293
– en matelote	290
– en meurette (Bourgogne)	1765
– en tomate	306
– farcis au maigre	268
– farcis aux anchois	269
– frits	311
– frits au céleri	313
– frits en sauce	312
– Guitte	280
– mimosa	267
– miroir	295
– mollets	261
– new-yorkais	309
– Parmentier	1097
– pochés	283
– pochés à la mornay	285
– pochés aux champignons	289
– pochés aux pointes d'asperges	288
– pochés en sauce	284
– pochés gratinés	294

- Pontaillac 303
- surprise 1214
- vert-pré 292
Oie à la mode de Visé (Belgique) .. 1832
- aux marrons 823
- aux pommes 824
- rôtie 822
Oignons 1067
- (conservation) 1673
- en purée 1069
- farcis 1070
- glacés (pour garniture) 1068
Olives noires (conservation) 1683
- vertes (conservation) 1679
Olla podrida (Espagne) 1839
Omelette (alimentation diététique) . 1896
- à l'andalouse (Espagne) 1840
- à la tomate, à l'oseille, aux épinards 328
- allemande 330
- angevine 332
- au bacalao (Portugal) 1865
- au fenouil (Russie) 1880
- au fromage 321
- au lard, au jambon, à l'oignon .. 327
- au naturel 319
- au rhum 1386
- au riz, aux macaronis, aux nouilles 326
- aux abricots 1216
- aux anchois, aux crevettes, aux filets de harengs, aux moules, aux laitances, aux quenelles 324
- aux champignons ou aux truffes 322
- aux confitures 1387
- aux fines herbes 320
- aux pointes d'asperges 323
- aux rognons, aux croûtons, aux pommes de terre 325
- en arc-en-ciel 329
- normande 1389
- normande (Normandie) 1795
- norvégienne 1390
- provençale (Provence) 1814
- soufflée 1388
Onglet de bœuf à l'échalote 560
Orange (infusion) 1646
Orangeade 1601

Oranges (conservation au sirop) ... 1712
- surprise 1262
- tahitiennes 1264
Orge (décoction) 1665
- (infusion) 1656
Ormeaux 523
Oseille 1071
- au jus 1072
Oursins 522

P

Formules
Paëlla (Espagne) 1842
Pain bourguignon 180
- d'endives 1025
- d'épice 1552
- d'épinards 1027
- d'épinards et de riz florentin .. 1028
- d'Irlande (Irlande) 1850
- de bœuf 588
- de céleri 963
- de cervelle 667
- de chicorée à l'ancienne 987
- de chou-fleur 1003
- de foie de porc 775
- de foie de veau ou de génisse . 679
- de foies de volaille 862
- de framboises 1243
- de Gênes 1486
- de laitue 1055
- de lapin 879
- de macaronis 1198
- de saumon 377
- de veau 649
- perdu 1396
- perdu au gruyère 178
Pains au fromage 176
Palets de bœuf sur purée de haricots 586
- de dame 1476
Palmiers 1524
Panade 262
Pastilles 1576
Pâte à choux 1488
- à foncer 1513
- à frire 1400
- à frire (pâte à crêpes) 1401

- à quenelles 125
- brisée 1499
- d'abricot 1581
- d'amandes 1218
- de coing 1579
- de pomme 1580
- de prune 1582
- feuilletée 1514
- sablée 1454

Pâté de foie .... 774 et 861
- de gueux (Bretagne) 1768
- de viandes 797
- en croûte 1519
- en gelée 798

Pâtes en garniture 1187
Pauchouse (Bourgogne) 1776
Paupiettes de veau 642
Pêches (conservation) . 1697, 1700, 1702 et 1708
- au vin 1269
- bonne femme 1274
- colombine 1270
- façon Melba 1271
- Melba 1428
- pochées 1268

Perche à la meunière 369
- en friture 368

Perdreaux truffés 899
- au raisin 900
- rôtis 897

Perdrix à l'étouffade 895
- au chou 896

Persil (conservation) 1691
Petit salé aux choux 744
Petite marmite 246
Petits fours
(alimentation diététique) 1900
- duchesse 1464

Petits oignons (conservation) 1681
Petits pains aux amandes 1469
Petits paquets à la salade 651
Petits pâtés 1522
- soufflés 1542

Petits pois 1073
- (conservation) 1683
- à l'anglaise 1074
- à la crème 1076

- à la flamande 1079
- à la française 1078
- à la paysanne 1075
- au lard 1077

Petits soufflés 1485
Pets de nonne ou beignets soufflés 1397
Pickles-piccalilli (conservation) 1682
Pieds (de porc)
à la Sainte-Menehould 799
- truffés 777

Pieds de mouton 737
- bouillis 738

Pieds de veau 686
Pieds paquets à la provençale (bœuf) 600
Pigeons à la crapaudine 833
- farcis 832
- rôtis 831

Piments rouges (conservation) 1676
Pintade aux choux 834
Piperade (Béarn) 1758
Pissaladière ou tarte aux oignons (Provence) 1815
Pithiviers 1540
Pizza napolitaine (Italie) 1859
Plie, carrelet 466
Plies ou carrelets frits 402
Plum-pudding (Royaume-Uni) 1872
Poêlée de Saint-Jacques sur fondue d'endives 519
Pogne de Romans (Dauphiné) 1778
Poireaux 1081
- à la poulette 1083
- en asperges 1082
- en gratin 1084

Poires (conservation) 1699 à 1702 et 1711
- à la crème 1277
- au vin 1276
- aux fruits confits 1279
- en délice 1280

Pois mange-tout 1080
Poitrine de mouton ménagère 705
- de veau farcie 633
- de veau ménagère 613

Poivrons à l'huile 104
Polpettes à l'italienne 663
Pommes (conservation) 1699

- à l'ananas 1695
- au beurre 1285
- au four 1282
- au riz 1293
- châtelaines 1283
- farcies 1284
- flambantes 1292
- meringuées 1290
- normandes (Normandie) 1797

Pommes de terre 1086
- (conservation) 1671
- à l'anglaise 1088
- à l'auvergnate (Auvergne) 1756
- à la poulette 1092
- Anna 1108
- au beurre 1105
- chips 1110
- dauphine 1099
- duchesse 1098
- en croquettes 1095
- en gratin 1094
- en ragoût 1107
- en robe des champs 1087
- en salade 1090
- farcies 1091
- frites ou Pont-Neuf 1109
- Macaire 1102
- paille 1111
- sautées 1106
- soufflées 1112
- surprise 1103

Porc braisé au chou 761
Porridge (Royaume-Uni) 1873
Portugaise 1289
Potage à l'aurore 192
- à l'oseille 198
- à la bisque d'écrevisse 248
- à la bisque de homard 249
- à la brésilienne 244
- à la dieppoise 251
- à la farine 194
- à la farine grillée 195
- à la Faubonne 236
- à la liégeoise 204
- à la minute 196
- à la Monaco 163
- à la purée de pois (Hollande) . 1847
- au céleri ou Crème Maria 208
- au cerfeuil 200

- au chou-fleur ou Crème Dubarry 210
- au chou rouge 211
- au cresson ou Potage santé . . . 197
- au persil ou Choisy 199
- au potiron ou Crème d'or 225
- au riz 243
- Aurore 226
- au vermicelle 190
- aux asperges 205
- aux carottes ou Purée Crécy . . . 206
- aux champignons 209
- aux choux de Bruxelles ou Potage belge 212
- aux fanes de radis 201
- aux fines herbes 203
- aux haricots rouges et à l'oseille 239
- aux haricots rouges ou Potage Condé 238
- aux haricots verts ou Crème mimosa 216
- aux macaronis 193
- aux marrons 220
- aux navets ou Crème flamande 219
- aux petites pâtes 191
- aux petits pois ou Crème Clamart 234
- aux pois cassés 233
- aux raisins (Royaume-Uni) 868
- aux tomates ou italien 230
- aux tomates ou portugais 229
- bonne femme 207
- champenois 232
- Combes 237
- du pêcheur 254
- florentine ou Soupe aux épinards 214
- julienne 218
- mayençais 189
- ox-tail (queues de bœuf) 247
- parisien ou Soupe à l'oignon . . . 221
- parmentière 224
- russe 240
- Saint-Germain 235
- simple au riz 242
- Soubise ou Purée d'oignons . . . 223
- velours 188

Pot-au-feu de jambon 764
- ou bœuf bouilli 553

Potée bourguignonne (Bourgogne) . 1762

Table alphabétique des recettes

Potiron 1113
– en gratin 1114
Potted meat 590
Poularde 835
Poule à la comtoise
(Franche-Comté) 1779
– au blanc 858
– au pot 857
– au riz 860
– en gelée 859
Poulet à l'estragon 848
– à l'italienne (Italie) 1860
– à la broche 841
– à la casserole 843
– à la crème 845
– au blanc 836
– au curry 854
– au four 842
– au paprika 849
– aux bananes 850
– basquaise (Pays basque) 799
– chasseur 844
– en cocotte 847
– en gelée 856
– farci aux marrons 846
– Marengo 852
– navarrais 853
– sans tête 576
– sauce aux huîtres 840
– sauté en sauce 851
Poupeton (Provence) 1810
Préparation de la pâte à nouilles . . . 1184
– des filets de sole 484
– des rognons 608
– d'une sole entière 478
– du sirop de sucre 1209
Pruneaux 1299
– à la crème 1302
– au thé 1300
– au vin 1301
– fourrés 1587
Prunes (conservation) 1698, 1700 à 1702 et 1709
Pudding à la confiture 1383
– à la semoule 1373
– au chocolat 1384
– au pain 1381
– au riz 1370
– au tapioca 1376
– au vermicelle 1382
– Maïzena 1378
– Maïzena aux fruits confits 1380
– Maïzena aux pêches 1379
– royal 1385
– saxon (Allemagne) 1826
Punch 1621
Purée aux croûtons 1288
– Crécy ou Potage aux carottes . . 206
– d'oignons ou Potage Soubise . . 223
– de champignons 966
– de poireaux 1085
– de pois cassés 1161
– de pommes 1286
– de pommes de terre 1093

Q

Formules
Quatre-quarts 1560
Quenelles à la Nantua 132
– aux truffes 134
– de brochet 128
– de farine 130
– de foie (volaille, veau) 126
– de mie de pain 129
– de poisson 127
– de pommes de terre 131
– de semoule 1375
– en sauce 133
– frites 135
Quetsches (conservation au sirop) . 1710
Queues de cerises (infusion) 1658
– de cochon à la Villeroy 779
– de cochon bonne femme 778
Quiche lorraine (Lorraine) 1788

R

Formules
Râble de lapereau au demi-sel 873
– de lièvre rôti 893
Radis noirs 95
– roses 94
Ragoût (alimentation diététique) . . . 1898
– aux pommes de terre 725

- d'abattis 868
- de champignons 968
- de veau 652

Raie au court-bouillon 467
- sautée 469

Rascasse 470
Ratatouille provençale (Provence) .. 1813
Raviolis 1205
Réglisse (infusion diurétique) 1660
- (infusion laxative) 1657

Restes de volaille chauds 864
- en beignets 866
- en croquettes 867
- en omelette 865
- froids 863

Rillettes de porc 800
Ris d'agneau 740
Ris de veau 687
- à l'anglaise 688
- aux truffes 689
- braisés 693
- en sauce 690
- sauté 691

Ris et rognon de veau aux
3 moutardes 698

Rissoles .... 546, 662 et 1535
- à la viande 1536
- aux crevettes 1537
- de fruits 1539
- de légumes 1538
- de poisson 1537

Risotto à la piémontaise (Italie) ... 1855
Riz à l'impératrice 1371
- à l'indienne 1162
- à l'italienne 1167
- à la crème d'asperges 1176
- à la créole 1163
- à la financière 1182
- à la paysanne 1169
- à la reine 1172
- à la tomate 1168
- au beurre 1166
- au curry 1178
- au four 1369
- au gras 1165
- au lait 1368
- au paprika 1179
- au safran 1180

- aux artichauts 1177
- jambalaya au crabe 1175
- jambalaya au porc 1173
- jambalaya aux huîtres 1174
- pilaf 1181
- revenu 1164

Rognons (porc) 776
Rognons (veau) 694
- au madère 697
- flambés à la crème 696
- sautés au vin blanc 695

Rognons (de bœuf)
aux champignons 610
- sautés 609

Rognons de mouton 741
- grillés 742
- panés 743

Rol-Pince (Hollande) 1848
Romaine 1137
Röstis (Suisse) 1885
Rôti (de bœuf) à la casserole 568
- au four 567

Rôti (de mouton) chaud 732
- froid 731

Rôti de dinde 817
Rôti de veau 631
- à la moutarde 632
- en sauce 656
- froid mayonnaise 655

Rôti (de porc) en sauce 789
- froid 788

Rouelle de veau à la couenne 648
- poitevine (Poitou) 1804

Rougets au court-bouillon 471
- aux tomates 474
- frits 473
- grillés 472

Rouille (Provence) 1817
Roulés de la Chandeleur 769
Roux blond 37
- brun 48

S

Formules

Sabayon 1453
Sablés 1454

Table alphabétique des recettes 751

- croquants 1474
- normands (Normandie) 1798
- sans œufs................1456
Saindoux 804
Saint-Jacques en gratin 517
- sauce mornay 521
- sautées..................520
- sautées sur salade de mâche ..518
Salade américaine 1150
- Andréa 1146
- au lard 1143
- catalane (Espagne)........1841
- d'encornets...............502
- d'oranges 1263
- de champignons crus 970
- de champignons crus
  à la crème................101
- de champignons cuits 969
- de chou rouge 99
- de crevettes...............535
- de fruits à la menthe 1309
- de fruits au gingembre 1310
- de fruits d'hiver...........1307
- de harengs saurs 435
- de homard 528
- de langoustines 533
- de macaronis 1200
- de pieds de mouton
  en rémoulade 739
- de pommes de terre aux harengs
  (Allemagne) 1824
- de romaine 1137
- mélangée 107
- Ninon 1144
- Pastourelle 1145
- Rachel 1147
- russe 1151
- tiède de faisan 913
- tourangelle 1149
- Yvette 1148
Salsepareille (infusion) 1667
Salsifis.......................1115
- (conservation) 1672
- en sauce blanche 1116
- en sauce poulette.........1117
- frits 1118
Sandre à la vinaigrette 370
Sanglier en haricot 886
Sarcelle rôtie 914

- à la bigarade 915
- aux olives 916
Sardines à la cosaque (Russie) 1882
- aux fines herbes 477
- frites 475
- grillées 476
Sauce à la crème 19
- à la crème (Normandie) 1793
- à la crème normande 20
- à la diable................86
- anglaise 26
- anglaise (pour des viandes froides
  ou des hamburgers) 69
- au beurre
  (alimentation diététique) 1891
- au curry (chaude)...........41
- au raifort..................29
- au rhum 1452
- au roquefort...............67
- au sang 61
- au yaourt 64
- aux anchois 31
- aux câpres 35
- aux champignons 52
- aux crevettes 32
- aux herbes
  (alimentation diététique) 1890
- aux moules 33
- bâtarde 22
- béarnaise 84
- béchamel 21
- béchamel
  (alimentation diététique) 1889
- Bercy (pour viandes) 17
- blanche 18
- bordelaise 43
- brune 49
- charcutière 58
- chasseur 62
- Chateaubriand 53
- ciboulette 71
- Colbert 16
- crapaudine 85
- enragée 80
- financière 40
- genevoise 59
- gribiche 70
- hollandaise 82
- Joinville 34

- madère 51
- marinière 44
- matelote 60
- mayonnaise 72
- mornay 23
- mousseline 83
- moutarde 65
- Nantua 27
- norvégienne 75
- Périgueux 54
- piquante 50
- poivrade 56
- portugaise 55
- poulette 24
- pour velouté 45
- printanière ou Chivry 30
- ravigote 36
- rémoulade 66
- Richelieu 42
- Robert 57
- rouge 78
- sans corps gras « pauvre homme » 11
- Soubise 28
- suprême 25
- tartare 79
- tomate 38
- vinaigrette 63
- vinaigrette pour viandes (froides) 68
- Vincent 77
Sauces servant à napper les pâtes . 1188
Saucisses au riz 786
- au vin blanc 787
- de Lorraine 801
- de Toulouse 802
- grillées 784
- poêlées 785
Saumon à l'eau salée 371
- au court-bouillon 372
- en coquilles 376
- grillé 374
- mariné à l'aneth 375
Savarin 1543
- rapide 1547
Scarole 1139
Selle de mouton 717
Semoule à la crème 1374
Sirop d'ananas 1591

- d'orange 1593
- d'orange (avec eau) 1592
- de café 1597
- de citron 1595
- de coing 1590
- de fleurs de violette 1598
- de fruits rouges 1589
- de guimauve 1599
- de mandarine 1594
- de thé 1596
Sole à la basquaise 483
- à la meunière 480
- à la normande 482
- au court-bouillon 479
- frite 481
Sorbet à l'armagnac 1443
- à la citronnelle 1442
- à la framboise 1439
- à la poire 1444
- à la tomate 1440
- au cassis 1438
- au citron vert 1441
Soubise (côtelettes d'agneau) 711
Soufflé à l'orange 1226
- à la vanille 1364
- au chocolat 1363
- au citron, crème acidulée ... 1365
- au fromage 182
- au jambon 768
- aux fruits confits 1367
- aux fruits rouges 1366
- aux marrons 1257
- aux nouilles 1191
- de bananes 1232
- de langouste 530
- de poisson 550
- glacé au chocolat 1437
Soupe à l'ail 231
- à l'oignon ou Potage parisien .. 221
- au lait 264
- au pistou 202
- aux cerises (Allemagne) ... 1825
- aux choux 213
- aux épinards ou Potage florentine 214
- aux poireaux 227
- de poissons 261
- de poissons (Provence) 1808
- économique 228

Table alphabétique des recettes 753

– gratinée 222
Souvaroffs 1465
Spaghettis sauce aux noix 1206
Stracciatella (Italie) 1851
Subrics d'épinards 1029
– de poisson 548
Sucre d'orge 1571
Suprême de perdreaux 902
Sureau (infusion) 1663

T

Formules
Tanche 378
Tarte à l'alsacienne (aux pommes) . 1507
– à l'ananas 1512
– à l'oignon (Alsace) 1748
– à l'orange 1510
– à la crème frangipane 1501
– à la frangipane, au riz, au flan 1503
– au citron 1511
– au fromage 183
– au fromage blanc et aux raisins 184
– au riz 1502
– aux fruits 1504
– aux fruits confits, à la confiture, à la compote 1529
– aux fruits crus juteux 1509
– aux fruits crus, aux fraises des bois, aux framboises, aux groseilles 1531
– aux fruits cuits, à la confiture, à la compote 1500
– aux fruits peu juteux 1505
– aux oignons ou Pissaladière (Provence) 1815
– aux pommes, aux poires, aux raisins 1532
– Tatin 1506
Tartines strasbourgeoises 286
Terrine de canard aux pruneaux 813
– de lapin 880
– de lièvre 894
– de poulet 855
Tête de veau 699
– à la vinaigrette 701
– bouillie 700
– en tortue 702

Thé 1637
– à la menthe 1638
Thon à la casserole 492
– à la Chartreuse 490
– au court-bouillon 489
– aux olives 493
– grillé 491
Thym (conservation) 1690
Tilleul 1642
Timbale de chou-fleur 1000
– de filets de sole 488
– de pommes 1296
– milanaise 1196
– napolitaine 1197
– Parmentier 551
– provençale 1207
– Renaissance 1101
Toffees 1577
Tomates 1119
– (conservation) 1678
– à l'antiboise 1122
– à l'étuvée 1123
– aux crevettes (Belgique) 1833
– aux œufs 1129
– en salade 97
– farcies au crabe 1121
– farcies au gras 1128
– farcies au maigre 1126
– farcies au riz 1127
– farcies aux crevettes 1120
– frites 1124
– frites aux œufs 1125
– vertes (conservation) 1680
Tombée de fenouil au thym 1033
Topinambours 1130
– à la crème 1132
– à la sauce tomate 1133
– en purée 1134
– en sauce blanche 1131
– frits 1135
Tournedos 562
– Rossini 563
Tourte à la viande 1518
Tourteaux à la roscovite 541
Tripes à la mode 602
– à la mode de Caen (Normandie) 1792
Truffes à la serviette (Périgord) 1801

- au champagne 981
- au chocolat 1578
- au naturel 979
- en papillotes 980
- en roche 982
Truite au bleu 380
- au court-bouillon 379
- saumonée en gelée 385
Truites à la crème (Franche-Comté) 1781
- à la meunière 381
- à la suprême............384
- aux amandes 382
- gratinées à la crème 383
Tuiles 1482
- aux amandes 1483
Turban d'œufs 316
- de colin ou de merlu 410
Turbot au court-bouillon 495
- en coquilles 498
- en gratin 497
- grillé 496
Tutsche (Franche-Comté)........1782

U

Formules
Un bon jeune homme 1408
Usage des pâtes 1186
Utilisation des restes de rôti 591

V

Formules
Vanneau rôti 919
Veau à l'étouffée 638
- à la bourgeoise 636
- à la casserole 634
- à la crème................639
- en gelée 647
- en matelote 654
- Franchard 640

- jardinière................637
- Marengo 653
Velouté de poisson 250
- ivoire......................46
Vert d'épinards 2
Verveine (infusion)..............649
Viande de boucherie (conservation) 1668
Vieux garçons (Bretagne) 1773
Vin chaud 1618
- de confiture 1619
- de groseille 1620
Vinaigre de cerise aigre, de fraise,
de mûre 1608
- de framboise 1607
- de miel 1609
Visitandines 1570
Vive au court-bouillon 499
- frite 501
- grillée 500
Vol-au-vent 1515
- à la financière 1516
- à la marinière 1517

W

Formules
Waterzoï d'ailerons de volaille 838
Welsh Rarebit (Royaume-Uni) 1870

Y

Formules
Yaourt 162

Z

Formules
Zahouski (Russie) 1879
Zuchettis farcis (Italie)..........1854

Conseils pratiques pour un pique-nique

	Formules
Salade de pâtes à la mayonnaise	1901
Macédoine de légumes	1902
Œufs durs farcis	1903
Salade de coquillettes au thon	1904
Salades	1905
Rôtis	1906
Mousse de foie gras	1907

	Formules
Sandwiches	1908
– aux condiments	1909
– à la viande	1910
– au poisson	1911
– aux légumes	1912
– à la salade	1913
– aux œufs	1914
Entremets	1915
Melon surprise	1916

Conseils culinaires

	Formules
Chapelure	1917
Panure	1918
Persil frit	1919
Vanille en poudre	1920
Préparation ménagère du vinaigre	1921
Préparation de la moutarde	1922
Vinaigrette	1923
Utilisation du sel en cuisine	1924
Contre le sel humide	1925
Pour enlever à un plat un excès de sel	1926
Pour dessaler viandes, poissons, etc.	1927
Pour cuire un rôti	1928
Pour cuire des chipolatas	1929
Pour cuire des pâtes	1930
Pour cuire des tomates	1931
Pour cuire des endives	1932

	Formules
Pour bien réaliser un chou rouge	1933
Pour attendrir un pot-au-feu	1934
Pour réchauffer un reste	1935
Pour clarifier du beurre	1936
Pour clarifier du bouillon	1937
Pour enlever le goût de rance au beurre	1938
Pour enlever le goût de brûlé au lait	1939
Pour éplucher des oignons	1940
Pour durcir un œuf fêlé	1941
Pour « rattraper » une mayonnaise	1942
Pour « rattraper » une sauce hollandaise	1943
Pour reprendre une crème un peu trop cuite	1944
Pour démouler un gros gâteau	1945
Conservation du gruyère	1946
Pour conserver frais des sandwiches de pain de mie	1947

Révision éditoriale : Camille Le Foll

Révision de la réglementation : Michel Maincent

Ouvrage composé par
I.G.S. – Charente Photogravure
achevé d'imprimer par Pollina

Imprimé en France chez Pollina, 85400 Luçon
N° d'impression : L87112
N° d'édition : 20682
Dépôt légal : septembre 2002